International Marketing

국제마케팅

박길상

비앤엠북스

머 리 말

전 세계시장은 하나로 되어가고 있고, 기업도 범세계적인 경쟁체제에 놓여 있다. 이러한 글로벌시대에 한국기업이 성공적으로 해외시장을 확대하고 국제화를 추진하기 위해서는 새로운 국제마케팅전략을 추구하지 않으면 안 된다. 즉, 해외의 여러 환경변화에 따른 국제마케팅전략의 수립과 함께 고객중심의 국제마케팅관리를 체계적으로 수행하여야 한다.

이와 같은 점을 토대로 이 책은 국제마케팅을 수행하는 데 있어서 당면한 여러 가지 해외환경과 이에 따른 국제마케팅의 전략 및 조정의 문제를 다루고 있다. 그런데 한국의 기업들은 미국이나 유럽 등의 선진국 기업들에 비해 국제화수준이나 해외시장 진출범위, 기업의 내부 보유자원이나 능력 면에서 차이가 있는 것이 사실이다. 따라서 한국기업들은 현재 큰 변혁기에 서 있다고 할 수 있으며, 국제마케팅활동도 새로운 시각에서 펼쳐져야 한다.

이 책은 독자들이 국제마케팅을 체계적으로 이해하고 연구하는 데 도움이 되도록 다음과 같은 순서로 서술하였다. 즉, 1부에서는 국제마케팅의 이해, 2부에서는 국제마케팅의 환경, 3부에서는 국제마케팅의 일반적인 전략, 4부에서는 국제마케팅믹스전략, 그리고 5부에서는 국제마케팅의 조정을 다루고 있다. 큰 틀에서 본다면 이 책은 환경, 전략, 조정 등 삼박자를 기본으로 하여 종합적이고도 체계적으로 정리되었다. 즉, 첫 단계는 국제마케팅 수행을 위한 해외환경에 대한 이해를, 두 번째 단계는 이와 같은 국제마케팅환경에 대한 이해를 토대로 구체적인 국제마케팅전략의 수립을, 세 번째 단계는 이러한 국제마케팅전략에 의한 국제마케팅 조정 및 통제를 다루고 있다.

이 책의 특징은 첫째, 국제마케팅의 환경, 전략, 조정 및 통제에 대한 내용을 체계적으로 다룬다. 둘째, 대학에서뿐만 아니라 실무현장에서도 활용할 수 있도록 이론과 함께 최근의 생생한 사례들을 제시한다. 셋째, 웹사이트를 통한 마케팅활동의 다양성 및 중요성과 관련하여 국제인터넷마케팅을 심도 있게 기술한다. 따라서 이 책을 통해 학생들에게는 국제마케팅에 대한 전반적인 흐름과 이해를, 기업인에게는 국제마케팅활동의 바람직한 방향을, 연구자에게는 국제마케팅에 대한 이론 및 전략수립의 가능성을 모색할 수 있기를 기대한다.

이 책이 출판될 수 있도록 도움을 준 비앤엠북스 정광식 사장과 고영훈 부장, 그리고 편집인 및 직원 모두에게 깊은 감사를 드린다. 아울러 평소 많은 지도와 편달을 아끼지 아니한 무역학과 동료 교수들께 감사를 드린다. 또한 힘들 때 뒤에서 많은 위로와 격려를 보내준 가족에게 고마운 마음을 전하고 싶다. 특히 바쁜 일정에도 불구하고 원고정리와 교정에 도움을 준 김문희 교수와 작은딸 소현에게 감사한 마음을 전하고 싶다. 무엇보다도 여기까지 인도해주신 하나님께 깊은 감사를 드린다.

모든 영광 하나님께 올리며

2012년 7월

저자 씀

차 례

제1부 국제마케팅의 이해

제1장 국제마케팅의 기초

⊙ 사례연구: 삼성의 글로벌마케팅 ········· 5

제1절 국제마케팅의 개념 ········· 7

1. 국제마케팅의 정의 ▪ 7
2. 국제마케팅의 특징 ▪ 8
3. 국내마케팅과의 차이점 ▪ 8
4. 국제마케팅의 유형 ▪ 9

제2절 국제마케팅의 연구분야 ········· 11

1. 국제마케팅의 기초 ▪ 11
2. 국제마케팅의 환경 ▪ 11
3. 국제마케팅의 전략 ▪ 12
4. 국제마케팅믹스전략 ▪ 14
5. 국제마케팅의 조정 ▪ 16

◈ 연습문제 ········· 16

제2장 기업의 국제화

⊙ 사례연구: 신흥 다국적기업의 글로벌 신성장동력 ········· 19

제1절 기업국제화의 개념 ········· 21

1. 기업국제화의 의의 ▪ 21
2. 기업국제화의 특징 및 이점 ▪ 22
3. 기업국제화의 측정 ▪ 24

제2절 기업국제화의 과정 ········· 25

1. 기업활동의 변화 ▪ 25
2. 기업주체의 변화 ▪ 27

제3절 기업국제화의 동기 ········· 31

1. 수출동기 ▪ 32
2. 해외직접투자의 동기 ▪ 33

제4절 기업국제화의 결정요인 ········· 38

1. 단계별 결정요인 ▪ 38
2. 환경적 결정요인 ▪ 41

◈ 연습문제 ········· 42

제2부 국제마케팅의 환경

제3장 국제마케팅조사

⦿ 사례연구: 세계 100대 기업 90%가 마케팅조사로 이것을! 47

제1절 국제마케팅조사의 의의 49

1. 국제마케팅조사의 개념 ▪ 49
2. 국제마케팅조사의 과제 ▪ 50
3. 국제마케팅조사의 문제점 ▪ 51
4. 국제마케팅조사 시 유의사항 ▪ 54

제2절 국제마케팅조사의 대상 55

1. 시장 및 고객조사 ▪ 55
2. 마케팅믹스조사 ▪ 56

제3절 국제마케팅조사의 과정 58

1. 문제제기 ▪ 58
2. 조사설계 ▪ 59
3. 자료수집 및 표본설계 ▪ 61
4. 자료분석 ▪ 72
5. 보고서작성 ▪ 75
6. 정보시스템의 구축 ▪ 76

◈ 연습문제 82

제4장 해외고객행동분석

⦿ 사례연구: 고객을 우선하는 팀슨의 경영방식 85

제1절 소비자 구매행동의 이해 87

1. 소비자 구매행동의 의의 ▪ 87
2. 소비자의 구매행동요인 ▪ 88
3. 소비자의 구매의사결정과정 ▪ 97

제2절 해외고객의 제품평가 99

1. 원산지효과 ▪ 100
2. 제품포지셔닝 ▪ 104

제3절 해외상품의 수용 및 확산 112

1. 확산의 개념 ▪ 112
2. 확산의 요소 ▪ 113
3. 혁신 ▪ 115

제4절 소비자만족 및 불평행동 122

1. 소비자만족 ▪ 122
2. 소비자불평행동 ▪ 126

◈ 연습문제 131

제3부 국제마케팅의 전략

제5장 해외시장 진입전략

⊙ 사례연구: GE의 신흥경제국 공략방법 137

제1절 해외시장 세분화 139

1. 시장세분화의 개념 · 139
2. 시장세분화의 이점 · 139
3. 시장세분화의 기준 · 140
4. 시장세분화의 전제조건 · 141
5. 시장세분화의 방법 · 142

제2절 해외목표시장의 선정 143

1. 시장선정의 의미 · 143
2. 시장선정의 과정 · 143
3. 시장선정의 변수 · 148
4. 시장선정의 기법 · 150

제3절 해외시장 포지셔닝 151

1. 진입시점에 따른 포지셔닝 · 152
2. 시장범위에 따른 포지셔닝 · 153
3. 제품에 따른 포지셔닝 · 154

제4절 해외시장 확대전략 156

1. 시장집중화와 시장다각화 · 156
2. 시장확대전략 결정 시 고려요인 · 156

제5절 해외시장 진입방법 157

1. 진입방법의 선택 · 157
2. 진입방법의 결정요인 · 159
3. 진입방법의 선택모형 · 163

◈ 연습문제 168

제6장 국제사업전략

⊙ 사례연구: 오로라월드의 국제사업전략 171

제1절 수출 173

1. 수출의 의의 · 173
2. 수출경로 · 173
3. 수출절차 · 175

제2절 국제계약 183

1. 국제계약의 개념 · 183
2. 국제계약의 유형 · 183

제3절 해외직접투자 187

1. 해외직접투자의 개념 · 187
2. 해외직접투자의 과정 · 189
3. 해외직접투자의 효과 · 190
4. 해외직접투자의 동기 및 방법 · 193
5. 해외직접투자의 협정 · 195

◈ 연습문제 196

제7장 국제경쟁전략

⊙ 사례연구: 사우스웨스트 에어라인의 경쟁전략 199

제1절 국제경쟁력의 의의 201

1. 국제경쟁력의 개념 ▪ 201
2. 국제경쟁력의 구성요소 ▪ 201

제2절 국제경쟁력의 결정요인 203

1. 가격경쟁력과 비가격경쟁력 ▪ 203
2. 비교우위와 경쟁우위 ▪ 203

제3절 국제경쟁력의 원천 204

1. 국가경쟁력의 원천 ▪ 204
2. 기업의 국제경쟁력 원천 ▪ 208

제4절 국제경쟁력의 분석기법 209

1. 원가우위분석 ▪ 209
2. 차별적 우위분석 ▪ 212

제5절 국제경쟁력의 성과측정과 평가기관 212

1. 국제경쟁력의 성과측정 ▪ 212
2. 국가경쟁력의 평가기관 ▪ 214

◈ 연습문제 220

제8장 글로벌전략

⊙ 사례연구: 삼성전자의 글로벌경영 223

제1절 글로벌전략의 개념 225

1. 글로벌전략의 정의 ▪ 225
2. 글로벌전략의 배경 ▪ 225
3. 글로벌전략의 특징 ▪ 226
4. 글로벌전략의 주요 요소 ▪ 229
5. 글로벌전략의 장단점 ▪ 235

제2절 글로벌전략의 과제 236

1. 표준화와 현지화의 문제 ▪ 236
2. 표준화와 현지화의 조화 ▪ 238

제3절 글로벌전략의 모형 241

1. 통합-적응모형 ▪ 241
2. 배치-조정모형 ▪ 243

제4절 글로벌전략의 수립 247

1. 글로벌전략의 수립절차 ▪ 247
2. 글로벌배치전략 ▪ 253
3. 글로벌시장 진입전략 ▪ 256
4. 글로벌경쟁전략 ▪ 257
5. 글로벌소싱전략 ▪ 264
6. 글로벌제휴전략 ▪ 266

◈ 연습문제 271

제4부 국제마케팅믹스전략

제9장 국제제품전략

⊙ 사례연구: 오리온의 성공코드 277

제1절 국제제품의 개념 279

1. 제품의 의미 ▪ 279
2. 제품의 분류 ▪ 280
3. 제품믹스 ▪ 281
4. 제품수명주기 ▪ 285

제2절 국제제품의 개발 292

1. 국제제품의 유형 ▪ 292
2. 국제제품의 개발방식 ▪ 294
3. 신제품의 개발과정 ▪ 295

제3절 국제상표전략 298

1. 상표의 의미 ▪ 298
2. 상표명의 결정 ▪ 299
3. 상표에 관한 의사결정 ▪ 300
4. 상표의 보호 ▪ 304

제4절 국제포장전략 306

1. 포장의 개념 ▪ 306
2. 포장의 기능 ▪ 307
3. 포장 시 유의사항 ▪ 309

제5절 국제제품의 적응화와 표준화 310

1. 국제제품의 적응화 ▪ 310
2. 국제제품의 표준화 ▪ 314
3. 표준화와 적응화의 전략적 대안 ▪ 318

◈ 연습문제 320

제10장 국제가격전략

⊙ 사례연구: 애플과 타타의 마케팅전략 323

제1절 국제가격의 개념 325

1. 국제가격의 의의 ▪ 325
2. 국제가격의 특징 ▪ 326
3. 국제가격전략의 수립 ▪ 327

제2절 국제가격의 결정 328

1. 수출가격의 결정요인 ▪ 328
2. 수출가격의 누증문제 ▪ 332
3. 수출가격의 결정방법 ▪ 334
4. 수출가격의 표시 ▪ 339

제3절 국제가격의 조정과 변경 345

1. 국제가격의 조정 ▪ 345
2. 국제가격의 변경 ▪ 348
3. 국제가격의 표준화와 현지적응화 ▪ 351

제4절 국제이전가격 354
1. 국제이전가격의 개념 ▪ 354
2. 국제이전가격의 발생원인 ▪ 354
3. 국제이전가격의 책정방법 ▪ 356
4. 국제이전가격전략의 한계 ▪ 357
◈ 연습문제 358

제11장 국제유통전략

⊙ 사례연구: 진로의 일본시장 진출 361
제1절 국제유통경로의 개념 363
1. 국제유통경로의 의미 ▪ 363
2. 국제유통경로의 기능 ▪ 365
3. 국제유통경로의 계열화 ▪ 366
4. 국제유통경로의 유형 ▪ 369
5. 해외시장의 유통구조 ▪ 373
제2절 국제유통경로의 전략 및 관리 377
1. 국제유통경로전략의 의미 ▪ 377
2. 국제유통경로전략의 수립 ▪ 380
3. 국제유통경로의 표준화와 적응화 ▪ 391
4. 국제유통경로관리 ▪ 392
5. 회색시장 ▪ 395
제3절 국제물적유통관리 397
1. 국제운송 ▪ 397
2. 보험 ▪ 401
3. 국제보관활동 ▪ 401
4. 국제재고통제 ▪ 404
5. 국제물류시스템 ▪ 406
◈ 연습문제 408

제12장 국제촉진전략

⊙ 사례연구: 힘을 얻는 PPL 광고 411
제1절 국제촉진의 개념 413
1. 촉진의 의의 ▪ 413
2. 국제촉진의 특성 ▪ 416
3. 국제촉진의 고려요소 ▪ 418
제2절 국제촉진믹스 423
1. 국제촉진믹스의 개념 ▪ 423
2. 국제광고 ▪ 427
3. 국제판매촉진 ▪ 446
4. 국제인적판매 ▪ 450
5. 국제홍보 ▪ 452
6. 국제스폰서십 ▪ 453
제3절 국제광고의 표준화와 현지화 457
1. 국제광고의 표준화 ▪ 457
2. 국제광고의 현지화 ▪ 460
3. 국제광고의 절충화 ▪ 462
◈ 연습문제 463

제5부 국제마케팅의 조정

제13장 국제마케팅의 조직 및 통제

⊙ 사례연구: 성공적인 조직구조란? 469

제1절 국제마케팅조직의 개념 471

1. 조직의 의의 ▪ 471
2. 조직의 결정요인 ▪ 471

제2절 국제마케팅조직의 형태 473

1. 조직의 유형 ▪ 474
2. 조직의 변천과정 ▪ 480
3. 조직의 집권화와 분권화 ▪ 482

제3절 국제마케팅통제의 개념 486

1. 통제의 의의 ▪ 486
2. 통제의 과정 ▪ 490
3. 통제의 분야 및 방법 ▪ 492
4. 통제의 결정요인 및 문제점 ▪ 495

제4절 국제마케팅통제의 정도 500

1. 집권화와 분권화 ▪ 500
2. 통일화와 분산화 ▪ 501
3. 개방화와 폐쇄화 ▪ 502
4. 통합화와 차별화 ▪ 504

◈ 연습문제 504

제14장 국제인터넷마케팅

⊙ 사례연구: 디지털시대의 마케팅전략 507

제1절 국제인터넷마케팅의 개념 509

1. 국제인터넷마케팅의 의의 ▪ 509
2. 국제인터넷마케팅의 종류 ▪ 509
3. 국제인터넷마케팅의 핵심요소 ▪ 510
4. 국제인터넷마케팅의 방법 ▪ 512

제2절 국제인터넷마케팅의 환경 512

1. 국제인터넷마케팅 환경의 변화 ▪ 512
2. e-Marketplace ▪ 513
3. e-Mail 마케팅 ▪ 521

제3절 국제인터넷마케팅의 전략 525

1. e-STP ▪ 525
2. e-Promotion ▪ 530

제4절 국제인터넷마케팅의 관리 540

1. e-Customer ▪ 540
2. e-CRM ▪ 542
3. e-SCM ▪ 554

◈ 연습문제 562

제 1 부

국제마케팅의 이해

제1장 국제마케팅의 기초

제2장 기업의 국제화

제1부
국제마케팅의 이해
제2부
국제마케팅의 환경
제3부
국제마케팅의 전략
제4부
국제마케팅 믹스전략
제5부
국제마케팅의 조정

제1장 국제마케팅의 기초

제1절 국제마케팅의 개념

제2절 국제마케팅의 연구분야

학습목표

국제마케팅의 개념 및 국내마케팅과의 차이점에 대해서 알아본 후, 국제마케팅의 중요성, 성립배경, 학문적 성격, 연구대상 등에 대해서 심도 있게 학습한다.

제1장 국제마케팅의 기초

제2장 기업의 국제화

제3장 국제마케팅조사

제4장 해외고객행동분석

제5장 해외시장 진입전략

제6장 국제사업전략

제7장 국제경쟁전략

제8장 글로벌전략

제9장 국제제품전략

제10장 국제가격전략

제11장 국제유통전략

제12장 국제촉진전략

제13장 국제마케팅의 조직 및 통제

제14장 국제인터넷마케팅

사례연구 삼성의 글로벌마케팅

– 어린이에게 희망을
– 세계 명소에서 볼 수 있게, 문학상 제정

삼성, 특히 삼성전자의 해외사회공헌활동은 국가의 경계를 뛰어넘는다. 삼성전자는 올해부터 글로벌 사회공헌 비전인 '더 나은 삶을 도모하는 기술혁신(Innovations to support the development of people)'에 맞춘 '어린이에게 희망을(Hope for Children)' 캠페인을 런칭하여 2013년까지 55개국까지 확대, 전 세계에서 일관된 사회공헌프로그램을 진행할 계획이다.

또한 삼성전자의 기술과 경험을 통해 기여할 수 있도록 사업 및 제품과 연계된 프로그램, 임직원 참여 극대화, 더 나아가 소비자들도 직접 참여할 수 있는 프로그램으로 지속 발전시켜나갈 예정이다.

아울러 국제적인 문학상 제정, 볼쇼이 극장 후원, 에르미타주 박물관 문화재 복원사업 지원, 세계 명소에 디스플레이 제품 후원 등 다양한 메세나(mecenat)활동은 해외에서 삼성 브랜드의 문화적 이미지를 높이고 있다.

'Hope for Children' 캠페인은 어린이들의 교육과 건강에 중점을 두고 미국, 중국 등 각 지역 특성에 맞추어 기획 및 실행이 이루어진다. 2002년부터 미국에서 실시한 '삼성 Hope for Children'은 소비자가 미국 내 전자유통 매장에서 삼성 제품을 구입하면 이익금의 일정액이 자선기금으로 적립되는 프로그램으로 이를 통해 430개 이상의 학교와 단체에 총 3,000만 달러 이상을 기부한 바 있다.

매년 1회 열리는 기금모금 행사인 '삼성 희망의 4계절' 캠페인에는 미국의 스포츠 스타, 방송인, 가수, 기업인 등이 대거 참석해 삼성 브랜드이미지를 높여왔다. 중국에서는 2005년부터 낙후지역중심으로 학교를 건립하는 '애니콜 희망 소학교' 캠페인을 전개해왔고, 유럽에서는 2010년부터 판매수익금의 일부를 아동 암 예방과 퇴치를 후원하는 'Pink Ribbon' 캠페인을, 동남아에서는 복지센터를 건립하는 등 전 세계에서 다양한 사회공헌활동을 펼치고 있다.

그 밖에 삼성전자는 기술과 경험을 통해 세계에 기여하고 있는데 영국에서는 기술교육 프로그램인 디지털 서비스 아카데미를 통해 서비스 엔지니어를 양성해왔고, 중동과 아프리카에서는 엔지니어링 아카데미를 열어 2015년까지 1만 명의 엔지니어 양성을 목표로 하고 있다.

삼성전자는 세계적인 명소로 자리매김한 궁전과 박물관, 오페라 하우스 등에 삼성전자 제품을 후원하는 방식으로 기업의 고급스러운 이미지를 알리고 있다. 이러한 명소마케팅은 '명화마케팅'과 이어져 신제품 런칭에서 적극적으로 활용된다.

삼성전자는 지난해 9월 피카소, 벨라스케스, 고야 등 수많은 화가와 미술의 본고장인 스페인 마드리드의 티센 미술관에서 '명품 풀HD 3D LED TV 9000' 시리즈의 공식 출시 행사를 진행했다.

이 밖에 이탈리아 라 스칼라(La Scala) 극장의 로비, 갤러리 입구, 관람 박스 입구, 무대 입구, 프레스 룸 등에 설치한 삼성 LED TV, 러시아 에르미타주 박물관과 볼쇼이 극장에 설치한 LED TV도 삼성전자의 프리미엄 이미지를 알리고 있다.

지난해 8월에는 2008년에 이어 두 번째로 대영박물관에 정보표시 대형 모니터(LFD: Large Format Display) 8대를 추가로 공급하며 문화마케팅을 강화했다. 또한 러시아 4대 문학상으로 꼽히는 톨스토이 문학상과 인도 대문호인 라빈드라나드 타고르를 기리는 타고르 문학상을 제정한 것은 삼성전자의 모범적인 문화마케팅으로 평가받는다. (한국일보, 2012. 3. 13)

■ **토의과제**

1. 삼성의 글로벌마케팅 핵심전략은 무엇인가?
2. 기업마다 글로벌마케팅을 강화하는 이유는 무엇인가?
3. 향후 한국기업의 국제마케팅 활성화를 위해서 어떤 노력이 필요한가?

제1절 국제마케팅의 개념

1. 국제마케팅의 정의

국제마케팅의 개념을 이해하기 위해서는 먼저 국내마케팅, 즉 마케팅의 개념에 대한 이해가 필요하다. 왜냐하면 국제마케팅의 체계와 기본원리가 마케팅에서 비롯되었기 때문이다. 마케팅에 대한 정의는 학자에 따라 다르지만, 미국마케팅협회(American Marketing Association)의 정의에 의하면 마케팅이란 '개인 및 조직의 목표를 충족시키는 교환을 창출하기 위해 아이디어, 재화, 용역의 개념화, 가격, 촉진 및 유통을 계획하고 수행하는 과정이다'라고 말하고 있다.

이러한 마케팅의 정의에 기초하여 국제마케팅의 개념을 정리해보면 국제마케팅(international marketing)이란 '개인 및 조직의 목표를 충족시키는 교환을 위해 해외시장에 개입하고 아이디어, 재화, 용역의 개념화, 가격, 촉진 및 유통을 국제적으로 계획하고 수행하는 과정'이라고 말할 수 있다. 결국 국제마케팅이란 이익 등 기업목적을 달성하기 위하여 개별 기업체가 제품 서비스들의 흐름을 2개국 이상의 소비자와 사용자들에게 돌리고 향하게 하는 등 기업활동을 수행하는 것이라고 할 수 있다.

물론 기업들은 시장이 존재하는 즉 판매가능한(salable marketable) 제품과 서비스를 개발하여 가격을 책정하고, 촉진활동과 유통활동을 수행함으로써 이익 등을 실현하는 것을 목표로 한다. 따라서 위의 국제마케팅 정의에서 개별 기업체가 제품과 서비스의 흐름을 2개국 이상의 소비자와 사용자들에게 돌리고 행하도록 하기 위해 수행하는 제 기업활동이란 주로 제품 및 서비스계획(product service planning)을 수립하고, 가격책정(Pricing)을 하고, 촉진(promoting)을 벌이고, 유통활동(distributing, placing)을 수행하는 것을 말한다.

국내마케팅을 할 때도, 개별 기업체는 위와 같은 활동을 물론 수행한다. 그러면 국내마케팅과 국제마케팅 사이의 정의상, 그리고 운영상 차이점(definitional and operational difference)은 무엇인가? 정의상의 단 하나의 차이점은, 국내마케팅은 단지 1개국 시장(a national country market)에서만 마케팅활동을 실시하는 데 반해, 국제마케팅의 경우는 1개국 이상에서 수행한다는 것이다. 국내마케팅과 국제마케팅의 차이를 마케팅활동의 대상이 1개국 시장이냐 아니냐로 단순하게 표현했기 때문에, 둘 사이의 차이가 아주 적은 것으로 보일지도 모른다. 그러나 실제로 둘 사이의 차이는 대단히 크다.

2. 국제마케팅의 특징

첫째, 국제마케팅은 무역, 국제제휴, 해외직접투자 등 기업의 해외시장 개입에 따른 마케팅과정을 다룬다. 따라서 해외시장과 관련 없는 마케팅과정은 포함되지 않는다.

둘째, 생산자중심이 아닌 고객중심의 마케팅활동을 강조한다. 예컨대 제품을 생산한 후 고객을 찾는 것이 아니라 제품을 생산하기 전에 고객의 필요와 욕구를 충족시키기 위해 해외시장조사 등의 노력을 경주한다.

셋째, 국제마케팅은 유형의 제품뿐만 아니라 서비스나 아이디어 같은 무형의 제품도 포함한다. 예컨대 기술자문 등을 해외에 촉진하는 행위도 국제마케팅으로 본다.

넷째, 국제마케팅은 제품, 가격, 유통경로, 판매촉진 등 4P가 통합되고 조정되어야 한다. 종래 수출 위주의 시장개입하에서는 해외유통업체를 통한 판매만이 중요하게 인식되었지만, 이제는 모든 마케팅믹스가 효과적으로 조정되어야 한다.

다섯째, 국제마케팅은 한 국가가 아니라 여러 국가에 걸쳐 국제적으로 마케팅활동이 수행되므로 기업은 전사적인 관점에서 마케팅활동을 통합하고 조정하여야 한다.

3. 국내마케팅과의 차이점

국제마케팅은 **표 1-1** 에서 보듯이 국내마케팅(domestic marketing)과 달리 다음과 같은 몇 가지 차이점을 지니고 있다.

첫째로 국제마케팅은 국경을 초월해서 기업활동을 수행한다. 따라서 재화, 용역, 자본, 인력, 기술 등을 어떻게 효율적으로 이동시키느냐 하는 문제가 대두된다.

둘째로 해외시장에서 기업활동을 수행한다. 따라서 국내시장환경과는 상이하므로 해외시장환경에 대한 분석과 아울러 외국소비자에 대한 연구가 필요하다.

셋째로 동질적이 아니라 이질적인 2개 이상의 해외시장에서 마케팅활동을 수행한다. 따라서 시장 간의 상호작용에 기초하여 마케팅전략의 국제적 조정과 통제가 필요하며, 이른바 글로벌전략을 구축하여야 한다.

표 1-1 국내마케팅과의 차이점

항목	국내마케팅	국제마케팅
시장	국내	해외
마케팅대상	단일요소	상품 · 기술 · 자본 · 인력 · 상표 · 경영 등 복합요소
마케팅전략	국내시장 적응화	현지적응화 또는 세계시장 표준화
전략형태	판매	해외직접투자 · 해외건설 · 해외자원개발
경쟁대상	국내기업	현지기업 · 외국기업 · 세계기업
기업의 형태	국내기업	국제기업
자원이전	없음	있음

결국 한 나라 안에서 마케팅활동을 수행하는 국내마케팅보다 국제마케팅은 더 많은 복잡성, 다양성, 위험성, 난이성 등이 존재한다고 할 수 있다.

4. 국제마케팅의 유형

국제마케팅은 기업의 해외시장 개입수준과 해외시장 진입방식에 따라 **표 1-2** 와 같이 수출마케팅, 해외마케팅, 다국적마케팅, 범세계적마케팅 등으로 분류할 수 있다.

표 1-2 국제마케팅의 유형

	수출마케팅	해외마케팅	다국적마케팅	범세계적마케팅
경영자의 사고	본국시향	해외시장지향	현지시장지향	세계시장지향
마케팅전략	수출마케팅전략/표준화	해외마케팅전략	다국적마케팅전략/차별화	글로벌전략/통합
세계관	국내시장의 연장	해외시장	현지시장	세계시장
주요 자산	핵심능력 집중	핵심능력 분산	분권화/현지화	전 세계적 배치
경쟁우위	가격경쟁력/납기준수/안정적 품질	가격경쟁력	현지시장에 대한 유연성/적응능력	세계적 통합/조정능력

(1) 수출마케팅

수출마케팅(export marketing)은 국제마케팅의 가장 원초적인 활동으로, 재화 및 용역의 국제적 이동을 주 대상으로 삼는다. 상품생산의 주요 기반은 국내에 있으며 다만 판매시장이 외국일 뿐이다. 기업은 적극적으로 기존제품의 해외판매를 추구하는 한편 해외판매자의 요구조건에 맞게 제품 및 마케팅절차 등을 조정한다.

(2) 해외마케팅

해외마케팅(foreign marketing)은 수출마케팅보다 진일보한 개념으로, 기술제휴와 합작투자 등 주로 해외시장에서의 현지생산 · 현지판매에 관련된 해외사업활동에 초점을 맞춘다. 따라서 국제마케팅 관리자는 현지의 마케팅환경을 면밀히 분석하고 이에 적합한 마케팅전략을 수립하고 집행해야 한다.

(3) 다국적마케팅

다국적마케팅(multinational marketing)은 합작투자는 물론 단독투자에 이르기까지 세계 전역에서 마케팅활동을 수행한다. 즉 국제기업이 복수의 해외시장을 대상으로 수행하는 마케팅활동을 강조한다. 다국적마케팅 관리자는 모든 국가를 대상으로 하는 마케팅프로그램을 효과적이고 통합적인 하나의 다국적마케팅활동으로 조정하는 업무를 수행한다. 다국적기업의 경영자는 국제마케팅활동의 통합과 조정을 통한 규모의 경제 효과를 추구한다.

(4) 범세계적마케팅

범세계적마케팅(global marketing)은 해외시장 개입의 수준이 매우 높은 범세계적기업의 마케팅활동에 초점을 맞춘다. 범세계적기업은 본국시장과 외국시장의 구별이 없이 전 세계의 시장을 하나의 동질적인 시장으로 간주하고 표준화된 제품을 강조한다. 따라서 이 경우에는 다차원적인 기업조직과 경영철학이 요구된다.

제2절 국제마케팅의 연구분야

앞서 밝힌 국제마케팅의 정의와 특징을 바탕으로 국제마케팅에서 다루어야 할 연구분야를 요약하면 **그림 1-1** 과 같이 정리할 수 있다.

그림 1-1 국제마케팅의 연구분야

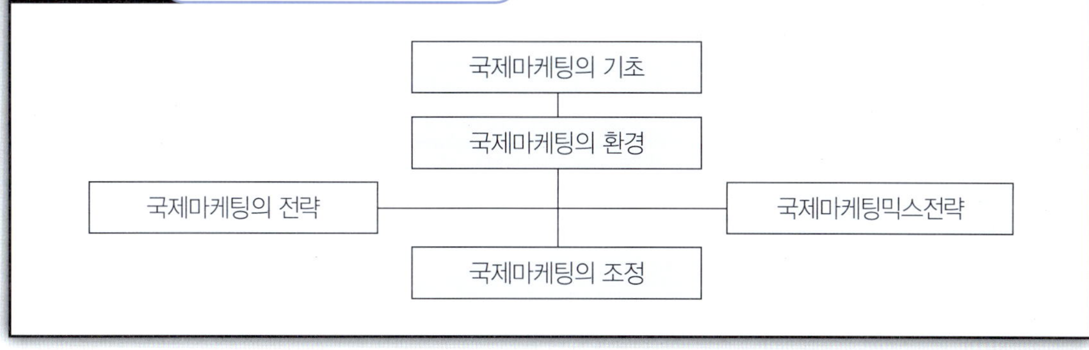

1. 국제마케팅의 기초

기업이 해외시장에 개입하여 국제마케팅활동을 수행하기 위해서는 먼저 그 목적을 명확히 설정하는 것이 무엇보다 중요하다. 기업은 일반적으로 판매시장 확보, 생산거점 확보, 연구 및 자원개발 등의 전략적 목표를 가지고 해외시장에 진출한다. 이 중에서 기업이 특별히 강조하는 것이 무엇인지 명확히 하여야 한다.

다음으로 중요한 것은 기업의 국제화에 대한 올바른 이해이다. 기업의 국제화는 기업활동의 해외이전과정을 나타내며 해외시장의 수효와 비중, 국제사업의 형태, 해외시장 진입방식, 그리고 해외에서의 경영활동을 포함한다. 국제마케팅은 기업의 자원 및 전략에 따라 수행하므로 기업의 국제화수준과 전략방향은 국제마케팅활동에 영향을 미치기 마련이다.

2. 국제마케팅의 환경

국제마케팅은 국내마케팅과 달리 여러 가지 불확실한 해외환경에 접하게 된다. 이것은 기업에게 기회요인이 되기도 하지만 그만큼 위험요인으로도 작용한다. 그러므로 효율적인 마케팅활동을 수행하기 위해서는 상이한 해외환경에 대한 철저한 이해와 분석이 필요하다. 기업의 입장에서 이해해야 할 국제마케팅환경으로는 **그림 1-2**와 같은 것들을 들 수 있다.

그림 1-2 국제마케팅환경

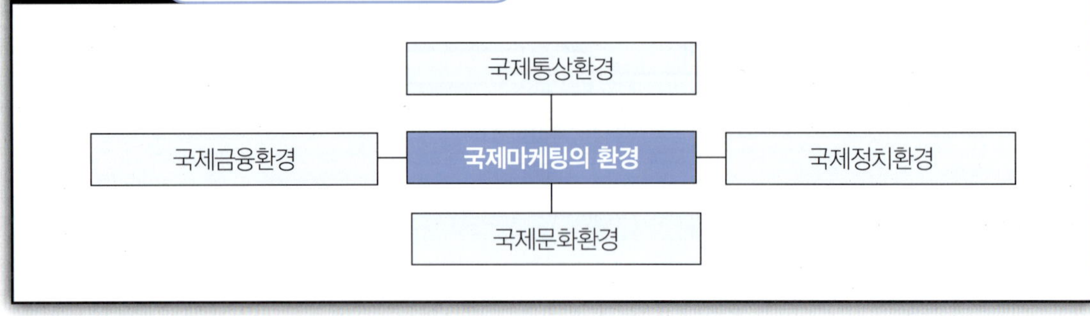

첫째, 국제통상환경으로서 정치 · 경제적 영향 및 관리, WTO 등 국제기구와 협정, 뉴라운드에 따른 신통상 이슈, FTA 등 지역경제통합에 대한 이해가 필요하다.

둘째, 국제금융환경으로서 국제금융시장 및 외환시장, 환율결정요인과 환위험관리 등에 대한 이해가 필요하다.

셋째, 국제문화환경으로서 문화의 개념과 문화분석모델, 그리고 각국의 다양한 문화를 관리하는 방법에 대한 이해가 필요하다.

넷째, 국제정치환경으로서 세계 여러 국가에서 사업을 하면서 겪게 되는 정치적 위험의 유형과 원천, 그리고 이러한 위험의 영향 및 관리에 대한 이해가 필요하다.

3. 국제마케팅의 전략

(1) 국제마케팅전략의 의미

국제마케팅은 세계 여러 나라의 다양한 국제환경 속에서 마케팅활동을 수행하기 때문에 상이한 환경에 대한 분석과 더불어 효과적인 전략 수립이 필요하다. 이 경우 현지자회사의 입장에서뿐만 아니라 국제기업 본사의 관점에서 국제마케팅전략을 수립하여야 한다. 여러 국가를 대상으로 동시에 마케팅활동이 이루어지기 때문에 국가 간 자원과 활동을 어떻게 배치하고 효과적으로 조정할 것인가의 문제가 중요하다.

그림 1-3 국제마케팅전략

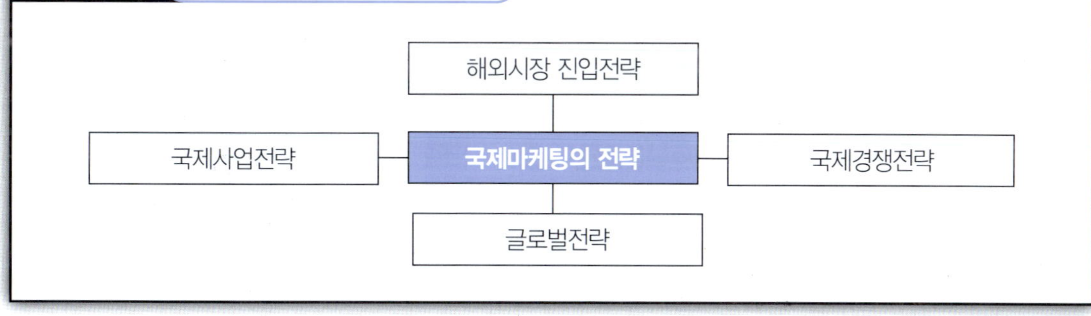

주요 국제마케팅전략에는 **그림 1-3** 에서 보듯이 해외시장 진입전략, 국제사업전략, 국제경쟁전략, 글로벌전략 등이 있다. 해외시장 진입전략은 수많은 해외시장 중에서 목표시장을 어떻게 선정하고 이를 기초로 세계시장으로 어떻게 확대해나갈 것인가를 결정하는 문제이다. 국제경쟁전략은 기업이 마케팅활동을 세계시장을 대상으로 할 것인가 아니면 특정 해외시장을 대상으로 할 것인가 하는 범위의 문제이다. 글로벌전략은 기업이 한정된 자원을 해외시장에서 어떻게 최적으로 배치할 것인가를 다룬다. 국제사업전략은 수출 · 국제제휴 · 해외직접투자 중 어떤 방식으로 진출할 것인가를 다룬다.

(2) 국제마케팅전략의 수립절차

국제기업은 전체적인 기업목표하에서 장기경영전략에 따라 각 해외시장별로 시장기회를 확인하고 경쟁의 여건을 분석하여 이에 부합하는 장 · 단기 마케팅프로그램을 수립 · 집행하여야 한다.

국제마케팅활동이 효율적으로 이루어지려면 기업은 모든 경영활동을 마케팅중심으로 통합하여야 하는데, 이러한 마케팅개념을 전사적 마케팅개념(total marketing concept)이라고 한다. 전사적 마케팅개념에 입각한 기업의 장기경영전략의 개발은 일반적으로 마케팅전략의 개발에서부터 시작하여 생산 · 물적 · 유통 · 기술 · 인사 · 재무 · 투자전략의 순서로 전개된다. 국제기업의 경영전략 개발에 있어서는 본사와 해외자회사 간의 유기적인 결합 여부에도 신경을 써야 한다.

그림 1-4 국제마케팅전략의 수립절차

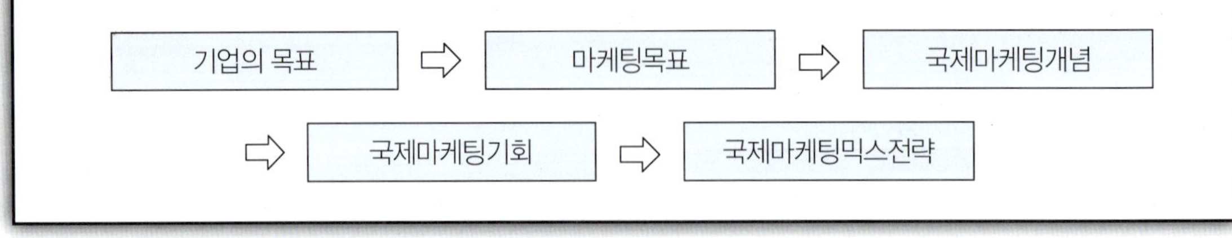

국제기업의 마케팅전략 수립에는 **그림 1-4** 와 같은 시스템적 접근방법이 많이 활용된다.

첫째, 국제기업의 전체적인 기업목표와 마케팅목표를 설정하고 그 테두리 안에서 자체적인 국제마케팅의 개념을 명확히 확립하여, 이를 조직의 구성원들에게 널리 인식시킴으로써 국제마케팅전략을 제대로 수립 · 집행할 수 있는 기업 내 풍토를 조성한다.

둘째, 해외시장국들과 각각의 지역시장별로 마케팅의 시장기회와 잠재수요를 확인 · 분석하고 이를 활용하기 위한 우선순위를 정한다.

셋째, 기업 내의 통제가능한 제 요소, 즉 제품 · 가격 · 판매촉진 · 유통경로 등을 유기적으로 결합한 마케팅믹스전략을 범세계적인 차원에서 수립한다.

넷째, 범세계적인 기업활동을 효율적으로 지원할 수 있도록 마케팅믹스전략을 해외시장국별 · 지역시장별 마케팅프로그램으로 구체화하고 집행예산 등의 마케팅자원을 배분 · 투하한다.

다섯째, 이상의 과정을 통해 이루어진 마케팅전략을 생산 · 재무 · 인사 · 투자 · 기술 등 다른 기능분야와 운영분야의 국제전략과 연계하고 조정한다.

4. 국제마케팅믹스전략

국제마케팅믹스전략으로는 **그림 1-5** 에서와 같이 국제제품전략, 국제가격전략, 국제유통전략, 국제촉진전략 등 이른바 4P전략을 들 수 있다. 국제마케팅믹스란 기업이 국내외의 통제불가능한 환경변화에 대응하기 위하여 기업 내부에서 통제할 수 있는 모든 요소들을 유기적으로 혼합 · 조정 · 통합하는 활동을 의미한다.

국제기업은 활동영역이 넓어짐에 따라 보다 더 이질적인 국제시장환경에 부딪칠 수밖에 없다. 따라서 이질적인 국제시장환경의 폭이 넓어지면 넓어질수록 국제기업의 효율적인 마케팅전략 수립은 더욱더 신중하게 이루어져야 할 것이다.

그림 1-5 국제마케팅믹스전략

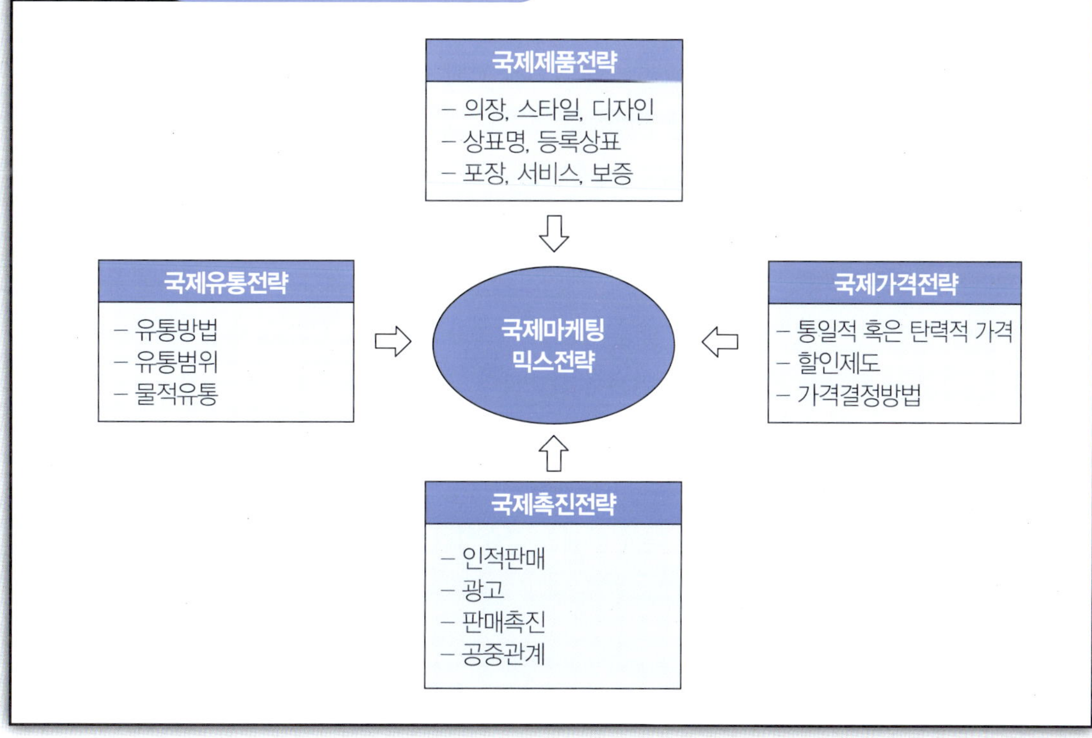

국제마케팅믹스를 구성하는 기업 내부의 통제가능한 제 요소는 제품(product) · 가격(price) · 유통경로(place or channel) · 광고 및 판매촉진(promotion)의 소위 4P이다. 마케팅믹스의 구성요소는 국내마케팅이나 국제마케팅이나 똑같다고 할 수 있다. 단지 국제마케팅의 경우 여러 국가의 시장을 상대로 동시에 마케팅활동을 전개하기 때문에 4P를 중심으로 한 믹스구성의 폭이 더욱 넓어지고 복잡해진다는 차이점이 있다. 이에 따라 국제마케팅믹스전략에서는 기업의 재무기능이 국내마케팅에서보다 중요한 역할을 수행하게 된다. 그 이유는 금융 · 신용거래 및 기타 대부거래의 관행이 국내마케팅의 경우에 비해 훨씬 더 어렵고 그 절차가 복잡하기 때문이다. 위의 **그림 1-5** 는 마케팅믹스전략의 체계를 예시하고 있다.

국제마케팅 관리자는 한 국가의 시장에서 사용한 마케팅프로그램을 다른 시장에 어떻게 이전시킬 것인가를 결정해야 한다. 또한 기업은 현지시장 확대를 위해서 현지시장에 알맞은 마케팅믹스의 개발이 필요하다. 동시에 기업은 복수의 해외시장을 고려한 마케팅믹스전략의 개발이 필요하다.

5. 국제마케팅의 조정

기업은 세계 여러 나라에서 마케팅활동을 수행하게 되면 전사적인 관점에서 마케팅활동을 조정하고 통제하여야 한다. 이는 기업이 국제마케팅 목적을 효과적으로 달성하기 위해서 세계시장에 흩어져 있는 자사의 자원과 활동을 서로 연계시킴으로써 규모의 경제 · 범위의 경제 · 경험효과 등을 제고하는 활동이기도 하다.

국제마케팅의 조정으로는 국제마케팅조사, 해외고객행동분석, 국제마케팅의 조직 및 통제, 국제인터넷마케팅 등을 들 수 있다. 국제마케팅조사 및 국제마케팅의 조직과 통제는 국제마케팅에 관한 모든 의사결정과 원활한 업무수행을 위해서 필요하다. 해외고객행동분석을 행하는 이유는 해외고객들이 무엇을, 왜, 어떻게, 언제 구매하는가, 즉 그들의 니즈를 정확히 파악하기 위해서이다. 국제인터넷마케팅은 인터넷혁명으로 인해 국제마케팅활동에 획기적인 변화가 일어나고 있기 때문에 효과적인 마케팅활동을 위해서는 이에 대한 이해가 필요하다.

연습문제

1. 국제마케팅과 국내마케팅의 차이점에 대해 설명하시오.
2. 국제마케팅의 주요 연구분야에 대해 설명하시오.
3. 국제마케팅 관리자의 주요 업무에 대해 조사하시오.
4. '국제마케팅은 기업을 위한 학문이다'라는 주장에 대해 논하시오.
5. 국제마케팅을 공부하는 목적에 대해 논하시오.

제2장 기업의 국제화

제1절 기업국제화의 개념

제2절 기업국제화의 과정

제3절 기업국제화의 동기

제4절 기업국제화의 결정요인

학습목표

국제마케팅의 출발점이 되는 기업의 국제화와 관련하여 국제화의 개념 및 과정에 대하여 알아본다. 그리고 기업국제화의 결정요인으로 어떤 것이 있는지에 대하여 학습한다.

제1장 국제마케팅의 기초
제2장 기업의 국제화

제3장 국제마케팅조사
제4장 해외고객행동분석

제5장 해외시장 진입전략
제6장 국제사업전략
제7장 국제경쟁전략
제8장 글로벌전략

제9장 국제제품전략
제10장 국제가격전략
제11장 국제유통전략
제12장 국제촉진전략

제13장 국제마케팅의 조직 및 통제
제14장 국제인터넷마케팅

사례연구

신흥 다국적기업의 글로벌 신성장동력

"아시아에는 지금 새로운 신흥 다국적기업(Emerging Multinationals)들이 굉장히 많이 생겨나고 있다. 이 신흥 다국적기업들이 원하는 수요는 날이 갈수록 늘고 있기 때문에 기업 대 기업(B2B)의 비즈니스를 하는 기업 입장에서는 아직 이 지역에서 성장할 가능성이 많다."

브리티시텔레콤의 제프 켈리 CEO는 지난달 27일 세계경제포럼 참석차 스위스 다보스를 방문한 자리에서 매일경제신문과 단독 인터뷰를 하고 이렇게 말했다. 그와의 인터뷰는 다보스포럼 '한국의 밤'이 열린 모로사니 호텔 4층에서 이뤄졌다.

그는 "브리티시텔레콤이 경쟁이 심한 영국 통신시장에서 경쟁을 뚫고 해외시장을 개척하면서 승승장구하고 있는 비결이 무엇인가"라는 질문에 신흥 다국적기업들의 성장가능성을 잘 지켜봤기 때문이라고 답했다.

그는 "신흥 다국적기업들은 자신들만의 방법으로 성장하고 있으며 규모가 커져서 유럽, 미국, 라틴아메리카에도 진출하려고 하고 있다"고 했다. 그는 "우리가 아시아에 진출하려 하듯이 아시아에서도 큰 회사들이 우리를 겨냥하려고 하고 있다"며 "한국, 중국, 인도 그리고 호주의 성공 사례는 놀랍다"고 평가했다.

켈리 CEO는 브리티시텔레콤의 성장비결에 대해 "영국은 통신시장 경쟁이 치열한 곳 중 하나"라며 "경쟁에 개방되어 있기 때문에 기업문제에 집중하기보다는 소비자중심적으로 열려 있는 경쟁을 우선적으로 생각하고 있다"고 말했다.

그는 "브리티시텔레콤은 국제서비스를 제공하고 있기 때문에 한 국가에서 나온 기술을 다른 국가에 적용하기 위해서는 규제가 없는 경쟁환경을 더 선호한다"며 "영국에서처럼 (통신)시장을 열어 전 세계 기업들의 공개경쟁을 유도하면 기업뿐만 아니라 소비자에게 더 이득"이라고 말했다.

켈리 CEO는 중동 및 아프리카에 대한 브리티시텔레콤의 투자가 확대될 것이라고 말했다. 그는 "2주 전에 중동지역과 아프리카를 다녀왔다"며 "그곳에 큰 규모의 투자를 계획 중"이라고 전했다. 그는 "브리티시텔레콤은 전 세계 170여 국가에 지점이 있지만 대부분 본부는 유럽에 두고 있다"며 "하지만 유럽시장이 어렵기 때문에 다른 국가에 대한 투자 규모를 분산하는 중"이라고 했다.

그는 이번 다보스포럼에서 다양한 지역에서 찾아온 고객과 미팅을 한 결과 "유럽 외 지역에서 경제문제는 생각만큼 심각하지 않은 것으로 나타났다"며 "이 지역을 제외한 전 세계 다른 지역들은 생각보다 잘 견뎌나가고 있다"고 말했다. 켈리 CEO는 "내가 만나본 기업가들은 자신들의 기업이 여전히 성장 중이라고 말하는 편이었다"며 "그래서 그들은 성장하는 미국, 아시아, 중동 일부 국가에 투자한다"고 했다.

그는 그러나 지금의 자본주의가 가진 문제에 대해서는 "동의한다"며 기업들이 사회공헌을 더해나가야 한다는 점을 강조했다. 켈리 CEO는 "브리티시텔레콤은 영국에서 정리해고를 하지 않는 정책(zero redundancy policy)을 가지고 있다"며 "그래서 혁신이나 기술개발로 다른 일자리를 필요로 하는 사람들에게 재교육을 통해 다른 일자리를 찾아준다"고 말했다.

그는 "또 해외에서 군복무를 끝내고 돌아온 군인들에게도 일자리를 제공한다"며 "이것은 우리가 책임져야 할 부분이라고 생각한다"고 말했다. 아시아에서도 고용을 늘리고 있다고 했다. 그는 이 지역에서 최근 280여 명을 채용했다고 밝혔다. 켈리 CEO는 또 라틴아메리카에 2~3개월 전 다녀왔는데 인공위성 기술의 발전과 전문가 양성과정의 우월함을 목격하고 놀랐다는 일화를 전해줬다. 그는 "브리티시텔레콤은 언제든지 (이 지역의 인재들을) 고용할 준비가 돼 있다"며 "이런 젊은 인력들이 학교를 졸업하고 일찍 들어오면 브리티시텔레콤은 석사과정 또는 다른 대기업들처럼 해외근무 기회를 제공해주기도 한다"고 말했다.

그는 브리티시텔레콤의 혁신기법에 대해 "우리는 수평적 조직문화로 혁신을 거둔다"고 소개했다. 예를 들어 금융 서비스를 개선해나가야 한다면 해당 분야 혁신을 위해 170개국에서 다양한 해법들을 찾는다는 이야기다. 그는 "특정 기술이 아시아에서는 통할지는 몰라도 미국에서는 그렇지 못할 수도 있다"며 "그만큼 다양성을 통해 더 많은 사고와 혁신을 끌어낼 필요가 있다"고 말했다. (매일경제, 2012. 1. 31)

■ **토의과제**

1. 신흥 다국적기업들의 성장원동력은 무엇인가?
2. 신흥 다국적기업들의 국제화는 어떤 특징을 지니고 있는가?
3. 향후 한국기업의 국제화를 위해서 어떤 노력이 필요한가?

제1절 기업국제화의 개념

1. 기업국제화의 의의

(1) 기업국제화의 정의

기업의 국제화(internationalization of the firm)를 설명하기 위해서는 국제화와 유사한 개념들, 예컨대 세계화(globalization), 다국적화(multinationalization) 등에 대한 올바른 정의가 필요하다. 그러나 이러한 개념들은 아직까지 일반화된 정의가 정립되어 있지 않은 실정이다. 학문적으로도 기업활동의 국제화라는 거시적 현상보다는 국제화에 수반되는 사업방식이나 경영활동에 중점을 두고 이론적 전개가 이루어져왔다.

요한슨(J. Johanson), 발네(J. E. Vahlne), 비더샤임-폴(F. Wiedersheim-Paul), 보르첼(L. H. Wortzel) 등 여러 학자들이 밝힌 정의를 종합하면, 기업의 국제화란 기업의 성장과 이윤획득 등 기업의 목표달성을 위하여 기업이 보유하고 있는 지식 · 자원 · 경영관리능력 등의 각종 경영자원을 해외로 이전시켜 국제시장을 내부화함으로써 진출대상국가의 수를 확대하고 국제적 기업활동의 개입수준을 높이며 동시에 기업경영관리의 국제화를 꾀하는 점진적 · 단계적 과정이다.

국제적 개입수준을 높이는 데는 2가지 방향이 있는데, 하나는 특정 국가시장을 대상으로 기업이 활동영역을 넓히는 수직적 확장이고, 다른 하나는 기업이 거래대상국을 추가하면서 활동무대를 늘리는 수평적 확장이다. 어느 형태의 국제화가 선행된다고 분명히 말할 수 없지만 대개 선진다국적 기업의 경우에는 후자의 의미가 강하다고 할 수 있고, 국제화의 초기에 있는 개도국의 경우에는 전자의 의미로 기업의 국제화를 파악하는 것이 적절하다고 할 수 있다.

(2) 기업국제화의 당위성

기업의 국제화를 논의할 때 기본적으로 전제가 되는 것은 국제화가 기업이 추구해야 할 하나의 당위라는 점이다. 특히 한국기업에 있어서는 기업의 국제화가 거부할 수 없는 커다란 흐름으로 받아들여지고 있다. 이는 기업의 국제화가 기업의 전략적 필요성에 의해서 주체적으로 선택하거나 또는 선택하지 않을 수 있는 문제가 아니라, 대부분의 기업이 거부할 수 없는 추세라는 것을 의미한다. 또한 국제화의 본질과 당위성을 파악하고 여기에 적절하게 대응하는 기업은 국제화를 통해 계속적인 성장이 가능한 데 비해 그렇지 못한 기업은 도태될 수밖에 없다는 것을 의미한다. 이러한 인식은 1980년대 이후 한국기업의 해외진출이 급속하게 증가하고 있는 추세와도 연관이 있다.

그러므로 우리가 기업의 국제화를 보다 잘 이해하기 위해서는 어떤 요인들이 기업의 국제화를 촉진하고, 어떤 요인들이 기업의 국제화를 억제하는가에 대해 살펴볼 필요가 있다. 이를 정리하면 **표 2-1** 과 같다. 그러나 기업이 국제화를 추구하지 않을 수 없는 보다 본질적인 측면을 파악하기 위해서는 이들 실증적 요인만으로 설명하기에는 한계가 있다.

표 2-1 기업국제화의 촉진 및 억제요소

	촉진요소	억제요소
국제무역환경	– 무역자유화 – 경제의 개방화	– 신보호무역주의 – 지역별 경제통합
기술 및 경제요인	– 기술개발비용의 증가 – 규모의 경제 – 운송수단의 발달 – 수송비의 감소	– 유연제조시스템(flexible manufacturing system)의 발전 – 규모의 비경제 증대 – 수송 및 물류비용 감소의 한계
정보시스템	– 지구적 조정 및 통합능력의 증대 – 지구적 정보탐색능력의 증대 – 정보지식의 국제교류 활발	– 조정비용의 증가 – 지구적 정보수집 비용의 증가 – 지구적 조정 및 통합비용의 증가
소비자 기호 및 시장구조	– 소비자기호의 동질화 – 제품의 현지적합성의 증가 – 지구적 단일시장의 등장	– 각국 시장구조의 차이 – 기호 및 관습의 국가별 차이 – 소비자 기호의 세분화

2. 기업국제화의 특징 및 이점

(1) 기업국제화의 특징

기업국제화의 특징을 구체적으로 살펴보면 다음과 같다.

첫째, 기업의 지식, 자원, 제품 등 각종 경영자원이 국경을 넘어 해외로 이전된다.

둘째, 해외시장에 대한 기업의 시장내부화가 진행된다. 시장내부화란 외부시장이 불완전할 때 이를 기업 내부로 끌어들여 기업 내부에 내부시장을 창출하는 것을 말한다. 기업의 국제화는 이러한 시장내부화가 기업 내에서 국경을 초월하여 이루어지는 것을 의미한다.

셋째, 진출대상 국가의 수가 증가한다.

넷째, 기업의 국제화가 진전되면 될수록 피투자국 현지에 대한 국제기업의 시장개입수준이 심화된다. 예컨대 수출을 통해 특정국시장 진입에 성공한 기업은 라이센싱 · 해외직접투자 등의 방법으로 시장개입을 점차 고도화해나간다.

다섯째, 경영관리의 국제화가 추진된다. 외국시장에서 기업활동을 효율적으로 추진하기 위해서 국제기업은 경영관리 또한 국제화단계에 적합하도록 국제화하여야 한다. 국제기업의 경영관리전략은 그 기업이 범세계적 표준화를 추구하느냐 아니면 피투자국 현지시장에 적응하여 차별화전략을 추구하느냐에 따라 그 내용이 달라진다.

여섯째, 기업의 국제화는 점진적 · 단계적으로 이루어진다. 일부 학자들은 기업의 국제화를 기업 내부에서 시작된 혁신이나 갑작스런 의사결정의 산물로 보기도 한다. 그러나 기업이 국제화를 추진하면서 직면하는 여러 가지 불확실성과 위험, 기업 내부의 자원제약, 외국시장에 대한 정보와 지식의 부족, 국제시장활동에 대한 경험과 능력 부족 등으로 인한 제약요인을 고려할 때 기업의 국제화가 돌발적으로 발생한다는 것은 무리이다.

(2) 기업국제화의 이점

기업국제화를 수행하는 국제기업은 국내기업에 비하여 기업의 성장과 생존이라는 면에서 유리한가? 이러한 의문에 대하여 이익기회의 측면에서 긍정적인 답을 제시할 수 있다. 이는 물론 모든 산업에 일률적으로 적용될 수 있는 것은 아니다. 기업국제화는 기업 또는 산업에 따라서 정도의 차이는 있지만 일반적으로 국내기업에 비해 다음과 같은 이점이 있다.

① 규모 · 범위 · 학습의 경제효과 등 경제성을 창출할 수 있다.

② 추가적 성장기회 제공할 수 있다.

③ 위험을 분산할 수 있다.

④ 노하우와 기술의 습득이 가능하다.

⑤ 무역규제를 회피할 수 있다.

⑥ 정부영향력을 배제할 수 있다.

⑦ 기업 및 제품이미지를 제고할 수 있다.

결국 국제화가 고도화된 국제기업일수록 국내기업에 비해 이익기회를 발견하는 데 있어서 유리하다고 할 수 있다. 또한 다국적기업은 해외자회사와의 연결을 통해 전 세계를 조감할 수 있는 시야를 가지므로 각국에 산재한 이익기회를 포착할 여지가 많다.

3. 기업국제화의 측정

(1) 측정방법

기업의 국제화를 현실적으로 측정하는 대표적인 방법은 국제화의 수준을 잘 반영할 것으로 생각되는 단일변수를 사용하는 것이다. 국제화를 측정하기 위한 변수로 가장 널리 사용되는 것은 아하로니(Y. Aharoni)가 분류한 3가지 변수군으로 그 내용은 다음과 같다.

① 구조적 기준에 의한 정의: 대상국가의 수, 최고경영자의 국적분포, 현지자회사의 수

② 성과기준에 의한 정의: 순익, 종업원의 수, 매출액 등에서 해외부문이 차지하는 비중

③ 행태적 기준에 의한 정의: 경영자의 국제적 사고 여부 등

(2) 문제점

아하로니의 구조적 기준, 성과기준, 행태적 기준에 해당하는 변수를 사용하여 국제화정도를 측정할 경우 비슷한 측정을 쉽게 반복할 수 있으며 결과를 비교하기가 용이하므로 일반화를 유도하기 쉽다는 장점이 있다. 그러나 현실적으로 다음과 같은 문제점이 발생한다.

첫째, 기업의 국제화에 관한 개념이 규정되지 않음으로 인해 측정을 위해 사용된 변수들이 기업의 국제화라는 전체 영역을 측정하였는지, 아니면 국제화의 특정 영역만을 측정하였는지 알 수 없다.

둘째, 변수들이 통일된 개념으로 수렴되지 못하기 때문에 측정치를 종합하여 최종적 결론을 도출하는 데 어려움이 있다. 즉 어떤 기업이 한 변수에서는 국제화의 정도가 높고 다른 변수에서 국제화의 정도가 낮을 경우 이를 전체적으로 어떻게 해석할 것인가 하는 문제가 발생한다.

셋째, 두 번째 문제로 인해 가장 중요시되는 단일변수를 선정하여 측정할 경우 방법론의 엄밀성이 뒷받침되지 않는다면 연구결과의 타당성에 의문을 제기하지 않을 수 없다.

이상의 문세점을 해결하기 위해 최근에는 국제화를 측정하는 다항목척도(multi-item scale)를 개발하여 국제화의 정도를 측정하고 있다.

제2절 기업국제화의 과정

기업의 국제화과정은 2가지 의미로 파악할 수 있다. 하나는 기업활동 측면에서 기업이 세계 여러 나라로 확대되어가는 과정이며, 다른 하나는 기업주체의 측면에서 기업이 국제경쟁력을 향상시킴으로써 세계일류 수준으로 변화되어가는 과정이다.

1. 기업활동의 변화

기업활동의 변화는 기업의 활동이 세계 여러 나라로 확대되어가는 과정을 말하며, **그림 2-1** 에서 보듯이 일반적으로 4가지 의미를 내포한다. **그림 2-2** 는 서로 다른 두 기업을 예로 들어 그런 4가지 의미를 읽어내는 방법을 소개한다. A기업은 특정 지역시장을 중심으로 다양한 사업을 전개하는 국제사업의 다각화에 중점을 두고 있는 반면, B기업은 주요 단일사업을 중심으로 시장, 참여방식, 경영기능범위를 확대해가는 특징을 보여주고 있다.

(1) 지리적 범위

지리적 범위(geographic scope)는 기업활동이 한 국가로부터 세계 여러 국가로 넓어진다는 것을 의미한다. 보통 국내시장에서 출발하여 소수의 해외시장으로 침투한 후 세계시장으로 확대해간다. 예컨대 한국기업의 경우 지리적 또는 문화적으로 가장 가까운 중국시장이나 일본시장에 진출한 후 점차 아시아시장 그리고 세계시장으로 기업활동을 확대시키게 된다.

그림 2-1 기업활동의 변화

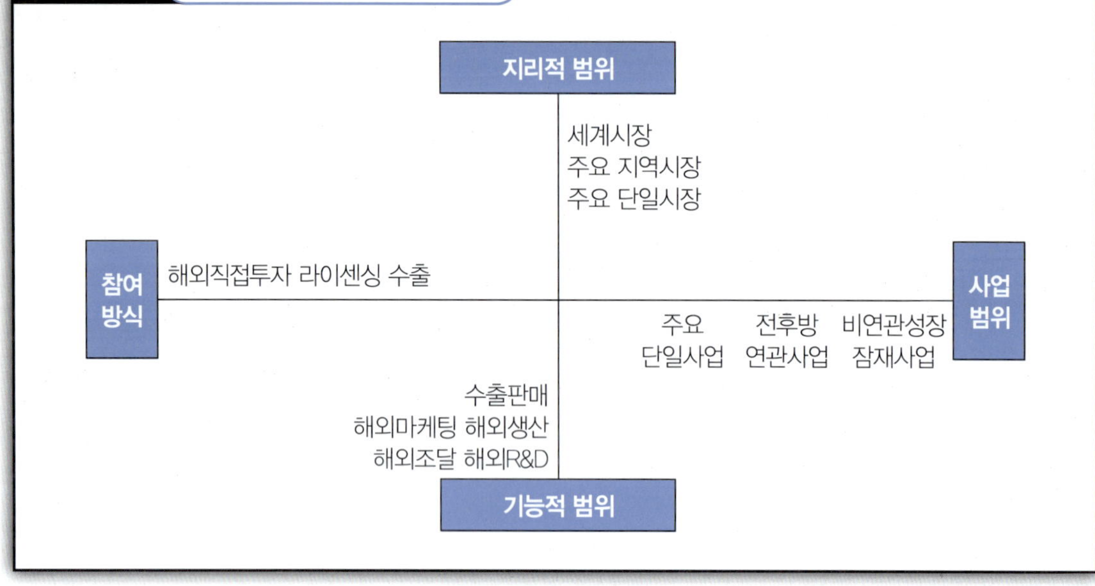

그림 2-2 기업활동의 변화 예시

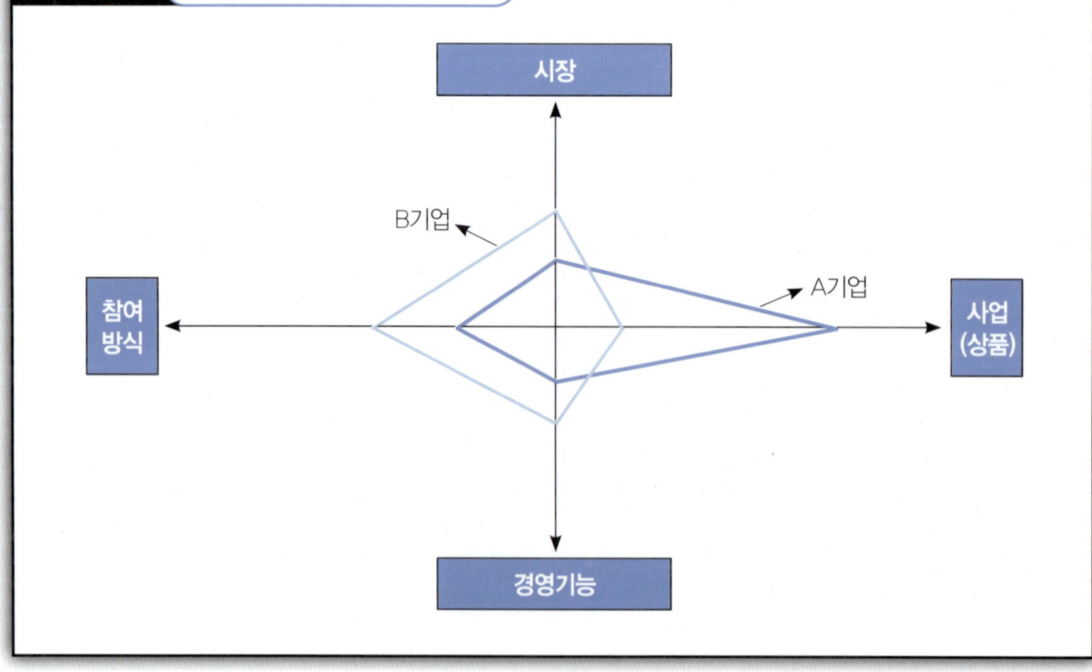

(2) 사업범위

사업범위(business scope)는 세계시장에서 여러 사업을 동시에 수행할 수 있을 정도로 영업범위가 넓어지는 것을 의미한다. 즉 국제사업다각화를 가리킨다. 예컨대 Sony의 경우 처음에는 밥솥이나 소형라디오와 같은 단일사업으로 시작하였으나, 점차 TV나 비디오와 같은 제품으로 다각화하여 현재는 첨단제품은 물론 영화와 음반사업까지 진출하였다.

(3) 기능범위

기능범위(functional scope)는 기업의 경영기능이 세계 어느 곳이든지 가장 효율적인 국가에서 수행될 수 있도록 확대되어가는 과정을 의미한다. 즉 처음에는 단순히 제품의 판매에만 국한되었으나 점차 그 기능이 생산, 원자재조달, 연구개발, 재무, 인사 등으로 확대되어 기업의 경영기능을 세계 여러 나라에서 수행하게 된다는 것이다.

(4) 참여방식

참여방식은 기업이 새로운 국가에 진출하는 데 있어서 수출, 라이센싱, 해외직접투자 등으로 다양해지는 것을 의미한다. 예컨대 기업이 해외시장에 참여할 때 처음에는 자원투입 및 위험이 낮은 수출방식으로부터 시작하여 점차 자원투입 및 위험이 높은 해외직접투자방식으로 변화되어가는 것을 말한다.

2. 기업주체의 변화

기업의 활동이 세계적으로 확대되면 결국 기업의 변화를 가져온다. 기업주체의 변화라는 측면에서 보면 기업국제화는 국내기업, 수출기업, 해외투자기업, 다국적기업, 세계기업 등으로 진화하는 과정을 가리킨다. 여기서는 일반적으로 많이 알려진 펄뮤터(H. Perlmutter), 로빈슨(R. D. Robinson), 팅(W. Ting), 그라이너(L. E. Greiner) 등의 견해를 설명하기로 한다.

(1) 펄뮤터의 기업국제화과정

차크라바티와 펄뮤터(B. Chakravarthy & H. Perlmutter)는 국제화에 따른 기업의 변화를 표 2-2 에서와 같이 본국중심기업(ethnocentric firm), 현지중심기업(polycentric firm), 지역중심기업(regiocentric firm), 세계중심기업(geocentric firm) 등 4가지로 범주화하였다. 이를 영어의 머리글자를 따서 'EPRG 프로파일(EPRG profile)'이라고 부른다.

표 2-2 펄뮤터의 기업국제화과정

	본국시장중심기업	현지시장중심기업	지역시장중심기업	세계시장중심기업
목표	수익	공적수용	수익 및 공적수용	수익 및 공적수용
전략	범세계적 통합전략	국별 반응전략	지역통합 및 국별 반응전략	범세계적 통합 및 국별 반응전략
조직	계층적인 제품사업부	계층적인 지역사업부	매트릭스를 통한 제품 및 지역조직	네트워크조직
관리 (목표설정방향)	상→하	하→상	지역과 자회사 간 상호타협	모든 수준에서 협상
(커뮤니케이션)	계층적	거의 없음	수직적 및 수평적	수직적 및 수평적
(자원의 배분)	본사 결정	자회사 결정	지역본사가 자율배분	범세계적 배분

자료 B. Chakravarthy and H. Perlmutter, "Strategic Planning for a Global Business," *Colu bia Journal of World Business*, Summer 1985, pp.3-10.

가) 본국시장중심기업

본국시장중심기업(ethnocentric corporation)은 기업의 활동과 자원배분이 본국시장(home market)을 중심으로 이루어진다. 해외시장은 본국에서 생산한 제품의 수출시장으로서 의미를 갖는다. 조직은 수출부 또는 국제사업부의 형태를 띠며 본사에서 설정한 전략은 해외자회사에 그대로 하달된다.

나) 현지시장중심기업

현지시장중심기업(polycentric corporation)은 기업의 활동과 자원배분이 현지시장(local market)을 중심으로 이루어진다. 기업의 해외직접투자에 의해 현지시장에 자회사가 설립되고 현지시장은 상품의 생산지인 동시에 판매시장으로서 중요한 의미를 지닌다. 본국 모기업의 조직은 지역사업부 형태를 띠며 해외자회사는 자율적으로 목표를 설정하고 현지시장환경에 맞는 전략을 수립하고 기업활동을 수행한다.

다) 지역시장중심기업

지역시장중심기업(regiocentric corporation)은 기업의 활동과 자원배분이 지역시장(regional market)을 중심으로 이루어진다. 해외자회사의 수가 늘어나면서 지역 내 자회사 간의 협력이 요구된다. 모기업은 다국적기업으로서 소수의 지역본사를 통하여 해외자회사들을 관리한다. 지역본사는 그 지역 내 해외자회사들과 협의하여 경영목표를 설정하고 전략을 개발함으로써 현지시장에 적응하는 동시에 지역적 통합을 꾀한다.

라) 세계시장중심기업

세계시장중심기업(geocentric corporation)은 기업의 활동과 자원배분이 세계시장(global market)을 중심으로 이루어진다. 본국과 해외시장의 구별 없이 국제적 관점에서 최적의 국가에 기업활동을 배치하고 전사적 관점에서 전략을 수립하고 해외자회사들의 경영관리를 통합한다. 연구, 생산, 마케팅, 물류, 정보 등의 기업활동이 네트워크 조직구조를 통하여 범세계적으로 연계된다.

(2) 로빈슨의 기업국제화과정

로빈슨(R. D. Robinson)은 기업의 해외활동 및 세계적 자원배분의 정도, 소유국가, 경영관리 특성 등을 기준으로 기업국제화과정을 5단계로 구분하여 단계별 기업의 명칭을 각각 부여하였다. 즉 **표 2-3** 과 같이 기업은 국가기업(national firm), 국제기업(international firm), 다국적기업(multinational firm), 초국적기업(transnational firm), 초국가기업(supernational firm)으로 발전하면서 국제화를 이루어나간다고 설명한다.

표 2-3 로빈슨의 기업국제화과정

명칭	해외사업 내용	해외사업 비교	소유국가	경영관리 주체
국가기업	상품수출 및 기술제휴	국내산업의 일환	본사국	본사국 모기업
국제기업	상품수출 및 현지생산판매	상호의존성과 독립성이 공존	본사국	본사국 모기업
다국적기업	상품수출 및 현지생산판매	국내 해외 동등화	다수국	본사국 모기업
초국적기업	상품수출 및 현지생산판매	국내 해외 일체화	다수국	다수국
초국가기업	상품수출 및 현지생산판매	국내 해외 일체화	국제기구	국제기구

자료 R. D. Robinson, "Beyond the Multinational Corporation," *Unpublished Manuscript*, 1973, p.27.

(3) 팅의 기업국제화과정

팅(W. Ting)은 표 2-4에서 보듯이 제품개발전략을 중심으로 신흥공업국 기업의 국제화과정을 모방기, 개량기, 선도기의 3단계로 구분하였다. 신흥공업국 기업은 선진국 제품을 모방하여 자국의 여건에 적합하도록 제품을 개량하여 경쟁우위를 얻고, 이를 기반으로 새로운 시장을 개척해나간다. 이러한 과정에서 신흥공업국 기업의 국제화가 이루어지는데, 기업의 국제화가 진전될수록 마케팅기능과 연구개발기능이 중요한 역할을 하게 된다는 것이다.

표 2-4 팅의 기업국제화과정

의사결정 요소	모방기	개량기	선도기
마케팅	저	중	고
디자인 및 설계	고	고	고
생산	고	고	저
구매	고	중	저
생산자 관리	고	고	저

자료 W. Ting, "The Production Development Process in NIC Multinationals," *Columbia Journal of World Business*, Spring 1982, pp.76-81.

(4) 그라이너의 기업국제화과정

그라이너(L. E. Greiner)는 환경변화에 적응하여 기업이 성장해가는 과정을 창출단계(growth through creativity), 지도단계(growth through direction), 위임단계(growth through delegation), 조정단계(growth through coordination), 협력단계(growth through collaboration)로 구분하였다. 그는 각 단계별 혁신의 위기요인으로 지도력, 자율성, 통제, 비능률 등을 지적하였다. 그라이너가 주장한 기업성장과정상의 각 단계별 기업경영관리의 특징을 요약하면 표 2-5와 같다.

표 2-5 그라이너의 기업국제화과정

	1단계 창출단계	2단계 지도단계	3단계 위임단계	4단계 조정단계	5단계 협력단계
경영의 초점	제조 · 판매	활동의 효율성	시장확대	조직강화	문제해결 및 혁신
조직구조	비공식	집중적 · 기능적	분산적 · 지리적	라인-스태프 제품그룹	팀의 매트릭스
최고경영자의 스타일	개인주의적 기업가적	지도적	위임적	감시적	참가적
통제제도	시장 · 결과	표준 · 비용센터	보고서 이익센터	계획 · 투자센터	상호 목표 확립
경영보상의 주안점	소유권	봉급 · 공적	개별 보너스	이익분배 주식옵션	팀 보너스

자료 L. E. Greiner, "Evolution and Revolution as Organizations Grow," *Harvard Business Review*, July-August 1972, pp.34-44.

제3절 기업국제화의 동기

기업은 왜 해외시장에 진출하고 그 활동을 세계적으로 확대하는가? 기업의 국제화 동기 및 목적이 분명해야 해외시장 진출 여부를 결정할 수 있고, 진출 후에도 영업활동을 효과적으로 수행할 수 있다. 여기서는 기업국제화의 동기를 수출동기, 해외직접투자동기로 나누어 살펴보기로 한다.

1. 수출동기

(1) 원가절감

기업은 수출을 통하여 생산량을 증대시킬 수 있다. 생산량의 증대는 규모의 경제 효과, 경험축적에 따른 경험곡선효과, 원자재의 대량구매나 대량수송 등으로 인하여 어느 정도의 원가절감을 가져올 수 있고 이는 가격경쟁력과 시장점유율을 제고시키는 원천이 되기도 한다. 일본기업이 국제화 초기단계에서 미국시장 진출에 성공하고 이를 교두보로 세계시장을 석권하게 된 데는 수출에 의한 규모의 경제 및 경험곡선효과가 중요한 역할을 하였다.

(2) 이익증대

국내경영환경과 국제경영환경이 다르기 때문에 기업들은 유사한 제품을 국내에서 판매하는 것보다 해외에서 판매함으로써 더 큰 이익을 얻을 수 있다. 예컨대 경쟁이 치열한 국내시장에서의 판매이익보다는 해외시장에서의 판매이익이 증대될 가능성이 많을 것이다.

(3) 유휴시설활용

다른 제품의 생산으로 쉽게 전환될 수 없는 특수한 생산시설에 의해 생산되는 제품의 경우 국내시장 규모가 작으면 유휴시설문제가 발생하며 따라서 유휴설비를 활용하기 위해 기업들은 수출을 계획하게 된다. 한국의 자동차, 조선, 철강산업 등이 그러한 예이다.

(4) 위험분산

기업이 다수의 국가시장에서 여러 가지 사업을 하는 경우 위험을 분산시킬 수 있다. 국가 및 산업에 따라 경제발전단계가 다르고 경기상황이 다르기 때문이다. 예컨대 중국의 경제개발에 따른 철강수요의 증가와 수출기회의 증대는 한국의 기업들에게 국내수요의 감퇴에서 오는 위험을 어느 정도 완화시킬 수 있다. 또한 수출시장이 다변화되어 있을 경우 경쟁상황의 변화나 수요패턴의 급격한 변화에서 오는 판매량 감소를 극소화할 수 있다. 선진국시장에 수출하는 상품의 고급화가 진전되는 동안 아시아의 다른 개도국은 중저가상품의 수출시장으로 큰 몫을 할 것이기 때문이다.

(5) 제품수명주기 연장

제품수명주기는 제품과 국가에 따라 다르다. 예컨대 미국에서 신제품이 개발될 경우 그 제품이 일본이나 기타 선진국시장으로 비교적 빨리 이전되지만 개도국에는 상당기간 지나야 도입된다. 다시 말하면 한국시장에서는 수요가 줄어드는 성숙기 후반에 있는 제품이라고 할지라도 아시아의 다른 국가에서는 도입기에 있을 수 있다. 이때 기업은 아시아의 다른 국가에 수출 또는 해외직접투자를 통하여 판매시장을 지속적으로 유지함으로써 제품의 수명주기를 연장할 수 있고 투자된 설비를 오랫동안 활용할 수 있다.

2. 해외직접투자의 동기

해외직접투자는 자본의 한계수익이 낮은 국가에서 높은 국가로 이동하는 것이 일반적이다. 그러나 개별 기업의 입장에서 보면 해외직접투자는 본국의 기업환경이나 경영전략에 따라, 그리고 현지국의 투자환경에 따라 변화하며, 이러한 동기와 목적이 복합적으로 작용한 결과로 투자가 이루어진다.

개별 기업의 입장에서 해외직접투자의 동기는 표 2-6 에서와 같이 ① 전략적 동기, ② 행동적 동기, ③ 경제적 동기, ④ 재무적 동기, ⑤ 공격적 · 방어적 · 복합적 동기 등 5가지 유형으로 나눌 수 있다.

(1) 전략적 동기

기업이 전략적으로 해외직접투자를 추구하는 이유는 ① 시장지향형, ② 생산효율지향형, ③ 자연자원지향형, ④ 지식지향형, ⑤ 정치안정지향형 등 5가지 유형으로 구분할 수 있다.

가) 시장지향형 해외직접투자

시장지향형 해외직접투자(market-oriented FDI)는 수입국의 무역장벽을 회피하여 기존의 수출

표 2-6 해외직접투자의 동기

해외직접투자 동기	주요 내용
전략적 동기	– 시장지향형 – 생산효율지향형 – 자연자원지향형 – 지식지향형 – 정치안정지향형
행동적 동기	(1차요인) – 외국정부, 자사제품의 해외대리점 및 고객 등의 권유 – 자사제품의 판매시장 상실에 대한 우려 – 선도적 역할수행효과의 기대 – 국내시장에서 외국기업과의 경쟁 예상 (2차요인) – 생산요소 및 개발제품의 시장창조 – 노후화된 기계 등의 생산설비 재이용 – 노하우의 자본화 – 연구개발 및 기타 고정비의 분산 – 현지국과 무역관계협정을 맺고 있는 제3국시장으로의 우회진출
경제적 동기	– 규모의 경제 – 전문적 경영관리기법 – 제품 및 생산요소시장에 대한 충분한 지식 – 전문적 기술 – 충분한 자금공급능력
재무적 동기	– 기업가치의 극대화를 위해 투자 – 국제분산투자
공격적 동기 방어적 동기 복합적 동기	– 생산시설, 경영조직 등을 활용하는 공격적인 해외직접투자 – 수입장벽의 증가 내지는 압력에 대한 방어 목적 – 공격적 동기와 방어적 동기를 결합한 복합적인 성격

시장을 계속 유지하거나 새로운 해외시장을 개척하기 위해 현지 생산 및 판매를 목적으로 투자하는 경우이다. 이때 현지국의 시장수요 충족 이외에 더 큰 제3국시장 공급을 위하여 특정 국가에 투자하기도 한다. 한국의 섬유기업들이 도미니카 등 중남미에 투자하여 미국시장을 겨냥한 경우나, LG가 미국 현지시장을 위해 투자한 경우가 그런 예이다.

나) 생산효율지향형 해외직접투자

생산효율지향형 해외직접투자(production-efficiency-oriented FDI)는 생산요소의 가격이 상대적으로 저렴한 지역에서의 현지생산을 통해 제품의 국제경쟁력을 제고시키기 위해 투자하는 경우이다. 특히 노동력이 풍부하여 임금이 저렴한 국가에 투자하는 경우를 노동지향형 해외직접투자라 하는데, 미국이나 일본 등의 선진국들이 동남아에 투자한 경우나 한국의 섬유기업들이 동남아나 중남미에 투자한 경우가 그런 예이다.

다) 자연자원지향형 해외직접투자

자연자원지향형 해외직접투자(natural resource-oriented FDI)는 부존자원이 풍부한 지역에 진출하여 자원을 안정적으로 확보하여 본국으로 수입하거나 가공하여 제3국에 수출하기 위해 투자하는 경우이다. 단순히 해외자원의 개발에 그치지 않고 가공, 정제, 판매 등 수직적으로 통합하는 경우가 많은데, 상당수의 대기업들이 이러한 투자를 통해 다국적기업으로 성장하였다. 한국기업이 인도네시아의 원목과 원유개발에 투자한 경우가 그런 예이다.

라) 지식지향형 해외직접투자

지식지향형 해외직접투자(knowledge-oriented FDI)는 선진국의 고도화된 제품생산기술, 마케팅기술, 경영관리기술 등을 습득하기 위해 투자하는 경우를 말한다. 유럽기업이나 일본기업이 미국계 기업들을 인수한 경우나, 한국기업들이 미국 실리콘벨리에 현지법인을 설립한 경우가 그런 예라 할 수 있다.

마) 정치적 안정지향형 해외직접투자

정치적 안정지향형 해외직접투자(political safety-oriented FDI)는 사기업을 간섭하거나 수용하지 않을 것으로 생각되는 미국과 같은 선진국에 기업을 새로 설립하거나 인수하는 방법의 해외직접투자를 말한다.

(2) 행동적 동기

행동적 동기에 의한 해외직접투자는 외부환경 또는 조직 내부에서 최고경영층의 개인적 편견이나 필요에 따라, 혹은 기업의 조직구성원이나 그룹에 대한 공약 등의 이유에서 이루어진다. 행동적 동기에 의한 해외직접투자 시 보통 특정한 사업이 추진된다. 아하로니(Y. Aharoni)는 행동적 동기를 유발하는 외적 자극요인으로 다음 2가지 차원을 설명한다.[1)]

1차요인으로 ① 외국정부, 자사제품의 해외대리점 및 고객 등의 권유, ② 자사제품의 판매시장 상실에 대한 우려, ③ 선도적 역할수행효과(band wagon effect)의 기대, ④ 국내시장에서 외국기업과의 경쟁 예상 등을 들고 있다.

2차요인으로 ① 생산요소 및 개발제품의 시장창조, ② 노후화된 기계 등의 생산설비 재이용, ③ 노하우의 자본화, ④ 연구개발 및 기타 고정비의 분산, ⑤ 현지국과 무역관계협정을 맺고 있는 제3국시장으로의 우회진출 등을 들고 있다.

(3) 경제적 동기

경제적 동기는 국제기업이 이윤을 추구하는 과정을 경제적 관점에서 고려한 것으로, 해외직접투자는 해외국의 실물자산, 생산요소, 금융 등 국내시장이 불완전한 상태에 있기 때문에 이루어진다는 것이다. 일반적으로 불완전한 실물자산시장은 정부의 국내시장보호정책이나 독과점기업들의 경쟁 때문에 형성된다. 이러한 불완전한 실물자산시장일지라도 충분한 잠재수요만 있으면 국제기업들은 해외직접투자를 감행한다.

국제기업들이 불완전한 실물자산시장에 해외직접투자를 단행하는 이유는 ① 규모의 경제(economy of scale), ② 전문적 경영관리기법, ③ 제품 및 생산요소시장에 대한 충분한 지식, ④ 전문적 기술, ⑤ 충분한 자금공급능력 등 여러 요소들을 보유하고 있기 때문이다.

(4) 재무적 동기

해외직접투자는 주주(株主)의 부의 극대화, 즉 기업가치의 극대화를 위해서도 이루어진다. 기업이 국제시장포트폴리오(international market portfolio)를 구성할 경우 위험분산효과가 국내의 것보다 크기 때문이다. 일반적으로 투자가는 위험에 대한 보상을 요구하기 때문에 어떤 투자안에 대한 최저필수수익률은 다음과 같이 구성된다.

1) Y. Aharoni, *The Foreign Investment Decision Process*, Harvard University, 1966, p.248.

$$R_j = r + \text{위험 프리미엄}$$

R_j: 자산 j에 대한 최저필수수익률
r: 무위험 수익률

이때 투자자산의 위험은 투자규모 및 포트폴리오를 구성하는 자산의 수에 따라 차이가 있는데, 분산투자는 집중의 경우보다 위험이 적다. 이는 적절히 분산투자 되어 구성된 포트폴리오의 체계적 위험(systematic risk)이 그 자산의 총위험(total risk)보다 적기 때문이다. 총위험은 체계적 위험과 비체계적 위험으로 구성되는데, 체계적 위험(시장위험 또는 분산불가능위험)은 분산투자를 하여도 더 이상 제거할 수 없는 시장 전체가 받는 위험으로 β위험이라고도 한다. 반면에 비체계적 위험(기업 특유의 위험 또는 분산가능위험)은 어느 기업의 특수한 상황, 예를 들어 재무구조가 취약하다든가, 노사관계가 악화되었다든가 등에 따라 부담하게 되는 위험이다.

해외직접투자는 투자위험에 대한 프리미엄의 수준이 국내시장에서 분산투자가 이루어졌을 경우 부담해야 할 체계적 위험에 대한 보상보다 클 경우에 이루어진다. 그러나 분산투자효과(diversification effect)를 얻기 위해 해외직접투자가 일어난다는 데에는 많은 반론이 있으며, 그 이유는 다음과 같다.

첫째, 분산효과를 얻기 위해서라면 국제시장포트폴리오를 구성하면 되는데 굳이 힘들고 어려운 해외직접투자를 단행할 필요는 없다. 즉 직접투자와 간접투자의 동기구별이 불분명하다.

둘째, 다국적기업의 경영자들은 분산투자에서 전제하고 있는 가정대로만 행동하지 않는다. 즉 이 동기가 설득력을 가지려면 국제자본시장이 통합되어 기본적으로 자본자산가격결정모형(CAPM: capital asset pricing method)의 가정들이 충족되어야 한다.

(5) 공격적 · 방어적 · 복합적 동기

공격적 동기는 국제기업의 투자동기 중에서 일반적인 것으로, 수출이나 기술협정과 같은 소극적인 자세로는 현지시장의 잠재력을 개발하기가 어렵기 때문에 국제기업은 현지의 생산시설, 경영조직, 마케팅조직 등을 활용하는 공격적인 해외직접투자를 단행하게 된다는 것이다.

방어적 동기는 기존의 해외시장을 보호하기 위해서 투자하는 경우이다. 즉 현지국의 고율관세, 수입제한 등 수입장벽의 증가 내지는 압력으로 기존시장을 상실할 우려가 있는 경우, 또는 여타 경쟁기업이 공장설립을 추진하려고 하는 경우에 이에 대처하기 위해 국제기업은 해외직접투자를 단행하게 된다.

복합적 동기는 현지의 저렴한 노동력을 이용한 생산비용의 절감이나 로지스틱스(logistics) 시스템을 개발할 목적으로 투자하는 경우이다. 즉 공격적 동기와 방어적 동기가 결합된 복합적 동기에서 단행하게 되는 해외직접투자로, 이것은 기존시장을 보호할 뿐만 아니라 시장잠재력을 확대할 수 있다.

제4절 기업국제화의 결정요인

기업의 국제화를 가져오는 요인들을 살펴보면 기업국제화의 과정과 마찬가지로 여러 학자들에 따라 주장하는 바가 다르다. 여기서는 국제화단계에 따라 영향을 미치는 단계별 결정요인과, 주변 여건에 따라 영향을 미치는 환경적 결정요인으로 나누어 설명하기로 한다.

1. 단계별 결정요인

기업국제화의 단계에 따라 영향을 미치는 단계별 결정요인으로는 모든 단계에서 공통적으로 영향을 미치는 공통적 요인과, 특정 단계 또는 다음 단계로의 이행과정 중 영향을 미치는 개별적 요인으로 나눌 수 있다.

(1) 공통적 결정요인

기업의 국제화에 공통적으로 영향을 미치는 요인으로 그라이너(L. E. Greiner)는 기업조직의 연륜과 능력을, 요한슨과 비더샤임-폴(J. Johanson and F. Wiedersheim-Paul)은 사회 · 문화 · 심리적 거리감이나 현지시장의 규모를 중요시하였다. 빌키(W. J. Bilkey)는 기업특유의 비교우위, 경영관리자의 기업목표 달성의지, 예상되는 수출의 기업목표 기여도, 수출에 대한 조직참여정도 등을 중요시하였다. 카부스길과 네빈(S. T. Cavusgil and J. R. Nevin)은 빌키와 워렌이 제시한 4가지 변수 간의 상호작용을, 요한슨과 발네(J. Johanson and J. E. Vahlne)는 기존시장에 대한 위협, 시장

기회, 기업 내부 능력 및 경험, 성장의지 등을 중요시하였다. 데이비드슨과 해리건(W. H. Davidson and R. Harrigan)은 제품 및 시장의 특성, 시장진출 순서 및 시기를, 보르첼과 보르첼(L. H. Wortzel and H. V. Wortzel)은 제품에 대한 경험, 마케팅 필요조건, 제품의 유통구조, 무역장벽 등을 강조하였다. 이들이 주장한 내용을 요약 정리하면 표 2-7과 같다.

표 2-7 기업국제화의 공통적 결정요인

연구자	결정요인	특징
Greiner (1972)	– 기업조직의 연륜과 능력	
Johanson & Wiedersheim-Paul (1975)	– 사회 · 문화 · 심리적 거리감 – 현지시장의 규모	현지판매법인의 설립은 심리적 거리의 영향을 받지만, 현지생산법인의 경우에는 그렇지 않음
Davidson & Harrigan (1977)	– 제품의 특성 – 시장의 특성 – 시장진출 순서 – 시장진출 시기	
Johanson & Vahlne (1977)	– 기존시장에 대한 위협 – 시장기회 – 기업 내부 능력 및 경험 – 성장의지	
Bilkey & Warren (1978)	– 기업특유의 비교우위 – 경영관리자의 기업목표 달성의지 – 예상되는 수출의 기업목표에의 기여도 – 수출에의 조직참여정도	
Cavusgil & Nevin (1981)	– Bilkey와 Warren이 제시한 4가지 변수 간의 상호작용	통계적 기법을 사용하여 실증적으로 검증
Wortzel & Wortzel (1981)	– 제품에 대한 경험 – 마케팅 필요조건	신흥공업국의 국제화단계 결정요인을 실증적으로 연구

(2) 개별적 결정요인

카부스길과 네빈은 표 2-8 에서와 같이 선진국 기업의 국제화과정을 5단계로 나누어 각 단계별 국제화의 결정요인을 제시한다. 이들의 주장에 의하면, 기업국제화의 결정요인은 기업국제화의 정도에 따라 단계별로 다르기 때문에 각 개별 단계에서의 공통적인 최적결정변수는 존재하지 않는다. 개별 이행의 주된 결정요인은 당해 기업이 위치해 있는 국제화단계에서 개별 기업의 능력과 경험에 따라 달라진다.

표 2-8 기업국제화의 개별적 결정요인

단계	결정요인
1단계 – 국내마케팅단계	– 제품의 성격 – 현재 영업활동의 성격 – 해외시장 정보의 부족
2단계 – 수출이전단계	– 외부로부터의 자극 – 최고경영자의 적극적인 자세 등 내부로부터의 자극
3단계 – 시험적 진출단계	– 국제마케팅활동에 대한 경영자의 태도 – 심리적 거리감
4단계 – 적극적 진출단계	– 수출활동의 결과로 얻어진 수출에 대한 기대감 – 소요자본의 확보가능성 – 경영자의 태도
5단계 – 국제기업단계	– 마케팅믹스 능력 – 장애요인의 극복 능력 – 수출기회의 파악 – 수출활동의 유지 및 확대

한편 보르첼(L. H. Wortzel and H. V. Wortzel)은 위 다섯 단계 중 3단계에서 5단계까지의 결정요인을 제시하였다.

3단계에서 4단계로의 이행에 있어서는 시장요인과 제품요인을 내세웠다. 기업 간의 경쟁심화로 보다 적극적인 외국시장진출이 요구되기 때문이다. 제품요인으로는 제품 간의 품질경쟁강화 등이 중요한 변수라고 주장하였다.

4단계에서 5단계로의 이행에 있어서는 시장요인으로서 현지시장의 방어 및 확대를, 제품요인으로서 자사상표 사용의 필요성을, 기업요인으로서 경영자의 성장의지 등을 내세웠다. 그러나 카부스길과 마찬가지로 산업별 또는 국가별 최적결정요인은 있을 수 없다고 주장하였다.

2. 환경적 결정요인

기업의 국제화를 가져오는 환경적 요인으로는 **그림 2-3** 에서와 같이 기업요인, 시장요인, 경쟁요인, 제품요인 등을 들 수 있다.

그림 2-3 기업국제화의 결정요인

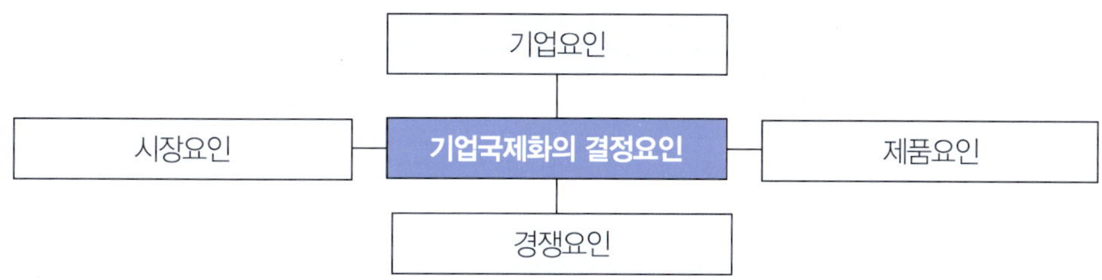

(1) 기업요인

기업조직의 능력과 국제적 경험, 제품과 산업특성, 회사의 규모 및 경영관리자의 목표달성 및 성장의지, 기업특유의 비교우위 등 기업 내적인 요인들은 기업의 국제화를 촉진시킨다. 특히 경영자의 의식구조는 기업국제화의 가장 중요한 요인으로 작용하고 있다. 즉 많은 기업에서 최고경영층의 기업국제화에 대한 강한 욕구가 있느냐 없느냐에 따라 국제화의 추진 여부가 결정되는 것으로 나타나고 있다. 더욱이 기업 내적인 요인들은 외부요인과는 달리 국제화를 추진하면서 어느 정도 수정을 가할 수 있기 때문에 기업국제화를 결정하는 데 중요한 역할을 하게 된다.

(2) 시장요인

오늘날 세계는 소비자행동, 유통구조, 마케팅 등에서 점차 동질화 및 하나의 시장으로 변하고 있는데, 이는 곧 기업의 국제화를 촉진시키는 주요한 요소로서 작용한다. 해외여행의 증가와 인터넷의 발달로 상품 및 시장정보가 신속하게 전파되어 각국 소비자의 생활패턴과 기호수준이 동질화되어가고 있으며, 또한 국제적 유통망의 증가와 광고의 출현으로 세계가 하나의 시장이라는 인식을 강하게 심어주어, 시장 및 소비패턴의 동질성을 중요시하게 된 것이다.

(3) 경쟁요인

범세계적 경쟁은 기업의 국제화를 촉진시키고 있다. 관세 및 비관세장벽 등의 보호장벽이 점차 제거되고 자유무역이 확대되면서 세계시장은 각국 기업들의 경쟁심을 불러일으키고 있다. 기존시장을 잃지 않으려는 국내기업들과 새로운 시장을 확보하려는 외국기업들의 경쟁은 불가피한 실정이다. 세계시장점유율은 곧 기업의 영토라고 할 수 있는데, 영토를 많이 차지할수록 규모의 경제, 상호지원 및 상승효과, 세계적 이미지 제고 등 여러 면에서 이점을 누릴 수 있기 때문이다.

(4) 제품요인

자사상표 사용의 필요성, 해외직접투자를 통한 규모의 경제 효과 등 제품생산과 관련된 여러 요인들은 기업의 국제화를 촉진시킨다. 즉 기업들은 해외직접투자를 통한 생산량의 증가를 위해 노력하고 있으며, 제품생산비용을 절감하기 위해 규모의 경제에 의한 생산방식의 변화를 꾀하고 있다. 기업들은 제품수명주기의 단축에 비해 급증하는 제품개발비용을 낮추기 위해 단일시장보다는 전 세계의 시장을 하나의 시장으로 고려하여 제품을 개발 및 생산하려고 노력한다.

연습문제

1. 기업활동의 국제화란 무엇인지 설명하시오.
2. 펄뮤터와 로빈슨의 국제화과정의 차이점은 무엇인지 설명하시오.
3. 기업국제화의 결정요인 및 동기에 대하여 설명하시오.
4. 기업이 국제화를 추진하는 이유는 무엇인지 설명하시오.
5. 미국기업의 국제화방식과 한국기업의 국제화방식의 차이점에 대하여 설명하시오.

제 2 부
국제마케팅의 환경

제3장 국제마케팅조사

제4장 해외고객행동분석

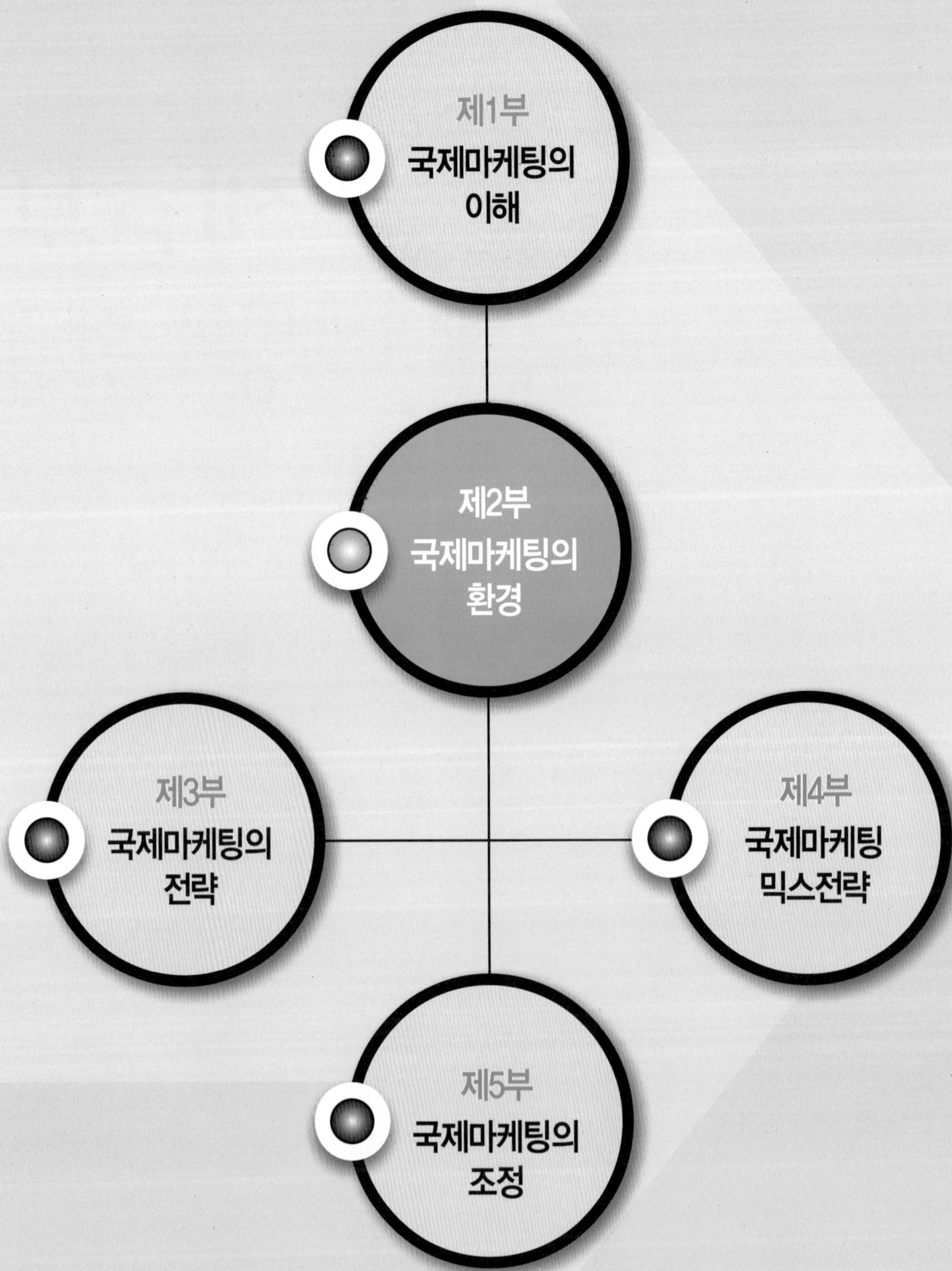
제1부
국제마케팅의
이해
제2부
국제마케팅의
환경
제3부
국제마케팅의
전략
제4부
국제마케팅
믹스전략
제5부
국제마케팅의
조정

제3장 국제마케팅조사

제1절 국제마케팅조사의 의의

제2절 국제마케팅조사의 대상

제3절 국제마케팅조사의 과정

학습목표

국제마케팅조사의 의미 및 필요성에 대해서 학습한 후, 조사대상에는 어떤 것들이 있는지 알아본다. 그런 다음 어떤 절차에 의해서 조사하는지, 국제마케팅조사의 과정에 대해서 심도 있게 학습한다.

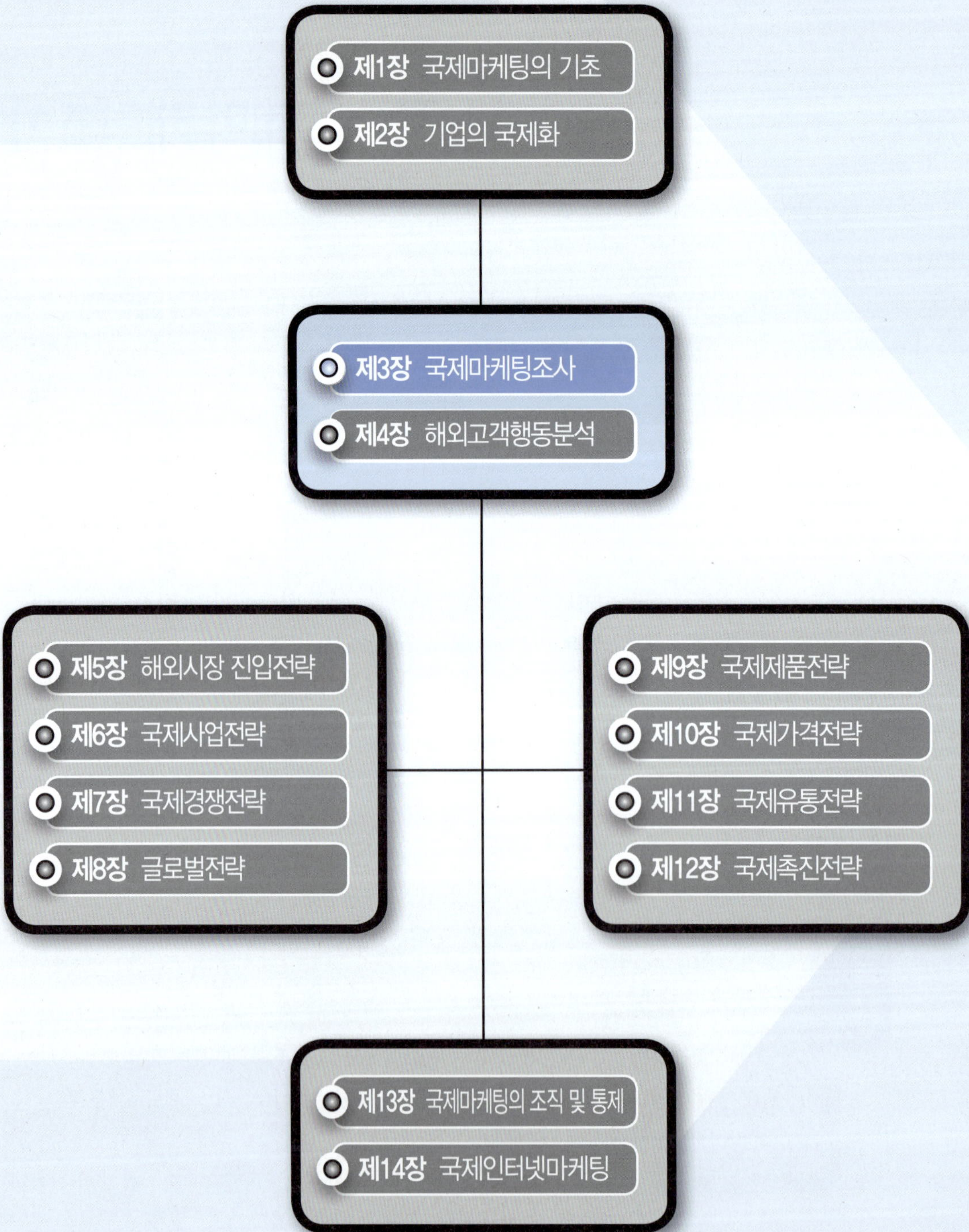
제1장 국제마케팅의 기초
제2장 기업의 국제화
제3장 국제마케팅조사
제4장 해외고객행동분석
제5장 해외시장 진입전략
제6장 국제사업전략
제7장 국제경쟁전략
제8장 글로벌전략
제9장 국제제품전략
제10장 국제가격전략
제11장 국제유통전략
제12장 국제촉진전략
제13장 국제마케팅의 조직 및 통제
제14장 국제인터넷마케팅

사례 연구

세계 100대 기업 90%가 마케팅조사로 이것을!

– 브랜드앱을 통한 마케팅조사
– 작지만 큰 시너지효과

스마트폰 대중화와 함께 모바일 애플리케이션(앱 · 응용프로그램) 이용이 늘면서 브랜드앱을 통한 마케팅이 확산되고 있다. 브랜드앱이란 기업이 브랜드와 제품을 알리고 판매하기 위해 만든 스마트폰 앱을 말한다. 한 조사에 따르면 지난해 세계 100대 기업 중 91곳이 브랜드앱을 갖고 있다.

하지만 브랜드앱을 효과적으로 활용하고 있는 기업은 많지 않다. 브랜드앱 중 다운로드 횟수가 1,000번 이상인 것은 20%에 불과하고, 100만 번 이상 다운로드한 것은 1%도 안 되는 것으로 조사됐다. 브랜드앱이 성공하기 위해서는 스마트폰의 특성과 이용자의 속성을 고려한 전략이 필요하다.

기업은 소비자에게 실질적인 도움을 주는 정보를 브랜드앱에 담을 필요가 있다. 미국 식품유통업체 크래프트는 7,000여 가지 요리의 조리법은 물론 요리 재료를 판매하는 매장 정보와 쿠폰까지 브랜드앱으로 제공한다. 이 회사는 브랜드앱을 0.99달러에 판매해 100만 달러가 넘는 매출을 올렸다.

재미와 감동에 중점을 두고 브랜드앱을 운영하는 기업도 있다. 아우디는 신차를 모델로 한 레이싱 게임을 통해 고객이 간접적으로 자동차의 성능을 체험할 수 있게끔 한다. 랑콤을 비롯한 화장품 회사들은 메이크업 맛보기 기능을 제공해 큰 호응을 얻었다. 초콜릿 회사 락타는 브랜드앱에 연동시킨 페이스북으로 메시지를 주고받을 수 있는 '사랑의 메시지' 서비스로 주목받았다.

스마트폰의 기술적 특성을 잘 활용하면 브랜드앱의 효과를 극대화할 수 있다. 스마트폰은 카메라, 증강현실, 멀티터치 등 다양한 신기술이 집약된 매체다. 이런 기술을 활용하면 고객과 브랜드 간의 다양한 상호작용이 가능하다. 세계적인 가구업체 이케아는 증강현실을 이용해 고객이 자신의 방이나 거실에 가구를 가상으로 배치해볼 수 있는 서비스를 선보였다. 위생용품업체 차밍은 GPS(위성위치기반시스템)를 이용해 가까운 화장실의 위치와 청결도 등을 알려주는 브랜드앱을 선보여 인기를 끌었다.

브랜드앱과 오프라인 서비스를 연계하면 시너지효과를 낼 수 있다. 피자헛 등 패스트푸드업체들은 고객이 매장을 방문하기 전 앱으로 음식을 주문해놓으면 매장에서 대기시간 없이 음식을 가져가거나 먹을 수 있는 주문용 브랜드앱을 운영한다. CGV와 W호텔은 스마트폰으로 입장권 및 객실을 예약하고 각종 서비스를 주문할 수 있도록 하고 있다.

기업이 브랜드앱을 만들 때 명심해야 할 기본 전제는 강렬하고 명확한 마케팅 목표를 설정하고 집중해야 한다는 것이다. 휴대성은 스마트폰의 최대 장점이자 단점이다. 이동하면서 스마트폰을 활용하는 고객은 많은 정보를 차분하게 살펴볼 여유가 없다. 브랜드앱에 너무 많은 정보와 기능을 담을 필요가 없다는 것이다.

앱의 용량이 커지면 이용 시간이 길어지는 것은 물론 요금 부담도 높아져 심리적인 거부감을 불러일으킬 수 있다. 고객에게 브랜드를 각인할 수 있는 간결하고 핵심적인 메시지를 담아 전달한다면 브랜드앱은 저렴하면서도 강력한 마케팅 도구가 될 수 있다. (한국경제, 2012. 2. 23)

■ **토의과제**

1. 스마트폰의 대중화에 따른 브랜드앱의 장점은 무엇인가?
2. 국제마케팅 활성화를 위해서 브랜드앱을 어떻게 응용하는 것이 바람직한가?
3. 기존의 마케팅 도구와 브랜드앱의 차이점은 무엇이며, 둘을 어떻게 접목하는 것이 효율적인가?

제1절 국제마케팅조사의 의의

1. 국제마케팅조사의 개념

(1) 국제마케팅조사의 정의

국제마케팅조사(international marketing research)란 해외시장의 환경 및 동향에 대한 모든 자료를 수집 · 분석 · 평가하는 활동이다. 즉 국제마케팅조사는 해외진출이나 해외자회사의 각 부문별 경영활동에 대한 광범위한 조사자료를 수집 · 분석한다.

국제마케팅조사는 국제마케팅전략의 의사결정과정에서 보면 시장기회를 확인 · 평가하고 각 시장계층을 비교분석하는 단계부터 시작하여 목표설정 · 시장참가 · 전체 마케팅전략의 수립에 이르기까지 각 단계마다 의사결정 이전에 반드시 수행되어야 할 단계이며, 각 사안의 실행과 전체 마케팅효과분석에 따라 그 성과를 평가한 다음 피드백단계에 이르기까지 반복해서 수행되어야 할 단계이다.

국제마케팅조사는 국제기업의 모든 조직을 통하여 연속적으로 정보가 수집 · 분석되어야 하기 때문에 본사에는 거대한 국제마케팅조사를 위한 전담기구가 설치되어야 한다. 따라서 국제기업 내에는 국경을 초월하여 각종 정보가 신속하게 상호교류되어 본사와 자회사의 의사결정을 뒷받침할 수 있어야 한다.

(2) 국제마케팅조사의 필요성

국세나게팅 진략과 전술을 보다 효과적으로 구사하기 위해 국제마케터는 가장 먼저 현지소비자가 무엇을 원하는지, 왜 원하는지를 알아야 한다. 국제마케팅전략을 수립하기 위해서는 무엇보다 체계적인 국제마케팅조사 분석이 필수적이다. 더구나 국제시장은 국내시장과는 전혀 다른 환경적 과업에 노출되어 있어서 마케팅의사결정을 하기 위한 정보 및 자료는 마케팅활동을 전개하기 전에, 그리고 마케팅활동과정 중에도 필수적으로 획득되어야 한다.

기업의 국제화전략에 따라 마케팅활동도 국제적인 차원으로 확대되는데, 이러한 국제마케팅활동은 마케팅활동의 양적인 즉 지리적인 확대뿐만 아니라 마케팅의사결정자의 정보욕구의 질적인 변화도 초래한다. 따라서 대부분의 국제마케팅의사결정에 있어서 마케팅조사는 중요한 기반이 되고 있다.

(3) 국제마케팅조사의 성격

최근 우리나라 기업의 국제화가 급속도로 진전되고 있다. 공산권을 포함한 세계시장에 한국의 각종 상품이 수출될 뿐만 아니라 많은 국가에 직접투자가 이루어져 현지에서 상품을 제조, 판매하는가 하면 라이센싱을 통하여 현지기업에게 우리의 기술을 제공하는 단계에까지 이르고 있다.

국내외 시장환경도 급변하고 있다. 굳게 닫혔던 러시아, 중국, 동구권의 시장이 열리고 있으며, 전 세계의 시장이 하나의 시장으로 되어가고, 국제기업의 경쟁도 범세계적인 경쟁의 양상을 보이고 있다. 또한 선진국의 신보호무역주의, EC로 대표되는 지역주의의 심화, 그리고 중국 및 아세안 국가들의 추격 등 여러 가지 외부환경은 우리나라 기업의 수출을 위협하고 있다. 뿐만 아니라 국내시장의 개방으로 국내기업의 내수기반은 흔들리고 임금상승 등으로 수출품의 가격경쟁력도 약화되고 있다.

이와 같은 국내외 환경변화 속에서 한국기업이 국제화를 성공적으로 추진하고 해외시장을 지속적으로 확대하기 위해서는 기업의 국제경쟁력을 강화시키는 수밖에 없다. 구체적으로 기업의 국제마케팅능력의 제고가 필요한 시점이라 생각된다. 해외고객중심의 마케팅개념을 전사적으로 확산시키고 국제마케팅조사를 강화하여 이를 기반으로 국제마케팅전략을 수립하고 관리하는 능력을 배양하여야 한다.

2. 국제마케팅조사의 과제

국제마케팅조사의 핵심적인 과제는 **그림 3-1** 에서 보는 바와 같이 해외시장진출 여부, 해외시장진출 및 방법의 선택, 국제마케팅믹스전략 등과 관련된 정보를 주로 수집하고 분석하는 것이다.

그림 3-1 국제마케팅조사의 과제

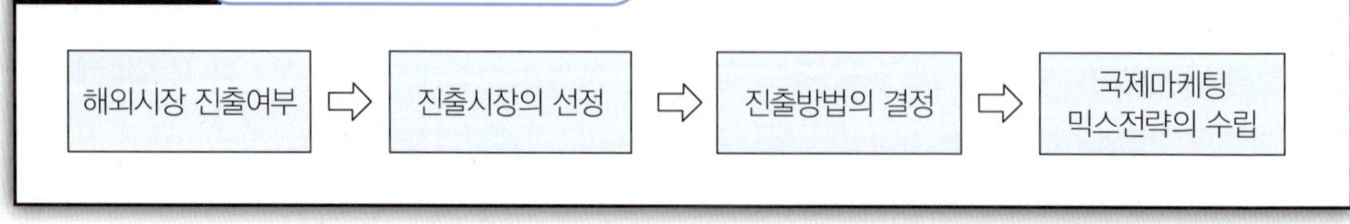

(1) 해외시장진출 여부

국내경쟁의 격화, 국내시장의 포화, 국내시장기회의 한계로 해외시장진출을 시도할 경우 필요한 정보를 수집 · 분석하는 것으로, 산업 및 기업의 국제경쟁력, 해외시장진출기회 및 위협 등을 평가하여 해외시장진출 여부와 진출수준을 결정하기 위한 조사가 이루어진다.

(2) 진출시장의 선정

현지시장 진입 및 확대를 위해 필요한 조사를 행하는 것으로, 진출가능한 국가의 잠재수요, 현지시장에서의 경쟁구조, 현지국의 정치 · 경제상황 등에 대한 정보를 조사한다. 즉 대상제품의 수출입자료, 현지국의 생산과 소비, 현지국의 공급자와 경쟁자, 현지국의 정치안정도 등과 같은 자료를 수집 · 분석함으로써 최적진출시장 선택을 위한 정보를 수집한다.

(3) 진출방법의 결정

수출, 라이센싱, 단독 · 합작투자, 전략적 제휴 중 어떤 형태로 진출할 것인가를 결정하기 위해 표적시장의 규모, 관세 및 비관세장벽의 유무, 해외투자에 대한 현지정부의 혜택 및 규제조건, 정치적 성숙도 등을 조사한다.

(4) 국제마케팅믹스전략의 수립

국제마케팅믹스전략을 효율적으로 수행하기 위해 제품, 가격, 유통경로, 판매촉진 등 4P에 대하여 특정 시장국을 대상으로 조사한다.

3. 국제마케팅조사의 문제점

매우 복잡 다양한 국제경영환경으로 인하여 국제마케팅조사 역시 조사설계의 복잡성, 2차자료의 부족, 자료수집과 분석에 따른 어려움 등과 같은 문제점에 봉착할 수 있다.

(1) 조사설계의 복잡성

국제마케팅조사는 한 국가를 초월하여 다른 국가, 다른 문화, 다른 언어환경 속에서 조사를 수행하여야 하므로 조사설계가 매우 복잡해지는 어려움이 있다. 따라서 분석단위, 분석수준, 응답자선정 등에 있어 많은 주의를 요한다.

우선 분석단위의 경우 일반적으로 국가가 사용될 수 있으나 국제마케팅의 입장에서는 항상 적절한 분석단위라고는 볼 수 없다. 오히려 청소년, 대학생 등이 전 세계의 시장분석단위로서 적절한 때가 많다. 또한 응답자선정에 있어서도 국별 문화적 배경이 상이하기 때문에 조사대상의 선정이 국내조사에 비해 훨씬 어렵다. 예를 들면, 보험이나 자동차 구입의 경우 미국에서는 아내가 중요한 역할을 하는 반면 중동지역에서는 남편이 절대적으로 영향력을 행사하기 때문에 응답자를 잘 선정해야 한다.

(2) 2차자료의 부족과 낮은 신뢰성

해외시장과 외국에 대한 2차자료가 많이 부족하여 국내시장조사에 익숙해 있던 조사 담당자가 국제마케팅조사를 수행할 때에는 자주 당황하게 된다. 또한 2차자료가 어느 정도 이용가능할 경우에도 동 자료의 정확성과 신뢰성에서 종종 문제가 야기된다. 이것은 국제마케팅의사결정이 국내마케팅의사결정보다는 신뢰성과 정확성이 떨어지는 자료에 의해 수행됨을 뜻하므로 담당자는 이러한 문제에 매우 신중을 기해야 할 것이다.

(3) 1차자료 수집비용의 증대

일반적으로 국내시장조사에 비해 국제시장조사의 비용이 더 많이 든다는 사실은 직관적으로 쉽게 알 수 있다. 특히 시장조사를 위한 기초자료 제공원이 없고 조사에의 경험이 축적되어 있지 않은 개발도상국에서 심각한 문제가 야기된다.

1차자료의 비용이 너무 많이 들 때에는 정확성과 신뢰성에 문제가 생기더라도 일단은 2차자료에 높은 비중을 두고 조사를 수행하면서 꼭 필요한 부분에 한해서만 1차자료를 수집하는 것이 효율적일 수 있다.

(4) 국별 조사와 자료수집의 조정문제

국제마케팅조사의 수행은 조사의 설계와 자료수집의 복잡성을 수반할 뿐만 아니라 언어를 비롯한 그 밖의 여러 제약요인으로 인해 조사를 관리 · 운영하는 데에도 문제가 많이 야기된다.

국제적 조사의 설계 및 실행은 조사목적과 일치되어야 할 뿐만 아니라 조사수단 및 자료수집절차와도 조화를 이루어야 한다. 결국 이러한 문제들을 조정하는 기구의 필요성으로 인해 국제마케팅조사의 비용은 크게 증가하게 되며 또한 조사기간도 장기화된다.

(5) 조사방법의 일반화문제

국제마케팅조사 개념과 측정도구 그리고 수집절차가 다양하게 개발 · 검증되어왔으나 아직은 그 적정성이 명백하지 않기 때문에 국가별로 비교가능하도록 일반화하여 조사하기가 매우 곤란하다. 따라서 이미 개발된 개념 및 측정도구를 해당 국가에 맞게 수정하고 그 적정성을 검증하는 절차가 수반되어야 한다.

(6) 조사관리에 관한 문제

국제마케팅조사를 기업조직 내부에서 할 것인가 아니면 외부전문조사업체에 맡길 것인가와 같은 조사수행주체의 문제와, 모기업(본사)에서 할 것인가 아니면 현지자회사에서 할 것인가와 같은 조사분권화문제가 나타나므로 이를 잘 조정 · 관리해야 한다.

(7) 비용과 기간의 문제

일반적으로 국제적 의사결정을 위해서는 국내의사결정의 경우보다 긴 시간이 필요하고 또한 조사비용도 많이 소요되므로 국제마케팅의사결정과 조사비용 간의 경제성을 고려해야 한다.

한편 해외환경 및 활동을 잘 알지 못할 때에는 초기진입단계의 조사는 비용보다는 투자로 간주하여야 한다. 이는 국제마케팅조사가 초기진입 시의 실패를 방지하며 아울러 효과적인 국제마케팅 확장전략의 개발을 가능하게 하기 때문이다.

4. 국제마케팅조사 시 유의사항

국제마케팅조사 시 주의해야 할 사항은 다음과 같다.

① 어느 한 가지 조사방법만을 고집하지 않는다

시장조사에서 가장 중요한 것은 어떤 방법을 써서 조사했느냐가 아니라, 얼마나 정확히 시장현황을 파악했느냐에 있다. 따라서 중요하거나 쉽다고 해서 한 가지 조사방법만을 고집하는 것은 정확한 결과 도출에 걸림돌이 될 것이다.

② 개별적인 인터넷 비즈니스 업체의 성과보고서에 의존하지 않는다

국내 인터넷시장은 아직 그 규모가 작을 뿐만이 아니라 실제로 이익을 내고 있는 업체 또한 드물다. 이러한 사실 때문에 아직은 각 인터넷 비즈니스 관련업체들이 관련자료 제공을 꺼리는 경향이 있다.

즉, 일반적인 거시적 환경에서의 시장동향에 관한 자료들은 문헌조사방법을 통해 쉽게 구할 수 있을지는 모르나, 인터넷 비즈니스의 방문자들이 일반 웹사이트의 방문자와 비교하여 어떠한 행동을 보이는지, 인터넷상으로 판매되는 제품별 시장규모가 어떠한지, 어떤 제품의 판매성장률이 가장 두드러지는지 등에 대한 시장자료를 획득하기는 매우 어려운 실정이다. 또 소비자에게 좋은 이미지를 얻기 위해서 시장조사 시 매출액을 과장하여 언론에 보도하는 경향이 있기 때문에 외부에 노출된 기업들의 성과보고서에 전적으로 의존해서는 안 된다.

③ 외국의 성공사례를 무조건 도입하려 하지 않는다

현재 발행되고 있는 비즈니스 관련 서적이나 잡지 등을 보면 우리나라의 성공사례보다는 미국의 성공사례 자료들을 더 많이 소개하고 있다. 여기에서 주의해야 할 점은 미국과 우리나라는 비즈니스환경이 다를 뿐더러 소비자들의 생활 패턴에도 약간의 차이가 있고 근본적으로 문화사회적인 기반이 다르기 때문에, 미국의 자료가 반드시 우리의 사정에 적합하지는 않다는 것이다.

즉, 사례조사방법을 통한 시장조사에서는 '외국에서 특정 전략을 통해 성공한 사례가 많으므로 우리도 성공할 것이다'라는 위험한 사고를 버리고 과연 우리나라 업체들이 현재 설정한 전략들로 얼마나 성공하고 실패했는지, 그리고 그 이유는 무엇인지에 대해 보다 구체적이고 세부적으로 분석할 필요가 있다.

제2절 국제마케팅조사의 대상

국제마케팅조사 시 파악하여야 할 대상으로는 다음과 같은 것들이 있다.

1. 시장 및 고객조사

(1) 시장조사

① 정치: 정치사정, 정치체제, 정치의 안정성, 정치형태

② 경제: 경제사정, 경제체제, 경제의 안정성, 경제개발계획, 경제성장률, 경제조직, 주요 산업, 주요 자원, 노동 및 고용사정, 경제 및 산업정책, 금융 · 세제, 물가, 국민총생산, 1인당 국민소득, 통화의 안정성

③ 사회: 인구수, 인구증가율, 인종별 분포, 인구동태, 구매력인구, 생활수준, 종교, 문화, 언어분포, 교육수준, 수도 · 전력 · 가스 등의 사회공공시설, 노동력공급, 노동의욕, 사회보장제도, 국토면적, 기후, 풍토

④ 무역: 국제수지, 수출입총액, 국별수출입통계, 주요 상품별 수출입통계, 대한무역수지, 수출입제도, 허가방식, 외환관리제도, 수입국조세제도, 항만사정, 통상협정, 통상무역정책, 환시세, 무역관습

⑤ 상업: 판매조직, 상품유통조직, 상업도덕, 조세윤리, 금리, 상품규격, 상표, 특허제도, 물품세, 판매세

⑥ 수출입 상품: 최종소비자의 기호도, 시장대상 및 판매가능성, 유통구조, A/S, 경쟁품 및 유사품의 가격동향, 특허권문제, 제품수명주기

⑦ 시장 · 유통구조: 일반적인 특성, 소비자계층, 상관습 및 구매시기, 유통구조

⑧ 시장접근방법: 중개상을 통하여 시장을 개척할 것인지, 전문수입상을 통하여 개척하는 것이 바람직한지, 또는 도매상과 직접 거래관계를 맺을 것인지 등 구체적인 시장접근방법을 수립

⑨ 일반사항: 목적시장의 정치, 경제, 사회, 문화, 종교, 인구, 언어

⑩ 경제동향 및 산업동향: 경제성장, 국민소득, 물가, 임금, 고용, 국제수지, 산업구조, 제조업, 유통업

⑪ 무역동향 및 무역관리제도: 목적시장의 대외무역구조, 품목별 · 지역별 경쟁국 진출동향 등의 무역동향, 상대국의 수출입관리제도, 수입규제, 관세제도, 통화정책 및 외환관리제도

⑫ 기타사항: 해당국의 항만사정, 통신시설 및 여행 시 유의할 점, 해당국의 국민성 및 상관습

⑬ 시장잠재력조사, 취급상품의 수급현황(자체생산량, 수입량 및 수요량), 시장성장률 예측, 시장발전단계조사

⑭ 거래 대상지역의 선정, 목표국가의 상관습, 해당 상품의 수출입 현황, 기후와 지리적 여건, 수입관리제도(품목관리제도, 수출입 요건 확인과 관련된 법률[예: 국내의 방사성과 관련된 원자력법 적용], 수입통관, 관세율 및 외환사정 등), 대상국 통화의 안정성 및 경기 상태, 교통 통신(특히 항만, 공항 등 물류 관련설비)

⑮ 경쟁대상국, 경쟁업체, 경쟁제품, 가격동향, 경쟁자의 마케팅전략, 경쟁사의 강점과 약점, 경쟁사의 수출가격, 수출량 및 수출경쟁 우위성

(2) 고객조사

① 고객층의 조사: 소비자의 지역별 · 소득별 · 계층별 분포, 구매능력

② 고객의 이미지조사: 상표, 브랜드, 품질, 가격 등에 대한 이미지조사

③ 고객의 동기조사: 제품구입, 기술도입, 기업합작 등에 대한 동기조사

④ 거래선의 조사: 수입업자, 판매업자, 딜러, 실수요자, 기술제휴자, 플랜트 제공자, 기업제휴자

⑤ 대상국의 인구, 소비자 기호 및 생활수준, 소비자의 연령별 · 지역별 · 소득별 분포, 소비자의 구매동기, 구매장소, 구매방법, 구매시기, 구매량, 구매능력, 상품에 대한 만족도, 구매자의 향후 변화

2. 마케팅믹스조사

(1) 제품조사

① 당해 상품의 현재의 수요와 전망

② 당해 상품의 특허 및 공업소유권 관계

③ 당해 상품의 시황, 환시세 등의 움직임
④ 현지국의 생산량 · 수입량 · 수출량 현황 및 전망
⑤ 현지국의 기존수입신의 수량별 현황 및 전망
⑥ 현지국의 생산품과 수입품의 품질비교
⑦ 현지국의 주요 제품의 색상, 디자인, 규격, 포장
⑧ 경쟁품, 대체품, 유사품의 유무와 품질

(2) 가격조사

① 당해 상품의 가격추이
② 현지생산품과 수입품의 가격비교
③ 시장별 · 소득계층별 가격구조
④ 관련상품과 대체상품의 가격
⑤ 계절, 유행에 따른 가격변동추이
⑥ 해당 지역의 수출 · 입 가격조사, 현지생산품과 수입품의 가격비교, 계절 등에 따른 가격변동 추세, 성수기와 비수기의 가격차이

(3) 유통경로조사

① 시장기구조사
② 거래관습조사
③ 서비스조사
④ 직접 · 간접거래관계조사
⑤ 해당 상품의 유통구조(유통형태, market leader, 유통단계별 마진율 등), 해당 제품의 거래관습에 관한 조사, 유통지역조사, 해당 제품의 성수기와 비수기 조사

(4) 판매촉진조사

① 경쟁사정 및 판매원조사

② 해외시장광고조사

③ 현지의 광고, 판매촉진, 홍보 등에 관한 조사, 대리점활용, 현지법인 설립 등의 효과에 관한 조사

제3절 국제마케팅조사의 과정

국제마케팅조사는 **그림 3-2** 와 같은 절차로 진행되는데 조사가 효율적으로 수행되기 위해서는 각 단계별로 효과적인 관리가 이루어져야 한다.

그림 3-2 국제마케팅조사의 과정

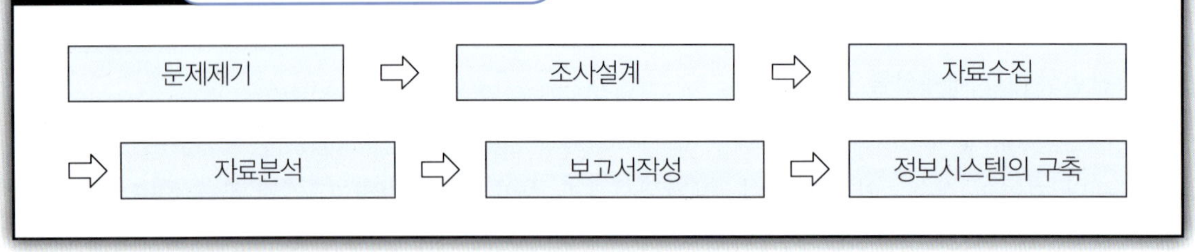

1. 문제제기

문제의 제기는 국제마케팅조사의 방향을 제시하는 단계로, 마케팅활동을 수행하는 데 발생하는 문제점을 해결하고 기회를 포착하기 위해서 매우 중요하다. 문제제기를 잘못하게 되면 완벽한 조사를 실시하였다고 하더라도 조사결과는 국제마케팅관리에 아무런 도움도 주지 못할 뿐만 아니라 새로운 문제점을 야기시킨다.

문제란 조직의 목표를 달성하는 데 방해가 되는 장애라고 할 수 있는데 문제를 정확히 정의해야지만 문제를 해결하는 데 필수적인 자료를 밝히고 수집할 수 있다. 마케팅조사자는 증상과 문제를 혼동하지 말아야 한다. 증상이란 단순히 문제가 있다는 것을 알려줄 뿐이다.

가령 커뮤니티 사이트의 신규 회원이 줄어들고 있다는 사실은 문제의 증상일 뿐이다. 여러 각도에서 탐색적 조사를 한 결과 문제는 사이트의 낮은 인지도 때문이었다면 이 사이트를 알게 되는 경

로, 대중매체의 광고가 신규 가입에 미치는 영향 등을 조사하여야 할 것이다. 문제의 정의를 목적으로 행해지는 조사가 탐색조사이다.

따라서 올바른 문제제기를 위해서는 조사를 통하여 해결하여야 할 마케팅문제 자체와 그러한 마케팅문제가 야기된 배경에 대한 분석이 병행되어야 한다. 배경분석을 위해서는 상황분석, 문헌조사, 전문가의 의견조사, 사례연구들이 주로 이루어진다.

2. 조사설계

조사설계는 규정된 문제에 대한 검토, 조사방법, 정보수집의 원천, 표본추출, 자료수집절차, 자료분석기법, 조사일정, 예산편성, 조사설계에 대한 평가과정 등을 실시하는 단계이다. 조사설계는 시간과 비용을 절약하고 조사의 효율성을 높이는 데 주안점을 두어야 한다.

문제의 검토란 조사목적, 연구문제, 연구가설 등에 대한 검토를 말하며, 평가란 조사설계의 신뢰성, 타당성, 결과의 일반화 등을 기준으로 하며 조사절차와 기법들을 실제상황이나 모의상황에 적용해보는 것을 말한다. 예산과 조사일정은 인원 · 시간 · 비용을 고려하여 의사결정에 도움을 줄 수 있도록 짜야 한다.

조사설계는 문제에 관해 구성된 가설을 검증하기 위한 포괄적인 계획을 의미한다. 다시 말해 문제에 관하여 어떠한 조사를 행할지를 결정하는 것이다. 조사에는 탐색조사, 기술조사, 인과조사의 3종류가 있다.

(1) 탐색조사

탐색조사란 문제를 찾아내고 정의하는 것을 목적으로 하는 조사이다. 탐색조사는 좀 더 정교한 조사를 위한 전 단계로 혹은 가설을 수립하기 위하여 사용되며, 차후 조사의 우선순위를 정하기 위해, 조사자가 문제에 대해 많이 알고 익숙해지기 위해, 개념을 명확히 하기 위해 사용된다.

탐색조사는 정해진 규정이나 계획에 의해 이루어지기보다 자유로이 여러 가지 방법을 동원하여 행하는 유연성이 한 특징이다. 문제가 밝혀지고 아이디어가 생기면 그것을 정리하고 체계화해서 적절한 가설을 만들어야 한다. 가설(hypothesis)이란 변수 간의 관계를 규정하는 진술을 의미한다.

(2) 기술조사

기술조사(descriptive study)는 소비자가 생각하고, 느끼고, 행동하는 것을 기술하는 조사이다. 기술조사의 종류로는 크게 2가지가 있다.

첫째, 종단분석은 횡단분석보다는 드물게 시행되는 조사로, 이름이 시사하는 대로 일정 기간에 걸쳐 반복적으로 관찰, 분석한다. 마케팅에서는 종단분석이 주로 패널(panel)에 의해 행해진다. 패널이란 가게, 판매원, 일반 개인 등의 고정된 표본으로서 패널의 구성원들은 일정 기간 동안 반복적으로 관찰된다.

둘째, 횡단분석은 한 시점에서 관심이 있는 집단에서 추출한 표본을 측정하는 방법으로, 가장 많이 쓰이는 조사방법이다. 종단분석이 일정 시간 동안의 사건을 연속적으로 보여주는 데 반해, 횡단분석은 일정 시점에서의 한 단면을 보여준다. 설문을 통해 조사하는 서베이(survey)가 횡단분석의 전형적인 예이다.

(3) 인과조사

마케팅조사자는 X는 Y를 초래한다는 인과관계형의 가설을 세우는 경우가 많다. 인과관계는 언뜻 간단해 보일지 모르나 그 관계를 밝힌다는 것은 쉽지 않은 작업이다. 인과관계를 추론하는 3가지 기준은 다음과 같다.

첫 번째 기준은 원인(X)이 결과(Y)보다 먼저 일어나야 한다(시간적 선행성). 결과가 원인보다 먼저 발생한다면 인과관계가 성립할 수 없다. 두 번째 기준은 두 개의 사건 X와 Y가 같이 일어나고 같이 움직여야 한다(covariation). 즉 X의 변화는 항상 Y의 변화를 가져와야 한다. 가령 계란이 닭의 원인이라면 계란에서 닭이 나와야 한다. 세 번째 기준은 인과관계가 성립하려면 다른 설명이 가능하지 않아야 한다. 만약, X가 Y보다 선행하고 X와 Y가 같이 일어나며 같이 움직인다 할지라도, Y의 변화를 초래하는 다른 Z가 존재한다면 X와 Y 간의 인과관계는 설득력을 잃을 것이다.

인과관계를 밝히는 것이 목적인 조사가 인과조사인데 실험(experiment)이 이에 해당한다. 탐색조사나 기술조사가 할 수 없는 통제가 가능하기 때문에 인과관계를 밝힐 수 있다. 이를 다시 설명하면, 실험에서는 알고 싶어 하는 변수 이외의 다른 요소들은 변화시키지 않고, 즉 상수(constant)로 놓고 알고 싶은 한두 개의 변수만을 변화시킴으로써(조작함으로써) 다른 변수가 어떤 영향을 받는지 측정한다.

여기서 조작하는 변수를 독립변수, 관측 및 측정되는 변수를 종속변수라 부른다. 그리고 다른 변수들은 변화시키지 않는 것, 즉 상수로 놓는 것을 통제(control)한다고 부른다. 이렇게 다른 변수들을 통제함으로써 독립변수가 종속변수에 미치는 영향을 집어내어 관찰할 수 있는 것을 독립변수와 종속변수 간에 인과관계가 있다고 한다. 그렇다고 해서 증명되었다고 말할 수는 없다.

3. 자료수집 및 표본설계

(1) 2차자료

가) 2차자료의 특징

2차자료란 다른 목적을 위해 이미 조사된 자료를 말한다. 2차자료를 통해 기업은 국제마케팅조사 수행 시 해외에 나가지 않고 자료수집이 가능하며, 자료를 신속하고 용이하게 구할 수 있어 비용부담이 적다.

2차자료는 직접 조사를 해야 하는 수고로움이 있는 1차자료에 비해서 비용과 시간, 인력을 절감할 수 있는 장점이 있다. 또한 바로바로 원하는 데이터를 얻을 수 있기 때문에 신속성을 지니며, 가끔은 1차자료보다 정확성이 높을 수도 있고, 직접 조사한 것보다 정확한 조사가 이루어진 자료를 발견할 가능성도 있다. 또한 어떤 정보는 2차자료를 통해서만 구할 수 있다. 대외비 혹은 직접 구할 수 없는 정보 등이 그러한 예이다.

다만 2차자료는 직접 수집한 정보와 다른 목적성을 가지고 있기 때문에 원하는 형태의 자료가 아닐 수도 있다. 즉, 원하는 속성을 모두 충족시키는 자료가 아닐 가능성도 있다. 또한 정의 내리고 있는 개념이 달라 조사과정이 원하는 방향으로 이루어진 것이 아닐 가능성도 있다. 자료가 오래된 경우도 있는데, 특히 IT와 관련된 자료는 시간이 지날수록 정확성이 매우 떨어진다고 볼 수 있다.

1차자료와 2차자료의 우열을 가린다는 것은 애초에 불필요하다. 대부분의 경우 필요에 따라 둘 다 수집하기도 하고, 2차자료를 통해 정보를 얻고 부족한 부분을 1차자료 수집을 통해 채우는 경우도 많다. 기업 입장에서 보면 정보는 많을수록 좋지만, 대신 정보수집에 들어가는 비용을 고려해야 한다.

나) 2차자료의 요건

① 적합성

적합성이란 필요로 하는 자료의 측정내용과 측정대상이 일치하는 것을 의미한다. 예를 들면, 탄산음료가 청량음료에서 차지하는 소비량 점유율을 조사하는 경우 측정내용은 탄산음료의 전체 청량음료 소비량에 대한 비율을 측정하여야 한다. 이때 측정내용에 탄산음료가 아닌 우유나 쥬스 소비량이 포함되어 있거나 소비량이 아니라 판매액으로 조사되어 있는 경우는 자료의 적합성이 떨어진다. 또한 성인을 대상으로 한 소비량을 알고자 하는데 청소년층의 소비량을 조사한 자료의 경우에도 적합성이 상실된다.

② 신뢰성

측정내용과 측정대상이 적합한 자료라고 하더라도 자료수집방법이나 측정이 부적절하게 이루어진 경우 자료를 신뢰할 수 없다. 자료수집절차나 측정도구(설문지 등)를 밝히지 않거나 알 수 없는 경우, 표본의 수(조사대상자의 수)가 매우 적을 때, 조사자료에 대한 신뢰도를 평가할 수 있는 근거(신뢰도 계수 등)가 없을 때, 동일한 자료원 또는 다른 자료원에서 얻은 자료 간에 일관성이 없을 때는 신뢰성을 의심해야 한다. 특히 신뢰성이 떨어지는 사적 기관에서 자신의 주장이나 이해관계를 정당화하기 위해서 조사된 자료나 형식적인 조사실적을 보이기 위해 실시한 조사자료의 경우는 신뢰성에 문제가 있을 수 있다.

③ 정밀성

자료의 분류나 측정의 정밀도가 낮은 경우 이용이 불가능하다. 기간분류가 월 단위로 된 자료가 필요한데 연 단위로 된 자료이거나, 시 단위 자료가 필요한데 도 단위로 측정된 자료이거나, 소수점 두 자릿수까지의 세밀한 자료가 필요한데 1000단위로 측정된 자료인 경우 자료의 내용과 신뢰성이 높다 하여도 조사문제를 해결하는 데 도움이 되지 않는다. 반면에 요구되는 자료보다 세밀하게 분류된 자료이거나 보다 정밀하게 측정된 자료는 조사요구에 맞도록 통합해서 사용하면 되므로 문제없다.

④ 시효성

조사자료가 내용(타당성), 신뢰성, 정밀성 측면에서 모두 적합하다 해도 너무 오래된 자료인 경우 의사결정에 이용할 수 없다. 요즘처럼 급격하게 변화하고 있는 시장상황을 고려할 때 일정 기간 이상 지난 자료는 쓸모없는 경우가 많으며 사용 시 의사결정을 그르칠 가능성이 높기 때문이다.

다) 2차자료의 종류

2차자료를 획득할 수 있는 원천은 내부원천과 외부원천으로 대별된다. 내부원천은 사내에 있는 자료원이며, 내부원천에서 얻는 자료를 내부자료라고 한다. 외부원천은 사외의 수많은 개인이나 조직이 자료원이 되는 경우로, 외부원천으로부터 얻는 자료를 외부자료라고 한다.

① 내부자료

조직 내부에 보유하고 있는 자료로, 일상업무와 관련하여 발생하는 각종 기록과 보고자료(판매일지, 판매보고서, 회계보고서 등)와 이전에 실시된 마케팅조사 자료, 그 밖에 마케팅 첩보나 POS와 데이터베이스 시스템에 저장되어 있는 자료를 들 수 있다. 내부자료는 비용을 거의 들이지 않고 언제든지 얻을 수 있으며 외부자료보다 신뢰할 수 있다는 장점이 있다. 따라서 자료수집을 위해서 가장 먼저 해야 할 일은 내부자료를 찾아보는 것이다.

② 외부자료

외부자료는 기업 외부에 있는 개인이나 조직이 보유하고 있는 자료로, 공공기관에서 발행한 각종 센서스 및 통계자료, 개인이나 각종 조직에서 발행한 연구보고서 및 정기간행물, 전문조사기관에서 상업적 판매를 하는 자료로 대별된다.

공공자료는 인터넷이나 도서관 등에서 무료로 얻을 수 있으며, 판매하는 경우라고 해도 가격이 저렴하고, 자료의 왜곡(편기)이 없으며, 사적 기관에서 예산상 조사하기 힘든 자료가 많다는 장점이 있다.

사적 연구보고서(논문, 연구조사보고서)와 정기간행물(서적, 잡지, 협회보)도 비교적 저렴하게 획득할 수는 있으나 그 수가 많고 원하는 자료가 포함된 자료원을 찾기가 쉽지 않다는 문제점이 있다. 또한 자료의 개인적 목적이나 이해관계가 반영된 자료가 많아 신중한 평가가 요구된다.

전문조사기관의 상업적 판매 자료는 많은 기업에서 공통적으로 필요로 하는 자료를 정기적으로 수집하여 판매하는 경우이다. 원하는 모든 기업에게 제한 없이 판매하는 경우와, 회원에 가입한 기업에게만 판매하는 경우가 있다. 다양한 기술을 적용하여 개별적으로 조사하기 어렵고 비용이 많이 들어가는 조사를 중심으로 이루어지고 있는 것이 특징이다.

국내에서 판매되고 있는 대표적인 상업자료로는 AC Nielsen의 소매점(약국, 대형소매점)을 대상으로 다양한 제품에 대한 판매자료(재고량, 구매량, 판매량)를 정기적으로 조사하여 제공하는 Nielsen Retail Index와, Media Research에서 판매되는 텔레비전 시청률 자료 등이 있다. 그 밖에도 컴퓨터 판매와 수요에 대해 정기적으로 조사한 자료, 잡지와 신문광고를 조사한 자료 등 특정한 관리적 문제를 중심으로 한 다양한 상업자료가 있다.

상업자료는 개별 기업이 직접 조사하는 경우보다는 경제적이나 자료수집과정에 투입되는 원가를 줄이기 위해 표본규모를 부풀리거나 조사과정을 철저하게 통제하지 못하는 경우도 있다. 특히 상업자료는 조사하기가 어려운 자료가 많아서(응답자가 응답해주기 어려운 자료) 자료수집과정에서 신뢰성 있는 조사가 진행되었는지 대해 신중하게 평가해본 후에 구입을 결정해야 한다.

라) 2차자료의 원천

2차자료는 인터넷의 발달로 그 정보의 보고가 더 무궁무진해지고 있으며, 찾기도 더 수월해지고 있다. 기업마다 산업이나 목적에 따라 주로 찾는 자료원은 달라질 수 있는데, 주요 2차자료원을 요약하면 **표 3-1** 과 같다.

① 국제기구

UN, IBRD, IMF, OECD 등과 같은 국제기구는 연간통계, 일반 경제환경분석, 시장규모 등의 거시경제적 자료를 전문적으로 발행하고 있다.

② 정부기관

한국은행, 한국개발연구원, 산업연구원, 대외경제정책연구원 등의 정부출연기관, 한국무역협회, 대한무역진흥공사 등의 정부산하기관에서는 정기 또는 부정기적으로 각종 연감, 백서, 편람, 정책보고서 및 자료집 등을 발간하고 있다. 대표적인 것으로 대한무역진흥공사의 '국별 시장시리즈', '제품별 시장보고 시리즈', 산업연구원의 '산업별 연구보고서', '국별 보고서' 등을 들 수 있다.

③ 각종 협회

협회, 조합, 진흥회 등과 같은 동종 기업들의 연합체에서는 해당 산업에 대한 연감, 편람, 기업체 명부, 통계자료, 산업동향, 세미나 자료 등을 발간하고 있으므로 특정 산업을 조사대상으로 했을 경우에는 이들 협회 자료가 매우 긴요하다. 예를 들어 한국전자공업진흥회의 '한국전자공업연감', '전자전기공업통계' 등이 있다.

표 3-1 주요 2차자료원

통계청(http://www.nso.go.kr)	센서스, 인구, 물가, 노동, 가계소득, 경제지표, 산업생산통계 등
상공회의소 (http://www.korcham.net)	도소매점 경영동태조사, POS 정보
한국은행 (http://www.bok.or.kr)	GNP 등 각종 경제지표, 국제수지, 조사통계월보, 금융통계, 국제경제지표 등
공공연구소	KIET와 KDI 기술, 산업, 경제관련 연구보고서, ETRI의 전자통신관련 연구보고서 등
사설연구소	삼성경제연구소, LG경제연구소, 현대경제연구소 등의 산업 · 경영 · 경제 관련 연구자료 등
학회	한국경영학회, 한국마케팅학회, 한국소비자학회, 한국상품학회 등의 학회지(경영관련 학회는 공동 인터넷사이트 www.dure.net 이용) 등
협회	백화점협회, 슈퍼체인협회, 물가협회, 광고주협회, 한국무역협회, 한국자동차협회, 한국기계협회 등 수많은 협회의 협회보 및 간행물 등
광고대행사	제일기획, 오리콤, 동방기획, 엘지애드, 금강기획, 삼희기획 등의 간행물
잡지사	주간매경, 주간한경, 이코노미스트, 경영과 마케팅, 월간 마케팅과 세일즈, 광고정보 및 업계관련 잡지
조사회사	AC Nielsen의 Retail Index, 미디어리서치의 TV 시청률 등 유료자료
도서관	국회도서관, 국립중앙도서관의 학위논문 및 각종 연구논문자료
정기간행물 및 신문 인덱스	– Business Periodical Index – Funk & Scott – Index of Corporation & Industries – Wall Street Journal Index
정기간행물 및 신문	– Advertising Age – Business Week – Forbes – Fortune – Industrial Marketing – Journal of Advertising Research – Journal of Marketing – Journal of Marketing Research – Journal of Retailing – Wall Street Journal
사전, 핸드북, 서지	– Encyclopedia of Associations – Marketing and Communication Media Dictionary – Reference Guide to Marketing Literature

소비자 및 시장정보 원천	– Editor & Publisher Market Guide – Guide to Consumer Markets – Survey of Buying Power
산업정보 원천	– Barometer of Small Business – Standard & Poors Industry Survey
기업정보 원천	– Fortune Double 500 Directory – Standard & Poors Corporation Records – Thomas Register of American Manufacturers
광고정보 원천	– Daniel Starch and Staff reader audience reports – Standard Directory of Advertisers – Standard Rate and Service Publications
정부정보 원천	– American Statistics Index – Monthly Catalog of U.S. Government Publications – Statistical Abstract of the United States – Federal Reserve Bulletin – Economic Report of the President – Survey of Current Business
국제정보 원천	– www.OECD.org/ – www.IMF.org/ – www.UN.org/

④ 국제조사기관

포춘, 비즈니스위크, 노무라연구소, 브리태니커, 이코노미스트, 매킨지 등과 같은 세계적인 사적 조사기관도 매우 중요하고 시사적인 자료와 정보를 제공하고 있다.

(2) 1차자료

조사자료는 1차자료와 2차자료로 구분되는데, 1차자료는 조사자가 직접 수집하여야 할 자료이며, 2차자료는 조사자가 아닌 다른 주체에 의해서 이미 수집된 자료이다. 2차자료는 비용과 시간을 절약할 수 있으므로 이를 잘 이용하면 매우 효과적이다. 그러나 2차자료만으로는 문제의 해결이 불가능한 경우가 많으므로 조사자는 신뢰성과 정확성을 바탕으로 1차자료를 수집하여야 한다. 1차자료의 수집방법에는 관찰조사, 면접조사, 설문조사, 실험조사, 현지조사 등이 있다.

가) 관찰조사

관찰은 사람들이 제공할 수 없거나 제공하기를 꺼리는 정보를 얻는 데 적합한 방법이다. 그러나 느낌이나 태도, 동기 등은 관찰할 수 없고, 소비자들의 장기적인 행동도 관찰하기 어렵다. 관찰을 통해 정보를 수집할 때 조사자가 가장 유의해야 할 점은 피관찰자가 눈치를 채지 못하도록 자연스럽게 관찰해야 한다는 점이다. 사람은 자기가 관찰당하고 있다는 것을 알게 되면 평상시와 다르게 행동하는 경우가 많기 때문이다.

관찰조사의 장점으로는 자료를 수집하는 데 응답자의 협조 의도나 응답능력이 문제되지 않는다는 점, 조사자에게 발생하는 오류를 제거할 수 있다는 점, 일반적으로 객관성과 정확성이 높다는 점을 들 수 있다. 반면에 단점으로는 태도, 동기 등과 같은 심리적 현상을 관찰할 수 없다는 점, 장기간에 걸쳐서 발생하는 사건도 관찰하기 어렵다는 점, 사적인 활동(예: 양치질이나 TV시청 등)을 관찰하기 어렵다는 점, 설문지에 비하여 비용이 많이 든다는 점, 관찰대상자가 자신이 관찰되고 있다는 사실을 알면 평상시와 다른 행동을 할 수도 있다는 점을 들 수 있다.

나) 설문조사

설문조사는 조사대상자와 의사소통을 하면서 자료를 얻는 방법이다. 의사소통은 설문지를 통해 이루어진다. 설문조사(서베이법)는 응답자의 인구통계적 특징, 태도나 의견, 의도, 행동의 동기 등 광범위한 정보를 수집할 수 있으며, 많은 정보를 짧은 시간에 저렴하게 수집할 수 있는 장점이 있다. **그림 3-3** 에서 보는 바와 같이 설문지에 의한 조사는 6단계를 거친다.

그림 3-3 설문조사의 절차

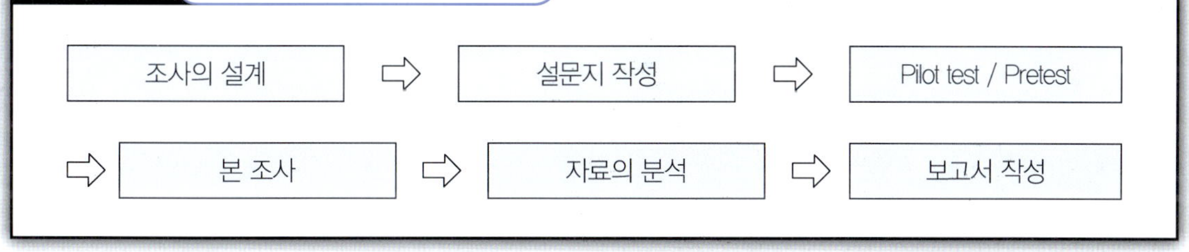

① 조사의 설계

조사의 설계는 조사자와 응답자 간의 의사소통과정을 고민하는 단계로 주로 설문지 작성과 관계된다. 즉 설문내용, 질문형태, 응답척도 등의 설계를 의미하는 것으로서 문화적 편견이 개입되지 않도록 디자인되어야 한다. 이 단계에서는 표 3-2 에서 보는 바와 같이 5가지 질문을 던져보면 보다 명확하게 개념화할 수 있고 작업을 진행하기가 쉽다.

표 3-2 설문조사의 5가지 요소

조사내용	what	답을 원하는 주요 목적
조사대상	from whom	Target 설정
조사방법	how	우편, 직접방문 등
조사기간	when	설문기간
조사지역	where	설문지역(예: 도시 / 농촌)

② 설문내용

설문내용은 주로 응답자 특성, 사실적인 변수, 심리적인 변수 등으로 구성되어 있다. 이 중에서도 나이, 성별, 학력, 가족사항 등과 같은 응답자의 특성과 기존의 시장상황을 나타내는 사실적 변수는 수월하게 측정할 수 있다. 반면에 구매동기와 제품에 대한 욕구 등과 같은 심리적 변수는 측정하기가 매우 까다롭다.

③ 질문형태

질문형태는 크게 양자택일형, 자유응답형, 다지선다형의 3가지로 구분할 수 있으며, 국제조사의 경우 다음과 같은 점을 고려해야 한다.

첫째, 일반적으로 아프리카와 같이 문맹률이 높은 나라를 대상으로 조사할 경우에는 쇼카드(show card)와 같은 비언어적 자극의 사용이 바람직하다.

둘째, 언어적 또는 비언어적 자극 모두 다른 언어권이나 문화권에서 사용되기 위해서는 변경이 요구되는데 특히 설문지의 번역이 현지문화 여건에 알맞도록 정확하게 이루어져야 한다.

셋째, 질문의 양은 10쪽을 넘지 않는 것이 좋다.

넷째, 인구통계학적 질문(나이, 성별, 직업 등), 기타 질문 및 미묘한 설문은 맨 뒤로 빼놓는 것이 좋다.

다섯째, 간단한 것에서 복잡한 것으로 설문 순서를 진행시키고, 일관성을 갖도록 하여 응답자가 혼란을 일으키지 않도록 만들어야 한다.

여섯째, 보기가 주어진 범주형 질문을 한다면, 어떻게 범주화할 것인가와 개방형 질문은 어떻게 처리할 것인가 등을 결정해야 한다.

④ 응답척도

응답척도를 조사대상국가 모두에게 일률적으로 통일시킬 것인가 아니면 각 국가 특성에 맞게 수정할 것인가에 대한 문제로, 국제조사의 경우 개별적 척도보다는 포괄적 척도가 유용하다고 할 수 있다.

⑤ 샘플링

설문지작성이 끝나면 모집단의 특성에 맞게 설문할 대상을 선정하게 되는데, 그 절차는 일반적으로 모집단의 확정→표본프레임의 선정→표본추출방법의 확정→최종표본의 선정의 순서로 이루어진다. 국제조사의 경우에는 표본프레임을 얻기가 매우 어렵다는 특징이 있다.

⑥ 자료수집

자료수집단계는 완성된 설문지를 갖고 선정된 최종표본집단에 접근하는 단계로, 우편이용, 전화이용, 인터뷰 등의 3가지 방법이 있다.

첫째, 우편이용법은 저렴하고 용이하다는 이점이 있지만, 회수율이 매우 낮다는 단점이 있다. 특히 개도국 소비자를 대상으로 할 경우에는 높은 문맹률, 무성의한 응답, 조사 기피 등으로 어려운 점이 많다.

둘째, 전화이용법은 응답자의 파악이 용이하고 시간과 비용이 절약되며, 또 우편이용과 달리 어느 정도 응답자에 대한 통제가 가능하다. 반면 통화시간이 길어질 경우 응답자가 조사에 관심이 없거나 거부하는 등 응답의 질이 저하되는 단점이 있다. 개도국에 대한 조사의 경우 전화보급률이 낮아 자칫 표본대상이 고소득계층에 치우칠 우려도 있다.

셋째, 인터뷰는 비용이 많이 들고 인터뷰상의 어려움이 크지만 응답률이 높고 심층적으로 조사할 수 있는 장점이 있어 가장 많이 사용되는 방법이다.

다) 면접조사

면접조사(interview method)는 대인면접법(person-to-person interview), 전화면접법(telephone interview), 컴퓨터를 이용한 면접법(computer-aided interview) 등으로 분류할 수 있고, 상호접촉을 통해서 응답자로부터 필요한 정보를 얻는 방법이다. 일반적으로 개인을 대상으로 실시되며, 필요시 집단을 대상으로 하기도 하며, 면접의 표준화정도에 따라 표준화면접, 비표준화면접, 준표준화면접으로 구분하기도 한다.

① 표준화면접

표준화면접(standardized interview)은 사전에 준비된 질문지에 정해진 내용과 순서에 따라 면접하는 방법으로, 조사자들 간의 일관성 유지가 가능하며 신뢰도가 높고 면접결과의 비교가능성 높다. 그러나 구조화된 것 이외의 새로운 것을 발견할 가능성은 적다.

② 비표준화면접

비표준화면접(unstandardized interview)은 연구목적과 주제만 정하고 자유롭게 면접을 진행하는 방식으로, 새로운 사실을 발견하기 용이하나 연구자 간 일치도와 신뢰도가 낮고 비교가능성도 낮다. 또한 필요한 정보의 누락가능성이 있다.

③ 준표준화면접

준표준화면접(semi-standardized interview)은 중요한 질문은 표준화하고 그 외의 질문은 비표준화하는 방법이다. 일반적으로 한 사람을 대상으로 하는 경우에는 질문을 만들지 않아도 되지만 여러 사람을 대상으로, 그리고 여러 조사자가 진행하는 경우에는 표준화된 질문을 만들어 면접을 실시하는 것이 효율성과 효과성 측면에서 바람직하다.

라) 온라인 설문

최근 인터넷 등을 통한 온라인상에서의 자료수집이 증가하고 있다. 홈페이지 방문자를 대상으로 초기화면에서 조사하거나, 이메일을 이용한 설문조사가 대표적인 방법이다. 온라인 설문의 장점으로는 비용이 매우 저렴하다는 점, 통신망만 갖추어져 있다면 지역 제한, 인원수 제한이 없다는 점, 단기간에 자료수집이 가능하므로 시간상 이익이라는 점, 응답자의 익명성이 보장되어 응답의 사실성을 높일 수 있다는 점을 들 수 있다.

반면에 온라인 설문의 단점으로는 회수율이 낮다는 점, 컴퓨터를 이용할 수 없는 계층 혹은 컴맹 등은 조사대상에서 누락된다는 점, 익명성에 의한 정보왜곡의 가능성도 배제할 수 없다는 점, 프로그램상으로 설문을 1회 이상 할 수 없도록 만들 수는 있지만 같은 응답자의 반복응답가능성이 있다는 점을 들 수 있다.

마) 인터넷을 통한 정보의 수집

① 클릭스트림방법

컴퓨터 서버에는 접속해 온 사용자의 활동에 대한 기록이 남는 파일이 있는데 이를 로그파일(log file)이라고 한다. 로그파일을 이용하여 어떤 광고를 클릭하여 얼마나 오랫동안 보았고 어떤 광고는 아예 클릭하지 않았으며 어떤 상품을 구매하였는지에 대한 정보 등을 수집할 수 있다. 또한 로그파일에는 사용자에 대한 정보도 남는데 가령 인터넷 주소, 컴퓨터의 기종, 브라우저 종류 및 그 사이트에 들어가기 직전에 들어갔던 사이트의 주소 등이 남아 있다. 로그파일에 남는 정보를 클릭스트림(click-stream)정보라고 한다.

② 쿠키를 이용하는 방법

우리가 사용하는 컴퓨터에는 쿠키(cookie)라는 이름의 파일이 있는데, 이 파일에는 우리가 인터넷을 사용하는 기록들이 담기게 된다. 사용자가 어떤 사이트를 방문하는 경우 그 사이트에서는 사용자의 컴퓨터 내의 쿠키파일을 서버로 읽어 들일 수 있다. 이때 기업은 읽어 들인 파일을 즉시 분석하여 사용 중인 고객의 컴퓨터로 그 고객에 맞는 정보를 제공해줄 수 있다. 개인의 정보를 유출한다는 문제가 내포되어 있지만 개인화된 정보를 받을 수 있다는 점에서 도움이 된다고 하겠다. 최근에는 자동으로 정보를 찾아주는 소위 로보트(robot)가 사용되기도 한다. 에이전트(agent)라고도 하는데 찾고 싶은 정보를 사람을 대신하여 찾아주는 역할을 한다. 가격비교 사이트가 바로 이에 해당한다고 하겠다.

(3) 표본설계

1차자료의 수집방법이 결정되고 나면 의사결정에 도움이 되는 정보를 획득하기 위한 설문지를 작성하여야 한다. 설문지는 조사대상자와 자료수집방법을 고려하여 분량과 질문방법을 달리해야 하며 측정오류를 가능한 한 줄일 수 있도록 작성되어야 한다.

설문지가 작성되고 나면 구체적인 조사대상자를 선정하여야 한다. 조사대상자의 선정방법에는 조사대상자 전체를 조사하는 전수조사와 일부를 뽑아서 조사하는 표본조사가 있는데, 어느 것을 택할 것인가는 조사결과로부터 얻는 정보의 정확성과 시행상 드는 비용과 시간을 고려하여 결정하여야 한다.

표본을 선정한 후에는 실제조사가 이루어진다. 실사는 바로 결과를 도출할 자료를 수집하는 과정이므로 전체 조사에서 차지하는 비중이 매우 높다. 이를 위해 우선 실사를 담당할 조사원들을 통제하고 문제점들을 해결하는 책임 있는 실사 담당자가 선발되어야 한다.

4. 자료분석

(1) 자료검토

1차 및 2차 자료가 수집되면 이를 편집 및 분류한다. 편집은 완전하고 일관성 있는 자료를 확보하기 위한 것으로 자료의 정정, 보완, 삭제 등이 이루어진다. 그런 다음 코딩을 하는데 코딩은 자료의 분석이 용이하도록 관찰된 내용에 일정한 숫자를 부여하는 과정이다. 자료코딩 시 중요한 것은 국별 비교를 위해 샘플 간에 상호비교가 가능하도록 코딩을 해야 한다는 점이다. 특히 코딩이 어려운 자유응답형의 경우에는 현지시장상황을 잘 알고 있는 분석자에게 코딩작업을 일임하여 샘플 간 비교가능성을 제고시켜야 한다.

자료의 편집 및 코딩이 끝나면 자료의 신뢰성을 검토해야 한다. 즉 동일한 측정이 반복되었을 때 동일한 결과가 나오느냐를 테스트해야 되는데 특히 거의 조사되지 않은 국가를 조사했을 경우나 또는 조사경험이 일천할 경우에는 반드시 이와 같은 신뢰성 검토가 있어야 한다.

(2) 통계분석

통계적 분석은 조사목적과 자료를 얻기 위해 이용한 표본추출방법, 자료수집방법, 측정방법 등을 고려하여 선택한다. 통계적 분석방법은 그에 맞는 자료의 형태가 요구되므로 조사설계를 계획할 때부터 수집할 자료의 성격과 분석방법을 일관성 있게 결정하여야 한다. 통계분석에 이용되는 변수와 척도의 개념을 정리하면 다음과 같다.

가) 변수의 종류

① 독립변수

독립변수(independent variable)란 연구자가 반응(response)변수 또는 관찰변수(종속변수,

dependent variable)를 관찰하기 위해서 조작하거나, 측정하거나, 선택한 변수를 말한다. 독립변수는 다른 변수에 영향을 줄 수 있는 변수이다.

② 통제변수

통제변수(control variable)란 실험이나 서베이를 하는 동안 변수의 여러 가지 수준들 중에서 한 표본에 대해서 일정한 수준의 값이 유지되는 변수로 외재변인(extraneous variable)이라고도 한다. 영향을 미칠지도 모르는 연구목적 이외의 다른 변수들의 영향을 통제시키고자 할 때 사용한다. 그러나 실질적으로 많은 실험연구나 서베이연구에서 모든 외재변인을 통제한다는 것은 사실상 불가능하다고 볼 수 있다.

③ 종속변수

종속변수(dependent variable)란 독립변수의 영향을 받아 변화될 것이라고 보는 변수를 말한다. 즉 독립변수에 대한 반응으로서 측정되거나 관찰되는 변수이다. 그러므로 종속변수는 독립변수에 의해 항상 영향을 받는 변수라고 생각하면 된다.

나) 척도의 분류

측정(measurement)의 개념은 논리적으로 정해진 규칙에 따라 개체, 이벤트, 사람들 등과 같은 대상의 속성에 값을 부여하는 것으로 파악할 수 있다. 따라서 서로 다른 변수(속성)를 표현하기 위해서는 변수에 대한 값을 부여하는 서로 다른 규칙이 필요하다. 변수들의 값을 부여하는 방법이 척도(scale)이며, 척도는 크게 4가지로 나눌 수 있다.

명목척도나 서열척도는 설문에 대한 응답자의 협조를 구하기가 쉬운 장점은 있으나 분석방법에 한계가 있다. 반면 등간척도나 비율척도는 다양한 통계분석방법을 적용할 수 있으나 응답자로부터 정확한 응답을 얻어내기가 어렵다. 따라서 조사자는 응답자의 협조가능성 및 조작적 정의를 내리는 과정에서의 어려움을 고려하여 적절한 척도를 선정해야 한다.

① 명목척도

명목척도(nominal scale)란 개체나 사람이 다르다는 것을 보이기 위해 이름이나 범주를 대표하는 숫자로 부여하는 방식이다. 명목척도는 측정대상을 상호배타적인 집단으로 분류할 때 사용된다. 명목척도는 단지 빈도수를 계산하는 데 유용하다. 명목척도에서는 빈도와 퍼센트를 계산하므로 평균은 의미가 없다.

② 서열척도

서열척도(ordinal scale, 순위척도)는 측정대상 간에 높고 낮음과 같이 개체나 사람들의 순서에 대한 값을 부여하는 척도이다. 서열척도는 빈도를 계산할 뿐만 아니라 중앙치, 퍼센트 등 다양한 통계량에 이용될 수 있다.

③ 등간척도

등간척도(interval scale, 구간척도)는 속성에 대한 각 수준 간의 간격이 동일한 경우에 이용된다. 인치, 센티미터, 파운드와 같은 단위로 측정된다. 이 척도는 순위뿐만 아니라 측정치 간의 차이에서도 그 의미가 있다. 일반적으로 5점척도 또는 7점척도의 리커트 스케일에서 많이 사용된다.

④ 비율척도

비율척도(ratio scale)는 척도를 나타내는 수가 등간일 뿐만 아니라 의미 있는 절대원점을 가지고 있는 경우에 이용된다. 이 척도는 등간척도가 가지는 특성 외에 절대원점이라는 개념을 갖고 있으며 일반적으로 적용되는 통계기법은 등간척도와 같다.

다) 통계기법

통계분석은 표 3-3 에서 보는 바와 같이 회귀분석 · 분산분석 · 판별분석 · 요인분석 · 군집분석 · 다차원척도법 · 컨조인트분석 등 여러 가지 통계적 기법을 이용하여 이루어진다.

(3) 자료해석

수집된 자료를 적합한 통계적 기법에 의하여 분석하고 나면 조사자는 분석결과로부터 마케팅전략상에 활용할 수 있는 시사점을 도출해내야 한다. 분석결과로부터 적절한 시사점을 포착하여 전략적인 방안으로 통합하기 위해서는 통계적 분석방법에 대한 충분한 이해뿐만 아니라 마케팅에 관한 충분한 이론적 배경과 실무적 경험 및 감각이 필요하다. 왜냐하면 분석자의 통계기법에 대한 이해의 차이나 분석관점의 차이에 따라 결과가 달라질 수 있기 때문이다. 따라서 분석자의 통계기법과 경영문제에 대한 명확한 이해가 선행되어야 한다.

표 3-3 통계기법

하나의 변수에 대한 분석

	명목척도, 서열척도	등간척도, 비율척도
통계량	비율, 최빈치, 사분위, 범위, 첨도, 왜도	평균, 표준편차, 최빈치, 첨도, 왜도

두 변수 간의 분석

	독립변수	종속변수	통계기법
단변량분석	명목척도	명목척도	카이자승, 빈도분석
	명목척도	등간척도	T-test, 분산분석(ANOVA, F 검정), 회귀분석
	등간척도	명목척도	Logit 모형, Probit 모형
	등간척도	등간척도	상관분석, 회귀분석, 편상관계수
다변량분석	명목척도	명목척도	로그선형모형
	명목척도	등간척도	MANOVA
	등간척도	명목척도	로지스틱 분석, 판별분석
	등간척도	등간척도	다변량 회귀분석
	독립변수, 종속변수 구분이 없는 경우		주성분분석, 요인분석, 군집분석

5. 보고서 작성

조사보고서는 조사결과를 마케팅의사결정에 활용하기 위해서 정리해놓은 것이다. 여기서 주의할 사항은 의사결정자와 조사 담당자 사이에 의사소통이 원활하게 이루어져야 한다는 점이다. 조사 내용과 결과가 아무리 좋아도 실제로 정보이용자가 이해하지 못하면 아무런 효과가 없으므로 보고서는 이용자의 이해도와 지식정도에 맞추어 작성되어야 한다.

보고서에는 자료의 분석에 근거하여 마케팅문제에 대한 대안이 제시되어야 한다. 마케팅문제에는 정답이 없기 때문에 대안들을 놓고 경영자들은 의사결정을 해야 한다. 마케팅조사의 결과는 사내에 축적되어야 한다. 이러한 결과들이 데이터베이스에 축적되고 누적 수정됨으로써 계속 발생하는 마케팅의사결정에 도움을 주어야 한다.

6. 정보시스템의 구축

(1) 마케팅정보시스템의 개념

마케팅정보시스템(MKIS: marketing information system)이란 기업 내부 또는 외부로부터 적절한 정보를 수집 · 저장 · 분류 · 분석하여 특정한 마케팅의사결정의 기초를 위해 사용될 수 있도록 사람, 기계, 절차 등을 적절히 혼합하여 설계된 하나의 시스템을 말한다. 국제기업이 일반적으로 알아야 할 정보의 내용은 표 3-4 에서 보는 바와 같이 다양하다.

국제마케팅정보시스템은 마케팅활동이 한 국가에서 여러 국가로 확산되는 차원에서 정보수집의 중요성이 더욱 증대되고, 수집되어야 할 정보량이 더욱 방대해지면서 수집된 자료 간 상호 비교가

표 3-4 마케팅정보의 내용

	마케팅정보의 내용
시장 자체에 관한 정보	– 시장의 잠재력 – 고객의 태도와 행동 – 유통경로 – 커뮤니케이션수단 – 시장정보의 원천 – 신제품
경쟁기업에 관한 정보	– 경쟁기업의 전반적인 전략 및 계획 – 경쟁기업의 세부전략계획 및 프로그램 – 경쟁기업의 활동
시장의 주변정보	– 환율과 외환시장에 관한 정보 – 현지국의 조세제도 – 현지국의 법률체제와 제도 – 본사국의 법률체제와 제도
자원에 관한 정보	– 인적 자원 – 금융 및 자본시장 – 원자재의 수급상황 – 기업의 합병 및 인수에 관한 제도 · 절차
일반적인 정보	– 경제 · 사회 · 정치 · 과학 · 기술적 요인 – 경영관리 · 행정처리상의 관습 – 기타 정보

자료 W. J. Keegan, *Multinational Marketing Management*, 3rd ed, Englewood Cliffs, N. J. : Prentice-Hall, 1984, pp.215-216.

능성을 유지시켜주어야 하기 때문에 국내마케팅정보시스템보다는 시간과 비용이 많이 들고 복잡하다는 특징을 갖는다.

결국 국제마케팅정보시스템은 앞서 설명한 국제마케팅조사의 개념을 보다 확대한 것으로 파악하면 쉽게 이해할 수 있으며, 다만 정보관리상 필요한 설비와 절차가 강화되었다는 점이 다르다고 할 수 있다.

(2) 마케팅정보시스템의 구성

마케팅정보시스템은 **그림 3-4** 에서 보는 바와 같이 4개의 하위시스템으로 구성되어 있는데 이들은 서로 독립되어 있는 것이 아니라 상호 밀접한 관계를 맺고 있다.

그림 3-4 마케팅정보시스템의 구성

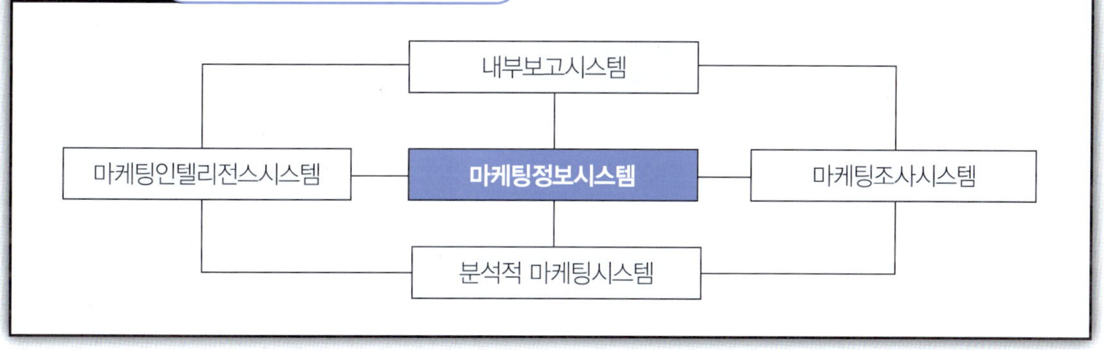

가) 내부보고시스템

내부보고시스템(internal reports system)은 기업 내에서 다른 목적을 위해 작성 보고된 자료를 이용하여 마케팅정보를 획득하는 시스템이다. 예컨대 원가계산서, 외상매출금 현황, 판매원 방문보고서, 생산 및 재고량 등의 내부자료를 통해 마케팅정보를 획득할 수 있다.

이 정보는 다른 정보보다 비용과 시간을 절약할 수 있는 장점이 있으나, 원래 다른 목적을 위해 작성된 것이므로 마케팅정보시스템에 알맞게 수정 및 보완할 필요가 있다. 내부보고시스템은 최근 컴퓨터의 발달과 함께 급속한 발전을 보이고 있는 영역이기도 하다.

나) 마케팅인텔리전스시스템

마케팅인텔리전스시스템(marketing intelligence system)은 기업활동에 영향을 미칠 수 있는 새로운 법률, 기술혁신, 새로운 시대적 풍조, 국제경제 및 국제정치 체제의 변화, 경쟁기업의 동태, 인구통계학적 변화 등에 대한 정보를 수집 · 분석하여 마케팅 관리자에게 제공하는 시스템이다.

마케팅인텔리전스시스템의 정보원천은 기업 내부 또는 외부로 매우 다양하다. 기업 내부에서는 관리자, 엔지니어, 연구원, 구매대행자, 방문판매원 등이 있고, 기업 외부에서는 고객, 공급자, 판매업자, 외부전문기관, 전문가, 협회, 통계자료, 학술지 등이 있다.

다) 마케팅조사시스템

마케팅조사시스템(marketing research system)은 마케팅정보시스템의 하위시스템으로 잠재수요의 측정, 시장점유율 분석, 시장특성의 결정, 판매분석, 기업들의 추세연구, 장 · 단기 예측, 경쟁상품의 연구, 광고효과분석 등의 전문적이고 구체적인 문제들을 수집 · 분석하여 마케팅 관리자에게 제공하는 시스템이다.

마케팅조사는 기업 내부에서 수행할 수도 있고 외부 전문조사기관에 위탁할 수도 있는데 일반적으로 기업의 기술수준과 보유자원 여부에 달려 있다. 그러나 기업 자체 내에 조사능력이 있더라도 특수한 조사업무를 수행하기 위해서, 또는 기업 내부의 이해관계 때문에 외부 전문조사기관에 의뢰할 수 있다.

라) 분석적 마케팅시스템

분석적 마케팅시스템(analytical marketing system)은 내부보고시스템, 마케팅인텔리전스시스템, 마케팅조사시스템을 통해 입수된 자료나 정보를 통계기법이나 모형에 의해 분석 · 가공하여 마케팅 의사결정자에게 제공하는 시스템이다. 이 시스템은 **그림 3-5** 에서 보는 바와 같이 통계뱅크와 모형뱅크로 구성되어 있다.

분석적 마케팅시스템을 통해 얻을 수 있는 의사결정사항은 소비자들이 경쟁기업이나 자사의 제품을 선택하는 이유, 시장세분화의 기본 및 최적변수, 마케팅의 제 변수가 판매에 미치는 영향, 판매에 영향을 주는 주요 변수, 신제품의 판매예측, 광고예산의 결정, 가격결정, 광고매체의 선택, 소매점의 위치선정, 판매지역 및 판매계획의 결정 등 매우 다양하다.

그림 3-5 분석적 마케팅시스템

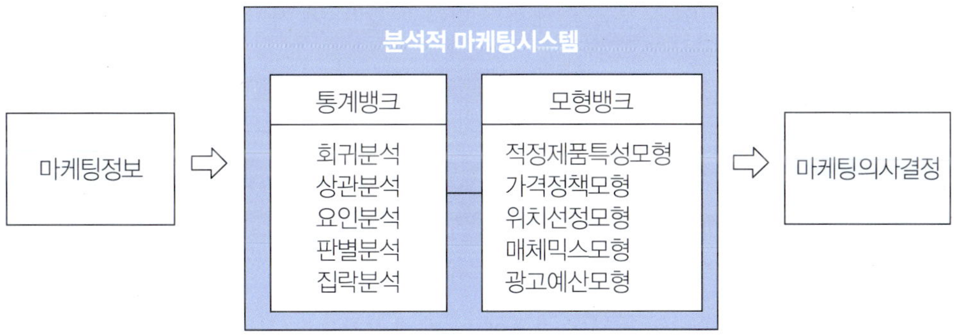

자료 P. Kotler, *Marketing Management*, 5th ed, Englewood Cliffs, N.J., 1984, p.211.

(3) 마케팅정보시스템의 기능

마케팅정보시스템은 마케팅의 중요한 의사결정을 담당하는 최고경영층에게만 유용한 것이 아니라 중간관리층은 물론 하위계층에 이르기까지 그 이용범위가 점차 확대되고 있다.

첫째, 하위계층에서의 마케팅정보시스템의 기능은 주로 자료의 보관 · 유지기능이다. 즉 자주 발생하는 일상적인 자료들을 보관하고 기업의 내 · 외부에 제공하기 위해 정기적으로 정리 · 요약하는 기능을 담당하게 된다. 이때에는 컴퓨터를 이용한 전자자료처리(EDPS)가 하위계층에서 가장 중요한 역할을 한다.

둘째, 중간관리층에서의 마케팅정보시스템의 기능은 단기적인 의사결정에 대한 조정 · 통제기능이다. 단기적인 의사결정에는 기업의 마케팅계획에 따른 의사결정내용의 수행과 관련된 사항이 포함된다. 예컨대 여러 판매대상지역에서 시장점유율의 변동에 대한 정보가 입수되었을 때 이에 근거하여 판매노력을 조정하는 경우를 들 수 있다.

셋째, 최고경영층에서의 마케팅정보시스템의 기능은 중간관리층의 조정 · 통제기능의 평가, 그리고 장기적인 마케팅계획 및 전략의 수립에 대한 기능이다. 마케팅계획의 수립은 장기간에 걸친 경영환경의 변화에 근거를 두어야 하기 때문에, 이 계층에서는 많은 양의 외부정보를 필요로 한다.

(4) 마케팅정보시스템의 요건

마케팅정보시스템의 효율적인 운용을 위해서는 다음과 같은 몇 가지 기술적 · 인적 요건이 갖추어져야 한다.

첫째, 조직체 내에서 마케팅정보시스템의 효과적인 운용을 책임질 정보 전담 관리자가 필요하다.

둘째, 컴퓨터를 이용한 정보처리를 기본으로 하기 때문에 정보기술에 관련된 전문요원들로 구성된 스태프가 필요하다. 예컨대 컴퓨터 사용에 관련된 시스템엔지니어, 정보의 수집과 분석에 관련된 조사전문가 및 통계전문가들은 필수적인 요원들이다.

셋째, 업무와 의사결정의 내용은 조직의 수준에 따라 달라지므로 정보체계도 조직구조에 맞추어 체계화되어야 한다. 마케팅정보시스템의 목적은 시스템 자체의 유지가 아니라 사용자의 의사결정에 도움을 주는 데 있기 때문에 정보이용자 위주로 시스템을 체계화하여야 한다.

넷째, 마케팅정보시스템의 기본기능은 자료의 수집 · 보관기능이다. 마케팅정보시스템의 조정 · 통제기능은 자료의 수집 · 보관기능이 이루어진 후에 가능하다.

다섯째, 정보의 수집은 집중화되어야 하며, 정보의 전달은 분산화되어야 한다. 이용자들마다 필요한 정보는 다르기 때문에 각자 자신에 맞는 정보가 제공되어야 하나, 수집 · 분석 · 전달은 하나의 정보 전담 부서에서 이루어져야 한다.

여섯째, 정보의 사용자와 운용자는 자료에 대한 평가를 지속적으로 실시하여야 한다. 폐기될 자료와 새로 추가될 자료를 선별하여야 하며 정보의 내용, 형태, 이용 시기, 비용, 효과 등에 대한 평가를 실시하여야 한다.

(5) 마케팅정보시스템의 활용

마케팅정보시스템은 다음과 같은 중요한 의사결정에 효과적으로 활용할 수 있다.

가) 해외시장 확장기회의 포착

전산화된 마케팅정보시스템의 효과적인 운용은 국제적 사업확장을 위한 의사결정에 도움을 줄 수 있다. 즉 마케팅정보시스템을 활용함으로써 현지투자환경을 효과적으로 분석함은 물론 해외시장확장기회를 포착하는 데 있어서 체계적인 접근방법을 제시해줄 수 있다.

나) 해외경영성과의 평가

국제마케팅정보시스템은 상이한 환경과 시장조건하에서 활동하고 있는 현지자회사의 경영성과를 평가하는 데 활용할 수 있다. 일반적으로 국내시장에서의 경영성과는 주로 시장점유율이나 투자수익률(ROI)에 의해서 평가되는데, 동 지표를 국제시장에서의 경영성과를 평가하는 지표로 사용할 경우에는 다음과 같은 문제점이 야기된다.

첫째, 해외시장에서는 시장점유율과 경영성과간의 관계에 영향을 미칠 수 있는 요소가 다양하기 때문에 무분별하게 동 평가지표에 의존해서는 안 된다. 둘째, 투자수익률과 같은 재무성과지표를 사용할 경우에도 시장성장잠재력을 제대로 평가하지 못할 뿐만 아니라 단기적 이익을 지나치게 고려하게 된다는 문제점이 나타난다.

따라서 국제경영성과를 보다 효율적으로 평가하기 위해서는 시장점유율이나 투자수익률 등의 단순지표뿐만 아니라 시장성장률과 생산성을 나타낼 수 있는 판매원 1인당 매출액, 매출액 대비 광고비율, 이직률 등의 지표를 사용해야 한다. 이렇게 다양한 지표들을 조사 · 수집하기 위해서는 마케팅정보시스템의 활용이 절대적이다.

다) 국제환경의 파악

국제마케팅정보시스템의 또 다른 활용방안은 세계 각국의 환경변화와 추세를 조망하는 데 있다. 특히 요즈음과 같이 여러 환경이 급격히 변화하는 상황하에서는 이를 주시하여 적응하고자 노력하는 것이 기업의 입장에서 볼 때 무엇보다 중요하다. 이는 환경변화가 기업의 능력과 목표이익 수준 유지에 직접적으로 영향을 미치기 때문이다.

그러나 국제환경변화가 기업의 전략 및 전술적 의사결정에 절대적으로 영향을 미침에도 불구하고 환경을 체계적으로 조사하고 평가하는 데에는 많은 어려움이 있다. 이때 마케팅정보시스템을 이용하면 대부분 해결할 수 있다.

라) 국제전략의 통합과 기업자원의 재배치

해외시장에 이미 진출해 있는 기업의 경우 각기 상이한 국가, 제품시장, 세분된 목표시장에 어떻게 기업의 자원을 효과적으로 배분할 것인가를 결정하는 것이 유망진출 대상국 선정 이상으로 중요한 문제이다. 즉 국가나 제품시장별로 새로운 투자결정을 해야 할 뿐만 아니라, 이익잠재력이 없는 곳에서는 철수하는 한편, 높은 기대수익률이 예상되는 사업으로 전환하기 위해서는 방대한 시장정보가 필요하다.

예를 들면 진입이 가능한 모든 국가의 투자환경과 잠재적 목표시장에 관한 정보가 필요하며 또한 현재 기업이 참가하고 있는 시장에 있어서의 경영성과에 관한 정보도 있어야 한다. 국제마케팅 정보시스템은 해외시장에서의 진입, 유지, 확대, 철수의 의사결정을 행하는 데 유용한 정보를 제공해줄 수 있기 때문에 국제전략의 통합과 기업자원의 재배치에 활용될 수 있다.

연습문제

1. 국제마케팅조사를 하는 이유는 무엇이며 문제점은 무엇인지 설명하시오.
2. 국제마케팅조사의 과정에 대해 설명하시오.
3. 1차자료의 종류 및 수집방법에 대해 설명하시오.
4. 2차자료의 요건 및 문제점에 대해 설명하시오.
5. 설문조사의 장점 및 문제점에 대해 설명하시오.
6. 설문조사의 5가지 요소는 무엇이며 왜 중요한지 설명하시오.
7. 마케팅정보시스템의 중요성에 대해 설명하시오.

제4장 해외고객행동분석

제1절 소비자 구매행동의 이해

제2절 해외고객의 제품평가

제3절 해외상품의 수용 및 확산

제4절 소비자만족 및 불평행동

학습목표

소비자구매행동의 중요성에 대해서 알아본 후 해외고객의 제품평가 및 해외상품의 수용과 확산에 대해서 학습한다. 그런 다음 소비자만족 및 불평행동의 요인 및 해결방안에 대해서 심도 있게 학습한다.

제1장 국제마케팅의 기초

제2장 기업의 국제화

제3장 국제마케팅조사

제4장 해외고객행동분석

제5장 해외시장 진입전략

제6장 국제사업전략

제7장 국제경쟁전략

제8장 글로벌전략

제9장 국제제품전략

제10장 국제가격전략

제11장 국제유통전략

제12장 국제촉진전략

제13장 국제마케팅의 조직 및 통제

제14장 국제인터넷마케팅

사례 연구

고객을 우선하는 팀슨의 경영방식

팀슨의 경영방식은 '거꾸로 경영(upside down management)'으로 불린다. 팀슨의 매장들은 본사의 지시를 받지 않는다. 각 매장은 지역 특성, 고객 성향에 맞춰 마케팅전략, 할인 · 판촉 행사, 진열방식을 스스로 계획하고 실행한다. 갓 채용된 직원이라도 손님의 형편에 따라 수리비를 낮춰 받을 수 있다. 손님의 불만을 없애기 위해서라면 500파운드까지 자유롭게 쓸 수 있다. 누구의 허락도 필요 없다. 회사가 직원들에게 요구하는 것은 딱 두 가지다. "본분을 다할 것" 그리고 "손님에게 받은 수리비는 돈통에 넣을 것".

팀슨의 CEO 존 팀슨(John Timpson, 69)은 "고객은 끝없이 변한다. 경쟁사도 마찬가지다. 중앙집중식 통제 경영으로는 변화의 속도를 따라갈 수 없다"고 말했다. "고객들은 한 푼이라도 싼 곳, 조금이라도 수리를 잘하는 곳으로 언제든지 옮겨간다. 본사에서 가격을 낮추고 서비스 기준을 높이는 지시를 내릴 동안 경쟁사는 한 걸음 더 나아간다. 매장 직원들이 현장에서 고객들을 바로 붙잡을 수 있어야 한다. 팀슨이 거꾸로 경영을 하는 이유다."

팀슨 CEO는 "거꾸로 경영이 성공하려면 직원들부터 잘 뽑아야 한다"고 말했다. "관습과 규칙에 젖어 있는 사람들은 안 된다. 책상에 앉아 규정이나 만들고 비용절감에만 신경 써선 안 된다. 새로운 것에 도전하기를 좋아하는 사람들을 뽑아야 한다. '괴짜'라도 좋다. 이런 사람들을 채용한 뒤 신뢰와 자유를 줘라. 그들이 고객을 가장 잘 파악할 수 있다. 더 좋은 성과를 가져올 수 있다. CEO는 인내심을 가지고 기다려야 한다. 거꾸로 경영이 자리 잡으려면 5년이 걸릴 수도 있다."

팀슨 CEO는 그러나 "회사가 직원들에게 신뢰와 자유를 주는 만큼 책임과 의무를 지울 수밖에 없다"고 말했다. "성과 나쁜 직원은 회사 전체의 사기를 떨어뜨린다. 제멋대로 행동하고 동료를 불편하게 만드는 직원들도 필요없다. 한 사람의 능력이 아무리 뛰어나도 그 사람이 없다고 일이 안 되는 것은 아니다. 이런 사람들과 타협해서는 안 된다. '잘 가라(Goodbye)'고 바로 말해야 한다."

우여곡절 끝에 찾은 기업이었지만 팀슨은 똑같은 실수를 반복했다. 그동안의 교훈을 모두 잊고 다시 위에서 아래로 내려가는 경영 스타일을 구사하기 시작한 것이다. 하지만 손님은 모두 달랐고 심지어 시간에 따라 변했다. 일정한 원칙을 점원들이 지키는 것도 어렵지만, 지킨다고 하더라도 손님들을 만족시키기는 어려웠다.

"1970년대에 난 '직원들이 해야 할 10가지 서비스 규칙'을 써서 각 매장에 내려보낸 적이 있었다. 당연히 잘되지 않았다. 하지만 그때의 실패를 나는 그대로 답습하고 있었다. 그러던 어느 날, 약속 장소에서 손님을 기다리다가 난 미국 백화점 체인 '노드스트롬'의 책 '노드스트롬 웨이'에서 점원들에게 자율권을 주는 것을 '업사이드 다운(upside down)'이라고 했던 것이 기억났다. 그 책에서 사장은 점원들에게 어떻게 물건을 팔아야 할지 등에 대해 자율권을 줬다. 난 그때부터 '거꾸로 경영'이라는 이름을 붙이고 경영하기 시작했다."

"직원들은 당황했다. 어찌해야 할지를 몰랐던 것 같다. 난 그래서 직접 '당신들이 놀라운 서비스를 제공할 수 있도록 내 모든 권한을 점원들에게 드립니다'라는 친필 편지를 써서 모든 매장에 보냈다. 그리고 신입사원들까지도 고객을 만족시키기 위해서라면 최대 500파운드(약 88만 원)까지 쓸 수 있는 권한을 줬다.

우린 마케팅 부서도 없고, 광고에는 단 한 푼도 들이지 않는다. 영국 전역의 850개 매장에서는 지금 이 순간에도 고객들이 우리의 서비스를 이용하고 있다. 우리 점원들은 그들에게 최상의 서비스를 제공한다. 최고의 서비스가 우리의 마케팅전략이고, 서비스에 만족한 손님들이 다른 손님들에게 전하는 것이 우리의 광고전략이다. 소문보다 더 효과가 좋은 광고는 없다."

"예를 들면 손님이 들어왔는데 영업시간이 끝났다. 하지만 그는 지금 급하다. 그러면 그 점원은 손님을 위해 자유롭게 연장 영업을 할 수 있다. 한 손님은 사정이 안 좋은데 서비스가 필요하다. 그를 위해선 돈을 깎아줄 수도 있다. 다음에 사정이 좋아지면 마저 받을 수도 있다. 특별한 손님들을 위해선 특별 개런티와 이벤트를 제공할 수도 있다."

"나는 룰을 지키고 싶지 않다. 우리가 원하는 대로 값을 매길 뿐이다. 손님 각자가 원하는 대로 우리는 맞춰주는 것이다. 고객들이 각기 다르기 때문에, 우리는 고객에 따라 다르게 서비스를 제공하고 있다." (조선일보, 2012. 1. 28)

■ **토의과제**

1. 팀슨의 고객에 대한 경영철학은 무엇인가?
2. '거꾸로 경영'의 핵심전략은 무엇인가?
3. 향후 지속적인 성장을 위해서 팀슨에게는 어떤 노력이 필요한가?

제1절 소비자 구매행동의 이해

1. 소비자 구매행동의 의의

소비자 구매행동이란 소비자가 제품을 구매하기 전부터 구매한 후까지의 행동을 말한다. 즉 소비자가 자신의 욕구충족을 위해 제품이나 서비스를 구매하기까지의 과정에서 나타난 행동이다. 이러한 영향을 분석해서 효율적 마케팅활동에 필요한 정보를 수집하고 이것을 기업의 마케팅전략에 활용하는 것이 소비자행동을 연구하는 목적이다. 소비자행동은 크게 구매행동과 소비행동으로 구분된다. 구매행동은 소비자들의 구매의사결정이나 구매행위 등을 말하고, 소비행동은 소비자들의 사고, 행동 등과 재화가 소비되는 과정을 말한다.

소비자 구매행동분석은 시장세분화의 기초자료로 활용할 수 있다. 소비자의 개인적 특성, 심리적 특성, 사회문화적 특성 등 구매결정요인을 분석함으로써 소비자의 구매행태를 유형별로 분류하여 시장을 세분화하고 이를 바탕으로 표적시장을 선정한다. 또한 이를 바탕으로 신제품 개발의 방향을 잡고 마케팅전략을 세울 수 있다. **그림 4-1** 에서 보는 바와 같이 소비자의 구매행동은 기업의 마케팅믹스프로그램과 소비자들이 직면하는 다양한 환경요인에 의해 영향을 받으며 최종적인 구매의사결정 및 평가가 이루어진다.

그림 4-1 소비자의 구매행동

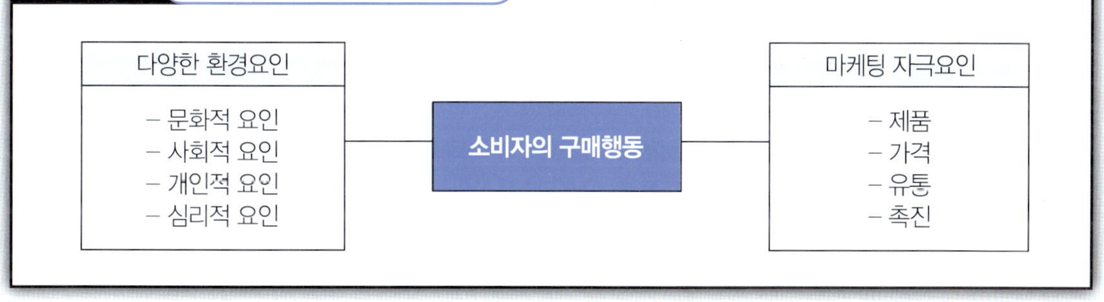

오늘날 소비자의 구매행동은 항상 어떤 욕구나 원망의 충족을 목적으로 전개되기 때문에 직접적인 주체가 할 수 있는 심리적, 경제적 요인은 물론 간접적인 사회적, 문화적 요인에 의해서도 크게 영향을 받는다. 이 때문에 경제적 관점에서보다는 행태과학적 관점에서 하나의 전체적 시스템으로

이해해야 하는 행동과학이라 표현하는 것이 타당하다. 따라서 소비자 구매행동은 심리적 활동이 내포된 하나의 결정과정으로 자극변수, 매개변수, 반응변수가 관련되어 있다고 할 수 있다. 소비자 구매행동에 대한 분석은 마케팅활동의 요소인 제품, 가격, 유통, 촉진 등을 효과적으로 수행하는 데 기본적인 도구가 된다.

2. 소비자의 구매행동요인

소비자의 구매행동에 영향을 미치는 요인은 기업의 마케팅믹스요인 및 다양한 환경요인 이외에도 무수히 많다. 이러한 요인들은 대부분 기업이 통제할 수 없는 요소임에도 불구하고 국제마케팅에서는 반드시 고려하여야 한다. 여기서는 **그림 4-2** 에서 보는 바와 같이 국제마케팅활동의 관점에서 해외소비자들의 구매행동에 가장 큰 영향을 미치는 문화적, 사회적, 개인적, 심리적 요인에 대하여 살펴보기로 한다.

그림 4-2 소비자의 구매행동요인

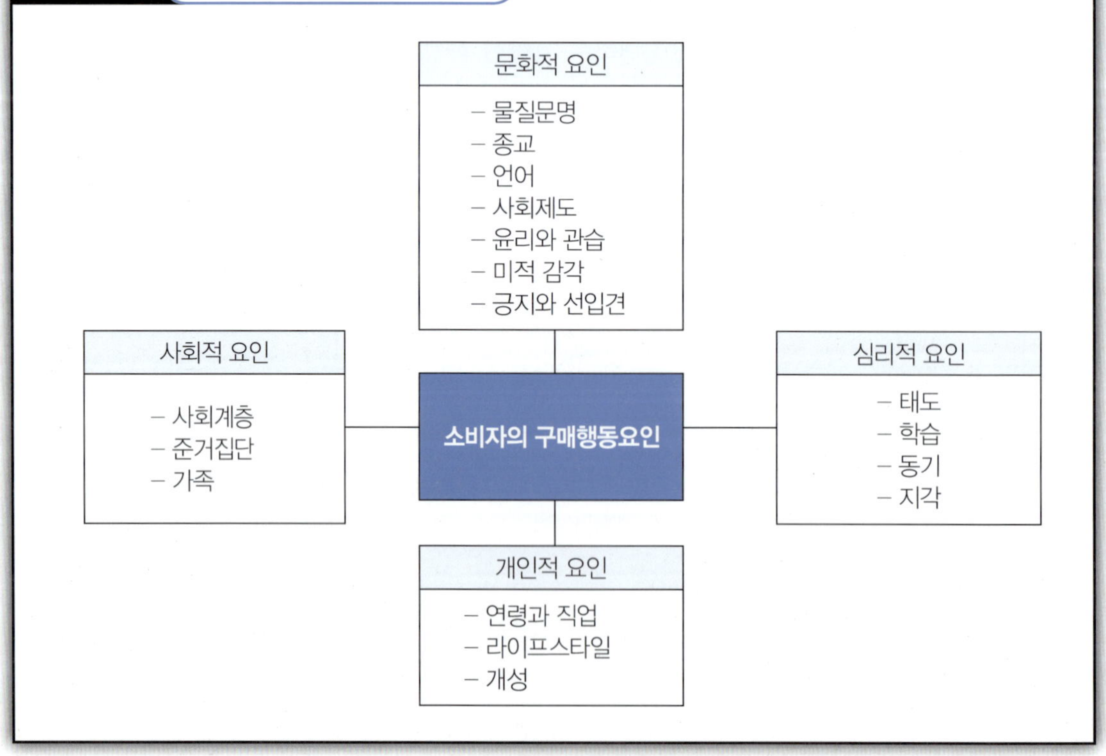

(1) 문화적 요인

문화란 국적, 종교, 지역 등이나 민속, 법률, 풍속 등과 같이 특정 사회가 가지고 있는 가치관, 태도, 삶의 방식 등을 통틀어 말한다. 문화적 요인은 소비자행동에 가장 폭넓고 깊게 영향을 준다. 소비자가 속해 있는 사회계층이나 문화는 소비자의 생활 모든 측면에 가장 중요한 영향을 주기 때문이다. 또한 문화는 시대의 흐름에 따라 변하므로 변화된 문화에 적응하려는 소비자의 행동을 지속적으로 파악하여 마케팅전략에 반영해야 한다. 마케팅활동에 영향을 미치는 문화적 요인으로는 **그림 4-3** 에서 보는 바와 같이 물질문명, 종교, 윤리와 관습, 미적 감각, 긍지와 선입견, 언어, 사회제도 등을 들 수 있다.

그림 4-3 문화적 요인

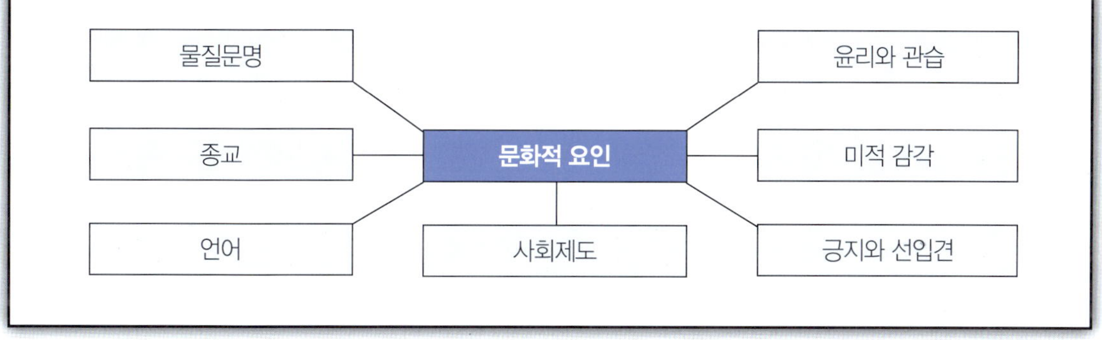

가) 물질문명

물질문명이란 인간이 재화나 서비스를 창출하는 데 이용하는 도구, 지식, 기술, 방법 및 전반적인 과정을 의미한다. 물질문명은 경제발전정도와 조직구성원의 생활수준을 잘 반영하기 때문에 중요한 판단 지표가 된다. 국제기업은 물질문명수준 파악을 통해 마케팅기회를 포착할 수 있을 뿐만 아니라 그 수준에 따라 제품의 기능, 형태와 질, 생산방법, 가격 및 유통방법을 조정한다.

나) 종교

종교는 사회구성원의 인생관이나 생활관에 큰 영향을 미치며 소비생활에도 중요한 요인으로 작용한다. 일반적으로 종교는 재화와 서비스를 소유하는 태도에 영향을 준다. 예를 들어 회교에서는 물질적인 부를 부정하는 반면에 기독교에서는 근로의 신성함을 강조하기 때문에 물질적인 부를 근로의 성과로 받아들인다.

종교는 특정한 재화와 서비스에 대해 사용을 금하기도 한다. 힌두교에서는 쇠고기, 회교에서는 돼지고기, 그리고 불교에서는 육식 자체를 금하고 있다. 따라서 이러한 제품을 취급하는 기업은 마케팅에 제약을 받게 된다.

또한 종교는 결혼과 장례와 같은 사회적인 제도와 관습뿐만 아니라 남성과 여성의 책임에도 영향을 준다. 예를 들어 회교는 엄격한 부계사회로서 여성의 사회활동을 금지시키고 여성은 주부로서의 역할만을 충실히 수행하도록 강조한다. 따라서 이러한 지역에서는 의사결정이 남성에 의해 이루어지므로 여성용 제품을 마케팅하는 기업은 상당한 어려움에 직면하게 된다. 이러한 경우 국제기업들은 구매의사결정권한을 남성이 행한다는 인식을 바탕으로 마케팅전략을 수립해야 한다.

다) 언어

언어는 문화권에 따라 차이가 심하다. 따라서 언어가 다르면 문화권이 상이한 것으로 봐도 별 무리가 없다. 현재 세계는 크게 영어사용국, 불어사용국, 스페인어사용국, 독일어사용국 등 국가별 사용언어가 약 10,000가지가 넘는 것으로 추정된다. 여기에 음성언어 이외의 손짓, 발짓, 몸짓 등 의사전달이 가능한 표현방법까지 고려하면 그 유형은 엄청나다고 할 수 있다.

이와 같이 다양하고 복잡한 언어구조는 상이한 언어권에서 의사를 전달해야 하는 국제기업의 마케팅활동을 어렵게 만드는데, 특히 전반적인 광고전략과 제품의 상표결정에 큰 영향을 미친다. 따라서 국제기업은 진출국 언어의 난해한 의미까지도 이해할 수 있는 전문인을 양성해야 원만한 의사소통을 통한 성공적인 마케팅활동을 기대할 수 있다.

라) 윤리와 관습

무엇이 옳고 그른가 하는 것은 그 사회의 문화적인 기준에 의해 판단된다. 예를 들어 미국에서는 상대방의 감정과 신분에 해가 될지라도 정직을 매우 중요시한다. 반면에 남미국가에서는 아무리 바른말이라도 다른 사람들을 당혹하게 만드는 직설적인 언어는 되도록 피한다.

이러한 관습의 차이에 따라 마케팅전략도 수정되어야 한다. 예를 들어 유럽지역에서는 판매원 방문전략이 큰 성공을 거두지 못하는데 이는 유럽의 여성들이 가정방문을 프라이버시의 침해로 간주하기 때문이다.

마) 미적 감각

미적 감각은 마케팅분야 중에서도 특히 제품의 디자인, 색상, 포장 그리고 광고에 큰 영향을 미친다. 그러나 이러한 미적 감각의 표현과 이해는 국가에 따라 다르다. 예를 들어 똑같은 색상이라도 국가에 따라 다른 의미를 지닌다.

장례식을 서양에서는 검정색으로 표시하지만 한국이나 일본에서는 흰색으로 표시한다. 시리아에서는 노란색이 죽음을 상징하므로 싫어하는 반면 말레이시아에서는 회교군주의 황제색이므로 노란색 복장을 착용하지 않는다. 네덜란드에서는 청색이 여성적인 느낌을 주는 데 비해 스웨덴에서는 남성적인 느낌을 준다.

또한 디자인, 음악, 상표의 의미가 국가마다 다를 수 있으므로 기업은 진출하고자 하는 시장의 미적 감각을 기본적으로 파악하여 광고나 제품전략에 반영해야 할 것이다. 예를 들어 남미국가들의 원색 선호 경향을 간과하고 대우가 남미 현지에서 국내에서 인기 있는 검정색 승용차를 선보였다가 재고부담만 안았던 것은 좋은 사례가 될 것이다.

바) 긍지와 선입견

어느 국가의 국민이든 자신들의 역사에 대해 자부심을 갖고 어떤 대상에 대해서는 편견을 지닌다. 이러한 자부심은 꼭 그 국가의 경제수준과 비례하지는 않는다. 이집트는 경제적으로 궁핍하지만 문화유산에 대해서는 대단한 긍지를 갖고 있다. 반면 경제부국인 미국은 짧은 역사로 인해 문화환경에 대해서는 자부심이 결핍되어 있다.

이와 같은 문화적 긍지는 많은 국가들이 외국제품을 쉽게 받아들이도록 할 수도 있지만 때로는 거부하도록 작용할 수도 있다. 예를 들어 일본인들은 그들의 문화와 경제수준에 대해 매우 자부심이 강해 외제품보다는 일본제품을 선호한다. 이러한 경우 국제기업이 일본시장에서 마케팅기회를 찾기가 매우 어려워진다.

사) 사회제도

사람이 다른 사람과 관계를 맺는 방법은 사회에 따라 다르다. 사회제도란 조직구성원 사이에 연관성을 맺는 여러 가지 방법을 말하는데 사회집단, 교육환경, 정치구조 등이 포함된다.

사회집단은 혈연, 지역, 직업, 신앙, 연령, 성별 등을 기준으로 구분할 수 있는데, 이러한 사회집단의 구성내용뿐만 아니라 사회의 동질성, 사회단체의 영향력에 따라 기업의 마케팅전략이 달라진다. 특히 그중에서도 핵가족화되어가고 있는 가족제도의 급속한 변화가 기업의 마케팅활동에 중요한 영향요인으로 작용하고 있다.

교육이란 통상적으로 정규교육기관 또는 산업훈련 전문기관으로부터 지식이나 기술, 기타 정보를 전달받는 것을 말하는데, 한 사회의 교육환경은 전반적인 교육제도, 문맹률, 학생의 수, 여성에 대한 교육 여부 등을 포함한다. 이러한 교육여건은 제품의 기능과 사용방법, 그리고 광고전략 등에 영향을 준다.

정치구조는 경제활동에 대한 정부의 역할과 개입방법, 경제 및 정치이념, 기업활동에 대한 정부의 개입 여부, 국제정치질서에서의 순응 여부 등을 말하는데 기업의 시장진출전략 수립 등에 영향을 미친다.

(2) 사회적 요인

소비자 구매행동에 영향을 미치는 사회적 요인으로는 사회계층, 준거집단, 가족 등을 들 수 있다.

가) 사회계층

사회계층(social class)은 가치관, 태도, 사고방식, 라이프스타일, 행동 등이 유사한 집단을 말한다. 이들 계층은 직업, 소득, 교육수준, 거주지, 부의 정도 등에 따라 분류되는데 같은 집단의 구성원은 소비자행동이 유사하게 나타난다. 사회계층은 정태적이 아니라 시간에 따라 변화하며, 계층간 사회적 교류를 제한하며, 여러 요인에 의해 결정되는 다차원적 구조를 지니고 있다. 결국 사회계층이 상이하면 소비행동도 상이하게 나타날 수 있다. 따라서 사회계층은 흔히 시장세분화의 기준으로 사용된다. 아울러 제품, 가격, 유통, 광고 등 마케팅요소를 특정의 사회계층집단에 맞추어 설계함으로써 효과적인 마케팅활동을 수행할 수 있다.

나) 준거집단

준거집단(reference group)이란 개인의 판단, 태도, 선호, 신념, 행동 등을 결정하는 데 영향을 끼치는 집단으로 가족, 동창회, 회사원, 동호회 등을 말한다. 사람은 자의적이든 타의에 의해서든 준거집단에 소속되어 생활하면서 그 집단의 성격에 영향을 받고 구매행동 역시 영향을 받는다. 즉 개인은 준거집단에 속하려는 열망이 생길 수도 있고 그 준거집단에서 탈퇴하려는 심리가 생기기도 하는데 이러한 성향도 소비자행동에 영향을 미친다.

이러한 상황에서 어느 제품이 좋고 나쁘다는, 특정 제품에 대한 정보와 장단점을 주위로 퍼뜨리고 다른 사람에게 영향을 주는 사람을 의견선도자(opinion leader)라고 한다. 이들은 심리학이나 사회학에서 말하는 준거집단의 전제 행동에 아주 중요한 역할을 하기에, 이들을 상대로 먼저 DM(Direct Mail)이나 기타 직접적인 접촉 등으로 판촉을 할 필요가 있다. 대학축제 때 음료나 주류의 신제품 광고를 대학 캠퍼스에서 하고자 하는 기업도 이러한 측면을 고려한 것이다.

다) 가족

가족(family)은 개인의 구매행동에 가장 밀접한 영향을 미치는 중요한 집단이다. 가족은 구매에 대한 구성원 간의 영향력이 크다. 일생을 가족이라는 테두리 속에서 살아가기 때문에 구성원들은 공통적 관심, 소비욕구 등을 가지며 구매성향도 비슷하다. 가족 집단은 사용자와 구매자, 구매결정자가 다른 경우가 많고 지출하는 사람과 소비하는 사람이 다르므로 제품의 성격에 따라서 마케팅의 초점을 잘 맞추어야 한다. 1950년대 아버지가 시장에서 가족들이 쓸 물품을 구매하던, 즉 구매의사결정자가 가장이었던 시대와는 달리, 현대의 가족은 중요한 물품일 경우 부부가 의논하여 공동구매를 하는 경우가 잦아지고 자녀의 의견 또한 많이 반영되고 있다.

종이기저귀의 소비자는 틀림없이 유아이다. 그러나 종이기저귀의 구매자는 대부분이 아이 부모이다. 종이기저귀는 구매자와 사용자가 다른 제품이다. 많은 상품들은 특별히 구매자와 사용자가 구분되지 않지만 기저귀의 예에서와 같이 구매자와 사용자가 분명하게 구분되는 상품이 있고, 또 실제 구매자와 사용자가 특별히 구분되지는 않는다 하더라도 구매의사결정에 많은 영향을 미치는 사람은 구분되기 마련이다. 그렇기 때문에 제품의 판촉활동을 할 때 누구를 대상으로 해야 하며 또 광고의 시간대나 판촉의 장소를 어디로 해야 할지에 대한 사전검토가 선행되어야 한다.

(3) 개인적 요인

가) 연령과 직업

소비자의 연령과 직업에 따라 제품구매 성향이 달라진다. 같은 제품이라도 10대, 20대, 30대 또는 기술자, 회사원, 자영업자 등이 원하는 편익이 각각 다르고 구매성향도 다르다. 또한 이들은 이용하는 매체도 다르다.

나) 라이프스타일

사람은 다양한 환경요소로부터 자신에 맞는 라이프스타일을 학습한다. 라이프스타일(lifestyle)은 개인의 가치와 개성에 의해서 살아가는 방식을 말하는 것으로, 비슷한 생활양식을 가진 고객들은 비슷한 구매성향을 보인다.

다) 개성

개성(personality)은 개인이 다양한 주위환경에 대하여 비교적 일관성 있고 지속으로 반응하는 개인의 심리적 특성으로, 사교성, 자율성, 사회성, 적극성, 과시성 등 여러 가지 특성으로 설명된다. 개성은 급격한 변화는 없지만 개인마다 상이하다. 만약 사람들의 개성 유형이 분류될 수 있고 개성 유형과 상표선택 간에 상관관계가 있다면 개성이란 변수는 소비자들의 행동패턴을 분석하는 데 유용하게 이용될 수 있을 것이다.

아무리 같은 국가 내라 할지라도 사람들의 개성차이는 나타나기 마련이므로 상이한 국가의 소비자들 간의 개성차이는 필연적이다. 예를 들어 공통된 언어사용이 가능하고 지리적으로 근접해 있는데도 불구하고 미국인과 캐나다인 사이에는 개성의 차이가 존재한다. 즉 미국인들은 캐나다인들에 비해 충동적이고 모험심이 강하며 새로운 것을 추구하는 특성이 있기 때문에 신제품을 쉽게 수용하려 한다. 반면에 캐나다인들은 보수적이고 신중하면서도 현실적이기 때문에 무리한 구매행동을 취하지 않으려 한다. 따라서 미국에서는 경품제공이 효율적인 판촉활동이 될 수 있으나 캐나다에서는 통하지 않는다.

(4) 심리적 요인

인간의 행동은 가치, 태도, 경험, 욕구, 그리고 기타 심리적 현상에 의해 영향을 받는다. 따라서 소비자의 구매행동 역시 제품에 대한 소비자의 심리적 요인이 크게 작용한다. 현대인은 보통 하루에 1,500가지 이상의 제품에 노출되어 있으므로 한 제품이 경쟁을 뚫고 소비자의 뇌리에 기억되는 일은 매우 어렵다. 따라서 기업은 상표, 모양, 포장, 색상, 광고, 진열법 등에서 최대한 소비자의 눈에 띄고자 아이디어를 짜내는 것이다. 소비자행동과 밀접한 관계가 있는 심리적 요인으로는 **그림 4-4** 에서 보는 바와 같이 태도, 학습, 동기, 지각 등을 들 수 있다.

그림 4-4 심리적 요인

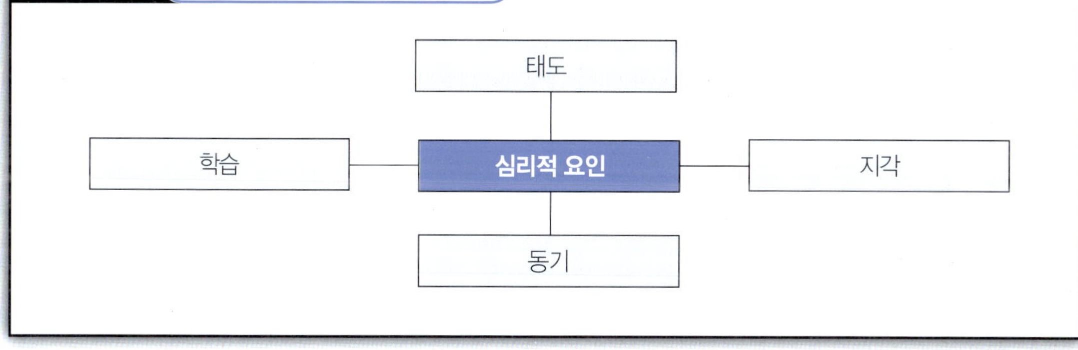

가) 태도

태도(attitude)란 어떤 대상이나 생각에 대해 한 개인이 갖고 있는 호의적 또는 비호의적 감정을 말한다. 태도는 다음과 같은 3가지 특징을 지니고 있다. 첫째, 대상에 대한 개인의 태도는 중립적이 아닌 호의적 혹은 비호의적으로 뚜렷하게 나타난다. 둘째, 태도는 선천적으로 타고나는 것이 아니라 후천적으로 학습된다. 셋째, 태도는 일시적이지 않고 지속적이며 일관성을 유지하는 경향이 있다.

이와 같이 신념, 학습 등 지속적으로 습득해온 개인의 성향은 소비자의 행동에 결정적인 영향을 미치고 이러한 소비자의 태도는 지속성을 갖고 변화하기가 어렵다. 이러한 특성 때문에 신제품에 대한 소비자의 태도조사는 수요, 시장점유율 등의 선행지표로 활용된다. 따라서 국제마케팅 담당자는 해외시장 진출 시 소비자의 태도를 변화시키려는 노력보다는 자사제품을 현지소비자의 태도에 일치되도록 변화시키는 것이 바람직하다.

그러나 호의적인 태도라 할지라도 그것이 구매행동으로 나타나기 위해서는 구매의 필요성이 절실해야 한다. 즉 호의적인 신념과 태도가 실제의 구매행동으로 나타나기 위해서는 그러한 구매를 감당할 능력을 필요로 한다. 또한 구체적인 구매는 여러 제품범주 사이에서 호환적 선택으로 이루어지므로, 예를 들어 소비자는 스키나 카메라도 함께 구매하기 위하여 오히려 덜 우호적인 컴퓨터를 구매할 수 있다. 소비자가 쇼핑 중 새로운 정보(파격적인 가격인하 세일 등)를 획득한다면 애초에 갖고 있던 태도를 그대로 유지하면서 구매시점에서 일시적으로 다른 제품을 구매할 수 있다.

한편 많은 구매결정에서 다른 가족구성원들이 영향을 미치는데, 개인적인 태도만을 측정한다면 실제의 구매행동과는 미약한 연관성을 보일 수 있다. 그리고 제품의 구매는 구체적인 상황으로부터 많은 영향을 받기 때문에 태도를 구매상황과 연관시켜 측정하지 않는다면 태도와 구매행동 사이에는 연관성이 낮게 나타날 수 있다. 아울러 측정상의 문제로서 소비자가 자신의 신념과 감정적 반응을 완전하게 밝혀주지 않거나 태도의 모든 측면을 포괄적으로 측정하지 않는다면 역시 태도와 구매행동 사이의 연관성이 낮게 나타날 수 있다.

나) 학습

학습(learning)이란 소비자가 직접 경험이나 외부정보에 의하여 어떤 대상에 대한 지식, 태도, 혹은 행동을 형성하거나 변경하는 것을 의미한다. 소비자는 제품을 선택할 때 그 제품과 관련된 과거의 경험이나 평가 당시 제공되는 외부정보를 기초로 하여 제시된 대안에 대하여 신념을 형성하거나 기존의 신념을 변화시켜 태도를 형성하게 된다. 이러한 학습과정은 사고과정에서 이루어지기에 인지적 학습이라고 한다. 인지적 학습과 달리 자극과 반응의 연결에 의해서 학습된다고 보는 것이 행동주의적 접근방법이다. 전형적 예가 파브로프의 조건반사실험에 기초를 둔 고전적 조건화(classical conditioning)이다.

다) 동기

동기(motivation)란 어떤 목표를 달성하기 위하여 개인의 에너지가 동원된 상태를 말한다. 이러한 상태는 긴장(tension) 때문에 발생하며, 긴장은 해소되지 않은 욕구가 있기 때문에 생기는 것이다. 소비자는 욕구를 충족시킴으로써 긴장을 줄이려고 한다.

매슬로우(A. H. Maslow)는 사람에게는 배고픔, 목마름 등의 생리적 욕구, 안정, 보호, 질서 등의 안전 욕구, 사랑, 우정 등의 사회적 욕구, 지위, 명성 등의 자기존중 욕구, 그리고 자아실현 욕구 등이 있다고 설명한다. 그중에서 생리적 욕구, 안전 욕구, 사회적 욕구, 자기존중 욕구, 자아실현 욕구의 순으로 그 중요성이 작아지는데 선행되는 욕구가 충족되어야 다음 단계의 욕구가 강해진다. 즉 생리적인 욕구가 충족되지 않으면 안전 욕구, 사회적 욕구 등은 약해지지만 생리적인 욕구가 충족되고 나면 안전 욕구가 강해진다는 것이다. 소비자의 구매 이유는 이런 욕구에 기인하기 때문에 기업은 마케팅활동을 통해서 소비자의 욕구를 자극하고 구매동기를 유발해야 한다.

그런데 국제마케팅 관리자들이 유의할 점은 소비자들의 구매동기가 같은 제품이나 서비스라 할지라도 국가마다 차이가 날 수 있다는 점이다. 예를 들어 탄산수의 경우 프랑스 여성들은 날씬한 몸매를 유지하기 위해서 마시는 데 비해 독일 소비자들은 내장의 건강을 돕는 치료제로서 구입한다.

라) 지각

지각(perception)이란 동기가 유발되어 그것을 받아들이고 그 의미를 도출하는 과정을 말한다. 지각과정은 해당 자극의 소비자욕구와의 관련도 및 강도에 따라 자극을 선별적으로 받아들이는 선택적 주의(selective attention), 받아들인 정보를 자신의 선입관과 부합되도록 해석하는 선택적 왜곡(selective distortion), 자신의 행동이나 태도를 뒷받침해주는 정보를 보다 잘 기억하는 선택적 보유(selective retention) 등의 과정을 거치므로 동일한 자극도 사람에 따라 혹은 국가에 따라 그 강도와 의미 면에서 서로 상이하게 지각될 수 있다.

특히 한 나라의 문화는 사람들의 지각과 행동에 중대한 영향을 미친다. 예를 들어 미국인들은 수프는 잘 조리되어 즉석에서 먹을 수 있는 것이어야 한다고 생각하는 반면, 유럽인들은 수프는 주부가 조리하여 주식과 함께 내어놓는 것으로 생각한다. 결국 이러한 지각의 차이 때문에 미국에서는 통조림수프가 일반화된 반면, 유럽에서는 분말수프가 일반화되었다. 한편 아무리 같은 제품이라도 각국 소비자들 사이에는 우선적으로 중시하는 요소에 대한 지각의 차이가 있다. 그러므로 국제마케팅 담당자들은 해외시장 소비자들이 제품의 원산지와 제품 자체에 대해 어떻게 지각하고 있는지를 파악하는 것이 중요하다.

3. 소비자의 구매의사결정과정

소비자는 일정한 단계를 거쳐가며 의사결정을 한다. 또한, 각 단계별로 외부 혹은 내부의 많은 요인에서 오는 자극(정보)을 처리하는 작업도 동시에 한다. 소비자는 구매에 관한 의사결정을 할 때 **그림 4-5** 에서 보는 바와 같이 보통 5단계를 거친다.

그림 4-5 소비자의 구매의사결정과정

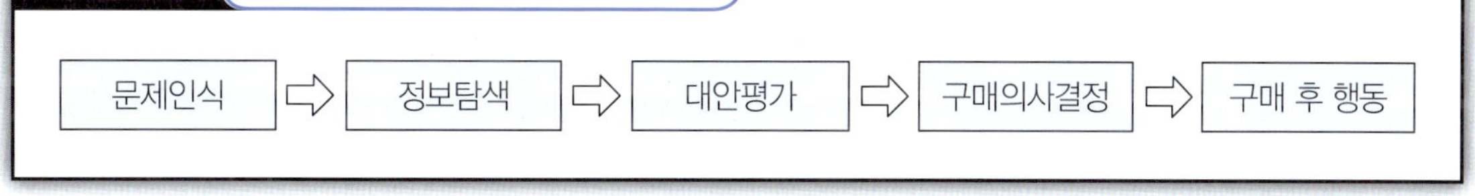

(1) 문제인식

문제인식(problem recognition)은 소비자의 구매동기가 발생하고 구매의 필요성을 느끼는 단계이다. 운동을 하려는데 운동화가 없는 경우 새 옷에 대한 광고를 보았을 때 소비자는 문제를 인식한다. 스스로의 필요에 의해서 구매의 필요성이 인식되기도 하고 외부의 자극에 의해서 구매동기를 느끼기도 한다.

(2) 정보탐색

소비자는 문제를 인식하면 해결을 위해 정보를 탐색한다. 수집하는 정보의 양과 종류는 제품에 따라 차이가 난다. 정보의 탐색(information search)에는 많은 시간과 노력이 소요되므로 소비자는 대체로 소수의 대안들에 대해서만 정보를 탐색하게 된다. 정보를 탐색하는 방법은 과거에 습득했던 제품의 정보를 기억해내는 방법과 광고, 사람 등의 외적인 정보원에 의한 방법이 있다. 관여도가 낮은 제품의 경우 정보를 찾으려는 의지도 약하고 광고의 노출에 수동적이다. 그러나 관여도가 큰 제품일수록 정보탐색 의지가 강하고 다양한 정보원을 이용하여 적극적으로 탐색하게 된다.

(3) 대안평가

대안평가(alternative evaluation)는 탐색한 정보를 소비자의 평가기준에 따라 비교분석하는 단계이다. 정보를 탐색한 소비자는 탐색한 결과를 놓고 비교하고 평가하게 되는데, 제품의 평가기준을 정하고 평가속성에 중요도를 매긴다. 대안의 평가방법에는 보완적 방식과 비보완적 방식이 있다. 보완적 방식이란 평가기준에 따라 평가가 좋은 것과 나쁜 것이 있는데 어떤 속성의 약점이 다른 속성의 강점에 의해 보완되는 평가방식이다. 비보완적 방식이란 한 속성에서의 약점이 다른 속성에서의 좋은 평가에 의해 보완되지 않는 방식이다.

(4) 구매의사결정

평가된 결과에 따라 구매의사결정(purchase decision)을 한다. 소비자는 구매의향을 갖게 되고 잠정적 구매결정을 하게 된다. 이러한 잠정적 구매결정이 그대로 구매로 이어지는 것은 아니다. 실제

구매과정에서 다른 요인, 예를 들어 덜 선호했던 제품을 할인판매하는 경우, 판매원의 설득 등에 의해서 결정이 바뀔 수도 있다. 이러한 예상치 못한 요인들을 상황적 요인이라고 한다. 또한 승용차, 의복 등 타인의 눈에 쉽게 띄는 제품의 경우 다른 사람들이 어떻게 볼 것인가가 강하게 영향을 미친다.

(5) 구매 후 행동

구매 후 행동(post-purchase behavior)은 구매 후 구매행동의 원인을 찾고 만족 여부와 그 원인을 규명하는 단계이다. 구매 후 행동은 주로 만족, 불만족, 불평행동 및 인지부조화의 해소, 귀인행동 등을 포함한다. 인지부조화(cognitive dissonance)란 제품구매 후 확신을 갖기까지 심리적인 불안감을 느끼는 경우를 말하며, 귀인(attribution)이란 제품구매 후 만족 불만족의 원인을 자신 또는 외부에서 찾는 것을 말한다.

특히 고객만족은 고객의 향후 재구입 의향을 높이고, 호의적인 구전(positive word of mouth)을 전파하여 다른 고객들을 끌어오는 결과를 낳기 때문에 중시되어야 한다. 불평행동을 하는 고객 중에는 소극적으로 하는 경우도 있지만, 경우에 따라서는 법적 소송을 거는 등의 공적인 조치를 행하기도 한다. 이 모든 경우 기업 입장에서는 고객의 상실, 부정적 구전의 전파, 기업이미지의 손상 등 매우 치명적인 결과가 초래될 수 있으므로 구매 후 소비자행동에 촉각을 곤두세울 필요가 있다.

제2절 해외고객의 제품평가

일반적으로 제품에 대한 소비자의 선택 및 구매는 가격과 품질에 따라 결정된다. 그러나 실제로 고객이 제품에 대해 인식하는 품질개념은 제품의 개별 속성에 대한 이해를 바탕으로 한다기보다는 제품에 대해 가지는 전반적인 태도, 즉 인지된 주관적 품질로 나타나는 것이 일반적이다. 특히 해외고객의 경우 상품명, 원산지표시(made-in-label) 등 외부적 단서에 의해 품질에 대한 지각이 영향을 받게 된다.

1. 원산지효과

(1) 원산지효과의 의의

원산지효과(country-of-origin-effect)란 고객이 특정 국가의 제품에 대해 지니고 있는 이미지를 뜻하는데, 이러한 이미지는 제조국가에 대한 경제, 문화, 정치, 사회제도에 대한 이미지와 제조국의 국민에 대한 이미지 및 타 국가와의 협력정도 등에 의하여 해외시장에서 호의적 혹은 불리하게 작용한다. 즉 원산지효과는 소비자들이 제품의 품질을 지각하는 데 따른 고정관념이나 편견 또는 다양한 국가에서 생산되는 제품이나 서비스에 대한 상대적 품질을 고려한 구매자의 태도라 정의된다.

예를 들어 소비자들이 스테레오 시스템을 떠올릴 때 일본에서 제조된 스테레오 시스템을 인도네시아에서 제조된 스테레오 시스템보다 호의적으로 평가하는 것은 일본의 제품에 대한 원산지효과로 인해서라고 말할 수 있다. 따라서 소비자들이 제품과 관련하여 가지는 국가에 대한 특정한 인식이 그 국가를 원산지로 하는 제품의 평가를 위한 인지적 단서로 활용되어 제품 품질에 대한 소비자들의 지각과 평가에 영향을 미친다는 것을 알 수 있다.

원산지효과는 여러 연구를 통해서도 입증되고 있다. Vern Terpstra는 다국적제품을 평가할 때 원산지이미지가 브랜드이미지보다 강한 영향을 미친다는 연구결과를 내놓았고, K. L. Keller는 브랜드와 원산지가 일치할 때 브랜드에 대한 평가가 높아진다고 주장했다. 가령 중국에서 만들어진 소니제품이 있을 때 고객은 소니에 대한 호감보다는 중국산에 대한 우려 때문에 제품을 저평가할 가능성이 높다는 것이다. 그리고 당연하겠지만 중국산 소니보다는 일본산 소니를 더욱 선호할 것이라는 얘기다.

(2) 원산지효과의 특성

소비자들의 제품평가에 영향을 미치는 요인은 수없이 많으며, 원산지효과는 그중 하나에 불과하다. 그럼에도 불구하고 원산지효과에 관한 많은 연구가 진행되어온 이유는 다음과 같은 원산지효과의 중요성 때문이라고 하겠다. 원산지효과는 다음과 같은 몇 가지 특성을 지니고 있다.

첫째, 원산지효과는 일종의 편견으로 소비자들이 비교적 지속적으로 갖는다. 특히 경험이나 정보가 거의 없을 때에는 원산지이미지가 후광효과(halo effect)로서 나타나 많은 소비자들이 제품에 대한 다른 정보를 탐색하기 전에 어떤 결론을 도출하게 된다.

둘째, 소비자들이 외국제품을 구입할 때 모든 제품과 그에 관한 정보를 다 알기란 불가능하기 때문에, 원산지에 대한 정보는 내리적 지표(surrogate indicator)로서 그 중요성이 커져 소비자의 구매행동을 설명하고 예측하는 데 매우 중요한 변수가 된다.

셋째, 국제무역량이 증가하고 해외여행의 확대 등으로 인해 소비자들이 국제적인 상품을 대할 기회가 증가함에 따라, 각국의 소비자들의 특성을 이해하는 것이 국제마케팅의 주요한 문제로 대두되고 있다. 이러한 시점에 일종의 비본질적 단서이며 편견인 원산지효과를 파악하고 그 대응책을 마련하는 것이 중요하다.

넷째, 제품의 국적이 실제로 제품평가에 영향을 미친다. 따라서 특정 시장에서 자국산 제품이 싼 저급품, 디자인이 좋지 않은 제품, 튼튼하지 못한 제품 등 나쁜 이미지를 가지고 있는 경우에 기업은 제품을 진출시키는 데 어려움을 겪게 된다.

다섯째, 원산지효과는 소비자의 해당국 제품에 대한 친밀도 및 이용도와 관련되어 소비자의 행동에 영향을 미친다. 즉 제품에 대한 지식수준이 낮은 소비자들은 제품을 평가할 때 제조국명이 제품을 평가하는 데 중요한 역할을 하게 된다. 반면에 제품에 대한 지식수준이 높은 소비자들은 제품을 평가하는 경우에 제조국명을 다양한 제품평가의 단서 중의 하나로 간주하게 된다.

여섯째, 특정 국가의 제품에 대한 평가는 고정적인 것이 아니라 시간의 흐름에 따라 변화한다. 이는 국가이미지와 브랜드이미지가 영향을 주고받으며 변화해나가기 때문이다. 참고로 각국의 국가브랜드 순위를 보면 **표 4-1** 과 같다.

(3) 원산지효과 사례

원산지효과를 극명하게 보여준 사례로 우선 캐논을 들 수 있다. 즉 원가절감을 위해 중국으로 진출했던 캐논이 브랜드이미지 관리를 위해 일본으로 다시 회귀한 경우이다. 때문에 실제 제조국, 원산지와는 관계없이 브랜드 개발 혹은 커뮤니케이션 단계에서 원산지효과를 도모하는 경우가 많다.

보드카에 과일향을 첨가한 KGB는 보드카로 유명한 러시아를 연상하겠지만, 실제로는 뉴질랜드 브랜드이다. 하겐다즈는 낙농의 나라 덴마크가 아니라 미국에서 출발한 브랜드이다. 중동지역에서 명품으로 통한다는 로만손은 스위스가 아니라 우리나라에서 만들어진다. 이들은 모두 특정 제품군에 대해 긍정적 이미지를 보유한 국가와 지역이미지를 브랜드네임에 차용한 경우이다.

표 4-1 2011년도 국가브랜드 순위

순위	실제순위	이미지순위
1	미국	일본
2	독일	독일
3	프랑스	미국
4	일본	캐나다
5	영국	영국
6	스위스	프랑스
7	오스트레일리아	스웨덴
8	스웨덴	오스트레일리아
9	캐나다	스위스
10	네덜란드	오스트리아
	한국(15위)	한국(19위)

주 실제순위는 스위스 국제경영개발원(IMD), 세계경제포럼(WEF), 세계은행(WB) 등에서 나온 125개 통계자료를, 이미지순위는 2011년 11월 4일부터 21일까지 26개국 오피니언 리더 1만3,500명을 대상으로 벌인 설문조사를 토대로 만들어진 것임.

자료 삼성경제연구소, 2012. 2.

이러한 브랜드의 패턴을 살펴보면 로만손, 불가리스, 보르네오처럼 해당 제품으로 유명한 지명을 직접 활용한다. Romanson은 시계로 유명한 스위스의 한 지방이름 Romanshorn을, 불가리스는 불가리아를 변형한 이름이며, 보르네오는 목재생산지로 유명한 섬 이름이다.

Haatz, TROMM은 빌트인가전 및 고급가전의 원산지로 여겨지는 유럽, 특히 독일의 이미지를, 하겐다즈는 스칸디나비아 및 덴마크의 이미지를 노린 명칭이다. 이렇게 원산지효과를 도모하는 브랜드는 그 표현이 직접적/적극적이냐 간접적/소극적이냐의 차이가 있을 뿐 브랜드 개발단계에서 자연스럽게 고려하는 전략이다. 유럽풍의 고급의류 브랜딩에서는 프랑스어와 이탈리아어를, 고급가전이나 견고함이 요구되는 분야에서는 독일어를 검토하는 게 일반적이다.

싱가포르의 Tiger맥주 사례를 보자. 싱가포르는 관광서비스 외에는 별다른 이미지가 없고, 특히 맥주에 대해서라면 그다지 매력적이지 않은 국가이다. 이를 간파한 타이거맥주는 아시아시장 마케팅에서 싱가포르를 강조하지 않고, 광고에서도 남자주인공으로 한국인 배우를, 여자주인공으로는 중국인 배우를 섭외하는 등 어느 한 국가에 치우치지 않는 이미지를 전달하려 노력했다. 또한 광고 후반부에서는 뉴욕을 무대로 했다. 타이거는 자사의 부정적인 원산지효과를 차단한 경우이다. 반대로 브라운스톤이나 빈폴의 광고처럼 특정 국가 및 지역이미지를 묘사해 원산지효과를 노리는 커뮤니케이션도 있다.

(4) 원산지효과와 국제마케팅전략

기업이 자사제품을 어느 국가에서 생산할 것인가를 결정할 때는 원산지효과를 고려하여야 한다. 생산국의 이미지가 기업의 마케팅전략에 긍정적으로 작용할 수도 있고 반대로 부정적으로 작용할 수도 있기 때문이다.

생산국의 이미지가 해외소비자들에게 긍정적으로 작용할 경우에 기업은 적극적으로 원산지 표시를 하고 이에 따른 고가격전략도 실행할 수 있다. 반면에 생산국의 이미지가 해외소비자들에게 부정적으로 작용할 경우에 기업은 저가격전략을 책정하는 것이 바람직할 것이다. 예를 들어 선진국시장에서는 한국의 이미지가 상대적으로 높지 않기 때문에 어쩔 수 없이 선진국 제품에 비해 저가격으로 책정하고 있는 것이 현실이다.

만약 생산국의 이미지가 부정적일 경우 기업의 대응방안은 무엇일까? 첫째로 기업은 원산지를 가급적 드러내지 않고 오히려 브랜드마케팅에 주력하는 방법을 사용한다. 이것은 일류 브랜드를 가지고 있는 다국적기업에게는 매우 자연스런 방법이라고 할 수 있다. 그동안 Sony는 하나의 제품이라도 여러 국가에서 생산하고 있기 때문에 브랜드를 강조하고 이를 이용함으로써 높은 가격을 책정해왔다.

둘째로 생산국의 이미지가 부정적일 경우 기업은 이미지가 좋은 국가에서 생산하는 보다 적극적인 방법을 선택하기도 한다. 특히 제품-생산국의 연상효과가 클 경우에는 원산지효과를 활용하기 위해서 해외생산을 부정적인 국가이미지 극복의 대안으로 생각해볼 수 있다. 예를 들어 아모레퍼시픽이 프랑스에서 향수 브랜드 Lolita Lempica의 연구개발과 판매에 노력한 것은 원산지효과를 활용한 전략이라고 할 수 있다.

셋째로 보다 적극적인 방법으로 국가이미지 제고에 매진해야 할 것이다. 이를 위해 우리는 세계적인 제품브랜드 개발, 해외에서의 국제적인 매너, 관광객 유치를 위한 홍보, 외국인에 대한 친절한 태도, 문화산업의 해외시장 확대, 국제행사 개최 등 적극적이고 장기적인 국가이미지 제고전략을 모색해야 할 것이다.

2. 제품포지셔닝

(1) 제품포지셔닝의 개념

제품포지셔닝(product positioning)이란 기업이 자사의 제품을 소비자들에게 원하는 바대로 인식시켜 시장에서 독특한 위치를 차지할 수 있도록 하는 것을 말한다. 제품포지셔닝을 통해서 기업은 자사제품이 경쟁제품과 차별화된 지위를 얻도록 하여 표적시장에서 고객의 욕구를 충족시킬 수 있다는 인식을 소비자들에게 심어준다.

제품포지셔닝전략을 세우기 위해서는 기업이 시장에서 차지하는 위치와 경쟁기업 및 제품의 포지셔닝, 소비자들의 니즈와 브랜드에 대한 소비자의 지각, 자사의 마케팅자원, 자사의 이미지 등 전반적인 사항을 고려해야 한다. 제품을 포지셔닝하려면 다른 경쟁제품과의 차별점을 표적시장의 소비자에게 확고하게 인식시킬 수 있는 마케팅믹스가 필요하다.

포지셔닝은 기존 제품이나 서비스에 대한 소비자들의 인식을 명확하게 파악하여 자사의 제품이나 서비스가 가장 차별화될 수 있는 위치를 찾는 것이 중요하다. 제품의 이미지가 얼마나 정확하고 강력하게 소비자에게 인지되었느냐에 포지셔닝의 성공 여부가 달려 있는 것이다. 예를 들어 이랜드는 중저가 상위품질의 의류제품으로, 사조참치는 저지방 고단백질로 진출 초기에 포지셔닝하였고, 그리고 현대자동차는 미국시장으로의 초기 진출 시 저가격을 강조하여 포지셔닝하였다.

(2) 제품포지셔닝의 유형

제품포지셔닝의 유형을 정리하면 **표 4-2** 와 같다.

가) 속성에 의한 포지셔닝

자사제품이 경쟁기업의 제품과 다른 기능적, 감각적 편익이나 속성 같은 차별점을 가지고 있음을 소비자에게 인식시키는 방법이다. 이 전략은 가장 흔히 사용되는 방법으로, 기존 자사제품의 약점에 대한 개선을 인식시키거나 자사제품의 강점을 다시 한 번 부각시키기도 하고, 경쟁제품에는

표 4-2 제품포지셔닝의 유형

유형	접근방법 및 사례
속성에 의한 포지셔닝	– 제품의 기능적 편익, 속성을 경쟁제품과 차별화하여 소비자에게 인식 – 상징적 · 감각적 편익이나 속성에 의한 포지셔닝 – 애니콜 "한국지형에 강하다"
사용자에 의한 포지셔닝	– 제품이 특정 사용계층에 적합한 것으로 포지셔닝 – 미에로화이바 – 다이어트 음료
사용상황에 의한 포지셔닝	– 제품이 사용될 수 있는 상황을 제시함으로써 포지셔닝 – 가그린 "키스할까요", 자일리톨껌 '자기 전에 씹는 껌'
이미지에 의한 포지셔닝	– 기업과 제품이 가지는 이미지를 소비자에게 전달하고 인식을 심어줌으로써 포지셔닝 – 맥심커피 "이 세상에서 가장 향기로운 커피는 당신이 마시는 커피입니다"
경쟁제품에 의한 포지셔닝	– 소비자가 인식하고 있는 기존 경쟁제품과 비교함으로써 자사제품의 편익을 강조 – 경쟁제품으로써 욕구충족이 되지 않는 시장기회를 이용하는 포지셔닝전략 – 사이다 – 무색, 무카페인, 무로열티

없는 속성이나 약점을 부각시켜 포지셔닝한다.

치약의 경우 기능에 따라 충치를 예방하는 치약으로 포지셔닝할 수도 있고 이를 하얗게 해주는 치약으로 포지셔닝할 수도 있다. 또한 자동차의 경우 소음이 심했던 차를 '조용한 차'로 포지셔닝하여 자사제품의 단점에 대한 개선을 강조하기도 하고, 내의의 경우 감각적 차별성을 부여하여 따뜻함이나 편안함이 아닌 패션의 개념으로 포지셔닝할 수도 있다.

나) 사용자에 의한 포지셔닝

자사제품이 특정 사용계층에 적합하다고 소비자에게 인식시키는 방법이다. 이를 닦기 싫어하는 어린이를 위한 젤 타입의 달콤한 냄새가 나는 어린이 전용 치약, 접대가 많은 비즈니스맨을 위한 숙취해소 음료, 아침 출근준비에 바쁜 직장인을 위한 린스 겸용 샴푸 등이 특정 사용자를 위한 포지셔닝의 예이다.

다) 사용상황에 의한 포지셔닝

제품이 사용될 수 있는 상황을 제시하여 소비자들에게 인식시키는 방법이다. 생일파티를 벌이는 상황을 설정하여 가족들의 모임에 적합하다고 강조하는 패밀리 레스토랑 등이 여기에 속한다.

라) 경쟁제품에 의한 포지셔닝

자사제품과 경쟁제품을 비교해서 자사제품의 우위를 소비자들에게 인식시키는 방법이다. 우리나라는 법적으로 비교광고가 금지되어 있기 때문에 직접적으로 표현해서는 안 되지만 충족되지 않는 소비자의 욕구를 간접적으로 파고드는 전략을 사용할 수 있다. 경쟁제품에 의한 포지셔닝은 주로 시장선도기업을 대상으로 이루어지는데, 소비자들에게 인식되어 있는 시장선도기업의 이미지를 자사의 포지션과 연관시킴으로써 그 효과를 증대시키는 이점이 있다. 즉 경쟁자의 포지션을 바탕으로 소비자의 니즈와 경쟁자와의 차별화를 연결시키는 유용한 전략이다.

마) 리포지셔닝

기업이 의도한 대로 제품포지셔닝이 되었어도 시간이 흘러 고객의 니즈와 경쟁환경의 변화에 따라 처음의 포지셔닝이 효과를 거두지 못할 때가 있다. 이럴 경우에는 시장환경에 맞게 기존제품을 새로운 표적 세분시장에서 다시 포지셔닝해야 하는데 이것을 리포지셔닝(repositioning)이라고 한다. 리포지셔닝은 소비자들의 인식이 깊이 뿌리박혀 있기 때문에 다소 어렵기는 하지만 기존의 제품으로 시장을 확대할 수 있다는 장점이 있다. 예를 들어 애초에 유아계층을 목표로 포지셔닝되었던 존슨앤존슨 베이비 로션의 경우 순한화장품이라는 제품콘셉트로 연약한 피부를 가진 청소년과 여성을 목표고객으로 리포지셔닝했다.

(3) 제품포지셔닝의 절차

일반적으로 제품포지셔닝은 **그림 4-6** 에서 보는 바와 같이 5단계를 거쳐 수립된다.

가) 1단계: 소비자 분석

해당 제품군에서 소비자들이 얻고자 하는 것이 무엇인지, 그리고 기존제품들에 대해서는 어떤 불만을 가지고 있는지 등 소비자 요구와 기존제품에 대한 불만족 원인을 파악하는 과정이다.

나) 2단계: 경쟁자 확인

도입하고자 하는 제품의 경쟁상대를 파악하는 과정으로, 이때 주의할 것은 표적시장을 어떻게

그림 4-6 제품포지셔닝의 절차

소비자 분석
해당 제품에 대한 표적소비자의 니즈와 불만족 원인 파악

경쟁사 분석
도입제품의 경쟁제품을 구체적으로 파악

경쟁제품의 포지션분석
경쟁제품의 소비자 지각도(perceptual map) 작성
- MDS(Multi-Dimensional Scaling) 사용
- 제품의 속성 파악 및 각 경쟁제품에 대한 소비자 지각정도 분석
- 경쟁사 대비 강점 파악

자사제품의 포지셔닝개발
경쟁제품과 자사 도입제품에 대한 소비자 인식차이와 차별화 요소를 두기 위한 위치선정
- 누구(Who): 표적고객을 규정, 누가 그 제품을 사는가?
- 왜(Why): 고객이 원하는 편익, 고객이 왜 그 제품을 사는가?
- 무엇(What): 제품콘셉트, 고객에게 제공하는 것이 무엇인가?

포지셔닝의 확인 및 재포지셔닝
- 포지셔닝전략 실행 후 당초 목표대로 포지셔닝되었는지 확인
- 경쟁환경 변화에 따라 위치 재설정

설정하느냐에 따라 경쟁자가 달라질 수 있다는 점이다. 린스 겸용 샴푸를 개발하고자 할 때 소극적인 의미에서는 겸용 샴푸만이 경쟁사가 될 수 있으나 소비자 관점에서 보면 샴푸를 구입할 때 모든 샴푸를 구매대상으로 고려하므로 현존하는 모든 샴푸가 경쟁자가 될 수 있다.

한편 해당 제품군에 대체재가 있는 경우에는 이 대체재도 넓은 의미에서 경쟁자가 될 수 있다. 다이어트 식품을 개발하고자 할 때 기존의 다이어트 식품만을 경쟁자로 볼 수 있겠지만 다이어트 욕구가 있는 소비자 관점에서 보면 칼로리가 낮은 모든 간편식이 다이어트식이 될 수 있으므로 이 대체재를 간과해서는 안 된다. 그리고 이처럼 대체재가 존재하는 경우에는 시장의 크기를 예측할 때 주의해야 한다.

다) 3단계: 경쟁제품의 포지션분석

경쟁제품이 소비자들에게 어떻게 인식되고 평가받는지 파악하는 과정이다. 이때 포지셔닝도(positioning map), 일명 지각도(perceptual map)를 작성해보면 경쟁제품의 속성과 소비자의 지각상태를 파악하는 데 매우 유용하다.

라) 4단계: 자사제품의 포지션개발

경쟁제품에 비하여 소비자의 욕구를 더 잘 충족시킬 수 있는 적합한 자사제품의 포지션을 결정한다. 예를 들어 겸용 샴푸를 개발할 때 지금까지의 겸용 샴푸가 간편성 위주의 제품이었다면 간편성에 영양까지 겸비한 고급 겸용 샴푸라는 비어 있는 포지션을 개발할 수 있을 것이다.

마) 5단계: 포지셔닝의 확인 및 재포지셔닝

포지셔닝전략이 실행된 후에는 자사제품이 목표한 위치에 포지셔닝되었는지 확인하여야 한다. 매출성과로도 마케팅전략의 효과를 알 수 있겠으나 전문적인 조사를 통해 보다 구체적으로 소비자와 시장에 관한 분석을 해보아야 한다. 만약에 영양캡슐이 든 겸용 샴푸를 출시하였다면 소비자들이 그 제품을 간편하면서도 영양을 충분히 공급해주는 간편한 샴푸로 인식하고 있는지 되짚어봐야 한다. 또한 초기에 성공적으로 포지셔닝되었다 하더라도 시간이 흐름에 따라 경쟁환경과 소비자욕구가 변화하였을 경우에는 목표 포지션을 재설정하여 그곳으로 이동시키는 재포지셔닝(repositioning)을 하여야 한다.

(4) 제품포지셔닝도

가) 제품포지셔닝도의 의의

제품포지셔닝도(product positioning map)란 고객들의 마음속에 자리 잡고 있는 자사상표와 경쟁상표의 위치를 그림으로 표시한 것으로 제품지각도(product perceptual map)라고도 부른다. 제품포지셔닝도를 파악하려면 자사 및 경쟁사 제품의 속성들(가격, 기능, 품질, 스타일, 디자인 등)에 대한 소비자평가를 조사한 후 그 결과를 2차평면 또는 그 이상의 공간에 표시하여야 한다.

제품포지셔닝도는 기업의 차별적 우위의 평가에 사용할 수 있다. 여기서 주의할 점은 중요한 경쟁제품이 누락되면 그 의미가 없기 때문에 사전에 포함될 경쟁제품에 대한 규명이 고려되어야 한다. 아울러 상품의 기능과 속성에 따른 포지셔닝을 분석하면 자사제품의 어떠한 기능을 강화함으로써 소비자에게 보다 접근할 수 있는가 하는 지침을 얻을 수 있다. 그리고 해외시장에서 어느 회사의 제품이 자사제품과 특성이 비슷하여 잠재적 경쟁상품이 될 것인지를 알 수 있다. 또한 포지셔닝 분석을 통해 틈새시장을 발견할 수도 있다.

나) 제품포지셔닝도의 유형

① 물리적 특성에 의한 제품포지셔닝도

제품들의 객관적 및 물리적 속성이나 특성 중에서 두 개 또는 세 개의 차원을 선별하여 제품들의 포지셔닝도를 작성하는 방법이다.

② 소비자의 지각에 근거한 포지셔닝도

소비자가 각각의 제품에 대해 지각하고 있는 차원을 선별하여 도면으로 작성하는 방법을 말한다. 일반적으로 포지셔닝도는 이 방법으로 작성된다. 포지셔닝도를 작성하는 방법에는 다차원척도법(MDS), 요인분석법 등이 많이 사용된다.

다) 제품포지셔닝도의 작성방법

① 차원의 수 결정

포지셔닝도는 일반적으로 각 차원에 대한 해석을 위해 두 개의 차원으로 한정된다.

② 차원 이름의 결정

차원의 이름은 회귀분석이나 상관분석을 통해서도 결정할 수 있지만 실제 시장과 제품에 대해서는 실무관리자의 직관이 더 정확할 수 있다.

③ 경쟁제품 및 자사제품의 위치 확인

차원의 수와 차원의 이름이 결정되면 경쟁제품과 자사제품의 위치를 포지셔닝도에서 확인하여야 한다.

④ 이상적 포지션의 결정

신제품의 경우에는 이상적인 위치에 맞는 제품개발과 촉진전략이 필요하고, 기존제품의 경우에는 이상적인 위치에 접근시킬 수 있는 전략을 사용하여야 한다.

라) 제품포지셔닝도의 유용성

마케팅 관리자는 포지셔닝도를 그려봄으로써 다음 5가지 측면에서 유용한 정보를 얻을 수 있다.

① 시장의 공백 규명

충분한 시장성이 있음에도 경쟁제품이나 자사제품이 소개되지 않은 시장의 빈곳을 알려줌으로써 신제품의 개념을 적절히 선정할 수 있다.

② 자사제품의 현 위치 파악

자사제품이 소비자에게 어떻게 인식되고 있는지 보여준다.

③ 경쟁자 및 경쟁상황 파악

자사제품의 위치와 가까운 경쟁자가 누구이며 자사 주변에 얼마나 많은 수의 경쟁자가 있는지를 알려준다. 포지셔닝도상에서 가장 가까운 거리에 있는 제품일수록 서로 경쟁관계에 있고 대체가 가능한 제품이다.

④ 이상점(Ideal point) 파악

소비자가 가장 이상적으로 생각하는 제품의 속성을 파악함으로써 신제품 개발이나 자사제품의 개선에 있어 이상점으로 삼을 수 있다.

⑤ 마케팅효과 측정

정기적으로 자사제품의 위치를 추적 조사하며 포지셔닝도를 그려봄으로써 의도한 바대로 포지셔닝이 되었는지 확인할 수 있다. 또한 이로써 자사의 마케팅믹스전략이 얼마나 효과가 있는지 알 수 있다.

마) 제품포지셔닝도의 예

그림 4-7 및 **그림 4-8** 은 미국과 한국의 승용차시장 포지셔닝도를 보여주는데 젊음/스포티와 전통/보수, 고급/실용의 차원으로 나타내고 있다.

그림 4-7 미국의 승용차시장 포지셔닝도

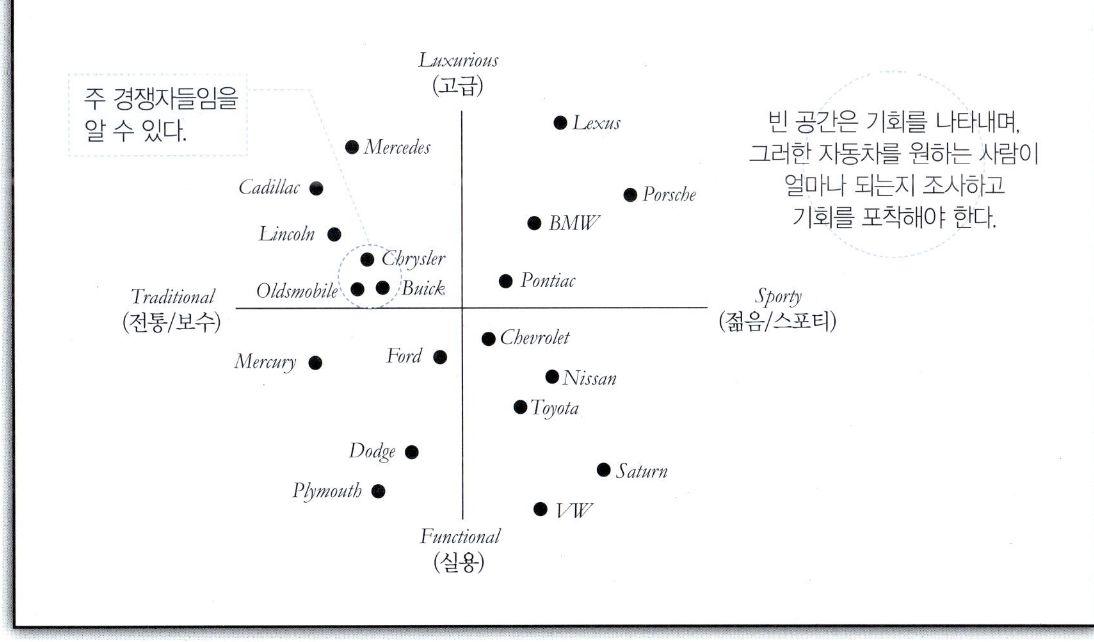

그림 4-8 한국의 승용차시장 포지셔닝도

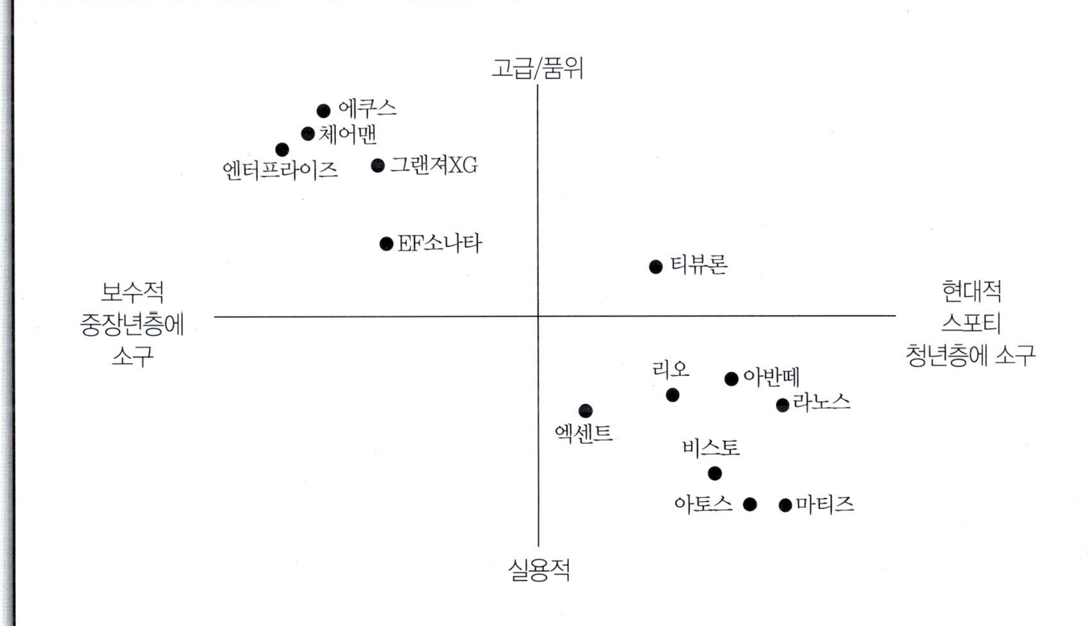

제3절 해외상품의 수용 및 확산

1. 확산의 개념

확산(diffusion)이란 사회구성원 사이에서 시간이 경과함에 따라 어떤 경로를 통하여 혁신(innovation)이 전달되는 과정이다. 즉 확산이란 개인, 집단 또는 다른 채택단위에 의하여 어떤 혁신이 구체적인 의사소통의 채널을 통하여 시간을 두고 수용되어 그 수용자의 수가 확대되어나가는 것으로 정의된다. 혁신의 수용과정이 개인 소비자가 신제품을 수용하느냐 거절하느냐를 의사결정할 때 거치는 단계에 초점을 둔 반면, 혁신의 확산과정은 사회시스템 내의 구성원 사이에서 이루어지는 의사소통과정을 의미한다. 즉 확산은 개인보다는 커뮤니케이션이라는 사회구조에 중요성을 두며, 소비자의 의사결정은 개개인에 의한 정보처리라기보다는 소비자 간의 정보교환과정에 의한 의사결정인 것이다. 확산과정의 일반적인 형태를 그림으로 나타내면 **그림 4-9** 에서 보는 바와 같이 S-Curve 형태를 보인다.

그림 4-9 확산과정의 일반적 형태

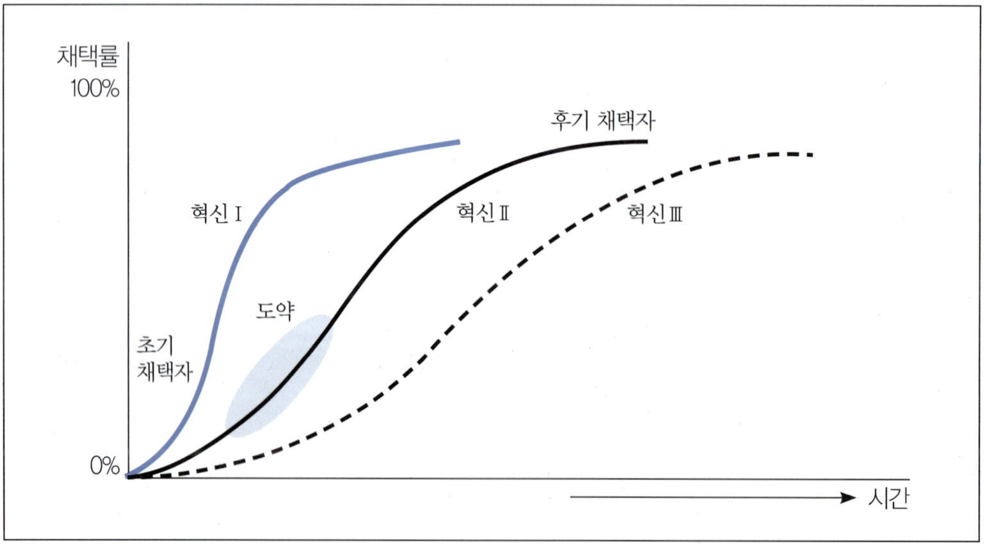

자료 E. M. Rogers, *Diffusion of Innovation*, 4th ed, The Free Press, 1995, p.11.

확산이란 개념은 사모아 제도의 원주민들이 서구문화를 받아들이는 과정을 설명하기 위해 문화 인류학자들이 오래전에 제시했는데, 최근에는 신상품이 시장에 출시되는 상황에서 소비자에 따라 혁신상품을 어떻게 수용하는지 설명하는 데 자주 활용된다. 혁신이 구성원들이나 구성원들이 소속된 사회 전체로 확산되는 데는 상당한 시간이 소요되기 때문에, 혁신을 수용하는 과정이 모든 사람들에게 동일한 패턴으로 나타나지 않고 소비자 특성이나 문화권에 따라 수용양상이 달라진다는 것이 '혁신의 확산이론'의 요체이다.

전자상품을 쓰다보면 몇 달만 지나면 신상품이 나온다. 아이폰이 나왔나 했더니 불과 몇 달 사이에 성능을 개선한 갤럭시나 안드로이드 같은 신상품이 나오는 식이다. 그 밖에도 의복 스타일, 새로운 제조기술, 서비스분야에서도 하루가 멀다 하고 혁신이 이뤄지고 있다. 비행기, 자동차, 컴퓨터, TV 같은 주요 발명품들이 처음 나왔을 때 현대인의 생활양식에 급진적인 변화를 가져왔듯이, 혁신은 기술적 진보를 통해 소비자의 일상생활에 혁명적인 변화를 가져온다. 예를 들어, 지금은 보편화된 팩시밀리, 핸드폰, 가정용 컴퓨터, 비디오카세트리코더, 에어컨, 전기자동차, 인터넷 같은 신상품은 처음 나왔을 때 소비자의 일상생활에 혁명적인 변화를 가져왔다. 개인용 컴퓨터는 타자기를 대체했으며 사람들에게 '재택근무'라는 새로운 업무형태를 제시했다.

2. 확산의 요소

일반적으로 확산의 4요소란 **그림 4-10** 에서 보는 바와 같이 ① 혁신, ② 커뮤니케이션 채널, ③ 시간, ④ 사회체계이다.

그림 4-10 확산의 4요소

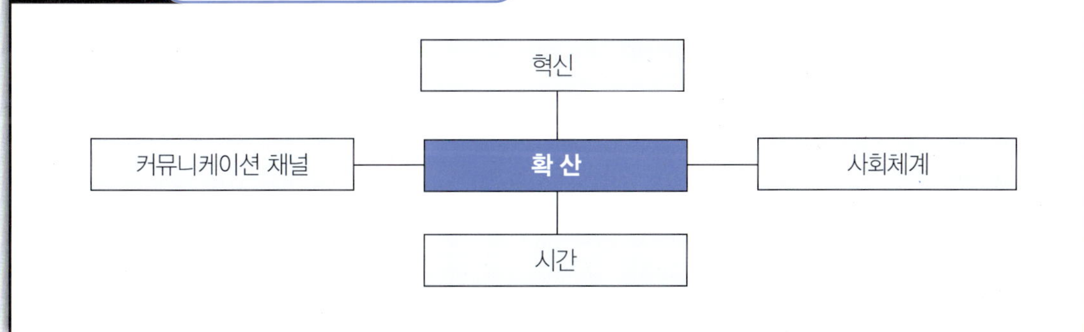

(1) 혁신

혁신(innovation)은 개인 혹은 다른 채택단위들이 새롭다고 인식하는 아이디어, 관행, 또는 사물 등을 말한다. 중요한 것은 객관적으로 새롭다는 것보다는 수용하는 주체가 새롭게 인식하면 그것은 혁신이 된다. 혁신은 상대적 이점, 적합성, 복잡성, 시험가능성, 관찰가능성 등 5가지 특성에 따라 채택의 속도가 달라진다. 한편 혁신(innovation)은 기술적 우월성만을 가지고 확산되지는 않는다. 드보랙 키보드가 쿼티(QWERTY) 자판보다 훨씬 효율적이었음에도 불구하고 기존사용자들의 관행을 극복하지 못해 사장된 사례를 보듯, 혁신은 이처럼 복잡한 요소들에 의해 확산되는 것이다.

(2) 커뮤니케이션 채널

커뮤니케이션 채널(communication channel)은 한 개인이 다른 개인에게 혁신 메시지를 전해줄 때 사용하는 수단을 의미한다. 매스미디어 채널이 신속하고 효율적인 수단이나, 대인 채널이 타인 설득에는 더 효과적이며, 특히 인터넷을 통한 상호작용 커뮤니케이션은 최근 더욱 중요해지고 있다. 커뮤니케이션은 상호 동질적인 사람들 사이에서 가장 빈번하게 일어나지만, 혁신의 확산에서는 상호 이질성이 필요하기도 하다. 왜냐하면 혁신은 혁신주도자와 혁신수용자가 서로 다른 환경에서 전파되어야 하기 때문이다.

(3) 시간

시간(Time)은 확산연구에서 매우 중요한 요소로 ① 개인이 혁신을 인지하고 채택 여부를 결심하는 '혁신결정과정', ② 개인이나 기타 단위가 지니는 '혁신성', ③ 일정 기간 사회체계 내에서 혁신을 채택한 사람의 수로 측정되는 개혁의 '채택률' 등과 관련이 있다.

(4) 사회체계

사회체계(social system)는 공동의 목표달성을 위해 문제해결에 관여하는 상호 연결된 단위들의 집합이다. 혁신의 확산은 사회체계 내에서 발생하기 때문에 사회계층구조, 체계의 규범, 의견주도자(opinion leader)와 변화주도자(change agent)의 역할, 의사결정 유형 등에 영향을 받는다.

3. 혁신

(1) 혁신의 개발과정

혁신은 어디서부터 어떻게 오는 것일까? 혁신의 개발과정은 **그림 4-11** 에서 보는 바와 같이 ① 문제 및 필요 인식, ② 연구, ③ 개발, ④ 상업화, ⑤ 확산 및 채택, ⑥ 결과의 6단계를 거친다. 이 6단계는 반드시 여기서 제시된 순서대로만 이루어지지는 않는다. 어떤 혁신의 경우 일부 단계가 생략될 수 있다.

그림 4-11 혁신의 개발과정

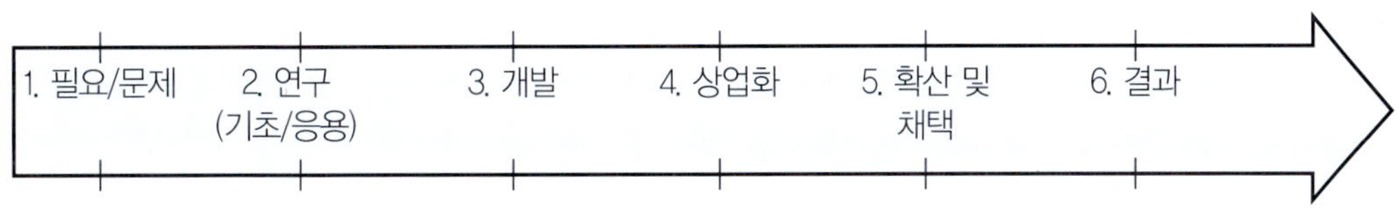

가) 문제 및 필요에 대한 인식

혁신개발과정은 문제나 필요를 인식하는 것으로부터 시작되며, 이것들이 혁신 연구나 개발활동을 자극한다. 예를 들어, 캘리포니아의 단단한 토마토는 노동력 부족문제로 인해 기계 수확이 가능한 토마토에 대한 필요로 개발되었다. 또한 문제나 필요는 자연적인 수요에 의해 발생하는 경우도 있는데, 자동차 사고예방을 위한 안전한 도로 가드레일 건설, 안전벨트 의무화 등은 정치적 필요에 의해 정착되었다.

나) 기초연구와 응용연구

대부분의 혁신은 기술적인 혁신이다. 기술이란 기대한 결과를 도출하기 위한 불확실성을 줄이려는 도구적 행위의 디자인이다. 기초연구는 실용적인 문제들과 반드시 연관성을 가질 필요가 없는 과학지식의 진보에 대한 독자적인 연구이며, 반대로 응용연구는 실용적인 문제를 해결하기 위한 연구들을 말한다. 혁신은 때때로 우연한 발견으로 이루어지기도 한다. 3M의 포스트잇, 대머리 발모제인 미녹시딜, 플레밍 경이 발견한 페니실린 등이 일종의 우연한 혁신의 발견 사례이다.

다) 개발

R&D란 용어에서 보듯이 연구(R)와 개발(D)을 명확히 구분하는 것은 어렵다. 하지만, 적어도 개념적으로는 별개의 단계로 고려할 수 있다. 혁신에 있어서 개발은 새로운 아이디어가 잠재적인 사용자들의 욕구를 만족시킬 것이라고 예상되는 형태로 만드는 과정을 말한다. 개발단계에서, 기술이 사회변동을 야기한다는 기술결정론(technological determinism)이 유력하게 받아들여지고 있지만 이와는 상반되게 기술 이외의 사회체계의 규범과 가치 등 사회적 요인에 의해 형성(사회결정론, social determinism)되는 경우도 많다. 제조사들의 이익을 대변하다보니 가스냉장고에 비해 소음이 더 심하지만 전기냉장고가 대세가 되었고, 인터넷은 사실 군사적 필요에 의해 개발된 것이다.

라) 상업화

상업화는 하나의 아이디어가 연구로부터 시장에서 판매가능한 제품이나 서비스로 전환되는 과정을 말한다. 상업화는 매우 중요한 단계로, PC를 제일 먼저 개발하였지만 애플에게 상업화 기회를 빼앗긴 제록스 PARC의 사례를 보듯 기술은 우수하나 상업화 실패로 이어진 사례가 많다.

마) 확산과 채택

혁신을 확산시킬 것인가에 대한 결정을 내리는 단계로 게이트키핑(gatekeeping)을 통해 혁신의 확산 여부, 확산지역, 확산시기 등을 결정하게 된다.

바) 결과

혁신의 채택 또는 거부의 결과로, 개인이나 사회체계에 일어나는 변화를 분석하는 단계이다. 많은 경우 결과단계가 생략되거나 별로 중요시되지 않지만, 혁신의 부작용 등도 있으므로 매우 중요한 단계일 수 있다.

(2) 혁신의 결정과정

혁신결정은 개인이나 조직이 혁신을 받아들일 것인지의 여부를 의사결정하는 단계이다. 로저스(E. M. Rogers)는 **그림 4-12** 에서 보는 바와 같이 기존의 연구들을 보완하여 5가지 의사결정과정 모델을 제시하였다.

그림 4-12 혁신의 결정과정

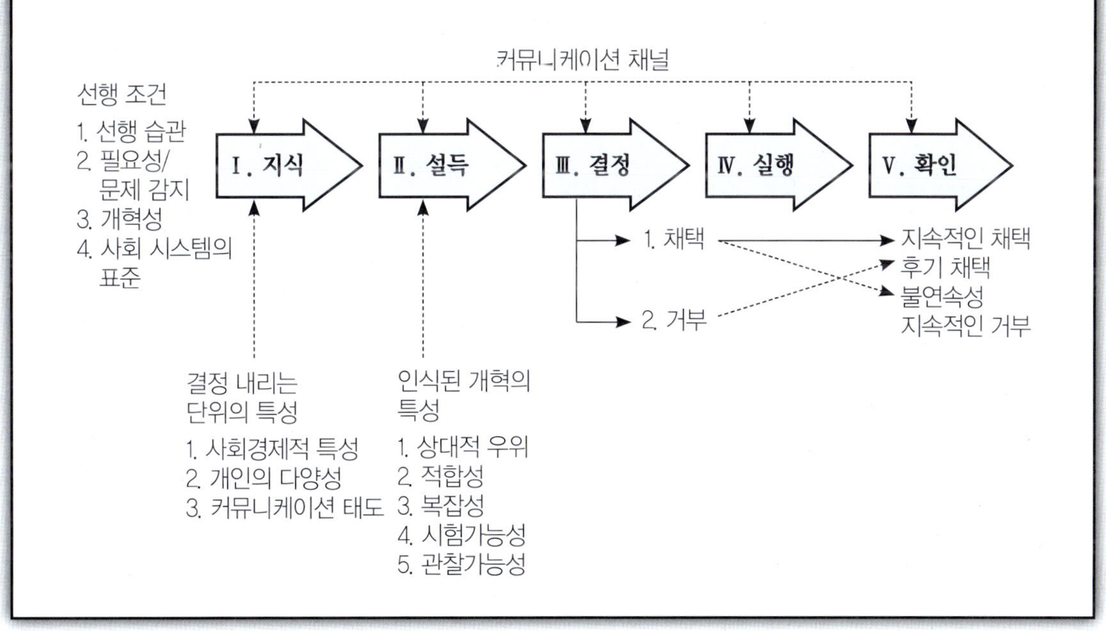

가) 지식

지식(knowledge)은 혁신을 이해하고 혁신에 대한 지식을 갖게 되는 단계이다. 필요가 먼저인가, 인지가 먼저인가? 필요(needs)에 의해 혁신을 찾는 것(암 환자와 암 치료제)이 일반적이지만, 혁신을 알게 됨에 따라 욕구가 따라올 수도 있다(새로운 패션, 휴대폰 등).

나) 설득

설득(persuasion)은 혁신에 대해 호의적이거나 비판적인 태도를 형성하는 단계이다. 이 단계에서 수용자는 혁신에 대한 공신력 있는 자료뿐만 아니라 동료들의 주관적 평가에 상당 부분 영향을 받는다.

다) 결정

결정(decision)은 혁신을 채택하거나 거부하는 단계이다. 일반적인 상황에서는 지식→설득→결정의 순서를 따르지만 집단주의 문화에서는 지식→결정→설득의 순서로 혁신이 채택되는 경우가 종종 있다.

라) 실행

실행(implementation)은 혁신을 실생활에 사용하는 단계이다. 혁신을 받아들이기로 결정했다 하더라도 실행단계에서 여전히 불확실성이 상존한다. 특히 개인이 아닌 조직에서는 혁신을 결정해도 실행이 부진할 때가 많다. 그리고 이 과정에서 혁신의 실행 속도를 높이기 위해서는 변화주도자(change agency)의 역할이 중요하다. 또한 재발명이 일어나기도 한다. 재발명이란 혁신을 사용하면서 본래의 혁신을 수정하거나 변화시키는 것을 말한다. 미국에서 실내 금연법이 각 주의 상황에 따라 적절히 변형되어 성공적으로 정착된 사례와 같이 재발명은 반드시 나쁜 것만은 아니며 긍정적으로 작용하기도 한다.

마) 확인

확인(confirmation)은 혁신의 수용 여부를 확고히 보강하는 단계이다. 이 단계를 통해 사람들은 이미 수용한 혁신에 대한 태도를 강화(reinforcement)하기도 하고, 혁신에 반하는 메시지를 접할 경우 채택 결정을 번복할 수도 있다. 일반적으로 혁신 수용자는 혁신에 대한 지식과 태도의 변화를 통해 혁신에 대한 기대와 실제 사이에 불일치를 줄이려 노력하지만, 혁신에 대한 반대 정보를 접하고 설득된다면 혁신을 중단할 수도 있다.

(3) 혁신의 채택률

혁신의 채택률(rate of adoption)은 혁신이 사회구성원들에 의해 채택되는 상대적 속도이다. 혁신의 특성은 채택률을 설명하는 중요한 속성이며 **그림 4-13** 에서 보는 바와 같이 ① 상대적 이점, ② 적합성, ③ 복잡성, ④ 시험가능성, ⑤ 관찰가능성 등 5가지 특성으로 설명된다. 5가지 특성 외에도 의사결정의 유형, 커뮤니케이션 채널의 성격, 사회체계의 성격, 변화주도체의 노력정도 등도 채택률에 영향을 준다.

가) 상대적 이점

상대적 이점(relative advantage)은 새로운 것이 기존의 것보다 경제성이나 편리성 면에서 뛰어나다고 지각되는 정도를 말한다. 개인들은 새로운 미디어를 이용하게 되는 경우 이전의 미디어보다 경제성, 편리성, 만족도 등에서 보다 나은 혜택을 받게 될 것이라고 기대하기 마련이다. 상대적 이

그림 4-13 혁신의 채택률

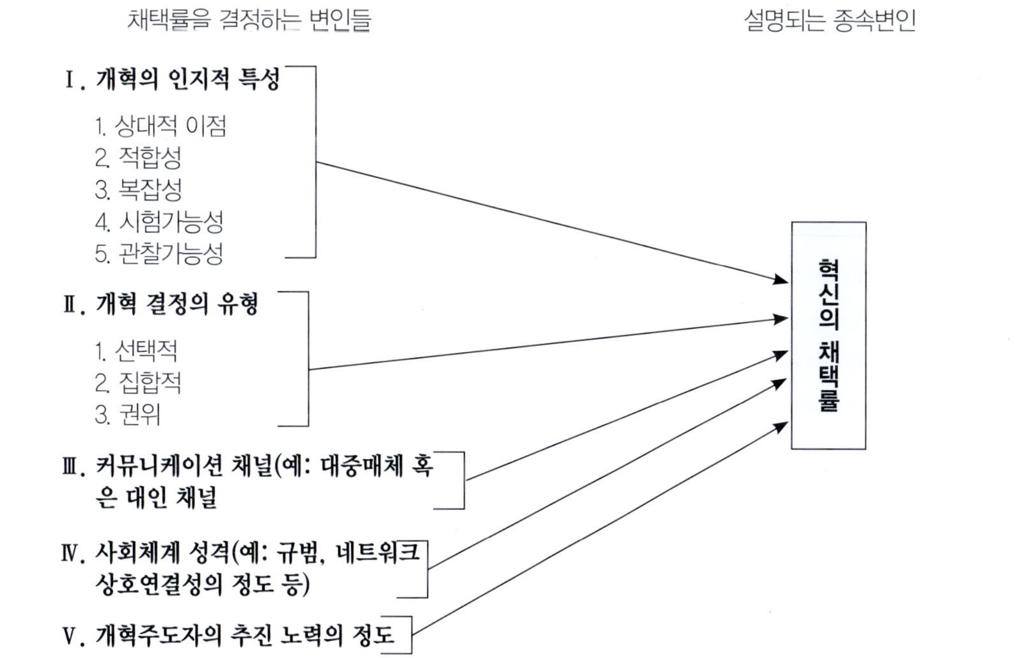

개혁 확산 연구자들은 개혁의 채택률을 결정하는 5가지 변인 유형에 대해 일률적인 관심을 가지지 않았다. 5유형 중 개혁의 인지된 특성이 가장 광범위하게 연구되었는데, 이는 개혁 채택률의 전체 변량 중 약 50%를 설명하는 것으로 나타났다.

점은 혁신의 채택률과 양의 상관관계에 있으며 혁신의 채택률을 예측하는 데 있어서 가장 중요한 요소이다.

나) 적합성

호환성 또는 적합성(compatibility)이란 새로운 아이디어가 기존의 가치, 과거의 경험, 잠재적 채택자의 필요에 부합하다고 느끼는 정도를 말한다. 사회·문화적 가치, 규범, 경험 등에 적합하지 않은 혁신은 채택될 확률이 높지 않다. 혁신의 브랜딩, 혁신의 포지셔닝 등을 통해 이를 극복하기도 한다. 이에 비해 관찰성은 신제품 채택 후 그 결과를 관찰할 수 있는 정도를 의미한다. 적합성이 높을수록 신제품의 수용가능성은 높아진다.

다) 복잡성

복잡성(complexity)은 새로운 미디어의 구조와 기능을 이해하고 사용하는 데 지각되는 어려움의 정도를 말한다. 즉 수용자가 신제품을 인식하고 사용하는 데 느끼는 어려움 정도를 말한다. 소비자들에게 인지된 혁신제품의 복잡성이 클수록 채택에 있어서 부정적인 영향을 미친다. 다시 말해 이해하기 쉽고 심플한 혁신은 사용자들이 새로운 기술을 습득해야 하고 복잡한 매뉴얼을 활용해야 하는 혁신보다 더 빠르게 채택된다.

라) 관찰가능성

관찰가능성(observability)은 혁신의 결과가 다른 사람들에게 어느 정도 관찰될 수 있는가를 뜻한다. 즉 혁신의 결과가 다른 사람들에게 쉽게 관찰될 수 있다면 혁신의 채택률은 빨라진다. 관찰가능한 결과는 불확실성을 줄여주고 친구와 이웃 등 주변사람들에게 새로운 아이디어에 대한 의견교환을 활성화하기 때문이다. 유명상품은 무명상품보다 소비자들에게 쉽게 채택된다. 이에 비해 AIDS 감염 예방과 같은 혁신프로그램은 빠르게 전파되지 못한다.

마) 시험가능성

시험가능성(trialability)이란 혁신을 어느 정도 시험해볼 수 있는가를 말한다. 일반적으로 조금씩 시험해보면서 채택할 수 있는 혁신은 시험해볼 수 없는 혁신보다 더욱 빠르게 채택된다.

일반적으로 혁신의 확산속도는 상대적 이점, 적합성, 관찰가능성, 시험가능성 등이 높을수록 빨라지며 복잡성이 증대될수록 늦어진다고 볼 수 있다.

(4) 혁신성과 수용자 범주

한 시장에서 모든 소비자들이 동시에 혁신을 채택하지는 않는다. 처음에는 소수의 소비자들만이 혁신을 채택하다가 점차 많은 소비자들이 혁신을 채택하게 된다. 혁신을 채택 또는 수용함에 있어 혁신성(innovativeness)이란 같은 사회체계의 다른 구성원보다 더 일찍 새 아이디어를 채택하는 정도를 말한다. 로저스(E. M. Rogers)는 시간의 흐름에 따라 혁신을 수용하는 계층을 **그림 4-14** 에서 보는 바와 같이 ① 혁신자(innovators), ② 조기수용자(early adopters), ③ 조기다수자(early

그림 4-14 혁신제품 수용자의 범주

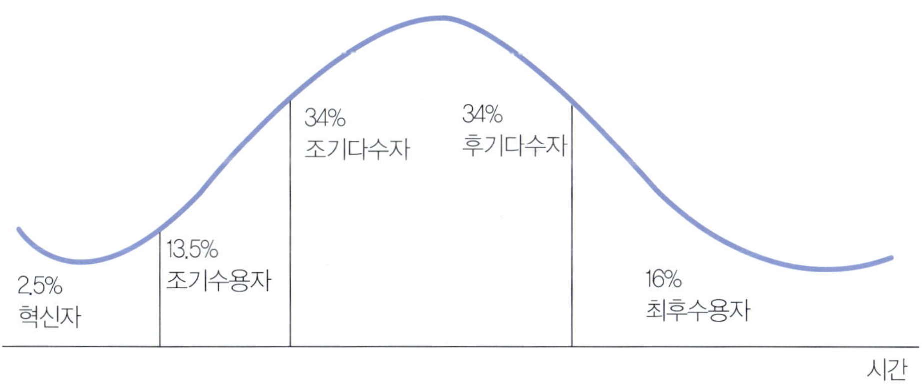

majority), ④ 후기다수자(late majority), ⑤ 최후수용자(laggards) 등 5단계로 분류했다.

전체 소비자집단의 6분의 1 정도(혁신자 2.5%, 조기수용자 13.5%)는 매우 빠르게 혁신상품을 수용하고, 6분의 1 정도(최후수용자 16%)는 매우 느리게 혁신상품을 수용하는 경향이 있다. 나머지 3분의 2 정도(조기다수자 34%, 후기다수자 34%)가 중앙의 대부분을 차지하고 있는데, 이러한 다수의 소비자집단을 주류대중이라고 한다.

주류대중은 새로운 혁신에 관심을 갖긴 하지만 혁신자와 조기수용자들의 구매행태를 관찰한 후 그들의 의사결정을 따라가는 경우가 대부분이다. 이들은 시간이 지남에 따라 혁신상품의 품질이 향상되거나 가격이 내려가기를 기다렸다 구매하는 경향이 있다. 동일한 문화권에서 살아가는 사람들이라 하더라도 똑같은 속도로 혁신을 수용하지는 않는다. 어떤 사람들은 빠르게 수용하지만 다른 사람들은 전혀 수용하지 않을 수도 있다.

비록 혁신자들은 모집단의 2.5%밖에 되지 않지만 마케팅 관리자들은 이들의 특성을 파악하는 데 많은 노력을 기울여야 한다. 이들은 언제나 신상품 출시에 특별한 관심을 보이며 누구보다 먼저 신상품을 경험해보는 앞서가는 소비자들이다. 그렇지만 어떤 영역에서 혁신자라도 다른 영역에서는 최후수용자가 되는 경우도 있다. 예를 들어, 트위터나 페이스북 같은 사회연결망서비스(SNS: social networking service)를 이용해 같은 그룹의 추종자들과 실시간으로 소통하는 혁신자들도 3D 텔레비전을 곧바로 구매하지 않고 시장의 추이를 봐가며 가격이 내려갈 때까지 기다렸다가 가장 나중에 구매하는 최후수용자가 될 수도 있다.

제4절 소비자만족 및 불평행동

1. 소비자만족

(1) 소비자만족의 개념

소비자만족(CS: customer satisfaction)은 소비자들이 제품이나 서비스를 구매, 비교, 평가, 선택하는 과정에서 어느 정도 호의적 혹은 비호의적 감정을 경험하느냐 하는 것, 또는 상품이나 서비스에 대한 사전기대보다 사용실감이 크거나 높은 것을 말한다. 즉 상품 또는 서비스에 대한 고객의 기대를 그 이상으로 충족시켜 감동시킴으로써 고객의 재구매율을 높이고 그 상품 또는 서비스에 대한 충성도(loyalty)가 지속되도록 하는 상태를 의미한다.

여러 학자들이 정의한 것을 보면, 고객이 자신이 치른 대가에 대하여 적절 혹은 부적절하게 보상을 받았다고 느끼는 인지적 상태(Howard & Sheth, 1969), 구입한 특정 제품이나 서비스와 관련하여 소매점 혹은 구매행위, 소비자행동과 같은 좀 더 넓은 의미의 행동이나 시장 전체에 대한 경험에 관한 감정적인 반응(Westbrook & Reilly, 1983), 불일치된 기대로 인한 감정이 고객의 구매 경험 전 감정과 결합될 때 발생하는 종합적인 심리적 상태(Oliver, 1981) 등을 소비자만족이라 할 수 있다. 소비자만족에 대한 여러 학자들의 견해를 정리하면 **표 4-3** 과 같다.

표 4-3 소비자만족의 개념

학자	개념
Howard & Sheth(1969)	희생대가의 인지상태
Hunt(1977)	기대에 대한 조정된 평가
Asker & Day(1978)	기대충족과 미충족 여부
Oliver(1981)	소비경험에 대한 전체적 심리상태
Churchill & Suprenant(1982)	개념적 및 실천적 의미로 정의
Westbrook & Reilly(1983)	감정적 반응
Tse & Wilton(1988)	사전기대와 지각된 성과의 일치정도
Engel & Blackwell(1994)	선택대안과 신념의 일치

결국 현대의 고객만족은 기업경영에 있어서 모든 인적, 물적 자원의 경영활동의 바탕을 시장에 두고 경영의 궁극적인 목표를 고객을 위한 가치창조에 두는 시장지향적 경영을 의미한다. 따라서 현내의 기업은 기입의 행동이념, 철힉, 규범으로서의 기치를 가지며 고객만족을 최고의 목표로 삼는다고 볼 수 있다. 즉, 기업은 고객에게 제품이나 서비스를 판매하는 것이 아니라 만족을 전달, 제공하고 그 대가로서 이익을 얻고, 이를 통해 사회 전반적인 생활의 질(quality of life)이 향상될 수 있는 것이다. 따라서 고객만족은 고객의 요구뿐만이 아니라 기업 및 사회의 전반적인 요구이며 필수적 추세인 것이다.

(2) 소비자만족의 모형

소비자만족은 1981년 R. L. Oliver가 이론적인 틀을 제시하면서 관심을 끌기 시작했다. 그는 고객만족/불만족(CS/D: customer satisfaction/dissatisfaction)이 어떠한 메커니즘으로 형성되고 있는지를 아주 간단한 프레임워크로 보여주었는데 그 모형을 기대–불일치모형(expectancy-disconfirmation model)이라고 한다. 고객만족이란 제품의 품질이나 성능이 고객이 사전에 갖고 있던 기대와 얼마나 차이가 나는지에 따라 결정된다. 이러한 메커니즘을 이론적으로 모형화한 R. L.Oliver의 기대–불일치모형을 그림으로 나타내면 **그림 4–15** 와 같다.

그림 4–15 기대–불일치모형

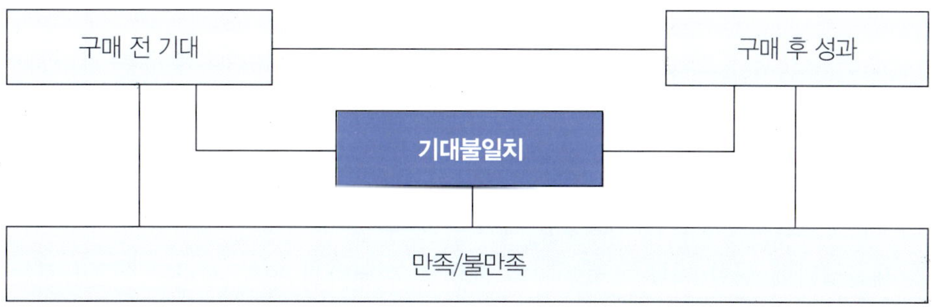

기대했던 것과 실제 품질(성능, 성과) 간의 불일치는 크게 2가지 방향으로 나타날 것이다. 긍정적인 불일치, 즉 기대한 것보다 더 좋은 성과를 얻었다고 생각되는 경우와 그 반대인 부정적인 불일

치가 있을 것이다. 부정적인 불일치는 기대만 못한 성과를 얻는 경우일 것이다. 그리고 기대한 것과 다르지 않는 경우, 즉 일치하는 경우도 있을 것이다. 우선 긍정적인 불일치는 고객만족을 증가시킬 것이다. 반대로 부정적인 불일치는 기대에 못 미치는 결과를 얻은 것이니 고객이 불만족할 것이다. 기대한 대로 일치되었다면 고객은 만족할 것이다. 물론 일치를 넘어 긍정적인 불일치가 커질수록 고객만족은 더욱 커질 것이다.

우리가 언제 어떻게 만족을 느끼는지 한번 생각해보자. 삼성 지펠냉장고를 샀는데 사용해보니 냉장도 잘 되고, 냉동도 잘 되고, 얼음도 잘 나오고, 디자인도 아름답다고 한다면 고객은 무척 만족할 것이다. 즉 제품이 해야 할 제 기능을 충실히 수행하고 있다면 만족할 수 있다. 그런데 지펠냉장고를 사기 전에 주변사람들의 이야기나 광고를 통해 상당히 높은 기대를 갖고 있었다면 그 기대에 비해서 만족도가 달라질 것이다. 기업이 아무리 품질을 향상시킨다고 해도 고객들이 다 만족하는 것은 아니다. 고객의 기대도 관리할 필요가 있는 것이다.

(3) 소비자만족의 결정요인

초기의 연구에서는 고객만족의 결정요인들을 소비자의 인구통계학적 내지는 사회심리적 특성으로 간주하였으나 고객만족과 이들과의 관계는 약한 것으로 밝혀졌다. 다른 연구들에서는 기대에 대한 일치, 불일치와 같은 인지적 과정과 연계해서 제품성과의 구매 후 평가에 초점을 맞추기도 하였다. 이런 연구들에서 기대와 일치, 불일치는 일관되게 제품성과의 평가에 영향을 미치는 것으로 밝혀졌다.

소비자만족의 주요 결정요인으로 ① 기대, ② 성과, ③ 불일치, ④ 만족 등을 들 수 있는데, 일반적으로 기대의 증가는 제품성과에 대한 평가를 호의적으로 만든다는 것이 밝혀졌다. 기대는 제품성과에 대한 지각을 상승시킬 뿐만 아니라 불일치의 상승확률도 높인다. 그러므로 기대의 효과는 고객만족에 대해 직접효과와 불일치를 통한 간접효과 모두를 함께 고려해야 한다.

지각된 제품성과에 대한 기대와 불일치의 효과를 설명하기 위해 제기된 이론들로는 대조이론(contrast theory), 동화-대조이론(assimilation- contrast theory), 인지부조화이론(cognitive dissonance theory), 일반화된 부정성이론(generalized negative theory), 가설검증이론(hypothesis testing theory) 등이 있다.

일반적으로 특정 수준 이상의 제품성과는 만족을 유도하고 특정 수준 이하의 제품성과는 불만족을 야기한다고 이해되고 있다. 다시 말해 만족은 특정 비교기준과 그 비교기준에 대한 지각된 불일치의 함수라는 것으로, 그 함수는 가산적(additive) 형태를 띤다고 한다. 이는 만족의 결정변수들 사이에 상호독립성이 임묵직으로 한정된다는 의미이다.

(4) 국가고객만족지수

국가고객만족지수(NCSI: national customer satisfaction index)란 국내외에서 생산, 국내 최종소비자에게 판매되고 있는 제품 및 서비스에 대해 직접 사용한 경험이 있는 고객이 직접 평가한 만족수준의 정도를 모델링에 근거하여 측정, 계량화한 지표이다.

NCSI는 기업을 비롯하여 산업, 경제부문, 국가 차원의 품질경쟁력을 향상시키고자 하는 목적으로 만들어졌다. 기업의 목표 중 하나인 고객만족을 추구하고 관리하기 위한 것으로, 정확한 고객만족도를 측정할 수 있는 지표를 제공하며 나아가 기업의 성과도 측정할 수 있는 중요한 측정수단이다. 한국생산성본부가 미국 미시간대학교의 국가품질연구소(National Quality Research Center)와 공동으로 개발하였다.

최소 측정단위는 개별 기업이 생산하는 제품 또는 제품군이며, 측정결과는 개별 기업, 산업, 경제부문 그리고 국가 단위로 발표된다. NCSI 모델은 제품 및 서비스에 대한 고객의 기대수준, 품질인지수준, 인지가치, 종합만족수준, 고객불만수준, 고객충성도(고객유지율)로 구성되어 있으며, 모델 구성요소 간의 인과관계를 종합적으로 분석할 수 있어 신뢰도와 완성도가 매우 높다. 특히 기업의 최대관심사인 고객만족도의 변화가 수익성에 어떤 영향을 미치고 있는지를 NCSI 분석 소프트웨어를 통해 알아볼 수 있다.

단순히 고객만족도를 측정하는 것에서 벗어나 미래의 기업성과를 예측할 수 있는 예측력을 가지고 있는 것이 특징이다. 또한 한국에서 생산 · 판매활동을 하는 외국기업의 제품과 서비스를 측정대상에 포함시키고 있어 한국기업과 품질을 비교할 수 있으며, 공공기관과 민간기업에 의해서 제공되는 서비스만족도도 비교 · 평가할 수 있다.

2. 소비자불평행동

(1) 소비자불평행동의 개념

소비자불평행동(CCB: consumer complaining behavior)은 학자들에 의해 다양하게 개념화되어왔는데, 일반적으로 제품이나 서비스에 대해 불만족을 느낀 소비자들이 불만을 표현하는 행동적 반응이라고 정의 내릴 수 있다. 소비자불평행동에 대한 여러 학자들의 견해를 정리하면 표 4-4 와 같다.

표 4-4 소비자불평행동의 개념

연구자	소비자불평행동의 개념
Fornell & Westbrook(1979)	불공정 판매, 제품 및 기업에 대한 불만
Landon(1980)	책임 있는 당사자에 대한 불만족
Jacoby & Jaccard(1981)	제품 및 서비스에 대한 부정적인 의사소통
Resnik & Harman(1983)	불만족의 공개적 표현
Singh & Howell(1985)	구매 불만족으로 야기된 행동 및 반응
Singh(1988)	구매 불만족으로 발생한 반응
Mowen(1990)	제품 및 서비스의 불만족에 의해 야기된 행동
Alicke(1992)	불만, 항의, 불쾌감, 유감

불만족을 감소시키기 위해 가장 많이 연구되는 고객만족의 결과변수는 불평행동이다. 불평행동의 강도는 불만족의 강도와 상관관계가 있는 것으로 파악되었다. 그러나 불평행동은 불만족의 강도에 대한 함수일 뿐만 아니라 소비자의 특성, 불만족의 귀인에 관한 인식, 결과에 대한 기대, 투입비용, 제품 유형에 의해서도 결정된다는 것이 밝혀졌다. 또한 많은 소비자들이 불만족을 경험하고도 불평을 하지 않는다는 것이 밝혀져 불평행동만으로 소비자들의 만족, 불만족을 파악하기는 역부족이라는 설명이 가능하다.

(2) 소비자불평행동의 유형

소비자들의 불평행동유형은 불평의 주목적, 상황 등에 따라 다양하고 복합적으로 나타난다. 소비자들은 불평행동을 취할 경우 여러 가지의 상황이나 목적에 따라 다양한 방법 중 하나 또는 둘 이상을 선택하게 된다.

소비자들은 불만을 느낄 경우 우선적으로 불평행동을 취할 것인가, 취하지 않을 것인가를 결정하게 된다. 불평행동을 취할 경우도 다양한 방법을 취하게 된다. 사적 불평행동은 가족, 친지, 타인에게 불만 호소, 경고 또는 악평을 하는 구전활동(negative word of mouth), 재구매를 중지하고자 하는 행동 등을 포함한다. 한편, 공적 불평행동은 불만제공자에게 불만시정 요구, 환불이나 교환요구, 그리고 보상을 받기 위한 법적 행동 모두를 포함한다.

J. Singh은 소비자불평행동의 구조와 본질의 이해를 위하여 소비자불평행동의 유형에 대한 분석의 중요성을 강조하면서, 불평의도의 실제행동을 조사하여 요인분석(factor analysis)을 함으로써 소비자불평행동의 유형을 고찰하고 있다. 그는 **표 4-5** 에서 보는 바와 같이 소비자불평행동의 의도 평가항목을 사용하여 **그림 4-16** 과 같은 3가지 불평행동의 유형을 분석하고 있다.

표 4-5 소비자불평행동의 측정항목

소비자불평행동의 측정항목
1. 사건을 잊어버리고 아무런 행동도 취하지 않았다.
2. 다음번 그 점포를 이용할 때 항의하였다.
3. 다시는 그 점포나 상표를 이용하지 않았다.
4. 구입한 점포로 즉시 가거나 연락하여 문제를 알렸다.
5. 친구나 친지에게 불쾌했던 구매경험을 말하였다.
6. 친구나 친지에게 그 상점을 사용하지 말라고 이야기하였다.
7. 문제를 해결하기 위해 소비자단체에 고발하여 영향력을 행사하도록 했다.
8. 신문이나 잡지에 불쾌했던 구매경험을 기고하였다.
9. 다른 소비자들에게 알리도록 소비자단체에 보고하였다.
10. 구매점포나 제조업자에 대하여 소송 등 법적인 행동을 취하였다.

자료 J. Singh and R. D. Howell, Consumer Complaining Behavior, 1985, p.13.

그림 4-16 소비자불평행동의 유형

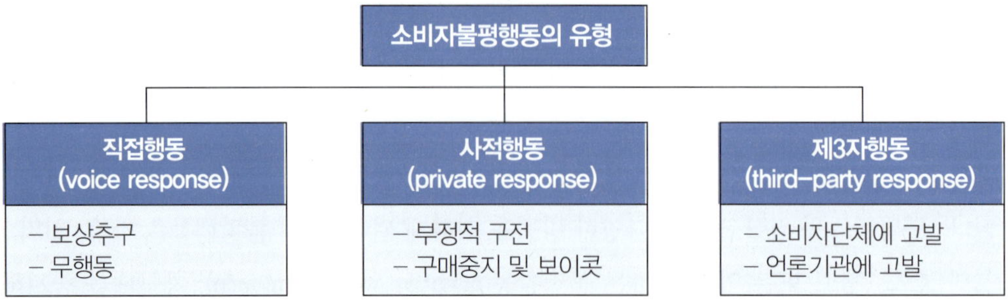

자료 J. Singh and R. D. Howell, Consumer Complaining Behavior, 1985, p.101.

(3) 소비자불평행동의 해결방안

가) 고객서비스에 대한 오만의 타파

고객불만관리의 최대 적은 고객서비스에 대한 오만이다. 실제로 기업들은 자신의 서비스수준을 과신하는 경향이 있다. 경영컨설팅회사인 베인앤컴퍼니가 최근 전 세계 362개 기업의 임원들을 대상으로 조사한 결과, 응답자의 95%는 "우리 회사는 고객지향적인 전략을 사용하고 있다"고 답한 것으로 나타났다. 또한 80%의 기업들은 자신들이 경쟁사와 차별화된 우수한 제품과 서비스를 고객에게 제공한다고 믿고 있는 것으로 나타났다.

반면에 고객들의 인식은 기업들과 다르게 나타났다. "당신과 거래하는 기업이 경쟁사보다 차별화되고 우수한 제품과 서비스를 제공하고 있느냐"는 질문에 불과 8%의 고객들만이 "그렇다"고 응답한 것이다. 이처럼 기업들은 자신들이 생각하는 자사 제품과 서비스의 수준과 실제로 고객이 인지하는 수준 간에 큰 차이가 존재한다라는 사실에 주목할 필요가 있다. 한때 미국 최대의 할인점이었던 K마트의 몰락 역시 고객서비스에 대한 오만에서 비롯되었다.

나) 고객불만관리시스템의 도입

고객불만관리의 핵심은 사전에 불만요인을 인지해서 조기에 제거하는 것이다. 그러기 위해서는 시스템적으로 고객불만을 식별하여 원인을 분석하고 대응방안을 수립할 수 있도록 해야 한다. 또한 개선사항을 정기적으로 모니터링할 수 있는 고객불만관리체계의 구축이 필수적이다.

최근 국내에서도 사소한 고객불만이 기업을 위기로 내몰 수 있다는 인식이 확산되면서 소비자불만 자율관리시스템(CCMS: consumer complaints management system)을 도입하는 기업들이 늘어나고 있다. 인터넷과 각종 미디어의 발달로 소비자의 작은 불만이 회사에 큰 타격을 주는 사례가 잇따르는 데 대한 대응책이다. CCMS 제도는 과거 소비자들이 공정거래위원회나 소비자보호원에 피해사례를 신고해 불만을 해소해오던 방식에서 앞으로는 기업이 직접 고객의 불만에 대응하겠다는 것이다.

다) 고객만족도와 직원의 보상

고객불만의 가장 큰 원인은 현장 직원의 무관심이나 무성의한 태도 등 서비스에 있다. 이는 기업이 고객불만을 관리하기 위해서는 현장에서 직접 서비스를 제공하는 직원들을 어떻게 교육시키고, 동기부여할 것인가가 매우 중요하다는 사실을 반증한다. 따라서 고객서비스수준을 높이기 위해서는 고객만족도와 직원들의 보상을 연계시킬 필요가 있다.

미국 신용카드회사인 MBNA(Mary-land Bank, National Association)는 30분 이내 현장 승인, 21초 이내 혹은 두 번째 벨소리에 전화 받기, 분실 및 도난카드의 24시간 이내 재발급, 14일 이내 신규계좌 신청 처리 등의 목표를 수립했다. 그리고 수립된 목표가 제대로 실행될 수 있도록 매일 이 목표들을 초과한 직원에 대해 별도의 보너스 풀을 적립하도록 했다. 결과적으로 MBNA는 매일 목표치를 98% 이상 달성하고 있다.

라) MOT의 관리

스칸디나비아항공의 CEO였던 얀 칼슨은 “100번의 고객접점에서 99번 만족시켰더라도 고객이 한 번 불만을 느끼면 고객의 종합만족도는 0이 된다. 고객과 접하는 최초의 15초에서 100-1=0이다”라고 주장하면서 고객접점관리를 강조한 바 있다.

흔히 ‘진실의 순간’이라고 번역되는 MOT(moment of truth)란 현장에서 고객과 접하는 최초의 15초를 의미한다. 얀 칼슨은 현장에 있는 직원과 고객이 처음 만나는 15초 동안의 고객응대 태도에 따라 기업이미지가 결정된다고 주장하였다. 결국 15초는 기업의 운명을 결정짓는 가장 소중한 순간이며, 고객의 불만을 초래해서는 안 되는 순간인 것이다.

마) 고객의 기대수준을 넘는 서비스

고객의 기대를 뛰어넘는 서비스로 고객을 감동시킴으로써 고객의 불만을 줄이는 적극적인 방법도 있다. 통상 고객의 기대수준을 뛰어넘는 일은 매우 어려워 보인다. 대부분의 기업들은 고객의 기대수준을 맞추는 것도 쉽지 않다고 말한다. 하지만 실제로는 아주 사소한 아이디어 하나로 또는 경쟁사가 제공하지 않는 서비스를 제공함으로써 고객에게 감동을 주는 사례도 적지 않다.

월마트에 이어 미국 대형 마트시장에서 2위를 달리고 있는 타깃은 마트를 찾는 고객들에게 저렴한 가격 외에 신속한 쇼핑이라는 새로운 가치를 제공하였다. 고객의 빠른 쇼핑을 위해 계산대에 줄이 길게 늘어서지 않도록 추가 계산원을 즉시 투입하도록 한 것이다. 계산을 위해 기다리는 줄이 줄어들면서 고객들은 쇼핑 시간을 단축할 수 있을 뿐만 아니라 보다 넓은 공간에서 쇼핑할 수 있게 되었다. 결과적으로, 타깃은 고객을 생각하는 대형 마트로 확고한 브랜드이미지를 구축해 경쟁사와의 차별화에 성공할 수 있었다.

바) 불만고객을 충성고객으로

평소에 아무런 문제를 느끼지 못하는 고객은 일반적으로 10% 정도의 재구매율을 보이지만 불만을 말하러 온 고객에게 진지하게 응대할 경우 불만고객의 65%가 다시 해당 기업의 제품과 서비스를 이용한다고 한다. 기업들은 차별화된 고객불만관리를 통해 소비자들의 부정적인 인식을 긍정적으로 바꿈으로써 해당 기업과 제품에 대한 불만고객을 충성고객으로 바꿀 수 있도록 노력해야 할 것이다.

(3) 소비자불평행동의 관리 사례

일반적으로 기업에서는 고객의 불만이 접수되면 주먹구구식으로 빨리, 대충 때운다는 식의 접근을 하기 마련이다. 다른 할 일도 많은데 고객의 불만사항을 일일이 접수하다보면 짜증나기 마련이기 때문이다. 이것은 면피하고 보자는 소극적 대응이다. 하지만 이런 행동은 고객의 불만이나 불평 뒤에 숨어 있는 엄청난 잠재성을 무시하는 것이다.

역발상 마케팅은 어쩌면 고객의 쓴소리를 듣고 반성하는 과정에서 나타나는지도 모른다. 고객의 쓴소리는 그동안 알지 못했던 새로운 것을 들려주기 때문이다. 그동안의 굳어진 관념에서 벗어나 역발상적 시각을 얻을 수 있는 기회인 셈이다. 그래서 고객의 불평은 역발상 아이디어 산출의 근원이라고 할 수 있다.

일본 샤프의 '아와슈 세탁기'는 높이를 10센티미터 낮춘 것만으로도 히트상품이 되었다. 노인이나 주부들이 세탁기에서 빨래 꺼내는 것을 무척 힘들어하는 데서 착안한 것이다. 피자헛의 치즈크러스트피자는 피자업계의 최대 히트작 중 하나이다. 피자의 가장자리는 딱딱하고 맛이 없어 버리는 경우가 많은데, 피자헛은 여기에 치즈를 넣어 소비자들이 가장 많이 찾는 메뉴로 만들었다. 또한 네모 나면서 여러 가지 맛을 동시에 즐길 수 있는 피자 역시 동그랗다는 피자의 고정관념과 피자 한 판은 한 가지 맛이라는 생각을 과감히 깨고 탄생한 역발상 상품이라 볼 수 있다.

수년 전에 삼성전자가 내놓은 '허리사랑 냉장고'도 고객의 불평으로부터 나온 역발상 상품이다. 소비자조사 결과에 따르면 주부들의 냉장칸 사용횟수는 하루 평균 65회, 냉동칸은 10회로 나타났다. 냉장칸을 6배 정도 더 이용하고 있다는 사실을 기반으로 사용빈도가 많은 위쪽에 냉장칸을 두는 '상냉장 하냉동' 방식의 역발상적 냉장고를 출시한 것이다.

연습문제

1. 한국의 국가브랜드를 높이기 위한 방안은 무엇인지 설명하시오.
2. 소비자구매행동요인 중 문화적 요인의 중요성에 대해 설명하시오.
3. 한국기업의 제품을 예를 들어 제품포지셔닝도를 작성하시오.
4. 혁신의 개발과정 및 결정과정에 설명하시오.
5. 원산지효과의 중요성에 대해 사례를 들어 설명하시오.
6. 소비자불평행동의 사례를 들고 해결책은 무엇인지 설명하시오.

제 3 부
국제마케팅의 전략

제5장 해외시장 진입전략
제6장 국제사업전략
제7장 국제경쟁전략
제8장 글로벌전략

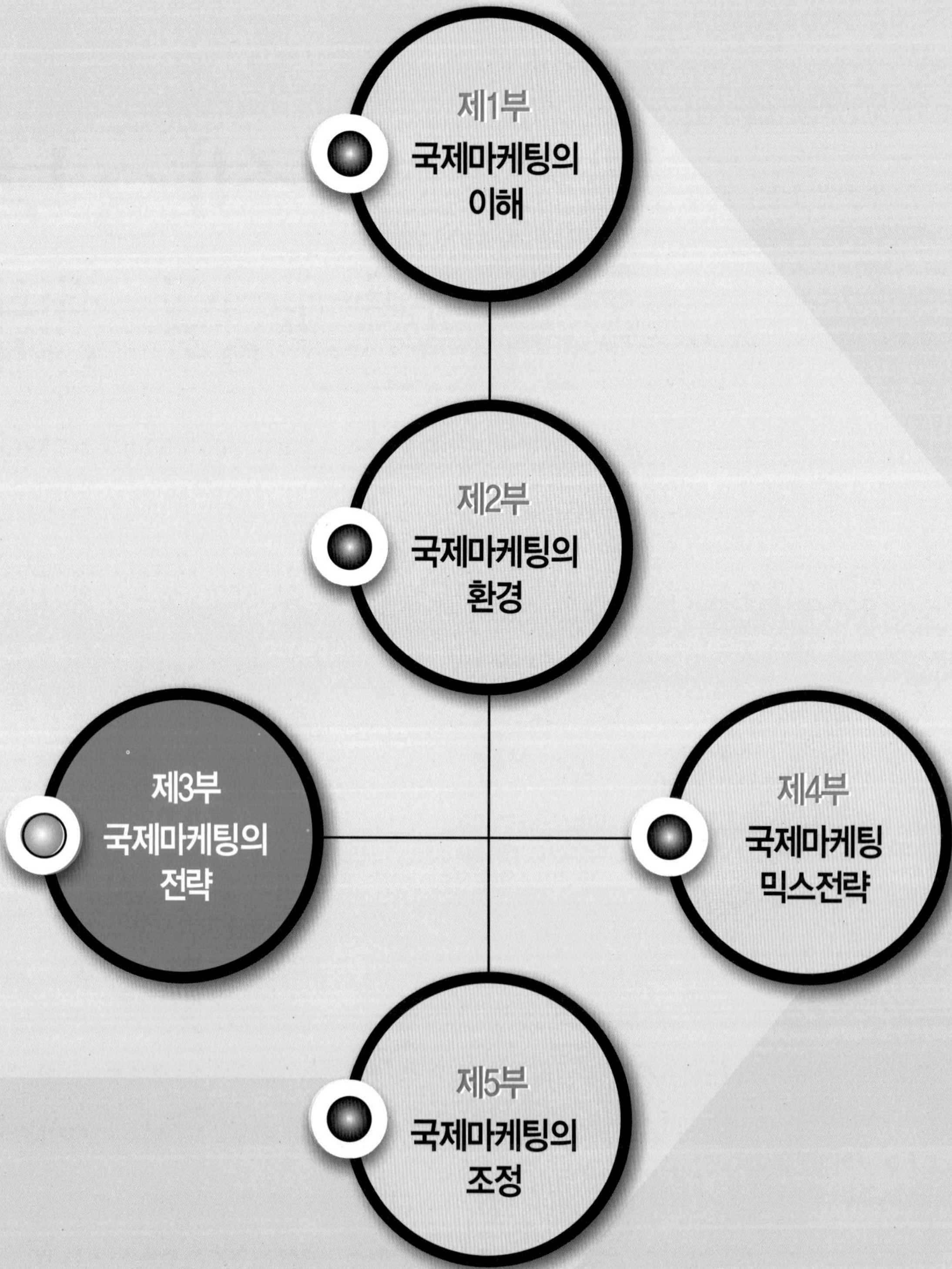
제1부
국제마케팅의 이해
제2부
국제마케팅의 환경
제3부
국제마케팅의 전략
제4부
국제마케팅 믹스전략
제5부
국제마케팅의 조정

제5장 해외시장 진입전략

제1절 해외시장 세분화

제2절 해외목표시장의 선정

제3절 해외시장 포지셔닝

제4절 해외시장 확대전략

제5절 해외시장 진입방법

학습목표

해외시장 진입을 위하여 시장세분화, 목표시장 선정, 포지셔닝 등에 대하여 알아본다. 그리고 시장확대전략에 대하여 살펴본 후, 진입방법으로 수출, 국제계약, 해외투자 등에 대하여 학습한다.

- **제1장** 국제마케팅의 기초
- **제2장** 기업의 국제화

- **제3장** 국제마케팅조사
- **제4장** 해외고객행동분석

- **제5장** 해외시장 진입전략
- **제6장** 국제사업전략
- **제7장** 국제경쟁전략
- **제8장** 글로벌전략

- **제9장** 국제제품전략
- **제10장** 국제가격전략
- **제11장** 국제유통전략
- **제12장** 국제촉진전략

- **제13장** 국제마케팅의 조직 및 통제
- **제14장** 국제인터넷마케팅

사례 연구

GE의 신흥경제국 공략방법

– 중국서 상위 소비자만 겨냥했던 GE
10만 달러 넘는 의료기기 팔다가 쓴맛
저가 초음파 기기로 방향 틀어 대성공
한국기업의 시장진출에 참고

세계경제지도가 탈바꿈하고 있다. 선진국 경제가 곤두박질치면서 중국 · 인도 · 인도네시아 등을 주축으로 한 아시아의 신흥경제국들이 20년 후 전 세계 GDP의 50%를 차지할 것으로 예상된다. 우리 기업들의 신흥시장 생존책은 무엇인가?

1980년대와 90년대 초반까지 일본, 미국 기업들은 자국에서 개발한 방식을 그대로 전 세계에 적용하는 글로벌전략을 추구했다. 이후에 현지화를 접목한 글로컬라이제이션(glocalization)으로 전환했으나 이것은 구매력을 갖춘 상위고객들에게 초점을 맞춘 것이었다. 상당수 한국기업도 신흥시장의 제한적인 상위소비자들을 겨냥했을 뿐 엄청난 구매력을 지닌 '중간시장(middle market)'을 간과해왔다.

미국 미시간대 로스경영대학원의 프라할라드(Prahalad) 교수와 코넬대의 스튜어트 하트(Hart) 교수는 연간 2만 달러 이상의 구매력을 지닌, 세계적으로 최대 1억 명의 인구에 불과한 '프리미엄 시장' 대신 연간 1,500~2만 달러의 15억~17억 5,000만 명에 이르는 '중간시장'의 잠재력을 높이 평가했다. 무궁한 성장가능성을 지닌 중간시장을 공략하는 게 미래 선점효과를 낼 수 있다는 것이다.

레노보 · 화웨이 · 하이얼 같은 전자기업, 검색 포털사이트 바이두(Baidu), 의료기기 전문 기업 민드레이(Mindray), 중국 최대 풍력에너지기업 골드윈드(Goldwind), 인도의 인포시스(Infosys) 등은 중간시장을 집중 공략해 급성장하고 있다.

한국기업들이 이들과 경쟁해 살아남으려면 특별한 노력이 필요한데, GE 의료기기사업부가 취한 '역쇄신 전략(Reverse Innovation)'을 벤치마킹할 만하다. 2002년 중국시장에 뛰어든 GE는 진출 초기 미국과 일본에서 개발된 10만 달러가 넘는 초고가 의료기기 판매에 집중하다가 쓴맛을 봤다. 자금이 부족한 중국 현지병원들로부터 철저하게 외면당했던 것이다.

시행착오 끝에 GE는 2009년 노트북에도 간편 연결이 가능한 1만 5,000달러짜리 초음파기기를 출시하며 중국의 중간시장을 공략, 성공을 거뒀다. GE는 이를 바탕으로 비슷한 구매력을 지닌 인도시장으로 진출해 다시 성공했고, 역으로 미국시장으로까지 제품을 들여와 병원 응급실, 구급차 등을 상대로 2억 8,000만 달러 규모의 새 시장을 창출했다. 현지 신흥시장에 맞춰 상품을 개발 · 판매하고 그 성공을 발판으로 다른 신흥시장으로 옮겨가거나 선진국에 같은 제품을 들여와 판로를 개척한 역쇄신전략이 적중한 것이다.

신흥경제국의 내수시장은 성장하고 있지만 아직 제조업 비중이 높지 않고 자원과 인력수준도 미흡하다. 이들은 전통적 소비습관을 따르는 경향이 두드러진다. 하지만 내부에서 일어나고 있는 변화와 다양성에 대한 요구는 새로운 것이 아니다. 이런 상황에서 국내기업들이 전략적 사고와 생산 프로세스를 온전히 수정하지 않는다면, 신흥시장 활황세는 '남의 집 잔치'가 될 수 있다. (조선일보, 2012. 3. 10)

■ **토의과제**

1. GE가 중국시장 진입 초기에 실패한 이유는 무엇인가?
2. GE가 실패를 경험한 후 바꾼 전략은 무엇인가?
3. GE의 성공요인은 무엇이며, 지속적인 성장을 위해 어떤 노력이 필요한가?
4. 한국기업의 신흥시장 진입을 위해 추구할 수 있는 전략은 무엇인가?

제1절 해외시장 세분화

1. 시장세분화의 개념

기업은 한정된 자원으로 전 세계를 대상으로 모든 소비자들의 욕구를 충족시킬 수 없다. 따라서 유망한 시장 즉 목표시장을 선택하여 그 시장의 특성에 맞는 마케팅전략을 수행하는 것은 해외시장에서 기업이 성공할 수 있는 기본적 요건이다. 이와 같이 표적시장 즉 목표시장을 선택하기 위해 시장을 세분화하는 과정이 필요하다.

해외시장은 국가 간의 여러 환경적 차이 때문에 국내시장보다 다양한 소비자들로 구성되어 있다. 그러나 특정 제품이나 마케팅전략에 대해 비슷한 반응을 보이는 집단이 있다. 이렇게 비슷한 반응을 보일 수 있는 고객이나 시장을 하나의 집단으로 묶는 과정을 시장세분화(market segmentation)라고 한다. 예컨대 연령에 따라 청소년시장, 성인시장, 노인시장 등으로 나누는 것이다. 따라서 시장세분화는 시장 간에 동질성과 이질성이 존재한다는 가정하에서 실시되는 것이며, 세분된 시장 간에는 이질성이 극대화되고 세분시장 내에서는 동질성이 극대화되었을 때 시장세분화가 이상적으로 이루어졌다고 볼 수 있다.

국제기업은 시장세분화를 통해 각 세분시장에 적합한 마케팅믹스를 제공함으로써 기업의 한정된 마케팅자원을 보다 효율적으로 이용할 수 있을 뿐만 아니라 경쟁력 있는 유리한 세분시장을 선택할 수 있다. 여기서 문제는 시장을 세분화하는 기준이다.

최근에는 해외시장 세분화의 초점이 국가별(within nation) 시장세분화에서 국가간(between nations) 시장세분화로 바뀌었다. 나라와 나라 사이에 공통된 소비패턴을 보이는 소비자 집단이 존재하며, 이것이 국가별 시장세분화보다 유용하다는 새로운 인식에서 비롯되었다.

2. 시장세분화의 이점

기업은 STP(segmentation, targeting, positioning)전략 중 가장 기본적인 요소인 시장세분화를 통해 다음과 같은 이익을 얻을 수 있다.

첫째로 마케팅기회를 효과적으로 포착할 수 있다. 기업은 시장세분화를 통해 경쟁기업들의 마케팅전략에 대한 세분시장의 만족도와 욕구를 파악할 수 있다. 기존제품에 대해 만족을 느끼지 않는 세분시장은 기업에게는 새로운 마케팅 대상이 된다. 결국 시장세분화는 기업이 새로운 시장진입을 위한 계획을 수립하는 데 상당한 도움을 준다.

둘째로 자원의 효율적 배분을 꾀할 수 있다. 국제기업이 한정된 자원을 가지고 모든 시장을 대상으로 마케팅활동을 한다는 것은 무리이며 자원의 낭비라고 할 수 있다. 그러므로 국제기업은 마케팅 노력에 대해 세분시장이 보이는 반응의 차이에 따라 예산이나 인적자원을 합리적으로 배분할 수 있다.

셋째로 국제마케팅전략을 조정할 수 있다. 상이한 욕구를 지닌 구매자들에 대해 동일한 마케팅 전략을 수행하는 것은 위험하다. 시장세분화가 이루어지면 욕구가 다른 세분시장에 맞는 마케팅전략을 수립하여 실행할 수 있다.

넷째로 기업은 세분화를 통해 목표시장을 확실하게 설정할 수 있다. 즉 국제마케팅 관리자는 기업의 경제적 강점과 약점을 고려하여 유리한 세분시장을 선택할 수 있다.

3. 시장세분화의 기준

일반적으로 많이 이용되는 세분화 기준으로는 지리적 지표, 경제발전지표, 정치적 지표, 사회문화적 지표 등이 있다. 마케팅 대상품목의 특성에 맞게 여러 가지 지표들을 동시에 고려할수록 더욱 효과적인 시장세분화가 가능하다고 할 수 있다.

(1) 지리적 지표

아시아시장, 북미시장, 남미시장, 유럽시장, 중동시장 등으로 국가들을 나누는 방법이다. 그러나 지리적으로 인접해 있다고 하더라도 경제발전지표 또는 사회문화적 지표들이 유사하지는 않다. 호주의 경우 필리핀이 캐나다보다 지리적으로 가깝지만 시장특성은 오히려 캐나다와 유사하다.

(2) 경제발전지표

1인당 국민소득, 철강소비량, 자동차 대수 등 경제발전지표를 이용하여 세계시장을 세분화한다.

서유럽시장의 경우 지리적 인접성보다는 EU와 EFTA 등의 경제통합이나 유사한 경제발전단계를 기준으로 시장을 분류한다.

(3) 정치적 지표

정치적 위험도, 국가위험도, 정치체제 등을 고려하여 세계시장을 세분화하는 방법이다. 취급제품에 따라 국가들을 금융시장 또는 유통시장 개방화정도를 고려하여 세분화하는 것도 한 방법이다.

(4) 사회문화지표

성별, 연령, 인종, 언어, 종교에 따라 세계시장을 세분화하는 방법이다. 의류, 화장품, 영화, 음악 등의 문화상품이나 식품의 경우 이 지표를 이용하면 매우 효과적이다.

(5) 기타 지표

기후, 수질, 토양 등에 따라 세계시장을 세분화할 수 있다.

4. 시장세분화의 전제조건

(1) 측정가능성(measurability)

세분시장의 규모와 구매력을 측정할 수 있어야 한다. 일반적으로는 국내통계자료, UN자료를 통해서 특정 국가에서 일정한 소득수준 이상의 가족수를 찾아내는 소득탄력성 평가방법이 주로 사용되고 있다.

(2) 접근가능성(accessibility)

세분시장에 의사소통이나 물적 유통이 가능하여야 한다. 이 경우 특정 국가의 하부구조가 문제되는데, 인도와 같은 나라에서는 목표시장을 정확하게 파악했다 하더라도 물적 유통구조상 쉽게 접근할 수 없는 어려움이 있다.

(3) 실질성(substantiality)

세분시장의 규모가 충분히 커서 경제성이 있어야 한다. 세분화를 하면 할수록 표준화의 이점, 규모의경제, 경험곡선효과 등 경제성이 약해지므로 규모가 작은 세분시장을 목표시장으로 삼는 것은 의미가 없다. 따라서 경제성이 있는 규모의 그룹으로 분류하는 것이 매우 중요하다.

(4) 실행가능성(actionability)

세분시장별로 적합한 마케팅믹스를 개발할 수 있어야 한다.

5. 시장세분화의 방법

(1) 단계별 시장세분화

① 1단계: 여러 가지 시장세분화 기준을 고려하여 표준화된 마케팅전략을 전개하기에 적합한 동질적인 세분시장들로 분류한다.
② 2단계: 세부시장별로 기업판매잠재력이 가장 높은 국가를 찾아내고, 그 국가에서 마케팅에 성공하기 위해서 필수적으로 중요하다고 판단한 핵심 성공요인을 분석한 다음 참조국가의 유사점을 비교하는 절차를 수행한다.
③ 3단계: 각 세분시장별로 제외된 국가들을 대상으로 이런 과정을 반복하여 목표시장의 범위를 추가시키고 나머지 국가들은 제외시킨다.

(2) 제품수명주기별 시장세분화

국가별 제품수명주기단계의 차이를 적용하여 동일한 단계의 국가들을 기준으로 시장을 세분화는 방법이다. 동태적인 시장특성을 고려하여 세분화하는 이 방법의 유용성은 다음과 같다.

첫째로 한 국가에서 얻은 경험을 비슷한 제품수명주기단계에 있는 다른 국가에서 경쟁력을 확보하는 데 이용할 수 있다.

둘째로 기업은 성숙기 후반 또는 쇠퇴기 시장에 있는 제품을 마케팅가능성이 존재하는 제품수명주기단계가 다른 시장으로 이전시킴으로써 계속적으로 해외시장을 확보하는 동시에 자원의 효율적인 사용을 기할 수 있다.

셋째로 기존제품을 시장에서 철수하고 새로운 제품을 시장에 도입시킬 수 있는 적절한 시기를 정하는 데 도움을 준다.

그러나 이 방법은 제품수명주기 자체의 특성, 즉 주기의 형태와 지속시간조차 정확히 알아내기가 어렵기 때문에 국가별 제품수명주기단계를 분석한다는 것은 매우 힘들다. 더욱이 시간이 지남에 따라 제품수명주기가 짧아지는 경향이 있어 이를 고려하여 세분화전략을 적용하는 것은 한층 어렵다.

제2절 해외목표시장의 선정

1. 시장선정의 의미

기업이 해외시장을 세분화한 후에 해결해야 할 과제는 진입할 시장 즉 목표시장(target market)을 선정하는 것이다. 기업이 한정된 자원과 능력을 가지고 해외시장 전체를 대상으로 마케팅활동을 수행한다는 것은 매우 어렵다. 따라서 기업은 해외시장 중에서 특정 세분시장을 마케팅 목표로 한정하고 자원과 노력을 집중투자하는 것이 바람직하다.

기업이 해외목표시장을 선정한다는 것은 기술, 자본, 인적자원 등 제한된 자원을 가지고 제품을 생산한 기업이 어떤 시장에 참여할 것인가를 결정하는 것이라고 할 수 있다. 목표시장의 선정은 STP전략 중 하나로서 매우 중요하다.

2. 시장선정의 과정

기업은 기업 여건과 목표시장 여건에 가장 적합하도록 개발된 진입전략에 따라 해외시장을 선정하여 진입하게 된다. 여기서는 기업의 해외시장 선정에 대한 수립과정을 **그림 5-1** 과 같이 4단계

그림 5-1 시장선정과정

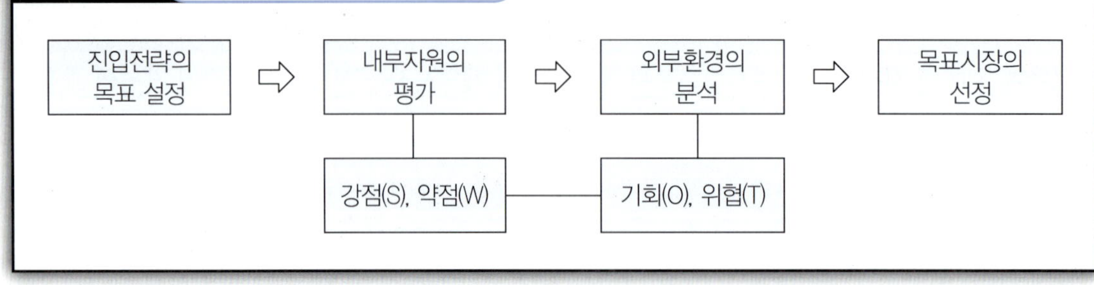

로 나누어 각각을 설명하기로 한다.

(1) 진입전략의 목표 설정

해외시장에 진입하려는 기업은 우선 진입전략의 목표가 명확하게 설정되어야 한다. 진입하고자 하는 목표가 구체적으로 제시되어야만 다음 단계인 내부자원의 평가와 외부환경에 대한 분석이 용이해진다. 이때 진입전략의 목표 설정과 외부환경 분석은 상호 연관을 가지고 이루어져야 한다.

(2) 내부자원의 평가

해외시장에 진입하려는 기업은 새로운 기업환경에 적절히 대응하기 위해 이용가능한 자원의 종류와 규모, 기업의 강점(strength)과 약점(weakness)의 파악, 내부자원의 해외이전가능성, 이전된 내부자원의 새로운 시장환경하에서의 유용성 등과 같은 기업 내부의 자원을 분석해야 한다.

즉 해외시장 진입기업은 자신이 이용할 수 있는 자원의 종류와 규모를 분석하고 만약 부족한 경우 어디에서 조달할 것인가 하는 대비책에 대한 분석이 이루어져야 한다. 또한 해외시장 진입기업에 있어서 기업의 강점과 약점의 파악은 매우 중요한데, 참고로 한국타이어의 중국시장 진출에 따른 SWOT분석의 예를 보면 표 5-1과 같다.

또한 현지국의 특허법, 반독점법, 기술도입법 등의 법률적 제한으로 기업의 자원을 현지국으로 이전하는 데 문제점이 발생할 수도 있다. 뿐만 아니라 본국경영자의 해외파견도 문화적 차이, 언어 문제, 가족관계 등으로 상당한 차질이 있을 수 있다. 한편 기업의 내부자원은 그 전략적 가치가 상대적이기 때문에 국가에 따라서 달라질 수 있다. 그러므로 국내에서의 강점이 타국에서는 약점이 될 수 있고 그 반대가 될 수도 있다.

표 5-1 한국타이어의 SWOT분석

강점(strength)	약점(weakness)
- 타 major 대비 생산 · 유통 · 물류조직 선점을 통한 시장선점 - 타 major 대비 CAPA의 우위 확보 - 제품 구색 완비 - 한국타이어 수출 network를 통한 해외시장 진입 용이	- major 대비 낮은 brand power - 고가이미지에 따른 저가 brand와의 경쟁 심화 - 핵심역량 인력의 현지화 부족 - bias, tube의 저수익구조
기회(opportunity)	**위협(threat)**
- 중국경제의 고속성장(7~9%) - 자동차 내수시장의 지속적 성장 - 급속한 radial화 - 차량수요 증대 및 구매력 고급화 - major업체 중국 진출로 인한 OE 확대기회가 큼	- 시장개방에 따른 major업체 간 시장쟁탈전 심화 - channel bargaining power 증가 - 금융 system 미비(채권 risk 상존) - 원자재 가격 상승

(3) 외부환경의 분석

해외시장에 진입하려는 기업은 새로운 시장환경에 대한 정확한 정보의 수집이 요구된다. 만약 현지국의 경기전망, 시장잠재력, 기회(opportunity)와 위협(threat)의 파악 등을 소홀히 하면 해외시장 진입은 실패로 끝날 가능성이 높다. 외부환경의 분석은 현지국의 진입 조건, 현지국의 거시적 환경, 현지국의 미시적 환경 등으로 구분할 수 있다.

가) 현지국의 진입여건

이것은 진입하려는 현지국에서 소유지분을 제한하거나 외국인의 시장진입을 금지하는 등 기업이 자원을 현지로 이동시키는 것과 관련된 법적인 조건을 의미한다. 이러한 조건에 따라 기업의 해외시장 진입전략은 직접수출, OEM방식, 합작투자, 단독투자, 라이센싱 등의 구체적인 대안이 선택된다.

나) 현지국의 거시적 환경

해외시장에 진입하려는 기업은 현지국의 경제상황, 법률, 문화 및 사회에 대한 광범위한 정보수집과 분석이 필요하다. 즉 경제성장률 · 1인당 GNP 등과 같은 경제적 환경, 교육제도 · 주택사정 ·

제품에 대한 태도 등과 같은 문화 및 사회적 환경, 외국인 투자에 대한 법률 · 자본 및 로열티에 대한 송금제한조치 등과 같은 법적인 환경 등 다양한 정보분석이 이루어져야 한다. 특히 해외시장에 처음 진입하는 기업은 이들에 대한 조사활동 없이는 전략을 수립할 수 없다.

다) 현지국의 미시적 환경

해외시장에 진입하려는 기업은 교역대상이 되는 특정 제품에 대한 시장환경과 경쟁기업에 대한 분석을 우선적으로 수행해야 한다. 즉 제품시장환경, 경쟁기업의 전략, 목표시장의 환경, 현지시장의 성공요인 등을 면밀히 검토 및 분석해야 한다.

제품시장환경과 관련하여 기업은 이미 진입한 다른 국가의 제품시장환경과 새로운 제품시장환경 간의 유사점과 차이점에 대해 상당한 관심을 가져야 한다. 왜냐하면 이를 통하여 다른 곳에서 사용했던 제품전략이나 기법을 새로운 시장환경에도 적용시킬 수 있는지 평가할 수 있기 때문이다. 제품시장환경이 유사한 현지국으로 진입하면 신규진입에 따른 추가비용이 상당히 절약된다.

경쟁기업의 전략과 관련하여 기업은 현실적인 경쟁기업뿐만 아니라 잠재적인 경쟁기업에 대한 분석도 수행하여야 한다. 경쟁기업에 대한 분석을 통하여 경쟁기업의 강점, 약점, 전략 등을 파악할 수 있으며 이를 통해 경쟁기업에 대하여 효과적으로 대응할 수 있다. 경쟁기업에 대한 분석은 일반적으로 경쟁기업의 시장점유율, 수익성, 사업목표, 과거 및 현재의 전략 등의 측면에서 이루어져야 한다.

목표시장의 환경과 관련하여 기업은 잠재적인 목표시장까지도 파악하는 것이 필요하다. 만약 현지국의 특정 시장만을 목표로 할 때는 시장세분화 작업을 통하여 세분시장을 찾아낼 수 있다. 예컨대 제품의 가격과 기술적 고도화를 기준으로 시장을 세분화하여 주요 경쟁기업의 제품을 분류해보면 현재의 시장경쟁이 어느 부문에 집중되고 있는지 알 수 있다.

현지시장의 성공요인과 관련하여 기업은 어떤 산업에서는 주요한 구매업자와의 계약체결 여부가 성공요인이 될 수 있으며, 어떤 경우에는 상품의 적기공급과 애프터서비스가 성공요인이 될 수 있음을 알아야 한다. 그런데 성공요인은 같은 산업이라고 하더라도 국가에 따라 다를 수 있으며, 또한 시간이 지남에 따라 변화하므로 현지시장에서의 성공요인을 정확하게 파악하는 것이 중요하다고 하겠다.

(4) 목표시장의 선정

목표시장의 선정이란 인적자원이나 기술, 자본 등의 제한된 자원을 가진 기업들이 자신이 보유하고 있는 제품을 가지고 어떤 시장에 참여할 것인가를 결정하는 것이다. 이는 구체적으로 다음의 3가지 의미를 지니고 있다.

가) 판매시장 및 생산기지의 선택

기업활동 및 자원의 국제적 배치, 자사의 판매시장 및 생산지역의 선택문제이다. 즉 주된 판매시장을 어디로 할 것이며 판매제품의 생산지역을 어디에 선택할 것인가의 문제이다. 이들 생산 및 판매지역의 결정은 별개의 문제가 아니며 상호연계성을 지니고 있다. 예컨대 정부의 무역규제나 운송비 부담 등의 문제는 기업들로 하여금 생산 및 판매지역의 동일화를 가져오게 한다.

그리고 특정 지역에서의 초과생산시설의 존재는 새로운 판매시장을 선택하게 하거나 생산시설 건립에 필요한 자본규모가 지나치게 큰 경우에는 그 지역에서의 판매가능성을 포기하게 하는 결과를 가져올 수 있다. 따라서 기업들의 입장에서는 생산 및 판매지역을 선정할 때 독립적인 의사결정이 아닌 상호연계성을 가지고 있다는 인식을 갖는 것이 중요하다.

나) 경쟁자와 경쟁범위의 결정

해당 참여시장의 선택은 기업 스스로가 자사와의 경쟁기업들을 선택하는 것과 동일하다. 즉 자사가 특정 지역으로 진입한다는 것 자체는 그 지역에서 이미 활동 중인 기업들과의 경쟁을 선포하는 것과 같은 의미이기 때문이다. 따라서 기업이 특정 시장을 선택할 때는 그 시장의 잠재력뿐만 아니라 그 시장의 경쟁구조 및 잠재적 혹은 현재의 경쟁기업들과 자사의 경쟁우위를 고려하여야 한다. 그리고 자사의 시장선택에 따르는 경쟁기업들의 반응을 고려하여야 하는 등 다양한 요인들을 고려한 신중한 시장신댁과징의 요구된다.

다) 글로벌 시장확대전략의 수립

시장선택에 있어서 또 하나의 중요한 사항은 자사의 범세계적 네트워크와 국제시장의 동태적 변화과정을 고려하는 것이다. 즉 해당 지역에서의 잠재적인 판매가능성만을 고려하는 것이 아니라 자사의 전 세계적 네트워크를 고려하여 생산 및 판매지역을 선정하는 것이 필요하다. 또한 시장선택에 있어서는 지금의 시장상황이 아니라 미래의 시장 간의 상호연계성의 진전 및 통합정도와 시장 내 다양화를 고려한 동태적인 시장선택과정을 도입하는 것이 기업의 성공 여부에 결정적인 동인이 된다고 할 수 있다.

그리고 투자지역의 결정에 있어서 환경조건과 위협 및 기회요인들의 변화를 항상 염두에 두어야 하며 이러한 환경변화에 대응하기 위한 동태적인 시장선택기준의 도입이 필요하다. 즉 해당 지역에서의 생산조건 변화나 수요의 감퇴에 따른 생산지역 및 판매지역의 전략적 조정이 항상 가능하다는 탄력적인 사고를 유지하는 것이 중요하다.

3. 시장선정의 변수

진입하고자 하는 해외시장의 선택에 영향을 미치는 요인은 다양하다. 여기서는 **그림 5-2** 와 같이 기업요인, 시장요인, 경쟁요인, 환경요인 등 4가지로 나누어 각각을 설명하기로 한다.

그림 5-2 시장선정의 변수

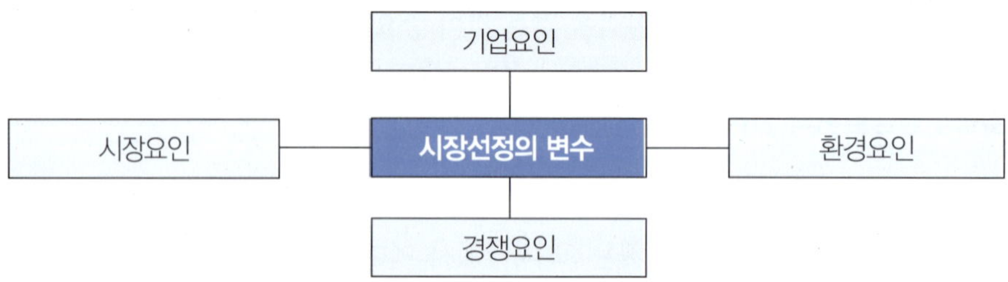

(1) 기업요인

투자가능한 자원의 규모, 기업이 해외사업에 대해 부여하는 의미, 이에 따른 목표 및 경영진의 의지 등 기업 내적인 요인들은 기업이 시장을 선택하는 데 있어서 중요한 변수이다. 특히 경영진이 해외사업에 대해 부여하는 전략적 비중에 따라 해외사업에 대한 목표, 자원투입수준, 진입전략 등은 다르게 나타날 수밖에 없다. 해외시장 진입에 있어서 어떤 기업들은 상대적으로 소극적이고 해외시장에 자원을 투입하는 데도 역시 소극적이다.

다음으로 시장선택은 비용최소화의 원칙보다는 기업의 목적에 따라서 달라질 수 있다. 예컨대

BMW 사가 멕시코지역이 생산비가 가장 싼 지역인데도 불구하고 소비자들의 국가이미지를 고려하여 생산기지를 미국으로 선정한 경우나, 일본의 Sharp 사가 유럽지역에 대한 원활한 유통망을 형성하기 위해 마이크로웨이브 소립공장을 말레이시아에서 미국으로 이전한 경우는 모두 이에 해당한다.

(2) 시장요인

시장선택에 있어서 가장 중요한 변수 중 하나는 해당 국가의 시장규모와 시장성장률을 들 수 있다. 특히 시장잠재력은 시장선택에 중요한 영향을 미치는 요인 중 하나인데, 이것은 GNP, 1인당 국민소득, 성장률, 중산층의 규모, 산업화지수 등의 2차자료를 통해 측정할 수 있다. 시장잠재력을 평가하는 데 있어서 기업들은 현재의 잠재력뿐만 아니라 미래의 잠재력을 고려하여야 한다. 예컨대 일회용 기저귀의 경우 신생아출산율과 환경운동 등을 고려해야 하며, 모피코트의 경우 현지국의 기후와 동물보호운동 및 사치성소비재의 세율 등을 고려해야 한다.

(3) 경쟁요인

기업이 특정 국가에 진입한 이후 예상되는 경쟁기업들의 반응을 검토하는 것도 중요하다. 경쟁기업이 진입하지 않은 시장이나 그들에게 상대적으로 중요성이 낮은 시장으로 진입할 경우에는 경쟁기업의 반응이 그리 대단하지 않을 것이다. 그러나 개도국의 경우 현지시장에서 이미 입지를 공고히 다진 다국적기업과의 경쟁에 직면할 수 있다. 따라서 기업은 경쟁기업의 전략적 반응을 고려한 동태적인 진입시장의 선택이 요구된다. 일례로 1990년 대만의 Acer가 저원가 제품라인을 무기로 빠르게 성장하는 유럽의 컴퓨터시장에 진입했을 때 IBM과 Compaq이 1992년 새로운 제품라인을 도입하여 파격적인 가격으로 모방업체에 대한 공격을 단행함으로써 경쟁이 가열된 경우를 들 수 있다.

(4) 환경요인

시장선택에 있어서 중요한 변수는 생산원가를 최소화할 수 있는 지역을 선택하는 것이다. 생산에 필요한 자원인 노동력과 투입원자재 그리고 기술 등의 비용뿐만 아니라 이들 자원의 이동에 따르는 비용과 세금 등을 고려하여 최소의 비용을 통하여 생산가능한 시장을 선택하는 것이 필요하다.

다음으로 사업의 용이성이나 적합성은 시장선택에 중요한 요인이 된다. 사업환경과 문화가 다른 외국시장으로 진입할 때 기업들은 위협과 불안감을 느낄 수밖에 없다. 따라서 해외시장으로의 진입을 꾀하는 기업들의 입장에서는 자국과 가까이 위치한 국가나 언어가 비슷한 국가, 1인당 국민소득과 인구가 많은 시장에 우선적으로 진입하게 된다. 지리적으로 근접한 국가일수록 해외자회사에 대한 통제 및 기업관리가 용이할 것이며, 같은 언어를 사용하는 국가일수록 기업운영에 있어서 편리성을 기할 수 있다는 장점이 있다.

4. 시장선정의 기법

(1) 그리드방법

그리드(Grid)방법은 해외시장 선정에 필요한 몇 가지 중요한 요인들을 먼저 선정한 다음 이들 요인에 대한 종합점수를 계산하고 이들 조건에 충족되는 국가시장에 우선적으로 진입하는 방법이다. 이 기법에 있어서 중요한 것은 수많은 국가 중에서 일차적으로 탈락될 수 있는 국가들에 대한 조건들을 선정하여 예상국가들을 줄여나가는 작업이 필요하다. 그 다음에는 나머지 국가들에 대하여 평가자가 중요하다고 생각하는 요인들에 대한 점수를 합계한 다음 가장 좋은 평가점수를 받은 국가에 우선적으로 진입하는 방법이다. 이 기법은 변수가 많아지면 많아질수록 평가가 복잡해진다는 단점이 있으나, 해당 제품과 기업의 목적 및 상황에 따라 변수를 달리함으로써 사전 타당성조사를 하는 데 유용하게 이용할 수 있다는 장점이 있다.

(2) 기회-위험매트릭스방법

진입예상국가에 대한 기회요인을 수평축에, 위험요인을 수직축에 위치시킨 다음, 이들 요인에 대한 평가지수를 표시하여 지표상의 합계를 구한 후, 지표상의 사각형에 속하는 각 국가의 해당점수를 도표화하는 방법이다. 이런 지표식 평가는 여러 요인들이 포함될 수 있으며 평가자에 따라 각각의 요인들에 대하여 상이한 가중치를 부여함으로써 평가의 정확성을 높일 수 있다. 이 기법은 현재의 위치뿐만 아니라 미래의 위치를 같이 평가함으로써 시장의 선정과 이동에 대한 동태적인 평가가 가능하다는 장점이 있다.

(3) 시장포트폴리오방법

국별 매력도와 경쟁력을 기준으로 각 개별 국가의 전략적 위치를 평가하여 이를 바탕으로 특정 국가의 사업을 어떻게 할 것인가를 결정하기 위해 사용되는 기법이다. 국별 매력도는 일반적으로 시장규모, 시장성장률, 정부규제, 정치 및 경제의 안정성 등을 조사하여 이들을 수량적 지표로 변환시켜 측정한다. 기업의 경쟁력은 시장점유율, 제품적합성, 이익률, 현지마케팅 능력 및 지원 등을 평가하고 이들을 수량화하여 측정한다. 이렇게 측정된 국별 매력도와 경쟁력지표는 국제기업의 특성에 맞게 가중치를 부여함으로써 개별 국가들이 시장포트폴리오상 투자/성장전략, 지배/철수전략, 선택전략, 수확/철수전략 중 어디에 속하는가를 평가할 수 있는 자료가 된다.

이 기법은 특정 산업 또는 품목에 대하여 각 국가별 매력도지수와 경쟁력지수를 구체적으로 산출하여 비교함으로써 진입유망국을 파악하고 해당 국가에 대한 투자전략의 방향을 알아보는 데 유익하다. 그리고 이 기법은 국별 유망사업을 파악하는 데도 사용할 수 있는데, 이 경우에는 국가매력도 대신에 특정 국가의 산업매력도지수를 산출하면 된다.

제3절 해외시장 포지셔닝

포지셔닝(positioning)이란 STP전략 중 하나로, 소비자들이 경쟁제품과 비교하여 인식하고 있는 자사제품에 대한 마음속의 상대적 위치이다. 표적시장이 선정되고 나면 표적고객들에 대한 자사의 제품을 부가시키기 위하여 특정 속성을 강화하게 되는데, 이러한 속성의 강화를 통해 소비자가 인식하고 있는 이상점(경쟁사 제품과 비교하여볼 때 가장 바람직하다고 생각하는 제품속성의 결합에 의해 나타나는 위치)에 위치될 수 있도록 마케팅믹스를 조정하여야 한다.

제품의 위상정립을 위해서는 소비자들의 제품평가기준(속성)과 경쟁제품에 대한 평가위치(competitive position), 그리고 소비자 입장에서 가장 바람직하게 생각하는 위치(이상점, ideal point)를 정확히 규명하여야 한다. 일반적으로 포지셔닝전략은 다음과 같은 관점에서 생각할 수 있다.

1. 진입시점에 따른 포지셔닝

(1) 선점전략

선점전략(preemptive strategy)은 선도자우위(first-entrant advantage)를 획득하기 위하여 경쟁이 발생하기 전에 시장에 진입함으로써 지배적 위치를 선점하는 것을 목표로 한다. 여기서 지배적 위치란 시장점유율뿐 아니라 고객인지도 및 유통채널의 구축 등도 포함한다. 국내의 많은 기업들이 시행하는 베트남, 미얀마, 인도 등 잠재시장으로의 빠른 행보는 이 전략의 일환으로 볼 수 있다.

이 전략은 대량소비재와 같이 유통채널의 확보가 시장침투의 관건이 되는 산업에서 특히 유용하다. 또한 제품이나 서비스가 경쟁자로부터 크게 차별화되어 있는 혁신제품일수록 바람직하다. 그러나 가전, 자동차, 컴퓨터산업과 같이 통합된 시장에서의 세계적 경쟁이 존재하는 산업에서는 이 전략의 기회는 제한될 수밖에 없다.

선점전략의 이점은 현지국 소비자들에게 처음 소개되는 외국브랜드이므로 브랜드인지도를 높이기 쉽고 때로는 소비자들이 제품과 브랜드를 동일하게 기억한다는 것이다. 예컨대 해열진통제의 대명사로서 바이엘 아스피린을 연상하는 식이다. 이는 새로이 진입하려는 기업들에게 진입장벽으로 작용하게 된다. 그리고 이 전략으로 시장선점에 성공하면 브랜드인지도를 바탕으로 다른 사업으로 진출할 할 수 있는 기회가 증대된다.

(2) 대응전략

대응전략(confrontation strategy)은 경쟁자가 이미 진출해 있는 시장에 진출할 때 현지에서의 시장지배력 확보를 위해 적극적으로 선도기업을 공격하는 것을 목표로 한다. 이 전략은 글로벌전략의 일환으로서 세계적 시장지배력의 구축을 위해 대규모시장, 경쟁기업의 모국, 기술혁신이 발생하는 시장 등 전략시장으로의 진출을 위해 이용된다. 즉, 특정 진입시장에서의 위치 확보라는 차원보다는 세계적 시장지배력 및 지역적 시장균형 등을 목표하므로 진입시장에서 선도기업을 적극적으로 공격하게 된다.

진입시장을 이미 선점하고 있는 경쟁자를 공격할 때는 독립된 계획을 수립하기보다는 기업 전체 차원에서 글로벌계획을 개발해야 한다. 여러 국가에서 동시에 공격하는 것이 경쟁자를 압도할 가능성이 더 많기 때문이다. 이러한 공격은 주로 저가전략(penetration pricing strategy)을 통해 수행된다.

최근 국내 대기업들이 수행하는 가전 · 자동차분야에서의 활발한 해외생산기지 구축은 신도기업의 모국시장 및 전략시장으로의 진출을 위한 대응전략으로 볼 수 있다. 경쟁기업에 대한 반응으로 발생하는 진입추종(follow the leader)도 대응전략의 일종으로 볼 수 있다.

(3) 적소전략

적소전략(niche strategy)은 경쟁이 치열하지 않은 시장에 먼저 진출함으로써 경쟁을 회피하면서 장기적으로 주요 경쟁자에 대응하기 위한 경험을 쌓는 것을 목적으로 한다. 이 전략은 투자재원이 제한되어 있는 소규모기업에 적합한 전략이다. 적소시장을 찾고 개발하는 데 있어 풍부한 투자재원보다는 신축성이라는 요소가 보다 절실히 요구되기 때문이다.

이 전략이 유용한 경우는 첫째로 규모의 경제성이 제한된 시장이다. 왜냐하면 이러한 시장에서 세계적 경쟁자들의 진입은 크게 제한되므로 경쟁자의 대응위험을 피할 수 있다. 둘째로 시장특성이 명확하게 존재하는 시장, 경제발전정도가 미비한 시장, 제반 규제가 심한 시장 등의 경우이다. 왜냐하면 이러한 시장일수록 제품적응화의 필요성이 증가하며 시장선도자들이 경쟁하기에는 경제적 유인이 존재하지 않기 때문이다.

2. 시장범위에 따른 포지셔닝

(1) 집중세분시장 포지셔닝

전 세계적으로 유사한 특정 소비자계층을 분리할 수 있으며, 이들이 자사제품에 대한 욕구와 반응형태가 비슷하다는 가정하에서, 이들 소비자그룹을 대상으로 동일한 기업 및 제품이미지를 형성하도록 노력하는 전략이다. 이 전략은 다음 2가지로 구분할 수 있다.

첫째는 제품에 대한 사용 용도나 편익이 비슷한 소비자층을 대상으로 일관된 포지셔닝전략을 실행하는 경우이다. 예컨대 고소득층을 대상으로 하는 롤렉스 시계의 포지셔닝전략이나, 소수계층만을 대상으로 하는 롤스로이스 자동차에 대한 포지셔닝전략이 있다.

둘째는 제품의 사용조건이나 제품 사용에 대한 편이가 다를 경우 지역별 혹은 국가별로 다소 차이를 두는 포지셔닝전략이다. 예컨대 독일의 벤츠 사는 독일 내에서는 family car용으로 포지셔닝하고 있으나 다른 나라에서는 부와 지위의 상징인 고급승용차로 포지셔닝하고 있다.

(2) 광범위한 포지셔닝

이 전략은 규모의 경제 달성이 높은 재화, 소비자들의 사용조건이나 편익조건이 비슷한 제품, 시장세분화를 하기 어려운 경우에 세계시장을 대상으로 동일한 포지셔닝을 실행하는 것이다. 많은 자본과 충분한 자원을 보유한 기업들이 주로 활용할 수 있는 전략이며, 범세계적인 이미지를 형성하기 위해서는 자사제품에 대한 엄격한 가격통제 및 유통채널 선정 등의 작업이 수반되어야 한다.

Kodak이 좋은 사진을 찍기 위해서는 좋은 필름을 사용하여야 한다는 통일된 광고메시지를 이용한 경우, Nike가 활력적인 일상생활을 강조하기 위하여 유명 스포츠스타들을 이용한 경우 등이 이에 해당한다.

3. 제품에 따른 포지셔닝

(1) 가격 · 품질 포지셔닝

기업은 포지셔닝 지도(position map)를 통해 해외시장 상황을 확인한 후 어떻게 포지셔닝을 해야 할지에 관한 전략을 모색할 수 있다. **그림 5-3** 에서 보는 바와 같이 A기업은 고가격 · 고품질의 포지셔닝전략을 취하고 있는 데 비해 E기업은 저가격 · 저품질 포지셔닝전략을 취함으로써 시장에서 소비자들에게 접근하고 있다. 한편 높은 시장점유율을 차지하고 있는 B기업은 중간 수준의 품질과 가격으로 포지셔닝하고 있다.

그림 5-3 과 같이 포지셔닝 지도 분석을 통하여 경쟁사의 포지셔닝 상황을 파악할 수 있고, 기업들 간의 경쟁상황을 분석할 수 있으며, 틈새시장(niche market)을 파악할 수 있다. 이런 분석을 기초로 기업은 진입하려는 해외시장에서의 가격 · 품질 포지셔닝을 결정한다.

그림 5-3 가격 · 품질 포지셔닝 지도

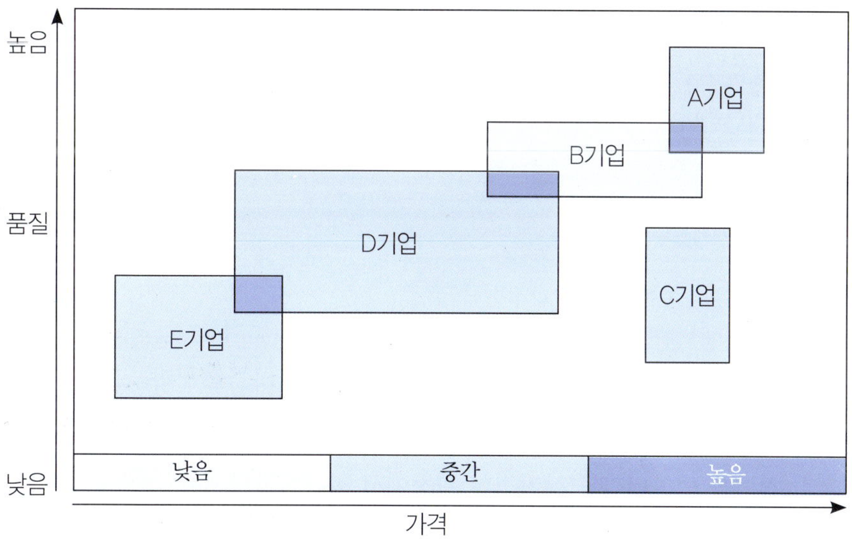

자료 J. C. Leontiades, *Multinational Corporate Strategy*, Rowman & Littlefield Pub. Inc., 2007.

(2) 하이테크 · 하이터치 포지셔닝

하이테크(high tech) 제품계열에는 고기술 제품과 특별관심 제품이 있다. 고기술 제품에는 컴퓨터, 화학제품, 타이어, 금융서비스 등이 포함된다. 이러한 하이테크 제품에는 소비자들이 특별히 더 많은 정보를 원하며 그들만의 언어를 활용하고 있다. 그러므로 정보제공과 제품특성을 강조하는 포지셔닝이 중요하다.

하이터치(high touch) 제품은 제품의 이미지를 더욱 강조하는 포지셔닝이 필요하다. 하이터치 제품에 대하여 소비자들은 부, 물질주의, 낭만 등과 관련된 테마에 관심을 두고 일상언어와 상징들을 공유하는 제품을 선호한다. 이러한 제품군에는 일상용품, 향수나 피자와 같은 지구촌 제품 등이 있다. BMW 자동차와 같이 기술적이고 견고한 제품계열은 하이테크 포지셔닝을 강조하기도 하나 BMW 사는 이미지와 상징성을 특징으로 하는 하이터치 측면을 부각시키기 위해 BMW 소유자에게 정기적으로 라이프스타일 등의 정보를 제공하는 잡지를 발송한다.

제4절 해외시장 확대전략

진입하려는 해외시장이 선정된 후에는 앞으로 어느 정도 범위까지 확대할 것인가를 결정해야 하는 전략적 선택의 문제에 직면한다. 시장확대전략에는 시장집중화전략과 시장다각화전략이 있다.

1. 시장집중화와 시장다각화

시장집중화전략(market concentration strategy)이란 마케팅 노력을 소수시장에 집중시키고 이후에 시장의 범위를 점차 확대시키는 전략이다. 반면에 시장다각화전략(market diversification strategy)은 다수시장에 침투할 것을 목표로 마케팅 노력을 여러 시장에 배분하여 시장을 확대한다.

그러나 어떠한 전략을 택하더라도 장기적인 관점에서 최적시장의 수는 비슷해질 것이다. 시장다각화전략을 추구하는 회사도 수익성이 나쁜 시장에서는 결국 철수하게 되고, 반대로 시장집중화전략을 채택한 회사도 단계적으로 시장의 수요를 늘려나가게 되기 때문이다.

2. 시장확대전략 결정 시 고려요인

시장확대전략 결정 시 일반적으로 고려되는 주요 요인과 이에 따른 대안적 전략을 정리하면 다음과 같다.

(1) 각 시장의 성장률

각 시장에서 시장성장률이 낮으면 다각화하는 것이 바람직하며, 높으면 소수시장에 대한 집중전략으로도 성장목표를 달성할 수 있기 때문에 집중화하는 것이 바람직하다.

(2) 각 시장의 판매안정성

판매안정성이 낮으면 위험분산을 위해 다각화하는 것이 바람직하며, 높으면 집중화하는 것이 바람직하다.

(3) 경쟁기업의 반응

혁신제품의 출하로 경쟁적 우위를 유지할 경우 경쟁기업이 쉽게 따라올 것 같으면 다각화하는 것이, 오랜 시간이 걸릴 것 같으면 집중화하는 것이 바람직하다.

(4) 마케팅 노력의 확산

마케팅 노력이 다른 시장에 쉽게 파급될 수 있으면 다각화하는 것이, 파급효과가 없으면 집중화하는 것이 바람직하다.

(5) 제품적응화의 필요성

새로운 시장특성에 맞게 제품을 적응시키지 않고서는 판매증대가 어려울 때는 시장집중화가 바람직하다.

(6) 유통상 규모의 경제

유통비용이 전체 원가의 많은 비중을 차지하고 시장점유율 증대에 따른 규모의 경제가 높으면 집중화하는 것이 바람직하다.

제5절 해외시장 진입방법

1. 진입방법의 선택

기업이 해외시장 진입 시 활용할 수 있는 전략적 대안에는 여러 가지가 있으나 일반적으로 수출방식, 계약방식, 해외직접투자방식 등 크게 3가지로 구분된다. 이러한 진입방식들의 장단점을 요약하면 **표 5-2** 와 같다.

표 5-2 해외시장 진입방법

	진입방법	장점	단점
수출방식	간접수출	– 안정성 및 유연성 – 자금부담 완화 – 정보 획득 – 위험 최소화 – 분쟁위험 회피	– 통제력 약화 – 시장접촉 부족 – 잠재된 기회 상실 – 이미지 훼손 우려
	직접수출	– 통제력 강화 – 유리한 계약조건 – 국제시장 전문지식 축적	– 해외시장에 대한 전문지식 필요 – 높은 초기비용 – 위험 부담
계약방식	라이센싱	– 위험 최소화 – 신속한 진입 – 무역규제 회피 – 정치적 위험 회피	– 잠재적인 경쟁자를 만듦 – 제한된 수익성 – 통제권 약화 – 향후 시장개척가능성 희박
	계약생산	– 관세장벽 회피 – 신속한 진입 – 유연성 – 저렴한 생산비	– 공급 제한 – 품질관리 필요 – 막대한 기술원조 필요
	프랜차이징	– 독특한 이미지 서비스 – 고도의 경영동기 부여 – 적은 자본투자 – 현지사업자의 능력 활용	– 자본과 품질에 대한 통제 필요 – 가맹점에 대한 잦은 교육 필요
	관리계약	– 적은 위험 – 전문지식 및 경험 활용	– 제한된 수익성 – 의사결정 참여 불가
	턴키운영	– 높은 수익성 – 고도의 공정기술 확보	– 정치적 위험성 – 복잡한 협상과정 – 많은 비용 및 시간 소요
해외직접투자 방식	단독투자	– 기술 보호 – 범세계적인 전략조정 가능 – 입지 및 경험상의 경제성 실현 – 생산 및 마케팅에 대한 통제권 강화	– 높은 비용 – 높은 위험
	합작투자	– 위험분산 – 현지자원의 활용 – 낮은 투하자본 – 시장접근 용이	– 제한된 통제력 – 파트너와의 갈등 – 의사소통 및 경영상의 애로

2. 진입방법의 결정요인

기업이 최적의 해외시장 진입방법을 결정하는 데 영향을 미치는 요인에는 여러 가지가 있는데 여기서는 **그림 5-4** 에서 보는 바와 같이 기업요인, 본국의 환경요인, 제품요인, 현지국의 환경요인 등 4가지로 정리하여 각각을 설명하기로 한다.

그림 5-4 진입방법의 결정요인

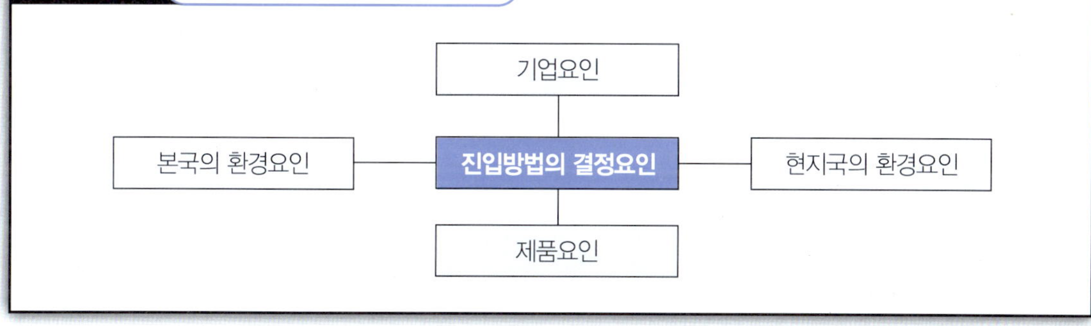

(1) 기업요인

가) 기업의 자원 및 의지

경영 · 자본 · 기술 등 기업자원이 풍부하고 우수할수록 진입대안의 선정 폭이 상대적으로 넓어진다. 그러나 기업의 자원만으로 진입방법의 선택을 설명하기는 불충분하며 이에 덧붙여 해외시장에 자원을 투입하려는 경영진의 의지가 고려되어야 한다. 해외시장 진입에 소극적이고 제한적인 목표를 갖고 있는 기업들은 대체로 투자위험 부담이 많은 직접투자보다는 수출 또는 라이센싱을 선호한다. 그러나 해외시장 진입에 보다 적극적이고 공격적인 기업은 간접수출보다 직접수출을 선호하며, 더 나아가 생산 또는 마케팅에 대한 실질적인 통제가 가능한 해외직접투자를 선호한다.

나) 경쟁전략

진입대상국에 대해 설정한 사업목표 및 이를 달성하기 위한 기업의 경쟁전략에 따라 진입방식은 달라진다. 새롭게 대두되는 시장기회를 선점하기 위하여 신속한 진입전략을 추구할 경우 수출보다는 라이센싱이나 프랜차이징 또는 현지기업의 인수 등과 같은 방법이 적절하다. 이러한 방식은 현지의 생산시설 및 유통망을 활용할 수 있을 뿐만 아니라 시장과 소비자에 대한 정보획득이 용이하기 때문에 신속한 시장진입이 가능하다. 버거킹(Burger King)은 브라질에 진출할 때 신속한 시장침투를 위해 84개의 점포를 가지고 있는 브라질 제2의 패스트푸드 체인점인 Bob's를 인수하는 방법을 택하였다.

다) 해외사업의 경험

현지사업 경험은 진입방식에 영향을 미친다. 현지사업 경험이 부족할 경우 수출에서부터 시작하여 점차적으로 현지경영에 대한 지식과 경험이 축적됨에 따라 현지판매조직 설립 및 현지생산체제 구축으로 이행하는 진입방식을 선호한다. 스웨덴의 대규모 제약회사인 파마시아(Pharmacia)는 외국구매자들의 주문에 따라 처음으로 해외시장에 진입하였고, 얼마 후 대리점을 지정하거나 생산라인 중 일부를 라이센싱하였으며, 몇 년이 더 지난 후에는 판매를 담당하는 자회사를 설립하였다. 즉 간단한 공정으로부터 시작하여 보다 복잡한 공정에 이르기까지 생산활동을 펼치는 경험에 의한 점진적인 시장진입방식을 택하였다.

(2) 본국의 환경요인

가) 시장구조

국내시장의 규모가 클수록 기업들은 상대적으로 국내지향적이 되며 해외시장에 대한 적극적인 자원투입을 꺼리게 된다. 그러나 우리나라와 같이 시장규모가 작을수록 기업들은 규모의 경제를 달성하기 위해 수출은 물론 보다 적극적인 해외시장 진입방법을 모색하게 된다. 한편 국내시장의 경쟁구조가 과점상태에 있는 경우 기업들은 경쟁기업의 행동을 모방하는 경향이 있다. 즉 한 기업이 해외직접투자를 하면 다른 경쟁기업들도 선도기업을 따라 해외로 동반 진입하는 현상이 자주 발생한다. 반면에 완전경쟁상태에 있는 기업들은 일반적으로 수출을 통한 해외시장 진입을 선호한다.

나) 생산비

본국에서의 생산비용이 증대될수록 수출을 통한 해외시장 진입에는 많은 제약이 따른다. 이러한 경우 수출보다는 현지생산이나 라이센싱 같은 계약형태의 진입전략이 선호된다.

다) 정부정책

해외진입기업에 대한 본국 정부의 지원정책은 진입방법에 영향을 미치는데, 예컨대 해외투자기업에 부여되는 조세 · 금융상 지원정도에 따라 진입방법의 매력도가 달라진다.

(3) 제품요인

가) 물리적 특성

제품의 무게, 부패가능성 등 제품의 물리적 특성은 기업의 해외시장 진입방식에 영향을 미친다. 예컨대 고급시계와 같이 무게에 비해 제품의 가치가 높은 경우 현지생산보다는 직접수출이 적합하며 규모의 경제가 매우 크거나 생산에 대한 지속적인 통제가 필요한 제품의 경우에는 더욱 그러하다. 반면 맥주 또는 음료산업과 같이 운송비가 차지하는 비중이 큰 경우에는 라이센싱이나 현지생산하는 것이 바람직하다. 하이네켄(Heineken)은 인도 · 타이 · 베트남 · 중국 등지에 합작투자방식으로 양조장을 건설하였다.

나) 차별화의 정도

뛰어난 기술적 우위를 바탕으로 제품이 차별화되어 있는 경우 수출방식이 선호된다. 그러나 제품차별화의 정도가 낮은 경우에는 라이센싱이나 해외직접투자를 통하여 현지환경에 적응하는 것이 유리하다. IBM은 품질 · 유통에 대한 통제를 유지하고 기술의 노출을 피하기 위해 다수지분소유 합작회사를 원했지만 인도정부가 이를 허락하지 않자 철수하였다.

다) 제품의 형태

제품의 형태가 건설 · 광고 · 관광 등 무형의 서비스인 경우에는 해외시장에서 서비스를 수행할 방법을 찾아야 한다. 이러한 이유로 서비스산업에서는 프랜차이징과 같은 계약형태의 진입전략이 바람직하다. 그러나 사전 또는 사후 서비스를 필요로 하는 서비스 집약적 제품의 경우에는 적기에 서비스를 제공해야 하므로 현지자회사를 통한 수출이나 현지생산방식이 유리하다.

(4) 현지국의 환경요인

가) 시장구조

현지국의 시장규모가 크고 성장률이 높을수록 사업활동에 대한 통제권을 확고히 유지할 수 있는 단독투자나 다수지분 합작투자가 선호될 것이며, 반면에 시장규모가 작고 지리적으로 고립되어 인접국가로의 진입이 용이하지 않을 경우에는 위험부담이 적고 자원투입이 적게 드는 수출 또는 라이센싱이 선호될 것이다. 그리고 현지시장의 경쟁구조가 완전경쟁, 과점, 독점인가에 따라 진입방법이 달라질 수 있는데, 예컨대 완전경쟁시장에서는 독과점시장보다 상대적으로 수출이 유리한 전략이 될 수 있다.

나) 정치적 위험

정치적 불안정, 몰수위험 등 정치적 위험도가 큰 나라에 대해서 기업은 생산공장 등 상당한 투자를 필요로 하는 진입방식을 회피하게 된다. 예컨대 아르헨티나 · 칠레 · 페루와 같이 과거에 외국인자산을 수용한 적이 있는 나라나, 필리핀 · 캄보디아 · 나이지리아와 같이 정치적으로 불안정한 나라의 경우 위험성이 낮은 진입방법을 선호하게 된다.

다) 사회하부구조

교통, 통신, 항만, 에너지 등 사회하부구조가 잘 발달된 나라의 경우 현지생산비용을 크게 낮출 수 있으므로 적극적인 해외직접투자 기회를 모색할 필요가 있지만, 그렇지 못할 경우 추가적인 개발비용이 소요되므로 어려움이 뒤따른다.

라) 정부의 규제

높은 관세율, 수량제한 등 무역장벽이 존재하는 경우 수출보다는 여타의 진입방법이 선호된다. 또한 현지국 정부는 정책적으로 외국인투자를 선별하여 받아들이는 한편 단독투자보다는 합작투자를 선호하며 인수 · 합병보다는 신규투자를 선호하는 경우가 많다. 반면에 자본이 부족한 현지국 정부는 조세상의 특혜 등 여러 가지 유인책으로 외국기업의 투자를 적극 유치하기도 한다.

마) 경제구조

현지국이 자본주의국가인가 아니면 사회주의국가인가에 따라 진입방법이 달라질 수 있다. 사회주의국가의 경우 해외직접투자와 같이 위험부담이 높은 진입방식은 피하는 것이 바람직하다. 한편 현지국의 GNP 및 1인당 국민소득, 경제성장률, 고용수준 등 주요 경제지표에 따라 진입형태도 달라져야 한다.

바) 지리적 · 문화적 차이

가치관, 언어, 사회구조, 생활습관 등 본국과의 문화적 차이는 해외직접투자를 고려하려는 기업에게는 특히 불리하게 작용하기 쉽다. 또한 현지국이 본국과 지리적으로 멀리 떨어져 있는 경우에 과도한 운송비 부담으로 인하여 단순수출을 통해서는 현지상품과의 경쟁에서 불리하다. 이런 경우에는 현지에서의 조립생산이 운송비를 줄일 수 있는 대안이 된다.

사) 생산 및 마케팅구조

원자재, 노동력, 에너지 등 생산요소의 질이나 가격은 해외직접투자를 통한 현지생산 여부를 결정하는 데 필수적인 고려요인이 된다. 그리고 마케팅 하부구조의 질과 활용가능성도 진입방법의 선정에 영향을 미치는데, 예컨대 현지에 믿을 만한 대리점 또는 유통업체가 존재하지 않거나 이미 경쟁기업에 선점당하고 있는 경우 단순수출보다는 지점이나 현지자회사를 설립하는 것이 바람직하다고 할 수 있다.

3. 진입방법의 선택모형

수출, 라이센싱, 해외직접투자 등의 3가지 대표적인 해외시장 진입방법 중에서 어느 방식을 선택할 것인가에 관한 일정한 기준은 없다. 일반적으로 러그만의 단순모형, 루트의 과정모형, 허쉬의 비용수익고려모형 등이 잘 알려져 있다.

(1) 러그만의 단순모형

러그만(A. M. Rugman)은 대부분의 기업이 해외시장에 진입하는 데 있어서 **그림 5-5**에서 보는 바와 같이 수출, 라이센싱, 해외직접투자의 3가지 형태 중 선택할 수 있는 대안을 비교적 단순한 모형을 통해 설명하고 있다. 즉 기업들은 우선 위험이 낮고 많은 양의 자원투입이 필요치 않은 수

그림 5-5 러그만의 단순모형

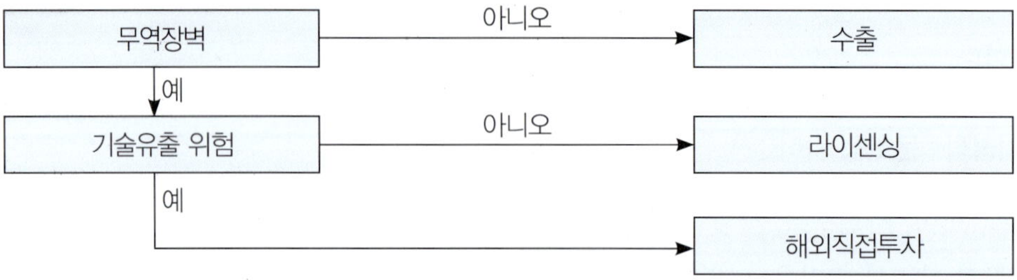

자료 A. M. Rugman, *International Business: Firm and Environment*, New York: McGraw-Hill, 1985, p.35.

출방식을 통해 해외시장에 진입하기를 원한다는 것이다.

그러나 높은 무역장벽 때문에 수출이 불가능하면 기업은 라이센싱이나 해외직접투자를 생각하게 된다. 이때 기업이 관심을 갖는 것은 기술의 유출 위험인데 만약 기술이 유출되어도 경쟁우위를 잠식당할 가능성이 크지 않으면 라이센싱을 택하게 되고, 기술의 유출가능성이 높으면 자원이 많이 투입되더라도 해외직접투자를 단행하게 된다.

단순모형의 장점은 기업의 해외진입에 대한 정보를 수집하고 평가하는 데 드는 비용과 시간을 절약할 수 있으며, 의사결정을 신속히 할 수 있다는 점이다. 그러나 이 모형의 단점은 비용과 위험을 너무 단순화함으로써 목표시장에서의 사업기회에 대해 기업의 능력을 잘 발휘할 수 있는 진출방법을 찾지 못하고 소극적인 수준에 머무를 수 있다는 점이다.

(2) 루트의 과정모형

루트(F. R. Root)는 진화론적 관점에서 기업의 해외시장 진입방식에 대한 선택문제를 다루고 있다. 기업은 시간이 지남에 따라 현지시장의 마케팅활동에 대한 통제를 보다 강화하고 이에 따라 진입방식을 점진적으로 변화시킨다. 즉 기업이 해외사업에 대한 통제정도를 확대 · 강화함에 따라 투입자원이 증대하고 이에 따라 현지시장에서 기업이 부담하는 위험의 수준도 함께 높아지게 된다. 통제와 위험수준의 정도에 따라 기업이 해외시장 진입방식을 변화시켜나가는 과정을 살펴보면 **그림 5-6**과 같다.

루트에 의하면 일반적으로 제조기업들은 ① 간접수출→대리인이나 유통업자를 통한 수출→합작

그림 5-6 루트의 과정모형

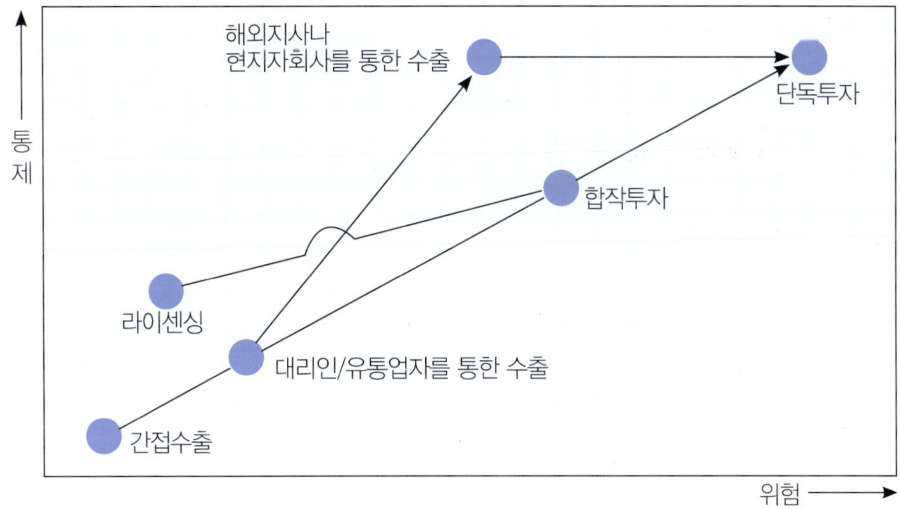

자료 F. R. Root, *Foreign Market Strategies*, Amacom, 1982, p.67.

투자→단독투자의 경로나, ② 간접수출→대리인이나 유통업자를 통한 수출→해외지사나 현지자회사를 통한 수출→단독투자의 경로를 통하여 해외시장에 진입한다. 물론 기업특성에 따라 진입경로상의 차이가 존재할 수 있다. 예컨대 규모가 큰 기업의 경우 해외지사나 현지자회사를 통하여 해외영업활동을 전개하다가 단독투자를 할 수도 있다.

루트의 모형은 기업의 해외시장에 대한 진입방식을 동태적으로 설명하고 있다는 데 큰 의의가 있다. 그러나 이 모형은 국제기업의 해외시장 진입이 언제, 어떤 방식으로 이루어져야 가장 적합한가에 대한 기준은 제시하지 못하고 있다.

(3) 허쉬의 비용수익고려모형

허쉬(S. Hirsch)는 수출, 라이센싱, 해외직접투자의 3가지 해외시장 진입방법에 따른 비용과 변동추이를 중심으로 최적의 해외시장 진입방법을 수식으로 설명하고 있다. 즉 Pd: 본국에서의 생산비, Pf: 현지국에서의 생산비, M: 수출마케팅비용, F: 해외에서의 생산활동에 따라 추가적으로 드는 비용, K: 라이센싱으로 인한 기술유출로 기업특유의 우위가 잠식될 위험비용이라고 하자. 수익을 비롯한 다른 모든 조건이 동일하다면 수출, 라이센싱, 해외직접투자 중 어떤 방식이 유리한가를 다음과 같이 수식으로 나타낼 수 있다.

> ① **수출을 선택하는 경우:** $Pd+M<Pf+F$ **그리고** $Pd+M<Pf+K$
> ② **라이센싱을 선택하는 경우:** $Pf+K<Pd+M$ **그리고** $Pf+K<Pf+F$
> ③ **해외직접투자를 선택하는 경우:** $Pf+F<Pd+M$ **그리고** $Pf+F<Pf+K$

일반적으로 생산비를 제외한 세 가지 비용의 최초의 크기는 $M<F<K$의 순서로 나타나며, 시간의 흐름에 따라 이들 비용이 감소하는 속도도 $M<F<K$의 순서와 같다. 따라서 이를 토대로 최적의 해외시장진입방시의 변화과정은 **그림 5-7** 과 같이 나타낼 수 있다.

그림 5-7 에서 보는 바와 같이 S_1시점까지는 수출을 통한 해외시장 진출이, S_1에서 S_2시점까지는 해외직접투자가, 그리고 그 이후로는 라이센싱이 최적의 해외시장 진입방식이라고 할 수 있다. 그러나 이 모형을 실제의 의사결정에 활용하기 위해서는 여러 가지 비용, 수익, 위험요소 등이 추가되어야 하며, 이들을 현실적으로 측정할 수 있는 구체적인 지표의 마련이 선행되어야 한다.

그림 5-7 허쉬의 비용수익고려모형

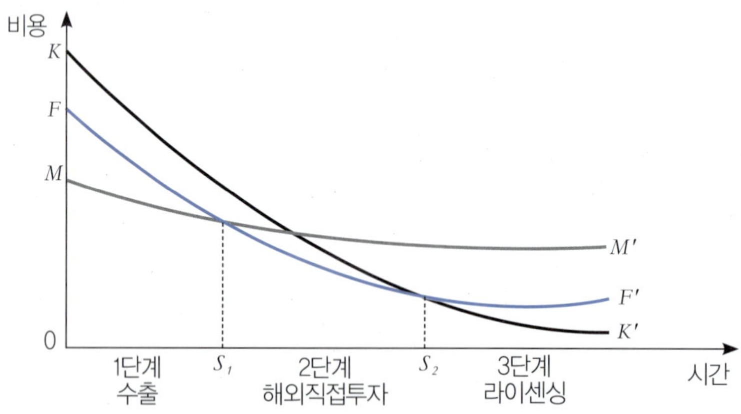

자료 A. M. Rugman, *Multinationals in Canada: Theory, Performance and Economic Impact,* Boston, Mass.: Martinus Nijhoff, 1980, p.25.

(4) 힐의 모형

힐(C. W. Hill)은 **그림 5-8** 에서 보는 바와 같이 운송비나 관세율의 높고 낮음, 기술이전의 가능성 유무, 해외사업에 대한 본사의 통제 필요성 유무, 노하우의 보호가능성 유무 등을 기초로 기업의 해외시장 진입방법을 체계적으로 분석하였다.

그림 5-8 힐의 모형

자료 C. W. Hill, *International Business: Competing in the Global Marketplace* (Burr Ridge, Ill.. Irwin, 2002), p.200.

그림 5-8 에서 보는 바와 같이 운송비와 관세율이 높지 않다면 기업은 수출방식을 선택하게 되며, 높으면 노하우가 라이센싱을 통해 이전가능한가를 살펴보아야 한다. 만약 라이센싱을 이용하여 노하우를 이전할 수 없다면 해외직접투자를 선택하게 된다. 다음으로 본사가 해외사업에 대해 강력한 통제가 필요하다면 역시 해외직접투자를 선택하게 된다. 그리고 강력한 통제가 필요 없다면 라이센싱을 통해 노하우를 충분히 보호할 수 있는가를 살펴보아야 한다. 만약 라이센싱을 통해 노하우를 충분히 보호할 수 있다면 라이센싱을 선택하게 되고, 보호할 수 없다면 역시 해외직접투자를 선택하게 된다.

(5) 버클리와 카슨의 모형

버클리와 카슨(P. J. Buckly and M. Casson)은 시장을 서비스하는 경영형태에 따라 발생하는 비용을 회복불능매몰비용, 재순환고정비용, 재순환변동비용으로 구분하고, 기업은 자기가 수행하고자 하는 영업규모에 가장 효율적인 사업형태를 선택할 것이며, 영업활동규모에 따라 각 경영활동형태, 즉 수출, 라이센싱, 해외직접투자의 상대적비용이 달라지고 경영활동형태 중에서 어떤 것은 다른 형태보다 고정비용이 높고 유동비용이 낮을 수 있다고 보고 있다. 만약 어떤 경영활동형태가 여타 형태에 비하여 고정비용도 높고 유동비용도 높다면 그러한 형태는 경제적이지 못하며, 경영활동규모가 증대되면 비교적 높은 고정비용과 비교적 낮은 유동비용을 갖는 경영형태가 보다 경제적이라고 할 수 있다.

즉 버클리와 카슨은 고정비용과 유동비용에 초점을 두어 해외시장 진출방법을 설명하고 있다. 수출의 경우에는 기존 생산공장을 그대로 이용하기 때문에 고정비용은 매우 낮은 반면 유동비용은 운송비나 관세 등으로 매우 높다. 라이센싱의 경우에는 수출보다 유동비용은 낮은 반면 고정비용은 높다. 그 이유는 운송비나 관세가 없기 때문에 유동비용은 낮으나 라이센시(licensee)가 라이센서(licensor)로부터 사용하는 자산의 대가와 거래비용이 추가되기 때문에 고정비용은 높다. 해외직접투자의 경우에는 자회사 설립에 따른 고정비용이 많이 소요되어 라이센싱보다 고정비용은 높고 유동비용은 라이센싱보다 낮다. 결국 고정비는 수출, 라이센싱, 해외직접투자의 순으로 높고 유동비용은 수출, 라이센싱, 해외직접투자의 순으로 낮다.

연습문제

1. 해외시장 선택에 영향을 미치는 요소에 대하여 설명하시오.
2. 해외시장세분화, 해외목표시장의 선정, 해외시장 포지셔닝, 즉 STP전략의 중요성에 대하여 기업 또는 제품을 예로 들어 설명하시오.
3. 해외시장 진입방법을 결정하는 데 영향을 미치는 요인에는 어떤 것이 있는지 설명하시오.
4. 시장집중화와 시장다각화의 차이점은 무엇인지 기업의 예를 들어 설명하시오.
5. 해외시장의 선택에 영향을 미치는 요인은 무엇인가?
6. 기회-위험매트릭스방법과 시장포트폴리오방법의 차이점은 무엇인가?

제6장 국제사업전략

제1절 수출

제2절 국제계약

제3절 해외직접투자

학습목표

국제마케팅을 수행하는 국제기업의 해외사업전략에 대해 학습한다. 먼저 수출의 장점 및 단점에 대해 알아본다. 다음으로 국제계약의 의미 및 종류에 대해 알아본 후, 해외직접투자의 방법 및 절차 등에 대하여 살펴본다.

제1장 국제마케팅의 기초
제2장 기업의 국제화

제3장 국제마케팅조사
제4장 해외고객행동분석

제5장 해외시장 진입전략
제6장 국제사업전략
제7장 국제경쟁전략
제8장 글로벌전략

제9장 국제제품전략
제10장 국제가격전략
제11장 국제유통전략
제12장 국제촉진전략

제13장 국제마케팅의 조직 및 통제
제14장 국제인터넷마케팅

사례연구

오로라월드의 국제사업전략

오로라월드가 처음으로 완구제조를 시작한 1985년에는 대부분의 국내 봉제완구제조업체는 해외브랜드업체의 주문에 따라 주문자상표부착(OEM)방식에 의한 수출이 일반화되어 있었다. 오로라월드 역시 초기 수출은 해외 바이어의 요구에 맞춘 주문자상표부착(OEM)방식의 수출로 시작하였다.

그러나 OEM방식의 수출은 1990년대 초반에 들어서면서 위기에 직면하기 시작하였다. 해외주문업체들이 큰 폭의 납품단가 인하를 요구하기 시작하였으며, 그 당시 국내에서도 인건비가 대폭 상승하면서 채산성을 맞추기 어려운 상황에 직면하게 된 것이다.

오로라월드는 이러한 상황에 직면하면서 OEM방식의 수출로는 해외주문업체의 종속에서 벗어날 수 없으며, 앞으로 세계시장에서 성장하기 위해서는 자체 브랜드를 보유하는 것이 중요하다는 것을 절감하게 되었다. 그래서 가장 먼저 세계 캐릭터 완구시장의 40%를 차지하고 있는 미국시장을 목표시장으로 선정하고 진출을 위한 본격적인 전략을 실행하게 되었다. 미국시장은 시장규모 측면에서 기회의 시장이기도 하지만 기존 경쟁업체 인지도, 브랜드중심 시장으로 진입장벽도 높은 시장이었다.

오로라월드는 1992년에 미국시장에 판매법인을 설립하고 Aurora & America Plus라는 브랜드명으로 제품을 출시하였다. 대부분의 캐릭터 인형 제품이 국민소득 2만 달러 이상의 선진국시장에서 소비되고 있는 특성을 고려, 미국시장에서 처음으로 출시한 자체 브랜드의 성공 여부가 미국시장은 물론 세계시장에서 경쟁력을 확인할 수 있는 중요한 기회가 되는 시기였다.

초기 미국시장에서 오로라월드는 자체 브랜드인지도 확보를 위한 방안으로 미국 전역에서 개최되는 40여 회의 관련 전시회에 매년 참가하고, 현지의 유능한 마케팅 인력을 활용하여 현지시장의 마케팅을 위임하는 적극적인 전략으로 차제 브랜드에 대한 고객을 확보해나갔다.

이러한 노력의 결과로 오로라월드는 미국시장에서 자체 브랜드로 입지를 구축할 수 있게 되었다. 또한 세계 최대 캐릭터 완구시장인 미국에서 오로라월드의 소비자인지도는 4위를 기록하고 있으며, 미국 내 상위 10개사 완구업체 중 미국기업인 아닌 제조업체는 오로라월드가 유일하다.

국내 캐릭터 완구제품 시장은 주문자상표부착(OEM)방식의 해외수출이 거의 일반화되어 있는 것이 현실이다. 그러나 이러한 주문자상표부착방식에 의존한 수출은 해외주문업체에 가격조건 등에서 일방적으로 종속되는 구조이며, 시장상황 변동에 따라 거래관계 단절가능성이 높은 불안정한 방식이다.

오로라월드 역시 초기에는 주문자상표부착방식을 통한 수출로 시작하였으나, 1990년대 초반 한계에 직면한 후 자체 브랜드 개발을 통한 직접시장진출전략을 세우고 과감하게 도전하였다. 특히, 초기 브랜드인지도가 낮은 상황에서 자체 브랜드 출시를 시장진출전략의 성공에 가장 중요한 것이 디자인이라고 보고

디자인분야의 경쟁력 강화에 노력하였다.

오로라월드가 OEM방식의 한계에서 세계적인 완구브랜드로 성장할 수 있었던 것은 자체 디자인 역량을 바탕으로 브랜드를 개발하여 적극적인 브랜드 마케팅전략을 펼쳐나갔기 때문이다. 또한 미국시장에 맞는 제품을 개발하기 위해 철저한 현지시장 정보 수집을 위한 네트워크를 구축하고, 현지인력을 최대한 활용한 제품개발을 통한 차별화전략이 성공에 큰 영향을 주었다. (KOTRA 내부자료)

■ **토의과제**

1. 오로라월드가 수출전략을 바꾼 이유는 무엇인가?
2. 오로라월드가 미국시장에서 성공할 수 있었던 배경은 무엇인가?
3. 오로라월드가 브랜드이미지를 강화하기 위해 추진한 전략은 무엇인가?

제1절 수출

1. 수출의 의의

수출(export)은 기업이 해외시장으로 처음 진입함에 있어 가장 보편적으로 사용되는 방법이다. 수출이 해외시장 진입의 기본전략으로 널리 활용되고 있는 이유는 상대적으로 적은 자원의 투입으로 판매이익은 물론 해외시장에 대한 경험을 축적할 수 있을 뿐만 아니라 그만큼 위험이 적어 다른 전략과 동시에 활용할 수 있기 때문이다. 또 수출은 산업 및 제품에 따라서는 초기단계에서뿐만 아니라 이후에도 최적의 국제화방법이 될 수 있다.

예컨대 항공기제조업체인 보잉(Boeing)은 시애틀에서 생산활동이 대부분 이루어지고 있으며 여기서 만들어진 제품은 전 세계 시장으로 수출되고 있다. 독일의 중소기업이 만든 정밀공작기계는 전 세계 특수상품시장에 수출되는데, 이 회사들은 대개 첨단기술과 지속적인 기술혁신 및 연구개발에 의존하는 가족기업으로 고객욕구와 시장동향의 변화에 대응하기 위해 잠재적 고객들과 밀접한 관계를 유지하고 있다. 수출은 기업의 수출업무에 대한 개입정도에 따라 간접수출과 직접수출로 구분된다.

2. 수출경로

(1) 간접수출

간접수출(indirect export)은 수출대행업자, 종합무역상사, 수출조합 또는 국내에 진입해 있는 외국기업을 통하여 제품을 판매하는 형태이다. 이러한 간접경로를 택하면 추가적인 인력이나 고정자본을 투입하지 않고서도 수출판매이익을 향유할 수 있다. 간접수출은 해외시장에 대한 관여정도가 낮은 기업에 적합하다. 수출의 주요 동기가 국내의 과잉생산물을 처리하거나 국내사업의 부수적인 활동에 있는 경우 수출대행사를 통한 간접수출이 적절하다. 또한 해외시장 확대에 전념할 여력이 없고 수출조직을 신설하고 집중적인 자원투입을 하기 전에 시장을 테스트하면서 점진적인 진입을 추구하려는 기업에게도 이 방식이 적합하다.

그러나 무역회사나 수출대행회사와 같은 중개업체를 이용할 경우 장점만 있는 것은 아니다. 무엇보다도 기업은 자사의 제품이 해외시장에서 판매되는 상황에 대해 전혀 통제할 수 없다. 기업은 제품의 유통 · 보관 · 판촉 등에 전혀 개입하지 않으므로 제품의 가격이 제대로 책정되지 않을 수 있다. 이에 따라 해외시장에서 제품이미지가 심각하게 손상될 수 있으며, 시장개발을 위한 노력을 기울이지 않아 잠재적 시장기회를 상실할 가능성이 있다. 아울러 간접수출을 통해 점진적인 해외진입을 추구하는 기업은 특히 현지시장과의 접촉이 거의 이루어지지 않으므로 주의를 요한다. 기업은 현지시장에 대해 극히 제한된 정보만을 접하게 되므로 추가적인 시장확장을 위한 필요한 자료도 확보하기가 어렵다.

결국 간접수출방식은 해외시장 확장을 위한 효과적인 대안이 되기 힘들다. 물론 때에 따라서는 적절하게 이용될 수도 있지만 범세계적인 관점에서 발전과 성장을 추구하는 기업에게 있어서 이 방식은 어려움이 있다.

(2) 직접수출

직접수출(direct export)은 제조업체가 수출과 관련된 제반 업무와 기능을 타인에게 위임하지 않고 본사의 수출전담부서나 계열무역회사를 통해 직접 수행하는 수출방법이다. 이 방식은 제조업자에게 현지마케팅 계획에 대한 부분적 또는 전반적인 통제의 가능성, 제조업자의 제품계열에 대한 마케팅 노력의 집중, 시장변화와 관련된 정보의 신속한 획득, 생산업자의 상표 · 특허 · 영업권 및 기타 무형자산의 효과적인 보호 등 여러 가지 이점을 제공해준다. 또한 시장에 보다 밀착되어 있으므로 새로운 기회와 시장동향을 포착할 수 있고, 성과측정과 경쟁자의 행동분석이 용이하며, 이에 따라 계획이나 전략을 수정할 수 있다.

그러나 직접수출은 간접수출에 비해 높은 초기비용과 위험부담을 안게 된다. 그러므로 기업은 기업 및 제품의 특성, 목표시장의 규모와 무역환경, 수출의 상대적 중요성 등을 고려하여 기업의 목표에 가장 적합한 수출조직구조와 구체적인 수출경로를 신중하게 선택해야 한다. 오늘날 대부분의 기업들은 해외시장 경험과 무역실무에 대한 지식이 어느 정도 보편화됨에 따라 간접수출보다 직접수출을 많이 택하고 있는 실정이다.

3. 수출절차

수출절차는 수출계약의 체결단계로부터 수출대금이 회수되기까지 거쳐야 할 일련의 행정 · 법규적 흐름을 의미한다. 일반적으로 수출을 위해서는 **그림 6-1** 과 같이 수출계약 체결, 수출신용장 수취, 수출승인, 수출품의 확보 및 검사, 수출통관, 선적, 수출대금회수, 관세환급 및 사후관리 등의 절차를 거쳐야 한다.

그림 6-1 수출절차

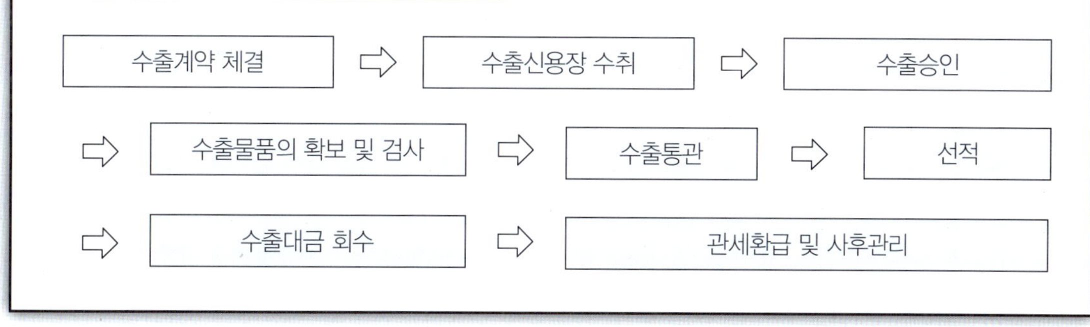

(1) 수출계약 체결

수출계약은 해외시장조사를 거쳐 선정된 거래상대방에게 거래제의를 하면 이에 대해 상대방이 수락을 함으로써 이루어진다. 즉 무역거래는 수출업자가 수입업자에게 수출에 따른 거래조건을 제시하는 청약(offer)에 대하여 수입업자가 이를 승낙(acceptance)하거나 또는 수입업자의 주문(order)을 수출업자가 받아들이는 방식에 의하여 계약이 체결된다.

수출계약에는 계약관계에 대한 당사자의 합의가 중요하며 특별한 형식이 요구되는 것은 아니다. 그러나 계약관계의 확실성을 기하고 추후의 분쟁을 예방하기 위해서는 계약목적물인 상품의 품질, 수량, 가격, 포장, 선적, 보험, 결제, 분쟁 등의 계약조건을 명시한 계약서를 작성해두는 것이 바람직하다.

(2) 수출신용장 수취

수출계약이 성사되면 수입업자는 계약조건에 따라 대금결제를 위해 수출업자 앞으로 신용장(L/C: letter of credit)을 발행한다. 신용장은 수출업자가 계약을 제대로 이행했다는 증거로, 당해 신용장에 명기된 일정한 서류를 제시하면 수입업자의 거래은행인 신용장발행은행이 대금결제를 보증하는 문서화된 약속이다.

신용장은 수출업자와 수입업자 모두에게 여러 가지 편리한 점을 제공해주기 때문에 오늘날 대부분의 무역거래는 신용장에 의해 결제되고 있다. 일단 신용장을 수취한 수출업자는 수출대금의 확실한 회수를 위하여 계약내용과의 일치 여부와 함께 기타 이행이 불가능한 특수한 조건이 신용장에 포함되어 있지 않는지 다음과 같은 점을 주의 깊게 검토하여야 한다.

가) 계약내용과의 대조

수출신용장은 수출입당사자 간의 계약서에서의 합의한 조건에 따라 외국환은행을 통하여 발행된다. 따라서 신용장조건이 계약조건, 특히 규격 · 단가 · 보험조건 · 포장방법 · 선적기일 · 보험조건 · 대금결제조건 등에서 상이한 점이 있는가를 검토하여야 하며, 상이한 점이 있는 경우에는 즉시 수입업자에게 당해 신용장조건을 변경하도록 요구하여야 한다.

나) 취소불능 여부 확인

신용장은 그 용도에 따라 종류가 다양하다. 발행신청인이나 발행은행이 일방적으로 취소할 수 없도록 신용장상에 취소불능(irrevocable)이란 표시가 있는지 살펴보아야 하며, 외관상으로는 신용장같이 보이나 신용장이 아닌 유사한 지급수단이 있으므로 특별히 주의해야 한다. 취소가능신용장은 외국환거래규정상 정상 결제방법에 해당되지 않을 뿐 아니라 사전통보 없이도 취소할 수 있으므로 이를 믿고 수출하기는 곤란하다.

다) 양도가능 여부 확인

무역업 고유번호를 부여받지 않은 자는 자기 명의로 신용장을 수취하더라도 직접 수출할 수 없다. 따라서 신용장상에 양도가능(transferable)이라는 문언이 없는 경우에는 양도가능하다는 조건변경을 수입업자에게 요청하여야 한다.

라) 매입은행의 제한 여부 확인

매입은행(negotiating bank)이 특정 은행으로 지정되어 있는 지정신용장(restricted L/C)의 경우에는 수출상에게 유리한 은행을 선택하는 것이 불가능하므로 이를 확인하여야 한다. 가능한 한 매입은행이 지정되지 않은 자유매입신용장(general L/C)을 수령하는 것이 바람직하다.

마) 발행은행의 신용 확인

신용장발행은행의 신용상태가 불량한 경우에는 대금회수에 위험이 따르므로 반드시 신용상태를 조회하고 제2차 지급확약을 약속하는 확인은행의 확인을 받아야 한다. 특히 은행신용도가 낮은 나라와 거래할 때는 반드시 확인은행을 지정하거나 제3의 공신력 있는 은행의 확인을 받는 것이 현명하다.

바) 기타 조건 확인

신용장 문구에 분할선적 또는 환적이 금지되어 있는 경우 선적기일 내에 수출물품의 전량생산이 어렵거나 직항선이 없으면 신용장상의 조건이행이 불가능하다. 따라서 신용장의 조건에 불가능한 사항이나 계약에 없는 사항을 요구하고 있는지 자세히 검토하여야 한다.

(3) 수출승인

신용장을 받은 수출업자가 물품을 수출하기 위해서는 우선 수출하고자 하는 품목이 수출입공고나 통합공고 등에서 수출이 제한되는 품목인지 또는 요건확인품목인지의 여부를 확인해야 한다. 즉 수출하고자 하는 품목이 수출입공고상 수출제한승인품목인지 수출자동승인품목인지를 파악해야 하며 동시에 통합공고상 수출요건확인품목에 해당되는지를 확인해야 한다.

가) 수출추천 및 수출요건 확인

수출을 하고자 하는 품목이 수출입공고상 수출자동승인품목인 경우에는 수출추천을 받을 필요가 없다. 그러나 수출제한승인품목인 경우에는 주무 관서나 수출조합 또는 협회의 추천을 받아야 한다.

다음으로 수출품목이 마약법, 약사법, 식품위생법, 검역법, 문화재보호법 등 특별법의 적용을 받는 통합공고상 요건확인품목에 해당되는 경우에는 수출요건확인 등을 받은 후 곧바로 세관에 수출신고를 함으로써 수출을 이행하게 된다. 이때 필요한 서류로는 ① 수출요건확인신청서, ② 수출신용장 또는 계약서, ③ 수출대행계약서 등이다.

나) 수출승인품목

대외무역법상 수출승인품목은 국제법규에 의한 의무의 이행, 생물자원의 보호, 수출입균형의 유지 등을 위하여 지식경제부장관이 수출승인대상품목으로 지정 고시한 물품을 말한다. 즉 수출입공고에 명시된 품목은 수출승인물품에 해당되므로 일단 수출승인기관의 수출승인을 받아야 수출할 수 있다.

다) 수출승인요건

수출입승인요건에 따라 수출입승인기관의 장이 수출승인을 하고자 할 경우에는 다음 요건에 합당한지의 여부를 확인해야 한다. 즉 ① 수출하고자 하는 자가 승인을 얻을 수 있는 자격이 있는 자일 것, ② 수출하고자 하는 물품이 수출입공고상 제한요건을 충족한 물품일 것, ③ 수출하고자 하는 물품의 품목분류번호(HS) 적용이 적정할 것 등이다.

라) 수출승인기관

수출승인제도가 개편됨에 따라 수출승인기관은 종전의 외국환은행에서 지식경제부장관이 지정한 기관 및 단체로 변경되었다. 그러나 특정 거래형태의 수출 중 그 일부의 승인 및 이행사항을 확인하는 권한은 종전대로 외국환은행장에게 위탁되어 있다.

마) 수출승인신청서류

수출승인신청을 하고자 하는 자는 다음 서류를 수출승인기관의 장에게 제출하여야 한다. 즉 ① 수출승인신청서, ② 수출신용장 · 수출계약서 · 주문서, ③ 수출대행계약서(수출품공급자와 수출자가 다른 경우), ④ 수출이행계획서(산업설비수출인 경우) 등이다.

(4) 수출물품의 확보 및 검사

가) 수출물품 확보

수출물품을 확보하기 위해서는 원자재를 가지고 자체적으로 가공 · 제조하거나 제조업체로부터 완제품을 구매 · 조달하여야 한다. 수출물품에 소요되는 원자재를 조달하는 데에는 국내에서 구매하는 방법과 외국에서 수입하는 방법이 있다.

수출용 원자재를 국내에서 구매하는 경우 수출상은 무역금융을 활용하여 원자재 구매자금이나, 제조 · 생산에 소요되는 자금을 수출신용장 등을 근거로 유리한 조건에 융통할 수 있다. 또한 내국신용장(local credit) 또는 구매승인서 제도를 이용하면 국내공급선도 무역금융 이용이나 수출실적 인정이 가능하다. 구매승인서는 단순송금방식수출, 무역금융 부족 등으로 내국신용장을 발행할 수 없는 상황에서 외화회득용 원료 등의 구매를 원활하게 하기 위하여 활용되고 있다.

수출용 원재료를 수입하기 위해서는 수입계약의 체결, 수입승인, 수입통관 등의 일련의 수입절차를 거쳐야 한다. 한국에서는 수출진흥의 차원에서 수출용 원재료의 수입에 대해서는 내수용에 비해서 수입제한의 배제, 무역금융, 관세환급 등의 특혜를 부여하고 있다.

나) 수출검사

수출검사란 무역관련법규의 하나인 수출검사법에 의거하여 수출물품의 대외적 성과 및 품질수준의 유지 · 향상을 위하여 정부기관의 각종검사를 받아 합격판정을 받아야만 수출이 가능한 제도이다. 따라서 수출물품이 확보되었으면 이의 적용을 받는 품목에 한해서 일정한 수출검사과정을 거쳐야 한다. 그러나 국내외 각종 유명규격을 획득하거나 세계일류화 추진상품 등 객관적으로 품질이 우수함을 인정받은 품목, 국제표준기구(ISO)인증업체 등 품질관리우수업체의 생산품목, 소액수출, 수입업자 검사품목 등은 수출검사를 면제하여 수출할 수 있도록 간편화하고 있다.

한국의 경우 수출품목의 품질이 전반적으로 우수해지면서 수출검사법에 의한 수출검사대상품목은 점점 줄어들고 있다. 그러나 일부 수입국 중에는 선적전검사(PSI: preshipment inspection)라고 하여 자국으로 수입되는 물품에 대하여 반드시 선적 전에 SGS나 GESCO와 같은 공인된 국제검사기관에 의한 검사를 받을 것을 요구하는 경우가 있다. 이러한 경우 지정된 검사기관은 일정한 검사수수료를 징수한 후 검사대상품목의 물품재료의 품질 또는 포장조건이 검사기준에 적합한 경우에 한하여 물품, 재료 또는 포장물의 가장 잘 보이는 곳에 합격한 표시로 passed 및 검사기관명 · 검사

일자 · 유효기간을 표시하고, 영문 또는 국문으로 된 검사합격증을 신청인에게 교부한다.

(5) 수출통관

수출검사가 완료되면 선적하기 전에 반드시 수출통관절차를 밟아야 한다. 수출통관이라 함은 수출하고자 하는 물품에 대하여 세관에 수출신고를 하여 수출물품에 관한 서류상의 적법 여부와 실물에 대한 검사 및 감정을 받은 후에 적법할 경우 수출신고필증(export declaration certificate)을 발급받아 물품을 선박이나 항공기에 적재하기까지의 일련의 절차를 말한다.

수출하고자 하는 모든 물품은 세관의 수출절차를 밟아야 하는데 당해 물품을 선적하기 전까지 당해 물품의 소재지 관할세관장에게 수출신고(E/D: export declaration)를 하고 수리를 받아야 한다. 화주가 직접 수출신고를 할 수도 있으나 수출신고는 종이서류 없이(P/L: paperless) 전자자료교환(EDI: electronic data interchange)방식에 의해서만 신고가 가능하므로 EDI 시스템이 구축된 관세사, 관세사법인, 통관법인에 수출통관을 대행하는 것이 일반적이다. 수출신고가 수리된 물품은 수리일로부터 30일 이내에 외국으로 출항할 선박이나 항공기에 선적하여야 한다.

(6) 선적

선적(shipment)이란 수출통관이 완료된 수출화물을 본선상에 적재하는 것을 말한다. 선적절차상 일반화물과 컨테이너화물 간에는 **그림 6-2** 에서 보는 바와 같이 약간의 차이가 있다.

가) 일반화물

혼재화물이나 일반화물(개품, 낱개포장제품)의 경우 다음과 같은 절차를 거친다.

먼저 물품반출신고서에 수출신고필증을 첨부하여 세관장에게 신고하고 반출 확인을 받아 보세구역으로부터 물품을 반출하게 된다. 반출된 물품을 선적하기 위해 수출상은 선박회사를 상대로 선적요청서(shipping request)를 냄으로써 물품선적을 위한 선복(ship's space)을 예약한다. 선적요청서의 접수로 해상운송계약이 체결되면 선박회사는 선적지시서(S/O: shipping order)를 발행하여 화물을 선박에 적재하여 목적지까지 운송할 것을 본선선장에게 지시하게 된다. 선적을 완료한 선박회사는 본선수취증(M/R: mate's receipt)을 발급해 물품의 본선적재 완료를 확인한다. 본선에 적재 완료된 상태에서 선박회사는 수출상을 상대로 선적선화증권(shipped B/L)을 발급하는데, 이는

그림 6–2 일반화물과 컨테이너화물의 선적절차

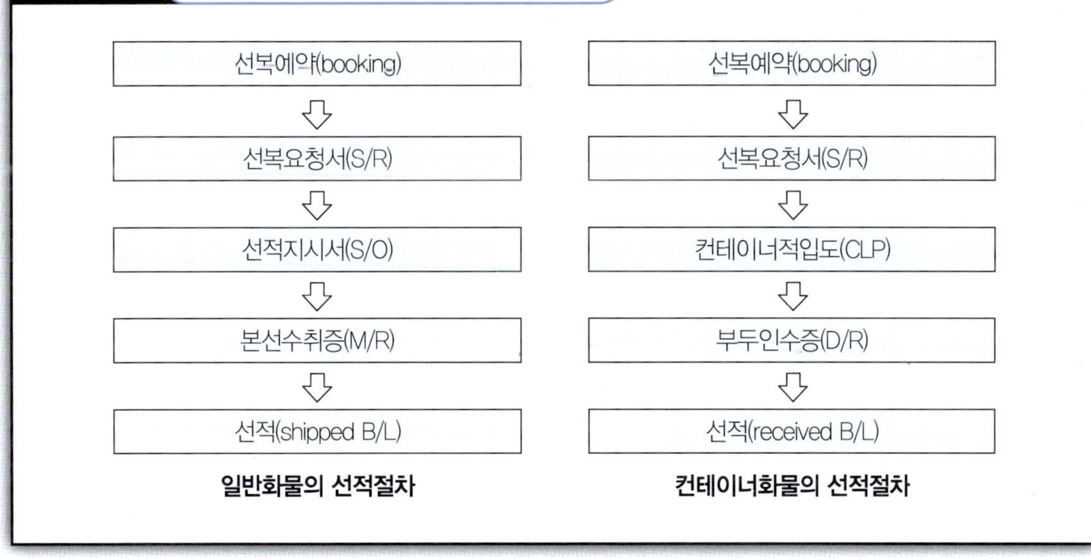

물품의 본선적재가 완료되었음을 증빙하는 서류이며 동시에 가장 중요한 매입서류가 된다. 선적이 완료되면 수출상은 이를 즉시 수입상에게 통보함과 동시에 선화증권의 사본을 수입상에게 보낸다.

나) 컨테이너화물

컨테이너화물이나 산재화물은 본선에 적재를 하기 이전 부두에서 물품을 인도받는 게 일반적이기 때문에 컨테이너적입도(CLP: container load plan)에 의해 M/R이 아닌 부두인수증(D/R: dock receipt)을 발급함으로써 물품을 인도받았음을 확인한다. 그리고 산재화물의 경우 물품을 본선에 적재 완료하기 이전의 상태이기 때문에 선박회사는 수출상을 상대로 shipped B/L이 아닌 단순히 물품을 인도받았다는 사실을 확인하는 수취선화증권(received B/L)을 발급하게 된다.

received B/L은 매입서류로서의 기능을 가지는 shipped B/L과는 달리 매입서류로서의 기능을 갖지 못한다. 이 때문에 수출물품의 본선적재를 완료한 후 발급하는 본선적재선화증권(on board B/L)을 발급받아야 한다. 이 본선적재선화증권이 매입서류로서의 기능을 갖게 된다. 여기서 on board B/L이란 따로 B/L이 발급되는 게 아니라 이미 받았던 received B/L상에 "on board"라는 표시가 되어 있는 B/L을 의미한다. 선적이 완료되면 일반화물과 마찬가지로 수출상은 즉시 수입상에게 통보해야 한다.

(7) 수출대금 회수

수출물품의 선적을 완료한 수출업자는 신용장에서 요구하는 환어음(bill of exchange)과 선적서류, 즉 상업송장, 선화증권, 보험증권, 원산지증명서, 포장명세서 등의 서류를 구비하여 외국환은행에 환어음의 매입(negotiation)을 의뢰한다. 이때 외국환은행은 선적서류가 신용장조건에 합치되는지의 여부를 검토한 다음 환어음에 기재된 수출대금을 수출업자에게 지급하게 된다.

특히 상업송장(commercial invoice)은 수출상이 수입상 앞으로 발송하는 서류이며 선적물품의 명세를 나타내는 선적안내로, 물품의 가격에 대한 계산서와 물품대금의 청구서기능을 가진다. 그러므로 선적서류에는 반드시 상업송장이 포함되어야 하며 선화증권(B/L) 및 보험증권(insurance policy)과 함께 한 세트를 이룬다.

(8) 관세환급 및 사후관리

가) 관세환급

수출이 완료되면 수출용 원자재를 수입할 때에 납부한 관세를 세관 또는 외국환은행으로부터 환급받는데 이를 관세환급이라고 한다. 관세환급방법에는 정액환급과 개별환급이 있다. 정액환급은 정부가 결정하여 고시하는 정액환급율표에 게기된 물품을 수출할 경우 정액환급율표에 고시된 세액을 환급해주는 방법이다. 개별환급은 실제로 수출품 제조 및 가공에 투입된 원재료의 종류와 수량을 환급신청서에 첨부된 소요량증명서에 의거하여 일일이 확인하는 방식으로 환급금을 산출하여 환급해주는 방식이다.

관세환급을 받기 위해서는 수입신고필증이 관세 등의 환급을 받을 수 있는 원재료를 수입한 신고필증이어야 하고, 외국으로부터 수입할 때 관세 등을 납부하였거나 일괄 납부승인을 받은 물품이어야 하며, 수입신고 수리일로부터 2년 이내에 제조 및 가공하여 제품을 생산한 후 환급대상수출에 제공하여야 하고, 수출에 제공된 날부터 2년 이내에 환급을 신청하여야 한다.

나) 사후관리

다음과 같은 4가지 경우에 해당될 때 사후관리를 받게 된다. 첫째로 수출제한품목을 수출한 경우에는 수출이행 후에 수출신고필증 또는 컨테이너반입확인서 등의 서류를 제출함으로써 수출이행사실을 확인하게 된다. 둘째로 물품을 수출하고 수출대금이 제대로 회수되었는지 외국환거래법에 따라 사후관리를 하게 된다. 현행 외국환거래법상 미화 3만 불을 초과하는 수출대금은 회수가 가능한 날로부터 6개월 이내에 회수하도록 의무화하고 있다. 셋째로 수출용 원자재를 수입한 경우에는 금융상 여러 혜택을 부여받았으므로 수출용 원자재가 당초 목적대로 제대로 사용되었는가에 대해 사후관리를 하게 된다.

제2절 국제계약

1. 국제계약의 개념

국제계약 형태에 의한 진입방식은 무형의 자산인 공업소유권 · 상표 · 물질특허 · 저작권 등의 지적소유권, 컴퓨터 소프트웨어 등의 기술적 노하우, 경영관리 · 마케팅 등을 포함한 경영적 노하우 등의 경영자산을 하나의 상품으로 취급하여 해외시장에 진입하는 방법이다. 이 방식은 수출기회를 창출할 수도 있지만, 본질적으로 기술이나 노하우의 판매를 주요 대상으로 하므로 일반상품의 수출방식과는 다르다. 또한 주식투자가 수반되지 않는다는 점에서 해외직접투자에 의한 진입방식과도 확실히 구분된다. 계약형태에 의한 진입방식으로는 라이센싱, 계약생산, 프랜차이징, 관리계약, 턴키운영 등이 있다.

2. 국제계약의 유형

(1) 라이센싱

라이센싱(licensing)은 기업이 상품특허권이나 기술 · 상호 및 상표 등과 같은 독점적 자산을 보유하고 있을 때 이러한 독점적 자산의 사용권을 외국에 있는 기업으로 하여금 일정한 조건하에서 사용할 수 있도록 허가하는 대신에 로열티 또는 기타 형태로 그 대가를 지급하기로 당사자 간에 계약을 체결하는 것을 말한다. 라이센싱계약의 핵심은 무형자산의 이전으로, 단지 전문적 서비스를 제공하는 경영관리계약이나 실무자산의 이전을 수반하게 되는 해외건설계약 혹은 턴키계약(turnkey contract) 등과는 성격이 다르다.

라이센싱은 최소의 자원투입과 위험부담으로 독점적인 자산을 활용하여 해외시장의 사업기회를 얻을 수 있다는 이점이 있으나 이러한 이익이 제한적이라는 한계를 지니고 있다. 또한 라이센스 도입자(licensee)의 능력과 자원이 부족한 경우 현지시장에서의 성공을 보장할 수 없다는 단점이 있다. 라이센싱계약은 라이센스 공여자(licensor)가 특정 해외시장에 직접 진입하고자 할 때 장애가 될 수도 있다.

계약기간이 한시적이라고 해도 계약의 만료와 동시에 바로 시장에 진입하기는 어렵다. 기존의 라이센스 도입자가 잠재적 경쟁자로 대두될 수 있을 뿐만 아니라 시장에 대한 정보를 새로 수집해야 하며 시장기반을 구축하고 유통경로를 개척해야 한다. 뿐만 아니라 라이센스 도입자가 로열티를 제대로 지불하지 않는 경우가 발생하기도 하고 로열티 산정의 기준이 되는 매출을 추적하는 것이 어려울 수도 있다. 또한 라이센스 도입자가 생산한 제품이 적정수준의 품질요건을 충족시키지 못하거나 부적절한 마케팅활동을 수행함으로써 라이센스 공여기업의 브랜드이미지가 손상되는 위험이 존재할 수 있다.

결국 라이센싱계약을 체결함에 있어서도 계약생산(contract manufacturing)의 경우와 마찬가지로 라이센스 도입자가 생산한 제품의 품질을 철저히 관리 · 감독하여 라이센스 공여기업이 요구하는 수준이 유지되도록 해야 한다. 한편 라이센싱계약을 체결한다고 해서 해외시장개발에 관한 모든 권리를 포기하는 것은 아니다. 오히려 라이센싱은 장기적인 시장개발을 염두에 둔 전체적인 기업전략의 맥락에서 추진되어야 한다.

(2) 계약생산

계약생산(contract manufacturing)은 한 기업이 외국의 다른 기업에게 생산 및 제조기술을 제공하면서 동시에 특정 제품의 생산을 주문하고 공급받아 현지시장이나 제3국시장에 재판매하는 방식으로, 라이센싱과 해외직접투자의 중간형이라고 할 수 있다. 이른바 OEM(Original equipment manufacturing)방식도 일종의 계약생산이라고 할 수 있다.

계약생산의 이점으로는 소규모 기업자원의 투입, 외국시장으로의 신속한 진입, 현지국의 소유권 문제 회피 등을 들 수 있으며 라이센싱과는 달리 마케팅 및 판매 후 서비스에 대한 통제가 가능하다. 계약생산방식은 현지시장의 규모가 직접투자로 진입하기에는 너무 협소하거나 수출을 통한 진입이 수입장벽으로 인하여 사실상 어려울 때 매우 유용하다.

예컨대 P&G는 제조비용을 낮추고 수입품에 대한 관세를 피하기 위하여 리시아에서 세제를 계약생산 하였다. 이러한 계약생산은 진입방식의 유연성을 보장한다. 제품의 품질이 기업이 요구하는 수준에 미치지 못하거나 생산자가 납기를 준수하지 못하는 경우 계약의 만료와 동시에 다른 제조업자를 찾을 수 있다. 아울러 기업이 특정 시장으로부터 철수를 결정할 경우 생산설비를 포기해야 하는 손해를 피할 수 있다.

그러나 계약생산은 적합한 현지생산업체를 발굴하기가 어렵고, 적합한 생산업체를 발굴하더라도 일정 수준의 생산력과 품질을 유지하도록 하기 위하여 상당한 기술지원이 뒷받침되어야 한다는 단점이 있다. 품질에 대한 문제 외에도 생산자가 납기를 제대로 준수하지 못하거나 수요의 변동에 따른 공급의 적절한 조정이 어려울 수도 있다.

결국 계약생산은 해외시장에 진입하려는 기업의 경쟁적 우위가 제품의 생산보다 마케팅에 있는 경우 더욱 유리하다고 할 수 있다. 하지만 이러한 계약을 체결하는 데에는 많은 주의가 요구되는데 특히 품질과 납기에 대한 기업의 요구를 충족시킬 수 있는 보완적인 장치가 필요하다고 하겠다.

(3) 프랜차이징

프랜차이징(franchising)은 라이센싱과 유사한 형태로, 상표나 상호의 사용권을 갖고 있는 한 기업이 다른 기업에게 이 사용권을 허락하는 동시에 원료 및 관리시스템까지 일괄 제공하여 양자가 직간접으로 다 같이 경영에 참가하는 방식이다. 패스트푸드, 소매업, 호텔, 자동차 판매 등과 같은 서비스산업에서 프랜차이징계약이 전형적으로 사용되는데, 프랜차이즈 도입자(franchisee)는 프랜차이즈 공여자(franchisor)의 상표를 사용하고 특정한 방식으로 영업할 수 있는 권리를 받는 대가로 매출에 대한 일정 비율의 로열티를 지불한다.

이 방식은 소비자와의 직접적인 접촉이 중요한 성공요소인 사업에서 특히 효과적인데, 맥도날드 햄버거(Mcdonald's Hamburger), 코카콜라(Coca-Cola), 펩시콜라(Pepsi-Cola), 켄터키후라이드치킨(Kentucky Fried Chicken), 도미노피자(Domino's Pizza), 헤르츠(Hertz), 힐튼호텔(Hilton Hotel), 바디샵(Body Shop) 등이 프랜차이징을 통해 국제적으로 성장해온 기업들이다.

프랜차이징은 제품성격상 완제품 형태로는 해외시장에 수출할 수 없는 경우 혹은 생산공정 내지

관리시스템이 쉽게 상대방에게 이전될 수 있는 경우에 활용가치가 높다. 이 방식은 때때로 단독 또는 합작투자를 위한 과도기적 진입방식으로 활용되는데 프랜차이즈 도입자에 대한 끊임없는 지원과 통제를 보다 강조하고 있다는 점에서 라이센싱과 구별된다.

프랜차이즈 공여자는 프랜차이즈 도입자를 잘 감독하고 전 세계에 걸쳐 균등한 상품과 서비스가 제공되도록 엄격한 기준을 세우는 것이 중요하다. 왜냐하면 프랜차이징은 물리적인 상품을 다루는 것이 아니라 무형의 사업방식을 파는 것이기 때문이다. 국제적인 명성을 얻고 있는 맥도날드는 제품 및 서비스수준을 전 세계에 걸쳐 동일하게 유지되도록 성공적인 관리를 수행해온 기업이다.

결국 프랜차이징은 재무적 위험은 적지만 전 세계적인 영업망을 성공적으로 운영하기 위해서 상당한 노력을 필요로 한다. 특히 제품 및 서비스의 엄격한 관리와 감독체계를 확립하는 것이 필수적이다.

(4) 관리계약

관리계약(management contract)은 계약을 통해 현지국 기업의 일상적인 영업활동을 관리할 권한을 부여받고 이러한 경영서비스의 제공에 대해 일정한 대가를 수취하는 방식이다. 이는 기업의 소유와 경영을 분리하여 전문경영인에게 기업경영을 위임하는 오늘날의 세계적 경영현실을 국제경영에 적용시킨 것으로 볼 수 있다.

관리계약하에서는 해외직접투자의 경우와는 달리 관리경영층이 새로운 자본투자, 배당정책의 결정, 기업정책의 변경, 소유권 변경 등과 같은 중요한 의사결정에 관여하지 못하는 것이 보통이다. 이 방식은 경영층의 특수한 지식이나 경험이 요구되는 전문 서비스업종에서 자주 이용되고 있지만 때로는 현지국에서 일정 비율 이상의 주식 보유를 허용하지 않는 경우 현지파트너와 합작투자로 설립된 기업의 경영권을 장악하기 위한 수단으로 활용되기도 한다.

결국 관리계약은 낮은 위험으로 해외시장에 진입한다는 장점은 있지만 자기 제품의 시장위치를 확보할 수 없으므로 제조업체들에게는 그리 만족스러운 방식은 아니다. 따라서 합작투자, 플랜트 수출 등 다른 방식과 결합되어 이용될 때 더욱 효과적이라고 할 수 있다.

(5) 턴키운영

턴키운영(turnkey operation)은 생산설비를 건설하고 설비가 가동되어 생산이 개시될 수 있는 시점에서 소유주에게 넘겨주는 계약방식으로, 흔히 플랜트수출(plant export)이라 부른다. 때로는 설비의 인도 후에도 그 설비가 잘 운영되도록 경영자나 작업자의 훈련과 같은 서비스까지 제공하는 경우가 있는데, 이를 턴키플러스(turnkey plus)라고 한다.

턴키운영은 대개 다국적사업에서 시행되므로 소수의 다국적기업이 시장을 점유하고 있는 경우가 많다. 특정 자산이나 자원에 독점적 우위를 가지고 있는 기업이 이 방식에 의해 진입할 때는 여타 기업이 경쟁하기가 힘들지만 생산과정이 잘 알려지면서 경쟁자가 증가하게 된다. 최근에 미국의 기업들은 높은 수준의 기술을 필요로 하는 분야로 전환하고 있으며, 한국과 같은 나라의 기업들은 저임금이나 적정 수준의 기술에서 강점을 살릴 수 있는 전통적인 사업에서 경쟁력을 키우고 있다.

턴키계약의 체결을 위해서는 복잡한 협상과정을 거쳐야 하고 막대한 비용과 시간이 소요된다. 그리고 이에 수반되는 법적 절차도 간단하지가 않아서 시설 및 공장의 명세, 계약당사자의 의무와 책임, 불가항력조항, 계약위반 및 법적 책임, 분쟁해결방법 등이 계약서상에 상세히 명시되어야 한다.

또한 턴키계약은 대부분 현지국 정부와 체결하므로 계약취소나 강제적 재협상과 같은 정치적 위험이 다른 방식에 비해 특히 높을 뿐만 아니라, 현지국 정부는 계약과 함께 입찰, 선지급, 하자 및 이행에 대한 보증으로 일급은행의 보증을 요구하기 때문에 막대한 위험이 뒤따른다. 그러므로 기업은 정치적 위험과 함께 기타 특수한 제반 위험에 대해서도 세심한 주의를 기울여야 한다.

제3절 해외직접투자

1. 해외직접투자의 개념

(1) 해외직접투자의 의의

해외직접투자(foreign direct investment)는 특정 기업이 외국의 투자대상기업에 대한 경영지배 또는 경영참여를 목적으로 유형의 자본뿐만 아니라 무형의 기술 · 특허 · 상표권 · 경영노하우 등 기업의 제반 자원을 패키지 형태로 해외에 이전시키는 방식이다. 이 방식은 가장 적극적인 해외시장

진입방식이기는 하나 그만큼 높은 위험을 수반하게 된다. 해외직접투자는 소유지분에 따라 단독투자와 합작투자로 구분되며, 투자방식에 따라 신설 및 인수 · 합병으로 구분된다.

단독투자(wholly-owned investment)는 경영에 참여하는 특정 기업이 주식을 100% 소유하는 경우를 말한다. 이 방식은 완전한 경영권의 장악과 함께 투자에 대한 이익을 독점할 수 있다는 장점이 있으나, 그만큼 위험부담도 커지게 될 뿐만 아니라 현지정부와의 갈등도 심화되는 경우가 많다. 따라서 단독투자에 의한 의사결정에는 보다 많은 정보의 수집과 면밀한 전략적 계획의 수립이 요망된다. 단독투자로 자회사를 설립하는 방법에는 기존의 현지회사를 인수 · 합병하는 방법과 새로운 회사를 신설하는 2가지 대안이 있다.

합작투자(joint venture)는 서로 다른 국적을 가진 두 개 이상의 기업체가 특정한 목적을 달성하기 위하여 각 기업의 경영자원을 결합해서 공동사업체를 세우는 것이다. 합작투자는 기업체의 지분율에 따라 다수지분, 동등지분, 소수지분 등으로 세분할 수 있고, 합작파트너를 현지기업, 현지정부기관, 제3국기업 중 누구로 하느냐에 따라서 구분될 수 있다.

신설(greenfield)은 생산 · 물류가 성패를 좌우하거나, 인수할 만한 적당한 대상기업이 없거나, 인수비용이 과다하게 들 때에 현지에 새로운 기업을 신규설립하는 방식이다. 일본의 자동차 3사는 영국에 신규공장을 설립하여 진입하였는데 이를 통해 최신생산기술을 이용함과 동시에 노무비 · 지대 · 세금 · 물류 등의 면에서 가장 유리한 곳에 입지할 수 있었다.

인수란 한 기업이 다른 기업의 주식이나 자산 등을 매입하여 경영권을 장악하는 것을 말하며, 합병이란 독립된 기업들이 인적 · 물적 · 자본적 결합을 통하여 동일한 관리체제하에서 기업활동을 영위하는 기업결합의 한 형태를 가리킨다. 그러나 현실적으로 양자를 엄밀히 구분하기는 어려우며 보통 인수 · 합병(M&A)이라고 한다.

(2) 해외직접투자와 다국적기업

해외직접투자는 해외로의 생산요소의 복합적 이전이다. 그러므로 국내기업이 해외진출 대안으로서 해외직접투자를 선택하여 상대국에 공장을 설립했다면 그 기업은 현지지향기업의 성격을 갖게 되며, 이를 구체적으로 다국적기업(multinational enterprise)이라고 볼 수 있다. 이 경우 해외직접투자와 다국적기업은 본질적으로 유사한 개념이 된다.

지금까지 해외직접투자와 다국적기업에 대한 연구는 사실상 같은 방향으로 진행되었다고 할 수 있다. 그러나 최근 들어 행위(act)로서의 직접투자에 대한 관심으로부터 투자를 행하는 제도(institution)로서의 다국적기업을 강조하는 기업이론(theory of firm)의 확장에 의한 연구방향이 나타나고 있다.

다국적기업과 해외직접투자의 차이점으로는 다음과 같은 것을 들 수 있다. 첫째, 해외직접투자는 정부 또는 개인과 같은 기업 이외의 경제주체(economic agent)에 의해서도 행해질 수 있다. 둘째, 해외직접투자는 다국적기업의 해외활동범위를 정확히 반영하지 못한다. 다국적기업의 해외활동에는 해외직접투자 외에도 수출이나 라이센싱이 포함될 수 있기 때문이다. 셋째, 해외직접투자액은 다국적기업이 소유하고 있는 해외지사의 자본만을 포괄하고 있으며 기업통제하에 있는 모든 자원의 크기를 반영하지 못한다.

그러나 일반적으로는 해외직접투자를 통해서 다국적기업이 생성 · 발전되어왔으며 현재는 해외직접투자의 거의 대부분이 다국적기업에 의해 일어나고 있기 때문에 해외직접투자나 다국적기업에 대한 연구에 있어서 양자는 명확한 구분이 불가능하거나 이러한 구분이 실질적으로 무의미하다고 하겠다.

2. 해외직접투자의 과정

성공적인 해외직접투자사업을 수행하기 위해서는 해외직접투자와 관련된 전반적인 투자 제도 및 절차에 대한 사전인식하에 체계적인 접근방법이 강구되어야 한다. 해외직접투자사업은 막대한 자본, 기술, 시설 및 인력 등이 해외로 진출함을 의미하기 때문에 많은 시간과 노력을 필요로 한다.

일반적으로 해외직접투자는 **그림 6-3** 에서 보는 바와 같이 ① 사전준비단계, ② 사업구체화단계, ③ 사업추진단계, ④ 사업운영 및 관리단계, ⑤ 투자 유지 · 확대 및 철수단계 등의 과정을 거쳐 진행된다.

특히 시행착오를 줄이기 위해서는 해외직접투자의 전반적인 절차를 파악하고 단계별 업무를 체계적으로 진행하여야 한다. 또한 시행과정에서 일관성, 합리성을 유지하기 위해 모든 단계가 유기적으로 운영되어야 한다.

그림 6-3 해외직접투자의 절차

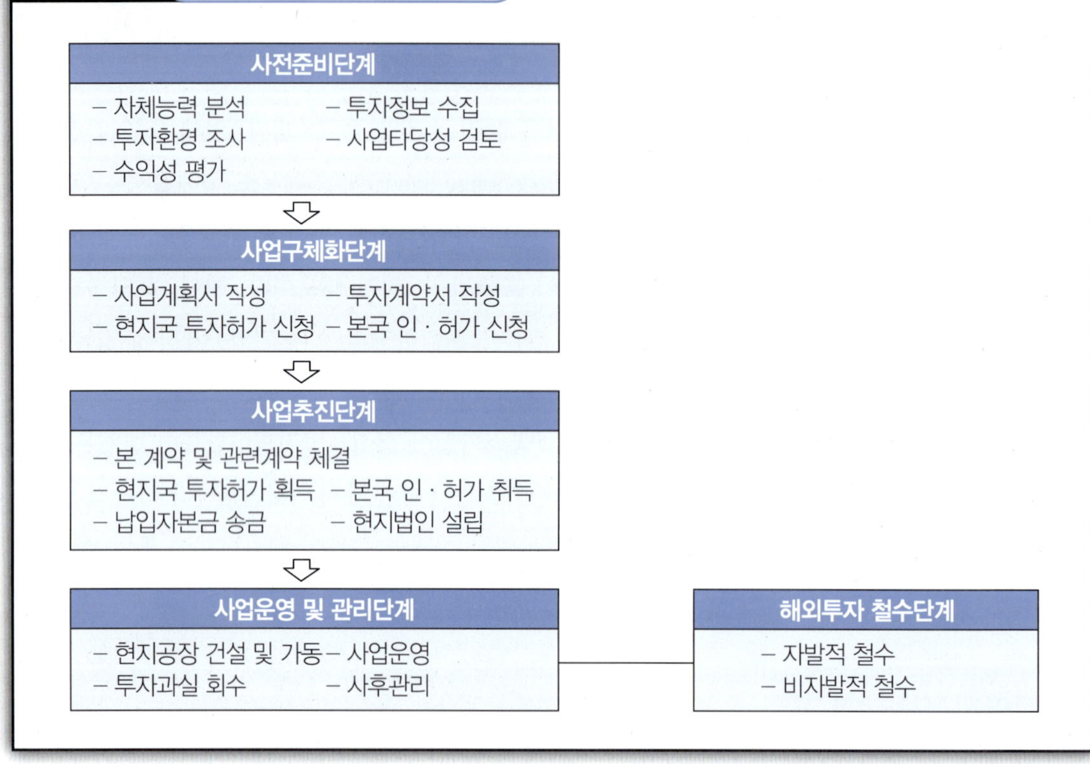

3. 해외직접투자의 효과

(1) 경제적 효과의 의미

해외직접투자가 투자국 및 현지국에 미치는 효과는 국제수지, 국제경쟁력, 고용, 경제성장, 기술이전 등의 경제분야뿐만 아니라 정치, 사회, 문화 등의 제 분야에까지 광범위하고도 다양하게 나타나므로 그 측정이 매우 어렵다. 따라서 해외직접투자의 효과에 대한 분석 및 평가는 측정상의 문제와 더불어 해외직접투자의 동기가 경제적 이윤의 극대화에 가장 중점을 두고 있다는 점에서 볼 때 주로 경제적 측면에서 이루어지고 있다.

최근에는 해외직접투자의 효과분석에 있어서 경제적 효과와 함께 정치적, 사회적, 문화적 효과 등의 비경제적 효과에도 관심이 높아지고 있는데, 이는 현지국에 진출한 투자기업들에 의한 경제적 침략뿐만 아니라 현지국 정부의 주권침해, 현지국의 전통문화 위해 등에 대한 우려가 고조되고 있기 때문이다. 즉 거대주의를 통한 잠재적 지배, 산업부문 내의 집중화와 기술개발에 대한 외국기업에의 의존화, 국내 연구시설의 발전 저하, 그리고 현지국의 국가적 계획에 대한 무관심으로 인한 경제적 불균형의 발생 등 이른바 신식민지주의를 비난하는 신제국주의 및 종속이론과 같은 급진주의적 견해가 대두된 데 의한다고 할 수 있다.

해외직접투자의 효과는 투자 동기 및 유형에 따라 매우 다르게 나타나므로 일반적인 효과분석의 모형을 설정하기는 불가능하다. 즉 일반적으로 해외직접투자의 효과분석은 외화가득액의 크기, 투자수익률, 수출입액 등의 투자결과를 가지고 평가하지만, 이 과정에서 산업별, 기업별 특성을 평가에 반영하여야 해외직접투자에 대한 정확한 효과분석이 가능한 것이다. 그러나 이러한 분석은 방법상 체계가 확립되어 있지 못하고 더욱이 실증분석에 이용할 수 있는 실증자료의 부족 등으로 매우 어려움을 겪고 있다.

(2) 투자국에 미치는 효과

해외직접투자가 본국의 경제에 미치는 효과는 매우 다양하지만 **표 6-1** 에서 보는 바와 같이 일반적으로 국제수지효과, 고용효과, 기술 및 경쟁력효과 등으로 구분하여 분석할 수 있다. 그러나 이와 같은 효과는 각각 독립적으로 발생하는 것이 아니고 상호관련을 갖고 복합적으로 나타나므

표 6-1 해외직접투자가 투자국에 미치는 효과

	투자국에 미치는 효과	
긍정적 효과	– 국제수지 개선(장기적 관점) – 국제시장 확보 – 경제 및 정치협력의 강화 – 원재료, 노동, 기술 등 생산요소의 확보	– 국제경쟁력 강화 – 고용의 증대 및 질의 개선 – 산업구조의 조정
부정적 효과	– 국제수지 개선(단기적 관점) – 공장수출에 의한 국내고용의 감소 – 국내기업에 비해 불공정한 혜택 향유 – 산업집중과 금융지배 – 정부정책에 영향력 행사 – 이전가격의 조작에 의한 비시장경제의 조성	– 기술수출에 의한 국제경쟁력 강화 – 소득분배의 불균형 – 조세손실과 조세회피 – 반경쟁효과

로, 실제로는 해외직접투자를 감행하지 않았을 경우와 비교하여 기회비용적인 관점에서 평가하는 것이 바람직하다.

(3) 현지국에 미치는 효과

투자국에 미치는 효과에서와 마찬가지로 현지국에 미치는 효과도 표 6-2 에서 보는 바와 같이 경제적 및 비경제적 분야에서 긍정적인 면과 부정적인 면이 다양하게 나타난다. 따라서 현지국은

표 6-2 해외직접투자가 현지국에 미치는 효과

		현지국에 미치는 효과
긍정적 효과	경제적 효과	– 자본 형성 – 고용 증대 – 소득 증대 – 신제품 이용 – 가격 인하 – 생산성 증대 – 조세 증대 – 경제성장 촉진 – 시장(자국의 잠재시장 또는 수출시장)개척 – 전후방산업에 사업기회 제공 – 기술이전 및 자체 기술능력 배양 – 경쟁 조성 – 국제수지의 개선(단기적 관점)
	사회적 효과	– 지역사회 개발 – 정적 사회에서 동적 사회로 전환 – 수평적 · 수직적 이동 증진 – 중간소득층의 확대 – 경제성장에 대한 적극적 자세 확립
	정치적 효과	– 건전한 투자 여건에 대한 대외적 인지도 증대 – 투자기업의 보호를 위한 투자국의 군사적 개입
부정적 효과	경제적 효과	– 국내기업의 발전 저해 – 경제발전의 불균형 – 소득분배의 불균형 – 외국자본에 의한 경제력 지배 – 국제수지의 악화(장기적 관점) – 자체 연구개발 노력의 저하
	사회적 효과	– 전통적 가치의 파괴 – 공해 발생
	정치적 효과	– 국내문제 간섭 – 주권의 침식 – 민족주의와 충돌

긍정적인 면을 극대화시키고 부정적인 면을 극소화시키려는 외국인투자도입정책을 택하여 직접투자를 적절히 유치함으로써 목표로 하는 바를 얻어야 한다. 그러나 이러한 현지국의 입장은 투자기업이 추구하는 목표와 상반되어 결국 두 당사자 간에는 긴장과 갈등이 불가피할 수 있다.

4. 해외직접투자의 유형 및 방법

(1) 해외직접투자의 유형

가) 수평적 해외직접투자

수평적 해외직접투자(horizontal FDI)는 기업이 본국에서 생산하는 것과 동일한 제품을 해외에서 생산하기 위해 생산자회사를 설립하여 해외에 진출하는 경우를 말한다. 즉 무형자산을 소유하고 있는 기업은 제품을 공동통제 하에서 지리적으로 분산하여 생산하는 경우 거래적 우위를 누릴 수 있게 되는데, 이와 같이 제품의 생산을 지리적으로 다각화하는 경우를 수평적 해외직접투자라고 한다.

수평적 해외직접투자의 예로는 세계 도처에서 동일한 제품을 생산 및 판매하고 있는 Coca-Cola, Sony, Bayer 등을 들 수 있다. 수평적 해외직접투자는 복수공장을 운영함으로써 높은 경제성을 달성할 수 있고, 잠재적 소비자가 위치하고 있는 지역에 분산투자함으로써 강력한 마케팅 기법을 보유할 수 있다는 이점이 있다.

나) 수직적 해외직접투자

수직적 해외직접투자(vertical FDI)는 기업이 최종재의 생산에 필요한 원료나 중간재를 생산하기 위해 해외에 투자(후방통합)하거나, 또는 최종소비자에게 제품을 판매하거나 사용할 목적으로 해외에 투자(전방통합)하는 경우를 의미한다.

후방통합(backward integration)의 전형적인 예로는 Exxon 및 Shell 등과 같은 석유회사가 원유채굴을 위해 현지에 투자하고 정제는 본국에서 하는 경우를 들 수 있다. 전방통합(forward integration)의 예로는 GM, Ford, Toyota 등과 같은 자동차회사가 본사에서 생산된 자동차를 판매하기 위해 해외에 판매자회사를 설립하는 경우를 들 수 있다. 수직적 해외직접투자는 전방통합이 대부분을 차지하고 있다.

다) 다각적 해외직접투자

다각적 해외직접투자(conglomerate FDI)는 생산물이 수평적으로나 수직적으로 연결되지 않는 직접투자로서 기업이 여러 가지 분야의 사업을 동시에 수행하는 경우의 해외직접투자를 말한다. 다각적 해외직접투자의 예로는 Exxon을 들 수 있다. Exxon의 경우에는 전 세계 79개국에서 주로 석유, 천연가스, 정유 등 천연연료와 관련된 사업을 운영하고 있는 기업으로 알려져 있지만, 사실 과테말라에서는 미니체인점망, 캐나다에서는 주유소, 칠레에서는 구리광산, 벨기에에서는 플라스틱 개발사업 등 다각적인 해외직접투자를 하고 있다.

다각적 해외직접투자는 수익원을 다양화하고 위험을 분산시키기 위해 이루어지게 되는데, 기업의 총수익은 지리적인 이유뿐만 아니라 사업영역 면에서도 다양화가 이루어질 때 최대가 된다. 그리고 사업영역이 다양화되면 현금흐름의 불확실성도 낮아지게 된다.

(2) 해외직접투자의 방법

해외직접투자를 수행할 때 대두되는 문제는 **그림 6-4** 에서 보는 바와 같이 100% 소유의 단독투자로 할 것인지, 아니면 파트너와 함께 합작투자로 할 것인지를 선택해야 하는 것이다. 그리고 단독투자로 진출할 경우에도 신설투자로 할 것인지, 아니면 인수 · 합병에 의해 투자할 것인지를 결정해야 한다. 또한 합작투자로 진출할 경우에도 누구를 파트너로 택할지, 그리고 소유지분을 어떻게 분배할지를 고려해야 한다.

그림 6-4 해외직접투자의 방법

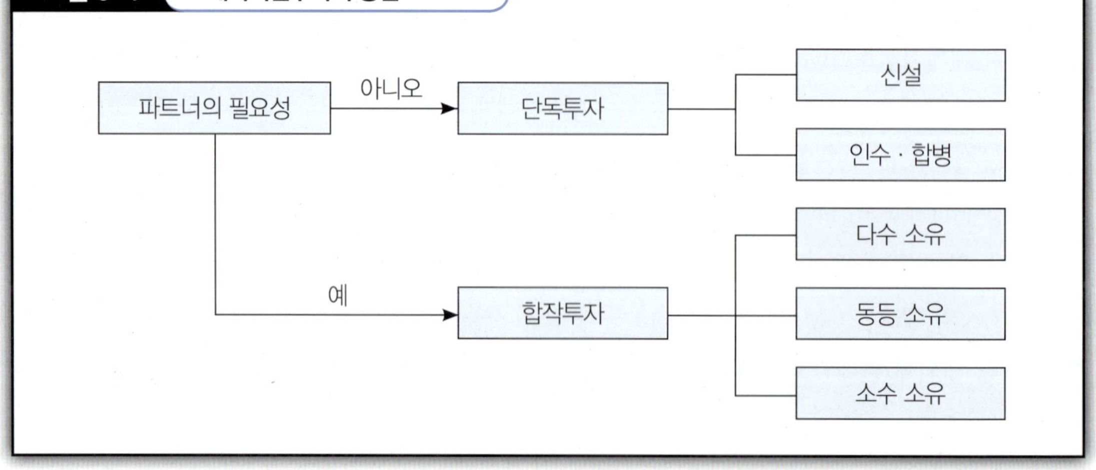

단독투자(wholly-owned investment)를 할 것인가 아니면 합작투자를 할 것인가는 현지국 정부의 외국기업에 대한 규제정도, 현지시장에 대한 정보입수의 가능성, 현지국의 유통구조, 파트너가 보유하고 있는 경영자원의 활용성 여부 등을 고려하여 선택하여야 한나. 단독두자를 할 경우에는 진입속도, 기술획득의 가능성, 인수가격 등을 고려하여 신설투자로 할 것인지 인수·합병에 의해 투자할 것인지를 결정하여야 한다.

신설(greenfield)에 의한 투자는 기술이전, 생산라인의 배치, 생산품목의 선택, 종업원의 고용 등 여러 면에 걸쳐서 국제기업 자신이 원하는 대로 선택할 수 있다는 장점이 있다. 그러나 공장을 새로 건설하는 데 드는 비용과 시간이 많이 소요된다는 단점이 있다.

인수·합병(acquisition and merger)은 기존의 생산설비, 브랜드, 유통망 등을 그대로 이용할 수 있으므로 신속한 시장진입이 가능하다는 점과 그 기업이 갖고 있는 기술을 습득할 수 있다는 장점이 있다. 그러나 상당한 인수 프리미엄을 지급해야 하는 점과 실패한 기업을 인수할 경우 높은 회생비용과 큰 위험성이 있다는 점, 그리고 인수기업을 통합하기 위해서는 높은 경영관리기술이 필요하다는 점 등의 단점이 있다.

합작투자(joint venture)를 할 경우에는 파트너의 기여도나 교섭능력 등을 고려하여 다수소유, 동등소유, 소수소유 등 합작비율을 결정하여야 한다. 또한 파트너를 현지기업 중에서 택할 것인지, 아니면 제3국기업 중에서 택할 것인지를 결정하여야 한다.

5. 해외직접투자의 협정

(1) 투자협정의 의의

투자협정(investment agreement)은 2개 이상의 국가가 투자증진 및 투자보호를 추구하기 위해 체결하는 협정을 의미한다. 투자협정은 투자자에게 안정된, 예측가능한, 투명한 제도적 환경을 제공한다. 또한 양자간·다자간 투자협정을 체결함으로써 국내투자 관련제도를 재검토하는 계기가 되며, 궁극적으로 제도개선을 위한 기준 역할을 한다.

투자협정의 가장 대표적인 형태는 양자간투자협정이라고 할 수 있는데, 현재 전 세계에 1,800개 이상이 존재하고 있으며 지속적으로 확대되는 추세에 있다. 우리나라의 경우에도 현재 60여개 국가와 양자간투자협정을 체결하고 있다.

(2) 투자협정의 내용

양자간투자협정의 일반적인 체결은 투자국의 입장에 있는 국가와 투자유치국의 입장에 있는 국가 간에 이루어진다고 할 수 있으며, 투자국과 투자유치국의 입장을 균형되게 가지고 있는 국가들 간에도 이루어지고 있다. 양자간투자협정의 체결 이유를 투자국의 입장에서 살펴보면 자국의 투자 및 투자자에 대한 보호와 현지에서의 자유로운 활동을 보장하기 위함이다. 투자유치국의 입장에서는 외국인투자를 위한 하나의 방편으로 이용된다.

양자간투자협정의 내용 중에서 가장 핵심적인 사항은 외국인투자자의 재산 보호에 있다고 할 수 있다. 투자자의 입장에서 볼 때 해외투자는 다양한 위험요인을 내포하고 있다. 투자자가 직면하는 위험으로는 투자에 수반되는 일상적인 사업상의 위험(business risk)과 더불어 현지국의 경제 · 정치 · 사회 상황에 따른 개별 국가의 위험(country risk)을 지적할 수 있다. 특히 경제적 요인 이외에 투자자의 투자자산에 대한 현지국 정부의 수용 또는 국유화, 현지국 내의 정변 등으로 인한 투자자산의 손실, 과실송금에 대한 제한 등과 같은 비경제적 위험도 투자자가 해외투자를 할 때 반드시 고려해야 되는 위험요인이라고 할 수 있다.

양자간투자협정은 외국인투자자의 재산보호 이외에 양국의 투자교류 자유화를 지향하는 발전적 내용을 포함할 수도 있는데, 미국이 체결하는 양자간투자협정이 대표적 예라고 할 수 있다. 양자간투자협정이 외국인투자 자유화의 내용을 담고 있을 경우 흔히 미국형투자협정으로 지칭된다. 미국형 양자간투자협정의 가장 주된 내용은 외국인투자자에 대한 비차별적 대우의 원칙인데, 동 원칙은 투자자의 재산보호와 더불어 현지국에의 진출과 영업활동 등 제반 사항에서 현지국의 투자자와 차별해서는 안 된다는 것이다.

연습문제

1. 해외직접투자와 국제기업은 어떤 관계가 있는지 설명하시오.
2. 단독투자와 합작투자의 장단점은 무엇인지 설명하시오.
3. 해외직접투자는 투자국과 현지국에 어떤 효과를 미치는지 설명하시오.
4. 성공적인 해외직접투자를 수행하기 위해서는 어떤 과정을 거쳐야 하는지를 설명하시오.
5. 투자협정을 성공적으로 이끌기 위해서 유의할 점은 무엇인지 설명하시오.

제7장 국제경쟁전략

제1절 국제경쟁력의 의의

제2절 국제경쟁력의 결정요인

제3절 국제경쟁력의 원천

제4절 국제경쟁력의 분석기법

제5절 국제경쟁력의 성과 측정과 평가기관

학습목표

국제경쟁전략이란 무엇이며 왜 중요한지, 국제경쟁력의 결정요인, 원천, 분석기법에 대하여 살펴본다. 그리고 국제경쟁력의 성과를 측정하기 위해 어떤 방법이 사용되는가에 대하여 심도 있게 학습한다.

- **제1장** 국제마케팅의 기초
- **제2장** 기업의 국제화

- **제3장** 국제마케팅조사
- **제4장** 해외고객행동분석

- **제5장** 해외시장 진입전략
- **제6장** 국제사업전략
- **제7장** 국제경쟁전략
- **제8장** 글로벌전략

- **제9장** 국제제품전략
- **제10장** 국제가격전략
- **제11장** 국제유통전략
- **제12장** 국제촉진전략

- **제13장** 국제마케팅의 조직 및 통제
- **제14장** 국제인터넷마케팅

국제경쟁전략

사례 연구

사우스웨스트 에어라인의 경쟁전략

편(Fun)경영으로도 유명한 사우스웨스트 에어라인이 지정된 좌석을 배정하지 않는 데는 숨은 이유가 있다. 미국 국내선 항공기의 경우 공항에 도착해 승객들을 내려주고, 새 행선지로 향하는 승객들을 태워 다시 출발하는 데 걸리는 시간이 보통 45분 정도이다. 반면 이 항공사는 승객들이 미리 줄을 서게 해서 15분으로 단축하는 데 성공했다. 공항에서의 비행기 대기시간을 줄이면 그만큼 많은 시간을 운항할 수 있기 때문에 업계 평균보다 높은 효율을 올릴 수 있다. 이것이 사우스웨스트 에어라인이 다른 항공사보다 값싼 항공료를 받고도 업계 최고의 수익을 낼 수 있었던 전략 중의 하나이다.

사우스웨스트 에어라인이 저가항공사를 시작할 때인 1971년, 텍사스 주의 댈러스와 산안토니오 간의 첫 항공편을 취항할 때로 돌아가보자. 당시 같은 항로를 오가는 항공권의 가격이 선두권 항공사의 경우 100달러 안팎이었고 가장 저렴했던 다른 항공사는 62달러였다. 만약 당신이 사우스웨스트 에어라인의 경영자라면 항공료를 얼마로 책정할 것인가? 놀랍게도 이 회사가 결정한 항공요금은 겨우 15달러였다. 투자자들은 "단 몇 달러라도 더 받지, 가격이 너무 낮은 것 아니냐"며 항의했지만 경영자의 대답은 단호했다. "우리는 다른 항공사와 경쟁하는 것이 아니라 바로 그레이하운드(미국 전역 교통망을 가진 고속버스)와 경쟁합니다!"

이 항공사는 항공여행과 육로여행으로 나뉘었던 기존 여행시장의 경계를 허물고 다른 항공사가 아닌 육로 운수업체를 경쟁자로 본 것이다. 사우스웨스트 에어라인은 단순히 싼 가격으로 다른 항공사의 승객을 빼앗아 오려고 하지 않았다. 대신 항공료가 비싸서 고속버스를 이용하던 소규모 자영업자나 학생들을 새로운 고객으로 인식하고 그들을 만족시키기 위한 낮은 운임을 책정했다. 그리고 낮은 운임으로도 경쟁력을 확보하기 위해 여러 가지 혁신적인 방안을 도입했다. 항공기 회항(回航)시간을 단축하기 위한 자유좌석제, 항공기 유지 관리비 절감을 위한 단일 항공기 기종 사용, 항공여행의 즐거움을 주기 위한 편(Fun)경영 등의 전략을 수립했다. 만약 사우스웨스트 에어라인이 경쟁자를 고속버스가 아닌 기존의 항공사로 보았더라면 아마도 다른 항공사보다 싼 항공료를 책정했을 것이고, 이 경우 항공사 간의 가격전쟁을 불러와 항공산업 전체를 어렵게 하고 신생 항공사인 사우스웨스트 자신들도 어려움에 봉착했을지 모를 일이다. 이렇게 누구를 경쟁자로 보는가 하는 것은 기업이 전략을 수립하는 데 매우 중요한 성찰이다.

사우스웨스트 에어라인이 고속버스를 경쟁자로 인식해 저가항공의 지평을 연 것과는 달리 기존고객의 라이프스타일을 꿰뚫어 본 뒤, 경쟁자를 새롭게 정의하고 새로운 전략을 만들어낸 사례도 있다. 필자가 소니에서 일을 시작하며 소니 본사를 처음 방문했을 때 참 궁금한 점이 있어 물어봤다. "소니는 도대체 어느 회사를 경쟁자로 여기고 있는가?" 놀랍게도 그 답은 "소니의 경쟁자는 나이키(Nike)"였다. 처음에는 이 말이 당시 글로벌 넘버원이었던 소니가 "전자업계에 우리의 경쟁자는 더 이상 없다"라는 자신감을 표현한 게 아닌가 하는 생각이 들었다. 그러나 이런 경쟁구도의 인식이 만들어내는 소니의 새로운 전략을 알게 되면서 신선한 충격을 받았다. 당시 다른 전자회사들이 전자업계 간의 경쟁구도만을 생각하고 있을 때, 소니는 소비자중심으로 경쟁구도를 인식하고 있었던 것이다.

소니는 나이키 운동화를 신고 야외에서 활동하는 소비자가 많아질수록 집 안에서 엔터테인먼트를 즐기는 소비자는 상대적으로 줄어들 것으로 예상했다. TV 같은 가정용 전자제품에서 절대적인 강세를 보였던 소니는 전자시장에서의 시장점유율(Market Share)보다 소비자들의 제한된 가처분소득을 대상으로 지갑점유율(Wallet Share)을 높이는 데 관심을 갖고 있었다. 그 결과 소비자를 코쿤 스타일(Cocoon Style, 누에고치처럼 집 안에서 웅크리고 있는 모습)과 야외활동을 주로 하는 아웃도어 스타일로 나누고 나이키 제품을 사는 사람처럼 야외활동을 많이 하는 소비자들도 소니제품에 지갑을 열게 하겠다는 전략을 세웠다. 이게 바로 소니의 '유비쿼터스 밸류 네트워크(UVN)전략'이다. 소비자들이 집 밖에서도 음악, 영화, 게임 등의 콘텐츠를 즐길 수 있도록 하겠다는 것인데, 이 유비쿼터스전략은 소니가 기존의 전자업체가 아닌 나이키를 경쟁사로 인식한 데서 나온 것이다.

경쟁자가 누구인지, 시장이 어딘지에 대한 정의도 없이 업계 최고 또는 세계 최고가 되겠다는 목표는 공허한 메아리로만 남을 뿐이다. 진정한 경쟁자가 누구인지에 대한 고민이 있어야 제대로 된 전략이 나온다. 업계 최고의 회사가 되려면 눈에 보이는 경쟁자들뿐 아니라 잠재적 경쟁자들도 볼 수 있어야 한다.(조선일보, 2012. 2. 23)

■ **토의과제**

1. 사우스웨스트 에어라인의 핵심역량은 무엇인가?
2. 저가항공사로서 사우스웨스트 에어라인의 경쟁전략은 무엇인가?
3. 소니와 사우스웨스트 에어라인의 공통점은 무엇인가?

제1절 국제경쟁력의 의의

1. 국제경쟁력의 개념

국제경쟁력에 대한 개념은 매우 광범위하고 다양한데 일반적으로 국가, 산업, 기업의 3가지 측면에서 국제경쟁력을 정의할 수 있다.

국가의 국제경쟁력은 어느 특정 국가가 높은 생산성을 바탕으로 높은 소득수준을 유지해나갈 수 있는 능력이라고 정의할 수 있다. 따라서 어떤 산업의 생산성이 수반되지 않고 단지 높은 소득수준을 유지하고 있다면 그것은 국제경쟁력이 있다고 할 수 없다. 예컨대 산유국과 같이 천연자원을 판매하여 소득을 올릴 뿐 이렇다 할 산업이 없는 경우에는 비록 소득수준이 높다고 하더라도 국제경쟁력을 갖추고 있다고 할 수 없다. 국가의 국제경쟁력은 1인당 GNP 또는 생산성 등으로 측정할 수 있다.

산업의 국제경쟁력은 세계시장에서 타국의 동종산업과 비교하여 높은 시장점유율을 유지해나갈 수 있는 능력이라고 정의할 수 있다. 산업의 국제경쟁력은 그 산업의 세계시장점유율로 측정할 수 있는데, 시장점유율은 전 세계생산량 또는 판매량을 기준으로 측정할 수 있고 이것이 용이하지 않을 때는 전 세계무역량 또는 해외직접투자액 등을 기준으로 측정할 수 있다.

기업의 국제경쟁력은 그 기업이 사업활동을 영위하고 있는 해당 산업에서 타국의 다른 기업보다 낮은 원가로 생산할 수 있는 능력 또는 높은 기술수준과 상표인지도를 유지할 수 있는 능력이라고 정의할 수 있다. 다른 기업보다 낮은 원가로 생산하기 위해서는 낮은 인건비 등의 입지적 우위뿐 아니라 공정기술, 규모의 경제, 경험 등의 요인이 뒷받침되어야 한다. 기업의 국제경쟁력은 수익성, 시장점유율, 차별화 능력 등으로 측정할 수 있다.

2. 국제경쟁력의 구성요소

국제경쟁력은 **그림 7-1** 에서 보는 바와 같이 국제경쟁력의 원천, 국제경쟁전략, 국제경쟁성과 등 3가지 요소로 구성되어 있다.

그림 7-1 국제경쟁력의 구성요소

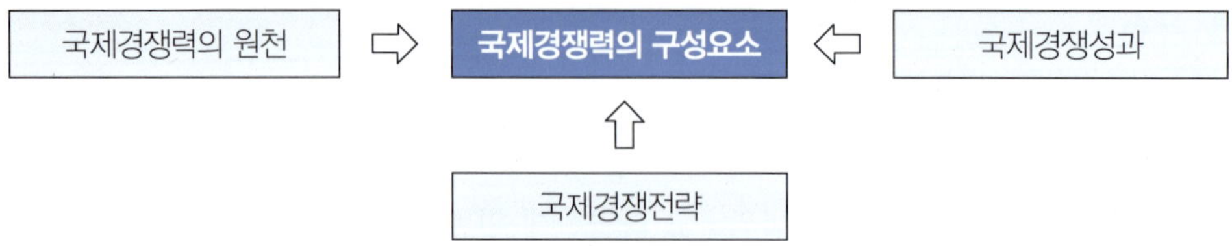

(1) 국제경쟁력의 원천

국제경쟁력의 원천은 크게 2가지로 구분할 수 있다. 즉 국가특유(country-specific)의 성격을 지닌 입지상의 우위와 기업특유(firm-specific)의 성격을 지닌 뛰어난 기술로 나눌 수 있다. 뛰어난 기술은 경쟁기업에 비해 보다 잘 수행해낼 수 있는 능력을 말하며, 입지상의 우위는 가치창출활동을 수행하는 장소에서 파생되는 요소로 당해 시장국에 위치한 기업들은 모두 향유할 수 있다.

(2) 국제경쟁전략

국제경쟁전략은 기업이 국제경쟁력의 원천을 활용하여 시장에서 경쟁위치를 설정하는 것이다. 예컨대 어떤 기업은 저렴한 원가를 바탕으로 세계시장에서 원가우위전략을 선택할 수 있으며, 다른 기업은 유명상표나 탁월한 서비스를 바탕으로 소득수준이 높은 국가시장에서 차별화전략을 선택할 수 있다.

(3) 국제경쟁성과

국제경쟁성과란 국제경쟁의 원천과 국제경쟁전략을 결합하여 나타난 결과를 의미한다. 일반적으로 시장점유율, 매출액성장률, 수익률 등과 같은 기업중심적 성과지표와 고객의 인지도, 만족도, 충성도 등과 같은 고객중심적 성과지표로 나눌 수 있다.

이상에서 설명한 국제경쟁력의 3가지 구성요소들은 모두 포괄적으로 다루어야 하며, 어느 한 측면에만 초점을 맞추어 국제경쟁력을 분석하는 것은 나무만 보고 숲을 보지 못하는 것과 같다고 할

수 있다. 따라서 국제경쟁력을 효과적으로 분석하기 위해서는 3가지 요소에 대한 체계적인 접근이 필요하다

제2절 국제경쟁력의 결정요인

1. 가격경쟁력과 비가격경쟁력

가격경쟁력이란 기업이 생산하는 제품의 생산원가나 판매가격이 다른 나라 기업이 생산하는 동일제품과 비교하여 얼마나 유리한가를 나타내주는 것으로, 주로 노동, 자본, 원자재 등의 생산요소의 비용과 환율변동 등의 요인에 의해 결정된다. 이 중에서 노동비용은 노동의 질과 숙련도, 노동력의 수급 사정, 일반물가수준 등에 따라 달라진다. 자본비용은 차입자본에 대한 이자율, 자기자본에 대한 배당률, 자본재의 소모율, 투하자본에 대한 조세 및 보조금 등의 요인에 의해 영향을 받는다. 원자재비용은 자원의 부존상태, 산업구조, 생산기술 및 원자재 절감 노력 등에 따라 달라진다.

비가격경쟁력이란 기업의 기술개발, 상품의 공급능력, 수요구조 변화에 대한 적응능력, 제품의 품질, 디자인, 애프터서비스, 판매조건, 정부정책 등 가격 이외의 측면에서 경쟁제품보다 국제시장에서 경쟁상 유리한 정도를 의미한다. 이 중에서 기술개발은 품질개선, 신제품개발 등을 통해 비가격경쟁력을 높여주며, 제품의 품질과 디자인 및 애프터서비스 등은 세계교역이 점차 고부가가치 제품이 확대되면서 비가격경쟁력 결정에 중요한 영향을 미친다.

2. 비교우위와 경쟁우위

비교우위(comparative advantage)란 일국이 타국에 비해 특정 제품을 상대적으로 저렴하게 생산할 수 있는 정도를 의미한다. 비교우위는 생산요소의 부존량 및 질적 차이, 생산방식, 기후 등과 같은 자연적 조건이나 수요조건 등에 의해 결정된다. 따라서 비교우위는 특정 국가에서 생산활동을 함으로써 얻을 수 있는 입지상의 우위로 한 국가에서 다른 국가로 이전될 수 있는 것이 아니다.

경쟁우위(competitive advantage)란 한 기업이 다른 기업에 비해 보다 저렴하고 우수한 제품 및 서비스를 생산 · 판매할 수 있는 능력을 의미한다. 경쟁우위는 원가우위와 차별적 우위로 나눌 수 있다. 원가우위(cost advantage)란 생산, 판매, 애프터서비스 등 제반 활동에 수반되는 모든 비용이 타 기업보다 낮은 것을 의미하는 동시에 다른 기업보다 저렴한 가격으로 경쟁할 수 있는 능력을 의미한다. 차별적 우위(differential advantage)란 고객이 특정 기업의 제품에 부여하는 높은 가치로, 동종의 경쟁제품과 구별될 수 있는 가격 이외의 것을 의미한다. 차별적 우위는 기업으로 하여금 같은 가격이라면 타사의 제품보다 더 많이 팔릴 수 있도록 하거나 경기가 좋지 않을 때에도 높은 고객충성도를 유지할 수 있도록 하는 원동력이 된다. 차별적 우위는 원가우위와 마찬가지로 제품 및 서비스의 특성, 인도시기의 적합성, 장소의 편리성, 제휴업체의 협력, 기업통합, 기업의 규모, 국제이전의 경험 등에서 나타날 수 있다. 그러나 차별적 우위는 단순히 한 기업이 경쟁기업과 다른 특성을 가지고 있다고 얻어지는 것이 아니라 고객의 주관적 평가에 달려 있으므로 제품 및 서비스에 관한 해외고객의 가치체계와 구매기준을 이해하는 것이 필요하다.

제3절 국제경쟁력의 원천

1. 국가경쟁력의 원천

포터(M. E. Porter)는 국가경쟁력의 원천으로 **그림 7-2** 에서 보는 바와 같이 요소조건, 수요조건, 관련산업, 기업의 전략과 구조 · 경쟁 등 4가지 기본요소와 국가경쟁력에 간접적으로 영향을 미칠 수 있는 2가지 외생변수로서 정부의 역할과 기회의 역할을 들고 있다.

(1) 요소조건

노동, 토지, 천연자원, 자본, 하부구조 등의 부존량과 투입기술은 국가경쟁력을 결정하는 중요한 원천이다. 즉 값싸고 질이 좋은 생산요소의 소유가 국가경쟁력의 원천이 되는 것은 물론이지만 생산요소의 사용 및 조달방법도 중요한 원천이 될 수 있다. 그런데 국가경쟁력에 있어서 중요한 생산요소인 인적 · 물적 · 지적자원, 자본 및 하부구조 등은 천부적인 것이라기보다는 오히려 국별 ·

그림 7-2 국가경쟁력의 원천

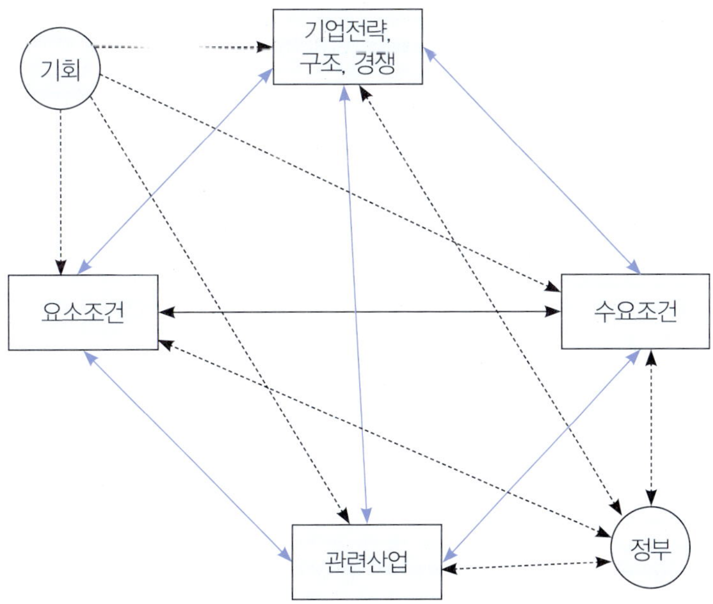

자료 M. E. Porter, *The Competitive Advantage of Nations*, The Macmillan Press, 1990, p.127.

산업별로 다양한 과정을 거쳐 창출되는 것이라고 볼 수 있다.

따라서 국가경쟁력의 원천인 요소조건은 동태적인 관점에서 파악되어야 할 것이다. 즉 특정 시점에서의 요소의 부존량보다는 창출 · 고도화 · 전문화 속도를 파악하는 것이 더욱 중요하다. 때로는 부존량이 풍부하다는 것이 경쟁력을 제고하는 대신 오히려 저하시킬 수도 있는 반면에, 요소부존량의 부족은 유효한 전략과 혁신을 통하여 경쟁력을 창출 · 유지하는 데 기여할 수도 있기 때문이다.

(2) 수요조건

국가경쟁력을 결정하는 중요한 수요조건은 본국수요의 구성, 본국수요의 크기와 성장패턴, 본국수요의 국제화 등 크게 3가지로 나눌 수 있다.

첫째, 본국수요의 구성이란 세분시장의 구조, 소비자의 질, 앞서가는 소비자 욕구 등 3가지를 포함한다. 특정 산업에 있어서 본국수요는 여러 개의 세분시장으로 나뉘는데 이때 세분시장의 상대적 크기는 절대적 크기보다도 중요한 의미를 가진다. 자동차산업에서 보는 바와 같이 한 국가에서 특정 세분시장에 대한 수요가 다른 국가에 비해 상대적으로 더 많은 비중을 차지하는 경우 이 세분시장에서 경쟁우위를 획득할 수 있기 때문이다. 본국 소비자의 질적 요인도 중요한데, 예컨대 까다로운 소비자가 많을수록 기업은 혁신의 필요성을 더욱 강하게 인식하고 품질개선에 노력함으로써 경쟁력의 원천을 형성하게 된다. 일국의 소비자 욕구가 다른 국가보다 앞서갈 경우 경쟁우위를 얻을 수 있다. 예컨대 일본의 소비자들이 일찍이 에너지 비용에 민감했기 때문에 에너지 절약형 상품의 개선과 그로 인한 국제경쟁력 획득이 가능할 수 있었다.

둘째, 본국수요의 절대적 크기는 규모의 경제 및 학습효과를 가져올 수 있는 산업에서 국가경쟁력의 원천이 될 수 있다. 그러나 본국의 큰 수요가 다른 국가의 수요와 유사할 경우에만 국제경쟁력의 원천이 된다는 것에 유의해야 한다. 다음으로 수요의 성장패턴과 관련해서는 성장률, 선도수요의 발생, 선도적 시장포화의 3가지 특성을 들 수 있다. 우선 성장률이 높은 산업은 공격적 투자의 기회를 갖게 되어 신제품, 신공정, 신기술 등을 확보할 수 있다. 선도수요의 발생은 그 산업으로 하여금 진입장벽의 비용을 없애주고, 타국에 비해 먼저 본국시장이 포화되면 본국시장에서는 가격인하 요구, 새로운 모델개발의 요구, 새로운 서비스의 요구 등이 일어나며 또한 고급형 모델의 출현에 대한 요구도 발생한다.

셋째, 본국의 고객이 해외로 이동하는 경우 경쟁우위가 창출될 수 있는데 이는 국내수요자가 동시에 해외수요자이기 때문이다. 예컨대 해외여행을 자주 하는 고객의 경우 해외시장에서도 국내에서와 마찬가지로 같은 상품을 사용하는 경향이 있다. 또한 본국기업이 다국적기업인 경우에도 경쟁우위가 창출될 수 있는데 이는 본국으로부터의 부품조달이 쉽기 때문이다. 그리고 본국수요의 패턴이 여러 가지 경로를 통하여 다른 국가에 전파된다면 이는 경쟁우위의 원천이 될 수 있다. 예컨대 미국에서 훈련받은 의사는 미국제 의료기기를 선호할 것이기 때문이다.

(3) 관련산업

특정 산업이 강한 국제경쟁력을 가지고 있을 때 관련산업도 함께 국제경쟁력을 갖게 되는 경우가 있다. 관련산업이란 특정 활동을 공유하거나 협력할 수 있는 산업 또는 보완적 제품을 생산하는 산업을 가리킨다. 예컨대 팩시밀리산업이 나타나기 전에 일본은 팩시밀리산업에 필수적인 기술을 제공하는 복사기, 사진용품, 전자통신기기산업 등에서 이미 선도적 위치에 있었다.

(4) 기업의 전략과 구조 · 경쟁

기업들의 전략 및 조직은 그 자체가 국가경쟁력의 원천이라고 단정하기는 힘들지만 이들이 국가특성에 적합한 것일 때는 국가경쟁력의 원천이 될 수 있다. 즉 특정 국가에서 기업들의 전략 및 조직은 국내의 여러 가지 환경요소들에 영향을 받아 모든 국가에 일반적으로 적용될 수 없는 특정 국가 나름의 독특한 방식을 취하기 때문이다.

한편 본국시장에서의 경쟁구조는 기업들의 혁신과정과 해외시장에서의 성공에 중요한 역할을 담당한다. 국내시장에서의 경쟁은 기업들로 하여금 원가절감, 품질 및 서비스개선, 제품과 공정의 혁신 등에 압력을 가한다. 더욱이 국내경쟁은 기업들로 하여금 끊임없이 경쟁우위를 창출하고 이를 향상시킬 수 있는 방법까지도 혁신하도록 하며 나아가 경쟁열위를 피할 수 있도록 도와주는 비옥한 기업풍토를 조성한다.

(5) 정부

국가경쟁력에 있어서 정부의 역할은 앞에서 열거한 4가지 요인에 영향을 미친다. 요소조건은 정부보조금, 금융 및 교육정책 등에 영향을 받으며, 수요조건은 정부의 광고매체에 대한 통제 혹은 보조서비스의 규제 등에 영향을 받으며 관련 및 보조산업의 환경에도 영향을 받는다. 또한 정부는 자본시장규제, 조세정책, 독점금지법 등을 통하여 기업의 전략 및 구조 · 경쟁관계에 영향을 미친다.

그러나 이러한 정부의 역할은 모든 산업에 공통적이지 않으며 산업특성상 반도체, 자동차, 조선 철강, 항공산업 등에서 특히 중요시되어왔는데 산업이 고도로 발달된 경우에는 오히려 정부정책이 산업발전을 저해할 수도 있다. 특정 산업의 국제경쟁력이 강해질수록 산업집중화현상이 심화되는 것과 반대로 정부의 역할은 계속적으로 줄어드는 특징이 있다.

(6) 기회

국제경쟁력에 있어서 순수기회는 성격상 단속적이며 예측불가능한 변수이다. 예컨대 발명활동, 기술혁신, 석유파동, 환율변동, 수요폭발, 전쟁 등은 특정국의 정부나 기업이 어떻게 할 수 없는 것들이다. 순수기회는 앞의 여러 요인들처럼 그 역할에 대하여 똑같이 설명할 수는 없으나 특정 국가 내외에서 발생한 우연한 기회가 국제경쟁력 강화에 큰 역할을 해온 것이 사실이다. 한국의 경우 중동건설 붐으로 인한 건설업의 경쟁력 확보, 1988년 서울올림픽 개최로 인한 관련산업의 경쟁력 확보 등의 사례에서 기회의 역할이 가지는 중요성을 알 수 있다.

2. 기업의 국제경쟁력 원천

(1) 독점적 자산

국제기업은 해외시장에서 현지정부의 차별적 대우, 현지시장에 대한 정보의 부족 등 여러 가지로 현지기업에 비해 불리한 여건에서 영업활동을 수행하게 된다. 이러한 불리점을 극복하고 현지기업과의 경쟁에서 승리하기 위해서는 기업특유의 독점적 자산이 필요하다. 독점적 자산은 학자에 따라 다르게 제시되지만 일반적으로 경영자의 역할 및 경영능력, R&D능력, 생산능력, 마케팅능력, 인적자원 관리능력 등을 들 수 있다.

(2) 국제이전

국제기업은 해외자회사 등 내부조직을 통해 기업특유의 독점적 자산을 이전하여 사용하는데, 국제이전능력 특히 내부화능력은 기업의 중요한 국제경쟁력 원천이 될 수 있다. 국제이전의 대상으로는 주로 기업특유의 제조 및 관리기술, 사람, 제도, 프로그램 등을 들 수 있다. 이러한 내부화를 통하여 기업은 국제거래에 수반되는 여러 가지 비용을 절감하고 기술 등 기업특유의 자산을 독점적으로 사용할 수 있으며 중간재의 안정적 공급을 기할 수 있다.

(3) 국제조달

국제기업이 노동, 자본, 토지, 기술 등 생산요소와 천연자원, 원자재부품 등의 중간재 혹은 완제품을 경쟁기업보다 저렴하게 그리고 적기에 획득할 수 있는 능력은 기업의 중요한 국제경쟁력 원천이 될 수 있다. 국제기업은 여러 국가에 무역, 해외직접투자, 라이센싱 등을 통해 수직적 및 수평적 조달체계를 구축하여 생산요소, 중간재, 완제품 등을 가장 저렴한 곳으로부터 효과적으로 조달함으로써 경쟁우위를 창출하고 유지할 수 있다.

(4) 규모의 경제 효과

국제기업이 국내뿐만 아니라 해외에서 생산 및 마케팅활동을 수행하면 구매, 생산, 유통, 판매 등 여러 측면에서 규모의 경제 효과가 발생하여 원가우위를 얻을 수 있다. 규모의 경제 효과는 해외자회사의 규모 및 마케팅전략 등에 좌우되므로 원가우위를 획득하기 위해서 국제기업은 범세계적인 관점에서 전략을 수행할 필요가 있다. 예컨대 한 기업은 여러 해외현지공장에서 제조·판매하고 다른 기업은 단일공장에서 제조하여 세계 여러 나라에 판매한다고 하면 규모의 경제 효과는 후자의 경우가 더 클 것이다.

(5) 국제적 이미지

이미 구축된 국제기업의 평판 및 이미지는 경쟁우위의 원천이 될 수 있다. 예컨대 Sony, Shell, GM 등은 국제적 명성으로 인하여 세계 어느 국가에서든 자본조달이 용이하고 자본비용의 절감이 가능하며 대정부 교섭과 신제품의 시장진입에도 유리한 점이 많다.

제4절 국제경쟁력의 분석기법

1. 원가우위분석

(1) 가치사슬을 이용한 원가구조분석

가치사슬(value chain)이란 가치를 창출하는 기업 내 모든 활동의 연결된 체계를 의미하는데 **그림 7-3** 에서 보는 바와 같이 크게 본원적 활동과 보조활동으로 나눌 수 있다.

본원적 활동(primary activity)은 상품의 물리적 변화에 직접 관련된 기능을 수행하는 활동으로 내부 로지스틱스, 생산활동, 외부 로지스틱스, 마케팅 및 판매, 서비스의 5가지 활동으로 구분된다. 내부 로지스틱스(inbound logistics)는 필요한 원자재관리와 관련된 가치활동으로 공급자로부터 원자재를 공급받아 제조부서로 넘겨주는 제반 활동을 말한다. 생산활동(operation)은 원자재의 가

그림 7-3 가치사슬

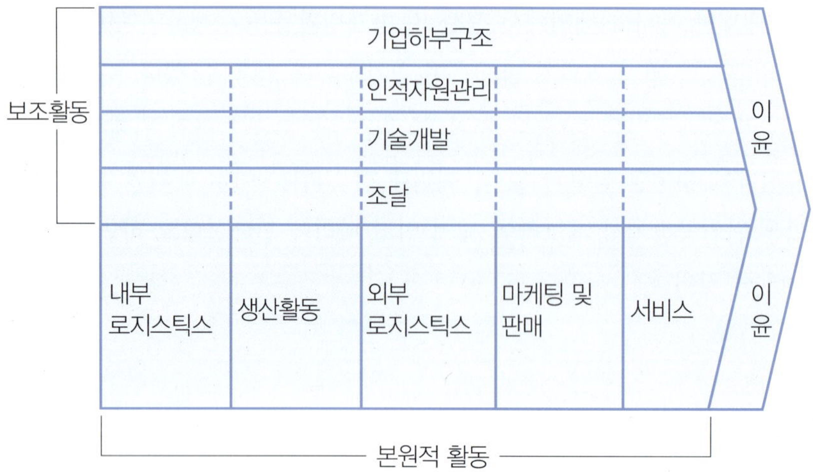

자료 M. E. Porter, *Competitive Advantage*, New York: The Free Press, 1985, p.37.

공조립을 통해 제품을 완성시키는 가치창출활동을 의미한다. 외부 로지스틱스(outbound logistics)는 완제품의 재고처리, 주문처리 및 구매자에의 인도 등 완제품의 물적 유통과 관련된 가치창출활동을 의미한다. 마케팅 및 판매(marketing and sales)는 구매자로 하여금 제품을 구입하도록 유도하여 판매하는 가치창출활동을 의미한다. 서비스(service)는 제품의 가치를 보수, 유지하는 가치창출활동을 말한다.

보조활동(support activity)은 본원적 활동을 보조하는 활동으로 기업하부구조, 인적자원관리, 기술개발, 조달의 4가지 활동으로 구분된다. 기업하부구조(firm infrastructure)는 일반관리, 기획, 재무, 회계, 법률관계, 정부관계, 품질관리 등 가치사슬 전반을 보조하는 활동을 말한다. 인적자원관리(human resource management)는 채용, 임용, 교육훈련, 인력개발 및 보상 등의 활동을 말한다. 기술개발(technology development)은 제품 및 공정개선을 위한 제반 활동을 의미한다. 조달(procurement)은 기업의 가치사슬 내에 필요한 원자재 구매활동을 말한다.

이와 같은 가치사슬은 경쟁우위분석을 위한 도구로 활용될 수 있다. 구체적으로 생산과정의 각 부문에서 얼마만큼의 부가가치가 발생하는가를 파악하고 타 기업에 비하여 특히 높은 부가가치를 창출하는 핵심부문을 찾아낼 수 있다. 뿐만 아니라 부가가치활동별로 주요 경쟁자의 원가를 비교분석함으로써 가격경쟁력의 원천이 어디에 있는가를 알 수 있다.

(2) 경험곡선을 이용한 원가동향분석

경험곡선(experience curve)이란 기업의 경험이 증대함에 따라 단위비용이 감소하는 현상을 그림으로 나타낸 것을 말한다. 경험곡선은 일반적으로 X축에 누적생산량이나 시간을, Y축에 단위비용을 놓으며 우하향하는 모양을 가지고 있다. 경험의 증대로 인한 원가절감의 효과를 경험효과라 하는데, 경험곡선의 기울기가 가파를수록 경험효과가 큰 것을 의미한다.

그림 7-4 에서 영국의 산업용 플라스틱제품의 경우 기울기가 75%인데 이는 누적생산량이 2배로 될 때마다 원가가 최초원가의 75%, 즉 25%씩 절하되는 것을 의미한다. 예컨대 최초원가가 100원일 경우 누적생산량이 2배로 되면 원가는 75원이 된다. **그림 7-4** 의 경험곡선 중에서 미국의 전자부품이 경험효과가 가장 크다는 것을 알 수 있다.

그림 7-4 경험곡선

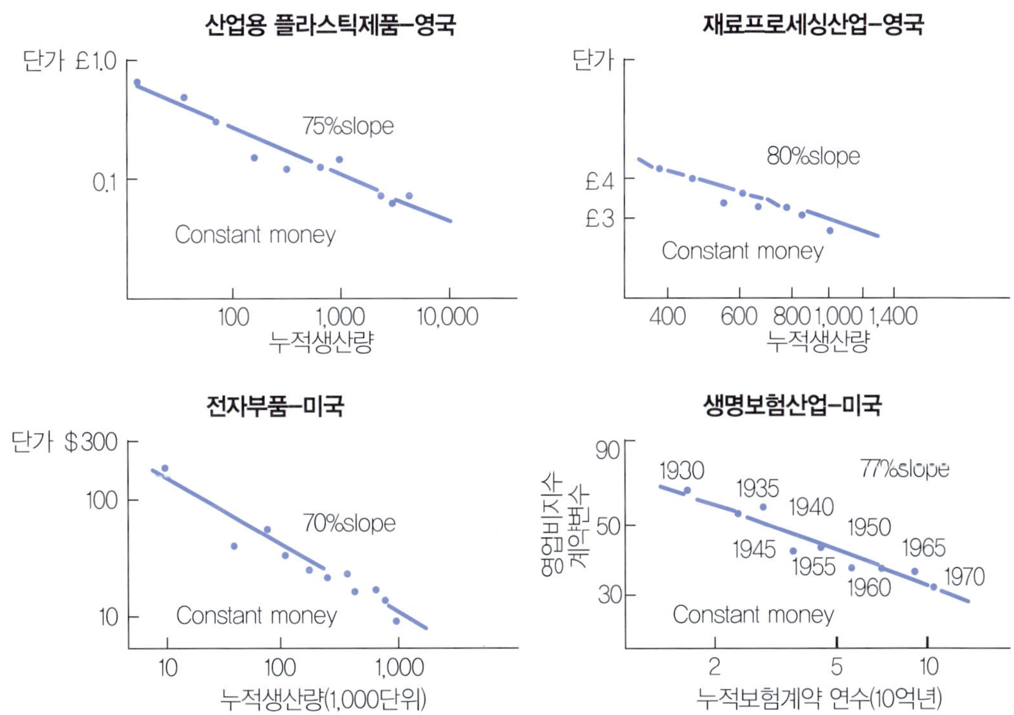

자료 B. Hedley, "A Fundamental Approach to Strategy Development," *Long Range Planning*, Dec. 1976, p.4.

경험효과는 보통 학습, 전문화, 기술진보, 규모의 경제 효과, 공장합리화, 조직구조 개선 등에 의해 발생하는데 경험효과의 원천 및 크기는 산업, 국가, 기업에 따라 다를 수 있다. 경험곡선을 통해 기업은 경쟁자보다 경험을 많이 쌓을수록 원가우위를 유지할 수 있다는 점, 경쟁자보다 빨리 경험을 축적하기 위해 시장점유율 확대가 중요하다는 점, 원가에 활용할 수 있다는 점 등을 알 수 있다.

2. 차별적 우위분석

차별적 우위분석은 특정 시장 또는 산업에 있어서 가격 이외에 기업의 핵심적인 성공요인이 무엇인가를 파악하여 차별적인 경쟁우위를 측정하는 분석기법이다. 핵심적인 성공요인으로는 기술력, R&D능력, 생산능력, 유통능력, 마케팅능력, 기업 또는 브랜드이미지 등의 핵심역량을 들 수 있다.

핵심역량은 시장에서의 경쟁우위요소를 의미하기 때문에 경쟁사에 대한 자사의 상대적인 내부역량이 어느 정도인가를 파악하는 것이 매우 중요하다. 따라서 기업은 먼저 핵심역량이 과연 어디에 있는가를 확인하기 위해 자사 경영시스템의 각 요소에 대한 심층적인 분석이 필요하다.

Sony는 기술 및 브랜드이미지에서 핵심역량을 보유하고 있으며, 3M은 신제품개발 및 마케팅능력에서, 인텔은 적극적인 R&D투자 및 제품개발력에서, 지멘스는 첨단산업의 기술력에서 각각 핵심역량을 갖고 있다. 기업이 경쟁우위를 지속적으로 향유하기 위해서는 자사만이 갖고 있는 핵심성공요인을 토대로 효과적인 기업전략을 세워야 한다.

제5절 국제경쟁력의 성과측정과 평가기관

1. 국제경쟁력의 성과측정

(1) 시장점유율 분석

일반적으로 국제경쟁력의 성과를 쉽게 측정할 수 있는 지표는 시장점유율인데 여기에는 현시비교우위지수와 시장점유율변동지수가 있다.

가) 현시비교우위지수

현시비교우위(RCA: revealed comparative advantage)지수는 세계시장에서 경쟁관계에 있는 국가들이 특정 산업에 있어서 다른 국가와 비교하여 그 위치가 상대적으로 우위에 있는지 아니면 열위에 있는지의 여부를 판단하는 지수이다.

RCA의 측정방법은 학자마다 조금씩 다른데 일반적으로 발라사(B. Balassa)의 RCA지수를 가장 많이 이용한다. 발라사의 RCA지수 계산식은 다음과 같다. C_{ij}값이 100을 초과하는 경우에 국제경쟁력이 있다고 보며 특정국 내에서 상품 간의 경쟁력 비교에도 이용된다.

$$C_{ij} = \frac{X_{ij}/X_{wj}}{X_i/X_w} \times 100 = \frac{i\text{국의 } j\text{상품 세계시장점유율}}{i\text{국의 세계수출 비중}}$$

X_{ij} : i국 j상품의 수출액 X_{wj} : 세계의 j상품의 총수출액
X_w : 세계의 총수출액 X_i : i국의 총수출액

발라사의 RCA지수의 장점은 자료 확보가 비교적 용이한 수출변수만으로 이루어졌기 때문에 정확하게 비교우위를 반영하며 가격 및 비가격요인을 모두 포함하므로 가격만으로 비교우위를 측정할 때 발생하는 문제점을 보완한다는 점이다. 그리고 스케일 요소로 분석대상국 수출의 전 세계비중을 이용하기 때문에 국가별 크기에 따라 발생하는 점유율의 고저를 방지하여 순수출액 등의 지수가 갖기 쉬운 결점을 보완한다는 장점이 있다. 그러나 이 지수는 농산물과 같이 무역상 많은 장애요인이 존재하는 산업의 비교우위 여부는 정확하게 측정하지 못하는 단점이 있다.

나) 시장점유율 변동지수

시장점유율 변동지수(MSCI: market share change index)는 한 국가의 특정 산업수출이 일정 기간 동안 세계의 특정 산업총수출에서 차지하는 비중의 변화를 나타내는 것으로, 계산식은 다음과 같다.

$$\Delta S_{ij} = \frac{X^t_{ij}/X^t_{wj}}{X^0_{ij}/X^0_{wj}} \times 100 = \frac{t\text{시점의 } i\text{국의 } j\text{상품 세계시장점유율}}{\text{기준시점의 } i\text{국의 } j\text{상품 세계시장점유율}}$$

ΔS_{ij} : i국 j상품의 세계시장점유율 변동 X^t_{wj} : t시점의 세계의 j상품 총수출액
X^t_{ij} : t시점의 i국의 j상품의 수출액 X^0에서 0는 기준시점을 나타냄

여기서 ΔS_{ij}의 값이 1보다 큰 경우에는 그 산업의 경쟁력이 보다 더 높아졌음을 의미한다. 이 지수는 특정 산업을 대상으로 일정 기간의 국가 간 수출경쟁력 변화를 비교하는 데 적합하지만, 국별 경제규모를 고려하지 못하는 단점이 있다.

(2) 고객의 평가

고객의 관점에서 국제경쟁력의 성과를 측정하는 방법으로 고객들에게 설문지를 배부하여 다음과 같은 것을 분석한다.

가) 제품에 대한 만족도

소비자가 특정 제품에 어느 정도 만족하고 있는지를 알아보는 것으로, 그 제품을 만든 기업에서 소비자를 대상으로 직접 조사를 하거나 연구기관이 연구목적으로 조사하는 경우가 있다. 자동차의 경우 미국의 유명한 투자자문회사인 J. D. Power & Associates 사가 매년 자동차회사별 순위와 고개만족지수(CSI: consumer satisfaction index)를 조사하여 발표하고 있다.

나) 상표 및 회사에 대한 충성도

상표 및 회사에 대한 충성도는 고객이 특정 상표를 타 상표보다 더 선호하고 구매하려는 경향을 말한다. 사용경험 없이 처음 구매하는 소비자들이 대부분이었던 과거와 달리 이제는 갖고 있던 제품을 교체하는 소비자들이 대부분을 차지함에 따라 상표충성도의 중요성이 더욱 커지고 있다. 상표 및 회사에 대한 충성도를 측정하기 위해서는 상표 및 기업의 이미지 조사가 필수적이다. 따라서 기업의 인지도와 이미지를 나타내는 세계일류상표의 보유 여부는 기업의 경쟁력 유무를 판가름하는 척도가 된다.

2. 국가경쟁력의 평가기관

(1) 국제경영개발원

국제경영개발원(IMD: International Management Development)은 스위스의 로잔에 위치하고 있으며 1957년 네슬레가 설립한 IMEDE가 그 모태이다. IMD는 경영대학원 중 세계 톱10에 드는 유럽의 최고 비즈니스스쿨로 세계 26개국의 약 110개의 일반기업, 협회, 기관 등과 긴밀한 협조관계를 유지하고 있다. 또한 IMD 내에 있는 세계경쟁력센터(World Competitiveness Center)는 매년 60여 개 국가의 경쟁력을 평가하여 순위를 발표하고 있다.

가) IMD 산출지표의 특징

IMD에서 정의하는 국가경쟁력이란 기업의 경쟁력을 지속시킬 수 있는 제반 여건들을 창출하고 유지할 수 있는 국가의 능력을 의미한다. 이를 위해 IMD는 매년 57여 개 국가의 제도와 정책을 국제기구 등의 국제통계자료를 가지고 평가하여 2/3 반영하고, 기업의 경영자를 대상으로 하는 설문조사의 결과를 1/3 반영하고 있다. 종합적인 경쟁력 평가를 위해서는 **표 7-1** 에서 보는 바와 같이 4대 분야, 20개 부문, 238개 항목이 순위 산정자료로 사용된다.

표 7-1 IMD 평가항목

경제운영성과분야	정부행정효율분야	기업경영효율분야	발전인프라분야
국내경제(7)	공공재정(7)	생산성 · 효율성(4)	기본인프라(15)
국제무역(10)	재정정책(9)	노동시장(20)	기술인프라(19)
국제투자(13)	제도적 여건(16))	금융(18)	과학인프라(18)
고용(6)	기업관련법(20)	경영활동(11)	보건 · 확충(14)
가격(2)	사회적 여건(9)	행태 · 가치(7)	교육(13)

주 ( ) 안은 평가항목 수.

실제 평가에 반영되는 세부항목 수를 구체적으로 살펴보면 4대 분야는 ① 경제운영성과분야, ② 정부행정효율분야, ③ 기업경영효율분야, ④ 발전인프라분야이다. 경제운영성과분야는 국내경제, 국제무역, 국제투자, 고용 및 가격으로 세분된다. 정부행정효율분야는 공공재정, 재정정책, 제도적 여건, 기업관련법 및 사회적 여건으로 세분된다. 기업경영효율분야는 생산성 · 효율성, 노동시장, 금융, 경영활동 및 행태 · 가치로 세분된다. 발전인프라분야는 기본인프라, 기술인프라, 과학인프라, 보건 · 확충 및 교육으로 세분된다.

순위산출방법은 세부항목들의 국가별 순위를 산출하고, 20개 부문별로 해당 세부항목들을 표준화하고 합산하여 부문별 및 국가별 순위를 산출한다. 또한 부문별 점수는 동일한 가중치를 부여하여 4대 분야별 및 종합적 국가순위를 산출한다. 조사절차는 조사대상 국가별로 설문조사 파트너를 선정하여 기업을 대상으로 실시하고 그 파트너는 결과를 IMD에 통보한다. 한편, IMD도 자체적으로 보유하고 있는 인력풀(pool), 즉 기존에 설문조사에 응했던 자들의 목록을 활용하여 별도로 설문조사를 시행한다.

IMD가 발표한 2012년도 조사대상 59개국의 국가경쟁력 순위를 살펴보면 표 7-2에서 보는 바와 같이 홍콩이 1위를 차지하였으며, 미국 · 스위스 · 싱가포르가 뒤를 잇고 있다. 한국은 2011년에 이어서 2012년에도 22위를 유지하였다. 이는 IMD가 이 조사를 시작한 1997년 이후 가장 좋은 성적이다.

표 7-2 IMD가 발표한 국가경쟁력 순위

2012년 순위	국가	2011년 순위	2012년 순위	국가	2011년 순위
1	홍콩	1	16	UAE	28
2	미국	1	17	핀란드	15
3	스위스	5	18	영국	20
4	싱가포르	3	19	이스라엘	17
5	스웨덴	4	20	아일랜드	24
6	캐나다	7	21	오스트리아	18
7	타이완	6	22	한국	22
8	노르웨이	13	23	중국	19
9	독일	10	24	뉴질랜드	21
10	카타르	8	25	벨기에	23
11	네덜란드	14	26	아이슬란드	31
12	룩셈부르크	11	27	일본	26
13	덴마크	12	28	칠레	25
14	말레이시아	16	29	프랑스	29
15	호주	9	30	타이	27

주 총 조사대상국은 59개국임.
자료 IMD, 2012.

나) IMD 산출지표의 장단점

IMD의 산출지표의 장점으로는 국제통계와 서베이(survey)자료 등 광범위한 자료를 바탕으로 산정하기 때문에 전체 국가의 특성을 골고루 반영할 수 있다는 것을 들 수 있다. 각 국가의 양적인 자료뿐 아니라 객관적인 평가를 유도하는 서베이를 통해 전 세계적으로 특정 국가를 인식하는 경쟁력을 보다 잘 표현하려고 노력했다는 점을 들 수 있다. 또한 일단 원자료(raw data)만 구하면 매우 신속하게 경쟁력 순위를 평가할 수 있다는 장점이 있다.

그러나 IMD의 단점으로는 다음과 같은 점을 들 수 있다. 첫째로 가장 큰 문제점은 통계자료에 대한 가중치를 임의적으로 부과한다는 점, 둘째로 1~2년 내에 변동성이 매우 크게 나타난다는 점, 셋째로 지나치게 기업 입장에서 분석하는 측면이 있다는 점, 넷째로 정성적 자료의 제공자인 패널리스트에 대한 신뢰성의 문제가 발생한다는 점, 다섯째로 경쟁력지표가 정책수립에 대안이 될 수 있는 정보를 담고 있지 못하다는 점 등이다.

(2) 세계경제포럼

세계경제포럼(WEF: World Economic Forum)은 스위스 제네바에 위치한 민간국제기관으로 매년 다보스포럼(Davos Forum)을 개최해 세계 각국의 저명한 기업인, 정치인 등이 보건 · 환경 등 전 세계적으로 대두되는 주요 이슈에 대해 논의해오고 있다.

또한 WEF 내에 있는 세계경쟁력네트워크(Global Competitiveness Network)는 1979년 이후 매년 130여 개 국가의 경쟁력을 평가하여 발표하고 있는데, 1995년까지 국제경영개발원(IMD)과 공동으로 발표해왔지만 1996년부터는 독자적으로 발표하고 있다.

WEF는 국가경쟁력을 지속적 경제성장과 장기적 번영을 가능케 하는 정책 · 제도 및 제반 요소로 정의하고 있다. 이 평가에서는 1인당 국민소득에 따라 5개 단계로 구분하고 단계별 가중치를 달리해 평가하고 있다. 이와 함께 평가방식은 IMD와는 반대로 설문방식을 2/3 반영하고, 통계방식을 1/3 반영하여 운용하고 있으며, 설문방식은 설문대상자의 주관적인 평가를 반영하게 된다. 예를 들어 '지적재산권 보호정도'라면 '매우 약함'에서 '매우 강함'까지 7단계로 평가를 한다.

WEF의 국가경쟁력 평가는 표 7-3 에서 보는 바와 같이 ① 기본요인, ② 효율성 증진, ③ 기업혁신 및 성숙도 등 3대 분야로 구분되고 또 각 분야에는 2~6개로 다시 구분되어, 12개 세부부문과 110개 항목(통계 32개, 설문 78개)에 대한 평가결과를 발표하고 있다. 12개 세부부문에는 기술수용

표 7-3 WEF 평가항목

분야	부문
기본요인	제도적 요인(19) 인프라(8) 거시경제(5) 보건 및 초등교육(11)
효율성 증진	고등교육 및 훈련(8) 상품시장 효율성(15) 노동시장 효율성(9) 금융시장 성숙도(9) 기술수용 적극성(8) 시장규모(2)
기업혁신 및 성숙도	기업활동 성숙도(9) 기업혁신(7)

주 ( ) 안은 평가항목 수.

적극성, 시장규모, 기업혁신, 노동시장 효율성, 금융시장 성숙도, 제도적 요인 등이 포함되어 있다.

WEF가 발표한 2011년도 조사대상 142개국의 국가경쟁력 순위를 보면 **표 7-4** 에서 보는 바와 같이 스위스가 1위, 싱가포르가 2위, 스웨덴이 3위를 차지하였으며, 한국은 2010년 22위에서 2011년에는 2단계 하락한 24위를 차지하였다.

(3) 세계은행

세계은행(World Bank)은 2003년부터 각국의 기업환경에 대한 연례보고서인 'Doing Business'를 발간해오고 있다. 세계은행 산하에 있는 국제금융공사(IFC: International Finance Corporation)는 각국을 대상으로 국가별 기업환경을 ① 창업, ② 건축관련 인허가, ③ 고용 · 해고, ④ 재산권등록, ⑤ 대출, ⑥ 투자자보호, ⑦ 세금납부, ⑧ 국제교역, ⑨ 채권회수, ⑩ 퇴출 등 10개 지표로 나눠 기업활동에 대한 규제정도를 파악하고 종합 · 부문별 평가결과를 매년 발표하고 있다.

평가방식은 세계은행이 대상국의 법령 · 제도를 분석, 국별 · 연도별 비교가 용이하도록 일정한 기준을 상정해 체크리스트를 작성한 다음, 조사 · 평가에 있어서는 세부지표를 포함한 체크리스트를 대상국 전문가에게 송부 · 검증 후, 지표별 수치에 따라 순위를 산정한다.

표 7-4 WEF가 발표한 국가경쟁력 순위

2011년 순위	국가	2010년 순위	2011년 순위	국가	2010년 순위
1	스위스	1	16	노르웨이	14
2	싱가포르	3	17	사우디아라비아	21
3	스웨덴	2	18	프랑스	15
4	핀란드	7	19	오스트리아	18
5	미국	4	20	오스트레일리아	16
6	독일	5	21	말레이시아	26
7	네델란드	8	22	이스라엘	24
8	덴마크	9	23	룩셈부르크	20
9	일본	6	**24**	**한국**	**22**
10	영국	12	25	뉴질랜드	23
11	홍콩	11	26	중국	27
12	캐나다	10	27	아랍에미리트	25
13	타이완	13	28	브루나이	28
14	카타르	17	29	아일랜드	29
15	벨기에	19	30	아이슬란드	31

주 총 조사대상국은 142개국임.
자료 WEF, 2012.

세계은행(WB) 산하 국제금융공사(IFC)가 전 세계 183개국을 대상으로 실시한 국가별 기업환경 평가(Doing Business 2012)에서 우리나라는 **표 7-5**에서 보는 바와 같이 8위로, 이것은 지난해 16위에서 8단계 상승한 것이다. 이는 평가가 시작된 지난 2003년 이후 처음으로 10위권 내에 신입한 기록이다. 10개 항목에 대한 세부평가로 실시한 조사에 따르면 [표 7-5]에서 보는 바와 같이 싱가포르, 홍콩, 뉴질랜드, 미국, 덴마크 등 5개국이 작년에 이어 1~5위를 차지하였고, 노르웨이, 영국, 한국이 뒤따르고 있다. 아시아 국가 중에서는 싱가포르, 홍콩, 한국 다음으로 타이 17위, 말레이시아 18위, 일본 20위, 타이완 25위를 차지하였다.

표 7-5 WB가 발표한 OECD 국가별 경쟁력 순위

순위	국가	순위	국가	순위	국가
1	싱가포르	16	조지아	31	네덜란드
2	홍콩	17	타이	32	오스트리아
3	뉴질랜드	18	말레이시아	33	아랍에미리트
4	미국	19	독일	34	이스라엘
5	덴마크	20	일본	35	남아공
6	노르웨이	21	라트비아	36	카타르
7	영국	22	마케도니아	37	슬로베니아
8	한국	23	모리셔스	38	바레인
9	아이슬란드	24	에스토니아	39	칠레
10	아일랜드	25	타이완	40	키프로스
11	핀란드	26	스위스	41	페루
12	사우디아라비아	27	리투아니아	42	콜롬비아
13	캐나다	28	벨기에	43	푸에르토리코
14	스웨덴	29	프랑스	44	스페인
15	오스트레일리아	30	포르투갈	45	르완다

주 총 조사대상국은 183개국임.
자료 WB, 2012.

연습문제

1. 비교우위와 경쟁우위의 차이점을 기업 또는 제품의 예를 들어 설명하시오.
2. RCA지수와 시장점유율 변동지수의 차이점은 무엇인가?
3. 국제경쟁력의 분석기법 중 가치사슬과 경험곡선을 이용하는 이유는?
4. 국제경쟁력의 원천을 국가와 기업의 관점에서 어떻게 다른지 설명하시오.
5. 국내 자동차회사의 CSI점수를 조사하시오.
6. IMD와 WEF의 국제경쟁력 평가방법의 차이점은 무엇인지 설명하시오.

제8장 글로벌전략

제1절 글로벌전략의 개념

제2절 글로벌전략의 과제

제3절 글로벌전략의 모형

제4절 글로벌전략의 수립

학습목표

글로벌전략이란 무엇이며 왜 중요한가에 대하여 알아본다. 다음으로 글로벌전략의 주요 과제와 선택가능한 모형에 대해서 살펴본 후, 글로벌전략의 수립과정에 대하여 학습한다.

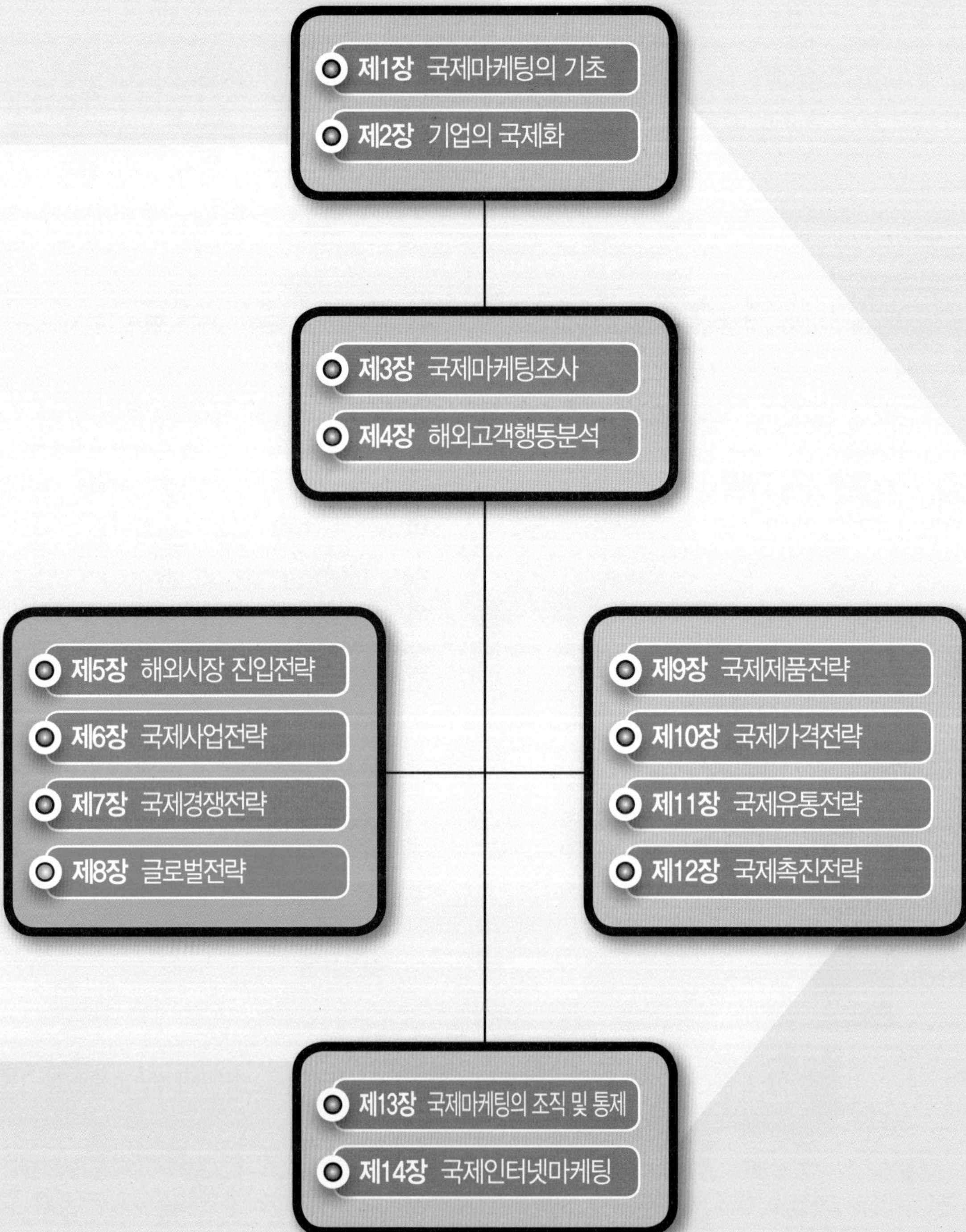
제1장 국제마케팅의 기초
제2장 기업의 국제화
제3장 국제마케팅조사
제4장 해외고객행동분석
제5장 해외시장 진입전략
제6장 국제사업전략
제7장 국제경쟁전략
제8장 글로벌전략
제9장 국제제품전략
제10장 국제가격전략
제11장 국제유통전략
제12장 국제촉진전략
제13장 국제마케팅의 조직 및 통제
제14장 국제인터넷마케팅

글로벌전략

사례 연구 삼성전자의 글로벌경영

삼성은 삼성물산 KL 사무소 개설 이래, 말레이시아의 투자 여건과 가능성에 대한 치밀한 준비를 통해서, 대규모 투자의 리스크를 최소화할 수 있었던 것으로 분석된다. 외국계 기업으로서 다인종, 다종교, 다문화가 복잡하게 얽혀 있는 말레이시아에서, 현지시장에 대한 충분한 이해는 성공적 사업운영의 필수조건이라고 할 수 있겠다.

삼성전자의 말레이시아 투자 성공요인으로 일관생산체계로 인한 생산경쟁력 강화를 꼽을 수 있겠다. 현지에서 직접 모래를 이용해 Glass Panel과 Funnel을 생산하고, 이를 CRT 생산 후 TV/Monitor로 가공하는 일관생산체계를 보유함으로써 생산원가를 절감할 수 있었으며, 세렘반 전자복합단지 입주 시 각 관련사와 협력업체들이 동반 진출함으로써 시너지효과를 강화할 수 있었다.

말레이시아에서 삼성전자가 성공을 거둘 수 있었던 이유로 성공적인 인간존중경영 노력을 들 수 있다. 상호존중, 애정, 신뢰, 진실성 등에 대한 교육을 통해 모든 직원이 일체감을 느낄 수 있도록 하였으며, 외국인 기업이 소홀하기 쉬운 복지후생을 강화하고 종업원에 높은 비중을 두는 경영방침을 강화해 직원들이 회사에 대한 애착과 근무의욕을 고취하였다. 또한 자원봉사, 사회단체 지원 등 현지 지역사회에 대한 기여를 통해 다양한 인종 간에 발생할 수 있는 갈등요인을 성공적으로 해결해나갈 수 있었다. 더불어 현지화전략의 일환으로 우수인력의 확보, 양성 및 제도의 현지화에 노력하여 오랜 기간 복합 단지에서 근무하며 축적된 현지인의 경험과 기술이 국내수준 못지않게 성장하였고 지속적인 현지협력업체 개발로 환경변화에 발 빠르게 대응할 수 있었다.

전 세계적으로 인정받고 있는 삼성전자의 경영혁신 시스템을 말레이시아 현지에서 적용하고 있다. 6시그마, TPM, PI, SCM 등을 경영과 생산에 접목해 시장선도자의 위치를 유지하며, 역동적인 변화를 통해 최고의 글로벌 경쟁력을 유지하고 있다.

삼성전자의 인재중심 경영은 말레이시아에서도 성공적으로 적용되고 있다. 삼성전자는 우수인재를 확보하기 위해 말레이시아의 4대 국립대인 UM, UKM, UPM, UTM 등과 제휴를 맺고 있다. 또한 삼성전자는 다양한 사내 교육프로그램을 통해서 현지직원을 우수인력으로 육성하는 프로그램을 갖추고 있다.

삼성전자는 말레이시아 대표적 외국계 글로벌기업으로서 기업의 사회적 책임에도 적극적으로 나서고 있는데, 이는 결과적으로 삼성에 대한 이미지 제고로 이어지고 있다. 장애인에게 자립기반을 제공해주는 장애자 시설 지원, 각종 자원봉사 프로그램, 쓰나미와 같은 각종 재난복구 지원 및 동남아시아 지역의 정보격차(digital divide) 해소를 위해 'Digital Hope'라는 명칭으로 운영되고 있는 사회프로그램 등이 이에 해당한다. 외국기업으로서 현지에서 대규모 경제활동을 하게 될 경우, 이러한 기업의 사회적 기여는 외국계 투자기업의 현지화에 중요한 요소로 평가할 수 있겠다.

말레이시아에 투자를 고려하고 있거나 진출을 준비 중인 한국기업으로서는 현지의 정치, 경제, 문화 등 전반에 걸친 충분한 이해와 더불어 경쟁 상황, 투자 여건, 성장잠재력 등에 대한 철저한 사전준비가 수반되어야 하겠다. 동남아시아 시장을 쉽게 생각하고 충분한 준비 없이 진출할 경우, 대부분 실패로 이어진다는 사실을 염두에 둘 필요가 있다. (KOTRA 내부자료)

■ **토의과제**

1. 삼성전자가 말레이시아에서 성공할 수 있었던 이유는 무엇인가?
2. 글로벌기업으로서 삼성전자의 핵심역량은 무엇인가?
3. 삼성전자가 말레이시아에서 행한 글로벌전략의 핵심은 무엇인가?

제1절 글로벌전략의 개념

1. 글로벌전략의 정의

글로벌전략에 대한 정의는 아직 일반화되어 있지 못하다. 힐(C. W. L. Hill)은 글로벌전략을 경험곡선과 입지경제(location economy)로부터 발생하는 비용절감을 통해 이익증대를 도모하는 전략으로 정의하고 있다. 포터(M. Porter)는 글로벌전략을 가치활동의 집중배치, 세계 여러 곳에 분산되어 있는 가치활동의 조정, 또는 이 두 가지를 동시에 추구하는 방식으로 세계 여러 국가시장에 진출해 있는 기업들이 경쟁우위를 얻고자 하는 전략으로 정의하고 있다. 입(G. S. Yip)은 글로벌전략을 국제전략의 한 유형으로 규정하고 여러 국가 및 지역을 가로질러 통합된 접근으로 정의하고 있다.

이상의 글로벌전략에 대한 정의에서 우리는 두 가지의 공통적인 속성을 발견할 수 있다. 하나는 글로벌전략이란 경쟁우위를 얻고자 하는 전략이라는 점이고, 다른 하나는 여러 국가 및 지역에서 이루어지고 있는 사업활동을 조정하고 통합하는 전략이라는 점이다. 결국 글로벌전략이란 경쟁범위를 여러 국가시장으로 하는 국제전략으로, 여러 국가시장에서 전개되는 사업활동을 조정하고 통합하여 경쟁우위를 얻고자 하는 전략이라고 규정할 수 있다.

2. 글로벌전략의 배경

글로벌전략은 1980년대 이후 다국적기업의 세계에서 유행처럼 논의되고 있는 전략이다. 경영관련 학술지 하버드비즈니스리뷰(Harvard Business Review)나 종합 경제지 포춘(Fortune)은 글로벌전략을 실시하는 다국적기업의 사례를 자주 소개하고 있다. 글로벌전략은 다음과 같은 배경에서 관심이 높아지고 있다.

첫째로 글로벌산업이 확대됨에 따라 이에 부합한 전략이 요구되고 있다. 1980년대에 발표된 전략연구는 대부분 산업조직론에 이론적 바탕을 두고 있다. 산업조직론적 관점의 전략연구는 기업내부요인보다는 환경요인을 더 중시한다. 특히 산업조직론적 관점에서 전략연구를 선도한 포터(M. Porter)의 영향으로 산업구조를 가장 중요한 환경요인으로 고려한다. 산업조직론적 관점을 수용하는 경우 기업경영자들에게 남겨진 과제는 주어진 환경에 부합하는 전략을 수립하는 것이다. 그동안 발표된 글로벌전략에 관한 연구들도 대부분 산업조직론적 관점에 기반을 두고 있다. 글로벌전략은 세계 여러 국가에서의 경쟁지위가 서로 연계되어 있을 때 필요한 것으로 주장되고 있다.

둘째로 글로벌전략은 다국적기업들이 최근에 직면하고 있는 전략적 과제에 부합한다. 기업의 전략적 과제는 해당 기업의 국제화단계에 따라 다르다. 기업국제화의 1단계는 해외시장으로의 진입이다. 해외시장 진입을 도모하는 기업의 경우 어떤 국가시장에 진입할 것인가, 어떤 유형으로 진입할 것인가, 어떤 시기에 진입할 것인가, 그리고 어떤 순서로 진입할 것인가를 선택하는 것이 중요하다.

기업국제화의 2단계에서는 현지시장의 개발에 중점을 둔다. 이를 위해 기업들은 현지시장에 적합한 신제품을 개발하거나 제품 수정을 시도한다. 그러나 현지시장중심의 제품개발과 전략개발은 전 세계의 시장을 지나치게 세분화하는 결과를 가져온다. 또한 여러 국가에서 전개되는 사업들은 서로 조정되지 않은 채 각 시장별로 서로 다른 제품과 마케팅전략을 수행한다. 이와 같은 현지시장중심의 체제는 여러 가지 비효율성을 유발한다.

먼저 업무의 중복에 따른 비효율성이 있다. 다른 하나는 자회사 간에 의사교환이 활발하게 이루어지지 않은 관계로 잠재적인 시너지효과를 활용하지 못하는 비효율성이다. 이러한 비효율성은 산업의 글로벌화가 진행되면서 여러 국가시장에서 수행되는 사업을 조정하게 하는 압력으로 작용한다. 조정이 글로벌산업에서 중요한 경쟁우위 원천으로 작용하기 때문이다. 범세계적인 합리화의 추진은 기업국제화의 마지막 단계에 위치한 기업들에게 있어 중요한 전략적 과제이다. 글로벌전략은 범세계적인 합리화를 추구하는 기업들이 채택할 수 있는 수단을 제공한다.

3. 글로벌전략의 특징

글로벌전략은 국제전략의 한 유형으로 표 8-1 에서 보는 바와 같이 국가별전략과는 달리 다음과 같은 특징을 지니고 있다.

(1) 시장선택

국가별전략을 수행하는 기업은 진입하고자 하는 국가시장을 오직 그 시장이 갖고 있는 잠재력에 근거하여 선택한다. 반면 글로벌전략을 수행하는 기업의 경우 진입하고자 하는 국가시장은 그 시

표 8-1 글로벌전략과 국가별전략

	글로벌전략	국가별전략
시장선택	주력시장중심	국가시장의 잠재력
제품특성	전 세계적으로 표준화된 제품	국가시장에 적응된 제품
가치활동의 입지	가치활동을 일부 입지에 집중	국가시장별로 모든 가치활동 입지
마케팅 접근	전 세계시장을 일괄적으로 지향	현지국가시장 지향
경쟁 방식	국가시장을 가로질러 통합	국가시장별로 경쟁

자료 George S. Yip, "Global Strategy: In a World of Nations?," *Sloan Management Review*, Vol.29, 1989.

장이 기업 전체의 이익에 공헌하는 정도에 기초하여 선택된다. 이는 국가시장 자체의 잠재력은 다른 시장에 비해 낮다고 하더라도 전 세계적으로 기업전략을 수행하는 데 있어서 전략적으로 중요한 시장에 진입할 수 있음을 시사한다. 글로벌전략을 수행하는 기업에게 있어 전략적으로 중요한 시장은 글로벌경쟁자의 본국시장, 글로벌경쟁자의 주력시장, 글로벌고객의 본국시장, 시장 규모가 큰 국가시장, 그리고 산업혁신을 주도하고 있는 국가시장 등이다.

(2) 제품특성

국가전략을 수행하는 기업의 경우 각 국가시장에 제공되는 제품은 현지시장의 기호에 부합하도록 적응된 제품이다. 반면 글로벌전략을 수행하는 기업은 최소한의 현지적응이 요구되는 표준화된 핵심제품(core product)을 제공한다. 핵심제품이란 최종제품과 다르며 기업의 탁월한 강점을 물리적으로 갖고 있다. 시장에서 소비자를 대상으로 판매되는 것이 최종제품이라면 핵심제품은 최종제품의 가치증대에 실질적으로 기여하는 부품이나 중간재를 의미한다. 예를 들어 혼다(Honda)의 핵심제품은 엔진이다. 혼다는 엔진을 핵심제품으로 하는 자동차, 모터사이클, 잔디 깎는 기계 등의 최종제품을 판매하고 있다.

글로벌전략을 수행하는 기업의 제품전략은 보잉 사의 보잉737 판매와 관련한 사례를 통해 그 특성을 이해할 수 있다. 1970년대 초 보잉 사는 새롭게 개발한 보잉737을 판매하기 시작하였다. 그러나 보잉737은 개도국시장의 특성에는 적합하지 않은 것으로 나타났다. 개도국의 경우 활주로가 짧고, 지반이 약하고, 조종사의 전문적인 기술 능력이 떨어지는 관계로 비행기가 착륙할 때 튀어 오르는 경향이 있었다. 이로 인해 비행기가 착륙할 때 제동장치가 훼손되는 경우가 자주 발생하였다.

보잉 사는 이런 문제를 해결하기 위해 제품디자인을 수정하였다. 엔진추진력을 강화하였고, 날개와 랜딩기어를 다시 디자인하였으며, 공기압이 낮은 타이어를 장착하였다. 이와 같은 표준화된 핵심제품에 대한 수정으로 보잉737이 개도국시장에서 크게 호평받는 계기가 되었다.

(3) 가치활동의 입지

기업은 가치활동으로 구성된 가치사슬(value chain)로 이해할 수 있다. 가치활동은 일차적인 활동과 보조적인 활동으로 구분된다. 일차적인 활동에는 제품을 생산하고, 제품을 소비자에게 판매하고, 그리고 제품을 구입한 소비자에게 지원과 A/S를 제공하는 활동이 포함된다. 일반적으로 생산과 마케팅이 일차적인 활동을 대표한다.

반면 보조적인 활동은 일차적인 활동이 원만하게 진행될 수 있도록 하는 가치활동이다. 연구개발은 신제품이나 신공정의 기술개발을 통해 일차적인 활동을 지원한다. 인적자원관리는 일차적인 활동을 효과적으로 실행하는 데 필요한 인재를 적절하게 공급하는 기능을 한다. 자재관리는 생산 및 마케팅과정에서 필요한 자재의 흐름을 통제한다. 정보체계는 기업의 효율성을 극대화하는 데 필요한 정보를 입수할 수 있게 한다. 또한 조직구조, 기획, 재무 등의 조직하부구조도 가치창출에 도움을 주는 보조적인 활동들이다.

글로벌전략을 수행하는 기업은 이들 가치활동을 서로 다른 나라에서 수행한다. 물론 각각의 가치활동을 서로 다른 나라에 배치하는 것은 가장 극단적인 예이다. 일반적으로 글로벌전략을 수행하는 기업들은 가치활동의 일부를 특정 국가에 집중배치하고 다른 일부의 가치활동을 여러 국가에 분산배치하는 방식을 따른다. 반면 국가별전략을 수행하는 기업은 거의 모든 가치활동을 각 국가시장에 중복적으로 배치한다.

(4) 마케팅 접근

국가별전략을 수행하는 기업은 각 국가시장에 적응된 마케팅을 실시한다. 국가별전략에서는 마케팅믹스의 내용이 국가시장에 따라 각각 다르게 나타나는 경향이 있다. 반면 글로벌전략을 수행하는 기업은 세계 여러 국가시장에서 동일하거나 유사한 마케팅믹스를 사용한다. 마케팅믹스의 요소들인 제품디자인, 제품포지셔닝, 상표명, 포장, 가격, 광고, 촉진 등은 모두 글로벌전략의 대상이 된다.

(5) 경쟁 방식

국가별전략의 경우 한 국가시장 내에서 경쟁기업들 간에 전개되는 경쟁전략은 다른 국가에서 전개되는 경쟁전략과는 별개이다. 반면 글로벌전략의 경우 경쟁기업들 간의 경쟁전략은 여러 국가에 걸쳐 통합되어 있다. 이는 한 국가시장에서 경쟁기업으로부터 공격을 받은 기업은 다른 국가시장에서 경쟁기업을 공격하는 방식으로 처음의 공격에 대응하는 것이 가능하다는 점을 시사한다.

경쟁방식에 있어서 글로벌한 접근의 예로서 미국의 스키장비업체인 살몬(Salmon)의 사례를 살펴보자. 오스트리아의 티롤리아(Tyrolia)는 살몬의 경쟁기업이다. 티롤리아는 살몬의 주력시장인 미국시장에 진입하여 시장확대를 도모하였다. 티롤리아로부터 공격을 받은 살몬은 미국시장 대신 티롤리아의 주력시장인 독일과 오스트리아 시장에서 시장확대를 도모하는 방식으로 티롤리아의 공격에 대응하였다. 살몬은 한 국가시장 대신 전 세계를 경쟁의 장소로 인식한 것이다.

4. 글로벌전략의 주요 요소

글로벌전략을 수립하는 데 있어서 중요하게 고려하여야 할 요소는 첫째로 전 세계에 기업활동을 어떻게 배치할 것이며, 둘째로 이렇게 배치된 기업의 활동을 어떻게 통제하고 조정할 것인가의 2가지 문제로 집약된다.

(1) 기업활동의 세계적인 배치

기업활동의 세계적인 배치에는 자사의 경영자원이 국제적으로 이전가능한가의 문제, 생산활동의 세계적인 배치문제, 진입시장의 선택문제, 각국에 진출할 때의 진입방법의 문제 등 4가지 요소를 글로벌전략 차원에서 고려하여야 한다.

가) 핵심역량의 해외이전

핵심역량(core competence)이란 기업이 보유하고 있는 우월적 내부역량으로, 경쟁기업과 차별화될 뿐 아니라 경쟁우위를 창출할 수 있는 능력을 의미한다. 이러한 능력은 본질적이고 근원적인 것이기 때문에 전사적 차원에서 이용될 뿐만 아니라 새로운 기술, 제품, 서비스 등에 연계되어 새로운 역량을 창출하고 새로운 사업으로의 확대를 가능하게 한다.

핵심역량을 축적하기 위해서는 장기간의 지속적이고 의식적인 노력이 필요하기 때문에 여기에 바탕을 둔 경영자원은 경쟁자가 쉽게 모방할 수 없는 기업특유의 경쟁우위(competitive advantage) 원천이 된다. 따라서 해외에 진출할 때 과연 자신의 핵심역량이 무엇인가를 파악하는 것은 기업들이 수행해야 할 가장 중요한 전략적 과제가 된다.

예컨대 Sony 사의 소형화 능력, Toyota 사의 JIT 생산시스템, Electrolux 사의 인수합병 능력 등은 이들이 가지고 있는 차별화 우위로서 그 조직단위에 체화되거나 통합된 능력 또는 기술이라고 할 수 있다. 표 8-2 는 세계 여러 나라의 기업들이 갖고 있는 핵심역량의 예를 정리한 것이다.

표 8-2 기업의 핵심역량

분야	핵심역량	기업
경영관리	효과적인 재무관리시스템 전문지식 경영조정 인수합병 관리능력 리더십	Hanson, ExxonMobil GE, ABB Shell Electrolux Wal-Mart, Fedex
경영정보	효율적인 MIS	American Airline, Sabre
연구개발	기초연구능력 신제품개발 속도	AT&T, Sony, 3M Canon, Honda
생산	생산효율성 제조공정의 향상능력 유연성	Toyota Nucor Benetton
제품디자인	디자인능력 브랜드관리 판촉활동 시장흐름에 대한 반응	Apple Pepsi-Cola Mercedes Benz Gap
판매와 유통	판매량증대 신속한 물류 서비스품질	Microsoft, Glaxo Fedex Walt Disney

자료 R. Grant, *Contemporary Strategy Analysis*, Blackwell, 2002, p.147.

글로벌전략에서 핵심역량을 고려해야 하는 이유는 기업이 아무런 경쟁우위도 없이 해외시장진출을 시도하는 것은 실패를 자초하는 무모한 짓이기 때문이다. 해외에 진출하려는 기업은 무엇보다 먼저 자신이 가지고 있는 핵심역량이 과연 무엇이며, 그것이 세계적인 경쟁자와 비교하여 지속적 경쟁우위를 창출할 수 있는지를 검토해야 한다. 이는 기업이 자국시장에서 지니고 있는 핵심역량을 해외시장에서도 활용할 수 있을 때 글로벌전략을 성공적으로 수행할 수 있을 것이기 때문이다.

이처럼 핵심역량에 입각한 글로벌전략에는 글로벌기업이 지니고 있는 핵심역량을 해외시장에 이전가능하다는 것이 전제되어야 한다. 물론 기업의 해외진출은 부족한 경영자원을 보충하거나 자신의 핵심역량을 개발하고 축적할 수 있는 기회이기도 한다.

나) 가치사슬의 배치

가치사슬(value chain)이란 컨설팅회사인 McKinsey가 개발한 경영시스템을 포터(M. E. Porter)가 1985년에 훨씬 정교한 분석틀로 발전시킨 것이다. 포터는 국제경쟁력은 상대적인 저원가와 차별화에 따른 경쟁우위에서 비롯된다고 하였다. 이러한 경쟁우위의 원천은 연구 및 개발, 생산, 물류, 마케팅, 지원활동 등 기업이 수행하는 개별 기능의 활동으로부터 나온다고 할 수 있다. 따라서 기업을 전체적으로 놓고 경쟁우위를 도출하는 것은 불가능하며, 기능별 활동의 연쇄관계 및 상호작용을 체계적으로 나타내는 가치사슬(value chain)의 분석을 통해서 파악할 수 있다.

포터가 제시한 기업의 가치사슬모델은 기업의 전반적인 경영활동을 주활동(primary activity)과 보조활동(support activity)으로 나누어 기업의 구매 및 자재관리에서부터 생산, 물류, 판매, 애프터서비스 단계에 이르기까지 각각의 활동부문에서 비용이 얼마나 소요되고 소비자들에게서 얼마나 부가가치를 창출할 수 있는가를 분석할 수 있는 틀이다.

가치사슬에서 주활동은 제품을 생산 · 판매하고 판매한 제품에 대해 지원과 애프터서비스를 제공하는 활동이 포함된다. 주활동은 일반적으로 경영기능에서 라인활동(line activity)에 속하는 생산과 마케팅이 해당된다. 반면 보조활동은 주활동이 원만하게 진행될 수 있도록 지원해주는 활동으로 R&D, 인적자원관리, 정보시스템, 조달지원활동 등이 해당된다.

이처럼 가치사슬을 통하여 기업의 활동을 분석하면 개별 활동분야에서 각 기능을 어느 국가에 배치하는 것이 가장 효과적인가를 파악할 수 있다. 가치사슬의 주활동을 세계 어느 지역에 배치할 것인지는 중요한 전략적 의사결정이다. 글로벌기업은 자사의 핵심역량만 본국에 남겨놓고 기타 활동을 여러 지역에 분산 · 배치함으로써, 글로벌 효율성과 현지적응력을 동시에 달성할 수 있다. 이러기 위해 기업은 글로벌 차원에서 가치사슬을 분석하고 어느 지역에서 개별 활동들을 가장 잘 수행할 수 있을지를 파악하여 범세계적으로 가치사슬의 최적배치가 이루어지도록 해야 한다.

다) 진출시장의 선정

기업들이 새롭게 진출할 시장을 선정할 때는 특정 국가만을 고려하는 편협된 시각에서 벗어나 글로벌전략을 추구함으로써 가질 위상과 영향을 고려할 필요가 있다. 글로벌전략을 추구하는 기업들이 일부 국가에만 집중하는 전략은 바람직하지 못하며 시장의 중요도에 따라 전 세계적으로 골고루 퍼져서 매출액의 균형을 이루는 것이 더욱 바람직하다. 이와 같이 균형 있게 시장에 참여한다면 세계시장에서 소비될 수 있는 글로벌제품의 개발이 가능하고 또한 범세계적인 마케팅프로그램의 표준화가 가능하다. 한편 부품조달, 생산, 제품개발, 국제물류 등 국제생산네트워크의 관리에 있어서도 지리적 시장의 균형은 필요하다.

이와 같은 고려하에 해외에 있는 각 시장에 진출을 검토할 때 기업들은 크게 2가지 요소를 생각해야 한다. 첫째로 기업은 현지시장의 전략적인 중요성을 평가해야 한다. 이는 기업이 추구하는 글로벌전략의 성패에 중요한 영향을 미치기 때문이다. 둘째로 기업은 현지시장에서 갖고 있는 경쟁우위를 객관적으로 평가해야 한다. 이는 글로벌전략의 수립에 중요한 요소인 핵심역량의 관점에서 기업의 상대적 경쟁우위를 살펴보는 것을 의미한다. 전략적으로 중요성을 갖고 있는 시장은 다음과 같은 면에서 평가될 수 있다.

첫째, 전략적 시장이란 시장 규모가 크고 이익을 얻을 수 있는 가능성이 높은 시장이다. 주요 시장에서 성공하면 그만큼 규모의 경제를 활용할 가능성이 높아지고 또한 신규시장 진출을 위한 재원 마련에도 크게 도움이 된다. 따라서 주요 시장, 즉 우리가 흔히 큰 시장으로 알고 있는 미국, 일본, 그리고 유럽 시장에서 성공하는 것이 글로벌전략을 추구하는 데 큰 도움이 된다. 규모가 큰 시장을 확보하지 못한 기업은 이 시장을 확보한 기업에 비해 비용 면에서 불리함을 감수해야 한다. 또한 전략적 시장을 차지하고 있는 기업도 그 시장에서 얻은 재원을 활용하여 다른 시장에서 덤핑전략을 활용할 수 있기 때문에 전략적 시장을 보다 효과적으로 공략하는 것이 필요하다. 예를 들어 일본기업들이 무역장벽으로 철저하게 보호된 일본 내수시장을 중심으로 해외시장 개척에 필요한 엄청난 재원을 확보할 수 있었던 것에 비해 과거 미국기업들은 엄청나게 큰 내수시장에 만족하여 해외시장 개척을 게을리하였다. 그 결과 일본기업들이 보호된 내수시장에서 얻은 수익을 바탕으로 미국시장에 덤핑공세를 가할 때 미국기업들은 속수무책으로 당할 수밖에 없었다. 또한 지역적인 관점에서 특정 지역 내에서 시장 규모가 큰 국가도 전략시장으로 평가할 필요가 있다. 예를 들어 브라질은 남미시장에서 가장 규모가 크고 천연자원이 풍부하기 때문에 남미시장 진출에 교두보가 되는 중요한 시장이다.

둘째, 글로벌고객을 상대하는 기업은 전 세계적으로 사업활동을 하는 고객에게 효과적인 서비스를 제공하기 위해서 고객의 모국과 그 고객이 활동하는 주요 국가에 진출하고 있어야 한다. 따라서 글로벌고객의 모국이 전략적 시장이 된다. 예를 들어 Citi Bank는 주요 고객들인 다국적기업이 전 세계를 중심으로 운영되므로 이들을 위하여 많은 점포를 해외에 두고 있다. 또한 기업들이 자신의 고객인 다국적기업을 통해서 상품개발의 아이디어를 얻는 경우가 많기 때문에 그들이 진출한 나라에 연구개발법인을 설립할 필요가 있다.

셋째, 경쟁기업의 내수시장은 아주 중요한 전략적 시장이다. 경쟁기업을 가장 효과적으로 견제할 수 있는 방법은 그 경쟁기업의 가장 중요한 시장을 공략하는 방법이다. Caterpillar는 Komatsu의 본고장인 일본시장에서 미쓰비시중공업과 합작투자를 하여 Komatsu를 견제하였다. 만일 Caterpillar가 일본시장에서 Komatsu를 견제하지 않았다면 Komatsu는 일본시장에서 얻은 수익을 바탕으로 미국 내수시장에 덤핑을 가할 수 있기 때문에, Caterpillar가 Komatsu를 가장 효과적으로 견제할 수 있는 시장은 Komatsu의 모국인 일본시장에 진출하는 것이었다. 또한 경쟁기업의 본국만이 아니라 글로벌경쟁기업이 주력하고 있는 시장에 진출하여 견제하는 것도 효과적인 경쟁수단이 될 수 있다.

넷째, 기술혁신이 많이 일어나는 시장은 전략적 시장의 역할을 한다. 기술혁신의 본거지에 위치하는 것은 뛰어난 기술력을 확보함과 동시에 경쟁기업의 움직임을 포착하는 데 크게 도움이 된다. P&G는 일본시장에서 신제품 도입이 가장 활발하게 일어난다는 점에 착안하여 일본에 R&D센터를 위치시키고 기술혁신의 본거지로 삼았다. 이와 같은 시장으로의 진출은 기술혁신과 기업의 경쟁력 확보에 큰 도움을 준다.

라) 진입방식의 선택

기업이 해외시장에 진입하는 방식에는 일반적으로 수출, 라이센싱, 해외직접투자의 3가지 유형이 있다. 이 가운데 해외직접투자와 관련해서는 다음의 3가지 의사결정 차원에 주의를 기울여야 한다. 첫째로 해외직접투자를 하는 데 있어서 신설할 것인지 아니면 현지의 기업을 인수할 것인지에 대한 선택문제, 둘째로 합작투자의 경우 소유권 비율의 문제, 셋째로 시기에 따른 진입전략의 선택문제가 그것이다.

첫째로 해외직접투자에 있어서의 신설 혹은 인수에 대한 선택과 관련하여서는 다른 기본적인 고려요인 외에도 경쟁구조에 대한 영향이 고려되어야 한다. 예컨대 현지기업을 인수할 경우에는 기존의 경쟁구조에 별다른 영향을 미치지 않는 반면, 신설의 경우에는 전체적으로 생산능력이 증대되는 결과로 인해 경쟁구조에 중대한 변화가 생긴다.

둘째로 글로벌소유전략은 해당 해외시장에 선호되는 소유 형태의 선택과 관련된다. 소유 형태는 해외활동에서 자원이 어느 정도 투입되어 묶이게 되는지를 결정하는 중요한 변수이다. 그러므로 시장진입방식은 예상되는 투입자원의 종류와 정도에 따라 체계화되며 자원의 개입정도에 따라 각 진입방식의 국제화수준과 순위가 결정된다.

셋째로 범세계적 맥락에서 시기와 관련된 진출전략에 대한 분석은 다양한 의사결정 차원을 지닌다. 진입시기에 대한 전략적 문제는 개별 국가뿐만 아니라 범세계적 관점에서 고려되어야 하며, 기업의 최고경영층의 경영철학과 국제화지향성 및 태도에 따른 국제화전략과도 밀접한 관련을 지닌다.

(2) 통제와 조정

글로벌기업들은 글로벌전략을 수립하는 과정에서 기업활동의 세계적 배치와 아울러 글로벌기업활동에 대한 통제와 조정을 결정하여야 한다. 조정이란 정보의 공유와 책임, 권한의 할당을 의미하는데, 전 세계에 배치된 기업활동 및 가치창출활동에 적절한 통제와 조정이 이루어질 때 기업은 비로소 기업 전체 차원에서 시너지효과를 창출할 수 있을 것이다.

성공적인 글로벌전략의 수행에 결정적인 영향을 미치는 것은 바로 기업조직상의 특성이다. 일반적으로 글로벌경영에는 의사결정의 중앙집권화가 필요한 것으로 주장되기도 하지만 이보다도 성공적인 글로벌전략을 수립하기 위해서는 본사와 자회사들 간에 오케스트라 연주와 같은 용의주도한 공동작업이 요구된다.

의사결정 권한의 집중화는 현지자회사의 경영층으로부터 반대에 부딪칠 수 있다. 이러한 반발은 대개 자회사의 자율권과 의사결정 권한이 점차 제한된다는 인식 때문이라고 할 수 있다. 그리고 이것이 글로벌전략을 추진하는 데에서 발생하는 다양한 갈등원인으로 작용한다. 예컨대 개별 시장국의 중요성이나 자회사의 비중이 본사로부터 달리 인식되고 이에 따라 의사결정참여 권한이나 자원의 배분에 대해 자회사가 불만을 갖게 되는 경우가 있을 수 있다. 더 나아가 구성원들은 경영이나 마케팅기법과 관련하여 가장 새로운 경험과 지식을 지니고 있다고 믿는 반면, 자회사의 임직원들은 본사가 현지시장의 시장상황을 거의 모르고 있고 따라서 전략 및 활동에 대해 현지국 자회사에 불리하게 작용하는 그릇된 판단과 결정을 내릴 수 있다고 생각한다.

이러한 점들을 고려할 때 글로벌전략에는 무엇보다 세계지향적인 기업의 정체성과 결부되는 조직형태와 기업문화가 필요하다. 이때 조직형태는 본사와 자회사 간에 긴밀한 협력과 상호동참이 보장되는 방향으로 구성되어야 할 것이다. 그리고 기업문화는 기업구성원들이 자회사를 둘러싸고 있는 개별국 문화의 영향에서 벗어나 독자적인 기업의 정체성을 나타내는 세계지향적 철학과 가치관을 지닐 수 있도록 형성되어야 한다. 이러한 기업문화를 통해 전 기업구성원은 전체가 부분의 합보다 더 크다는 인식하에 우리라는 공동체의식과, 하나의 통합적이고 세계지향적인 사고와 행동양식을 지니게 된다. 이러한 기업문화는 세계적 경쟁에서 독특한 이미지 부각에도 기여할 것이다.

5. 글로벌전략의 장단점

(1) 글로벌전략의 장점

글로벌전략을 수행하는 기업이 누릴 수 있는 이점은 다음과 같다.

첫째, 글로벌전략은 비용을 절감할 수 있는 기회를 제공한다. 여러 국가시장에서 개별적으로 수행되는 가치활동을 조정함으로써 규모의 경제를 이룰 수 있다. 가치활동을 가장 저렴하게 수행할 수 있는 국가로 이전함으로써 요소비용을 절감할 수 있는 것이다. 비용절감은 신축성의 활용을 통해서도 가능하다. 여러 국가시장에 생산시설을 두고 있는 기업은 시기별로 가장 유리한 조건으로 생산이 가능한 지역에서 생산 규모를 확대하고 생산 여건이 불리한 지역에서의 생산 규모를 축소하는 방식으로 신축성을 가질 수 있다. 생산에 있어 신축성을 갖고 있는 기업은 공급업자, 노동자, 현지정부에 대한 협상력을 강화할 수 있어 이를 통한 비용절감도 가능하다.

둘째, 글로벌전략은 제품 및 프로그램의 질을 개선하는 데 도움을 준다. 국가별전략을 수행하는 기업에 비해 글로벌전략을 수행하는 기업은 더 적은 수의 제품 및 프로그램에 자원을 집중시킨다. 자원의 집중적인 사용으로 제품 및 프로그램의 품질을 개선할 수 있다.

셋째, 글로벌전략은 고객의 충성도를 제고하는 데 도움을 준다. 세계 어느 곳에서도 제품을 구입할 수 있고, 서비스를 지원받을 수 있다면 그 제품에 대한 고객의 선호도는 향상되기 마련이다. Coca-Cola 같은 청량음료나 McDonald 같은 패스트푸드 회사들은 글로벌전략을 통해 고객의 충성도를 제고하고 있으며, Dell 같은 컴퓨터제조업체들도 글로벌전략을 통해 제품에 대한 고객의 선호를 제고하고 있다.

넷째, 글로벌전략은 경쟁압력에 대응하는 데 있어서 여러 가지 대안을 가질 수 있도록 한다. 한 국가시장에서 경쟁지위를 개선하고자 하는 기업은 그 국가시장에서 경쟁기업을 공격하는 것과 아울러 제3국시장에서 경쟁기업을 공격하는 것도 효과적일 수 있기 때문이다.

(2) 글로벌전략의 단점

글로벌전략은 장점과 아울러 몇 가지 단점도 지니고 있다.

첫째, 글로벌전략은 관리비용의 확대를 가져온다. 여러 국가시장에서 전개되는 사업을 조정해야 될 필요성이 증가하고 전략의 수행을 위해 더 많은 관리요원이 충원되어야 하기 때문이다.

둘째, 글로벌전략은 각 국가시장에 위치한 사업의 효과성을 약화시킬 수 있다. 글로벌전략의 수행에 따라 나타나는 지나친 집권화는 현지자회사들의 동기유발을 억제하고 사기를 떨어뜨릴 수 있기 때문이다.

셋째, 글로벌전략은 표준화에 따른 문제를 야기한다. 표준화된 제품은 다른 국가시장의 소비자 요구에 부합하지 않을 수 있다. 특히 이런 문제는 국제화의 초기단계에 있는 기업들에서 자주 발견된다. 국내시장에서 판매되고 있는 표준화된 제품을 현지시장에서 그대로 판매하는 경우 시장확대에 어려움을 겪을 수 있다. 또한 세계시장을 목표시장으로 하여 개발된 표준화된 제품은 어느 국가의 소비자도 만족시키지 못하는 제품이 될 위험을 내포한다.

제2절 글로벌전략의 과제

1. 표준화와 현지화의 문제

(1) 국제마케팅의 표준화

국제마케팅의 표준화(standardization) 또는 글로벌화(globalization)란 모든 국제시장에 차별 없이 동일하게 마케팅정책을 수행하는 것을 말한다. 이는 소비자들의 생활영역이나 습관 · 전통 · 문화 등이 서로 다르더라도 그들의 기본적인 욕구는 세계적으로 동일하다는 가설에 근거를 두고 있다. 세계시장이 동질화되어가고 있는 이유로는 기술혁신에 따른 교통통신의 발달, 세계적인 공업화 추세, 그리고 국가 간의 경제적인 교류 등을 들 수 있다.

국제마케팅의 표준화를 수상하는 학자로는 레비트(T. Levitt)가 있는데, 그는 세계가 동질화되고 있기 때문에 표준화전략을 택하지 않는 국제기업들은 사라지고 전 세계적으로 동일한 전략을 수행하는 기업이 등장해야 한다는 극단적인 표준화전략론을 펼친다. 그는 맥도날드의 프랑스와 일본에서의 성공, 코카콜라의 바레인에서의 성공, 펩시콜라의 모스크바에서의 성공 등은 상업적인 측면에서 시장의 범세계화(globalization of markets)를 확인해주는 증거라고 하였다.

국제마케팅 표준화의 장점은 ① 상표 · 광고 · 포장 · 제품 · 판매촉진 · 판매훈련 · 애프터서비스 등을 표준화함으로써 비용을 절감할 수 있고 관리가 용이하다는 점, ② 생산과 재고관리에 있어서 규모의 경제를 누릴 수 있으며 세금절감과 국제적 부품조달 및 이전가격 조작 등의 기회를 이용할 수 있다는 점, ③ 제품의 실패위험이 다양한 지역시장으로 분산되어 있어 투자를 조기에 회수할 수 있다는 점, ④ 통일성 있는 마케팅전략을 사용하므로 더욱 질서 있게 국제마케팅계획을 세우고 통제할 수 있다는 점, ⑤ 국제마케팅 기법이 더욱 정교해질 수 있으며 유능한 인재를 세계 어느 시장에서나 필요한 곳에서 제약 없이 활용할 수 있다는 점, ⑥ 각국의 소비자들 사이에 일체감을 조성할 수 있다는 점 등이다.

(2) 국제마케팅의 현지화

국제마케팅의 현지화(localization) 또는 적응화(adaptation)란 각국의 상황이나 소비자들의 특성에 따라 국제마케팅전략을 각 시장에 맞게 적응화하는 것을 말하는데, 이를 지지하는 학자로는 홀(E. T. Hall), 그린(R. T. Green)과 커닝햄(I. C. Cunningham), 더글라스(S. P. Douglas)와 윈드(Y. Wind) 등을 들 수 있다.

홀은 국가마다 문화가 다르므로 한 국가에서 성공한 전략을 다른 국가로 이전하는 데에는 많은 장애요인이 존재한다고 주장하였으며, 그린과 커닝햄은 미국과 베네수엘라에서 가족의 구매결정방식에 차이가 있음을 알고 국제기업으로 하여금 두 시장에서 목표고객을 달리 선정해야 한다고 주장하였다. 더글라스와 윈드는 세계적 욕구의 동질화, 소비자행동의 유사성, 규모경제의 실현, 세계 공통의 목표시장 존재, 내외적인 규제조치 철폐, 세계적 표준화에 수반되는 시너지효과의 발생 가능성 등이 있는 경우에만 표준화가 이루어진다고 주장하였다.

국제마케팅 현지화의 가장 큰 장점은 각국의 특수한 사정을 충분히 고려하여 각 시장에 알맞은 독특한 전략을 세우고 이를 집행함으로써 마케팅프로그램의 효과를 극대화할 수 있다는 점이다. 그러나 지나치게 현지화할 경우 비용이 엄청나게 소요된다는 단점이 있다. 따라서 현지화전략의 채택 여부는 현지화로 얻을 수 있는 시장의 이익(gain or benefit)과 비용(cost) 요건에 따라 결정되는 것이다. 현지화로 소요되는 비용보다 얻을 수 있는 시장의 이익이 크다면 현지화전략은 타당성을 갖게 된다.

2. 표준화와 현지화의 조화

세계시장을 무대로 경쟁하고 있는 글로벌기업들은 서로 상반된 압력에 직면하고 있다. 즉 글로벌기업들은 한편으로는 비용 측면에서의 경쟁우위를 갖기 위하여 한곳에 생산시설을 집중하고 규모의경제를 이용하여 대량생산을 하여 낮은 비용으로 세계시장에 수출하는 방식의 전략을 추구할 필요성을 느낀다. 이를 위해서는 세계에서 가장 낮은 비용으로 생산할 수 있는 입지에 위치하여야 하고, 규모의 경제를 활용하기 위하여 전 세계 소비자들의 수요가 동질적인 것으로 가정하고 표준화된 상품을 생산 · 판매해야 할 필요성을 느낀다.

또 다른 한편으로는 글로벌기업들은 각국의 서로 다른 지역적 · 문화적 특성에 맞추어 차별화된 제품을 생산해야 할 필요성도 느낀다. 또한 생산시설을 한 지역에 집중하게 되면 환율의 변동에 취약하기 때문에 생산기지를 세계 여러 곳으로 분산시킴으로써 환율변동에도 대비하고 보호무역장벽을 우회할 필요성도 크게 느낀다.

이와 같이 글로벌기업들에게는 **그림 8-1** 에서 보는 바와 같이 글로벌화(글로벌통합)와 동시에

그림 8-1 표준화와 현지화의 압력

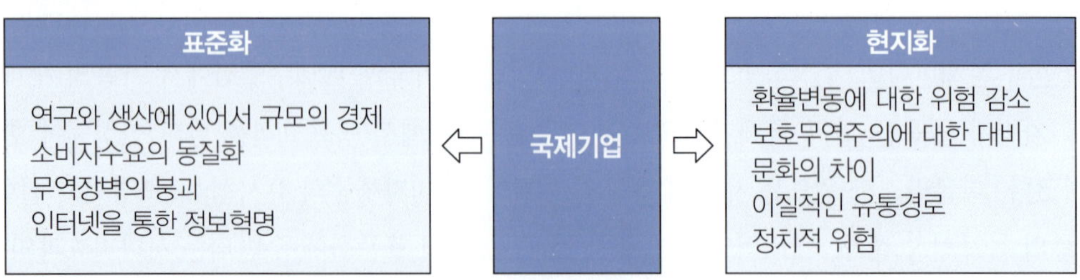

자료 C. K. Prahalad and Y. Doz, *Multinational Mission*, Free Press, 1987.

현지화(현지적응)를 달성해야 하는 상반된 목표가 동시에 존재한다. C. K. Prahalad와 Y. Doz는 이와 같이 글로벌화와 현지화의 당위성이 동시에 요구되는 것이 다국적기업이 갖는 근본적인 갈등이라고 지적하였다.

(1) 표준화에 대한 압력

다국적기업이 표준화(글로벌화)의 압력을 느끼는 이유는 산업과 경쟁이 글로벌화하는 추세에 따른 것이다. 산업과 경쟁의 글로벌화의 요인으로는 연구개발과 생산에 있어서 규모의 경제가 점차 중요해지고 있으며, 전 세계적으로 소비자의 수요가 점차 동질화되어가는 추세에 있고, 또한 GATT와 WTO체제하에서 무역장벽이 무너지고 있음을 들 수 있다.

글로벌화의 필요성이 더욱 강조되는 산업은 표준화된 제품을 대량생산하는 산업이다. 예를 들어 CD플레이어는 이미 성숙단계에 접어든 제품이기 때문에 각국마다 서로 다른 CD플레이어를 만들 필요성이 크게 존재하지 않는다. 즉 CD플레이어는 세계 어느 곳에서나 동일한 제품인 것이다. 메모리용 반도체 역시 전 세계에서 동일한 제품을 소비하는 글로벌제품이다. 자동차도 과거에는 각국별로 소비자의 기호가 큰 차이를 보였으나 점차 전 세계적으로 소비자의 기호가 동질화됨에 따라 표준화된 제품이 되어가고 있다. 이와 같이 전 세계적으로 소비자의 기호가 동질화됨에 따라 기업들은 표준화된 제품들을 대량생산하여 규모의 경제를 활용할 수 있기를 기대한다.

표준화된 상품을 중심으로 대량생산체제를 통하여 낮은 가격으로 경쟁하는 산업에서는 기업들이 치열한 경쟁을 벌인 결과 많은 군소기업들은 도산하고 소수의 글로벌기업들만 살아남기 쉽다. 특히 일상재화된 산업에서는 이러한 경향이 더욱 두드러지게 나타난다. 메모리형 반도체산업은 전형적인 글로벌산업으로서 전 세계적으로 소수의 기업들이 치열한 가격경쟁을 벌이고 있다. 또한 이들 산업은 경기변동에 취약하여 때로는 공급과잉을 유발하기도 하여 기업들이 막대한 손실을 입기도 한다. 타이어산업에서도 역시 차별화되지 않은 일상재의 성격 때문에 전 세계적으로 많은 기업들이 도산하거나 합병 · 인수되어 이제는 소수의 기업들만 살아남아 극심한 가격경쟁을 벌이고 있다.

또한 생산과 연구개발에서 규모의 경제 효과가 큰 산업일수록 글로벌화해야 하는 필요성이 더욱 강조되고 있다. 자동차산업에서는 신제품을 개발하는 데 막대한 연구개발비가 들고 생산설비를 갖추는 데도 엄청난 투자자금이 소요된다. 이와 같은 산업에서는 한곳에 대형공장을 만들고 대량생산을 통한 규모의 경제를 활용하여 비용을 낮추는 것이 필요하다. 이와 같은 저비용생산기지에서 생산된 제품을 세계 각국에 수출함으로써 규모의 경제를 최대한도로 활용할 수 있는 것이다.

또한 GATT와 WTO체제하에서 각종 관세 및 비관세장벽이 무너지고, 지역 내 경제통합 현상이 가속화됨에 따라 표준화된 상품의 대량생산을 통하여 비용우위를 확보하려는 글로벌화의 압력은 더욱더 가중되고 있다. 더욱이 최근 폭발적인 성장을 보이는 인터넷 기술로 인해 전 세계의 경쟁자, 공급업체, 딜러, 소비자 등은 순간적으로 정보 공유가 가능하다. 이와 같은 인터넷 기술의 발전은 궁극적으로 소비자수요를 동질화하고 경쟁을 보다 글로벌하게 만든다.

(2) 현지화에 대한 압력

다국적기업이 현지화해야 하는 첫 번째 필요성은 환율변동으로 인해 국제경쟁력이 약해지는 것을 피하는 데 있다. 환율변동은 한 지역에 생산시설을 집중하는 글로벌기업들에게 커다란 위험요소로서 작용한다. Caterpillar는 1980년대 초반에 달러화가 고평가됨에 따라 상당한 어려움을 겪었고 Komatsu 역시 1980년대 후반 엔화가 고평가됨에 따라 상당한 어려움을 겪었다. 아무리 소비자수요가 동질화되고 무역장벽이 철폐되며 규모의 경제의 중요성이 크다고 해도 환율이 급변할 경우에는 한 지역에 생산시설을 집중하여 규모의 경제를 활용하려는 단순한 글로벌경영 방식은 위험한 전략일 수밖에 없다. 따라서 다국적기업들은 환위험을 회피하기 위해서 적극적인 현지화전략을 펴야 할 필요성을 느낀다.

또한 국제무역장벽이 계속적으로 낮아지는 추세에 있다 하더라도 각국 간에 무역분쟁이 발생할 가능성은 아직도 상당히 크다. 특히 수출 형태로 해외사업을 운영하는 기업들에게는 각종 무역분쟁이 큰 어려움으로 작용할 수 있다. 예를 들어 유럽연합이 아직까지는 통합 후 역외국에 대해 무역장벽을 세울 조짐은 보이지 않으나, 한국에서 수출하는 상품에 대해서 반덤핑제재를 취하거나 수출자율규제와 같은 조치를 취할 경우에 한국에서 생산하여 수출하는 형태로 해외사업을 운영하는 기업들은 제품의 판로가 순식간에 막혀버릴 수도 있다. 실제 2003년 미국과 유럽연합은 한국의 은행들이 Hynix에게 부채를 출자전환 해주고 이자를 경감한 것을 일종의 보조금이라 간주하여 30% 이상의 고율의 상계관세를 부과하였다. 이와 같은 보호무역주의에 대한 근본적인 대책은 역시 해외 각지에 생산기지를 두어 현지화하는 방법이다.

더욱이 각국 간의 정치적 · 문화적 환경의 차이는 다국적기업들에게 현지화의 필요성을 더욱 절실하게 느끼게 한다. 예컨대 동유럽에 진출한 기업들은 크게는 국유화될 위험이 존재하며 각종 행정 · 법률의 불확실성, 뇌물 요구와 개인적인 신변위협에 이르기까지 크고 작은 다양한 정치적 위험을 안고 있다. 이와 같은 정치적 위험을 회피하는 방법은 그 기업이 적극적으로 현지화하는 것이다. 또한 국가 간에 서로 다른 문화적 차이는 다양한 각국별 소비자수요를 만족시키기를 요구하고 있으며 이에 기업들은 적극적인 현지화전략을 취해야 할 필요성이 있다. 앞서 인터넷이 소비자수요의 동질화와 경쟁의 글로벌화를 촉진한다고 설명하였으나, 각국의 문화적 차이는 쉽게 해소되지 않을 것이다.

문화적 차이는 구체적으로 국가 간에 서로 다른 유통망으로 나타날 수 있다. 국가마다 오랜 역사적 배경하에 발달된 유통채널은 그 시장에 진출하려는 다국적기업에게 새로운 접근방법을 요구한다. 또한 국가마다 서로 다른 산업표준으로 인해 생산을 각국별로 조절할 필요성을 느낀다. 예를 들어 미국은 아직도 모든 가전제품의 전압이 110V이며 유럽에서는 220V가 표준이다. 따라서 미국과 유럽에 동일한 제품을 수출하고자 하는 기업은 미국과 유럽에 서로 다른 전원공급장치를 장착해야 한다. 그리고 영국과 일본에서는 자동차의 핸들이 오른쪽에 달려 있고, 그 밖의 나라에서는 왼쪽에 달려 있기 때문에 서로 다른 차를 만들어야 할 필요성이 존재한다.

이상에서 살펴본 바와 같이 국제기업은 글로벌화와 현지화라는 서로 상반된 목표를 두고 적절한 조화를 이루어야 하는 필요성을 느낀다.

제3절 글로벌전략의 모형

1. 통합-적응모형

통합-적응모형(integration-responsiveness framework)은 국제적으로 경쟁하는 기업의 경우 여러 국가시장에서 동시에 사업을 하고 있기 때문에 2가지의 서로 상반되는 압력에 동시에 직면하고 있다는 점을 전제한다. 하나는 이용기회가 있는 각국의 시장불완전성을 활용해야 하는 압력이고, 다른 하나는 각 국가시장의 요구에 적응해야 한다는 압력이다. 일반적으로 전자를 글로벌통합 압력으로 후자를 현지적응 압력으로 지칭한다.

글로벌통합 압력과 현지적응 압력은 국제경쟁을 하는 기업들이 직면하는 환경이다. 환경의 측정과 관련하여 객관적 환경과 인지적 환경은 구별된다. 객관적 환경이란 기업 외부에 실재하며 객관적으로 측정가능한 환경의 특성을 말한다. 반면 인지적 환경은 기업의 경영자가 인식하는 환경을 말한다. 통합-적응 모형에서는 글로벌통합 압력과 현지적응 압력을 인지적 환경으로 다룬다. 같은 산업에서 서로 경쟁하는 기업들 간에도 환경을 서로 다르게 인식하는 경우 서로 다른 기업전략이 수립될 수 있음을 시사한다.

통합-적응모형에서는 산업압력에 대한 기업의 대응을 3가지 유형으로 분류하고 있다. **그림 8-2** 에 제시된 바와 같이 글로벌통합전략(global integration strategy), 현지적응전략(locally responsive strategy), 그리고 다중심전략(multifocal strategy)이 이에 해당한다.

그림 8-2 통합-적응모형

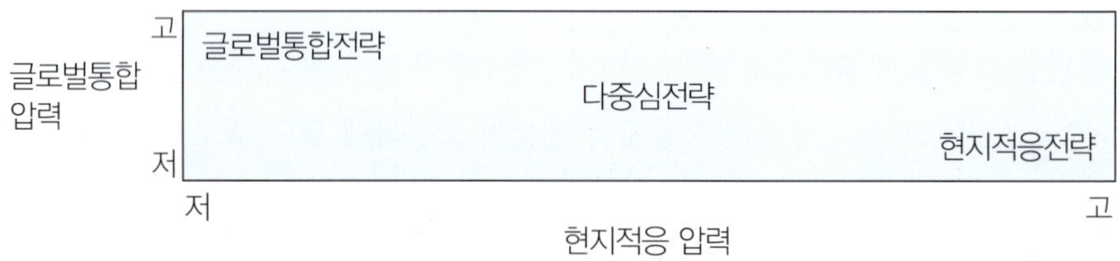

자료 Kendell Roth and Allen J. Morrison, "An Empirical Analysis of the Integration-Responsiveness Framework in Global Industries," *Journal of International Business Studies*, 4th Quarter, 1991, p.544.

첫째, 범세계적 통합전략은 다국적기업의 여러 자회사가 본사에 의해서 직접적으로 지휘 · 통제를 받으며 특히 생산이나 판매 면에서 자회사들 간에 긴밀한 상호의존성을 갖는 경우의 전략을 말한다. 통합의 필요성은 비용절감과 투자의 효용극대화에 있으며, 이를 위해 임금이 싼 국가에 공장을 설립하여 타국시장으로 선적하고, 규모의 경제를 실현하기 위해 대규모의 전문화된 공장을 건설한다. 이 전략은 보통 중앙집권적 조직구조를 가진다. Ford나 IBM과 같이 규모의 경제를 달성하기 위해서 대규모의 전문화된 공장을 설립하는 경우가 이 전략에 해당된다.

둘째, 현지적응전략은 개별 국가의 환경에 맞추어 마치 그 나라의 기업처럼 현지국에서 자율적으로 활동하도록 하는 것을 말한다. 따라서 자회사는 현지의 경쟁사나 소비자의 요구에 대응하여 독자적으로 자원의 실행결정을 내리게 된다. 따라서 현지적응전략은 주로 분권적 조직구조를 요구한다.

셋째, 다중심전략은 글로벌통합전략과 현지적응전략 간의 중간에 위치하는 전략으로 공장 규모나 기술과 같은 전략은 중앙집권으로 관리하고, 제품인도나 각 시장의 경쟁상황과 각 지역별 고객에 대한 서비스는 지역별로 대응하는 것이다. 따라서 이 전략에서는 글로벌통합과 현지적응의 필요성이 동시에 고려된다. 이는 자회사들 간의 독자적인 자율경영원칙하에서 각 지역의 자회사 간 조정과 상호협력을 촉진하는 것을 의미한다. 즉 연구개발의 우선순위를 조정하고 범세계적 소비자에 대한 가격결정을 조정하며 본사에서 자회사로 혹은 자회사 간에 기술이전을 촉진하는 데 그 특징이 있다. 이 전략은 자회사들에게 차별화된 목표를 할당하는데 이는 경쟁능력을 개발하기 위한 것이다.

통합-적응모형은 국제적으로 경쟁하는 기업들의 전략을 탐색하는 연구들에서 널리 수용되고 있다. 왜냐하면 산업압력과 이에 대한 기업의 전략적 대응 간의 상황적인 연계성을 잘 나타내고 있기 때문이다. 그러나 통합-적응모형은 서로 다른 산업압력의 패턴에 적합한 전략유형을 제시하고 있지만, 전략의 내용에 대해서는 구체적으로 제시하지 못하는 한계를 보이고 있다.

2. 배치-조정모형

(1) 배치-조정모형의 개념

배치-조정모형(configuration-coordination framework)은 기업의 경쟁력의 원천은 R&D, 생산, 마케팅, 애프터서비스 등의 주요 부가가치활동의 효율성을 제고하는 데 있음을 강조하고, 저원가와 차별화라는 경쟁우위를 달성하기 위해 각 기능들의 활동을 범세계적으로 배치하고 조정하는 모델이다.

앞서 본 통합-적응(IR)모형이 외부적 요인들에 대한 기업의 대응전략으로서 글로벌통합과 현지적응의 2가지 압력에 따라서 기업의 전략을 결정짓는 데 반해, 배치-조정모형은 자사가 가지고 있는 내부적 활동의 배치와 조정을 통하여 기업의 경쟁우위를 창출할 수 있는 전략을 세부적으로 구분하여 보여준다.

가치활동의 배치(configuration)란 전 세계를 대상으로 수행되는 가치사슬 내의 각 활동들이 얼마만큼 특정국에 집중되어 있는가 또는 분산되어 있는가를 의미하고, 가치활동의 조정(coordination)이란 각 국가에서 수행되는 가치사슬 간의 상호조정정도를 의미한다.

따라서 가치사슬의 집중은 본국을 중심으로 소수지역에 각 가치활동을 집중배치하는 것을 의미하며, 분산은 각 기업의 가치활동을 분산시켜 극단적으로는 모든 진출지역에 본사와 동일한 가치 사슬(value chain)을 갖는 자회사를 두는 것을 의미한다. 그리고 높은 조정수준이란 높은 통제를 추구하는 중앙집권식 경영을 말하며, 낮은 조정수준이란 높은 자율성을 추구하는 분권화된 경영방식을 시사한다. 예를 들면 한국, 미국, 영국에 세 개의 생산공장을 가지고 있는 기업의 경우 세 개의 공장을 각각 완전히 자율적으로 운영할 수도 있고, 아니면 똑같은 생산방식과 부품 등을 사용하게 함으로써 본사에서 철저하게 통제할 수도 있다.

배치-조정모형은 **그림 8-3** 에서 보는 바와 같이 글로벌산업에서 발견할 수 있는 국제전략의 개념적인 유형을 4가지로 제시하고 있다. 수평축은 오른쪽으로 갈수록 가치활동의 세계적인 배치가 지역적으로 한곳에 집중되어 있는 모습을 나타내고 있고, 왼쪽으로 갈수록 가치활동이 세계적으로 여러 지역에 넓게 퍼져 있는 상태를 나타낸다. 수직축은 가치활동을 얼마만큼 조정할 수 있는가를 표시한다. 위로 올라갈수록 조정의 강도가 높아짐을 의미한다.

첫째, 단순글로벌전략(simple global strategy)은 어느 한 국가에 가능한 한 많은 가치활동들을 집중시켜 이곳을 중심으로 세계시장에 진출하며, 소비자와 가까운 곳에 위치해야 하는 가치활동들을 표준화를 통해 철저하게 조정하는 유형의 국제전략이다. 이 전략의 예로는 Toyota, Komatsu 같은 일본의 다국적기업이나 국제화의 초기단계에 있는 한국기업을 들 수 있다. 일본이나 한국 기업들은 미국과 유럽을 중심으로 한 주요 국가에 자회사를 설립해두고 이런 자회사를 일본이나 한국 본사에서 강력하게 통제하는 방식으로 조정의 기능을 행사하고 있다.

둘째, 국가중심전략(country centered strategy)은 가치활동이 국제적으로 분산배치되어 있고 각국에 위치한 가치활동이 서로 조정되지 않는 전략유형이다. 즉 각국에 자회사를 설치해두고 자회사의 운영은 자회사에게 일임함으로써 본사와 자회사 간의 긴밀한 협조관계가 없는 형태이다. 이

그림 8-3 배치-조정모형

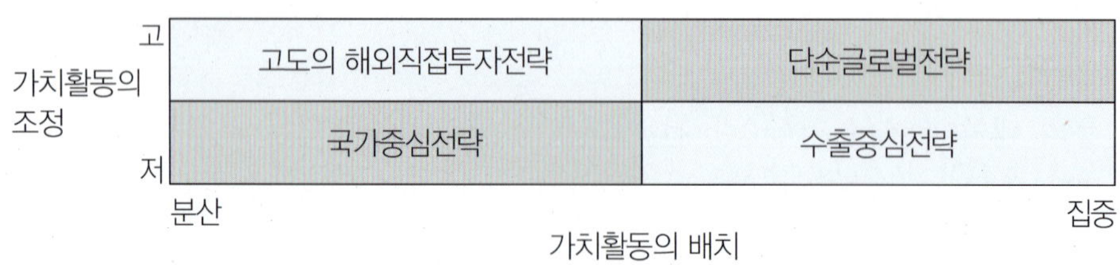

자료 M. E. Porter, "Competition in Global Industries," *Harvard Business Review*, 1986, p.28.

전략의 예에는 유럽이나 미국의 전통적인 다국적기업이 해당된다. GM사는 세계 여러 국가에 별개의 제조공장을 두었을 뿐만 아니라 심지어 지역에 따라서 서로 다른 상표명을 사용하는 현지국 중심의 국제경쟁전략을 구사한 바 있다.

셋째, 고도의 해외직접투자전략(high FDI strategy)은 가치활동이 국제적으로 분산배치되어 있지만 이들 가치활동의 조정을 강화하는 전략유형이다. 즉 이 전략은 대부분의 가치활동을 각국에 분산배치한다는 측면에서 앞서 설명한 국가중심전략과 유사하나, 분산된 가치활동의 조정 측면에서는 철저한 중앙통제 및 조정을 행하는 점이 다르다. 이 전략을 수행하는 기업은 초국적기업(transnational corporation)이라 할 수 있는데, 이 경우 대부분의 기업들은 세계 여러 지역에 직접투자를 통하여 자회사를 설립한 후 강력한 통제로써 이들을 하나의 기업으로 묶는 방법을 택하고 있다. Xerox는 가치활동을 전 세계적으로 분산시켰지만 상표나 마케팅기법과 같은 가치활동은 엄격하게 조정하는 전략을 택했다.

넷째, 수출중심전략(export based strategy)은 한 국가에 가치활동을 집중배치하고 이곳을 중심으로 여러 국가시장에 제품을 공급하는 방식의 전략유형이다. 수출중심전략의 경우 특히 마케팅은 각 국가시장의 요구에 대응하는 방식으로 운영된다. 이러한 전략을 추구하는 기업의 예로 과거의 수출지향적인 한국기업을 볼 수 있다. 과거의 한국기업은 한국에서 생산한 후 자신의 브랜드 없이 주로 주문자상표부착(OEM)방식으로 수출하는 형태로 해외영업을 하였다.

(2) 배치-조정모형의 선택

배치-조정모형의 4가지 유형을 살펴볼 때 주의해야 할 점은 어느 유형의 전략이 다른 유형보다 반드시 우수한 것은 아니라는 점이다. 기업이 글로벌전략을 추구할 것인가 또는 국가중심전략을 추구할 것인가는 그 기업이 속한 산업의 특성 및 기업이 가지고 있는 능력 등에 따라 좌우된다.

예를 들어 자동차용 윤활유산업은 국가마다 운전 기준, 기후, 법률 상황 등이 다르기 때문에 윤활유의 기본적인 합성비율과 첨가된 혼합물이 상이하다. 또한 각국의 유통경로도 상이하기 때문에 대부분의 경우 자동차용 윤활유산업은 국가중심전략을 추구하는 경우가 많다. 이에 비해 선박용 윤활유는 글로벌산업의 성격을 갖고 있다. 왜냐하면 배는 세계 어느 곳이든 자유롭게 다닐 수 있으며, 정박하는 곳 어디에서라도 같은 윤활유를 구할 수 있어야 하기 때문이다. Shell과 Exxon같이 선박용 윤활유사업에서 성공한 기업들은 단순글로벌전략을 추구하고 있다.

또 다른 예로 호텔산업은 각 국가마다 소득수준이 다르고 문화적 차이가 존재하기 때문에 국가중심전략을 추구하는 경우가 많다. 그러나 특급호텔의 경우는 주요 고객들이 전 세계를 여행하며 활동하는 기업고객이기 때문에 전 세계 어디를 가더라도 동일한 수준의 서비스를 제공할 수 있어야 한다. Hilton, Sheraton, Intercontinental 등과 같은 특급호텔들은 전 세계적인 예약시스템을 갖추고 세계 어디서나 같은 수준의 서비스를 제공할 수 있는 세계적인 체인망을 갖춘 호텔들이다. 이러한 특급호텔산업은 단순글로벌전략을 취한다고 볼 수 있다.

하지만 여러 산업에서 나타나고 있는 공통적인 현상은 산업이 글로벌화됨에 따라 기업들도 점차 국가별전략에서 글로벌전략으로 경쟁전략을 바꿔간다는 사실이다. 예를 들어 Toyota와 Honda 같은 일본의 자동차기업들은 예전에 수출위주의 마케팅전략에서부터 시작하여 최근까지 단순한 글로벌전략을 추구해왔다. Toyota와 Honda는 일본에서 생산하여 수출하는 형태로 미국시장에 진입했다. 그러나 점차 보호무역주의가 심화되고 엔화의 강세로 가격경쟁력이 떨어짐에 따라 적극적인 해외직접투자를 통해 미국과 유럽을 비롯한 전 세계로 생산공장을 늘려가고 있다.

이에 반해 Ford와 GM으로 대표되는 미국의 자동차기업들은 전통적으로 국가별전략을 추구해왔다. 이들은 세계 여러 나라에 많은 생산공장을 설립했으나 자회사들 간에는 긴밀한 조정 · 협조체제가 없이 운영되었다. 최근 Ford와 GM은 가격경쟁력이 없는 불필요한 공장들을 점차 폐쇄하고 해외공장의 수를 축소하는 한편 각국에 있는 생산공장들을 통합적으로 운영하도록 효과적인 조정능력을 배양하고 있다. 따라서 Ford와 GM은 기업활동의 세계적인 배치를 점차 축소하는 한편 조정능력을 증가시키는 쪽으로 발전해가고 있다고 할 수 있다.

이와 같은 변화는 가전산업에서도 찾아볼 수 있다. 예를 들어 Sony나 Matsushita와 같은 기업들은 Toyota와 Honda처럼 단순한 글로벌전략을 추구해왔다. 이에 반해 유럽의 Philips는 전통적으로 국가별전략을 수행해왔다. 최근에 Sony와 Matsushita는 세계 여러 나라로 생산기지를 넓혀가고 있으며 Philips는 자회사 간의 조정기능을 점차 확대해가고 있다.

결국 배치와 조정의 매트릭스 내에 있는 전략 중 어떤 것을 선택하여 실행하는가 하는 것은 어떤 전략이 자사의 국제적인 경쟁우위를 확보하는 데 효과적인가에 따라서 결정된다고 할 수 있다. 따라서 자사에게 가장 유리한 전략을 선택하기 위해서는 가치활동의 지역적 집중에 따른 장단점과, 분산된 가치활동의 조정 및 통제에 따른 장단점을 이해해야 한다. 이러한 장단점을 잘 인식하고 기업 및 산업 특성에 알맞게 가치활동을 전 세계에 배치 및 조정하여 글로벌전략을 수립하는 것이 중요하다.

제4절 글로벌전략의 수립

1. 글로벌전략의 수립절차

글로벌전략을 수립하는 데 있어서 중요한 점의 하나는 글로벌전략의 수준을 적절하게 유지하는 것이다. 먼저 글로벌전략의 수준을 산업의 글로벌화 잠재력에 부합되게 하는 것이 중요하다. 만약 산업의 글로벌화 잠재력이 상당한데도 불구하고 전략의 글로벌수준이 낮을 때 해당 기업은 글로벌전략을 통해 누릴 수 있는 이점을 상실하게 된다. 반대로 산업의 글로벌화 잠재력은 낮은데도 불구하고 전략의 글로벌수준이 높은 기업의 경우에는 현지시장에 적절하게 적응하지 못한 관계로 현지시장에서 전략적으로 불리한 입장에 처할 수 있다.

그러나 글로벌전략의 수준은 산업의 글로벌화 잠재력에 의해서만 좌우되는 것은 아니다. 전략수립에 있어서 기업 외부환경과 아울러 기업 내부환경도 영향을 미치기 때문이다. 기업이 보유한 자원의 한계, 현지자회사를 서로 독립적으로 운영해온 오랜 역사, 조직 내부의 변화에 대한 저항 등은 글로벌전략의 선택에 어려움을 줄 수 있다.

그림 8-4 는 기업이 글로벌전략을 실제적으로 수립하고 분석할 때 적용할 수 있는 절차를 나타내고 있다. 이 그림에 제시된 절차는 기업 전체뿐만 아니라 광의의 사업이나 협의의 사업에 대한 글로벌전략의 분석에도 이용될 수 있을 것이다.

(1) 글로벌팀의 구성

글로벌전략의 성공을 위해 절대적으로 필요한 것은 서로 다른 기능부서나 지역에서 근무하는 경영자를 전략 수립과 분석과정에 참여시키는 일이다. 글로벌팀의 구성은 나음에 열거한 사람들로 구성하는 것이 바람직하다. 특히 글로벌전략의 경우에는 이들 중에서도 지역이나 국가를 대표하는 경영자들의 참여를 더 중시하여야 할 것이다.

① 전 세계적인 사업을 책임지고 있는 경영자

② 시설이나 인원을 공유하고 있는 관련사업의 상급경영자

③ 기업의 고위경영자

④ 주요 지역이나 국가의 총책임자

그림 8-4 글로벌전략의 분석절차

자료 George S. Yip, *Total Global Strategy,* Prentice-Hall, 1992, p.243.

⑤ 핵심 기능부서의 책임자

(2) 사업의 정의

글로벌전략 수립에 있어 사업정의는 중요한 과정이다. 글로벌전략 분석은 사업 전반을 대상으로 하는 경우보다는 사업의 일부분을 대상으로 할 때 더 효과적이다. 전통적으로 사업정의는 제품, 이용기술, 고객의 3개 차원에서 주로 이루어졌다. 그러나 글로벌전략 수립의 경우에는 지역이 한 차원으로 추가되어야 한다. 사업정의를 할 때 지역 차원을 추가함으로써 어떤 사업이 글로벌한 과제에 직면하고 있고, 이를 해결하기 위해 글로벌전략을 필요로 하고 있는가를 확인할 수 있다.

(3) 주요 시장의 확인

글로벌팀은 시간과 비용상의 제약 때문에 사업활동이 이루어지고 있거나 앞으로 이루어질 수 있는 모든 국가에 대해 정보를 수집하고 분석하는 데 어려움이 있다. 이런 어려움을 줄이는 하나의 방법은 단계별 접근이다. 1단계에서는 지역별로, 2단계에서는 국가별로 정보를 수집하고 분석하는 방식이다. 글로벌전략의 경우 주요 시장에는 시장 규모가 큰 국가, 해당 기업이 큰 규모의 사업을 운영하고 있는 국가, 그리고 전략적으로 중요한 국가가 포함된다.

이런 평가기준에 의해 주요 시장이 확인된 후 글로벌팀은 각각의 국가시장에 대해 다음 사항에 관한 정보를 수집할 필요가 있다.

① 시장 규모
② 제품수명주기 단계
③ 글로벌경쟁자의 수
④ 지역단위 경쟁자의 수
⑤ 현지경쟁자의 수
⑥ 산업별 수출비율
⑦ 산업별 수입비율
⑧ 현지부품사용 의무비율
⑨ 노동비
⑩ 정부구매의 비중
⑪ 현지 및 외국기업에 대한 세율
⑫ 외국인 지분의 허용비율

(4) 주요 경쟁자의 확인

글로벌팀은 주요 경쟁자를 중심으로 경쟁기업을 분석할 필요가 있다. 특히 글로벌팀이 중점을 두고 분석해야 하는 경쟁자는 글로벌경쟁자, 글로벌경쟁자는 아니지만 주요 시장에 본사를 두고 있는 대규모 경쟁기업, 그리고 잠재적인 글로벌경쟁자들이다. 글로벌팀은 이들 경쟁기업들의 시장 점유율, 가격, 원가, 품질에 대한 정보를 수집하고 분석하여 비교표를 작성한다.

(5) 핵심전략에 대한 체크

글로벌전략을 분석하는 데 있어서 글로벌팀이 사업의 핵심전략을 알고 있어야 도움이 된다. 특히 지역 또는 국가 단위로 사업의 핵심전략을 체크하는 것은 지역별 또는 국가별 핵심전략의 차이를 비교하는 데 도움을 준다. 핵심전략의 구성내용은 다음과 같다.

① 사업정의
② 사업방향
③ 재무적인 성과목표
④ 경쟁우위의 원천
⑤ 가치활동별 전략의 본질
⑦ 가치활동의 입지
⑧ 경쟁전략

(6) 국가선택에 대한 체크

전통적으로 진입시장의 선택은 진입시장 그 자체의 매력도를 평가기준으로 하여 이루어졌다. 그러나 글로벌전략을 분석하는 경우 국가시장 자체의 매력도뿐만 아니라 그 국가시장이 글로벌전략에 있어서 차지하는 전략적 중요성과 사업 간의 시너지효과에 대한 잠재력도 평가기준에 포함되어야 한다. 글로벌팀은 다음의 절차에 따라 국가선택을 평가하는 것이 도움될 것이다.

① 분석대상의 국가 및 지역 확인
② 국가매력도, 전략적 중요성, 시너지효과의 측정항목의 개발
③ 각각의 측정항목에 대한 가중치 부여
④ 측정항목별로 국가 및 지역의 점수 부여
⑤ 지역 및 국가별 총점 계산
⑥ 국가위험에 대한 조정 후 지역 및 국가별 총점 계산

(7) 산업의 글로벌화 잠재력 평가

글로벌팀은 산업의 글로벌화 잠재력의 평가를 2단계에 걸쳐 실시할 필요가 있다. 1단계에서는 산업의 글로벌화 잠재력을 평가하는 항목을 개발하고 집단논의를 통해 잠재력을 평가한다. 2단계에서는 해외자회사나 기능부서의 책임자들이 이를 확인할 수 있도록 문서화한다. 또한 글로벌팀은 산업의 글로벌화 잠재력이 어느 수준의 글로벌전략을 가능하게 하는가를 확인해야만 할 것이다. 산업의 글로벌화 잠재력을 평가하는 데 이용될 수 있는 주요 측정항목은 다음과 같다.

① 전 세계적으로 소비자 욕구가 유사한 정도
② 전 국가시장 규모에 대한 최소효율생산 규모의 비율
③ 누적생산에 따른 단위생산비용의 하락률
④ 최고 원가생산국과 최저 원가생산국 간의 생산원가의 차이
⑤ 신제품의 총개발비용
⑥ 제품의 시장수명주기
⑦ 관세부과 전후 판매가격의 차이
⑧ 수입시장이 봉쇄되어 있는 세계시장의 비율
⑩ 전 국가시장 규모에 대한 수출비율
⑪ 전 국가시장 규모에 대한 수입비율
⑫ 글로벌경쟁자의 본국이 속한 지역의 수
⑬ 경쟁자의 글로벌전략 수행수준

(8) 글로벌전략의 가능성 평가

글로벌전략의 가능성에 대한 평가는 실제적인 면에서뿐만 아니라 잠재적인 면에서도 이루어져야 한다. 글로벌전략의 잠재적인 가능성을 평가하는 데 있어서 다음의 3가지 측면이 기본적으로 고려되어야 할 것이다.

① 글로벌전략의 수행에 따라 발생하는 잠재적인 이익에 대한분석
② 산업의 글로벌화에 영향을 미치는 요인에 대한 분석
③ 경쟁기업이 수행하고 있는 전략에 대한 분석

한 예로서 제품표준화의 경우를 생각해보자. 제품표준화 여부를 결정하기 위해서는 제품표준화에 따라 나타나는 잠재적인 비용절감에 대한 분석이 이루어져야 할 것이다. 만약 어떤 기업이 전 세계적으로 판매되는 제품의 수를 33%까지 줄였을 때 절약되는 비용이 매출액의 10%에 해당한다고 가정해보자. 세금부과 전 마진율이 8%인 이 기업의 경우에는 제품표준화를 실행하는 것이 무방하다고 볼 수 있다.

(9) 조직능력의 평가

조직 및 관리요인은 글로벌전략이 얼마나 잘 수립되고 수행되는가에 있어서 상당한 영향을 미친다. 따라서 글로벌전략의 분석에 있어서 조직의 능력(organizational capability)에 대한 평가는 필수적이다. 글로벌전략에 부합하는 조직특성을 요인별로 살펴보면 다음과 같다.

① 조직구조

- 전 세계적으로 권한의 집중화
- 국내와 해외를 구분하지 않음
- 지역이나 기능부서보다는 사업에 우선순위

② 관리과정

- 광범위한 조정과정
- 기술의 전 세계적인 공유
- 글로벌전략 정보시스템
- 글로벌전략 기획, 예산편성, 성과평가, 보상

③ 인재

- 여러 국가 근무경력
- 빈번한 해외여행
- 본사의 외국인 채용

④ 조직문화

- 글로벌 아이덴티티(identity)
- 지구중심적 사고
- 상호의존적인 문화

(10) 글로벌프로그램의 개발

글로벌전략 분석의 마지막 절차는 글로벌프로그램에 대한 수행계획을 상세하게 규정하는 단계이다. 앞서의 분석절차들은 글로벌프로그램을 확인하는 과정이기 때문에 이를 수행에 옮기기 위해서는 각각의 글로벌프로그램에 대한 세부계획이 개발되어야 한다. 글로벌프로그램에 대한 세부계획에는 프로그램의 책임자, 프로그램의 수행 마감일자, 프로그램의 수행에 따른 잠재적인 이익과 비용, 목표, 세부전략 등이 포함되어야 할 것이다.

2. 글로벌배치전략

(1) 글로벌배치우위전략

기업의 경영기능을 어디에 배치시키고, 각각의 배치에서의 경영기능을 어떻게 조정하느냐 하는 것은 글로벌전략에 있어서 매우 중요한 선택이다. 연구개발, 생산, 고객 서비스에 이르기까지 부가가치 창출을 위한 기업 내 각각의 기능적 활동은 모두 글로벌화의 대상이 된다.

전통적으로 다국적기업은 활동배치의 선택에 있어 2가지 대안을 가지고 있다. 하나의 대안은 다국적기업이 다양한 국가에서 동일하고 서로 중복되는 활동을 수행하는 것이다. 이것은 가장 고전적인 다국적기업의 전략 형태로서 동일한 생산공장을 여러 나라에 중복적으로 세우는 것이다. 다른 하나의 대안은 다국적기업의 활동을 본국에 집중시키는 것이다.

가) 연구개발활동의 글로벌 배치

글로벌연구개발전략은 개별 국가시장보다 세계시장을 염두에 두고 수립되어야 한다. 과거 대부분의 다국적기업은 연구개발활동을 수행함에 있어서 세계시장을 염두에 두었다기보다는 본국시장이나 특정 외국시장을 주된 목표로 하였다. 연구개발활동의 배치와 관리는 연구개발의 글로벌기능을 어떻게 잘 수행하느냐에 중요한 영향을 미친다. 많은 최고경영자들이 연구개발활동을 최종소비시장에 배치시킴으로써 그 시장에 가장 적합한 활동을 할 수 있을 것으로 생각한다. 그러나 이러한 생각은 글로벌전략의 관점에서 다음과 같은 몇 가지 다른 필요성과 균형을 맞출 필요가 있다.

① 글로벌연구개발은 지구상의 어떤 곳이든 필요한 정보와 지식을 얻을 수 있는 곳에 배치해야 한다.

② 글로벌연구개발에 있어서는 필요한 지식이 연구개발활동의 본부에 효과적으로 전달될 수 있어야 한다.

③ 연구개발활동의 본부는 이러한 지식이 적재적소에 활용되도록 해야 한다.

④ 지리적 근접성의 이유에서가 아니라 전략적 필요에 의해 우선순위를 결정하는 절차가 있어야 한다. 그렇지 않으면 연구요원들은 멀리 떨어진 경영자보다 그들이 자주 접하는 경영자를 위한 연구과제에 우선순위를 두게 된다.

⑤ 글로벌연구개발에 있어서 주요 국가시장의 고객수용에 부합하는 글로벌제품을 개발할 능력을 갖추어야 한다.

이상의 글로벌연구개발에 대한 요구들은 최소한의 규모를 달성해야 한다는 필요성과 균형을 이루어야 하는데, 물론 산업에 따라서 차이가 있다. 따라서 각 산업에 있어서 규모의 경제 등 글로벌화의 유인을 분석하고 이러한 요구들에 부합하기 위해서 연구개발활동의 배치를 어떻게 정하고 관리해야 할 것인가를 결정해야 한다.

나) 제조활동의 글로벌 배치

제조활동은 제품 및 공정기술의 개발, 생산시설 및 공장설비의 건설, 제조정보시스템의 유지, 원자재의 유입과 유출 관리, 품질 및 신뢰도수준의 유지, 생산계획, 실제 생산활동의 관리 등 다양한 활동을 포함한다. 이러한 활동은 전형적으로 서로 가까이에서 이루어져야 하기 때문에 제조활동의 배치결정은 이러한 활동을 일괄적으로 포함할 수 있도록 주어져야 한다. 그럼에도 불구하고 특정 활동이 다른 활동으로부터 분리될 수 있는 한, 그 활동에 대한 배치전략은 달라질 수 있다.

해외제조활동의 유리한 점으로는 해외고객과의 관계 증진, 시장에의 근접, 현지의 이동불가능한 생산요소 및 기술적 요소의 이용, 수송비의 절감, 관세 및 비관세장벽의 회피, 현지국 정부의 요구 충족, 특정 국가의 특유한 위험의 회피, 경쟁의 선점 등을 들 수 있다. 한 나라가 글로벌전략적으로 중요한 제조 · 배치에 해당되기 위해서는 비교우위와 경쟁우위를 살릴 수 있는 다음과 같은 여건을 가지고 있어야 한다.

① 유리한 부존생산요소

② 주요 시장과의 근접성

③ 유리한 원산지효과

④ 주요 글로벌경쟁자의 제조활동 입지

저렴한 비용의 천연원료나 숙련된 노동력 등과 같은 생산요소들은 한 나라가 다른 나라에 비해 비교우위를 가질 수 있는 전통적 우위요인들이다. 주요 시장에의 근접성은 수송비를 낮출 뿐만 아니라 시장 요구에 신속한 반응을 가능하게 함으로써 전략우위 혹은 비교우위를 갖도록 하기 때문에 일종의 생산요소의 우위요인으로 간주될 수 있다.

몇몇 제품의 범주에 있어서 기술혁신에 앞장서거나, 고품질의 제품을 생산하거나, 매우 까다로운 고객을 가지고 있는 나라는 대체로 원산지효과에 있어 유리한 나라가 된다. 글로벌경쟁자들이 한 나라 안에 이미 존재할 때 상호 경쟁과 모방을 통해 그 나라 안에 있는 모든 경쟁자의 생산능력이 높아지는 것이 일반적이다. 따라서 가치활동의 배치라는 관점에서 글로벌전략은 한마디로 배치우위를 확보하기 위한 전략적 결정이라고 할 수 있다.

(2) 자금포트폴리오전략

자금포트폴리오전략은 기업의 전사적 목표를 이루기 위해 다양한 사업단위에 있어서 자원의 할당과 재분배를 행하는 전략이다. 효율적인 글로벌전략을 마련하기 위해서는 개별 시장의 전략적 중요성을 평가하여야 하고 이에 입각하여 각 시장에 대한 포트폴리오 관리가 필요하다.

포트폴리오전략을 수립하는 단계는 크게 4단계로 구분할 수 있다. 첫째 단계는 기업의 사업단위를 구분하는 것으로, 기업의 포트폴리오전략을 수행하는 조직적 단위체 즉 전략사업 단위를 구분해야 한다. 둘째 단계는 현재의 포트폴리오 균형을 위험, 현금흐름, 성장과 같은 기준에 의해 평가해야 한다. 셋째 단계는 현재 사업단위 간의 자원의 재분배, 즉 현재 사업의 철수 및 신규사업의 진입 등에 대한 미래의 포트폴리오가 바람직한 균형을 이루도록 한다. 넷째 단계는 위 세 가지 단계를 유지할 것인가 아니면 기존의 새로운 전략사업단위 간에 자원을 재분배할 것인가를 결정해야 한다.

포트폴리오관리는 일찍이 Boston Consulting Group이 개발한 전략기법으로, 이 전략컨설팅사는 개별 시장의 전략적 중요성과 경쟁우위의 정도에 따라 **그림 8-5** 에서 보는 바와 같이 크게 4

그림 8-5 포트폴리오 매트릭스

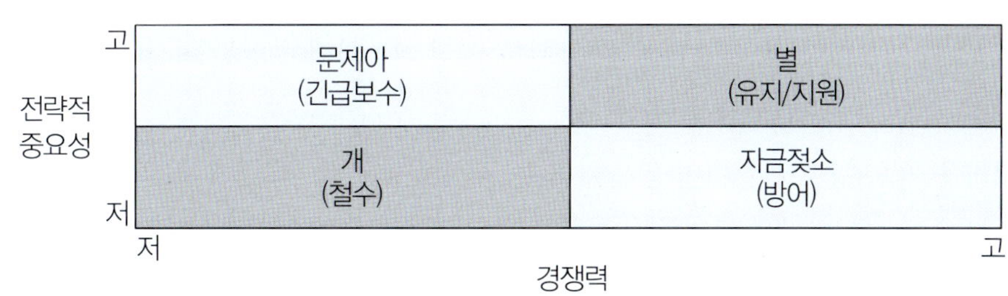

가지 범주로 구분하고 글로벌기업의 여러 해외자회사를 배치시켜보았다.

자금젖소(cash cow)인 시장은 현지에서의 경쟁력이 높으나 전략적 중요성 또는 성장가능성이 낮은 시장을 의미한다. 이러한 시장에서는 이미 갖고 있는 제품을 활용하여 매출액을 증대하고 수익을 증가하는 것이 최선의 방법이다. 이에 비해 현지에서 경쟁우위도 강하고 현지시장의 중요성이 강한 시장은 이른바 별(star)로서 이 시장에는 계속적으로 투자하여 경쟁력을 유지하는 것이 필요하다. 한편 경쟁우위도 낮으며 전략적 중요성이 낮은 시장은 개(dog)로서 이 시장에서는 철수를 검토하여야 한다. 또한 전략적 중요성이 높은 시장이나 현지에서의 경쟁우위가 없는 문제아(problem child)의 경우에는 이에 적극적으로 투자하여 경쟁우위를 높이는 방법을 고려하여야 한다.

결론적으로 자금포트폴리오전략의 선택과정은 기업사명의 달성을 위해 한정된 자원을 어디에 투입하는 것이 좋을지를 결정하는 것이다. 즉 어느 대안이 자원의 활용에 있어 가장 유리하며 장기적이고, 전반적인 기준에서 가장 많은 유효성을 지니고 있는지를 평가하는 것이다. 뿐만 아니라 이러한 전략은 실행가능성을 원칙으로 하여 환경변화에 따른 적합성과 적시성을 지니고 있어야만 한다.

3. 글로벌시장 진입전략

(1) 진입시점에 따른 전략

해외시장에 진입할 때 국제기업은 자사의 경쟁력을 경쟁기업과 비교하여 경쟁위치를 결정하게 된다. 이 경우에는 선점전략, 대응전략, 적소전략의 대안이 있다.

선점전략은 선도자우위를 획득하기 위하여 경쟁이 발생하기 전에 시장에 진입함으로써 지배적 위치를 선점하는 것을 목표로 한다. 이는 새로이 진입하려는 기업들에게 진입장벽으로 작용하게 된다. 선점전략은 대량소비재와 같이 유통채널의 확보가 시장침투의 관건이 되는 산업에서 특히 유용하다. 또한 제품이나 서비스가 경쟁자로부터 크게 차별화되어 있는 혁신제품일 경우 선점전략은 바람직한 시장진입전략이 될 수 있다.

대응전략은 주요 경쟁자가 이미 진출해 있는 시장에 진출할 때 현지에서의 시장지배력 확보를 위해 적극적으로 선도기업을 공격하는 것을 목표로 한다. 특히 이러한 대응전략은 기업들의 글로벌전략의 일환으로 세계적 시장지배력의 구축을 위해 대규모시장, 경쟁기업의 모국, 기술혁신이 발생하는 시장 등 전략시장으로 진출할 때 이용된다.

적소전략은 경쟁이 치열하지 않은 시장에 먼저 진출함으로써 경쟁을 회피하면서 장기적으로는 주요 경쟁자에 대응하기 위한 경험을 쌓는 것을 목적으로 한다. 적소시장의 표적화는 소규모기업에 특히 적합한데, 이는 소규모기업의 경우 투자재원이 제한되어 있기 때문이다. 적소시장을 찾고 개발하는 데 있어서는 풍부한 투자재원보다 신축성이라는 요소가 보다 절실히 요구된다.

(2) 시장진입속도에 따른 전략

주어진 예산으로 목표를 달성하기 위해서 국제사업 담당자는 상이한 시장들 간에 마케팅노력을 효율적으로 배분하여야 한다. 이러한 맥락에서 시장진입속도에 따른 전략은 시장다변화전략과 시장집중화전략의 2가지 상반된 전략으로 구분할 수 있다.

시장다변화전략은 다수의 시장에 신속하게 침투하는 것을 목표로 마케팅노력을 이러한 시장국들에 적절히 배분하는 전략이다. 시장집중화전략은 초기에는 기업의 자원과 마케팅노력을 소수의 시장에 집중시키다가 새로운 시장영역으로 점진적으로 확대해나가는 전략이다. 따라서 해외시장 진출 초기에는 시장집중화전략을 취하는 기업이 시장다변화전략을 추구하는 기업보다 시장의 수요가 적은 것이 보통이다.

그러나 어떠한 전략을 택하더라도 장기적인 관점에서 최적시장의 수는 서로 비슷해질 것이다. 이는 시장다변화전략을 추구하는 회사도 수익성이 나쁜 시장에서는 결국 철수하게 되고, 반대로 시장집중화전략을 채택한 회사도 단계적으로 시장의 수를 늘려나가게 되기 때문이다.

4. 글로벌경쟁전략

(1) 본원적 경쟁전략

세계시장을 대상으로 사업활동을 영위하는 국제기업들은 격화되는 세계경쟁 속에서 자사만의 독특한 경쟁우위를 확보하는 데 중점을 둔다. 포터(M. E. Porter)가 제시한 본원적 경쟁전략(generic competitive strategy)의 핵심은 'Where to play and how to win'을 파악하는 데 있다. 그는 다음 질문에 답하는 과정에서 **그림 8-6** 에서 보는 바와 같이 4가지 경쟁전략이 나온다고 보았다.

① 경쟁우위(competitive advantage): 낮은 비용에 바탕을 둘 것인가(원가집중화전략), 아니면 제

그림 8-6 본원적 경쟁전략

경쟁범위		저원가	차별화
	광범위 시장	원가우위전략 (cost leadership)	차별화전략 (differentiation)
	좁은 시장	원가집중화전략 (cost focus)	차별적 집중화전략 (differentiation focus)
		경쟁우위	

자료 M. E. Porter, *Competitive Strategy*, New York: The Free Press, 1980, p.39.

품과 서비스를 다양화하여 비용이 아닌 서비스나 제품의 질을 바탕으로 하여 경쟁을 할 것인가(차별화전략)?

② 경쟁범위(competitive scope): 주요 경쟁자들과 광범위한 시장에서 전면적인 경쟁을 할 것인가(원가우위전략), 아니면 안전하고 높은 수익을 올릴 수 있는 좁은 시장에 집중하여 경쟁할 것인가(차별적 집중화전략)?

가) 원가우위전략

원가우위전략은 타사보다 저가격에 제품을 공급하는 전략으로, 규모의 경제(economy of scale)나 경험곡선(experience curve)의 활용, 독특한 기술, 유리한 원자재의 확보, 유리한 생산입지의 확보, 낮은 노무비 등을 바탕으로 원가우위를 확보할 수 있다.

원가우위전략은 한 산업 내에서 다수의 기업들이 실행할 경우 과다경쟁을 통한 장기적인 수익성 약화를 가져올 수 있으므로 기업들 간의 조정이 필요하다. 그리고 원가우위전략이라 하더라도 차별화를 무시할 수는 없다. 이는 구매자들이 자사의 제품을 다른 제품들과 동일하게 취급할 때 가격인하 자체가 차별화의 한 전략이라고 인식될 수 있기 때문이다.

나) 차별화전략

차별화요인은 경쟁기업이 쉽게 대응할 수 없는 차별화된 제품이나 서비스 제공을 통하여 고객에게 독특한 이미지를 심어줄 수 있는 기업의 원천을 말한다. 즉 뛰어난 품질, 유명한 상표명, 독자적 유통경로, 제품의 신뢰성과 혁신적인 제품 등이 해당된다.

차별화전략은 주로 소비자들의 인식에 근거를 두는 전략으로, 구매자가 중요하다고 여기는 제품속성을 선택해서 그 요구에 맞추어 스스로를 독특하게 차별화시키는 전략을 실행할 수 있으며 이를 통하여 가격할증의 형태로 보상을 받는 것이라 할 수 있다.

차별화의 방법은 각 산업마다 다소의 차이가 있으며, 제품과 운송시스템, 마케팅 접근방법과 그 밖의 다른 요소 등 광범위한 영역에서 도출될 수 있다. 차별화 기업이라 하더라도 원가를 무시할 수는 없으며, 차별화를 추구한다 하더라도 차별화에 영향을 미치지 않는 범위 내에서 원가를 절감시키려는 노력이 필요하다.

다) 집중화전략

집중화전략은 특정 산업 내의 좁은 영역에서 차별화전략과 원가우위전략을 유지하는 전략을 말한다. 이는 전체산업이 아닌 목표산업 및 시장범위 내에서만 집중적인 노력을 추구하는 전략을 지칭한다. 이러한 집중화전략은 기업의 내부자원이 부족한 기업들이 자신의 우위부문에 집중투자를 통한 효율성을 추구하는 전략이라 할 수 있다.

원가집중화전략은 목표시장에서 원가우위를 추구하는 것으로 세분시장 내에서 원가행동의 차이를 이용하는 전략을 의미한다. 차별적 집중화전략은 목표시장 내에서 자신만의 차별성을 추구하는 것으로 세분시장 내의 구매자의 특별한 욕구를 이용하는 전략을 말한다.

(2) 경쟁범위에 따른 전략대안

경쟁범위는 기업이 경쟁하는 데 있어서의 활동폭을 의미하는데, 포터(M. E. Porter)는 **그림 8-7** 에서 보는 바와 같이 지리적 범위와 시장의 범위에 따라 4가지 전략을 제시하고 있다. 지리적 범위에는 전 세계를 대상으로 경영활동을 수행할 것인지(범세계적), 아니면 특정 지역의 특정 국가에서 수행할 것인지(개별 국가중심)로 구분할 수 있다. 시장의 범위에는 해당 산업에 존재하는 모든 세분시장에 제품을 제공할 것인지(다수의 세분시장), 아니면 특정 세분시장에만 제품을 제공할 것인지(소수의 세분시장)로 구분할 수 있다.

가) 범세계적 저원가전략/차별화전략

범세계적 저원가전략/차별화전략(global cost leadership or differentiation)이란 광범위한 제품라

그림 8-7 경쟁범위에 따른 글로벌경쟁전략

시장 범위 \ 지리적 범위	범세계적	개별 국가중심
다수의 세분시장	범세계적 저원가전략/차별화전략	보호된 시장침투전략
소수의 세분시장	범세계적 세분화전략	현지시장 적응전략

자료 M. E. Porter, *Competition in Global Industries*, Boston: Harvard Business School Press, 1986, p.46.

인에 걸쳐 국제기업들과 경쟁하기 위해 기업가치활동을 지역적으로 집중하며 또한 가치활동을 강력하게 통제하는 형태의 전략이다. 즉 개별 시장을 독립된 개개의 시장으로 보지 않고 하나의 범세계적 시장으로 보고 전략을 수립한다. 이는 범세계적 관점에서 경쟁 및 시장기회를 파악하며 표준화를 통한 규모의 경제, 범위의 경제를 추구하고 글로벌소싱(global sourcing)도 추구하는 것이다. 예를 들면 광범위한 제품을 출하하면서 Toyota처럼 저원가전략에 의존하는 기업도 있고 IBM과 같이 차별화전략에 의존하는 기업도 있다.

나) 범세계적 세분화전략

범세계적 세분화전략(global segmentation)이란 자동차산업의 Mercedes Benz와 같이 특정 세분시장을 대상으로 하여 범세계적 경쟁전략, 즉 기업의 자원이 한정되어 있을 경우 범세계적 시장의 특정시장을 목표시장으로 하는 전략이다. 이 전략은 보통 글로벌화 초기단계에서 수행되는데 비교적 자원능력이 부족한 소규모의 다국적기업에 적합할 뿐만 아니라, 대개 순수국내기업이 장차 범세계적 저원가 또는 차별화전략을 추구하는 세계기업으로 도약하기 위한 첫 번째 단계에서 적용한다.

다) 보호된 시장침투전략

보호된 시장침투전략(protected markets)이란 관세, 쿼터, 수출자율규제, 보조금 등을 통하여 정책적으로 보호를 받는 산업 내에서 광범위한 세분시장을 대상으로 경쟁하는 전략이다. 이 전략은 각 나라 안에서의 경쟁이 서로 독립적인 산업, 즉 한 국가 안에서의 경쟁이 여타 국가에서의 경쟁에 무관한 식품산업과 같은 산업에서 수행된다. 경쟁우위를 유지하기 위해서는 정부로부터의 지속적인 보호가 필요한데, 범세계적 경쟁이 현지정부의 정책적 간섭으로 인해 개별 국가적 경쟁으로 변화되었기 때문에 일종의 지역적 적소전략이라고도 할 수 있다.

라) 현지시장 적응전략

현지시장 적응전략(national responsiveness)은 현지국의 독특한 시장상황으로 인하여 생겨나는 세분시장에 선별적으로 진출하는 전략이다. 즉 각국의 현지시장의 불규칙한 수요에 부응하여 한정된 자원을 특정 시장에 집중하는 전략이다. 특정 국가 내의 특정 수요가 어느 정도 클 때 그리고 제품, 유통경로, 마케팅 등의 면에서 국별 차이가 상당히 존재할 때 추구되는 제품별 적소전략이다.

(3) 시장점유율에 따른 전략대안

국제화된 산업에서 기업들은 자신의 강점을 활용하고 약점을 보완할 수 있도록 시장점유율에 중점을 두거나 적소시장 침투에 중점을 두는 등 추구하는 목적에 따라 경쟁전략을 수립한다. 즉 범세계적으로 생산 · 판매하는 효과가 클수록, 국제적인 이미지와 평판이 높을수록, 자사 네트워크 내에 기술과 경험 등을 이동시킬 능력이 클수록 기업들은 시장점유율을 높이는 전략을 채택한다.

반면에 전문화를 통해 경쟁우위를 확보할 수 있는 경우에는 적소전략을 선택한다. 그리고 국지적으로 경쟁범위를 한정하여 개별 국가특성을 최대한 활용할 수 있는 경우에는 국지적 전략을 사용한다. 레온티아드(J. C. Leontiades)는 **그림 8-8** 에서 보는 바와 같이 시장점유율과 경쟁범위에 따라 4가지 글로벌경쟁전략을 제시하고 있다.

그림 8-8 시장점유율에 따른 글로벌경쟁전략

경쟁범위 \ 시장점유율	고	저
범세계적	범세계적 시장점유율 제고전략	범세계적 적소전략
국지적	국지적 시장점유율 제고전략	국지적 적소전략

자료 J. C. Leontiades, *Multinational Corporate Strategy,* Lexington, Mass.: Lexington Books 1987, p.53.

가) 범세계적 시장점유율 제고전략

시장이 범세계화되고 있는 산업에서는 얼마나 빨리 시장점유율을 높이느냐에 따라 성패가 좌우되기 때문에 범세계적 시장점유율 제고전략(global high share strategy)이 매우 효과적이다. 예를 들면 RCA와 모토로라와 같은 미국기업들이 TV산업을 형성하고 발전시켰지만 오늘날 미국에는 제니스(Zenith)를 제외하고는 미국계 TV생산기업은 하나도 없고 일본, 한국, 대만 등의 외국기업이 미국 TV시장을 장악하고 있다.

이는 미국기업이 자국시장에 안주하여 해외시장 개척을 등한시한 데 비해 일본기업들은 범세계적인 규모의 경제를 일찍이 간파하고 미국과 동남아를 비롯한 해외시장 개척에 역점을 두고 전 세계적인 시장점유율을 높였기 때문이다. 규모의 경제 효과에 따라 일본기업들은 제품단위당 원가를 저하시킬 수 있었고 또한 시장점유율을 향상시킬 수 있었던 것이다.

세계적으로 시장점유율을 제고시키고자 노력하고 있는 기업들은 해당 산업을 선도하고 있는 기업, 예를 들면 석유산업의 Shell, 컴퓨터산업의 IBM, 자동차의 GM, 가전산업의 Matsushita 등이라고 할 수 있다. 이들 기업은 시장점유율을 유지 · 제고시키기 위해 전 세계적으로 경영활동을 전개하고 있는데, 그 특징을 살펴보면 다음과 같다.

① 세계시장을 대상으로 가격, 제품, 유통 등의 마케팅 계획이 수립되어 있으며, 특히 표준화를 지향한다.

② 해당 산업을 전 세계적으로 리드하고 있으나 보통 다른 기업들과의 제휴보다는 독자적으로 사업을 운영하고자 한다.

③ 전 세계적인 네트워크를 형성하고 생산, 연구개발, 마케팅 등의 가치활동을 최적의 국가에 배치함으로써 단위당 원가를 최소화한다.

④ 절대적인 연구개발 및 마케팅 투자 규모가 여타 기업에 비해 월등히 높지만 시장점유율이 높기 때문에, 즉 판매규모가 절대적으로 크기 때문에 단위당 투자비용은 오히려 낮다.

나) 범세계적 적소전략

범세계적 시장점유율 제고전략을 채택할 수 있는 기업은 소수에 불과하므로 범세계적 산업 내에서 활동하는 기업들은 대부분 특화된 세분시장을 목표로 하는 범세계적 적소전략(global niche strategy)을 추구한다.

특정 세분시장을 목표로 범세계적 적소전략을 택하게 되면 현지시장을 목표로 하는 현지기업보다도 경쟁우위가 크다. 이는 시장이 세계화되면 적소시장 규모도 커져 규모의 경제 및 경험곡선효과가 크기 때문이다. 또한 범세계적 시장점유율 제고전략을 구사하는 거대기업들과의 직접적인 경쟁을 회피할 수 있을 뿐만 아니라 세분시장에 대한 전문화를 통해 경쟁우위를 확보할 수 있다. 범세계적 적소전략의 특징을 살펴보면 아래와 같다.

① 시장 규모가 큰 거대기업과의 정면대결을 회피하면서 특화된 세분시장에 집중한다.

② 일반적으로 가격경쟁이 민감하지 않은 전문영역을 선택한다. 예를 들면 기술, 제품, 지역, 생산단계, 제품수명주기, 고객 등에 따라 특화하여 경쟁우위를 유지한다.

③ 가치활동들의 각 부분에서 다른 기업과의 제휴를 광범위하게 추구함으로써 경쟁우위의 향상을 도모한다.

다) 국지적 시장점유율 제고전략

국지적 시장점유율 제고전략(national high share strategy)은 현지국가에 기초한 경쟁우위를 통해서 현지국가의 시장점유율을 높이는 것이 목표이다. 외국경쟁자들에 비해 낮은 비용으로 많은 양을 판매하기 위해 현지실정에 맞추어 마케팅 프로그램이 계획되고 수립된다.

이 전략을 추구하는 기업이 현지국가에서 이룩해놓은 위치가 국가 차원에서 규모의 이익을 얻는데 도움을 주기는 하지만 여전히 범세계적 기업과의 경쟁에는 취약하다. 따라서 관세 및 비관세장벽과 같은 국가적 진입장벽, 현지정부의 보조와 지원, 현지시장 정보에 대한 차단, 현지의 특수한 필요에 대한 신속한 대응 등을 최대한 이용함으로써 세계경쟁자들과 대적한다.

라) 국지적 적소전략

국지적 적소전략(national niche strategy)은 세계적 및 국지적 경쟁자 모두에 대항하기 위하여 특정국가 내에서 전문화 이점을 활용한다. 특히 표적시장의 크기는 직접적인 경쟁자를 끌어들일 만큼 크지 않아야 한다. 이 전략을 추구하는 기업들 또한 국지적 시장점유율 제고전략을 구사하는 기업들과 마찬가지로 위에서 언급한 여러 진입장벽과 지원을 적극 활용한다. 따라서 국가시장 크기가 작을수록, 그리고 국가장벽이 높을수록 국지적 적소전략을 이용하게 된다.

5. 글로벌소싱전략

(1) 글로벌소싱의 개념

소싱(sourcing)이란 토지 · 건물 · 기계 · 공구 · 비품 등 설비의 구입, 원재료 및 물품의 매입, 노동력 및 자본의 조달 등 경영자원의 구매활동을 말한다. 그러나 기계설비의 구입은 생산관리의 대상이 되고, 노동력의 조달은 노무관리의 대상이 되며, 자본의 조달은 재무관리의 대상이 되므로 순수한 의미의 소싱은 원재료 및 물품의 구매활동이라고 할 수 있다. 아울러 소싱은 생산에 필요한 원재료 및 물품을 유리한 가격으로 필요한 시기에 적당한 공급자로부터 합리적으로 구입하기 위한 구매관리를 의미한다.

국제기업은 제품생산을 위해 필요한 원료 및 부품을 어떻게 조달할 것인가를 결정해야 한다. 기업들은 원가를 절감하고 품질을 향상시키는 방향에서 글로벌소싱을 추진한다. 재료비가 제조원가에서 차지하는 비중이 큰 제조업체의 경우 조달비용이 가장 저렴한 지역에서 원자재를 조달하는 것은 당연하다. 또한 인건비가 큰 비중을 차지하는 의류나 신발과 같은 노동집약적 업종들은 임금이 낮은 지역에서 부품이나 반제품을 조달하는 것이 유리하다.

GM 사는 르망 승용차를 생산하는 데 있어서 단순화, 표준화, 전문화를 유지하면서 각종 부품을 자사의 해외자회사 또는 관계회사에 분업생산하여 상호 구매 및 공급하였으며, 포드 사는 한국에서 자동차 부품을 구매하고 미국 내의 공장에서 이를 조립하여 미국이나 멕시코에 판매하였다. 이와 같이 글로벌화된 국제기업은 한 제품을 생산하기 위해 여러 곳의 공장을 이용하는 다국적 소싱전략을 취함으로써 경쟁우위를 견지해나가고 있다.

오늘날 국제기업의 원부자재의 조달 · 생산 · 판매활동은 범세계적 차원에서 이루어지는데 이들 활동을 합리적으로 관리하는 것은 글로벌경영을 성공으로 이끄는 중요한 요소가 된다. 그러나 글로벌소싱은 공급라인이 길어지고 재고수준이 높아지며 환율변동으로부터 영향을 받는다는 위험이 있기 때문에 주의를 요한다. 아울러 글로벌소싱은 언어, 거리, 문화, 관세 등을 고려하여야 한다.

(2) 글로벌소싱시스템

글로벌소싱과 관련된 중요한 개념으로 적시조달시스템(JIT: just-in-time system)이 있다. 이것은 부품을 미리 구매하여 대량으로 쌓아두던 종전의 방식과 달리 부품이 적시에 생산공정에 도달하게 하는 방식을 말한다. 이 제도를 통해 기업은 유휴재고를 줄여 자금부담 및 재고관리비용을 감소시킬 수 있다. 이 제도는 조달된 부품의 불량률이 매우 낮아야 하고 부품의 조달시간도 정확해야 한다는 전제조건을 필요로 한다.

그러나 해외로부터의 조달은 그 과정이 길고 예기치 못한 사고가능성으로 인해 적용하기 곤란한 측면이 있다. 즉 이 제도는 오히려 기업으로 하여금 재고부족을 낳게 한다. 보통 이 제도는 재고가 없는 것을 의미하지만, 글로벌소싱은 위험을 해소하기 위해 재고수준을 높인다.

최근에는 운송기술의 발달, 고객중심의 서비스 제고, 로지스틱스(logistics) 개념의 활성화로 이 제도가 점차 확산되고 있다. 더글러스 사(Douglas Aircraft Corp.)는 1985년부터 1991년까지 6년에 걸쳐 MD-82 항공기 25대를 중국에서 조립 · 생산할 때 이 제도를 이용하여 좋은 성과를 거두었다.

(3) 글로벌소싱 전략적 대안

글로벌소싱의 전략적 선택은 현지국의 수요, 입지상의 요인, 수송비, 규모의 경제, 정부의 규제 및 기타 요인에 의하여 현지공장의 생산을 결정할 필요가 있다. 이때 해외 현지의 제조 자회사가 직면하고 있는 구매상의 주요한 전략적 이슈로서 자체생산 혹은 타사구입의 결정문제(make or buy decision), 현지소싱 대 해외소싱의 문제(local sourcing versus overseas sourcing) 및 단일소싱 혹은 복수소싱의 문제(single sourcing versus multiple sourcing) 등 3가지 차원에서의 기본적인 의사결정이 있다. 그리고 임차 대 매입(leasing versus buying), 소싱시기(purchases timing) 등의 제반 영역에 걸쳐서 원재료, 부품 및 완제품의 범세계적 조달에 관한 전략적 선택을 필요로 한다. 다국적기업의 소싱전략은 여러 가지 요인의 복합적 작용에 따라서 다음과 같은 선택대안을 제시할 수 있다.

가) 내부소싱과 외부소싱

내부소싱(in-house sourcing)은 원재료, 부품 및 중간재를 다국적기업의 공장에서 직접 제조하는 것이고, 외부소싱(out-sourcing)은 기업 외부의 공급원으로부터 구입하는 것을 말한다. 이와 같은 내부소싱과 외부소싱, 즉 부품이나 완제품의 자사제작 혹은 타사구입의 문제는 경쟁적 원가, 공급의 신뢰성, 품질의 균일성, 경험곡선과 규모의 경제, 장기적 기대수준, 고용문제, 잠재적 경쟁가능성, 생산설비의 전용성, 투자 규모, 현지정부와 노동자 및 일반대중의 태도 등과 같은 제반 요인에 의하여 결정된다.

나) 해외소싱과 현지소싱

해외소싱(foreign sourcing)은 원재료 부품 및 중간재를 본사를 비롯한 해외공급원으로부터 구매하는 것이다. 이와 관련하여 다국적기업과 현지국 정부 간에는 이해상충으로 인한 분쟁과 갈등을 일으키고 있다. 특히 국산화율의 문제를 둘러싼 양자의 상반된 태도는 여러 가지 장애요인이 될 수 있다. 현지생산자회사는 품질 향상과 코스트 절감 등을 위하여 주요 원재료, 부품 및 기계류 등을 본국에서 수입하려고 할 것이다. 본국의 모회사 역시 수출 증대를 위하여 이들 제품의 수출을 도모할 것이다. 반면에 현지국 정부는 자국의 부품산업 육성과 국제수지 개선을 위해서 다국적기업이 소요원자재 조달액의 일정 비율 이상을 현지공급원으로부터 조달해주도록 요구할 것이다.

다) 단일소싱과 복수소싱

단일소싱(single sourcing)이란 하나의 공급업체로부터 구매하는 것이고, 복수소싱 (multitple sourcing)은 여러 공급업체로부터 구매하는 것을 말한다. 이와 같은 영역의 결정문제는 산업구매자의 목표, 공급자의 목표, 양자의 관계, 가격 요건, 계약 범위 및 기간, 구매자의 협상력, 구매자의 내부 및 외부소싱 구조 등에 따라서 전략적으로 결정되어야 할 것이다.

6. 글로벌제휴전략

(1) 제휴전략의 의의

제휴전략(strategic alliance) 또는 전략적 제휴란 둘 이상의 기업이 법적으로나 경제적으로 독립성을 유지하면서 자신들의 경쟁우위요소를 바탕으로 하여 일정 기간 동안 전략적으로 상호 협력관계를 형성함으로써 경쟁적 우위를 확보하려는 경영전략이라고 정의할 수 있다. 전략적 제휴가 구체적으로 나타나고 있는 협력의 형태는 창조적, 복합적, 비정형적 방식의 다양한 양상을 띠고 있어 뚜렷한 구분이 힘들다.

광의의 전략적 제휴란 합작투자는 물론 인수합병까지도 포함한 모든 형태의 기업 간 제휴 내지 협력관계를 의미하기도 한다. 그러나 협의의 전략적 제휴란 특정 목적을 달성하기 위한 전략적 의도에 의해 기업들 간에 한시적으로 비지분적 동맹관계를 맺는 것이다.

결국 제휴전략은 참가기업이 서로의 경영권에 관여하지 않는다는 점에서 기업합병보다는 약한 형태의 관계이며, 이러한 기업 간 협력이 일방이 아닌 쌍방의 전략적 의도에 의해 이루어진다는 점에서 라이센싱과 같은 일반적인 제휴와 구분된다. 또한 참여기업들이 서로의 경쟁우위를 확보함으로써 시너지효과를 얻는다는 점에서 합자투자와 비슷하나, 공동투자에 의한 기업설립을 수반하지 않는다는 점에서 합작투자보다 더 복합적인 개념이다.

따라서 여기서는 전략적 제휴를 제휴기업들 간에 경쟁적 우위를 공유하기 위한 협력관계로서 기업협력 형태 중 독립기업 간 기술제휴(licensing)와 인수합병(M&A)의 중간 형태로 이해할 수 있다.

표 8-3 에서 보는 바와 같이 전략적 제휴는 종래의 전통적인 기업협력과 동일 개념으로 보기도 하지만 시간이 지나면서 점차 단순한 경제적 보완이 아닌 범세계적 경쟁우위 확보를 목적으로 변하고 있다. 또한 협력관계는 수직적 관계에서 점차 수평적 네트워크로 변화하고 있으며 그 경쟁관계도 치열해질 뿐만 아니라 협력분야도 더욱 다양해지고 있음을 알 수 있다.

표 8-3 전략적 제휴의 개념

	전통적 기업협력	전략적 제휴
협력 목적	– 경제적 보완	– 범세계적 경쟁우위 확보
협력관계	– 주로 선 · 후진국 간 수직적 분업관계 – 경쟁 미약	– 주로 선진국 경쟁기업 간의 수평적 네트워크 – 경쟁 치열, 제휴기업 간에도 부분경쟁
협력분야	– 기술이전 및 생산하청 등 단순협력	– 기술표준 설정, 기술 교환, 공동 개발 · 생산 · 판매 등 광범위하고 복합적

자료 CEO Information(제9호), 삼성경제연구소, 1997.

한편 전략적 제휴가 성립되기 위해서는 크게 다음의 3가지 조건이 충족되어야 한다. 첫째, 전략적 제휴에 참여한 기업들 간에는 독립성을 유지하면서 공동의 목적을 추구해야 한다. 둘째, 참여기업들 간에는 성과와 통제권이 공유되어야 한다. 셋째, 참여기업들은 핵심적인 전략 이슈에 대해 지속적인 공헌을 하여야 한다.

(2) 제휴전략의 유형

전략적 제휴는 기준에 따라 여러 가지로 분류할 수 있지만, 여기서는 **그림 8-9** 에서 보는 바와 같이 합작투자 형태의 제휴와 기능별 제휴의 2가지로 구분하여 설명하기로 한다. 기능별 제휴에서 가장 단순하고 단기적 성격이 강한 형태는 연구개발컨소시엄과 기술제휴이다. 이에 반해 합작투자는 기업들의 지분참여도가 높고 제휴 당사자들 간에 참여하는 정도가 높은 제휴 형태이다.

그림 8-9 제휴전략의 유형

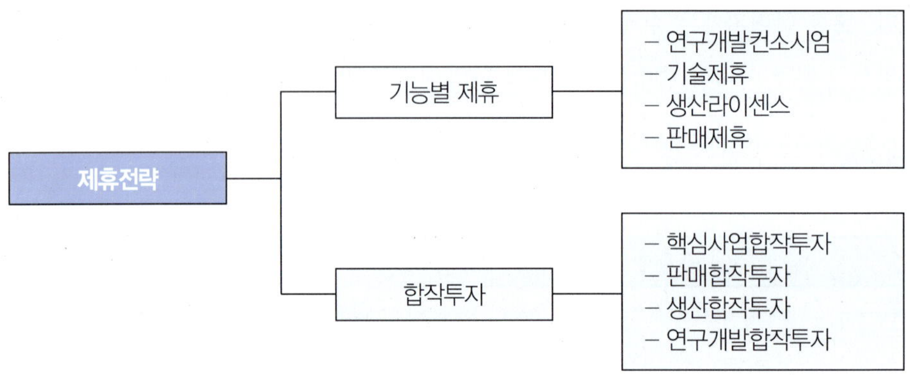

자료 J. Bleeke and D. Ernst, *Collaborating to Complete*, John Wiley & Sons, 1993, p.60.

가) 기능별 제휴

기능별 제휴(functional agreement)는 대체로 지분 참여 없이 기업이 수행하는 여러 가지 업무분야의 일부에서 외국기업과 협조관계를 갖는 것이다. 이러한 제휴관계는 상당히 구체적인 기능별 분야, 즉 연구개발, 생산, 마케팅, 기술, 라이센싱, 유통 등의 분야에서 공동프로젝트를 수행한다. 기능별 제휴에서는 합작투자와 같은 새로운 조직이 창출되지 않고 제휴의 영역 역시 대단히 제한적이다. 주요한 기능별 제휴 형태를 보면 다음과 같다.

① 연구개발컨소시엄

연구개발컨소시엄(R&D consortium)은 첨단산업분야에서 흔히 볼 수 있다. 일부 컨소시엄은 정부에 의해 전적으로 또는 일부를 보조받는 경우도 있다. 항공기산업에서 잘 알려진 Airbus는 영국, 프랑스, 독일, 스페인 등의 기업들이 공동출자한 컨소시엄 형태의 기업이다. 또한 반도체, 통신 등의 첨단산업에서는 세계 각국의 다국적기업들이 참여한 컨소시엄이 많이 나타나고 있다. 예를 들어 메모리형 반도체산업에서는 차세대 고속 D-RAM의 개발을 위해 Intel, NEC, Hitachi, Micron, Infenion 등의 6개사가 제휴하고 있다.

② 기술제휴

기술제휴 또는 기술라이센싱 형태는 대체로 한 기업이 다른 국가의 기업에게 생산기술을 공여하거나 자신의 기술을 기반으로 하여 신제품을 개발할 수 있는 권리를 부여하는 것이다. 기술제휴와 제품개발 라이센스는 대체로 일정액의 로열티를 일회적으로 지불하고 추가적으로 매출의 일부분을 지속적으로 로열티로 지불한다. 이는 주로 신제품 개발과 생산의 위험과 비용을 절감하는 것이 주된 목적이라고 할 수 있다.

기술제휴 또는 기술제휴 라이센싱(technology licensing)이 국제적인 전략적 제휴의 주요한 형태인 이유 중의 하나는 교차라이센싱(cross-licensing)에서 살펴볼 수 있다. 교차라이센싱은 기업들끼리 서로 기술을 주고받는 형태이다. 예를 들어 삼성전자는 일본의 Toshiba와 D-RAM분야에서 서로 기술을 주고받고 있다. 이와 같이 기업 간에 필요한 기술을 서로 주고받음으로써 제휴관계를 맺는 것은 제휴관계 외부의 기업들에 대하여 더 높은 경쟁우위를 확보할 수 있는 좋은 방법이 된다.

③ 생산라이센스

생산라이센스(production license)는 규모의 경제를 활용하고 유휴생산시설을 활용하기 위한 제휴 형태로, 둘 이상의 기업이 공동생산을 할 수 있는 라이센스를 보유하거나 자체 수요를 위해 직접 특허기술을 라이센스 받아 생산하는 방법이다.

예를 들어 1992년에 Siemens와 IBM은 프랑스에 있는 IBM의 공장시설을 활용하여 8M D-RAM을 공동생산하기로 합의하였다. 공동생산을 함으로써 두 기업이 독자적으로 생산시설을 확충하는 것에 비해서 약 8억 달러에 달하는 비용을 절감할 수 있었다고 한다. 이러한 생산라이센스는 단지 생산 부분에만 국한되어 있으며, 두 기업은 반도체를 판매하거나 생산품을 다른 제품에 사용하는 데 있어서는 완전히 자유롭다.

④ 판매제휴

판매제휴는 제품스왑(product swap)을 의미한다. 제품스왑이나 판매제휴는 타사의 생산품에 자사의 브랜드를 붙여 마치 자사의 생산품인 것처럼 판매하는 방식이다. 주문자상표부착생산(OEM:

original equipment manufacturing)방식이 대표적인 방식의 하나이다.

과거 미국의 Ford와 GM은 한국의 기아자동차와 대우자동차에게 프라이드와 르망을 OEM방식으로 수입해 갔던 사례가 있다. 이들 차는 Ford와 GM으로부터 자동차 생산에 필요한 모든 기술을 전수받고 한국에서 생산된 후 Ford와 GM의 상표를 붙여 수출되었다. 이는 자동차산업에서 다양한 제품을 만드는 데 소요되는 비용을 절감하기 위하여 일부 차종과 부품을 서로 OEM으로 공유하며, 그 대신 Ford와 GM은 자신이 경쟁우위를 갖고 있는 분야에 집중투자를 하는 전략적 제휴의 한 유형이다. 또한 중전기분야에서도 Westinghouse와 Mitsubishi전기는 제3세계시장에 원자력발전소를 건설하여 공동으로 판매활동을 벌였다. 이런 공동판매활동은 과당경쟁을 피하고 자신이 보유한 판매망을 잘 활용하여 두 기업 모두 비용을 줄이려는 목적으로 활용되고 있다.

이상에서 살펴본 바와 같이 기능별 제휴는 기업이 수행하는 여러 활동 중에서 극히 제한된 일부 기능에서만 일어나기 때문에 많은 경우 기업들은 지분 참여를 하지 않고서도 가능하다. 그러나 기능별 제휴의 일부에서는 상호 유대관계를 높이기 위해서 주식을 교환하기도 한다. 실제로 많은 기업들이 주식을 서로 교환함으로써 양자의 유대관계를 더욱 공고히 하고 있고, 따라서 이런 상호주식교환이 기능별 제휴의 성공가능성을 더욱 높일 수 있다고 믿고 있다.

예를 들어 미쓰비시자동차는 현대자동차의 주식을 10%가량 소유하고 있다. 현대자동차의 중역은 이러한 지분 참여 때문에 서로 상호보완적인 핵심역량을 더욱 잘 활용할 수 있고, 제휴관계를 더욱 확대할 수 있다고 보고한다. 또한 이러한 지분 참여는 일부 사업분야에 국한된 제휴관계를 더 넓은 제휴관계로 그 폭을 확장할 수 있는 가능성을 제시해주기도 한다.

나) 합작투자

연구개발컨소시엄, 기술제휴, 생산라이센스, 판매제휴 등과 같은 경우는 기업들의 지분 참여 없이 기업 간의 국제계약과 거래에 의하여 이루어지는 것이 보통이다. 그러나 이러한 전략적 제휴관계가 기업의 전략에 점차 중요한 역할을 하게 되고, 제휴를 통해 보다 높은 시너지를 창출하기 위해 기업은 합작투자(joint venture)의 형식을 선호하게 된다. 국제합작투자는 외국기업과 연구개발, 판매, 생산에서 이루어질 수 있으며 더 나아가서는 자신의 핵심사업분야 자체를 합작투자화하는 경우도 발생하고 있다.

일부 기능에만 국한된 기능별 제휴와 달리 국제합작투자는 법률적으로 모기업으로부터 독립된 기업을 만드는 방법이다. 이러한 합작투자방식은 기능별 제휴처럼 한 기능이나 한 업무분야에 국한되어 있기보다는 연구개발, 생산, 마케팅, 유통 등과 같이 여러 분야에 걸친 종합적인 협력관계가 필요할 때 실행하는 경우가 많다. 대부분의 합작투자는 투자기업들이 50 대 50으로 투자를 하며, 한 기업이 51대 49와 같이 지분을 더 많이 소유한 경우나 더 불균등하게 소유한 경우도 있을 수 있다.

지분율은 각 파트너의 기여도 및 교섭능력에 따라 좌우된다. 예를 들어 합작투자에 자신의 독특한 기술을 제공하는 기업은 그 대가로 많은 지분을 요구할 수 있다. 또한 지분율은 협상단계에서 뛰어난 협상력을 가질수록 더욱 높아지는 경향이 있다. 이와 같이 지분율은 합작투자에 양 기업이 공여할 수 있는 핵심역량을 누가 더 많이 갖고 있는가와 더불어 궁극적으로 양자 간의 교섭능력에 따라서 결정된다.

Volkswagen과 중국기업들의 합작투자는 50 대 50 합작투자의 대표적인 사례이다. 그러나 50 대 50 합작투자의 맹점은 두 회사가 의견이 다를 때 이를 신속하게 해결하여줄 수 있는 구조적인 해결책이 없다는 것이다. 즉 양 기업이 모두 동등한 의사결정권을 갖고 있기 때문에 양 기업의 갈등을 합리적으로 해소할 수 있는 방법이 원천적으로 없다. 이러한 문제점은 과거 50 대 50의 합작투자였던 대우자동차와 GM의 합작투자과정에서도 살펴볼 수 있다. 동등한 지분율을 갖는 대우와 GM의 합작투자는 의사결정이 신중한 GM 측과 소수의 최고경영자들에 의해 신속하게 의사결정을 내리는 대우 측의 경영방식의 차이로 인해 많은 의견대립이 발생하였다. 이러한 경영방식의 차이는 자금지원이나 시장진출결정에 있어서의 의견을 조정하는 데 많은 걸림돌이 되었다.

연습문제

1. 글로벌전략의 중요성에 대하여 설명하시오.
2. 표준화와 현지화의 압력에 대한 해결책은 무엇인지 설명하시오.
3. 통합-적응모형과 배치-조정모형의 차이점은 무엇인지 설명하시오.
4. 자금포트폴리오전략의 핵심이 무엇인지 관련제품을 예로 들어 설명하시오.
5. 선점전략, 대응전략, 적소전략의 특징에 대하여 설명하시오.
6. M. E. Porter가 제시한 본원적 경쟁전략의 핵심은 무엇인지 설명하시오.

제 4 부
국제마케팅믹스전략

제 9 장 국제제품전략
제10장 국제가격전략
제11장 국제유통전략
제12장 국제촉진전략

제1부
국제마케팅의 이해

제2부
국제마케팅의 환경

제3부
국제마케팅의 전략

제4부
국제마케팅 믹스전략

제5부
국제마케팅의 조정

제9장 국제제품전략

제1절 국제제품의 개념

제2절 국제제품의 개발

제3절 국제상표전략

제4절 국제포장전략

제5절 국제제품의 적응화와 표준화

학습목표

국제제품이란 무엇인지 살펴본 후, 국제제품믹스, 제품수명주기에 대해서 학습한다. 다음으로 국제상표전략, 포장전략, 신제품개발과정에 대해서 알아본다. 끝으로 국제제품의 표준화와 적응화의 장단점, 사례 등에 대해서 심도 있게 학습한다.

제1장 국제마케팅의 기초
제2장 기업의 국제화
제3장 국제마케팅조사
제4장 해외고객행동분석
제5장 해외시장 진입전략
제6장 국제사업전략
제7장 국제경쟁전략
제8장 글로벌전략
제9장 국제제품전략
제10장 국제가격전략
제11장 국제유통전략
제12장 국제촉진전략
제13장 국제마케팅의 조직 및 통제
제14장 국제인터넷마케팅

사례연구 오리온의 성공코드

아시아시장에서 오리온의 약진세가 대단하다. 중국과 일본에서 선전은 물론 베트남에서도 시장점유율 1위다. 60년 가까운 역사의 맥도널드가 매월 전 세계에 1억7000만 개의 햄버거를 판매하는 데 비해, 오리온은 매월 1억4000만 개의 초코파이를 팔고 있다. 노무라 증권은 2015년까지 오리온이 아시아 식품부문에서 1위를 확보할 것이라고 예측한다.

오리온이 잘나가는 이유는 무엇인가. 대개 성공한 기업들은 자신만의 고유한 경영방식 체계를 갖고 있다. 다른 회사의 성공모델 모방단계를 넘어 자기만의 경영철학 · 공식을 갖지 못하면 일류기업이라 할 수 없다. 이른바 '온리(Only) 오리온'의 성공코드를 정리해본다.

1. '스텝 바이 스텝(step by step)'으로 강한 브랜드이미지 구축

오리온은 한국시장에서 수십 종의 제품을 팔지만 중국시장에서 신제품은 매년 하나 남짓 내놓았다. 1997년 초코파이를 생산하기 시작해 2001년 껌, 2004년 초코송이, 2005년 고래밥을 차례로 선보였다. 오리온이 티베트를 포함한 중국의 모든 성(省)에 제품을 공급한 것도 불과 2년 전부터다. 김흥재 사장은 "중국에 진출한 많은 기업이 매출을 늘려야 한다는 압박 때문에 제품 가짓수를 늘리고 마케팅 전략을 수시로 바꾼다"며 "그러면 당장 매출은 두 배로 늘릴 수 있지만 섬세한 관리가 안 되고 품질 · 브랜드 · 유통망 관리 같은 큰 기둥이 무너진다"고 말했다.

실제 2004년 오리온은 중국시장에 머핀 제품을 내놨다가 반응이 신통치 않자 4년 뒤 이 시장을 과감하게 포기했다. 자칫 초코파이 등으로 쌓아올린 브랜드이미지를 훼손할 수 있다고 판단했기 때문이다. 현지 라면제조회사인 캉스푸(康師傅)가 만든 우유맛 머핀이 인기몰이를 하고 있을 때였다.

캉스푸 머핀은 기존 오리온 제품보다 무게가 2배 이상 나갔지만 간편식을 선호하는 중국인들을 사로잡았다. 반면 고급간식이미지가 강했던 오리온의 머핀은 소비자를 끌어들이지 못했다. 강기명 오리온 중국 마케팅 총괄은 "아무리 좋은 시장이 있어도 우리가 소비자를 유인할 힘이 없으면 그것은 우리 시장이 아니라는 걸 깨달았다"고 말했다. 경영 전문 사이트인 브랜드차이나닷컴은 오리온의 성공비결을 "강한 브랜드를 앞세운 수도거성(水到渠成)전략"이라고 평가했다. '물이 흐르는 곳에 도랑이 생긴다'는 말로 꾸준한 노력으로 조건만 갖춰지면 일은 자연스레 성사된다는 뜻이다.

2. 문제의 본질 파악과 현지화 마케팅

'싱크 베터(Think Better)'의 저자인 팀 허슨(Hurson)의 용어를 빌자면 '세 번씩 세 번 질문하기(Third–

third questions)'류의 방식을 오리온은 구사했다. '왜?'라는 질문을 던져 답을 얻으면, 그 답에 대하여 다시 '왜?'라고 묻기를 세 번씩 반복하는 동안 문제의 본질을 찾는다는 것이다.

오리온의 베트남 진출 초기, 북부의 하노이 등에서는 잘 팔리는 반면 남부의 호찌민 등지에서는 판매가 부진했다. 현지직원들에게 이유를 물어보니 남부지방은 소득이 낮고 덜 개발됐기 때문이라며 외부요인의 탓으로 돌리려 했다. 그러나 핵심원인을 파고들어보니, 북부지방에는 대형 수퍼가 일반화된 반면 남부에는 구멍가게가 90%가량 된다는 사실을 확인했다. 구멍가게는 관리하는 데 품이 많이 들어 소홀하게 다뤘던 게 주범으로 드러난 것이다. 그래서 지역 특성에 맞춰 구멍가게문제 해결에 나섰다.

오리온은 구체적으로 '정(情) 마케팅'에 주력했다. 영업사원이 구멍가게에 가서 일괄주문만 받는 것이 아니라, 점주들과 대화를 나누고 진열을 도와주며 심지어 청소까지 도와주는 등 점주들의 감성에 호소한 것이다. 이를 통해 구멍가게 점주들의 마음을 사로잡았고 점주가 영업사원을 좋아하도록 만드는 데 성공했다.

3. 절박함으로 '끝장 승부'

대부분의 일반 회사 주재원들은 3~5년의 근무기간이 지나면 한국으로 돌아온다. 그런데 오리온 직원은 현지에 파견되면 마치 이민을 가듯이 그곳에 평생 있을 각오를 한다. 자기가 베트남 사람이 아니고 한국 사람이라고 생각하면 그곳 생활의 불편함과 단점이 자꾸 보이기 때문이다.

'온리 오리온'의 핵심은 "네가 무슨 일을 하든지 그것을 좋아하라. 아니 좋아해야만 한다"이다. 베트남이나 중국에 갔으면, 베트남이나 중국을 좋아해야만 하는 것이다. 그래야 절박함이 생기고, 절박함이 있어야 성공할 수 있다.

현지에 가게 된 오리온 직원들은 "잊는 연습을 한다"고 말한다. 한국 본사에서 무얼 하고 있는지 관심을 갖거나 기웃거리지 않기 위해 의식적으로 노력한다는 것이다. 그 대신 현지의 전통과 취향, 사람들의 세밀한 특징을 알아내어 동화하려 애쓰며 새롭게 태어난다는 마음가짐으로 그곳에 산다. (조선일보, 2012. 2. 25)

■ 토의과제

1. 오리온의 성공요인을 어떻게 집약할 수 있는가?
2. SWOT에 비추어볼 때 오리온의 강점(S)과 기회(O)는 무엇인가?
3. 오리온이 지니고 있는 핵심역량은 무엇이며, 향후 지속적인 성장을 위해 어떤 노력이 필요한가?

제1절 국제제품의 개념

1. 제품의 의미

제품이란 소비자의 욕구나 필요성을 충족시켜줄 수 있는 것으로 시장에 출시되어 소비자의 관심, 사용, 소비의 대상이 될 수 있는 재화를 의미한다. 따라서 제품에는 유형재는 물론 서비스, 사람, 장소, 조직, 아이디어 등도 포함된다. 이러한 제품의 개념은 **그림 9-1** 에서 보는 바와 같이 ① 소비자들이 진정으로 구매하고자 하는 핵심적인 혜택으로서 물리적 제품 · 기능적 특징 · 디자인 · 스타일 등을 말하는 핵심요소, ② 핵심제품의 가치나 효용 증대에 결정적 역할을 하는 상표명 · 등록상표 · 포장 · 표찰 등을 의미하는 포장요소, ③ 기업에서 추가적으로 제공하는 서비스나 혜택을 뜻하는 설치 · 배달 · 신용판매 · 보증 · 애프터서비스 등이 포함되는 보조 서비스요소 등 3가지 요소로 분류할 수 있다.

그림 9-1 제품의 구성요소

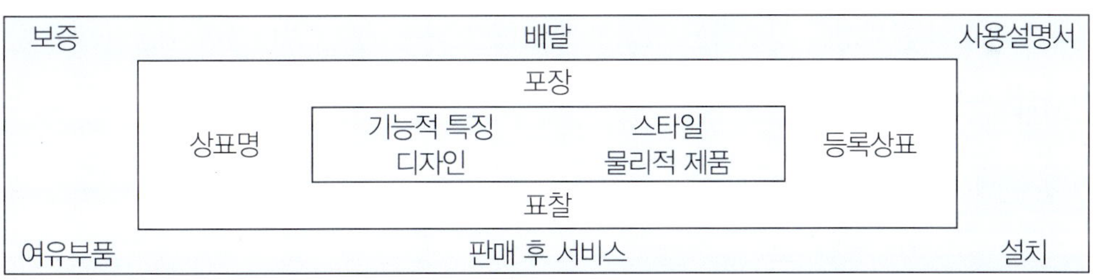

자료 G. Albaum, J. Strandskov, E. Duerr, & L. Dowd, *International Marketing and Export Management,* Addison Wesley Co., 1989, p.199.

따라서 국제마케팅 관리자는 제품개발 시 이러한 제품의 구성요소를 활용하여야 한다. 즉 제품의 각 구성요소에 대하여 시장별로 해외고객들의 기호가 어떻게 다르며 구매할 때 어떤 요소를 상대적으로 중요시하는지를 파악하여 이를 제품전략에 반영하여야 한다.

2. 제품의 분류

제품을 분류하는 이유는 제품의 종류에 따라 상이한 마케팅전략을 사용하는 것이 효과적이기 때문이다. 제품은 사용자에 따라 소비재와 산업재, 구매 형태에 따라 편의품과 선매품 및 전문품, 사용 연한에 따라 내구재와 비내구재, 가시성에 따라 유형재와 무형재로 나눌 수 있다.

편의품은 구매 빈도가 높은 저가격의 제품으로 습관적 구매를 하는 경향이 강하다. 일반적으로 관여도(involvement)가 낮으며 치약, 세제, 비누 등이 좋은 예이다. 여기서 관여도란 제품이 중요한 정도 혹은 소비자와 관련되어 있는 정도를 의미한다. 선매품은 관여도가 대체로 높고 제품을 비교평가한 후에 구매하는 비교적 고가격대의 제품이다. 패션의류, 승용차, 가구, 가전제품 등이 좋은 예이다. 전문품은 매우 높은 관여도를 보이며 구매자의 지위와 연관이 깊고 매우 높은 가격대의 제품이다. 최고급 시계, 전문가용 카메라, 고급 의류 및 장신구류 등이 전문품으로 분류된다.

이러한 분류가 중요한 이유는 제품의 특성이 마케팅전략에 영향을 미치기 때문이다. 편의품은 특성상 저가격을 유지해야 하며 가능한 많은 소매상이 취급하여 소비자가 쉽게 구매할 수 있도록 전략을 세워야 한다. 인지도를 높여 소비자가 구매할 때 최초로 상기되는 상표가 되도록 많은 광고비를 지출하는 것이 보통이다. 광고뿐 아니라 판매촉진도 광범위하게 시행해야 한다.

선매품은 제품의 차별성을 강조하는 광고를 수행해야 하며, 많은 소매상이 취급하도록 할 필요는 적지만 점포의 이미지가 중요하다. 전문품에 대한 소비자의 상표충성도는 매우 높고 높은 가격

표 9-1 제품에 따른 마케팅전략

	편의품	선매품	전문품
구매빈도	높다	중간	낮다
관여도수준	낮다	비교적 높다	매우 높다
문제해결방식	일상적 문제해결과정	포괄적 문제해결과정	상표충성도에 의한 구매
제품의 예	치약, 세제, 비누, 껌, 과자류	패션의류, 승용차, 가구, 가전	고급 시계, 고급 오디오, 보석류
가격전략	저가	고가	매우 높은 가격
유통전략	집중적 유통	선택적 유통	전속적 유통
촉진전략	높은 광고비 지출, 빈번한 판매촉진	제품의 차별성 강조	구매자의 지위 강조

을 지불하는 데 주저하지 않는다. 구매자의 지위를 강조하는 광고가 효과를 발휘할 수 있다. 소수의 점포만으로 충분하지만 점포의 이미지 관리가 중요하고 점포의 위치는 중요하지 않지만 널리 알릴 필요는 있다. 제품에 따른 마케팅전략을 정리하면 표 9-1 과 같다.

3. 제품믹스

(1) 제품믹스의 개념

제품믹스(product mix)란 기업이 생산 및 판매하는 제품의 총체로 제품계열(product line)과 제품품목(product item)으로 구성된다. 즉 기업이 제품전략에 있어서 제품품목과 제품계열을 어떻게 배합할 것인가 하는 것이 바로 제품믹스라고 할 수 있다. 제품품목은 기업의 판매목표에 나타나 있는 제품의 항목을 말하며, 제품계열은 상호 밀접한 관계를 가지고 있는 제품품목들의 제품군을 가리킨다.

제품믹스는 넓이(width), 길이(length), 깊이(depth), 일관성(consistency) 등 4가지 차원의 개념으로 분석이 가능하다. 제품믹스의 넓이는 회사가 취급하는 제품계열의 수를 의미하며, 제품믹스의 길이는 각 제품계열의 제품수를 의미하고, 제품믹스의 깊이는 특정 제품계열 내의 각 제품이 제공하는 품목수를 의미한다. 제품믹스의 일관성이란 여러 제품계열들이 용도나 생산요소, 유통경로 등에서 서로 얼마나 밀접하게 연관되어 있는가 하는 것을 말한다. 예컨대 세제, 샴푸, 화장품 등의 제품계열이 동일한 유통경로를 거치는 소비재라면 이들의 제품믹스는 일관성이 있다고 할 수 있다.

제품믹스의 4가지 차원(넓이, 길이, 깊이, 일관성)은 기업의 제품전략을 수립하기 위한 조종간이 된다. 즉, 기업은 제품계열의 확대나 축소, 제품품목의 추가나 제거 및 제품계열의 일관성 등의 문제를 조정함으로써 제품믹스를 결정짓게 된다. 특히 기업은 제품계열의 일관성을 유지함으로써 특정 분야에서의 강력한 평판 유지 또는 전체 시장에서의 소비자 애고(patronage)를 확보할 수 있다. 기업은 현재의 제품믹스에 대한 평가를 토대로 기업의 목표와 자원뿐만 아니라 변화하는 마케팅환경에 가장 적합한 최적제품믹스를 결정해야 한다. 제품믹스의 내용은 크게 ① 제품믹스의 넓이/길이/깊이의 결정, ② 제품믹스의 마케팅기회 창출로 나뉜다.

(2) 제품믹스의 넓이/길이/깊이의 결정

기업은 제품믹스의 넓이를 넓게 함으로써 제품의 다양화(product diversification)를 통해 시장에서의 기술과 명성을 독점할 수 있으며, 제품믹스의 깊이를 깊게 함으로써 제품의 차별화(product differentiation)를 통해 취미와 구매욕구가 다양한 구매자를 포섭할 수 있다. 제품믹스전략은 ① 모든 시장에 모든 제품계열을 판매하는 전략, ② 특정 시장에 모든 제품계열을 동시에 공급하는 전략, ③ 제품계열 내의 제한된 몇 가지 품목만 생산하는 제한된 제품계열전략, ④ 제품품목 전문화 전략, ⑤ 특수한 상황전문전략 등으로 다양하게 응용될 수 있다. **그림 9-2** 에서 제품믹스의 넓이는 4개 제품계열, 제품믹스의 길이는 세제의 경우 5개 제품, 제품믹스의 깊이는 비트의 경우 3개 품목이다.

그림 9-2 제품믹스의 넓이/길이/깊이

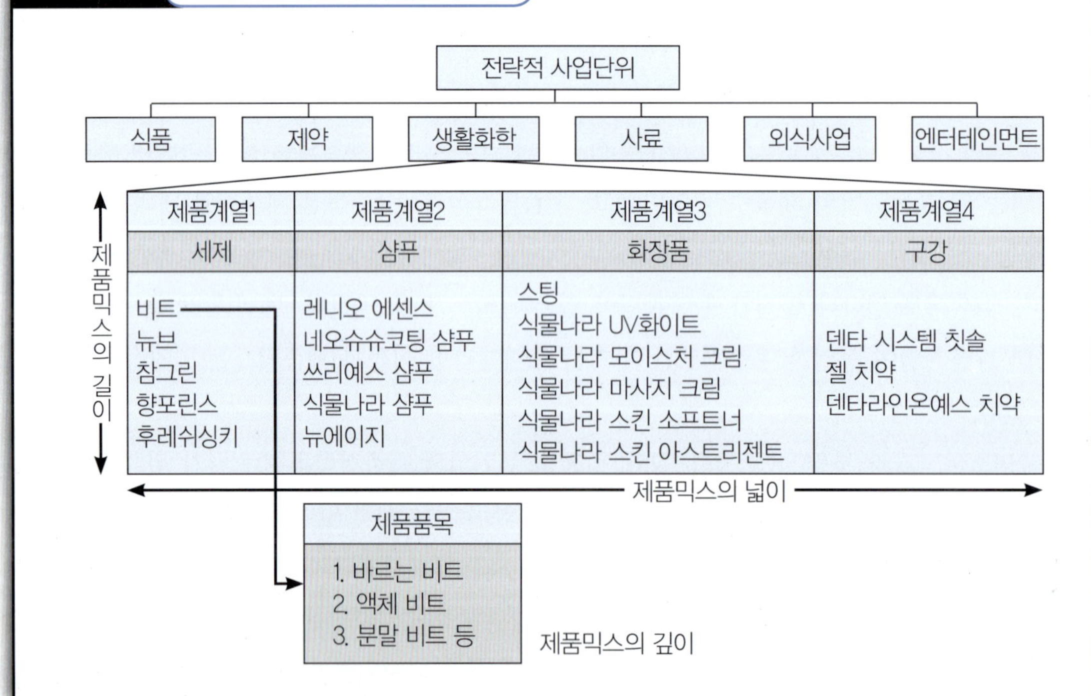

가) 제품계열 길이의 결정

제품믹스의 관리에서 제품계열 내의 품목을 추가하여 제품계열의 길이를 늘리거나 품목을 제거하여 길이를 줄이는 결정은 매우 중요하다. 계열의 길이를 늘리는 전략을 계열길이 확대전략이라고 부르며, 줄이는 경우를 계열길이 축소전략이라고 부른다. 품목을 추가하여 길이를 늘림으로써 소비자의 다양한 욕구를 만족시킬 수 있고 이윤을 늘릴 수도 있으나 품목이 너무 많아지면 관리비용만 많이 들고 하나하나의 품목이 이윤에 기여하는 정도는 적어진다.

일반적으로 제품의 길이는 자꾸 늘어나는 경향이 있다. 그 이유는 소비자 욕구의 이질성을 채워주어야 한다는 필요성이 있고, 소비자들의 다양성 추구 성향을 자사제품 내에서 충족시킬 필요가 있으며, 제품계열을 빈틈없이 채움으로써 경쟁자의 진입을 막는 효과도 있기 때문이다.

제품의 변형이 비교적 쉽고 소비자의 욕구가 매우 다양한 생활용품이나 식품류의 제품은 계열의 길이가 자칫 길어지는 경우가 많이 발생한다. 그러나 계열의 길이가 길어지면 여러 가지 문제가 발생한다. 소매상이 취급할 공간을 확보하기 어려워지며 선택의 폭이 너무 많아져 소비자의 혼란이 야기되고 생산의 효율성이 떨어지며 각 품목의 공헌이익이 줄어들게 된다. 새로 추가된 품목이 경쟁사의 고객을 빼앗아 오는 것이 아니라 다른 품목의 고객을 빼앗는 자기잠식 현상이 생겨나기도 쉽다.

미국의 P&G 사는 미국의 일반 슈퍼마켓에 진열된 개인 및 가정용품의 7.6%가 전체 매출의 84.5%를 차지하고 있다는 사실에 기초하여 생산, 판매 품목을 1/3로 줄인 결과 오히려 매출을 30% 정도 늘리는 효과를 얻었다. 이 예에서 보듯이 제품믹스의 관리는 매우 중요하며, 제품믹스의 관리가 P&G의 경쟁력을 확보해주는 핵심역량이라고 간주되고 있다.

나) 제품계열 넓이의 결정

현재의 품목에 낮은 가격, 또는 낮은 품질의 제품을 추가하여 연장하는 전략을 제품계열 넓이의 하향연장(downward stretch)이라고 부르고, 높은 가격과 높은 품질의 제품을 추가하여 연장하는 전략을 상향연장(upward stretch)이라고 부른다. 그리고 고가와 저가의 시장에 모두 신제품을 추가하는 전략을 쌍방확장전략(two-way stretch)이라고 부른다.

상향연장을 시도할 경우 소비자에게 고급제품을 만들어낼 수 있다는 확신을 심어주어야 하는 어려움이 있다. 일본의 토요다자동차가 유럽 자동차들과 경쟁하기 위해 고급제품인 렉서스를, 혼다자동차가 아쿠라를 출시하여 성공한 것이 상향연장의 예이다. 피플즈 익스프레스(People's Express)라는 미국의 항공회사는 저렴한 가격으로 크게 성공하였으나, 고급서비스를 제공하는 고가시장으로 확장해나갔다가 실패하여 도산하고 말았다.

하향연장을 시도할 경우에는 기존 고급제품을 생산한다는 회사의 이미지가 흐려질 위험이 있다는 것에 유의할 필요가 있다. BMW는 소형, 저가 모델의 생산을 몇 번 시도했는데 성공하지 못하였고, 캐딜락도 저가형을 생산하여 실패한 적이 있다. 소비자들은 저가인 소형 캐딜락은 이미 '캐딜락'이 아니라고 생각했기 때문이다. 캐딜락을 타는 데서 오는 사회적 신분이나 지위의 과시를 소형 캐딜락으로는 할 수 없기 때문이었을 것이다.

(3) 제품믹스의 마케팅기회 창출

제품믹스의 다른 한 국면은 기존 및 신제품으로 해외시장에서의 마케팅기회를 포착하는 것이다. 그러한 기회는 **표 9-2** 에서 보는 바와 같이 ① 기존제품으로 기존시장의 침투 강화, ② 기존제품으로 신시장에 마케팅 강화, ③ 기존시장에 신제품의 개발 및 판매, ④ 신시장에 신제품의 개발 및 판매 등의 4가지로 나눌 수 있다. 물론 제품믹스의 마케팅기회 창출은 제품수명주기와 각국 시장의 환경변화요인을 고려하여야 하며, 아울러 마케팅믹스의 다른 구성요소와의 통합문제도 고려하여야 한다.

표 9-2 제품믹스의 마케팅기회

	기존제품	신제품
기존시장	①	③
신시장	②	④

(4) 제품믹스전략

국제기업이 해외시장에서 제품믹스를 결정할 때 무엇보다도 먼저 고려할 점은 기업의 장기목표가 이익인가 성장인가 또는 매출안정인가 하는 것이다. 이에 따라 제품믹스의 결정방향은 각각 상이해진다. 아울러 국제기업은 잠재수요, 국제마케팅능력, 명성, 경쟁, 현지국의 경제발전수준 등을 고려하여야 한다.

이윤극대화를 목표로 삼는 국제기업은 먼저 각 제품의 총이익 기여정도를 품목별로 분석해야 한다. 즉 성장제품에 대해서는 마케팅활동을 강화하여 이익 규모를 증진 · 유지시키고 반대로 제품기여도가 낮고 자본요소가 큰 일부 품목들은 폐기하도록 하여야 한다.

매출액의 성장을 목표로 삼는 국제기업은 제품믹스의 각 항목들이 제품수명주기상 어느 단계에 있는가를 확인하여 도입기나 성장기에 있는 제품은 마케팅전략을 보완하여 성숙기에 이르도록 유도하고, 성숙기의 품목은 새로운 용도개발 · 제품개선 등의 방법으로 성숙기 기간을 최대한 연장할 수 있도록 하여야 한다. 또한 매출액의 증감변화가 많은 품목은 안정적 매출수준을 가진 품목보다 비용부담이 많고 위험부담률이 높으므로 계절변화에 따라 매출 증감이 서로 중화되는 품목을 제품믹스의 구성품목으로 선택해야 한다.

4. 제품수명주기

(1) 제품수명주기의 개념

전형적인 제품수명주기(PLC: product life cycle)는 **그림 9-3** 에서 보는 바와 같이 도입기, 성장기, 성숙기, 쇠퇴기의 단계를 거치는 S자 곡선을 보인다. 제품수명주기는 아주 단순한 개념이지만 여러 가지 특성을 보이는 각 단계는 중요한 전략적 시사점을 보여준다. 이를 바탕으로 시장에서 제품의 판매량, 지속 기간, 이익 등을 예측하고 마케팅전략을 수립하는 데 유용하게 사용할 수 있다.

제품수명주기는 분석수준에 따라 상이한 모습을 보여주는데 제품군(product class), 제품 형태

그림 9-3 제품수명주기

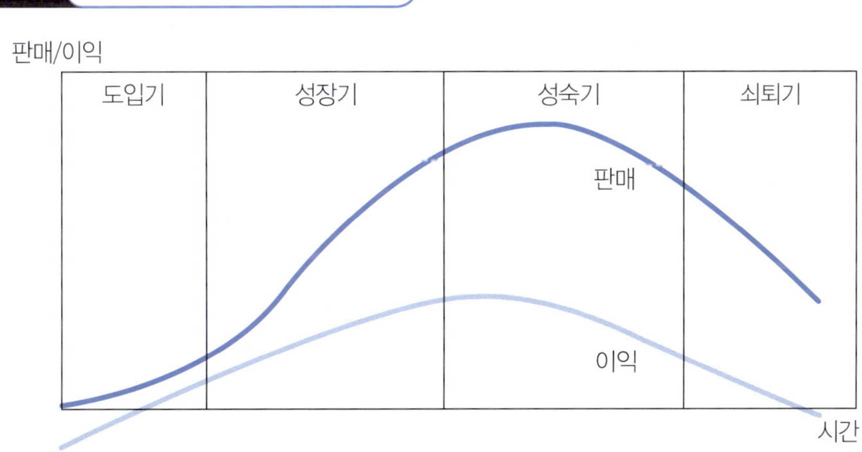

(product type), 브랜드(brand)수준에 따라 차이를 보인다. 맥주, 양주, 담배와 같은 제품군수준의 수명주기는 매우 길다. 그렇지만 하이트, 라거, 아이스, 진달래, 거북선 등과 같은 브랜드수준의 수명주기는 긴 것은 매우 길고, 짧은 것은 매우 짧은 불규칙한 양상을 보인다. 일반적으로 전형적인 제품수명주기는 필터담배, 자동세탁기 등과 같이 제품형태수준에서 나타난다.

(2) 단계별 마케팅전략

도입기, 성장기, 성숙기, 쇠퇴기 등의 제품수명주기에 따른 마케팅전략을 정리하면 표 9-3 과 같다.

가) 도입기

도입기(introduction stage)에는 판매량이 적고 매출 증가율도 낮다. 또한 개발, 촉진, 유통 등의 비용이 많이 소요되므로 이익이 없거나 적자가 발생한다. 이 시기에는 신제품을 소비자에게 인지시키는 것이 중요하다. 수요자는 대부분 신제품 구매에 따른 위험을 기꺼이 부담하는 혁신층이 중심이 된다. 이 기간에는 기본적 형태의 제품이 생산되며 소비자가 제품정보를 가지고 있지 않고 판매가 완만하게 상승하나 제품개발비용, 광고 및 판매촉진 등의 비용이 많이 들어가 적자를 벗어나지 못한다. 수요가 적기에 생산량도 적고 제품의 원가도 높다. 전반적인 제품의 수요가 적어 경쟁도 적은 편이다.

많은 신제품이 선진국에서 먼저 개발되는데 그 이유는 조사능력 보유, 높은 기술수준, 큰 시장규모, 높은 소득수준, 많은 부품공급업자 등이 있기 때문이다. 이 단계에서는 제품이 시장에 처음 등장하므로 판매속도가 매우 느리며 제품에 대한 인지도 및 수용도가 낮다. 따라서 신제품을 가능한 한 빨리 성장기로 유도할 필요가 있다.

도입기에는 제품을 널리 인지시키고, 판매를 늘리는 것이 마케팅의 전략적 목표가 된다. 광고의 주된 대상은 제품을 조기에 수용할 가능성이 높은 혁신소비자들이며 이들에게 인지시킴으로써 구전효과에 의한 확산을 기대할 수 있다. 제품에 관한 정보를 주어 상표인지도를 높이는 광고를 행하고 수량 할인, 소매상광고 지원 등 중간상 대상 판매촉진을 통하여 제품이 많은 소매상에서 취급될 수 있도록 해야 한다.

일반적으로 개발비, 생산 및 마케팅비용 등을 초기에 뽑기 위해 초기고가격전략(skimming

표 9-3 제품수명주기에 따른 마케팅전략

구분	도입기	성장기	성숙기	쇠퇴기
특성	– 낮은 매출 – 고객당 비용 높음, 이익은 적자 – 혁신층 고객, 소수의 경쟁자	– 매출 급속 성장 – 고객당 비용 평균치, 이익 증대 – 조기 수용층, 고객경쟁자 점차증가	– 매출 최대 – 고객당 비용 낮음, 이익 최대 – 중간 다수층, 고객경쟁자 증가 정체	– 매출 쇠퇴 – 고객당 비용 낮음, 이익 감소 – 최후 수용층, 고객경쟁자 감소
제품전략	– 기본제품	– 제품과 서비스의 확대	– 모델의 다양화	– 경쟁력 없는 모델의 철수
가격전략	– 원가가산가격	– 시장침투가격	– 경쟁대응가격	– 가격인하
유통전략	– 선별적 유통전략	– 집약적 유통전략	– 집약적 유통전략의 강화	– 이익 적은 곳 폐쇄하는 선별적 유통경로
촉진전략	– 상표인지율 제고	– 상품구매 확대전략: 절품 최소화, 유통망 확장	– 수요 확대전략: 비사용자 소비 유도, 신규 세분시장 진출, 용도 확대	– 생산량 축소, 시장철수 등 결정
	– 소매점 사업 촉진 및 취급 확산	– 상품인지광고를 선호광고로 전환		– 새로운 니치시장 개척
	– 상품의 초기구매 유도, 사용기회 제공, 판촉 강화	– 새로운 세분시장 진입 준비	– 리포지셔닝 (repositioning)	
	– 제품을 알리고, 시험구매를 유도하기 위한 단계	– 도입기보다는 광고에 주력, 판촉활동은 감축	– 인적판매 비중 증가	– 인적판매 비중 감소
	– 제품인지도 제고를 위한 광고와 홍보 집중	– 거래처를 상대로 한 인적판매 강화	– 판매촉진전략 강화: 경품, 쿠폰 판촉시행	– 판매촉진 및 창의적 촉진활동 전개
	– 시험구매 유도를 위한 샘플링 같은 판촉 중요	– 경쟁업체 참여시 탄력적으로 가격할인 운용	– 유지 광고 및 이미지 광고	– 최소의 광고만 유지

pricing strategy)을 사용하는 경우가 많다. 도입기 초기에는 경쟁사가 적기 때문에 현실적으로 초기고가전략이 가능하다. 그러나 경쟁사의 진입이 예상되고 경험곡선효과를 볼 가능성이 클 때에는 침투가격전략(penetration pricing strategy)을 사용하여 시장점유율을 높이는 데 주력해야 한다.

나) 성장기

성장기(growth stage)에는 제품이 다수의 소비자에게 채택되면서 수요와 매출이 급속도로 커지고 경쟁자가 등장하기 시작한다. 이익이 점점 늘어나 성장기 말기나 성숙기 초기에는 최대이익이 실현되고, 많은 경쟁자가 등장하면서 경쟁제품이 나타나고 모방제품, 새로운 기능이 추가된 개량제품이 나타나며 전체 시장도 점점 커진다. 이 기간에는 조기 채택자들이 제품을 구매하는데 이들의 구전효과가 시장확대를 가속화한다.

성장기에는 도입기에서 시행착오를 거친 결과 제품이 표준화됨에 따라 국내시장이 급속히 신장되면서 이와 동시에 다른 후발선진국으로의 수출 신장이 일어난다. 이 경우 기업의 최대과제로 경쟁기업보다 먼저 시장을 지배할 수 있는 제품전략이 필요하다. 후발선진국의 수요가 급속히 성장하면 수입장벽이나 경쟁사의 도전을 배제하기 위해 현지에 공장을 설립하고 제품판매를 확대하게 된다.

성장기의 마케팅 목표는 상표를 강화하고 차별화를 통해 시장점유율을 확대하는 것이다. 제품성능에 관한 구체적 정보를 소비자에게 제공하여 타 제품과의 차이점을 알리고 일반 소비자의 인지도와 관심을 높이는 광고가 필요하다. 취급점포를 대폭 확대하여 소비자가 쉽게 구매할 수 있도록 하는 집중적 유통(intensive distribution)전략을 사용하게 된다. 제품의 품질을 향상시키고 새로운 특성과 서비스를 추가한 변형제품, 개량제품을 출시함으로써 경쟁제품과 차별화한다. 경쟁이 심해짐에 따라 경쟁을 고려한 가격전략을 선택하게 된다.

다) 성숙기

성숙기(maturity stage)는 도입기나 성장기보다 오랜 기간 지속되는데, 제품구매의욕이 있는 소비자들은 대부분 제품을 구매한 상태이므로 판매량이 떨어진다. 대량생산과 극심한 경쟁으로 제품가격이 낮아지고 이익도 줄어든다. 또한 성장률이 떨어져 기업 간에 극심한 경쟁이 생기고 이로 인해 경쟁력이 약한 기업은 도태된다.

제품이 성숙기에 이르면 저개발국에서 주요 판매 확장이 일어나고 경우에 따라서 그러한 지역에 공장이 설립되기도 한다. 그러므로 국제기업이 각국의 제품개발계획을 제품수명주기와 수요의 성장에 알맞게 조화시킨다면 역으로 선진공업국에서 저개발국으로부터 수입을 하는 경우가 발생할 수 있다. 또 국제기업은 선진국에서 성숙기에 도달한 제품을 개량하거나 대체품을 개발하지 않으면 안 된다.

성숙기의 마케팅 목표는 경쟁우위를 유지하고 상표 재활성화를 통하여 수요를 늘리는 것이다. 이미지광고를 통한 제품차별화를 시도하고 제품의 존재를 확인시키는 광고(reminder advertising)를 행하게 된다. 신규소비자 창출보다 경쟁사의 고객을 빼앗아 오기 위한 가격할인, 쿠폰 등 판매촉진의 사용이 증가한다. 경쟁사의 가격에 대응하는 가격전략 압력으로 인해 가격이 하락하는 경향을 보인다.

유통망을 확충하는 것은 의미가 없고 기존에 구축된 광범위한 유통망을 유지, 보호하는 데 힘써야 한다. 성숙된 시장에서 제품을 다시 한 번 활성화하는 재활성화(revitalization)를 시도할 필요가 있다. 신규사용자를 찾거나, 기존고객의 사용빈도나 사용량을 늘이거나, 제품의 새로운 용도를 개발하여 매출을 늘이는 시장확대전략을 사용하거나, 품질 · 특징 · 스타일을 변화시켜 판매를 증가시키거나, 재포지셔닝을 통하여 매출을 증가시킬 수 있다.

라) 쇠퇴기

쇠퇴기(decline stage)에는 수요가 줄어 가격이 떨어지고 매출과 이익이 감소하며 경쟁제품들의 시장 철수로 경쟁사의 수는 감소한다. 이 기간 소비자의 대부분은 최종채택층이다. 대체제품이 등장하고 소비자의 기호가 변화하므로 시장 재검토가 필요하다. 쇠퇴기에 이르면 매출이 감소되므로 구제품의 대체를 위한 신제품을 개발하여 계속 상품화해야 한다. 이는 기존시설을 활용하고 매출과 이익의 신장을 위해서 꼭 필요하다.

쇠퇴기의 마케팅 목표는 단기수익을 극대화하는 방안을 찾는 것이다. 비용을 가능한 한 줄이고 매출을 유지하여 수익을 극대화한다. 제품을 상기시키는 수준의 최소한의 광고를 하여 경비를 절약하고, 매출액이 적은 품목은 제거하고 기여도가 높은 품목만 남기며, 과잉설비를 제거하고 하청을 늘린다. 취약한 중간상을 제거하고 우량 중간상만 유지하며 최소한의 이익을 유지하는 저가격 정책을 사용하게 된다. 그러나 충성도가 높은 소수의 고객을 대상으로 고가격정책을 사용하는 경우도 있다.

(3) 제품수명주기의 형태

제품수명주기의 형태는 주기-재주기형, 연속성장형, 패션형, 패드형 등 다양한데 이를 그림으로 나타내면 **그림 9-4** 와 같다.

그림 9-4 여러 가지 제품수명주기 형태

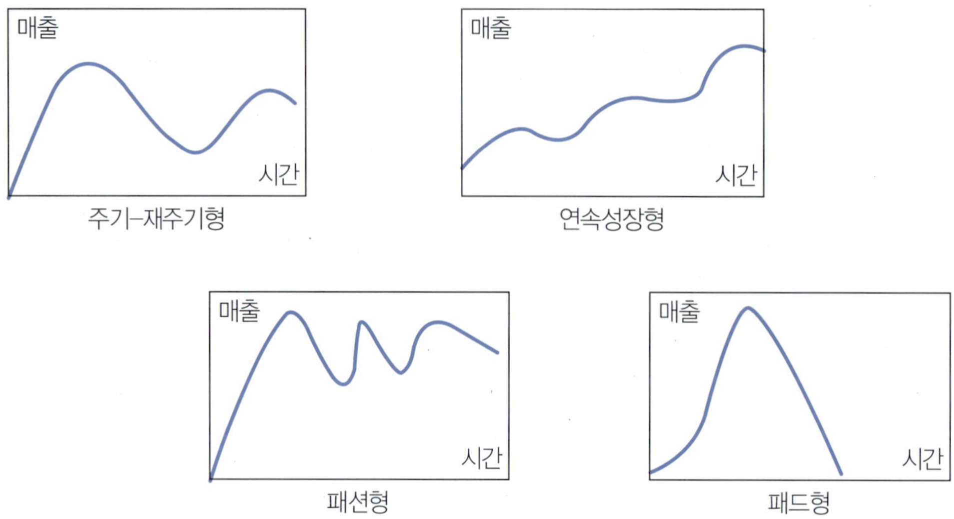

가) 주기-재주기형

주기-재주기형은 쇠퇴기에 접어들다가 촉진활동의 강화 혹은 재포지셔닝에 의해 다시 한 번 성장기를 맞는 경우로 많은 제품들이 기업의 마케팅활동에 의해 이러한 형태를 띤다.

나) 연속성장형

연속성장형은 새로운 제품특성, 용도, 사용자를 발견 혹은 개발하여 PLC가 연속적으로 이어지는 경우로, Johnson & Johnson의 베이비 샴푸의 경우 유아용 샴푸로 개발되었다가 부드러운 머릿결을 원하는 여성용 샴푸로 재표지셔닝하여 다시 성장기로 접어들었다. Du Pont의 나이론은 원래 질긴 섬유를 필요로 하는 낙하산용으로 널리 사용되다가 생활용품으로 개발되어 양말, 셔츠, 카페트 등으로 용도가 확대되면서 연속적으로 성장해왔다.

다) 패션형

패션(fashion)형은 일정 주기를 타고 성장, 쇠퇴를 반복하는 제품의 수명주기이다. 남자의 바지, 넥타이, 여성의 치마 등은 주기적으로 길이나 폭 등이 유행하다 사라지곤 한다.

라) 패드형

패드(fad)형은 도입기가 거의 없이 바로 성장기에 접어들었다가 성숙기가 거의 없이 바로 쇠퇴기로 접어드는 형태를 띤다. 무릭의 규브, Wall-Walker, 양배추인형 등과 같은 완구, 게임류처럼 한때 누구나 가지고 놀다가 어느새 아무도 가지고 놀지 않는 제품의 수명주기가 이에 속한다.

(4) 제품수명주기의 최근 경향

삼양라면은 1963년에 탄생한 이후 장수를 누리고 있지만 라면 상표의 수명주기는 매우 짧아져 최근 대부분이 신제품 출시 후 3개월 내에 성공적이지 않으면 생산을 중단한다. VCR, TV, 오디오 등의 가전제품 모델은 1980년대 초에는 약 2년 정도의 수명을 가졌으나 1980년대 중반 약 1년 정도로 수명이 줄어들었고, 1990년도에 들어와서는 6개월 정도가 지나면 새 모델이 등장하고 있다. 포니는 1976년 시판된 후 1982년까지 7년간 생산되었고, 포니Ⅱ는 그 후 3년의 수명을 누렸다. 소나타는 소나타, 소나타Ⅱ, 소나타Ⅲ, EF소나타, NF소나타, YF소나타로 모델을 변화시키면서 거의 2년에 한 번씩 바꾸어가고 있다. 미국의 많은 자동차는 거의 매년 신형이 나오고 있다

최근 들어 제품의 수명주기가 매우 짧아지고 있다. 그 이유는 소비자의 선호가 급변하는 데다 경쟁이 심해지면서 소비자의 선호를 맞추지 않으면 생존할 수 없기 때문이기도 하고 새로운 기술이 신속히 개발되고 있기 때문이기도 하다.

이렇게 제품의 수명주기가 짧아짐에 따라 기업들은 막대한 R&D비용을 투입하여 신제품을 개발할 수밖에 없고, 신제품이 개발될 경우 빠른 시간 내에 대량생산하여 판매하지 않으면 투자금액을 회수하기 어렵게 되었다. 따라서 신제품을 개발할 수 있는 기술력뿐 아니라 대량으로 판매할 수 있는 시장의 확보도 매우 중요해졌다. 최근 들어 기업들이 인수 · 합병 또는 전략적 제휴 등을 통해 거대화되고 글로벌화하는 이유는 바로 이러한 R&D자금을 확보하고 거대한 글로벌시장에 접근하기 위해서라고 할 수 있다.

(5) 제품수명주기의 한계

제품수명주기의 한계점으로 다음과 같은 것을 들 수 있다.

① 각 제품마다 독특한 PLC를 가질 수 있다.

② 해당 제품이 어느 단계에 있는지 구분하기 매우 어렵다.
③ 제품이 다음 단계로 이동하는 시기를 정확하게 파악하기 힘들다.
④ 다음 단계로 이동하게 하는 요인들을 파악하기 어렵다.
⑤ 각 단계의 기간을 예측하기 힘들고, PLC의 형태를 예측하기도 어렵다.
⑥ 때로는 마케팅전략이 PLC의 결과를 초래할 수 있다.
⑦ 외부적 요인이 제품수명주기의 기간을 변화시킬 수 있다.
⑧ 기업의 마케팅전략에 따라 PLC의 단계와 기간이 달라질 수 있다.

제2절 국제제품의 개발

기업은 해외시장에 국내의 기존제품을 그대로 판매할 수도 있고 때로는 국내시장에 없는 신제품을 개발하여 판매할 수도 있다. 본 절에서는 국제제품의 유형, 개발방식 및 신제품의 개발과정 등에 대해 살펴보기로 한다.

1. 국제제품의 유형

기업이 해외시장에서 판매할 수 있는 제품은 혁신정도에 따라 4가지 유형으로 나눌 수 있다.

(1) 기존제품

기존제품(existing product)이란 특정 기업에 의해서 이미 세계시장에 소개되어 판매되고 있는 제품을 말하며, 여기에는 자사 및 타사의 국내제품과 외국제품이 모두 포함된다. 기업이 자사의 국내제품을 수정하거나 개량하지 않고 그대로 해외시장에 판매하는 것은 가장 손쉽고 비용이 적게 드는 방법이라 할 수 있다. 한국, 대만, 싱가포르, 홍콩차이나 등 아시아 신흥공업국의 기업들은 성숙기의 외국제품을 모방하여 그대로 해외시장에 저가로 판매함으로써 수출기업으로 성장해온 경우가 많다.

(2) 수정제품

수정제품(modified product)이란 국내 혹은 해외에서 개발되어 판매되는 자사 및 타사의 기존제품을 특정 해외시장에 알맞게 변경한 제품을 의미한다. 기존제품을 그대로 해외시장에 판매하는 것은 비용을 절감할 수 있지만 해외시장의 소득수준, 소비자기호, 사용조건, 법적 규제 등으로 판매 증대에 어려움이 따른다. 따라서 기업은 기존제품의 물리적 특성, 포장요소 혹은 서비스요소 등을 변경함으로써 현지의 고객 및 환경에 적응하려 한다.

(3) 개량제품

개량제품(improved product)이란 기존제품의 성능, 용량, 품질, 스타일, 서비스 등을 개선한 제품을 말한다. 기업은 소비자들로부터 기존제품의 약점, 개선 방향, 제품 수정에 대한 반응 등을 청취하거나 경쟁기업의 기존제품을 면밀히 분석함으로써 제품개량에 관한 아이디어를 얻을 수 있다.

일본의 Toyota자동차회사는 해외제품의 개발에 앞서 미국 내의 독일제 Volkswagen 소유주들을 상대로 자동차 제품의 구성요소에 대하여 선호도를 조사하였고 이를 토대로 Volkswagen의 장점은 모두 갖추었지만 단점을 개량한 Toyota자동차를 개발하여 미국시장에 진출하였고 수년 내에 미국의 소형승용차시장을 석권하였다.

제품의 개량은 일본기업의 국제경쟁력의 주요한 원천이라 할 수 있다. 일본기업은 해외 선발기업의 기존제품을 모방하는 데 그치지 않고 마케팅조사와 연구개발에의 막대한 투자로 끊임없이 개량제품을 해외시장에 내어놓고 있다. 이렇게 함으로써 신제품개발 선도기업의 경쟁우위를 가능한 짧은 기간 내에 약화시키고 개발도상국 후발기업의 추격을 뿌리치고 있다.

(4) 신제품

여기서 신제품(new product)이란 세계시장에 처음으로 소개되는 발명이나 혁신을 의미한다. 제조상의 진보뿐만 아니라 제품이 소비자들에게 전혀 새로운 것으로 인식될 때 이를 신제품이라 할 수 있다. 기업이 신제품을 국내판매에 앞서 해외시장에 먼저 판매하는 것은 드문 일이지만 해외시장을 목표로 신제품을 개발하여 수출하거나 혹은 해외자회사를 통하여 신제품을 현지에서 제조·판매할 수 있다.

신제품을 해외시장, 특히 새로운 해외시장에 판매하는 것은 위험이 높은 제품전략이라 할 수 있다. 따라서 아이디어 창출단계부터 상업화에 이르기까지의 신제품개발과정에 대한 철저한 이해가 필요하다.

2. 국제제품의 개발방식

(1) 국내개발

국제기업들이 흔히 사용하는 마케팅전략으로 본국시장에서 개발한 상품을 그대로 해외시장에 적용하는 것이다. 이 전략은 규모의 경제와 연구개발비용의 절감을 이룰 수 있다. 또한 다른 시장에 판매되기 전에 본국에서 시장테스트를 거치므로 실패의 위험을 줄일 수 있다.

(2) 순차적 개발

제품의 기능이나 사용조건 등이 본국과 비슷한 해외시장에 순차적으로 진입하고 제품을 그 지역의 조건에 맞게 일부 수정하는 방식이다. 이 방식은 현지소비자의 기호에 어느 정도 적응하면서 동시에 제품개발비용을 줄일 수 있는 장점이 있다.

(3) 현지개발

각국 시장에서 제품의 사용조건이나 기능상 큰 차이가 존재할 때 각국별로 현지시장에 적합한 제품을 개발하는 방식이다. 이 전략은 현지시장 기호에 맞는 제품을 생산할 수 있는 장점이 있으나 디자인과 연구시설의 중복으로 규모의 경제 면에서 제한을 받게 된다.

(4) 다국적 개발

개발 초기부터 다수의 국가를 대상으로 시장환경에 적합한 상품을 개발하는 유형으로 다수국에 대해서 제품을 표준화하는 방식이다. 이 방식은 규모의 경제에 의한 비용절감이 큰 장점이지만 다양한 소비자들의 기호를 반영하지 못하는 단점이 있다.

3. 신제품의 개발과정

신제품은 이제까지 시장에 전혀 존재하지 않던 제품뿐만 아니라 이미 나온 제품에 다른 기능을 첨가하거나 바꿔서 만든 개량제품도 포함한다. 신제품 개발은 **그림 9-5** 에서 보는 바와 같이 아이디어 수집/선별, 제품개념 개발, 사업성 분석, 시험마케팅, 상업화 등의 과정을 거친다.

그림 9-5 신제품의 개발과정

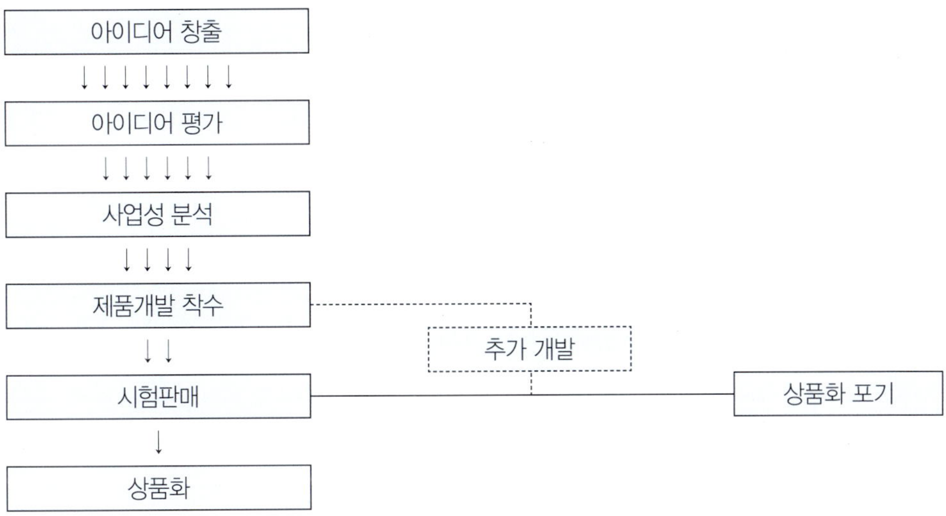

자료 G. Albaum, J. Strandskov, E. Duerr, & L. Dowd, *International Marketing and Export Management*, Addison Wesley Co., 1989, p.201.

(1) 아이디어의 창출

신제품개발은 먼저 신제품에 대한 아이디어 수집으로부터 시작된다. 고객, 공급업자, 경쟁자, 판매원, 유통업자, 연구자, 관리자, 출판물 등 다양한 원천으로부터 신제품 아이디어를 창출 · 획득하여 개발후보제품을 선정한다. 또한 고객의 불만전화(consumer hotline)도 새로운 제품 발상의 근원이 될 수 있다. HP 사는 1970년대 후반 경영상의 어려움을 겪고 있던 당시 관리창고에서 일하던 한 기술자로부터 카트리지가 특정한 방식으로 열을 받으면 구석구석으로 분사된다는 사실을 알게 되어 이를 기반으로 종이에 잉크를 분사하는 새로운 방법을 개발하였다.

(2) 아이디어의 평가

다양한 원천에서 획득한 신제품 아이디어를 모두 제품개발로 연결시키는 것은 불가능하므로 성공의 가능성이 높은 아이디어들만을 선정해야 한다. 특히 새로운 아이디어는 제품의 시장성, 수익성, 경제성 등을 고려하여 평가 · 분석하게 된다. 즉 어떤 아이디어가 제품으로서의 독특함을 갖는가, 혹은 그 제품을 만들기 위한 원료, 생산시설이 있는가, 현재의 회사능력으로 가능한가, 기존제품과 잘 조화될 수 있는가 등을 검토하여 그 아이디어를 다음 단계로 넘기든가 아니면 철회하여야 한다.

Sony, 3M, Disney 등과 같은 글로벌기업들은 1년에 3,000개 이상의 신제품 아이디어를 검토하고 있다. 이때 새로운 아이디어는 제품의 시장성, 수익성, 경쟁상태, 판매예상지역의 제반 환경, 자사의 목표와 제반 능력 등을 고려하여 평가 및 분석된다.

(3) 사업성 분석

선정된 아이디어에 대한 평가가 만족스러운 결과를 보이면, 그 아이디어가 과연 성공적인 사업을 보장해줄 수 있는가의 여부에 대한 분석이 필요하다. 이를 위해서는 장차 예상되는 미래의 판매액, 비용, 이익 등을 기초로 평가한다. 즉 이 제품이 시장에서 성공할 수 있는지, 제품성장률이 좋은지, 경쟁사 제품과 경쟁성이 있는지를 분석한다.

이 단계에서 기업은 신제품에 대한 소비자의 태도와 생각(concept testing)을 알아보아야 한다. 예를 들면 어떤 식료품 제조기업에서 우유에 영양분이 풍부한 가루를 넣어서 마시는 아이디어를 냈다고 하자. 이 아이디어는 여러 가지 제품용도(product concept)를 생각하게 할 것이다. 누가 이 제품을 사용할 것인가(유아, 아이, 10대 청소년, 젊은이, 중년, 노인)를 조사하고, 이 제품은 어떤 장점이 있는가(맛이 좋은가, 영양가가 높은가, 상쾌하게 하는가, 에너지를 제공하는가), 또한 언제 이 제품을 마실 것인가(아침식사 때, 아침과 점심 사이에, 점심에, 점심과 저녁 사이에, 저녁식사에, 늦은 밤에) 등을 조사하여야 한다.

(4) 제품개발 착수

사업성을 검토한 결과 아이디어가 매력적이라면 실제로 제품개발에 착수한다. 이 단계에서는 먼저 신제품을 국내에서 생산할 것인가 아니면 해외에서 생산할 것인가를 결정한다. 통상 국제기업들은 전문인력의 이용가능성이나 기밀유지 등을 이유로 국내에서 개발하는 경우가 많다.

제품개발과정은 실제 제품으로 만들어내는 기술부서와 제품의 모양, 색감, 포장 등이 소비자의 취향에 맞도록 피드백(feedback)을 제공하는 마케팅부서의 공동책임이다. 이러한 일련의 테스트, 제품의 변경 등 제품을 세련되게 하는 과정을 거쳐야 결국 성공제품이 개발되는 것이다. 이 과정은 수개월, 몇 년이 소요되기도 한다.

(5) 시험판매

시장환경이 국가마다 다르므로 개발된 제품을 국내시장뿐만 아니라 다수의 잠재적 해외시장에서 동시에 시험판매해볼 필요가 있다. 여러 시장에서의 제품시험은 시장 간의 차이 때문에 발생하는 오류를 피할 수 있는 방법뿐만 아니라 때로는 그 자체가 현지시장에서의 판매촉진활동이 되기도 한다. 시험판매 결과가 좋으면 전국적인 판매를 개시하고 판매실적이 나쁘면 그 제품의 생산, 판매를 중단해야 할 것이다. 시험판매에서는 제품만을 테스트하는 것이 아니고 거기에 따른 광고, 유통, 판매촉진 등 즉 다른 마케팅믹스(marketing mix)도 같이 테스트하게 된다.

(6) 상품화

시험판매의 결과가 기업의 기대와 일치하는 경우에는 판매계획에 따라 제품을 시장에 출하한다. 이때에는 표적시장을 대상으로 제품의 적정 출하시기와 순서 그리고 구체적인 마케팅믹스 등을 어떻게 실천할 것인가를 결정한다. 상품화단계에서는 막대한 자금이 필요하다. 전국적인 상품화로 인하여 전국의 유통조직에 상품의 배달되려면 그에 상응한 생산시설이 필요하며 제품을 소비자에게 알리기 위하여 대대적인 광고를 하여야 하고 새로운 유통소식을 개설하여야 한다. 이것은 거대한 작업이므로 도시별, 지역별로 순차적으로 할 수도 있다.

제3절 국제상표전략

1. 상표의 의미

(1) 상표의 정의

상표(brand)란 상품을 생산 · 가공 · 증명 또는 판매하는 것을 업으로 영위하는 자가 자기의 업무에 관련된 상품을 타인의 상품과 식별되도록 하기 위하여 사용하는 기호 · 문자 · 도형 · 입체적 형상 또는 이들을 결합한 것 또는 이들 각각에 색채를 결합한 것을 말한다.

상표란 좁은 의미로는 상품의 이름만을 의미하였지만 오늘날에는 상품의 형상, 포장, 향기, 냄새, 음향 등으로 타인의 상품과 자신의 상품을 구분시키는 특징이 될 수 있는 모든 것들을 포괄적으로 지칭하는 것으로 개념이 확대되고 있다. 광의의 상표개념은 상표 외에 서비스표, 단체표장, 업무표장을 포함한다.

상표 중 말로 표현될 수 있는 부분을 상표명(brand name)이라 하고, 상징이나 디자인 및 독특한 색상처럼 말로 표현할 수 없는 부분을 상표마크(brand mark)라 한다. 등록상표(trademark)는 법적 보호에 의하여 사용권이 허용된 상표를 말한다. 등록상표에 의해 상표명과 상표마크를 독점적으로 사용할 수 있다.

(2) 상호와 상표

상표는 자타상품을 식별하기 위하여 상품에 부착하는 표장으로 상품의 동일성을 표시하는 기능을 하나, 상호는 상인(법인 · 개인)이 영업상 자기를 표시하는 명칭으로 영업의 동일성을 표시하는 기능을 한다.

즉, 상호는 상인이 영업에 관하여 자기를 표시하는 명칭이자 인적 표지의 일종으로 문자로 표현되고 호칭되며 회사기업의 경우 상호의 사용은 강제적인 반면, 자타상품을 식별하는 기호로서 문자뿐만 아니라 기호, 문자, 도형, 입체적 형상 또는 이들의 결합 또는 이들과 색채의 결합으로 구성된 상표는 그 사용에 있어서 강제성이 없다.

다만, 기업이미지 통일화전략에 따라 상호와 상표를 일치시키고 있는 것이 국제적 추세인 점(상표의 상호화 또는 상호의 상표화 현상)과 상호가 상품표지로 사용되고 상표로서 등록요건을 갖추어 등록된 경우에는 법률상 상표로서 보호되는 상호상표가 점차 늘고 있어 양자의 기능이 중첩되는 경우가 많다

(3) 상표의 기능

상표는 ① 자기의 상품과 타인의 상품을 식별할 수 있는 자타상품의 식별기능, ② 동일한 상표를 표시한 상품은 동일한 출처에서 나온다는 것을 수요자에게 나타내는 출처표시기능, ③ 동일한 상표를 표시한 상품은 그 품질이 동일한 것으로 수요자에게 보증하는 품질보증기능, ④ 상표의 상품에 대한 심리적인 연상작용을 동적인 측면에서 파악한 것으로 상품거래사회에서 판매촉진 수단으로서의 광고선전기능, ⑤ 재산적 · 경제적 가치로서의 재산적 기능 등을 지니고 있다.

결국 상표는 타 기업의 자사제품 모방에 대한 법적 보호수단을 제공하며, 자사제품에 대한 고객의 충성심을 제고시키는 수단이 되며, 시장세분화를 돕는 수단이 된다는 이점이 있다. 그러나 상표의 부착은 이점뿐만 아니라 책임과 위험을 동반하기 때문에 사회적으로 용납할 수 있는 최소한의 상품요건과 고객이 기대하는 효용을 충족시킬 수 있어야 한다.

2. 상표명의 결정

상표명은 기억하기 쉽고, 경쟁사의 상표명과 뚜렷이 구별되어야 하며, 제품의 편익을 암시하면 더 좋다. 그리고 법의 보호를 받을 수 있는 것이어야 한다. 가장 잘 만들어진 상표명이라고 일컬어지는 소니는 영어에서 가장 많이 사용되는 글자의 조합에 불과하지만 위의 조건들을 다 만족시켜서 크게 성공하였다.

웹사이트의 도메인명(domain name)은 바로 상표명이 되는데 Amazon.com처럼 기업명이 바로 상표명인 경우도 있고, 기업명과 도메인명이 다른 경우도 있다. 도메인명은 등록을 해야 하기 때문에 작명의 유연성이 떨어져서 길어지고 복잡해지기 쉽다. 따라서 간단하고 쉬운 도메인명은 그 자체로서 가치를 인정받고 있다. 두루넷이 korea.com이라는 도메인명을 500만 달러에 샀을 만큼 도메인명은 중요시되고 있다. 도메인명의 결정도 일반상표명의 결정과 동일한 방법으로 이루어져야 한다. 더욱이 제품은 여러 개의 상표명을 보유할 수 있으나, 웹사이트의 도메인명은 대부분의 경우

하나이기에 더욱 신중히 선택해야 한다.

상표명을 선택할 때 유의해야 할 점은 다음과 같다. 첫째, 웹사이트의 성격이나 취급 제품의 특성, 고객에 제공하는 편익을 잘 전달할 수 있어야 한다. foodfood.co.kr은 기업명과의 연관성은 떨어지지만 식품회사라는 것을 그대로 나타내준다. golf.com, playboy.com 역시 기업의 특성을 그대로 나타내고 있다.

둘째, 가능한 짧고 쉽게 기억할 수 있는 것이어야 한다. yahoo.com, amazon.com, eBay.com은 짧고 기억하기 쉬운 상표명이다. 또한 microsoft.com보다 짧은 ms.com이 기억하거나 발음하기에 용이할 것이며, gateway.com 보다 gk.com이 짧고 기억하기 좋을 것이다. 그러나 이렇게 약어를 사용할 때는 오프라인에서 이미 약어가 널리 사용되지 않는 경우 원래 이름을 연상하지 못하여 혼돈을 초래하는 경우도 있다.

셋째, 발음하기 쉬워야 한다. google.com은 발음하기 쉽고 재미있어 기억도 쉬운 도메인명이다.

3. 상표에 관한 의사결정

국제기업은 상표를 붙일 것인지, 붙인다면 어떻게 할 것인지를 결정하여야 한다. 상표는 자사상표와 타사상표, 개별상표와 계열상표, 복수상표, 국별 상표와 범세계적 상표 등 다양하다. 기업의 이름을 그대로 상표로 사용하는 경우 기업상표(corporate brand)라 하고, YF소나타, 마이크로소프트 워드 2010 등과 같이 상표에 YF, 2010처럼 구형 모델과 구분하기 위해 붙이는 숫자나 수식어가 있는데 이를 상표수식어(brand modifier)라고 한다. 상표의 종류를 정리하면 **표 9-4** 와 같다.

(1) 무상표

먼저 상표를 붙일 것인가를 결정해야 하는데, 상표를 붙이지 않는 전략을 무상표전략이라고 한다. 무상표품(generic brand)은 상표를 붙이지 않고 제품의 내용만을 표시한 제품이다. 제품광고를 하지 않고 평범한 포장이면 충분하기 때문에 가격이 저렴하다.

제품의 질이 비슷하다는 인식이 높아지고 제품가격에 민감해짐에 따라 무상표품이 많아지는 경향이 있다. 특히 미국의 경우 경제가 불황이었던 1970년대부터 많이 유행하기 시작하였으며 한국의 경우에도 생각보다 많은 무상표품이 유통되고 있다. 일반시장에서 팔리는 의류, 식품류, 잡화

표 9-4 상표의 종류

	내용	예
무상표	상표를 사용하지 않는 경우	
제조업자상표	제조업자가 소유하고 관리하는 상표	삼성, 마이크로소프트, LG, 오뚜기, 신라면
중간상상표	중간상이 소유하고 관리하는 상표	E-마트 브랜드, 킴스클럽 브랜드, 신세계 브랜드
개별상표	제품마다 상이한 상표를 사용하는 경우	
복수상표	개별상표의 일종으로 동일제품 내에 두 개 이상의 서로 다른 상표 사용	LG: 수퍼타이, 하모니, 한스푼 E-Land: 이랜드, 브렌따노, 언더우드, 헌트
공동상표	생산하는 모든 제품에 하나의 상표를 사용하는 경우	오뚜기, BMW, SONY

등은 무상표품인 경우가 더 많다. 상표가 붙어 있더라도 전혀 알려지지 않은 경우는 실제로 무상표품이라고 볼 수 있다.

(2) 자사상표와 타사상표

국제기업이 사용할 수 있는 상표는 상표권자(brand sponsor)에 따라 ① 자사의 고유상표, ② 중간상상표, ③ 도입상표, ④ 주문자상표로 나눌 수 있다.

가) 자사의 고유상표

기업이 자체적으로 개발한 제조업자상표(manufacturer's brand)로, 기업 및 상품을 차별화할 수 있는 강력한 수단이 되며 국제적으로 알려지기까지는 상당한 기간의 투자와 노력이 요구된다. 한국기업의 대부분은 자사의 고유상표를 부착하여 판매하고 있다.

나) 중간상상표

중간상상표는 도소매업자가 하청을 주어 생산한 후 판매하는 제품에 도소매업자의 상표를 부착하는 경우를 의미한다. 소매상의 파워가 커질수록 중간상상표(private brand, distributor's brand)가

널리 사용된다. 미국의 경우 중간상상표가 차지하는 비율이 매우 높다. 예컨대 E-Mart에서 판매하는 E-Plus 제품이 이에 해당한다.

다) 도입상표

사용료를 지급하고 타사의 세계적인 유명상표를 자사제품에 부착하여 해외시장에 판매하는 경우이다. 이미 세계적으로 널리 알려져 있기 때문에 광고비용을 줄일 수 있으며 시장진입이 용이하지만 회사이미지를 구축하기는 어렵다.

라) 주문자상표

제조업체(주문자)가 특정제품의 생산에 필요한 기술명세서뿐만 아니라 부착할 상표까지 하청업체에게 제공하고 하청업체는 명세서에 따라 생산한 제품에 주문자의 상표, 즉 OEM상표(OEM: original equipment manufacturer's brand)를 부착하여 공급하는 경우이다. 최근에는 생산자개발(ODM: original design manufacturing)방식이란 용어가 자주 등장하고 있다.

OEM이 주문자의 설계도를 받아다가 그대로 만드는 방식이라면, ODM은 제작자가 제품의 개발 · 생산을 책임지고 만드는 방식이다. ODM업체는 설계와 제조에 있어서 고유의 기술력을 갖추고 있으며 독자 브랜드를 갖춘 기업처럼 연구 · 개발과 기술 축적을 해나간다. 기술력은 있지만 글로벌시장에서 마케팅활동을 벌이는 비용이 부담되기 때문에 주문자의 상표로 판매하는 것이다. ODM업체는 자체 개발해서 생산하기 때문에 해외시장에 판매할 경우 개발 로열티를 받을 수 있고, 부품을 구매할 때도 제조업체가 주도적으로 참여할 수 있어 원가를 낮추는 데도 도움이 되는 등 고부가가치형 생산체제로 평가받고 있다.

주문자상표의 장점으로는, 첫째 상대기업의 현지마케팅채널을 활용함으로써 추가비용이 없어도 현지판매력을 보완할 수 있다는 점, 둘째 자사상표에 비해 수출이익률이 낮긴 하지만 대량주문에 따른 대량생산 및 판매가 가능함으로써 생산시설의 가동률 제고에 따른 생산비절감효과와 판매증대효과를 기대할 수 있다는 점, 셋째 현지기업의 상표로 판매함으로써 제품이미지가 좋다는 점 등을 들 수 있다.

주문자상표의 단점으로는, 첫째 주문기업이 철저하게 낮은 가격을 요구하기 때문에 채산성이 낮으며 수요변동에 따른 위험이 OEM 생산업자에게 전가되어 생산업자의 경영이 불안정해질 소지가 크다는 점, 둘째 현지소비자와 직접적으로 접촉하지 않기 때문에 현지시장의 정보 축적이 어려워

수요량의 변동이나 소비자의 기호변화에 적절히 대응하지 못하고 무리한 시설투자를 행할 우려가 높다는 점을 들 수 있다.

(3) 개별상표와 계열상표

개별상표(individual brand)는 생산된 제품마다 모두 상이한 상표를 사용하는 경우를 말한다. 개별상표를 사용하면 기업체의 명성이 개별 품목에 의해 영향을 받지 않으므로 특정 개별 시장에서 실패하더라도 다른 개별 제품에 나쁜 영향을 주지 않는다. 그러나 개별 품목별로 판매활동과 촉진활동을 전개해야 하기 때문에 비용이 많이 든다.

계열상표(family brand) 혹은 공동상표는 생산되는 모든 제품에 하나의 상표를 붙이는 경우이다. 신제품을 출시하는 경우 기존제품의 이미지가 전이되어 쉽게 인지도를 높일 수 있고 마케팅 비용을 절감할 수 있는 장점이 있다. 반면, 관계없는 제품에 동일한 상표를 사용할 경우 혼란을 초래하고 신뢰성을 상실할 가능성도 있고, 한 제품의 실패가 다른 제품에까지 나쁜 영향을 미칠 가능성도 높다. 따라서 이미 좋은 기업이미지와 제품계열이미지를 보유하고 있는 경우에 이 전략을 사용하는 것이 바람직하다.

(4) 복수상표

복수상표(multibrand)란 동일한 제품에 두 가지나 또는 그 이상의 상표를 붙여서 판매하는 경우를 말한다. 예컨대 슈퍼타이 · 하모니 · 한스푼은 모두 LG가 생산하는 세탁세제이며, 브렌따노 · 언더우드 · 헌트는 모두 이랜드의 의류상표이다.

복수상표전략은 소매점에서 제품을 진열할 때 상표에 따라서 진열공간을 배분하므로 여러 상표를 사용하는 기업체는 동일제품으로 더 넓은 진열공간을 차지할 수 있다. 그리고 상표충성도가 높지 않은 소비자가 다른 상표로 옮겨갈 경우 자사의 다른 상표로 옮겨가도록 유도할 수 있으며, 다양한 고객층을 흡수할 수 있는 등의 장점이 있다. 또한 각 상표는 고유한 시장을 개척하고 확대할 수 있기 때문에 기업 입장에서는 한 개의 상표만을 사용할 때보다 동일제품의 총판매고와 시장점유율을 증대시킬 수 있다.

이 전략은 기존상품의 가격을 인하하지 않고서도 경쟁품을 가격인하전략으로 공격하고자 할 때는 동일제품이지만 가격을 인하시킬 별도의 공격상표(fighting brand)를 개발할 수 있다. 그리고 상표별로 관리자를 임명하면 관리자들 간에 판매경쟁이 벌어져 단일상표를 채택할 때보다 판매효율이 개선된다. 그러나 이 전략의 단점은 자기잠식 현상을 초래할 가능성이 있다는 점이다.

(5) 국별상표와 범세계적 상표

기업이 국제상표를 개발하고 활용할 때는 국별상표(national brands)로 할 것인지 아니면 범세계적 상표(global brands)로 할 것인지를 결정해야 한다. 일반적으로 국제제품의 생산공급원을 확보하는 문제, 해외시장에서 상표의 소유권을 확보하기 위한 법률적 문제, 국가마다 문화적 차이로 말미암아 발생할 수 있는 문제 등을 고려하여 국별 또는 범세계적 상표전략을 수립해야 한다.

4. 상표의 보호

(1) 상표의 소유권

국제기업은 자사상표를 해외의 어느 시장에서 어떻게 보호할 것인가를 결정하기 위해 상표권에 대한 각국의 법적 제도를 파악하고 등록 및 사용에 따르는 비용과 시장기회를 고려하여야 한다. 상표소유자의 권리를 보호하기 위한 각국의 법적 제도에는 3가지 유형이 있다.

가) 등록우선주의

등록우선주의는 먼저 등록한 사람에게 상표권이 주어지는 것으로 성문법체계를 가지고 있는 많은 국가들이 이 원칙을 따르고 있다. 그러나 이러한 국가에서도 상표권을 보호받기 위해서는 등록상표의 지속적인 사용을 요구하는 국가가 늘어나고 있다. 프랑스, 독일, 볼리비아 등이 이에 속한다.

나) 사용우선주의

사용우선주의는 누가 먼저 상표를 사용했느냐에 따라 상표권이 인정되는 것으로, 관습법체계를 가지고 있는 국가들이 이 원칙을 따르고 있다. 미국, 영국, 캐나다, 필리핀, 대만 등이 이에 속한다.

다) 절충주의

이스라엘에서는 등록이든 사용이든 먼저 한 사람이 상표권을 가지며, 일본에서는 등록신청을 먼저 한 회사가 상표등록을 할 수 있으나 다른 회사가 상표등록 이전에 그 상표를 널리 사용해왔나면 계속해서 사용할 수 있다.

(2) 상표해적행위 및 모조품 문제

상표해적행위(brand piracy)란 상표를 소유기업 모르게 특정 국가에 무단 등록한 후에 이를 원래의 소유기업에게 판매함으로써 이득을 얻으려는 행위를 말한다. 기업이 해당 국가에 진출하려 할 때 어떤 사람이 이미 상표를 등록했다는 것을 안다면 이 기업은 상표해적행위자와 협상을 해서 상표의 법적 소유권을 살 것인가, 아니면 다른 상표를 사용할 것인가, 또는 그 시장에 해당 상품을 진입시키지 않을 것인가를 결정해야 하는 상황에 처할 수 있다.

모조품(counterfeit)이란 세계적으로 유명한 등록상표를 무단 사용한 가짜상품을 말한다. 이러한 모조품은 등록상표 소유주의 성과를 떨어뜨리고 유통질서를 어지럽히므로 오늘날 큰 문젯거리가 되고 있다. 기업이 이러한 피해를 입지 않으려면 해외시장에서 모조품을 찾아내기 위해 스스로 감시자의 역할을 수행하는 한편 정부의 협력을 구해야 할 것이다.

(3) 국제상표협정

상표권을 포함한 지적재산권 보호를 위한 주요한 국제협정에는 여러 가지가 있지만 중요한 3가지를 든다면 다음과 같다.

가) 산업재산권 보호를 위한 파리협정

산업재산권 보호를 위한 파리협정(Paris Convention for Industrial Property)은 보통 파리협정이라고도 하며 UN과 그 밖의 100개국 간의 협정이다. 협정 회원국 간에 호혜주의를 확립한 등록상표권에 관한 가장 중요한 다자간협정이다. 이 협정은 국내기업의 상표자산이 등록에 의해 보호된다면 외국기업도 국내기업과 마찬가지로 보호받을 수 있다는 내용이다. 서유럽의 주요 국가와 미국을 포함한 대부분의 국가들이 회원국으로 되어 있다.

나) 무역관련 지적재산권에 관한 협정

무역관련 지적재산권에 관한 협정(TRIPS: Agreement on Trade-Related Aspects of Intellectual Property Rights)은 WTO의 주요 규정의 하나로 지적재산권에 관한 가장 광범한 다자간협정이며 참여 회원국들이 최소한의 보호기준을 준수할 것과 WTO의 분쟁조정절차를 따를 것 등을 요구하고 있다. 이 협정은 국제무역의 왜곡과 장애를 줄이고 지적재산권의 유효하고 적절한 보호를 촉진시킬 목적으로 1994년 4월 15일 마라케쉬(Marrakesh) UR 각료회의에서 125개국의 서명을 받아 WTO 설립협정의 부속서에 수록된 다자간국제협정이다.

다) 마드리드 협정

마드리드 협정(The Madrid Arrangement for the International Registration of Trademark)은 26개의 유럽국가들과 UN을 포함하는 협정이며 국제등록상표 등록국을 설립하였다. 이 협약에 의하면, 가맹국의 어느 한 국가에 상표를 등록한 회사는 다른 회원국에도 그 상표를 등록할 수 있는 권리가 부여된다. 회원국은 대부분 유럽국가들로 구성되어 있으며 우리나라는 2003년 4월에 가입하였다.

제4절 국제포장전략

1. 포장의 개념

(1) 포장의 정의

포장(package)은 물류의 첫 단계로 상품의 운송, 보관, 하역 그리고 사용 등에 있어 그 가치와 상태를 보호 · 유지하기 위하여 적합한 재료 또는 용기 등을 시공한 기술 및 상태를 말한다. 한편 포장의 일부분인 표찰(label)은 제품의 용도, 사용방법, 성분, 내용물, 첨가물, 부작용, 중량, 생산업체, 생년월일, 생산국 등의 정보를 포장 겉 부분에 표시한 것을 말한다.

(2) 포장의 형태

포장은 개장(unitary package), 내장(interior package), 외장(outer package)으로 구분할 수 있다.

가) 개장

개장은 일차적 포장(primary package)으로 물품의 최소 소매단위를 하나하나 개별적으로 포장하는 것을 말한다. 화장품을 담은 병, 맥주를 담은 캔, 라면을 담은 셀로판 등이 이에 속한다.

나) 내장

내장은 이차적 포장(secondary package)으로, 개장된 물품을 수송 또는 취급하기에 편리하도록 일정한 양의 개장물품을 묶어 다시 한 번 포장하는 것을 말한다. 화장품 병을 담은 종이, 캔 식품을 담은 종이상자 등이 이에 속한다.

다) 외장

외장은 일종의 선적포장(shipping package)으로, 운송 중 화물의 변질, 파손, 도난, 멸실 등을 방지하고 하역에 편리하도록 몇 개의 내장을 목재나 골판지 등으로 된 상자에 다시 포장하는 것을 말한다.

2. 포장의 기능

포장은 ① 내용물 보호성, ② 취급 편리성, ③ 판매촉진성 등을 3대 기본기능으로 분류하여왔으나, 근래에는 ④ 정보성 및 상품성, ⑤ 환경친화성, ⑥ 유통합리화와 경제성 등을 추가하여 포장의 6대 기능으로 표현하기도 한다.

(1) 내용물 보호성

포장의 기능은 내용물의 보호, 보전성에 있다. 내용제품이 생산자로부터 소비자 손에 들어가기까지의 수송, 보관, 하역, 취급, 배송 도중에 발생하는 여러 가지 장해나 위난으로부터 내용제품의 품질 저하를 방지하고 보호, 보전하기 위하여 포장을 시공한다. 내용물 보호가 포장의 일차적인 목적이라는 사실은 변함이 없다.

(2) 취급 편리성

제품의 취급 및 하역을 편리하게 하는 것이 포장의 기능이다. 수송, 보관, 하역, 판매, 소비 도중 여러 가지 취급의 편리를 위하여 시공한다. 현대의 포장은 취급에 편리한 중량, 치수, 형태, 내용물 수납 수량, 단위, 내용물의 가격 표시, 마킹, 용이한 개폐방법 등까지 포함한다.

(3) 판매촉진성

소비재의 경우 미려한 포장은 유통업체 또는 최종소비자들의 당해 제품에 대한 구매의사결정에 직접적인 영향을 미친다. 따라서 해외시장의 문화적인 특성에 맞추어 색상, 규격, 형태 등을 적당히 차별화함으로써 매출 증대를 꾀할 수 있다. 포장은 상품과 소비자를 연결해주는 매체 즉 세일즈맨(sales man)의 역할을 한다. 어린이들 사이에 큰 인기를 누렸던 오리온 치토스는 포장 안에 넣은 '따조'가 히트의 주요 원인이 되었는데, 겉포장에 어린이들이 좋아하는 '따조'가 과자 속에 들어 있음을 알리는 내용을 강하게 표현하여 판매촉진을 유도하였다.

현대의 포장은 내용제품을 차별화하면서 상품이미지의 상승효과를 기하여 소비자로 하여금 구매충동을 일으키게 할 수 있다. 특히 판매에 셀프서비스 방식을 보급하고 프리패키지가 진행됨에 따라 포장이 내용제품의 정보를 구매자에게 정확하게 전달하는 역할을 할 필요성이 커지고 있다.

(4) 상품성과 정보성

포장은 생산자, 내용물에 관한 갖가지 정보의 전달 표시를 한다. 현대와 같은 정보화사회에서는 barcode, RFID 등의 사용이 필수적인데 포장용기에 효과적으로 적용하여 소비자의 판단과 물자의 원활한 흐름을 돕는다.

(5) 사회성과 환경친화성

포장 자체가 폐기물이라는 이론도 있지만 포장은 내용물을 오래 보존케 하여 폐기물 발생을 줄여주고, 포장재도 환경에 해가 되지 않는 것이 주로 사용됨으로써 공익성과 함께 환경친화성을 추구한다.

(6) 유통합리화와 경제성

포장은 물류의 시작이므로 포장설계에 따라 모든 물류코스트가 영향을 받는다. 즉, 합리적인 포장은 전체적인 유통비용을 절감해준다.

이와 같이 포장의 기능은 포장을 필요로 하는 사람들의 요구에 의하여 크게 변화되고 있다.

3. 포장 시 유의사항

기업이 해외시장을 대상으로 국제제품을 포장할 때는 생산지로부터 소비지까지의 물리적 거리, 포장규격, 현지의 자연환경, 유통경로, 보관시설 등을 고려하여 현지여건에 맞게 선택 및 수정하여야 한다.

예컨대 습한지역으로 수출 시에는 내부포장재를 비닐 대신 종이로 포장하는 것이 바람직하다. 포장의 미적인 면을 중시하는 일본인의 선호를 충족시키기 위해서는 고상한 모양과 디자인을 염두에 두어야 할 것이다. 유럽에서 마요네즈와 치즈는 사각체로, 미국에서는 단지에 넣어 판매하는 습관이 있다.

현지국 정부의 규제로 인해 불가피하게 포장수정을 해야 하는 경우도 있다. 캐나다에서는 담배광고의 경고문구를 영어와 불어 두 언어로 표기해야 한다. 덴마크는 음료수를 회수가능 용기에 담을 것을 요구하고 있기 때문에 이로 인한 비용이 증가할 수밖에 없다. 또한 구매빈도와 소득수준은 포장규격에 영향을 미친다. 대부분의 개도국에서와 같이 유통경로가 다수의 소매상으로 구성된 시장국에서는 셀프서비스시장이 발달된 선진개발국에 비하여 소규격 포장이 적정하다고 할 수 있다.

이와 같이 포장에 대한 요구는 소득증대, 생활 및 구매습관의 변화, 소매활동의 대규모화 및 현대화 등으로 인하여 각 시장국별로 계속 변화할 것이므로 각 기업체들은 국제제품의 포장혁신에 각별히 관심을 두고 연구개발해야 할 것이다. 결국 좋은 국제포장이란 최소한의 비용으로 수송, 자재취급, 저장 등을 할 때 제품을 보호하고 편의를 제공하며 판매촉진에 알맞도록 시장성을 증대시킬 수 있는 여러 가지 속성을 지녀야 한다.

제5절 국제제품의 적응화와 표준화

1. 국제제품의 적응화

(1) 적응화의 개념

국제제품의 적응화(adaptation) 또는 현지화란 해외시장의 고객기호, 소득수준, 기타 환경 등에 알맞게 국내제품을 수정하는 것을 말한다. 해외생산의 경우 기존시장에서의 제품과 다르게 만드는 것도 적응화로 볼 수 있으나 이 경우는 차별화(differentiation)와 같은 의미로 해석된다. 국제기업이 제품의 표준화로 인한 여러 가지 이점에도 불구하고 제품을 해외시장에 적응화하는 것은 국내시장과는 달리 다양한 환경요인이 있기 때문이다.

적응화의 예로 Philips는 커피메이커와 전기면도기를 일본시장에 판매함에 있어서 커피메이커의 크기를 일본의 작은 집 구조에 맞게 소형화하고, 전기면도기를 서구인보다 작은 일본인의 손에 맞게 줄임으로써 현지시장의 여건에 맞게 적응시켰다. 또 기아자동차는 1톤 봉고 프런티어를 리비아에 판매함에 있어서 리비아인들이 대부분 말을 소유하고 있다는 점을 고려해 승하차가 용이하도록 전동식 뒷문, 먹이그릇, 안전수송 보호장치 등을 장착하였다.

제품적응화의 최대 이점은 각국의 특수한 사정을 충분히 고려하여 각 시장에 알맞은 독특한 전략을 세우고 이를 집행함으로써 마케팅 프로그램의 효과를 극대화할 수 있다는 점이다. 단점으로는 지나치게 적응화할 경우 비용이 엄청나게 소요된다는 점을 들 수 있다. 따라서 적응화전략의 채택 여부는 적응화로 얻을 수 있는 시장의 이익(gain or benefit)과 비용(cost) 요건에 따라 결정된다. 적응화로 소요되는 비용보다 얻을 수 있는 시장의 이익이 크다면 적응화전략은 타당성을 갖는다.

(2) 적응화의 결정요인

국제제품의 적응화를 촉진시키는 제반 요소를 살펴보면 다음과 같다.

가) 사용조건상의 차이

같은 제품일지라도 나라마다 사용조건은 크게 다를 때가 많다. 즉, 전력의 사용방법, 주파수의 차이, 각종 규격의 차이 때문에 같은 기능을 가진 제품이라 하더라도 나라마다 현지시장의 사정에 맞추어 다소 수정을 하여야 한다. 휘발유의 성분을 나라마다 조금씩 바꾸는 것, 각종 공해방지규정에 알맞게 자동차의 엔진규격을 조정하는 것 등이 그 대표적인 실례이다.

또한 같은 비료라 하더라도 토양의 차이 때문에 각국마다 성분이 약간씩 달라져야 하며, 온도와 습도에 민감한 제품을 기후가 다른 열대지역에 판매하려면 이를 적당히 개량해야 한다. 특히 아프리카지역은 습기가 많으므로 냉장고나 에어컨에 발생하는 곰팡이문제를 해결하기 위한 방안이 강구되어야 하며, 중동지역은 모래와 염분이 많으므로 수선 · 유지문제가 중요하다. 자동차의 경우 추운 지방에서는 난방장치가 완벽해야 하고 더운 지방에서는 냉방장치가 충분해야 한다.

자연환경의 차이뿐 아니라 기술수준의 격차 때문에 제품의 사용조건이 달라질 수 있다. 예컨대 산업재인 기계설비의 경우 기술수준이 낮은 나라의 기술자가 고도의 조작능력을 필요로 하는 기계를 다루기는 힘들다. 이러한 경우에는 좀 더 조작이 용이하도록 기술수준을 낮추어 제품을 설계하는 것이 바람직하다.

미국의 Proctor & Gamble은 일본 주부들이 미국 주부들보다 온도가 낮은 물로 세탁하는 관계로 분말세척제가 빨리 용해되지 않아 일본시장에서 자사 세척제를 기피한다는 사실을 파악하고, 온도가 낮은 물에도 쉽게 용해될 수 있는 액체 세척제를 개발하여 판매하였는데 이것은 제품적응화의 사례에 속한다.

나) 시장여건의 차이

시장여건의 차이도 제품적응을 유인하는 요인이 된다. 특히 소비내구재와 같은 제품은 각 시장의 소득수준에 따라서 크기나 특성, 그리고 포장까지도 적응시켜야 하고, 식품이나 유행 등의 경우에도 각 시장 소비자들의 기호에 맞게 적응시킬 필요가 있다. 예컨대 선진국의 소비자들은 제품구입에 따른 번거로움 때문에 대형포장제품을 구매하는 경우가 보통이나 후진국에서는 구매력의 차이로 포장규격이 작은 제품을 선호한다.

미국의 Campbell Soup은 토마토 수프를 영국에 판매함에 있어서, 많은 손해를 본 후에야 영국사람들이 미국 사람들보다 훨씬 더 쓴맛을 선호한다는 사실을 알고 제품을 현지시장 여건에 맞게 변경하여 판매에 성공하였다.

다) 정부의 영향

국가에 따라 특허권 · 상표권 · 반독점법 · 재판매가격제도 · 조세 · 관세 등에 관한 법률이 다르다. 어떤 국가는 특정 제품의 수입을 금하고 현지생산만 허가하는가 하면, 국제기업의 현지생산 시 일정 비율 이상을 자국의 부품을 의무적으로 사용하도록 요구하는 경우가 있다. 이 경우 국제기업은 현지의 부품 및 중간재를 조달(local sourcing)하는 것을 전제로 제품을 다소 수정하여야 한다.

또한 대부분의 국가들은 제품 · 포장 · 레이블링 등에 대하여 정부 차원에서 규제를 가하고 있다. 특히 식품 · 약품 · 장난감 등에 대한 정부규제는 매우 강력한 편이다. 일본의 경우 약품에 있어서 다른 국가의 법률에 의해서 이루어진 시험 및 검정결과는 인정하지 않는다. 정부규제가 강한 나라의 시장에서 판매활동을 하는 국제기업은 피투자국 현지의 시장상황에 맞게 정부규제의 내용에 따라 제품전략을 적응화하여야 한다. 소비재 및 산업재에 대한 각종 규격 및 표준 역시 까다로워지고 있는 추세인데, 이러한 규격 강화의 움직임도 제품적응화를 촉진시키는 중요한 요인이 되고 있다.

라) 소비자의 특성차이

생산관리의 관점에서 보면 표준화된 제품을 대량생산하여 대량판매하는 것이 가장 바람직하다. 그러나 나라마다 소비자의 기호는 매우 다양하며, 따라서 표준화된 제품만을 가지고 각국의 시장에 효율적으로 침투하기는 매우 어렵다. 예컨대 승용차의 경우 프랑스인들은 디자인과 스타일을 중요시하는 데 비해 독일인들은 기능을 보다 더 중요시하는 것으로 알려져 있다. 또한 프랑스인들은 4-door형을 선호하는 반면, 미국이나 독일인들은 2-door형을 선호한다.

따라서 우리나라의 승용차를 독일이나 미국에 수출 또는 판매하고자 할 경우 포도어형에서 투도어형으로 제품을 약간 수정할 필요가 생겨나는 것이다. 색상에 있어서도 국가마다 차이가 있다. 브라질에서는 자주색이 죽음의 색이나 서구에서는 검은색이다. 타이에서는 노랑색이 질투를 나타내며, 이집트에서는 녹색이 국가색이어서 포장용으로 사용되는 것을 꺼린다.

마) 기업의 국제적 경험

국제적 경험이 풍부한 기업은 그렇지 않은 기업보다 훨씬 제품의 현지적응이 용이하다. 특히 현지자회사가 별도의 이익중심점(profit center)으로서 활동하고 있는 경우 현지시장에 가장 적합한 제품의 판매를 통해 이익증대를 꾀하므로 제품적응에 노력을 기울이게 된다.

바) 경쟁환경의 차이

국가가 다르고 경쟁환경이 다르면 국제제품전략도 수정되어야 한다. 예컨대 네슬레는 일본의 커피시장에서 60% 이상의 점유율을 달성하였으나, 미국에서는 30% 미만에 지나지 않았다. 이는 미국시장의 경우 강력한 경쟁기업인 제너럴후드와 경쟁을 해야 하기 때문이다.

(3) 적응화의 방법

가) 외형

제품의 외형적 적응이란 제품의 형태, 색채, 크기를 해외시장에 따라 차별화하는 것을 의미한다. 제품을 외형적으로 차별화하는 주된 이유는 각국 시장 간에 사용조건, 소득수준, 도량형의 차이 및 구매습관, 종교 등 문화적 차이가 존재하기 때문이다. 특히, 종교 또는 기타의 이유로 나라마다 금기로 여기는 색상과 선호하는 색상이 각양각색이기 때문에 국제제품의 색상을 결정할 때에는 문화적 요인을 충분히 반영하여야 한다.

나) 품질

질적 적응은 크게 재료의 차별화와 기능의 차별화로 구분할 수 있다. 재료의 차별화란 분말세제 또는 비누와 같이 기후조건이나 세탁습관을 고려하여 원료배합에 약간씩 차이를 둔다든지, 법적인 규제 때문에 제품의 원재료의 함량이나 구성성분을 조정하는 것을 말한다.

이에 비해 기능의 차별화는 전압 등 기술적 규격이나 차체의 강도 등 승용차의 안전규정을 포함한 정부의 규제 또는 기술수준의 차이를 감안하여 제품의 기능에 차이를 두는 것을 말한다. 기능의 차별화는 특히 내구성 소비재나 산업재의 경우 중요한 의미를 지닌다.

다) 포장과 표찰

포장과 표찰은 제품 선택에 중요한 영향을 미치는 제품의 속성들이다. 포장과 표찰은 핵심적인 제품의 가치를 제고시키는 기능을 하기 때문에 현지소비자들의 호감을 얻을 수 있도록 설계되어야 한다. 그런데 상당수의 국가에서는 포장이나 표찰 등을 규제하기 때문에 국제기업은 포장과 표찰에 관련된 각국의 문화적 · 법률적 환경에 관심을 가져야 한다.

라) 상표

전 세계적으로 표준화된 상표를 채택할 경우에는 자사제품의 국제적 이미지의 구축, 생산과 촉진 측면에서의 규모의 경제를 실현할 수 있으나, 법적인 규제나 문화적인 요인으로 인해 표준화된 국제상표의 사용이 불가능한 경우도 있으므로 세심한 주의가 요망된다. 예를 들어, 미국, 영국 등을 제외한 대부분의 나라에서는 등록우선순위로 상표의 소유권을 부여하는데 남의 상표를 미리 등록해놓고 사용료(royalty)를 요구하는 악질적인 업자들도 있기 때문에 표준화된 상표를 사용하려면 먼저 잠재시장국별로 상표를 등록하여 상표소유권을 보호해야 한다.

또한 문화적 요인에 의해 상표적응을 하기도 하는데 그 주된 원인 중의 하나는 언어상의 문제에서 비롯된다. 예를 들어, 발음이 어렵다거나 본래와 전혀 다른 나쁜 뜻으로 해석되는 경우이다. 실제로 우리나라의 대영자전거가 미국시장에서 '젊어서 죽는다(die young)'와 비슷한 발음을 지닌 상표 때문에 현지시장 침투 초기단계에서 좌절을 겪은 것이 좋은 예이다.

마) 보증과 서비스

이는 품질보증이나 반품, 무료수선, 기타의 애프터서비스를 현지국 여건에 맞게 적응하는 것을 말한다. 기술적으로 복잡한 제품을 전반적 기술수준이 낮은 개도국시장에서 판매하기 위해서는 사용, 유지, 보수 등과 관련된 훈련이나 기타의 기술적 지원의 약속 등이 필수적이다. 보증이나 서비스는 당해 제품을 처음 사용하는 소비자들이 느끼는 위험을 상당히 완화시켜줄 수 있기 때문에 자사제품의 훌륭한 촉진수단이 되기도 한다.

2. 국제제품의 표준화

(1) 표준화의 개념

국제제품의 표준화(standardization) 또는 글로벌화란 국내에서 판매하던 제품을 그대로 해외시장에 판매하거나 세계시장에 적합한 표준화된 신제품을 개발하여 판매하는 것을 말한다. 예를 들어 Coca-Cola, McDonald, Sony, Nestle 등과 같은 기업들은 세계 어디서나 똑같은 표준화제품을 판매하고 있으며, 또 Mercedes-Benz나 Honda 등도 전 세계적으로 아주 표준화된 자동차를 판매하고 있다.

제품표준화의 가장 큰 이점은 통일적인 기업의 이미지를 확립할 수 있고, 규모의 경제를 통해 원가를 절감할 수 있는 점이다. 또한 통일성 있는 제품전략을 적용함으로써 더욱 질서 있게 제품계획을 세우고 통제할 수 있으며, 제품판매에 있어서도 본사 또는 다른 해외자회사와 공동보조를 맞추어 보다 적극적인 입장을 취할 수 있다는 이점이 있다.

그러나 이러한 이점에도 불구하고 국제제품전략을 완전히 표준화하는 것은 사실상 불가능하다. 각국의 시장별로 사회 · 문화적 특성과 제도 · 관습 등이 각기 다르기 때문이다. 그렇다고 국제제품전략을 각국의 특수한 사정을 모두 고려하여 완전히 적응화하는 것도 사실상 불가능하다. 따라서 국제기업은 제품전략을 어느 정도 표준화할 것인가 또는 개별 시장의 특성에 맞추어 어느 정도 적응화할 것인가를 결정하여야 한다.

일반적으로 국제기업 본사의 마케팅 관리자는 제품의 표준화를 추구하려는 성향이 강하고, 해외자회사의 마케팅 관리자는 제품적응화를 추구하려는 성향이 강하다. 따라서 본사와 해외자회사의 입장이 적절히 반영된 조화로운 마케팅 프로그램이 수립되고 실행되어야 제품전략의 성공을 기대할 수 있다. **표 9-5**는 국제제품전략에 있어서 표준화를 방해하는 요소들을 요약한 것이다.

표 9-5 국제제품표준화의 장애요소

표준화의 장애요소	제품/디자인 내용
시장의 가격	
– 물리적 환경	기후, 제품사용 조건
– 경제 및 산업발전의 단계	소득수준, 자본비용 대 노동비용
– 문화적인 제 요소	전통과 관습, 외국제품에 대한 태도
산업의 제 요소	
– 각 시장에서의 제품수명주기의 단계	제품차별화의 정도
– 경쟁 조건	품질수준
마케팅의 제도와 관습	
– 유통체계	판로의 이용가능성
– 광고매체와 광고대리점	
법적인 규제	제품수준, 규격, 특허법, 관세와 세금

자료 R. D. Buzzel, "Can You Standardize Multinational Marketing?," *Harvard Business Review*, Nov./Dec. 1968, pp.108-109.

(2) 표준화의 결정요인

국제제품의 표준화를 촉진시키는 제반 요소를 살펴보면 다음과 같다.

가) 규모의 경제

제품을 표준화하여 세계시장에 도입시키게 되면 생산에 있어서의 규모의 경제를 달성할 수 있다. 이에 반해 전 세계 여러 곳에 생산시설을 갖추게 되면 규모의 경제가 불가능하고, 공장의 최적규모가 세계 총수요의 극히 일부만을 충당하는 경우에는 제품표준화의 필요성이 사라지게 된다. Sony는 전 세계적으로 판매되고 있는 자사의 표준화제품인 컴팩트 디스크 플레이어(compact disc player)를 인도와 오스트리아에 집중시켜 생산함으로써 규모의 경제 효과를 실현할 수 있었다.

나) 연구개발의 경제성

전 세계적으로 표준화된 제품을 공급하게 되면 그 제품에 대한 연구개발의 경제성이 증대된다. 반면, 각국 개별 시장의 특정 수요에 치중하게 되면 연구개발보다 신제품개발에 집중하게 된다. 따라서 제품표준화전략은 신제품 개발비용을 절감시키고 집중적인 연구개발을 가능하게 한다. Boeing은 747 기종이 1970~1994년 사이 1,000대 이상 판매되어 연구개발비를 회수하고도 남을 정도의 연구개발의 경제성을 실현하였기 때문에, 1994년까지 777 기종을 개발하는 데 소요되는 약 50억 달러의 연구개발비를 지출할 수 있었다.

다) 마케팅활동의 효율성

제품을 표준화하게 되면 판매안내 책자나 판매원 훈련, 그리고 광고 등을 표준화할 수 있기 때문에 제품을 적응화하는 경우보다는 훨씬 더 경제적이다. 또 표준화된 제품의 경우에는 서비스 및 재고관리가 훨씬 더 용이하고 부수적인 광고효과도 기대할 수 있다. Unilever는 세탁유연제를 판매함에 있어서 전 세계적으로 표준화된 포지셔닝, 광고주제, 심벌(symbol)을 이용함으로써 마케팅활동에 있어서의 경제성을 달성할 수 있었다.

라) 소비자의 상표충성도

기업이 생산 · 판매하고 있는 제품이 소비자가 해외여행을 할 때 자주 구매하는 제품이라면 제품을 표준화하는 경우 소비자의 상표충성도를 활용할 수 있다. 그 예로는 전 세계적으로 표준화되어 있는 Gillette 면도날이나 Kodak 필름 등을 들 수 있다.

마) 생산국 및 기업의 이미지

특정 제품들은 생산국이 가지고 있는 좋은 국가이미지 때문에 해외시장에서 여러 가지 혜택을 누리기도 한다. 그 대표적인 예로서 미국의 말보로(Marlborough) 담배나 Levi's 청바지, 일본의 Toyota 자동차나 Sony 전자제품, 프랑스의 향수 등을 들 수 있다. 따라서 특정 기업이 생산국의 좋은 이미지를 활용할 수 있는 위치에 있다면 포장, 상표명 등을 포함한 제품을 표준화하는 것이 바람직하다.

바) 기술의 영향

일반적으로 기술수준이 높은 제품일수록 국제적으로 표준화되는 경향이 강하다. 통상 기술은 국경을 넘더라도 크게 변하지 않으며, 소비재보다는 산업재가 훨씬 더 높은 표준화율을 보인다. 산업재의 경우 현지적응이 불가피한 경우에도 전압의 조정이나 계량단위의 변경 등과 같이 극히 일부분만을 변경시키는 경향이 있다.

사) 수출을 통한 판매

기업이 해외시장에 제품을 수출하고자 하는 경우에는 현지에 적응시키는 데 따르는 부가적인 비용 때문에 표준화된 제품을 수출하려는 경향이 강하다. 왜냐하면 기업이 비록 해외시장의 특성에 대해 잘 알고 있다고 하더라도 해외시장에 제품을 공급하기 위해 필요한 제품적응 비용이나 노력의 부담을 꺼리기 때문이다. 실제로 인도의 수출기업을 대상으로 분석한 한 연구에 따르면, 기업들은 주로 제품적응의 필요성이 거의 없는 시장국을 수출대상국으로 선정해왔다.

아) 세계시장의 동질화

세계 각국의 시장이 교통 · 통신의 발달 및 세계적인 공업화의 추세, 그리고 국가 간의 경제적인 교류에 힘입어 점차 동질화되어가고 있다. 특히 소비문화는 나라에 따라 거의 차이가 없이 비슷해져가고 있다. 예컨대 코카콜라 · 청바지 · 영화 · 팝음악 등이 이를 뒷받침한다. 따라서 국제기업은 아무런 차별 없이 세계시장에 표준화된 제품전략을 적용할 수 있다. 그러나 소비문화와 무관한 기능제품 내지 산업제품, 예를 들어 전자제품의 경우에는 그렇지 못하다는 한계와 단점을 지니고 있다.

3. 표준화와 적응화의 전략적 대안

국제제품의 표준화와 적응화는 커뮤니케이션과 결합하여 여러 가지 전략적 대안을 만들어낼 수 있는데 키건(W. J. Keegan)은 **그림 9-6** 에서 보는 바와 같이 5가지 전략을 제시하고 있다.

그림 9-6 표준화와 현지적응화의 전략적 대안

커뮤니케이션		제품: 확장	제품: 적응	
	적응	전략2 제품확장+커뮤니케이션적응	전략4 제품적응+커뮤니케이션적응	전략5 신제품개발
	확장	전략1 제품확장+커뮤니케이션확장	전략3 제품적응+커뮤니케이션확장	

자료 W. J. Keegan, "Multinational Product Planning : Strategic Alternatives," *Journal of Marketing*, January 1969, pp.58-62.

(1) 전략1: 제품확장+커뮤니케이션확장

제품 및 커뮤니케이션 모두 수정하지 않고 본국에서와 같은 방법으로 해외시장에 침투하는 전략이다. 즉 기존제품의 본국에서 사용하는 광고 및 판매촉진전략을 현지시장에 그대로 적용하는 방법이다. 이 방법은 규모의 경제와 비용절감의 효과를 얻을 수 있다. 예컨대 펩시콜라는 전 세계적으로 동일한 제품, 동일한 광고메시지로 성공하였다.

그러나 동일한 제품 및 커뮤니케이션을 해외시장에 그대로 적용할 경우 해외 모든 개별 시장의 독특한 요구에 적절히 부응할 수 없다는 단점이 있다. 따라서 이 전략은 이익을 극대화하는 데 필요한 적응이 저해되지 않는 범위 내에서만 활용하는 것이 바람직하다고 할 수 있다.

(2) 전략2: 제품확장+커뮤니케이션적응

제품은 수정하지 않고 커뮤니케이션 즉 메시지의 내용만을 변경시키는 방법이다. 제품의 기능이나 사용조건은 본국과 비슷하지만 제품의 용도가 약간 다른 해외시장에서 커뮤니케이션만을 변경함으로써 제품전략을 효율적으로 수행할 수 있다. 예컨대 자전거나 오토바이의 경우 선진국에서는 레저용으로 사용되고, 동남아국가에서는 수송용으로 사용되므로 광고메시지는 달라져야 한다.

일본의 Honda와 Kawasaki는 모터사이클을 선진국과 후진국에 판매함에 있어서, 미국에 판매할 때는 주행의 즐거움과 레크리에이션을 강조하고, 후진국에 판매할 때는 값싼 운송수단으로서의 실용성을 강조하여 광고 및 판매하였다. 이 전략은 비용이 적게 들 뿐 아니라 제품을 변경하지 않기 때문에 연구개발, 생산, 재고 등에 따른 추가비용을 피할 수 있는 장점을 가지고 있으나, 제품의 여타 기능을 확인하고 커뮤니케이션을 재편성하는 데 추가적인 비용이 소요되는 단점이 있다.

(3) 전략3: 제품적응+커뮤니케이션확장

본국에서 개발된 기본적인 커뮤니케이션을 큰 변화 없이 확장시키는 한편, 제품은 해외시장에 알맞도록 일부 수정하는 전략이다. 예컨대 엑슨(Exxon) 사는 해외시장의 기후조건에 따라 자사의 휘발유제품을 차별화하였으나 광고메시지는 전 세계적으로 동일하게 "Put a Tiger in Your Tank"를 사용하여 크게 성공하였다. 그리고 세척제를 생산하는 기업들이 제품은 현지의 수질이나 세탁기의 특성에 맞추어 적응시키면서도 커뮤니케이션은 국내시장에서 사용하던 것을 그대로 적용한 것 등은 좋은 예라고 할 수 있다.

(4) 전략4: 제품적응+커뮤니케이션적응

시장환경과 제품의 기능이 본국과 큰 차이가 있을 때 제품과 커뮤니케이션 모두 수정하는 전략이다. 예컨대 미국의 카드회사들은 유럽시장에 진출할 때 미국과 유럽의 카드에 대한 수행역할 및 사용기회가 다름을 고려하여 유럽시장에 맞게 제품 및 광고 메시지를 수정하여 크게 성공하였다. 미국의 P&G 사가 세제의 성분과 광고메시지를 일본시장에 맞게 적응시킨 후 판매에 성공한 경우도 이에 해당된다.

(5) 전략5: 신제품개발

저개발국과 같이 잠재고객이 기존의 제품을 구입할 경제력을 갖고 있지 못할 때 비교적 싼 가격의 단순제품을 개발하여 판매하는 전략이다. 예컨대 저개발국에서 많이 사용하는 수동세탁기의 경우 이 전략에 해당된다고 할 수 있다. 미국의 Colgate는 전 세계적으로 6억 이상의 주부들이 손빨래를 하고 있다는 점에 착안하여 10달러 미만의 저렴한 플라스틱제 수동세탁기를 개발하여 판매하였는데, 이 제품은 멕시코에서 높은 판매실적을 보였을 뿐 아니라 Colgate가 생산하는 세척제에 대한 수요도 크게 증대시키는 역할을 하였다.

연습문제

1. 국제제품의 깊이, 넓이, 길이의 차이점이 무엇인지 설명하시오.
2. 제품수명주기의 각 주기별 마케팅전략, 최근 경향 및 한계점은 무엇인지 설명하시오.
3. 신제품 개발과정에 대해서 설명하시오.
4. 국제상표의 종류 및 각각의 장단점을 설명하시오.
5. 국제제품 포장의 기능이 어떻게 변하고 있는지 설명하시오.
6. 국제제품 표준화와 적응화의 결정요인 및 장단점을 제시하시오
7. 표준화와 적응화의 전략적 대안 및 각각의 사례를 제시하시오.

제10장 국제가격전략

제1절 국제가격의 개념

제2절 국제가격의 결정

제3절 국제가격의 조정과 변경

제4절 국제이전가격

학습목표

국제가격의 개념 및 중요성에 대해 알아본다. 다음으로 국제가격의 결정요인, 조정과 변경요인에 대해 학습한다. 끝으로 국제가격의 표준화와 적응화에 대해 알아본 후 국제이전가격에 대해 심도 있게 학습한다.

제1장 국제마케팅의 기초

제2장 기업의 국제화

제3장 국제마케팅조사

제4장 해외고객행동분석

제5장 해외시장 진입전략

제6장 국제사업전략

제7장 국제경쟁전략

제8장 글로벌전략

제9장 국제제품전략

제10장 국제가격전략

제11장 국제유통전략

제12장 국제촉진전략

제13장 국제마케팅의 조직 및 통제

제14장 국제인터넷마케팅

사례연구 애플과 타타의 마케팅전략

애플은 제조기업이라기보다 나이키, P&G 같은 마케팅 회사다. 애플의 숨겨진 마케팅전략에는 가격도 있다. 애플은 목표시장에서 통할 수 있는 가격을 먼저 정하고 그 다음에 원가를 맞추기 위해 생산 혁신을 일으켰다. 선(先)가격 후(後)개발 전략이다.

'마케팅의 시조'로 불리는 테오도르 레빗(Theodore Levitt) 하버드 경영대 경영학과 명예교수의 논문에서 애플 마케팅전략의 의미를 찾을 수 있다. 레빗 교수는 1960년 하버드비즈니스리뷰(HBR)의 '근시안적 마케팅(Marketing Myopia)'이라는 논문에서 대량생산시스템의 효시가 된 포드 사례를 집중 분석했다.

포드자동차를 창업한 헨리 포드는 현대 경영의 시초로 불리는 대량생산시스템을 최초로 개발해 큰 부를 축적했다. 보통 사람들은 포드가 대량생산에 맞는 조립생산라인을 개발하고 생산원가를 낮췄다고 생각한다. 덕분에 충격적일 정도로 낮은 가격인 500달러에 자동차를 내놓을 수 있었고 소비자들이 앞다퉈 차를 구매했다고 추정한다. 당시 500달러 가치는 오늘날 7,800달러 정도 된다.

레빗 교수의 논문은 강조점이 다르다. 포드는 수백만 대 차를 팔기 위한 전략을 먼저 생각했다. 포드는 대량으로 팔려면 가격을 500달러로 낮춰야 한다는 결론을 내렸고, 가격을 맞추기 위해 대량 조립생산공정을 고안했다. 이것이 레빗 논문의 핵심이다. 이 논문은 2010년 HBR에서 선정한 '꼭 읽어야 할 핵심 논문 10선(10-Must-Reads Essentials)'에 포함됐다.

헨리 포드 본인도 가격 우선 전략을 여러 번 강조했다. 그런데 사람들은 포드가 대량생산을 했기 때문에 생산단위 원가가 낮아졌고 낮은 가격에 제품을 팔 수 있었다고 오해하고 있다. 가격을 먼저 생각하라는 뜻은 소비자와 시장을 먼저 생각하라는 의미다. 소비자를 심도 깊게 연구해서 제품이 팔릴 수 있는 가격을 정한 뒤 제품 개발과 생산을 후속작업으로 남기는 것이 기업들의 지상과제가 돼야 한다.

스티브 잡스 애플 창업자가 노트북인 맥북에어(McBookAir)와 터치패드 기반의 테블릿 PC인 아이패드(iPad)를 선보일 때 가장 강조한 것은 가격이었다. 각각 999달러와 499달러로 시작하는 가격전략을 공개했을 때 동종 전자업계는 살인적인 가격이라고 인상을 찡그렸다. 애플은 자신의 생태계를 만들기 위해 그 정도 파격적 가격이 적절하다고 생각했다.

인도의 타타(Tata) 그룹은 한 술 더 떠서 목표가격을 먼저 공개하고 그 후에 기술개발을 진행했다. 라탄 타타 회장은 2003년에 국민차 생산계획을 발표하면서 가격을 10만 루피(2,500달러)로 정했고, 5년 동안 뼈를 깎는 연구개발 끝에 2008년 국민차 나노(Nano)를 선보였다. 사실 나노 개발은 그룹 회장의 말 실수에서 시작되었다. 제네바 모터쇼에서 영국 파이낸셜타임지 기자가 미래차에 대해 끈질기게 질문하자 라탄 타타 회장은 "10만 루피 정도의 국민차가 타타 그룹의 미래차가 될 것"라고 말했고 기자는 이 발언을 대서 특필했다. '약속은 약속이다(Promise is promise)'라는 타타 그룹의 경영철학에 따라 라탄 회장의 발언은 나노 로드맵으로 이어진다.

나노 로드맵 발표 이후 소비자(인도 국민)를 먼저 생각하는 선가격 후생산의 철학은 타타 그룹의 핵심 경영지침으로 자리 잡게 됐다. 2009년 타타 그룹은 단돈 2만5000원으로 5인 가족이 200일 동안 마실 수 있는 정수기 '타타 스와치(Tata Swach)'를 내놓기도 했다.

1950년대 포드가 대량시스템으로 큰 성공을 거두자 미국 자동차업체들은 너나할 것 없이 막대한 시설투자로 대량생산에 열을 올렸다. 이후 미국 자동차업계는 큰 고전을 겪게 된다. 시장과 소비자를 생각하지 않고 대량생산이라는 수단만 교조적으로 따랐기 때문이다. 소비자가 무엇을 원하는지 마케팅목표를 정하고 그 목표를 위해 수단을 혁신할 때 시장은 열린다. 포드, 애플, 타타로부터 배우는 교훈이다. (조선일보, 2012. 3. 12)

■ **토의과제**

1. 애플과 타타의 마케팅전략의 공통점은 무엇인가?
2. 가격을 먼저 생각하는 마케팅전략이란 무엇을 의미하는가?
3. 결국 포드, 애플, 타타로부터 배울 수 있는 교훈은 무엇인가?

제1절 국제가격의 개념

1. 국제가격의 의의

가격(price)이란 기업이 제품이나 서비스를 제공한 대가로 받는 화폐상의 가치라고 할 수 있는데, 국제기업에 있어서 가격결정의 문제는 다양한 해외시장의 특수성 때문에 국내가격결정의 문제와는 달리 훨씬 복잡하고 어려운 과정에 있다.

국제마케팅에 있어서 가격결정의 문제는 가격책정, 가격변경, 가격조정 등 크게 3가지로 나눌 수 있다. 가격책정은 해외시장 진입 시의 최초가격으로 수출가격, 현지생산품가격, 라이센싱가격, 해외자회사 간의 이전가격이 포함된다. 가격조정은 다양한 상황과 시장기회에 대응하기 위한 가격차별화를 의미하는데 수출 지역 및 시장에 따른 가격차별화, 제품수명주기에 따른 가격조정, 고객집단에 따른 가격차등, 해외자회사 간의 이전가격조정, 최종소비자가격의 조정 등이 포함된다. 가격변경은 환율변동에 따른 가격변경, 경쟁자의 가격변경에 따른 가격변동 등이 포함된다.

특히 국제가격결정에 있어서 국제마케팅 관리자는 다음과 같은 요인을 고려해야 한다.

① 현지국시장에서의 동일품, 동종품, 대체품 등의 가격

② 현지국시장에서의 판매경쟁의 유무 및 그 정도

③ 현지국시장에서 경쟁자들은 어떤 가격정책을 사용하는가?

④ 현지국시장에 있어서 진출시킬 제품의 수명주기는 어느 단계에 있는가?

⑤ 현지국시장의 소비자의 소비성향, 특히 가격변화에 대한 민감도는 어떠한가?

⑥ 현지국시장에서의 그 상품의 거래관습, 특히 중간상들에 대해 어떤 가격정책을 사용해야 하나?

⑦ 현지국 정부의 규제를 유발시킬 가능성은 없는가?

⑧ 세계시장의 시장가격

⑨ 환율변동에 따른 가격변화

⑩ 당해 제품의 기술수준과 브랜드, 특허관계

⑪ 전술적으로 어떻게 가격을 신축적으로 조절할 것인가?

2. 국제가격의 특징

국제가격전략은 그 궁극적인 목표에 있어서 국내가격결정과 기본적으로 크게 다를 바가 없다. 다시 말하면 제품의 가격은 고객들로 하여금 그들이 지불한 만큼 가치가 있다고 느끼도록 책정되어야 하는 동시에 회사의 전반적인 목적과 외부 상황에 따라 단기 혹은 장기 이익이 확보되도록 책정되어야 한다는 점에서 국내가격전략과 큰 차이가 없다고 할 수 있다. 그러나 국제가격전략은 본질상 복수국가의 시장을 대상으로 하며 해외시장에서의 진출 상황도 다르기 때문에 다음과 같은 특징을 갖는다.

첫째, 국제가격전략은 생산국과 소비국이 상이한 제품 즉 수출 · 입상품의 가격결정문제를 다룬다. 이 경우 기업은 국경을 넘는 데 따르는 추가적인 비용과 위험을 고려하여야 하며 본국의 고객들과는 여러 면에서 다르고 수입상품에 대하여 편견을 가지고 있을지도 모르는 해외고객들을 잘 알아야 한다.

둘째, 국제가격전략은 해외투자 혹은 라이센싱 등을 통하여 해외에서 생산 · 판매되는 제품의 가격결정문제를 다룬다. 제조국의 마케팅 관리자는 다른 국가에 위치한 본사로부터 여러 가지의 방침, 지시 혹은 통제를 받게 된다. 특히 본국 혹은 제3국의 관련회사로부터 원료 및 부품 등을 공급받을 경우 가격결정은 본사의 이전가격전략에 의하여 영향을 받게 된다.

셋째, 국제가격결정은 한 국가시장에서의 가격결정이 다른 국가시장에 영향을 미치므로 세계적인 관점에서 가격전략을 조정하는 문제를 다룬다. 예를 들어, 국내가격과 수출가격의 차별화, 국별 소비자가격의 차이와 재정거래(arbitrage transaction)의 문제, 특정 해외시장에서의 전략목표를 위한 국제가격의 조정문제 등은 국제가격전략의 주요 과제라 할 수 있다.

넷째, 가격전략 수립 시 고려해야 할 환경요소가 보다 복잡하고 다양하다. 국제가격결정은 해외시장의 다양한 환경요소, 예를 들면 수송비, 보험료, 관세, 수입부과금, 유통마진 등 최종소비자에게 전가되는 성질의 비용요소와 시장규모, 성장률, 수요탄력성 등의 수요조건, 그리고 경쟁자, 경쟁구조, 경쟁우위와 같은 경쟁조건 등을 국별로 파악하고 이를 가격전략에 고려해야 한다는 점에서 국내가격결정보다 훨씬 복잡하고 어려운 과정이라 할 수 있다.

3. 국제가격전략의 수립

가격전략의 가장 주된 목적은 이윤극대화라 할 수 있으나 그 밖에도 국제기업의 전략목표에 따라 다음과 같은 여러 가지 목적이 있다.

① 시장침투 목적: 제품의 수요가 가격에 민감하거나 규모의 경제가 실현되어 단위당 생산비용을 충분히 절감할 수 있을 때, 그리고 실제적 또는 잠재적 경쟁을 회피하고자 할 때에는 낮은 가격을 책정하여 그 목적을 달성할 수 있다.

② 시장점유율 목적: 가격전략의 목표가 이익극대화일 때, 한계수익과 한계비용이 같아지는 점에서 이익극대화가 이루어진다고 본다. 기업이 단기적 이익에 급급하다보면 고가격 및 독점이윤만을 추구하게 되어 장기적인 기업성장에 장애가 될 수도 있다. 그래서 기업은 가격결정의 목표로 이익극대화보다는 목표이익이나 시장점유율을 선택하는 경향이 있다.

③ 시장대응 목적: 제품의 개발 초기에 주로 사용하는 방법으로, 초기에 높은 가격을 책정한 후 부유층을 상대로 초과이윤을 얻고 시간이 지남에 따라 점차 가격을 인하하여 가격탄력성이 높은 소비자를 흡수하는 방법이다. 즉, 시간의 흐름에 따른 차별가격전략이라 할 수 있다.

④ 매출증대 목적: 단기적인 이익이 크지 않더라도 매출을 높이고 시장점유율을 확대하여 장기적인 이익을 목표로 하는 가격전략이다. 매출지향적 목표를 설정하게 되면 적정한 마진을 정해서 대량생산을 통해 가격을 떨어뜨리고, 대량판매를 유도하여 시장점유율을 높일 수 있는 마케팅믹스를 설계해야 한다.

⑤ 현상유지 목적: 자사제품이 시장에서의 지위를 어느 정도 확보하고 있을 때 차별화전략으로 경쟁에 적절히 대응하며 가격을 안정시키는 가격전략이다. 마케팅믹스에 의한 차별화전략으로 시장점유율을 유지하고 소비자의 우호적 태도를 이끌어내며 경쟁제품과는 가격경쟁을 피한다.

⑥ 특정 제품의 판매촉진 목적: 인기가 있는 한 제품의 가격을 낮게 책정함으로써 많은 고객이 몰려와서 다른 품목을 함께 구입할 수 있도록 유도하는 가격 및 판매촉진전략이다. 비인기품목의 매출이 증대되기 때문에 기업 전체의 수익이 증대될 수 있다.

⑦ 조기 현금회수 목적: 투하한 자본을 빨리 회수하기 위해 의도적으로 낮은 가격을 책정하는 방법이다. 경우에 따라서는 높은 가격을 책정함으로써 목적한바 자본을 조기에 회수할 수 있다.

⑧ 적정이익 추구 목적: 적절한 목표수익률을 보장해주는 가격수준을 채택하는 것이다.

제2절 국제가격의 결정

수출은 일반적으로 기업이 최초로 해외시장에 진출하는 형태일 뿐만 아니라 가장 보편적인 해외영업활동이므로 수출가격의 결정은 대부분의 기업에게 있어 국제가격전략의 기초라 할 수 있다. 여기서는 수출가격의 결정과 관련하여 그중에서도 특히 중요하다고 생각되는 문제들로서 수출가격의 결정요인, 수출가격의 결정방법, 그리고 실무적인 측면에서의 수출가격표시를 중심으로 살펴보기로 한다.

1. 수출가격의 결정요인

일반적으로 특정 시장에 있어서 가격은 원가, 수요, 경쟁 등 3가지 기본적인 요소에 의하여 범위가 결정된다. 즉, 제품원가를 기초로 최저가격이 설정되고, 소비자들의 수요에 의해 최고가격이 정해지며, 최종적인 가격은 경쟁상황 등을 고려하여 책정되는 것이다. 이와 함께 정부규제, 환율위험, 물가상승 등의 위험요소도 국제가격결정 시 특히 중요한 고려요소라 할 수 있다.

여기서는 지속적으로 수출에 종사하고자 하는 기업이 장기적인 관점에서 이익을 극대화하고 시장지위를 확고하게 다지기 위해서는 어떠한 점들을 고려하여 수출가격을 결정하는 것이 바람직한가에 대해서 논의하고자 한다. 수출가격결정 시에는 **그림 10-1** 에서 보는 바와 같이 기업의 목표를 비롯하여 원가, 수요, 경쟁, 법적규제, 위험 및 기타의 비용요소 등 주요한 가격결정요인에 대한 면밀한 분석이 선행되어야 한다. 특히 이러한 요인들은 각국별로 다양한 형태로 나타나므로 가격결정 시 충분히 고려해야 한다.

그림 10-1 수출가격의 결정요인

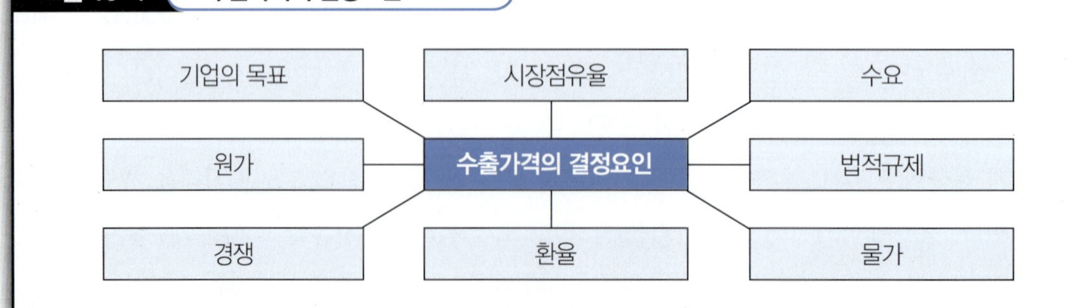

(1) 기업의 목표와 마케팅믹스

기업의 목표는 항상 모든 경영의사결정의 출발점이 된다. 기업이 해외시장에서 달성하고자 하는 목표가 무엇인가를 명확히 하기 전에는 적정한 가격을 산출하기가 불가능하다. 예를 들어, 시장점유율을 확대하는 것이 최우선적인 목표일 경우와 이익을 극대화하는 것이 목표일 경우에 가격결정은 다를 것이다.

또한 국제가격의 결정은 제품, 유통, 촉진 등의 여타 마케팅믹스의 구성요소들에 의하여 영향을 받게 된다. 예를 들면, 특정 해외시장에서의 제품의 품질, 성능, 이미지에 따라 가격결정은 달라져야 한다. 특히 해외고객들에 의해 평가되는 제품원산지에 대한 이미지는 가격결정에 있어서 매우 중요한 고려요소라 할 수 있다.

(2) 원가

원가는 다른 변수들보다 측정이 상대적으로 용이하다는 점과 손익분기점을 넘어서기 위한 가격의 하한선을 제공해준다는 점 때문에 많은 기업들이 기본적인 가격결정 도구로 활용하고 있다. 원가에는 제조비, 선적비용, 마케팅비용은 물론 연구개발비, 관리비, 조세, 감가상각비 및 기타 간접비 등 여러 가지 비용항목이 포함될 수 있다.

국제마케팅에 있어서 이러한 비용들이 가격결정에 차지하는 상대적 중요성은 해외시장 진입방법 및 진출대상국에 따라 크게 다르다. 예를 들어, 수출의 경우에는 유통경로가 길어지므로 마케팅비용이 증대되는 반면에 본국의 생산시설을 최대로 활용함으로써 규모의 경제를 실현할 수 있다는 이점이 있다. 이에 비해 해외에서 제조활동을 수행하는 경우에는 유통비용 및 기타의 마케팅비용을 줄일 수 있지만, 환노출이나 과실송금제한 등 재무적 위험이 증대된다.

(3) 수요

수요는 기업이 판매하고자 하는 제품이나 서비스에 대해 소비자들이 부여하는 가치 및 소비자의 지불능력과 직결된다는 의미에서 기업이 설정할 수 있는 가격의 상한선이 어느 정도인가를 시사해준다. 수요의 개념은 매우 다양한지만 한 시장에서 특정 제품의 총구매량을 나타내는 시장수요와 특정 기업의 시장점유율을 나타내는 기업수요로 크게 나눌 수 있다.

수요예측은 현재수요와 미래수요 그리고 수요량뿐만 아니라 수요탄력성의 예측이 필요하다. 해외시장에서 수요에 영향을 미치는 기본요소로는 인구통계적 요소, 관습, 전통 및 경제적 요소 등을 들 수 있는데, 이러한 요소들은 고객의 채택과정과 연관되어 있다. 따라서 해외고객의 외국제품 채택과정과 이에 영향을 미치는 요소들을 분석하는 것이 필요하다.

(4) 경쟁

원가와 수요는 각각 가격의 하한선과 상한선을 제시하여주는 데 비하여 해외시장의 경쟁조건은 이러한 상한선과 하한선의 중간 어디에서 실제가격이 결정되어야 하는가를 제시한다고 볼 수 있다. 가격이론에 의하면 시장구조 및 경쟁상황에 따라 가격전략은 달라져야 한다.

완전경쟁에 가까운 상황에서는 가격은 시장에서 정해지고 기업은 가격순응자일 수밖에 없다. 이러한 경우 기업의 가격관련결정은 다만 현재의 시장가격에 판매할 것인가의 여부에 따른다. 유명상품 등으로 제품차별화가 이루어진 독점적 시장구조하에서는 소비자들의 해당 제품에 대한 주관적 가치가 가격책정에 있어 주요한 결정요인이 되며, 과점적 경제구조하에서는 경쟁기업의 반응이 주요한 변수가 된다.

그런데 해외시장의 경쟁조건은 시장국별로 다르고 심지어는 특정국 내에서도 세분시장별로 상당한 차이가 있을 수 있다. 또한 경제적인 요인은 물론 문화적 · 법적 · 정치적인 요인들 모두 해외시장의 경쟁구조에 많은 영향을 미친다. 예를 들어, 광고에 대한 엄격한 규제로 인해 효율적인 제품차별화를 수행하기가 불가능하기 때문에 치열한 가격전쟁 끝에 소수의 대규모 기업들만이 존속하고 있는 국가도 있다. 그런가 하면 국가에 따라서는 카르텔이나 기업의 매수 · 합병을 금지하는 강력한 법규정 및 가격통제로 인하여 상대적으로 중소기업들이 가격 외의 측면에서 치열한 경쟁을 벌이기도 한다.

(5) 법적 규제

국제가격결정과 관련하여 각국 정부들은 기업들의 지나친 가격조작을 규제하기 위한 법적 근거를 마련해놓고 있다. 물론 이러한 규제는 자국 소비자들의 이익이나 자국산업을 보호하기 위한 것이라고는 하나, 국제기업들이 국제가격을 결정하는 데 있어서 커다란 제약요인이 되고 있다.

우선 현지국 정부의 반덤핑(antidumping)규제조치를 들 수 있는데, 실제로 우리나라 기업들은 미국, EU 등 주요 시장국에 제품을 판매함에 있어서 선진국 특히 미국 및 유럽국가들의 반덤핑조항에 저촉되어 많은 피해를 입은 바 있다. 따라서 해외시장국의 반덤핑규제는 가격의 하한선을 결정함에 있어 반드시 고려되어야 한다.

또한 국가마다 정도의 차이는 있으나, 각국 정부들은 공정거래법(Fair Trade Act), 독점금지법(Anti-Trust Act)이라는 이름하에 기업들의 불공정행위를 엄격히 규제하고 있다. 대체로 선진공업국일수록 효율적 경쟁을 조장하기 위해 보다 강력한 규제를 실시하고 있는 것이 보통이다. 그리고 어떤 국가에서는 외국제품의 가격을 통제하기도 한다. 예를 들면, 수입가격이 너무 높거나 혹은 낮은 경우 당해 제품의 수입허가서를 발행하지 않거나 외환사용을 불허함으로써 국내산업을 보호하고 불요불급품의 수입을 억제하려고 한다.

한편, 수입국의 관세율구조도 국제가격전략에 영향을 미친다. 관세 부과는 일반적으로 수입품의 시장가격을 상승시키므로 해당 시장에서 동일한 판매량을 유지하기 위해서는 수출가격을 인하해야 할 경우가 생긴다. 완제품의 관세율이 높은 반면에 중간재의 관세율이 낮은 해외시장국에서는 원재료 및 부품을 수입하여 현지에서 조립가공하는 것이 바람직하다고 볼 수 있다. 그러므로 해외시장에 관심을 갖고 있는 기업들은 현지국 정부의 가격과 직 · 간접적으로 관련된 각종 법규정 등을 면밀히 검토한 후에 제품의 최종가격을 결정할 필요가 있다.

(6) 물가상승률

1970년대의 두 차례에 걸친 석유파동 이후 인플레이션은 거의 전 세계적인 현상이지만, 각국마다 인플레이션율에는 상당한 차이가 있다. 높은 인플레이션 현상은 급속한 원가상승요인이 되기 때문에 국내마케팅에 있어서도 가격결정 시 중요한 고려요소 중의 하나이지만 다음과 같은 이유로 국제마케팅에 있어서는 특히 중요한 의미를 지닌다.

첫째, 인플레이션을 억제하기 위하여 현지국 정부가 가격통제를 실시하게 될 가능성이 있다. 이 경우 기업의 입장에서는 가격을 적극적인 마케팅전략 수단으로 활용할 수 있는 여지가 줄어든다.

둘째, 인플레이션율이 높은 나라일수록 엄격한 외환통제를 실시하는 것이 일반적이다. 이 경우 수출 자체가 불가능해질 수도 있으며, 현지국에서 아무리 많은 이익을 올린다 하더라도 높은 인플레이션 때문에 현지국 통화가 평가절하되면 실제이익은 얼마 되지 않고 그마저도 송금이 어려운 때가 많다.

따라서 해외시장에 제품을 판매할 때는 본국은 물론 현지국의 인플레이션율까지 고려하여 적정한 수준에서 가격을 책정함으로써 어렵게 포착한 해외시장기회가 기업에게 적자를 초래하는 일이 없도록 해야 한다.

(7) 환율

수출가격의 표시는 보통 외국화폐로 하기 때문에 수출가격의 결정은 환율, 즉 외국화폐 한 단위와 자국화폐 한 단위의 교환비율을 고려해야 한다. 환율은 수출품의 해외시장가격과 특정 수출계약에서 수출대금에 영향을 미친다. 예를 들어, 달러화가 평가절하되면 우리나라 수출품의 미국시장가격은 상승하고 가격경쟁력이 약화된다.

또한 환율변동 전에 체결된 달러표시 수출계약의 경우 수출대금을 나중에 원화로 환산하면 그 수출금액은 본래보다 줄어들게 되므로 기업은 큰 손해를 볼 수도 있다. 따라서 국제마케팅 관리자는 각국의 환율변화에 민감하여야 하며 환율예측능력을 갖추는 것이 필요하다.

(8) 시장점유율 및 조직구조

제품의 시장점유율이 높은 기업은 낮은 생산비용과 미케팅비용으로 규모의 경제를 달성할 수 있기 때문에 국제가격을 인하할 수 있다. 한편 기업 내의 조직구조에 따라 가격결정이 달라질 수 있다. 예컨대 소규모기업의 경우에는 마케팅부서나 판매부서보다는 최고경영자가 가격을 직접 결정한다.

2. 수출가격의 누증문제

(1) 가격누증의 원인

해외시장에서의 수출물품의 최종소비자가격은 관세, 운송비, 보험료, 다양한 중간상들의 마진, 기타 수출에 부대되는 비용 등이 누적되어 국내소매가격에 비해 상당히 높은 수준에서 결정되는 것이 보통이다. 특히 유통경로에 새로운 구성원이 추가되거나 조세가 새롭게 부과될 때 수입국에서의 최종소비자가격은 큰 폭으로 상승한다. 따라서 본국시장에서 아무리 낮은 원가로 생산된 제품이라도 수송비용, 제반 마케팅비용, 유통비용으로 인해 최종소비지에서는 가격이 높게 형성될 수 있다.

이와 같은 수출가격의 누증은 대개 기업이 통제하기 힘든 외부적 요인에 의해서 발생하기 때문에 국제기업의 마케팅활동에 상당한 애로요인으로 작용한다. 예를 들어, 최종소비자가격을 국제적으로 일정한 수준으로 유지함으로써 재정거래(arbitrage transaction)의 가능성을 없애려 할 경우 수출가격의 누증현상은 심각한 장애요인이 된다. 해외시장별로 가격누증의 원인 및 크기가 다양하기 때문이다.

(2) 가격누증의 대안

수출가격의 누증문제에 대해 국제기업들이 취할 수 있는 대안적 방법으로는 다음과 같은 것들이 있다.

가) 수출가격조정

수출가격을 국내가격보다 가능한 한 낮추어 책정함으로써 관세, 운송비, 중간마진 등으로 인한 최종소비자가격의 누적적 상승효과를 완화시킨다. 그러나 이때 가격인하에 따른 수출채산성의 악화와 수입국의 덤핑 규제에의 저촉 여부에 주의해야 한다.

나) 유통경로조직

도매상이나 대형소매업체와 직접 접촉함으로써 유통경로를 단축시키거나 해외시장에서의 유통기능까지 수출업체가 직접 수행한다. 이러한 경우 중간유통업체에 돌아가던 마진의 상당 부분을 흡수할 수 있으나, 유통경로를 무리하게 단축하거나 충분한 해외시장 경험이나 지식이 없이 유통기능을 직접 수행하게 된다면 오히려 비효율과 추가적인 비용이 초래될 수도 있다.

다) 생산입지조정

관세, 운송비, 제조원가 등을 절감하기 위하여 부분품이나 반제품 형태로 수출하여 현지에서 조립하여 판매하도록 한다. 특히 이러한 경우 자유무역지대(free trade zones)의 활용가능성을 적극 검토해볼 만하다. 다만, 최근 많은 국가들이 외국기업들의 현지에서의 단순조립이나 가공을 그다지

반기지 않고 있는 실정을 고려할 때, 라이센싱 혹은 다소 위험은 높더라도 본격적인 현지생산을 또 다른 대안으로서 생각해볼 수 있다.

3. 수출가격의 결정방법

(1) 원가중심의 수출가격

원가중심의 수출가격은 국제가격결정의 가장 단순한 방법으로, 제품에 관련된 총비용에 일정한 표준이익을 가산하여 책정한다. 이 방법에는 원가가산법과 이윤가산법이 있다. 원가가산법(cost plus pricing)은 건설업이나 조선업과 같이 사전에 총원가를 알 수 없을 때, 추후에 확정된 총원가에다 일정률의 이윤을 가산하여 결정하는 방법이다. 이윤가산법(mark-up pricing)은 유통업이나 정유업에서 주로 사용하는 방법으로, 사전에 확정된 원가에다 일정률의 이윤을 가산하여 결정한다.

원가중심의 수출가격은 판매자의 입장에서 수요보다 원가의 측정이 쉽고 확실성이 높다는 점, 동종산업 내의 모든 기업들이 이 방법을 사용한다면 가격이 비슷해져 가격경쟁이 축소될 수 있다는 점, 비교적 가격책정이 쉽고 사회적으로 공정하다는 점 등의 장점 때문에 널리 사용된다. 그러나 경쟁기업의 가격 및 수요 구조를 고려하지 않는다는 점, 정확한 원가의 산정 및 배분이 어렵다는 점, 이윤가산율도 산업과 기업에 따라 다르며 결정기준도 일정하지 않다는 점, 가격이라는 마케팅변수를 고정시킴으로써 다른 전체적인 마케팅전략의 목표를 등한시하였다는 점 등의 단점이 있다.

(2) 목표중심의 수출가격

목표중심의 수출가격은 국제기업이 해외시장에서 추구하는 목표에 따라 국제가격을 결정하는 방법인데, 여기에는 침투가격전략과 초기고가전략이 있다. 한편 제품수명주기에 따라 가격전략도 달라져야 하는데 이를 정리하면 **표 10-1**과 같다.

가) 침투가격전략

침투가격전략(penetration pricing)은 해외시장 진입 시 저가격정책을 사용하여 많은 소비자를 흡수하면서 급속히 시장점유율을 확대하는 방법이다. 이 전략이 유리한 경우는 경쟁자가 나타날 가능성이 있을 때이다. 제품에 대한 높은 수요가 있을 때는 특히 경쟁자가 나타날 가능성이 많은데

표 10-1 제품수명주기에 따른 가격전략

구분	도입기	성장기	성숙기	쇠퇴기
특성	– 낮은 매출 – 고객당비용 높음, 이익은 적자 – 혁신층 고객, 소수의 경쟁자	– 매출 급속성장 – 고객당비용 평균치, 이익 증대 – 조기수용층 고객, 경쟁자 점차 증가	– 매출 최대 – 고객당비용 낮음, 이익 최대 – 중간다수층 고객, 경쟁자 증가 정체	– 매출 쇠퇴 – 고객당비용 낮음, 이익 감소 – 최후수용층 고객, 경쟁자 감소
가격전략	– 원가가산가격	– 시장침투가격	– 경쟁대응가격	– 가격인하

이런 경우 저가격전략을 택하면 경쟁자를 쉽게 뿌리칠 수 있다. 일본기업과 대부분의 개도국기업들이 국제시장에서 이 전략을 널리 채택하고 있다. 일본의 반도체 제조기업과 한국의 현대자동차가 미국시장을 공략할 때 이 방법을 사용하여 좋은 성과를 거두었다.

나) 초기고가전략

초기고가전략(skimming pricing)은 해외시장 진입 시 가능한 최고가격을 책정하여 고소득층을 흡수하고 점차 가격을 낮추어 저소득층에 파고드는 전략이다. 이 전략의 기본적인 목적은 제한된 수량의 판매를 통해 수익을 극대화하는 데 있다. 이 전략이 유리한 경우는 제품의 질과 이미지가 좋을 때, 수요의 가격탄력성이 비탄력적일 때, 거액의 생산비를 조기에 회수하려 할 때, 제품이 특허로 보호를 받든가 모방이 어려울 때이다. 일본의 Sony가 베타맥스비디오로 미국시장에 침투할 때 이 방법을 사용하였다.

(3) 경쟁중심의 수출가격

경쟁중심의 수출가격은 제품의 원가나 수요요인 등을 무시하고 경쟁기업의 가격을 중심으로 제품가격을 책정하는 방법이다. 여기에는 모방가격책정법과 입찰가격책정법이 있다.

모방가격책정법(going-rate pricing)은 이미 결정되어 있는 기존의 시장가격을 그대로 따르는 방법이다. 이 방법이 유리한 경우는 원가나 수요의 탄력성을 측정하기 어려울 때, 경쟁자의 반응이 불확실할 때, 경쟁사의 가격을 따르는 것이 업계의 공통 견해일 때이다. 현대자동차가 승용차를 수출할 때 경쟁사의 가격을 기준으로 소비자가격을 설정한 다음 딜러의 마진과 관세 등을 감안하여 최종가격을 책정하였다.

입찰가격책정법(sealed-bid pricing)은 경쟁입찰 시에 자사의 원가나 수요보다는 경쟁사들이 책정하게 될 가격을 예상하여 자사의 제품가격을 책정하는 방법이다. 이 방법은 기대수익수준에 따라 입찰가격을 제시하는 것이 원칙이나 낙찰을 받기 위해 경쟁사보다 가격을 낮게 책정하는 경향이 있다.

(4) 수요중심의 수출가격

수요중심의 수출가격은 시장의 수요, 수요의 가격탄력성, 소비자의 심리상태를 반영하여 가격을 책정하는 방법으로 다음과 같은 것들이 있다.

가) 명성가격책정법

명성가격책정법(prestige pricing)은 가격이 하락하면 판매량이 오히려 감소하는 소위 명성제품에 대해 제품의 실제가치보다 높게 책정하는 방법으로 위신가격 또는 품위가격이라고도 한다. 고급제품의 경우에 권위가격을 많이 채택하는데, 이런 제품의 경우 가격이 떨어지면 초기에는 수요량이 증가하지만 나중에는 오히려 수요가 감소하게 된다. 예컨대 보석, 모피, 고급 시계 등이 여기에 해당된다.

나) 가격차별화방법

가격차별화방법(price discrimination)은 같은 제품을 고객, 시장, 시간, 용도 등에 따라 둘 이상의 가격으로 판매하는 방법이다. 이 방법은 시장세분화가 가능해야 하며, 세분시장별로 수요의 강도가 달라야 하며, 가격차별화에 드는 비용이 그로 인한 이익보다 작아야 하며, 가격차별정책이 고객의 불만이나 나쁜 감정을 유발시켜서는 안 되며, 저가격시장에서 판매된 제품이 고가격시장으로 유입되어서는 안 되며, 경쟁기업이 고가격시장에 더 싼 가격으로 침투할 수 없어야 하며, 차별가격이 법률이나 상관습에 위배되어서는 안 되는 등의 조건들이 충족되어야 한다.

다) 인식가치가격책정법

인식가치가격책정법(perceived-value pricing)은 구매자들이 제품에 대해 인식하고 있는 가치를 기준으로 가격을 책정하는 방법이다.이 방법을 채택할 경우 기업은 자사제품과 경쟁사제품을 비교하였을 때 구매자가 인식하는 자사제품의 상대적 가치가 어떤가를 정확히 파악해야 한다. 만약 소비자가 인식하는 것보다 더 많은 가치가 있는 것으로 과대평가하면 과대가격이 실정되므로 판매량이 저조할 것이다.

라) 단수가격책정법

단수가격책정법(odd−even pricing)은 제품가격을 단수로 책정하여 소비자로 하여금 낮은 가격인 것처럼 착각을 일으키게 하는 방법이다. 예컨대 가격의 단위를 1,000원, 10,000원 등이 아닌 990원, 9,900원 등으로 설정해서 소비자들이 심리적으로 싸게 느끼도록 하는 것이다. 소매점에서 이러한 방식을 많이 사용한다.

마) 계층가격책정법

계층가격책정법은 소비자들이 모두 같다고 느끼는 특정 가격의 가격범위를 고려하여 가격을 책정하는 방법이다. 예컨대 ₩90,000~99,000 사이의 가격범위를 같은 가격대라고 느낀다면 현재 ₩95,000에 판매되는 제품의 가격을 ₩90,000이나 ₩99,000으로 인하 또는 인상하여도 매출액에는 큰 변동이 없다. 이 전략은 가격탄력성이 개별 가격점 간에는 매우 크나 가격점 내에서는 비탄력적인 경우 매우 유용하다.

바) 유인가격책정법

유인가격책정법은 특정 제품의 가격을 낮게 책정함으로써 소비자들이 다른 제품의 가격도 저렴한 것처럼 느끼게 하여 고객을 유치하는 방법이다. 예컨대 면도날을 판매하기 위해 면도기의 가격을 싸게 책정하는 경우가 이에 해당된다.

사) 관습가격

관습가격이란 소비자들이 관습적으로 느끼는 가격으로, 소비자들은 이 가격을 당연하게 생각한다. 라면, 껌 등과 같이 대량으로 소비되는 생필품의 경우에 많이 적용되는데, 관습가격보다 제품가격을 높이면 매출이 감소하고 가격을 낮게 책정하더라도 매출이 크게 증가하지 않는다.

(5) 경험곡선에 의한 수출가격

경험곡선가격결정법(experience curve pricing)은 향후 예상되는 제품의 단위당 생산비에 근거하여 가격을 결정하는 방법이다. **그림 10-2**에서 보는 바와 같이 특정 제품의 단위당 생산비는 제품의 생산량이 누적됨에 따라 일정 비율로 하락한다.

이 방법에 의하면 초기에는 원가보다 낮게 가격을 책정함으로써 경쟁자들에 비해 상대적으로 시장점유율을 확대할 수 있으며, 확대된 시장점유율은 판매량과 생산효율성의 증대를 가져와 원가를 감소시킬 수 있다. 결국 누적생산량이 일정한 수준에 도달하면 단위당 원가는 제품가격보다 낮아지며 이런 과정이 반복되어 기업은 경쟁자보다 낮은 가격수준을 유지하는 가운데 적당한 이윤을 누릴 수 있다.

그림 10-2 경험곡선에 의한 가격결정

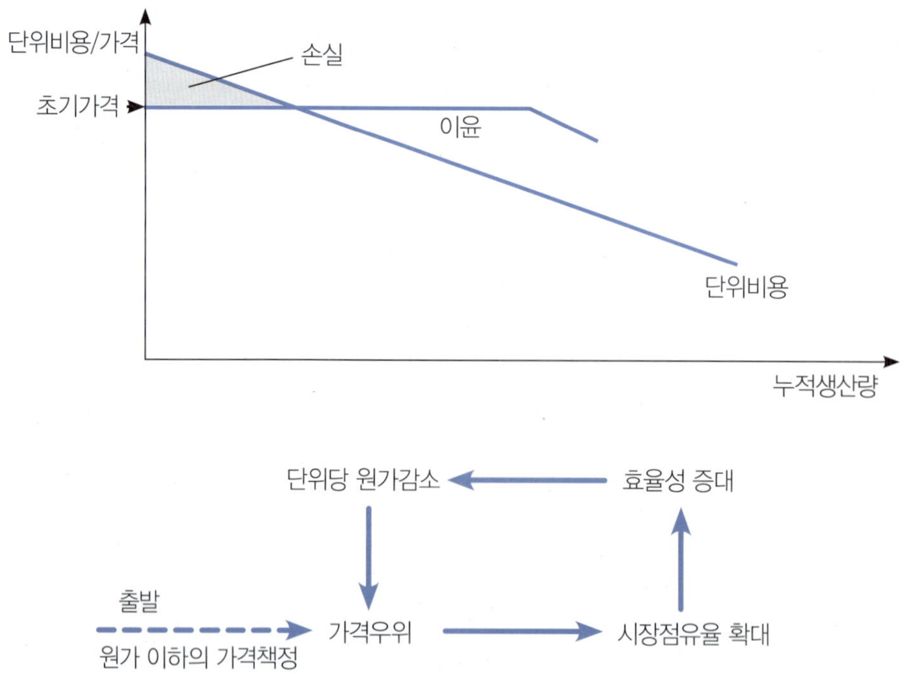

자료 J. C. Leontiades, *Multinational Corporate Strategy*, Lexington Books, 1985, p.91.

4. 수출가격의 표시

수출업자와 수입업자 간에 계약을 체결함에 있어서 표시통화를 어느 나라의 통화로 할 것인가, 그리고 수출입에 따른 각종 비용 및 위험을 누가 부담할 것인가 하는 무역거래조건(trade terms)은 중요하다.

(1) 표시통화

상품의 가격은 자국통화, 상대국통화, 제3국통화로 표시할 수 있는데, 표시통화의 선정에는 교환성, 안정성, 유통성 등을 고려하여야 한다. 무역거래 시에 어느 통화로 결제하느냐 하는 것은 환율의 변동에 따른 환위험을 회피하는 데 매우 중요하다. 즉 자국통화로 표시할 경우 아무런 환위험이 개재되지 않으나 상대국통화나 제3국통화로 표시할 경우에는 환위험이 수반된다. 따라서 거래통화에 있어서는 국제적으로 널리 통용되는 안정적인 통화로 표시하여 환위험을 최소화하는 것이 바람직하다.

(2) 무역거래조건

가격산정의 기초가 되는 정형거래조건(trade terms)에 있어서는 국제상업회의소(ICC: International Chamber of Commerce)에서 제정한 '정형거래조건의 해석에 관한 국제규칙(Incoterms: International Rules for the Interpretation of Trade Terms)'이 전 세계적으로 이용되고 있다. Incoterms의 제정 목적은 매매당사자 사이의 계약조건의 해석상의 차이에 따른 분쟁과 마찰을 해소함으로써 국제거래를 촉진하기 위함이다. Incoterms는 법적 구속력을 지닌 국제조약이 아니라 매매당사자 간의 합의에 의해서 사용될 수 있다.

Incoterms는 1936년 처음 제정된 이후 수차례에 걸쳐 부분적인 수정 및 보완을 거쳐 오늘에 이르고 있다. 현재 적용되고 있는 Incoterms 2000은 행정절차, 상거래, 운송분야에서 전자문서교환(EDI: Electronic Data Interchange)의 사용 확대와 복합운송의 발달에 따른 새로운 국제상관행을 반영하고 그동안 사용되어왔던 조건들의 모호성을 명확히 하기 위해 무역거래조건을 정형화하고 있다. Incoterms 2000에서는 13가지 무역조건을 3자로 된 국제표준약어(international code)의 첫자를 기준으로 E, F, C, D의 4가지 그룹으로 나누어 배열하고 있으며 비용부담과 위험의 분기점을 동시에 고려하고 있다.

표 10-2 와 그림 10-3 에서 보는 바와 같이 먼저 E그룹(EXW), F그룹(FCA, FAS, FOB), C그룹(CFR, CIF, CPT, CIP)의 조건들은 모두 적출지에서 매도인에게서 매수인에게로 위험이 이전되는 적

표 10-2 Incoterms 2000의 무역거래조건

■ 매도인 □ 매수인

		가격조건	제조원가	포장검사	반출운송	수출통관	운송비	보험료	수입통관	반입운송	비용분기점	위험분기점
적출지 인도조건	E그룹 (출발지인도)	EXW	■	■	□	□	□	□	□	□	공장	공장
	F그룹 (운송비 미지급인도)	FCA	■	■	■	■	□	□	□	□	운송인 장소	운송인 장소
		FAS	■	■	■	■	□	□	□	□	선적항 배 옆	선적항 배 옆
		FOB	■	■	■	■	□	□	□	□	선적항 본선난간	선적항 본선난간
	C그룹 (운송비 지급인도)	CFR	■	■	■	■	■	□	□	□	목적항	선적항 본선난간
		CIF	■	■	■	■	■	■	□	□	목적항	선적항 본선난간
		CPT	■	■	■	■	■	□	□	□	목적지	운송인 인도
		CIP	■	■	■	■	■	■	□	□	목적지	운송인 인도
양륙지 인도조건	D그룹 (도착지인도)	DAF	■	■	■	■	■	■	□	□	국경	국경
		DES	■	■	■	■	■	■	□	□	목적항 배	목적항 배
		DEQ	■	■	■	■	■	■	□	□	목적항 부두	목적항 부두
		DDU	■	■	■	■	■	■	□	■	수입국 지정장소	수입국 지정장소
		DDP	■	■	■	■	■	■	■	■	수입국 지정장소	수입국 지정장소

자료 ICC, Incoterms 2000.

그림 10-3 가격조건별 위험분기점

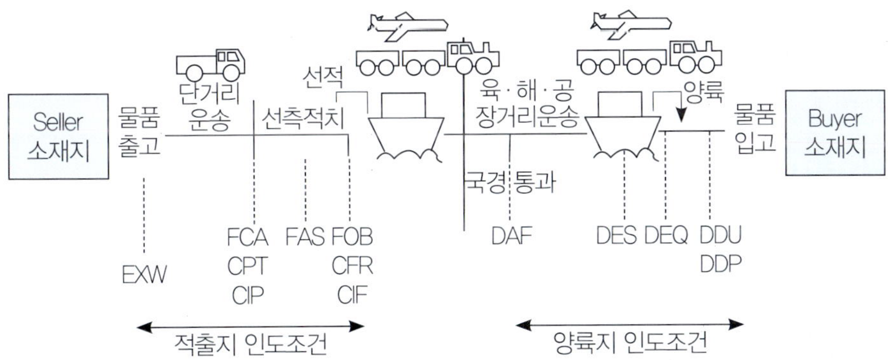

자료 ICC, Incoterms 2000.

출지 인도조건이라는 점에서 공통점을 지닌다. 이들의 차이점은 수출국에서의 내륙운송비와 최종 목적지까지의 운송구간에 대한 운임을 누가 책임지는가에서 찾을 수 있다. 이 중에서 C그룹의 조건들은 비용과 위험의 분기점이 일치하지 않는다는 특징을 지니고 있다. 이에 비해 D그룹(DAF, DES, DEQ, DDU, DDP)의 조건들은 매도인이 목적지까지의 운임과 위험을 동시에 부담하는 양륙지 인도조건으로 구성되어 있다.

가) 공장인도조건

공장인도조건(EXW: Ex Works)이란 매도인이 물품을 수출통관하지 않은 채 운송차량 등에 적재하지 않고 자신의 영업장 구내 또는 그 밖의 지정된 장소에서 매수인이 인수할 수 있도록 조치하는 조건으로, 매도인은 최소한의 의무만을 이행한다. 이 조건은 매수인이 매도인의 영업장 구내로부터 물품을 수령하는 데 따르는 모든 비용과 위험을 부담한다. 매수인이 직접적 또는 간접적으로 수출절차를 이행할 수 없을 경우에는 FCA조건을 사용해야 한다.

나) 운송인인도조건

운송인인도조건(FCA: Free Carrier)이란 매도인이 수출통관한 물품을 지정장소 또는 지정지점에서 매수인이 지명한 운송인 등에게 인도하는 조건이다. 매도인의 영업장 구내에서 물품을 인도할 때는 매도인이 적재책임을 지고, 다른 모든 장소에서 인도할 때는 매도인이 양하책임을 지지 않는다. 이 조건은 복합운송을 포함한 모든 운송방식에 사용할 수 있다. 운송인이란 운송계약에서 철도, 도로, 항공, 해상, 내수로 또는 이들의 복합방식으로 운송하는 모든 업체 또는 그 운송대리인을 말하며, 매수인이 운송인이 아닌 사람(운송주선인, 매수인의 지사 등)에게 물품을 인도하도록 통지했을 때는 물품을 그 지정인에게 인도했을 때 물품 인도의무가 완료된다.

다) 선측인도조건

선측인도조건(FAS: Free Alongside Ship)이란 물품을 지정된 선적항의 부두 또는 부선으로 본선의 선측에 인도하는 조건이다. 본선의 선측이란 본선이 사용하는 양하기, 양하도구 등 선적도구가 도달할 수 있는 장소를 말한다. 이 조건에서는 매도인이 물품을 수출통관을 하여야 하며, 해상운송이나 내수로 운송에만 사용할 수 있다. 주로 원목, 곡물, 광석 등 적재비용이 많이 드는 대량화물을 거래하는 데 사용된다.

라) 본선인도조건

본선인도조건(FOB: Free On Board)이란 물품이 지정된 선적항에서 본선의 난간을 통과할 때 매도인의 인도의무가 완수되는 조건이다. 물품이 본선의 난간을 통과할 때부터 매수인이 물품에 대한 모든 위험과 비용을 부담한다. 이 조건은 해상운송이나 내수로운송에만 사용할 수 있으며 항공운송과 같은 다른 운송방식이나 복합운송방식에는 FCA조건을 사용해야 한다. 위험과 비용분담 측면에서 본선의 난간을 기준으로 물품을 인도할 필요가 없는 경우에도 FCA조건을 사용해야 한다.

마) 운임포함인도조건

운임포함인도조건(CFR: Cost and Freight)이란 매도인이 지정된 목적항까지 물품을 운반하는 데 필요한 비용 및 운임을 지급하되 물품이 선적항에서 본선의 난간을 통과한 때부터 그 물품에 대한 모든 위험과 추가비용은 매수인이 부담하는 거래조건이다. 이 조건은 해상운송이나 내수로운송에만 사용할 수 있으며 항공운송이나 복합운송, 또는 계약당사자들이 본선의 난간을 기준으로 물품을 인도할 의도가 없을 때에는 CPT조건을 사용해야 한다.

바) 운임보험료포함인도조건

운임보험료포함인도조건(CIF: Cost, Insurance and Freight)이란 매도인이 물품을 선적항에서 본선의 갑판 위에 인도할 때까지 모든 비용과 지정된 목적항까지 운임, 해상보험료를 부담하되, 물품이 선적항에서 본선의 난간을 통과할 때 그 물품의 멸실 또는 손상의 위험에 대한 부담이 매수인에게 이전되고 물품이 본선의 갑판 위에 인도된 때부터 발생하는 모든 추가비용을 매수인이 부담하는 거래조건이다. 이 조건은 해상운송이나 내수로운송에만 사용할 수 있으며 복합운송이나 항공운송과 같이 본선의 난간을 기준으로 물품을 인도할 수 없는 거래나 거래당사자들이 본선의 난간을 기준으로 물품을 인도할 의도가 없을 때에는 CIP조건을 사용해야 한다.

사) 운임지급인도조건

운임지급인도조건(CPT: Carriage Paid To)이란 매도인이 스스로 선택한 운송인에게 지정된 목적지까지 운송비를 지급하고 물품을 인도하는 거래조건이다. 물품이 운송인에게 인도된 이후 물품의 멸실, 손상 등 모든 위험과 모든 추가비용은 매수인이 부담한다. 운송인이란 운송계약에서 육로, 철도, 해상, 항공, 내수로 또는 이러한 방식의 복합운송에 의해 운송을 이행하거나 그 이행을 조달할 것을 약속하는 모든 사람을 의미한다. 합의된 목적지까지 여러 명의 운송인이 사용되는 경우에 위험부담은 최초의 운송인에게 물품이 인도되었을 때 매수인에게 이전된다. 매도인은 물품을 수출통관을 해야 하며, 이 조건은 복합운송을 포함한 모든 운송방식에 사용될 수 있다.

아) 운임보험료지급인도조건

운임보험료지급인도조건(CIP: Carriage and Insurance Paid To)이란 매도인이 스스로 선택한 운송인에게 지정된 목적지까지 운송비와 운송 도중 물품의 멸실 또는 손상위험에 대한 보험료를 지급하고 물품을 인도하는 거래조건이다. 매수인은 물품이 운송인에게 인도된 이후 물품의 멸실, 손상 등 모든 위험과 모든 추가비용을 부담한다. 운송인이란 운송계약에서 육로, 철도, 해상, 항공, 내수로 또는 이러한 방식의 복합운송에 의해 운송을 이행하거나 그 이행을 조달할 것을 약속하는 모든 사람을 의미한다. 합의된 목적지까지 여러 명의 운송인이 사용되는 경우에 위험부담은 최초의 운송인에게 물품이 인도되었을 때 매수인에게 이전된다. 매도인은 물품을 수출통관을 해야 하며, 이 조건은 복합운송을 포함한 모든 운송방식에 사용될 수 있다. 매도인은 운송 도중 물품의 멸실, 손상 위험에 대비한 보험계약을 체결하고 보험료를 지급하여야 한다.

자) 국경인도조건

국경인도조건(DAF: Delivered At Frontier)이란 물품을 수출통관한 뒤 수입통관하지 않은 상태로 국경의 지정된 장소와 지점에서 운송수단에서 양하하지 않은 채 매수인이 임의로 처분할 수 있게 인도하는 거래조건을 말한다. 매수인은 물품이 국경의 지정된 장소, 지점에서 인도된 때부터 물품의 멸실, 손상 등 모든 위험과 비용을 부담한다. 이 조건은 물품을 육상의 국경에서 인도할 때 복합운송을 포함한 모든 운송방식에 사용할 수 있으나, 물품을 목적항의 갑판상이나 부두에서 인도할 때는 DES 또는 DEQ 조건을 사용해야 한다.

차) 착선인도조건

착선인도조건(DES: Delivered Ex Ship)이란 물품이 지정목적항에서 수입통관되지 않은 채 본선상에서 매수인이 임의처분할 수 있게 인도하는 거래조건이다. 매도인은 물품을 지정목적항까지 운반하여 양륙하기 전까지 들어가는 모든 위험과 비용을 부담하여야 하며, 매수인은 양륙비용과 수입통관비용을 부담해야 한다. 만약, 매도인이 양륙비용과 위험을 부담하기를 원할 때는 DEQ조건을 사용해야 한다. 이 조건은 해상운송, 내수로운송 또는 목적항의 선박 위에서 인도하는 복합운송에만 사용할 수 있다.

카) 부두인도조건

부두인도조건(DEQ: Delivered Ex Quay)이란 매도인이 지정목적항의 부두에서 수입통관되지 않은 물품을 매수인이 임의처분할 수 있게 인도하는 거래조건을 말하며, 매도인은 지정된 목적항까지 물품을 운송하고 부두 위에 양륙할 때까지 모든 비용과 위험을 부담해야 한다. 그리고 매수인은 물품의 수입통관 비용, 관세, 조세, 기타 부과금, 부두사용료, 최종목적지까지 반입운송비 등을 부담해야 한다. 이 조건은 물품을 해상운송, 내수로운송 또는 목적항의 부두에서 인도하는 복합운송에만 사용할 수 있으며, 매도인이 물품을 부두에서 다른 장소(창고, 터미널, 집하장 등)로 하역하는 비용과 위험을 부담하기를 원할 때는 DDU나 DDP 조건을 사용해야 한다.

타) 관세미지급인도조건

관세미지급인도조건(DDU: Delivered Duty Unpaid)이란 매도인이 물품을 수입통관하지 않고 수입국의 지정된 목적지에서 운송수단에서 양하하지 않은 상태로 매수인에게 인도하는 거래조건이다. 매도인은 수입통관비용과 관세 등을 제외하고 지정목적지까지 물품을 운반하는 데 따른 모든 비용과 위험을 부담한다. 그리고 매수인은 수입통관절차를 이행하고 수입통관비용과 관세 등을 부담해야 하며, 매수인이 적기에 수입통관을 하지 않아서 발생하는 모든 위험, 비용을 부담해야 한다. 이 조건은 모든 운송방식에 사용할 수 있으나, 물품을 목적항의 갑판 위나 부두 위에서 인도해야 할 때는 DES나 DEQ 조건을 사용해야 한다.

파) 관세지급인도조건

관세지급인도조건(DDP: Delivered Duty Paid)이란 매도인이 물품을 수입통관하여 지정된 목적지에 도착한 운송수단에서 양하하지 않은 채로 매수인에게 인도하는 거래조건이다. 매도인은 목적지 국가에서 수입통관비용과 관세 등을 포함하여 목적지까지 물품을 운송하는 데 따른 모든 비용과 위험을 부담해야 한다. 그리고 이 조건은 매도인이 직접 또는 간접적으로 수입허가와 수입통관을 수행할 수 없을 때에는 사용할 수 없으며, 매수인이 수입통관절차를 수행하고 그에 따른 위험과 비용을 부담할 것을 원할 때는 DDU조건을 사용해야 한다. 이 조건은 모든 운송방식에 사용할 수 있으나, 물품을 목적항의 본선 갑판 위나 부두 위에서 인도하고자 할 때는 DES나 DEQ 조건을 사용해야 한다.

제3절 국제가격의 조정과 변경

1. 국제가격의 조정

시장은 다양한 요인에 의해 변하고 기업은 이러한 변화에 적절히 대응하기 위해 자사제품의 가격을 조정할 필요를 느끼게 된다. 가격은 여러 가지 근거와 목적에 따라 조정될 수 있는데, 예컨대 촉진의 수단으로 가격조정을 수행할 수 있다. 국제시장에서의 가격조정은 국내시장가격과 동일하게 할 것인지 아니면 차별화할 것인지를 결정해야 하며, 덤핑문제와 관련하여 최종소비자가격을 어떻게 할 것인지를 결정하여야 한다.

(1) 촉진활동을 위한 가격조정

기업은 제품의 판매를 증대시키기 위해 다양한 촉진전략을 수행하고 이를 수행하는 방법의 하나로 가격을 조정한다. 이 전략은 기존가격보다 낮은 가격을 책정하여 단기적으로 매출을 증대시키고 재고를 조절하는 효과를 가져온다.

가) 할인을 통한 가격조정

세일(sale)은 일정 기간 동안 제품을 할인해서 판매하는 것을 말한다. 단기적으로 매출을 증대시키는 효과를 가져오고 또한 재고를 감소시키는 기능도 한다. 그러나 세일이 잦을 경우 소비자들은 제품에 대한 정상가격과 세일가격을 혼돈하여 세일가격을 정상가격으로 인식하게 될 수도 있고, 이로 인해서 제품 구입의사가 있더라도 세일 기간을 이용하기 위해서 구매를 미루게 된다. 또한 제품의 품질을 의심하게도 되므로 세일 기간, 세일 판매수량 등을 세심하게 고려해야 한다.

나) 구매조건에 따른 가격조정

구매조건에 따라 가격을 다르게 조정하는 것이다. 대금을 지불하는 방법에 따라 가격을 달리할 수 있다. 현금으로 지불하는 경우, 신용카드나 다른 결제수단으로 지불하는 경우 등에 따라 가격을 다르게 책정한다. 소비자들이 구매하는 수량에 따라 일정 수량별로 가격을 다르게 책정하는 방법도 있다. 제품을 묶음으로 판매하며 가격을 할인해주거나 구입수량의 범위를 정하여 수량이 많아질수록 제품의 단위당 가격을 낮게 책정한다.

다) 고객의 종류에 따른 가격조정

제품을 구매하는 사람은 최종소비자일 수도 있고 도매상, 소매상일 수도 있다. 구매하는 사람이 어떤 기능을 하느냐에 따라 가격을 달리 책정하는 것이다. 예를 들어 도매상이 구매를 할 경우에는 거래량이 많을 뿐만 아니라 제품의 보관, 판매 등의 기능을 담당하므로 소매상과 최종소비자보다 가격을 낮게 책정한다.

라) 계절에 따른 가격조정

계절에 따라 수요가 크게 달라지는 제품의 경우에 사용하는 가격정책이다. 즉 성수기와 비수기에 가격의 차이를 두는 것으로 성수기에는 비싸게, 비수기에는 싸게 판매한다. 에어컨과 같은 냉방기기의 경우 겨울, 봄에 싼 가격으로 미리 판매하거나, 여행상품의 경우에는 성수기 요금과 비수기 요금을 각각 다르게 책정한다. 이 방법은 비수기에도 생산의 수준을 맞출 수 있고 자금의 흐름을 원활히 할 수 있다는 장점이 있다.

마) 보상에 따른 가격조정

소비자가 제품을 구입할 때 중고품을 가지고 오면 가격을 할인해주는 방법이다. 가전제품이나 휴대폰 등의 경우 구형모델을 가져오면 신제품을 구입할 때 중고품 매입비용으로 일정액을 깎아주는 경우가 있다.

(2) 국내가격 대비 수출가격의 조정

기업들은 수출가격을 책정하는 데 있어서 수출상품의 판매원가를 국내판매 시와 비교하여 기본적으로 국내시장가격과 동일한 수준으로 할 것인가 아니면 차별을 둘 것인가의 여부를 결정해야 한다.

일반적으로 수출가격은 수출포장비용, 통관비용, 신용공여 및 대금추심 관련비용, 수출부서의 영업비 등 수출업무에 부대되는 비용으로 인하여 국내가격보다 높아지기 마련이다. 그러나 국내에서의 시장조사 및 촉진비용 등 국내판매에만 할당되어야 할 비용까지도 반드시 수출품의 가격에 반영될 필요는 없기 때문에 반드시 수출가격이 높다고 단언하기는 어렵다.

따라서 수출가격에는 해외의 수입업자에게 판매함에 따른 직접적인 비용과 일반관리비용의 적정비율만이 산입되어야 한다. 다만, 여기에 수출판매에 따른 불확실성 내지 위험이 추가적으로 고려되어야 한다.

특정 수출시장에서의 최적가격은 당해 시장국의 특성과 기업요인을 고려하여 책정되어야 한다. 그런데 수출과 국내판매에 있어서의 가격결정요인은 서로 판이한 양상을 띠기 때문에 수출가격이 반드시 국내가격과 같아야 할 필요는 없으며, 오히려 다른 것이 보통이다. 일반적으로 수출상품의 가격을 국내판매의 경우보다 낮게 잡는 이유는 다음과 같다.

첫째, 소득수준이 낮은 나라에서 소기의 판매성과를 거두기 위해서는 상대적으로 수출가격을 낮게 책정할 필요가 있다. 둘째, 치열한 경쟁으로 인하여 가격을 낮추지 않고서는 수출이 불가능하다. 셋째, 운송비나 보험료, 기타 중간상의 마진 등 부가비용으로 인한 수출가격의 누증으로 수출판매원가를 국내판매의 경우와 비슷하거나 높은 수준에서 책정하게 되면 기대만큼의 시장접근을 이룰 수 없다. 넷째, 연구개발비 및 기타 간접비용이 이미 국내판매분에 충분히 반영되어 수출비용을 낮게 평가해도 무방한 경우가 있다.

그러나 이러한 한계비용접근방법을 통해 수출가격을 국내가격보다 낮게 책정하는 것은 해외시장의 수요곡선이 매우 탄력적이어서 수출가격의 인하에 따르는 손실을 수출판매량의 증대로 인한 이익으로 충분히 상쇄할 수 있는 경우에만 타당성을 지닌다. 또한 수출가격이 국내가격보다 낮아지는 경우 수입국의 덤핑방지법에의 저촉가능성에 대하여 특히 유의해야 한다.

(3) 국제덤핑규제에 따른 가격조정

덤핑(dumping)이란 일종의 가격차별로서 유사시장 내에서 동일제품의 가격을 서로 다르게 책정하는 것을 말한다. 일반적으로 국내가격보다 낮은 가격으로 판매하는 경우 덤핑으로 규정하고 있다. 각국은 덤핑으로 인한 자국산업의 피해를 방지하기 위해 덤핑마진율을 계산하여 이를 수입관세와 별도로 반덤핑관세 등으로 부과하고 있다. 따라서 국제기업은 자사제품에 대한 해외시장국의 덤핑규제를 피하기 위해 사전대책 또는 사후대책을 강구해야 한다.

사전대책으로는, 국내시장과 현지시장에서 판매되는 제품을 차별화하여 덤핑규제의 근거를 주지 않도록 한다. 수입국의 중간유통상에 비해 비가격적 유인을 제공하여 가격이 인하된 것과 같은 효과를 올리는 것이다. 현지법인에서의 생산 · 판매를 통해 덤핑제소를 피하거나 일단 제소의 움직임이 보일 경우 외국관계기관 및 제소자 측과의 적극적인 교섭으로 사전에 타협을 보는 것도 방법이다.

사후대책으로는, 덤핑제소에 의한 피해를 극소화하는 것이다. 이를 위해 회사 내의 유능한 인력을 동원함과 아울러 변호사를 선임하는 것이다. 덤핑조사 시 질문서에 대한 답변서는 회사의 제반 자료들과 서로 모순되지 않도록 작성하여 제출하여야 한다.

2. 국제가격의 변경

기업은 국제가격결정전략과 구조를 수립한 후에도 가격을 인상할 것인가 또는 인하할 것인가 하는 상황에 부딪친다. 효과적인 가격변경은 기업이 최대이윤을 실현할 수 있는 강력한 수단임에도 불구하고 자칫 경쟁사에게 주 고객을 빼앗길 수 있기 때문에 중요한 논의의 대상이 된다. 특히, 가격은 기업경쟁력의 중요한 요소이며 제품포지셔닝에도 영향을 미치므로, 가격변경에 있어 세심한 주의를 요한다.

국제가격변경의 시도는 **그림 10-4**에서 보는 바와 같이 환율의 변화, 원자재가격 등의 변화에

그림 10-4 국제가격의 변경요인

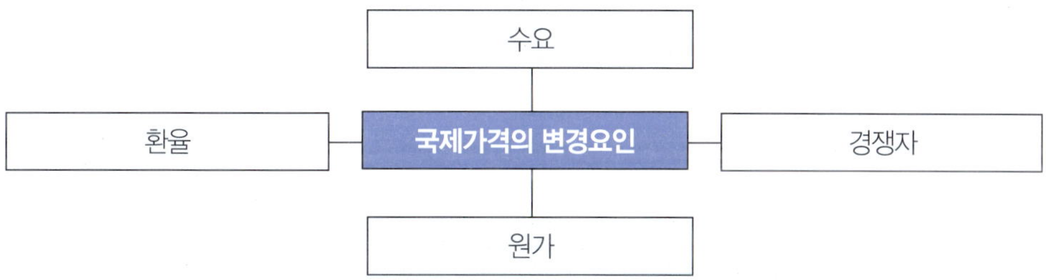

따른 원가상의 변화, 경쟁자의 가격변경, 수요의 변화 등에 의해 초래될 수 있다. 그러나 가격변경의 시도에 앞서 가격변경에 대해 소비자 또는 경쟁자는 어떻게 반응할 것인가에 대해 우선적으로 고려해야 한다.

(1) 환율

환율변화는 국제가격변경의 가장 중요한 동인으로, 자국통화의 평가절상은 대외적인 가격경쟁력의 하락을 의미하므로 기존의 시장점유율을 유지하기 위해서는 부득이하게 가격인하의 시도가 요구된다. 반면, 환율이 상승(평가절하)하여 대외적인 가격경쟁력이 높아지는 경우 기업은 2가지 선택에 직면한다.

첫째, 국제가격을 인상하여 수익률을 높이는 방법이 있다. 둘째, 환율상승에도 불구하고 국제가격을 인하하여 시장지배력을 얻고자 하는 방법이 있다. 어떠한 시도든 기업의 목표 및 장기적 안목에서의 기업전략과 합치되는 방향으로 선택되어야 할 것이다.

그러나 환율변화에 따른 가격변경의 시도가 필수적인 것은 아니다. 일본기업들은 지속적인 엔고(엔화의 평가절상) 현상으로 인하여 국제시장에서의 가격경쟁력이 약화되자 엔의 높은 가치를 십분 활용하여 해외현지에 직접투자하는 방법으로 경쟁력의 약화를 보완할 수 있었다.

(2) 원가

원가에는 원자재비용, 임금, 토지사용료 등의 제조비 외에 기타 많은 간접비항목이 포함된다. 원가의 상승 또는 하락은 가격변경의 직접적인 원인으로 특히 원가가산법(cost-plus pricing)을 적용하는 기업의 경우 원가의 변화가 실제 판매가격에 신속히 반영된다. 이때 경쟁자 및 시장상황을 도외시하지 않도록 주의를 기울여야 한다. 많은 기업들은 원가의 변화에 대해 수입선다변화, 수출선다변화, 생산기지다변화 등의 보다 적극적인 방법으로 대처하기도 한다.

Scarlet 상표로 국내에서보다는 해외시장에서 더 유명한 가발전문업체인 보양산업의 경우, 인모의 가격상승, 임금상승 등의 원가상승요인에 대한 방안으로 인공모의 개발에 힘쓰는 한편 중국 등 저임금국으로 생산입지를 다변화하는 등의 적극적 대처로 입지를 더욱 강화해나가고 있다.

(3) 경쟁자

시장의 세계화(globalization of market) 추세에서 경쟁사의 가격변경은 상당히 민감한 대응을 요구한다. 특히, 제품동질성이 매우 높은 시장에서 기업은 가격을 인하하는 경쟁자에 대처하는 것 이외에는 다른 대안이 없다. 반면에 기업이 자사의 확장제품을 차별화할 수 있는 방안을 추구해야 할 것이지만 어떤 것도 묘책이 없다면 가격인하에 대처해야만 할 것이다.

반응을 하기 전에, 기업은 다음과 같은 문제들을 검토해야 할 것이다.

① 경쟁사가 왜 가격을 변경했는가? 시장을 탈취하기 위한 것인가 혹은 잉여설비를 이용하기 위한 것인가, 아니면 원가변화 조건에 맞추기 위해서인가 또는 산업전반적으로 가격결정을 유도하려는 것인가?

② 경쟁사의 가격변경이 일시적인 것인가 또는 영구적인 것인가?

③ 가격변경에 대응하지 않을 경우, 자사의 시장점유율과 이익은 어떻게 될 것인가? 다른 기업들은 어떻게 반응할 것인가?

④ 자사의 대응조치에 따라 경쟁기업과 기타 기업들은 어떻게 반응할 것인가?

경쟁자의 가격변경 시도 및 이에 대한 반응은 다분히 기업전략적인 성격을 띤다. 1980년대 초반 일본반도체기업들의 저가공세에 따라 시장상황이 혼미해지자 미국기업들은 통상법 301조를 근거로 제소하여 미 · 일반도체협정을 이끌어내기도 했다.

(4) 수요

수요변화는 가격변경의 기본적인 요인으로, 분명한 것은 수요변화 특히 수요패턴의 변화를 예측할 수 있는 기업이 그렇지 못한 기업보다 가격변경의 시도에 있어서도 우위를 점할 수 있다. 또한 수요변화에 따른 가격변경의 시도에서 중요한 점은 소비자들이 가격변화에 어떻게 반응하는가 하는 문제이다. 이는 판매량과 수입은 구매자들의 수요가 가격에 민감한 정도에 의해 결정되기 때문이다.

가격탄력성은 가격변화에 따른 수요변화로 정의되며, 가격탄력성이 높은 시장에서 가격인상은 시장점유율을 크게 저하시키는 요인이 될 수 있다. 대체적으로 소비재가 산업재에 비해 가격탄력성이 높으며 국가별로도 인도나 중동국가보다는 독일, 프랑스 등 유럽국가들이 가격에 민감하게 반응하는 것으로 조사되고 있다. 이는 인도나 중동국가와 같이 빈부격차가 심한 국가에서 국제제품의 주 수요자가 부유층에 한정되는 데 기인하는 결과이다.

3. 국제가격의 표준화와 현지적응화

제품이 여러 국가에서 동시에 판매될 경우 국제마케팅 관리자는 전 세계적으로 단일가격을 책정할 것인지 또는 각 시장의 상황에 맞추어 가격을 차별화할 것인지를 결정해야 한다. 복수시장에서의 가격은 근본적으로 다음과 같은 3가지 접근방법에 의해 결정될 수 있다.

(1) 국제가격의 표준화

국제가격의 표준화란 특정 품목의 최종소비자가격을 전 세계적으로 동일하게 책정함으로써 고객이 운임 및 수입세를 부담하도록 하는 방법이다.

이러한 접근방법의 매력은 경쟁이나 시장상황에 관한 정보를 필요로 하지 않기 때문에 간편하다는 점인데, 그에 반해 현지시장의 경쟁 및 시장조건을 감안하지 않음으로써 각국에서 이익극대화를 기할 수 없다는 것이 커다란 문제점으로 지적될 수 있다. **표 10-3**은 국제가격전략에 있어서 표준화를 방해하는 요소들을 요약한 것이다.

국제경영활동을 수행하고 있는 기업들은 대개 각국별로 상이한 원가구조, 수요상태 및 경쟁조건에 직면하고 있다. 이것은 각국별로 최적가격이 달라져야 함을 의미하기 때문에 모든 시장에서의

표 10-3 국제가격표준화의 장애요소

표준화의 장애요소	가격 내용
시장의 가격	
– 물리적 환경	
– 경제 및 산업발전의 단계	소득수준
– 문화적인 제 요소	
산업의 제 요소	
– 각 시장에서의 제품수명주기의 단계	수요의 탄력성
– 경쟁조건	현지생산비용, 대체재의 가격
마케팅의 제도와 관습	
– 유통체계	통상적인 유통마진
– 광고매체와 광고대리점	
법적인 규제	관세 및 세금, 독점금지법, 재판매가격유지

자료 R. D. Buzzel, "Can You Standardize Multinational Marketing?," *Harvard Business Review*, Nov./Dec. 1968, pp.108-109.

최종소비자가격을 획일적으로 책정한다는 것은 바람직하지 않다.

다만 최근 구주대통합과 같은 세계 각국의 블록(bloc)화 움직임과 그에 따른 지역시장집단의 형성을 감안할 때, 동일 지역시장을 커버하고 있는 대규모 중간유통업체들에 대해서만은 어떤 시장국에 위치하고 있든지 획일적인 가격책정의 필요성이 증대되고 있는데, 그 이유는 특정 지역시장에 있어서 역내국가 간의 관세가 제거되는 등 하나의 대규모 시장화되는 경향에 따라 중간유통업체별 가격차별이 허용될 수 없기 때문이다.

그러나 다수의 해외시장국에 대해 표준화된 또는 획일적인 소비자가격을 유지하기 어렵다고 하여, 일관성 있는 가격전략을 채택할 수 없다는 뜻은 아니다. 만일 특정 기업체가 여러 해외시장국의 중하위 소득층만을 표적시장으로 삼는다면 이들에 대하여 적어도 저가격 내지 중간가격을 적용하는 것은 얼마든지 가능하다. 이러한 데서 표준화된 가격전략의 매력을 찾을 수 있다.

(2) 국제가격의 현지적응화

현지중심적 가격결정은 각국별로 현지환경에 적합하다고 판단되는 가격을 개별적으로 설정하는 방법이다. 특히 서로 다른 이익중심점으로 운영되는 해외자회사들을 거느린 기업일수록 자회사들의 영업성과에 직접적인 영향을 미치는 마케팅전략 수단들에 대하여 자회사들의 의사결정권을 인정하지 않을 수 없기 때문에 현지중심적 가격결정의 필요성이 증대된다.

이러한 현지중심적 접근방법하에서는 가격을 각국 간에 조정 또는 통제해야 한다는 어떠한 명시적 요구도 존재하지 않으나, 다만 기업시스템 내부에서의 이전가격의 결정이 어려운 문제라고 할 수 있다. 따라서 이 방법은 현지의 수요 및 경쟁조건 등에 민감하게 대처할 수 있다는 이점은 있지만, 다음과 같은 문제점을 내포하고 있다.

첫째, 각국의 가격들 사이에 운송비와 관세부담을 상회하는 수준의 괴리가 있을 경우 재정거래(arbitrage transaction)가 발생할 수 있다. 특히 동일한 지역시장에 위치하고 있는 시장 간에는 이러한 재정거래의 위험이 더욱 높아진다.

둘째, 효율적인 가격전략에 관한 기업시스템 전체적인 지식과 경험이 진가를 발휘하지 못하고 경험과 지식이 일천한 자회사에 의해 가격결정이 독단적으로 이루어질 가능성이 있다.

셋째, 세계시장에 공통적인 이미지를 심기가 어렵다.

(3) 국제가격의 절충화

이는 전 세계적으로 단일가격을 고집하는 것도 아니고, 그렇다고 자회사 입장에서의 가격결정의 필요성을 전혀 무시하는 것도 아닌 중용적인 접근방법이다. 이러한 접근방법을 추구하는 기업은 최종적인 가격결정 시 전사적인 관점에서의 가격통제는 물론 현지시장 특유의 요인들을 충분히 고려해야 한다.

따라서 국제마케팅 관리자가 다수의 시장에서 동일한 제품 또는 제품계열을 판매할 때에는 세계중심적 가격결정을 통해 가격에 관한 본사의 조정과 통제권한을 유보한 채 상이한 시장여건에 가격을 적응시킬 수 있는 유연성을 견지하는 것이 바람직하다.

제4절 국제이전가격

1. 국제이전가격의 개념

이전가격(transfer price)이란 외부시장 메커니즘을 통한 제3자 간의 거래 시 형성되는 정상적인 가격과 달리 특정 기업의 제조부서와 국제부서, 본사와 해외자회사, 해외자회사 간의 기업 내부거래에 적용되는 가격을 의미한다.

기업이 수출활동에서 벗어나 해외직접투자를 통한 현지 마케팅자회사, 현지 제조공장의 설립, 라이센싱 등으로 국제개입수준이 확대되고 거래가 다양화됨에 따라 국제이전가격의 결정문제는 더욱 어려운 과제로 대두된다. 왜냐하면 이전가격수준의 결정에 따라 본사와 해외자회사의 영업성과가 크게 영향을 받기 때문이다.

이전가격결정의 근본적인 목표는 본사와 자회사 간의 일관된 목표의 추구, 자회사의 자율성 부여, 기업 전체의 이익에 대한 공헌 등이라고 할 수 있다. 그 밖에도 이전가격의 조작을 통해서 국제기업은 세금의 극소화, 관세의 극소화, 송금규제의 회피, 환위험의 회피, 각국의 인플레이션의 조정, 신용도의 개선, 정치적 불안정의 회피 등 다양한 방법을 통해 국제마케팅의 최상목표를 실현할 수 있다.

이전가격의 조작을 통해서 국제기업은 본국이나 현지국의 각종 세금을 교묘히 회피하여 영업외 수익을 올리고 있지만 각국 정부는 국제기업들의 이러한 활동을 방지하기 위하여 여러 가지 제도적 장치를 마련하고 있다. 즉 대부분의 국가들은 세법의 관련규정을 정비하여 세무당국의 조사권과 소득수정권한을 강화하는 한편 정상가격을 판정하기 위한 지침을 마련하고 있다.

2. 국제이전가격의 발생원인

국제이전가격이 발생하는 원인은 각국의 법인세율의 차이, 관세부담문제, 배당의 송금제한 등 외환통제, 시장확보, 신설 자회사의 지원, 그룹 전체의 가격통일 등 매우 다양하다.

(1) 조세부담의 경감

각국의 소득세율 또는 법인세율은 많은 차이가 있다. 심지어 어떤 나라는 이러한 세금이 전무하여 조세피난처(tax haven)로 지칭되기도 한다. 그러므로 각국 간의 조세율 차이를 이용하여, 세율이 높은 나라에 본거지를 두고 있는 기업은 세율이 낮은 나라의 관계기업에 수출할 때는 이전가격을 가능한 한 높게 책정한다.

반대로 상대적으로 세율이 높은 나라의 관계기업에서 수입할 때는 이전가격을 가급적 낮게 책정하는 방식으로 수익률을 조정함으로써 조세부담을 줄일 수 있다. 조세율이 같은 경우에도 손실을 내는 기업과 이익을 내는 기업 간에 이전가격의 조작을 통해 과세액을 축소할 수 있다. 국제이전가격이 발생하는 과정을 그림으로 나타내면 **그림 10-5**와 같다.

그림 10-5 국제이전가격 발생과정

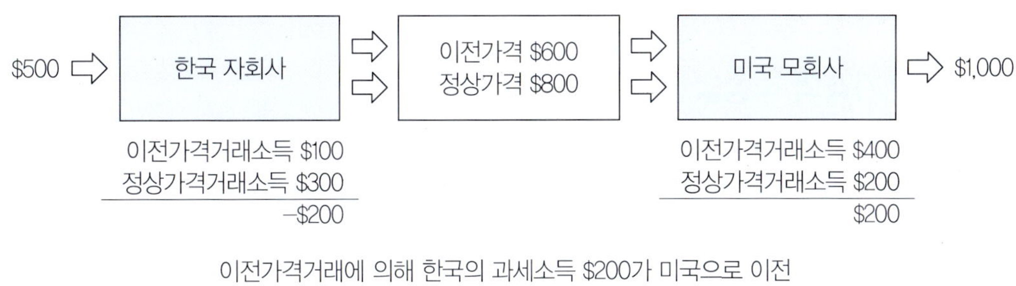

(2) 관세절감

고율의 관세가 종가세(ad valorem duty)로 부과되는 경우 수입가격을 낮게 책정함으로써 관세부담을 줄일 수 있다. 그러나 관세가 낮아지면 수익성이 증대되어 법인세 부담이 커질 수도 있다.

(3) 자금배분

자본이득 또는 배당금, 이자 등의 외환송금을 엄격히 통제하고 있는 나라에 진출해 있는 관계기업에 수출할 때는 이전가격을 높게 책정하고, 반대로 수입가격은 낮게 책정함으로써 외환통제를 회피하고 필요자금을 조달할 수 있다. 특히 이전가격은 정치 · 경제적으로 불안정한 나라에 있는 기업에 투자한 자금을 조기에 회수하기 위한 수단으로 빈번히 활용된다.

(4) 경쟁상태에 대한 고려

각 시장국에서의 경쟁상태를 현지국 기업과의 경쟁에 가장 효율적으로 대처할 수 있도록 이전가격을 책정한다.

(5) 개입수준에 따른 차별화

합작투자의 경우 실현된 이익은 합작선에서 배분된다. 따라서 소유권 비율이 낮은 관계기업에 수출하는 경우에는 가급적 이전가격을 높게 책정하는 것이 기업시스템 전체의 이익을 극대화하는 길이 된다.

3. 국제이전가격의 책정방법

이전가격의 결정은 각 이익중심점의 영업성과와 직결되므로, 관련기업들의 이해가 상충될 소지가 많다. 따라서 가장 바람직한 이전가격결정방법은 관련기업들 간의 충돌을 최소화하는 동시에 기업의 전체적 이익을 극대화할 수 있어야 한다. 이와 관련하여 국제기업들은 대개 다음과 같은 접근방법들을 대안적인 이전가격결정기준으로 활용하고 있다.

(1) 직접원가방법

직접원가방법(transfer at direct cost pricing)은 직접적인 원가만 계산하여 자회사에 대한 이전가격을 결정하는 방법으로, 자회사의 판매량의 증가가 모기업의 생산에 있어서 규모의 이익을 창출한다는 인식을 바탕으로 한다.

(2) 원가가산방법

원가가산방법(transfer at cost-plus pricing)은 직접원가 이외에 간접비용까지도 가산하여 이전가격을 결정하는 방법으로, 이는 자회사의 판매가 반드시 정상적인 이익을 창출해야 한다는 입장이다. 실제로 많은 다국적기업들이 활용하고 있는 접근방법이기는 하지만, 현재의 경쟁상황이나 해외자회사의 구매능력 등에 대한 배려가 부족한 것이 문제점으로 지적되고 있다.

(3) 시장상황에 기초한 방법

직접원가방법과 원가가산방법이 해외시장의 경쟁상황을 무시하고 이전가격을 원가 위주로 결정하는 데 비하여, 시장상황에 기초한 방법(market-based pricing)은 자회사가 해외시장에서 경쟁적인 위치를 유지하기 위해서 필요한 가격으로 이전가격을 결정한다. 따라서 이 방법은 새로운 해외시장에 침투할 때 많이 사용된다.

(4) 정상가격방법

정상가격방법(transfer at arm's length pricing)은 외부의 타기업에 의해서 공급받는 가격과 비슷하게 이전가격을 책정하는 방법이다. 그러나 외부시장에 판매된 적이 없는 반제품이나 차별화된 제품, 또는 독점적 기술인 경우에는 정상적 시장가격(arm's length price)이 어떤 것인가 자체가 문제된다. 이러한 문제점을 극복하기 위한 대안으로서 관련기업들의 적절한 양보와 타협을 통한 협상가격(negotiated price)이 이전가격으로 결정될 수도 있다.

4. 국제이전가격전략의 한계

국제기업들은 여러 방법으로 이전가격을 조작하여 본국이나 현지국의 각종 세금을 교묘하게 기피함으로써 막대한 영업외수익을 올리면서 국가의 소세수입에 커다란 영향을 미치기도 한다. 따라서 이전가격에 대하여는 본국 정부나 현지국 정부 모두가 상당한 규제와 감독을 실시하고 있다.

그러나 이전가격은 어디까지나 국제기업 내부의 가격이므로 기업 외부에 대하여는 철저하게 비밀로 되어 있다. 어쩌면 이전가격 자체가 국제기업의 입장에서는 일종의 노하우인 셈이다. 이러한 점을 감안하여 각국 정부는 국제기업들의 이전가격 조작에 따른 세수감소와 정부정책의 왜곡에 대비한 여러 가지 제도적 장치를 마련하고 있다.

대표적인 예로 미국은 내국세법 482조(Section 482 of the United States Internal Revenue Code)에서 국제기업의 내부거래에 적용되어야 할 정상가격을 측정하는 방법들을 규정하고 있다. 또 영국과 독일을 비롯한 상당수의 나라들은 세법의 관련규정을 정비하여 세무당국의 조사권과 소득수정권한을 강화하는 한편, 정상가격을 판정하기 위한 지침들을 마련하고 있다.

이상과 같은 기업 외부적인 제약과 함께 기업 내부적으로도 이전가격의 결정에는 상당한 제약이 뒤따른다. 즉, 기업 전체의 입장에서는 최적의 이전가격일지라도 이전가격의 결정 여하에 따라 영업성과가 좌우되는 각 부문의 입장에서는 불공평하게 책정된 이전가격을 받아들이기 어렵다. 특히 해외자회사가 현지인과 합작으로 설립되었을 경우 국제기업의 본사에서 일방적으로 책정한 이전가격이 아무런 저항 없이 받아들여지기를 기대하는 것은 무리이다.

연습문제

1. 수출가격의 결정요인에 대해 설명하시오.
2. 수출가격의 결정방법 및 장단점에 대해 설명하시오.
3. 수출가격의 표시방법에는 어떤 것이 있는지 설명하시오.
4. 국제가격의 조정과 변경이 필요한 이유가 무엇인지 설명하시오.
5. 국제가격 표준화와 적응화의 장단점에 대하여 설명하시오.
6. 국제이전가격의 발생원인 및 한계점은 무엇인지 설명하시오.

제11장 국제유통전략

제1절 국제유통경로의 개념

제2절 국제유통경로의 전략 및 관리

제3절 국제물적유통관리

학습목표

국제유통전략의 개념 및 중요성에 대해 알아본다. 구체적으로 제품수명주기에 따른 유통전략, 수직적 마케팅시스템과 수평적 마케팅시스템의 차이점, 회색시장의 형성요인 및 해결책, 국제물류시스템의 중요성에 대해 체계적으로 학습한다.

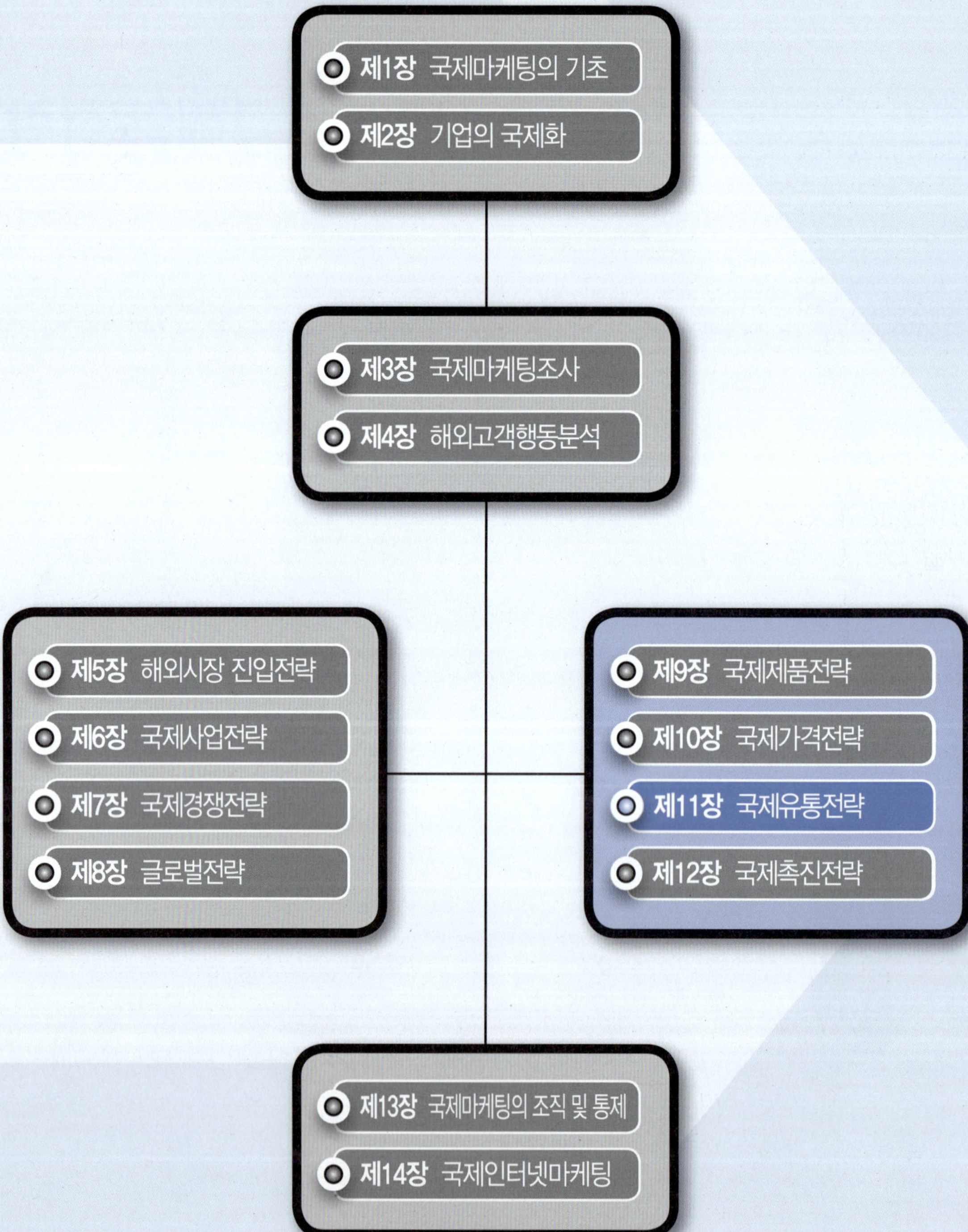
제1장 국제마케팅의 기초
제2장 기업의 국제화
제3장 국제마케팅조사
제4장 해외고객행동분석
제5장 해외시장 진입전략
제6장 국제사업전략
제7장 국제경쟁전략
제8장 글로벌전략
제9장 국제제품전략
제10장 국제가격전략
제11장 국제유통전략
제12장 국제촉진전략
제13장 국제마케팅의 조직 및 통제
제14장 국제인터넷마케팅

국제유통전략

사례연구 진로의 일본시장 진출

일본에서 한국소주의 인기는 아주 높은 편이다. 한류스타를 기용하여 판촉을 벌여온 진로는 그 인기를 더해가고 있으며, 일본 산토리에서 수입, 판매하는 경월(두산)의 판매량도 증가하고 있다. 그 이외에도 아사히 맥주에서 수입 판매하는 '보해'소주가 있다. 이와 같이 최근 들어 진로뿐만 아니라 한국의 타 소주 브랜드의 수출, 판매가 증가하고 있는 것은 한국소주의 불모지대에서 악전고투를 하면서 시장을 개척한 진로의 공이 절대적이라 하지 않을 수 없다.

황금시간대에 방송되고 있는 진로의 TV광고를 보면 소주란 말은 한마디도 나오지 않고 한국적인 뉘앙스도 풍기지 않는다. 단지 마시는 즐거움을 강조했고 진로는 소주가 아닌 'JINRO'라는 메시지 전달에 집중돼 있다. 광고만 보면 어느 나라 술인지, 어떤 종류의 술인지 전혀 알 수 없게 돼 있다.

일본에 출시되는 진로소주는 한국 내 소주와 맛이 크게 차이가 난다. 한국 진로의 끝맛이 단맛을 풍긴다면, 일본진로는 드라이한 맛이 난다. 일본진로는 당도를 한국의 10분의 1로 낮추고, 첨가물도 억제해 순수하면서도 드라이한 맛을 냈다. 이와 같은 제조법은 일본인의 입맛을 철저히 연구한 끝에 탄생되었다. 한국은 자극적인 음식이 많아 약간 단 소주가 어울리지만, 담백한 음식이 많은 일본인에게는 드라이한 맛이 어울린다.

진로소주는 싸구려가 아니다. 700㎖(25도)짜리 소비자가격은 838엔으로 경쟁제품인 다카라 주조의 '順-준'의 720㎖(25도)짜리 소비자가격 748엔보다 10% 이상 비싸다. 희석식 소주 중에서는 가장 고급품에 속한다. 일본의 야키니쿠(한국식 불고기집)점에서는 1병당 2,500엔 정도를 받는다. 일본인들은 소주를 위스키와 동일하게 칵테일(미즈와리: 물에 타 먹는 방식)식으로 마시며 고급클럽에서도 취급하고 있고 먹고 남는 것을 보관해놓는다. 위스키, 와인 등과 동일하게 취급을 받는 셈이다.

초기엔 야키니쿠 가게를 중심으로 한 한국 음식점 등 업소판매량이 대부분이었으나 지금은 전체 판매량이 절반 이상이 일반소비자용으로 판매되고 있다. 동네 주류판매점에서 쉽게 진로를 손에 넣을 수 있는 판매망이 정비된 것이다. 진로는 주요 상권을 중심으로 8개소의 판매거점을 설치하고 물류시스템을 완비하여 현지주류상에 대한 즉각적인 대응체제를 갖추고 있다.

영업사원들도 현지사정에 정통한 현지인 세일즈맨으로 구성되어 있다. 현지상관습에 정통한 영업맨들이 현장을 누비면서 판매망을 관리하고 있는 것이다. 때로는 스포츠를 통해 때로는 한국문화(한류)를 통해 소비자에게 파고들면서 거래선과 돈독한 신뢰관계를 가지고 함께 성장하는 '신용제일주의'를 바탕으로 마케팅망을 정비, 확장해가고 있다.

일본에서 한국소주의 인기는 높다. 최근에는 한류스타의 붐에 힘입어 한국산 소주가 일본 여성층에도 인기를 모으고 있다. 일본에서 진로소주를 판매하고 있는 진로저팬 관계자에 따르면, 한국산 소주의 시장 점유율 증가에 대한 견제로 일본의 주류업계가 식당, 슈퍼 등의 유통채널에 지배력을 강화하고 있어서, 한국소주의 판매가 둔화된다고 하지만 그 인기는 지속되고 있다.

진로는 향후 판매촉진의 방법으로서 여성의 감성과 친밀감을 중시한 시음회 등 긍정적인 이미지 확립을 가속시킬 예정이다. 특히, 좋은 재료를 이용한 고급 소주의 개발이 필요하며 한국소주의 브랜드이미지와 한류를 살린 시장전략을 수립하는 것이 중요하다고 판단하고, 소비자의 반응을 계속 주시하면서 새로운 제품개발 및 판매전략을 수립하고 있다. (KOTRA 내부자료)

■ **토의과제**

1. 진로가 일본시장 진입을 위해 수립한 전략은 무엇인가?
2. 진로가 일본시장에서 성공할 수 있었던 요인은 무엇인가?
3. 진로가 지니고 있는 핵심역량은 무엇이며, 지속적인 성장을 위해 어떤 노력이 필요한가?

제1절 국제유통경로의 개념

1. 국제유통경로의 의미

(1) 국제유통경로의 의의

유통(distribution)은 제품이나 서비스가 생산자로부터 소비자에게 이르는 흐름이며, 유통경로(distribution channel)는 유통과정에 관련되는 일체의 상호의존적인 조직을 말한다. 유통은 고객의 최종구매반응과 밀접하게 연관되어 있으므로 기업은 표적시장의 소비자에게 적절한 시간, 장소에 제품을 공급해서 고객이 제품을 구매하는 데 장애를 느끼지 않도록 해야 한다. 유통경로는 비탄력적인 외부자원이다. 제품, 가격, 촉진믹스는 시장상황에 따라 수정하기가 상대적으로 수월하지만, 유통경로는 구축하기도 힘들거니와 변경하려면 많은 시간과 자본이 소요된다.

따라서 국제유통경로(international distribution channel)란 특정 기업이 생산한 제품이나 서비스를 해외소비자들에게 이전시키는 데 관여하는 개인이나 조직 또는 그 총체를 뜻한다고 할 수 있다. 생산자와 소비자 사이에는 상품의 유통을 담당하는 여러 종류의 중간상들이 개입하는데, 이러한 중간상에는 도매상, 소매상과 같이 소유권을 넘겨받아 판매차익을 얻는 형태도 있지만, 생산자의 직영점이나 거간과 같이 소유권의 이전 없이 단지 판매활동만을 하거나 그것을 조성하는 활동만을 수행하는 형태도 있다.

최적의 국제유통경로는 경쟁우위를 구축할 수 있는 자산이 되므로 기업은 제품의 특성, 소비자, 경쟁환경 등을 종합적으로 고려하여야 한다. 일반적으로 최적의 유통경로를 설계하려면 가장 먼저 표적시장에서의 소비자 욕구를 파악해야 한다. 그리고 이를 바탕으로 유통경로 설계의 목표를 설정한 후 유통경로 정책을 결정하고 관리하는 단계를 거쳐야 한다.

결국 생산자의 국제유통경로에 관한 의사결정은 기업의 제품이나 서비스를 표적시장에 효율적으로 도달시키는 방법을 결정하는 것으로 시장 성공의 주요한 결정요인 중의 하나이다. 위에서 언급한 바와 같이 유통경로는 다른 마케팅믹스 요소와 달리 낮은 유연성과 비탄력성으로 인해 한 번 결정되면 다른 유통경로로의 전환이 용이하지 않고, 또한 지역성이 있기 때문에 유통경로의 결정과 관리는 신중하게 이루어져야 한다. 유통경로의 길이, 중간상들의 기능 및 능률성, 합리적 유통경로의 결정 등은 기업의 경쟁력에, 나아가서는 국가경제에 큰 영향을 미친다.

(2) 국제유통경로의 필요성

국제유통경로상에서 중간상이 개입되면 상품의 가격은 높아지지만 이는 중간상이 창출하는 효용에 의해 상쇄된다. 국제유통경로에서 특히 중간상이 필요한 이유는 다음 5가지로 설명될 수 있다.

가) 총거래수 최소의 원칙

국제유통경로에서 중간상이 없다면 생산자와 소비자가 직접 거래하여야 하므로 거래수가 많아지지만, 중간상이 개입하면 거래수가 감소하므로 거래비용도 감소한다. 예컨대, 세 명의 생산자와 네 명의 소비자가 있는 경우 중간상이 없다면 총거래수는 3×4=12가 되지만, 중간상이 개입하면 총거래수는 3+4=7이 된다.

나) 분업의 원칙

제조와 유통업무를 분담하여 생산자와 중간상이 각자의 업무만을 수행하면 경험효과에 따른 숙련도 및 노하우의 증진으로 일의 전문화(specialization)가 이루어지고, 이로 인해 효율성이 높아지는 것을 분업의 원칙이라고 한다. 유통경로상에서 수행되는 다양한 기능에도 분업의 원칙이 적용된다. 즉 협상, 주문, 촉진, 금융, 정보수집 등의 기능을 중간상들이 분담하여 수행하면 유통기능의 효율성이 높아져 전체 유통비용은 감소하고 상품의 가격도 낮아질 수 있다.

다) 변동비우위의 원칙

대부분의 제조업의 경우에는 고정비(fixed cost)의 비중이 크기 때문에 시설규모가 커지고 생산량이 증가할수록 단위당 고정비가 감소하여 단위당 비용이 줄어드는 규모의 경제(economies of scale) 효과가 크게 나타난다. 그러나 유통업은 제조업에 비해 변동비(variable cost)의 비중이 크기 때문에 생산자가 제조와 유통을 통합하여 생산된 제품을 직접 판매하는 경우 규모의 경제 효과가 오히려 적게 나타난다. 따라서 이런 경우 제조와 유통을 분리하여 기능을 분담하는 것이 비용의 측면에서 효율적이다.

라) 집중저장의 원칙

집중저장의 원칙은 중간상이 존재함으로써 사회 전체가 원활한 소비를 위해 저장(storage)해야 할 제품의 총량을 줄일 수 있다는 것이다. 특히 소매상이 필요로 하는 많은 품목을 도매상이 대량으로 저장함으로써 소매상이 저장해야 할 양을 줄여주게 된다. 따라서 집중저장의 원칙은 도매상의 존재 이유를 설명하는 원리라고 할 수 있다. 이 원칙에 따를 때 만약 도매상이 없으면 소매상은 더 많은 양의 제품을 저장하고 있어야 하므로 사회 전체로는 저장량이 증대되어 유통의 효율성이 떨어진다는 것이다.

마) 정보축약 및 정합의 원칙

중간상을 통하여 생산자는 수요정보를 얻고, 소비자는 공급정보를 얻는다. 이러한 수요정보와 공급정보는 유통과정을 통하여 집약적으로 표현되는데, 이를 정보축약 및 정합의 원칙이라고 한다. 정보축약 및 정합의 역할은 전통적으로 도매상이 담당하여왔다. 도매상의 기능이 원활하게 이루어지면 수요정보와 공급정보는 도매단계로 집약된다. 그리고 이 정보에 의해 생산자는 생산을 조정하고 소매상은 구입 · 판매를 조정하여 공급과잉이나 공급부족의 사회적 비용을 극소화하게 된다.

2. 국제유통경로의 기능

(1) 일반적 기능

국제유통경로는 일반적으로 해외소비자들에게 제품을 전달하는 것 이상으로 다음과 같은 기능을 가지고 있다.

① 생산자와 소비자의 연결: 생산자와 소비자를 연계시켜 교환을 가능하게 하고, 운송 · 보관 등을 통해 재화나 서비스의 실체를 이동시키며 광고 · 정보수집 · 위험부담 등을 통하여 기업의 마케팅활동을 보조한다.

② 환경적응 및 홍보: 기업들이 외국에서 접하게 되는 이질적인 문화나 환경에 적응할 수 있도록 하고 각국 소비자들에게 당해 기업들을 홍보하는 역할도 수행한다.

③ 시간 및 공간 효용 증대: 소비자들에게 제품을 적절한 시기에 제공함으로써 제품의 시간효용을 증대시키고 소비자들에게 제품을 쉽게 구할 수 있도록 적절한 위치에 있게 함으로써 제품의 공간효용을 증대시킨다.

④ 교환과정의 촉진: 중간상의 개입으로 교환과정을 보다 단순화할 수 있으므로 보다 많은 거래를 효율적으로 이루어낼 수 있다.

⑤ 제품구색의 불일치 완화: 생산자는 소수의 제품라인을 대량생산하고 소비자는 소수의 다양한 제품을 구매하고자 하는데, 양자의 욕구차이에서 발생하는 제품구색과 생산 · 구매량의 불일치를 유통경로가 완화시키는 기능을 한다.

⑥ 소비자와 생산자의 연결: 생산자들은 중간상을 이용하면 적은 비용으로 더 많은 잠재고객에 도달할 수 있으며, 소비자들의 탐색비용도 절약할 수 있다.

⑦ 고객서비스의 제공: 유통경로는 생산자를 대신하여 소비자에게 애프터서비스와 제품의 배달, 설치, 사용방법의 교육 등의 서비스를 제공한다.

⑧ 정보제공의 기능: 유통기관, 특히 소매업은 유형재인 상품의 판매기능뿐만 아니라 소비자에게 상품정보, 유행정보를 제공한다.

(2) 방향에 따른 기능

국제유통경로 구성원들이 수행하는 유통의 기능은 물적 취득, 소유권 이전, 촉진, 협상, 금융제공, 위험부담, 주문, 자본(판매대금) 이전기능 등으로 구분해볼 수 있다. 이러한 기능은 작용하는 방향에 따라 전방기능 흐름, 후방기능 흐름 및 양방기능 흐름으로 구분할 수 있다.

① 전방기능: 전방기능 흐름은 생산자로부터 최종소비자의 방향으로 이전되는 물리적인 상품과 소유권 등의 흐름을 말한다. 촉진(promotion)도 최종소비자를 대상으로 하므로 전방기능 흐름에 포함된다.

② 후방기능: 후방기능 흐름은 주문이나 판매대금의 결제와 같이 최종소비자로부터 소매상 → 도매상 → 생산자로의 흐름을 말한다.

③ 양방기능: 양방기능 흐름은 생산자로부터 소비자의 방향으로, 동시에 소비자로부터 생산자의 방향으로 이루어지는 흐름을 말한다. 협상과 금융, 위험부담기능 등을 들 수 있다.

3. 국제유통경로의 계열화

국제유통경로는 생산자부터 소매상에 이르기까지 다양한 유통구성원들로 이루어진다. 일반적으로 유통경로의 구성원들은 구성원 모두의 이익을 추구하는 것이 아니라 각자의 이익만을 추구하기 때문에 유통경로상에서 갈등이 생겨날 수밖에 없는데, 이것을 관리하고 문제점을 해결하기 위한 해답을 찾는 과정에서 유통경로의 계열화라는 개념이 생겨나게 되었다.

국제유통경로의 계열화란 유통경로에서 일어나는 여러 가지 문제점과 갈등을 해소하고 유통경로활동을 효율적으로 실행할 수 있도록 전문적이고 일관성 있는 관리체계를 만들어 전체의 이익을 극대화하려는 것을 말한다. 유통경로의 계열화는 크게 ① 수직적 마케팅시스템과 ② 수평적 마케팅시스템으로 나뉜다.

(1) 수직적 마케팅시스템

수직적 마케팅시스템(VMS: vertical marketing system)이란 유통질서의 유지와 경쟁력의 강화로 유통과정의 효율을 증대시키기 위해서 생산, 도매, 소매 등의 역할을 하는 유통경로의 상하단계를 체계적으로 통합하고 조정하는 것이다. 전통적 마케팅시스템과 수직적 마케팅시스템의 차이점을 그림으로 나타내면 **그림 11-1** 과 같다.

그림 11-1 전통적/수직적 마케팅시스템

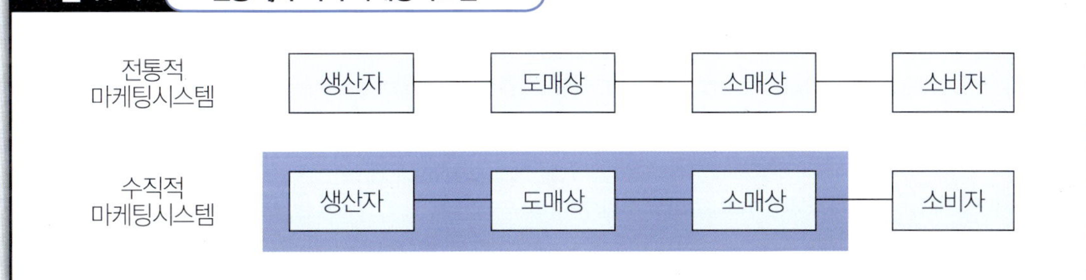

수직적 마케팅시스템은 다음과 같은 이점을 갖는다. 첫째, 생산–유통–소비에 이르는 전체 과정에서 독립적인 경로구성원들이 수행하는 마케팅활동의 중복을 제거하여 일관성을 도모하고, 유통질서를 확립한다. 둘째, 운영상 규모의 경제를 실현하고 판매망을 확보한다. 셋째, 마케팅경로 전체로서 시장에 대한 영향력을 극대화해 경쟁력을 강화한다. 수직적 마케팅시스템의 유형은 다음과 같이 3가지로 구분할 수 있다.

가) 법인형 VMS

법인형 VMS(corporate VMS)는 생산과 유통의 연속적인 단계를 하나의 소유권이나 자본참여를 통하여 결합하는 형태이다. 경로구성원 간의 역할과 갈등을 공식적인 규정에 따라 내부적으로 조정할 수 있다.

나) 관리형 VMS

관리형 VMS(administered VMS)란 경로구성원들 중에서 가장 규모가 크거나 시장영향력이 큰 구성원(경로지도자, channel captain)이 다른 구성원들에게 비공식적으로 영향을 미쳐 생산이나 유통활동을 조정하는 형태이다. 관리형 VMS의 근거는 소유나 자본참여가 아니라 규모나 시장에 대한 영향력이며 비공식적으로 작용하는 것이 특징이다.

다) 계약형 VMS

계약형 VMS(contractual VMS)란 공식적인 계약을 근거로 하여 생산과 유통의 연속적인 단계에 참여하는 경로구성원들을 결합하는 형태이다. 규모의 경제와 마케팅노력의 상호조정을 목표로 하지만, 관리형의 경우에서처럼 각 경로구성원은 독립적인 기관들임에 유의해야 한다. 소매상 주재 협동인쇄점, 도매상주재 자유연쇄점, 프랜차이즈 시스템 등이 있다.

(2) 수평적 마케팅시스템

수평적 마케팅시스템(HMS: horizontal marketing system)이란 새로운 마케팅 기회를 개발하기 위해서 동일한 경로단계에 있는 두 개 이상의 개별적인 기업이 프로그램과 자원을 결합하는 것을 뜻한다. 수평적 통합이 발생하는 이유는 각각의 기업이 단독으로 효과적인 마케팅활동을 수행하는데 필요한 자본, 노하우, 마케팅 자원 등을 보유하고 있지 않을 때 수평적 통합을 통해 상승효과를 얻을 수 있기 때문이다. 새로 개발한 신제품이 적절한 유통경로가 없는 경우 또는 판로가 없는 중소기업의 경우는 해외 다른 기업의 유통경로를 이용한다든가, 다른 기업과 연합하여 새로운 유통경로를 개발함으로써 시장개척을 안정적으로 할 수 있다.

편의점 안에 있는 신용카드 현금서비스기기가 이러한 유형에 속하는데, 이 서비스기기업체는 별도의 투자 없이 입지가 좋은 곳에 시장진출을 가속화할 수 있고 편의점은 고객들에게 금융서비스를 제공하는 한편 서비스의 증대로 인한 고객증가효과도 도모할 수 있다. 상품권을 은행이나 우체국에서 판매하는 것도 수평적 마케팅시스템이라고 할 수 있다. 수평적 통합은 각 기업이 힘을 합쳐 서로의 이익을 증대시킬 수 있기 때문에 공생적 마케팅시스템(symbiotic marketing system)이라고도 한다.

4. 국제유통경로의 유형

(1) 직접유통경로

직접유통경로는 자사의 판매회사나 판매요원을 통해 소비자에게 직접 전달하는 형태이다. 일반적으로 판매규모가 크고 시장이 집중되어 있는 경우 수익성과 안전성을 확보하기 위하여 이 형태를 취한다. 직접유통경로와 간접유통경로를 그림으로 나타내면 **그림 11-2**와 같다.

그림 11-2 직접유통경로와 간접유통경로

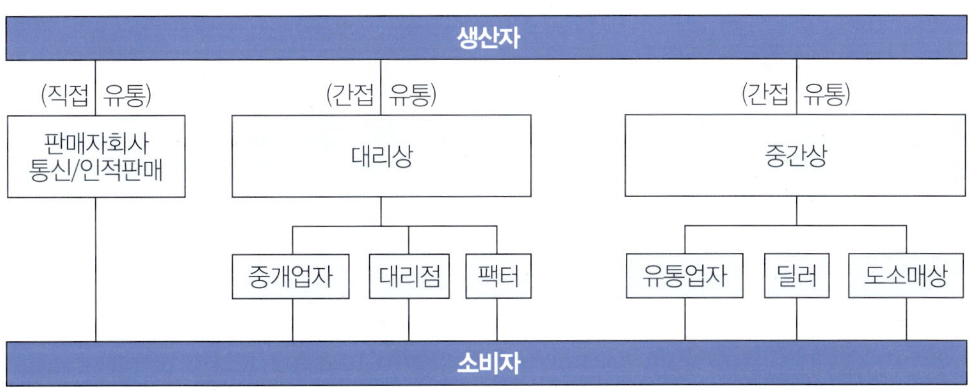

(2) 간접유통경로

간접유통경로는 중간상과 대리상을 거쳐 소비자에게 전달하는 형태이다. 중간상은 자기의 명의와 계산으로 판매활동을 하므로 구입가격과 판매가격의 차이가 곧 영업이익이 되며, 대리상은 생산자나 수출 및 수입업자의 위탁을 받아 당해 위탁자의 명의와 계산으로 거래를 하며 판매대금의 일정 비율을 수수료 형태로 수취한다. 간접유통경로의 유형 및 특징을 요약하면 표 11-1 과 같다.

표 11-1 간접유통경로의 유형 및 특징

항목	대리상			중간상		
	중개업자	대리점	팩터	유통업자	딜러	도소매상
독립적 명의	×	×	×	○	○	○
소유권	×	×	○	○	○	○
지속적인 관계	아님	대개 지속적	지속적	지속적	지속적	지속적인 편
통제가능성	낮음	보통	보통	높음	높음	없음
가격조정권한	없음	없음	일부	일부	일부	자유재량
거래업체수	다수	극소수	극소수	소수	소수	다수
주요 취급물품	일차산품	공산품	공산품	공산품	공산품	소비재
제품계열	다양함	관련품목	다양함	중간	제한적	중간
경쟁품목 취급	○	×	×	×	×	○
촉진노력	없음	보통	없음	보통	많음	대개 없음
시장정보 제공	없음	많음	많음	보통	많음	없음

자료 P. R. Cateora, *International Marketing*, 6th ed., Homewood, Illinois: Richard D. Irwin, Inc., 1987, p.556.

가) 중간상

중간상(merchant middlemen)에는 특정국에서의 독점적 판매권을 향유하며 해외의 제조업체와 긴밀한 유대관계를 맺고 있는 유통업자(distributor), 특정 제품의 매매에 있어서 공급업자와 지속적인 관계를 유지하면서 산업재 또는 내구성 소비재를 소비자에게 판매하는 딜러(dealer), 보다 낮은 단계의 유통경로구성원들에 대한 재유통이나 최종소비자를 대상으로 한 도 · 소매상 등이 있다.

① 수입업자

상품을 자신의 위험부담 및 계산으로 수입하여 이를 수입국 현지의 도매업자(distributor or wholesaler)나 소매상(retailer)에게 판매한다. 제품에 대한 전문지식들을 요하기 때문에 주로 특정 제품계열만을 전문으로 취급하는 수입업자들이 많다.

② 제조업자

선진국의 제조업체들은 주문자생산방식으로 기능인력이 풍부하고 저렴한 해외에서 노동집약적인 제품들을 제조 · 수입하는 경우가 많다. 이에 비하여 개도국의 제조업자들은 완제품 생산을 위한 기술적 노하우가 부족하여 특정 제품을 부품이나 반제품 상태로 해외로부터 수입하여 이를 약간의 가공 또는 조립단계를 거쳐 국내에 판매한다. 이러한 제조업체들은 자사의 기존판매망이나 전문수입업자들과 마찬가지의 도 · 소매 유통경로를 통하여 자사제품을 판매하게 된다.

③ 유통업자

해외의 유통업자(distributor) 또는 분배상은 독립적인 중간상의 대표적인 예로, 대부분의 유통업자들은 특정국에서의 독점적 판매권을 향유하며 해외의 제조업체와 긴밀한 유대관계를 맺고 있다. 따라서 이들은 공급업체에 대한 의존도가 상대적으로 높은 편이며, 계약관계도 장기적이고 지속적이다. 유통업자를 통해 일하면 제조업자는 가격, 홍보 노력, 재고, 서비스 제공 및 기타 유통기능을 적절하게 통제할 수 있다. 라인이 유통업자에게 수익이 있을 경우, 유통업자는 라인에 의존하여 제조업체의 요구가 충족되도록 처리할 수 있다.

④ 딜러

일반적으로 딜러(dealer)란 특정 제품의 매매에 있어서 공급업자와 지속적인 관계를 유지하면서 산업재 또는 내구성 소비재를 소비자에게 직접 판매하는 중간상이라고 할 수 있다. 특히 딜러는 공급업체와의 지속적인 관계를 바탕으로 특정 지역에 있어서 제조업체의 제품을 독점적으로 판매할 권한을 갖는 만큼 취급품목도 단일 제조업체의 것만으로 한정되는 것이 보통이다.

딜러는 대개 독립적인 중간상으로 활동하나 때로는 제조업체의 필요에 따라 딜러업체의 일정 지분을 보유하는 경우도 있다. 대표적인 예로 현대가 미국시장에 자동차를 수출함에 있어 이러한 딜러들을 통한 유통경로를 채택하고 있다. 딜러의 대표적인 예로는 Massey Ferguson과 세계 주요 도시마다 상인을 두고 있는 Caterpillar Tractor Company를 들 수 있다.

⑤ 도매상 및 소매상

오늘날 크고 작은 다양한 형태의 도매상 및 소매상들은 보다 낮은 단계의 유통경로구성원들에 대한 재유통이나 최종소비자를 대상으로 한 유통을 위하여 직접 수입업무에 종사하는 경우가 많다. 특히 선진국의 소매상일수록 자사의 구매력 또는 자본력을 이용하여 도매업자를 통하지 않고 직접 수입업자들로부터 상품을 구매하기도 하고, 때로는 자사의 수입조직을 활용하여 직접 해외로부터 수입하여 제품을 판매하기도 한다. 또한 선진국의 대형 소매연쇄점들은 현지시장에서의 지명도를 십분 활용하여 해외의 제조업체에 대한 주문자생산방식을 통해 수입제품에 자사상표를 부착하여 판매하는 경우가 허다하다.

⑥ 외국의 정부관련기관

각국 정부는 사회서비스에 필요한 물자들을 대부분 직접 조달하기 때문에 국제마케팅 관리자들은 현지 정부 및 공공기관과 거래하게 될 수도 있다. 특히 외환사정이 어려운 개도국이나 동구권의 공산국가들은 국영무역공사(state trading corporation) 등과 같은 형태로 대외교역창구가 일원화되어 있어 일반소비재의 경우도 이러한 기관을 통하지 않고는 수출이 불가능하다. 그러나 일반적으로 외국의 정부 공공기관을 대상으로 한 수출에 있어서는 대체로 특수상품일 경우가 많고 거래규모가 크기 때문에 국제입찰과 같은 방식을 취한다.

나) 대리상

대리상(agent middlemen)에는 일차산품이나 음식료품을 주로 취급하면서 그 대가로 일정액의 중개수수료를 취득하는 중개업자(broker), 특정국의 도시 · 지역 · 시장에서 제조업체의 제품에 대한 판매권을 향유하는 대리점, 해외의 생산자 또는 수출업자가 맡긴 제품의 판매알선과 함께 구매자의 지급보증업무까지 수행하는 팩터(factor) 등이 있다.

① 중개업자

해외의 중개업자(broker)는 특히 일차산품이나 음식료품을 전문적으로 취급하며, 그 대가로 일정액의 중개수수료(brokerage)를 취득한다는 점에서 대리상과 유사한 성격을 지닌 중간상이다. 대개 현지고객들에 대한 정보에 밝기 때문에 이들을 활용하면 적은 비용으로 현지시장에 신속히 침투할 수 있다는 이점이 있다.

② 대리점

해외대리점은 경우에 따라 특정 도시, 지역, 당해 시장국 또는 인접국에서의 제조업체의 제품에 대한 판매권을 향유하는 유통기구로, 구체적 거래형태에 따라 sales agent, resident sales agent, exclusive agent, commission agent, indent agent 등 다양한 명칭으로 불린다.

이들은 광범위한 시장을 커버할 수 있다는 이점 때문에 산업재 및 각종 소비재의 유통에 널리 활용되기도 하는데, 특히 일정한 통제권과 집약적 유통을 원하면서도 자체적인 해외판매조직을 갖출

만한 여력이 없는 수출제조업체들이 선호한다.

③ 팩터

팩터(factor)는 원래 중세의 이탈리아에서 발생하여 국제화된 조직으로, 수출업자가 맡긴 물품의 판매알선과 함께 구매자의 지급보증업무까지 수행한다. 이러한 경우 팩터는 일정액의 판매수수료(sales commission) 외에 지급보증의 대가로서 지급보증수수료(del credere commission)까지 추가로 수취한다. 팩터의 주요한 기능은 수출업체와 수입업자의 중간에서 신용위험을 덜어주는 것이다.

5. 해외시장의 유통구조

(1) 유통구조의 변화

최근 세계 각국의 유통구조를 보면 다음 몇 가지 특징을 지니고 있다. 첫째, 대형 할인점의 보편화를 들 수 있다. 최근 10여 년간 월마트 등 대형 할인점의 전 세계 진출이 크게 증가하였으며, 이로 인해 전 세계 유통의 격차가 좁혀졌다. 이로 인해 소매가격의 수렴화가 이루어졌다. 예를 들어 소매마진이 약 7~8%였던 영국에 COSTCO 진출로 소매마진이 하락하게 되었다. 또한 완구가격이 타국의 4배 수준이었던 일본에 Toys R Us의 진출로 완구가격이 급격히 하락하게 되었다.

둘째, 무점포 판매업의 확대를 들 수 있다. 예를 들어 암웨이, 에이본, L. L. Bean 등 무점포 판매업의 글로벌 확대가 진행되었으며, 특히 유통인프라가 뒤떨어진 개도국에서의 무점포판매업은 유용한 유통채널로 정립하게 되었다.

셋째, 전자상거래의 확산을 들 수 있다. 일반 유통업에서의 사이버 쇼핑몰의 병행운용은 물론, GM, Ford, GE 등 대형 제조업체들이 B2B 전자상거래를 통한 부품조달을 추진하면서 자동차, 화학 등 부문에서 전자상거래가 크게 증가하였다. 이에 따라 기업들은 가치사슬상의 일정 부분을 직접 소유하지 않거나, 또는 비즈니스 프로세스상의 특정 부문의 업무를 통합 또는 폐지하는 것이 가능해졌다.

결국 세계의 유통혁신은 정보화와 대규모 투자를 바탕으로 한 high-tech중심의 다양한 할인업태의 발전방향과, 할인점에 대응하여 고객서비스에 초점을 둔 high-tech중심의 백화점이나 전문점으로 발전방향의 두 가지 축을 중심으로 이루어져왔다. 이들 양축을 중심으로 기존의 전통적인 슈퍼마켓과 CVS도 체인운영의 합리화와 점포 마케팅의 강화를 통하여 나름대로 혁신을 이루고 있다.

그리고 무점포유통의 선두주자인 인터넷유통은 high-tech, 특히 인터넷 정보망 기술을 통한 고객과의 직접 유통망 형식이라 할 수 있으며, 향후 정보화의 발전에 따라 유통채널의 중요한 하나의 축이 될 것이 틀림없다. 인터넷유통도 무점포 직접할인유통이라고 할 수 있으며 큰 범주로 보면 high-tech중심의 유통방향으로 볼 수 있다.

(2) 유통구조의 특성

세계 각국의 유통패턴을 일반화하기란 극히 어려운 일이다. 그럼에도 불구하고 각국의 유통패턴의 특성에 대한 이해는 각국별로 최적의 유통경로를 선정하기 위한 선결과제라고 할 수 있다. 여기서는 유통경로상의 질적 차이를 가져오는 유통경로의 길이, 취급제품계열의 폭, 유통비용 및 마진, 서비스, 재고 및 금융서비스, 경쟁구조, 유통채널의 효율성 등을 중심으로 살펴보고자 한다.

가) 유통경로의 길이

경제발전수준과 마케팅경로의 길이는 상당한 상관관계가 있는 것으로 판명되고 있다. 물론 대부분의 국가에서 산업재나 고급 소비재의 유통경로의 길이가 저가의 소비재에 비해 상대적으로 짧다는 것은 잘 알려져 있다.

이와는 달리 일반적으로 거래규모와 유통경로의 길이 사이에는 역의 상관관계가 있는 것처럼 보인다. 유통경로가 긴 것으로 널리 알려진 한국과 일본에서도 시장이 발달함에 따라 유통경로가 점차 짧아지고 있다. 유통경로가 단축되어 유통기구들의 이윤이 배제되면, 결국 소비자들이 그만큼 혜택을 볼 수 있게 된다.

또한 기업의 국제화가 가속화됨에 따라 상품화에 대한 아이디어와 유통시스템의 혁신이 여러 국가로 전파되고 있는바, 이러한 정보의 교환은 전 세계적으로 유통경로의 단축에 크게 기여하고 있다.

나) 취급제품계열의 폭

도매상 또는 소매상들이 취급하는 제품계열의 폭도 국가마다 많은 차이가 있다. 어떤 국가에서는 유통기구들이 모든 제품계열을 취급하고 있는가 하면, 유통기구들이 저마다 일부 좁은 제품계열에 전문화하고 있는 시장도 있다.

미국의 경우에는 기업의 규모가 커질수록 특정 제품계열에 전문화하고 있는 것이 특징이나, 다른 국가들의 경우에는 대부분 그와는 반대로 규모가 커짐에 따라 취급제품계열이 늘어나는 것이 일반적인 현상이다.

노르웨이나 이탈리아에서는 유통기구들이 취급할 수 있는 제품계열을 정부가 까다롭게 규제하고 있기 때문에, 이들 시장에서 국제마케팅 관리자들은 적합한 제품믹스의 결정을 내리는 데 있어서 상당한 어려움을 겪는다.

다) 유통비용 및 마진

유통기구들이 내세우는 유통비용 및 마진 역시 경쟁, 제공되는 서비스, 거래규모, 지리적 여건, 시장규모와 관련된 재고회전율, 구매력 등의 수준에 따라 각국마다 상이하다. 또 같은 국가라 할지라도 도시지역과 농촌지역에서의 가격과 마진폭에는 상당한 차이가 있을 수 있다.

대부분의 개발도상국에서는 제조업체들이 마케팅 부분에 많은 노력을 들이지 않고 신용, 재고, 선적, 시장개발 등의 제반 기능을 유통경로에 떠맡기고 있다. 따라서 여러 단계의 유통경로를 거치면서 유통기구들의 유통마진도 높아지게 되어 제조업체의 공장도가격과 최종소비자에게 판매되는 가격에는 상대적으로 많은 차이가 있다.

라) 서비스

일반적으로 제조업체들은 소매상들로부터 자사제품의 취급과 재고유지, 제품의 전시, 제품판매, 제품의 판매촉진, 고객에 대한 신용판매, 제품판매와 관련된 각종 서비스의 제공, 시장정보수집 등의 서비스를 기대한다. 그러나 실제로 각국마다 소매상들이 수행하거나 제공하는 서비스의 수준은 천차만별이다.

예를 들어, 이집트에서는 제조업체로부터 물건을 받아다가 최종소비자가 살 수 있도록만 하면 된다는 식으로 소비자를 중시하지 않는다. 이와는 반대로 많은 수의 중소상인들이 활동하고 있는 인도에서는 낮은 마진에도 불구하고 소비자들의 관심을 끌기 위해 치열한 경쟁을 벌이고 있으며, 도매상 및 소매상을 불문하고 각종 추가적인 서비스를 제공하면서까지 손님을 유치하고 있다.

대부분의 국가에서 유통기구들은 개별 상품의 촉진이나 판매를 위해서 소비자들이 만족할 만한 수준의 서비스를 제공할 여력이 없거나, 그러한 서비스를 제공하기 위해 별다른 노력을 기울이지 않고 있다. 그러므로 제조업체들이 국제마케팅에서 소기의 성과를 거두기 위해서는 유통기구들이 보다 높은 수준의 서비스를 제공하도록 적절한 유인을 마련하거나 촉진 및 판매를 위한 서비스의 상당 부분을 스스로 떠맡지 않으면 안 된다.

마) 재고 및 금융서비스

일정 수준의 재고유지는 소매상들이 수행해야 할 필수적인 기능이다. 이는 주문발송과 같은 예외적인 경우가 아니면 현품 없이 정상적인 판매를 하기가 불가능하기 때문이다. 그러나 여러 국가의 영세 소매업체들은 점포규모가 작고 자금사정도 어려워 기존의 잘 알려진 제품계열만을 취급하려는 경향이 있기 때문에, 현지시장에 처음 침투하려는 기업들은 많은 애로를 겪기 마련이다.

한편, 높은 금융비용, 인플레이션위험 및 자금부담은 유통기구들로 하여금 적정수준의 재고를 유지하기 어렵게 만들어 가끔 제품의 부족을 초래하거나 심하면 경쟁기업에게 시장을 뺏기고 마는 결과를 초래한다. 특히 원격지의 해외시장까지의 물류에 소요되는 시간상 제약은 재고문제를 더욱 악화시키므로, 해외유통기구들이 과감히 상당량의 재고를 유지하도록 하기 위해서는 장기신용을 제공한다거나 현지에 충분한 창고시설을 확보하는 것이 바람직하다.

바) 경쟁구조

어떤 나라에는 소수의 대규모 유통기구들이 대부분의 시장을 장악하고 있는가 하면, 다수의 소규모 도매상들로 구성되어 있는 경우도 있어 커다란 대조를 보인다. 예를 들어, 말레이시아는 주로 화교계인 10여 개의 도매상이 수입물품의 50% 이상을 취급하고, 수백 개가 넘는 현지 무역업자들은 나머지 시장을 놓고 치열한 경쟁을 벌이고 있다. 그러나 일본은 소규모의 도매상들이 상당히 많으며, 심지어 일부 제품은 도매상 수준에서 상호거래가 이루어지는 등 유통구조가 복잡하기로 유명하다.

이와 같이 도매상들의 수가 시장규모에 비해 상대적으로 많은 나라에서는 제조업체가 부담해야 할 거래비용이 대규모시장에 못지않게 증가하고, 그에 따라 최종소비자가격이 상승되므로 시장침투는 그만큼 어려워진다.

사) 유통채널의 효율성

각국마다 유통기구들이 수행하는 유통기능의 효율성은 다양한 형태와 수준으로 나타나는데, 이는 유통기구들의 수와 규모 및 현지국의 경제발전정도와 깊은 관련을 맺고 있다. 유통기구들이 소규모일수록 제공하는 서비스 역시 제한적이며 비효율적이다.

예를 들어, 일본이나 호주에서는 대부분의 주요 도매상들이 전국적인 유통망을 가지고 있다. 그러나 이탈리아나 터키에서는 시장이 흩어져 있고 교통시설이 불편하여 전국적인 도매상을 찾아보기가 어렵다. 이러한 경우 자사제품을 현지시장 전역에 판매하기 위해서는 수많은 유통기구들과 접촉하지 않을 수 없다.

국제마케팅 관리자들이 해외시장의 유통기구들을 어떻게 활용할 것인가를 결정하기 위해서는 이들이 커버하는 시장범위와 수행하는 기능에 대한 분석이 필요하며, 특히 현지유통기구들이 제공하는 서비스가 비효율적이라고 판단되면, 이들을 활용하지 않고도 현지시장에 침투할 수 없는지의 여부도 알아보아야 한다.

제2절 국제유통경로의 전략 및 관리

1. 국제유통경로전략의 의미

(1) 국제유통경로전략의 의의

해외시장에 진출하고자 하는 기업이 직면하는 가장 복잡하고 어려운 의사결정은 유통전략에 관한 것이다. 그 이유는 기업이 현지시장의 유통경로와 관계를 형성하고 지속하는 데 있어 국내와는 다른 많은 위험이 있기 때문이다. 즉, 해외시장국의 정부규제와 국내 모기업과의 의사교환의 제한성, 물적 · 인적자원의 제한성, 그리고 현지파트너의 기회주의적 행동의 표출가능성 등과 같은 특수한 환경요인들에 의해 영향을 받기 때문이다. 그중에서 현지유통경로에 의한 거래비용의 증가와 기회주의적 행동의 표출가능성은 국내유통전략과 비교할 때 더하다고 할 수 있다. 따라서 급격히 변화하는 글로벌시장환경에서 국제마케팅 관리자는 환경변화에 의해 초래될 거래비용의 증가와 기회주의의 표출가능성, 그리고 기업과 현지유통경로와 힘의 균형에서의 변화에 적절히 대응하고 경로구성원에 대한 적절한 관리가 필수적이다.

국제유통경로전략이란 기업이 판매해야 할 상품 · 기술 및 진출해야 할 사업 자체에 관한 가장 유효 · 적절한 경로를 발견 · 선택하는 기업정책과 그 실천을 의미한다. 생산자와 소비자 사이에 존재하는 공간적, 시간적, 가치적 간격을 없애고 효용을 창출하는 것이 유통활동의 본질이라 할 수 있다. 국제마케팅 관리자는 제품을 최종소비자에게 유통시키는 문제에 있어서 전체 유통경로 측면에서 경로의 효율성 및 최적화를 바라보아야 한다.

(2) 국제유통경로전략의 목표

국제유통경로관리에 있어서 가장 중요한 것은 유통전략의 목표라고 할 수 있다. 국제유통경로전략은 **그림 11-3**에서 보는 바와 같이 ① 비용(cost), ② 소요자본(capital requirement), ③ 통제(control), ④ 시장침투범위(coverage), ⑤ 제품/기업/시장의 특성(character), ⑥ 연속성(continuity) 등 6C라고 불리는 전략적 목표를 고려하여 수립되고 집행되어야 한다.

그림 11-3 국제유통전략 6C

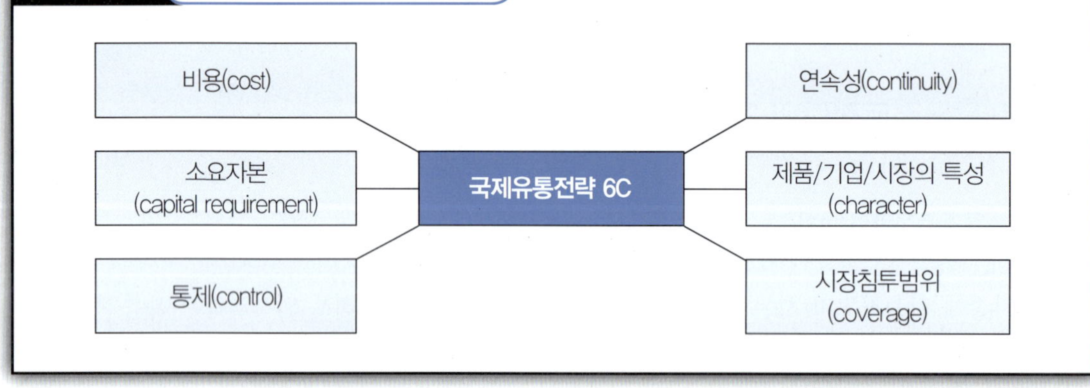

가) 비용

비용(cost)은 유통경로를 개발하는 데 드는 자본투자비용과 계속적으로 유지하기 위한 운영비용을 포함한다. 유지비용에는 기업의 판매망을 유지하기 위한 제반 비용은 물론 기업의 제품과 서비스를 취급하는 유통기구의 중간이윤 및 수수료도 포함된다. 이러한 비용들은 정확히 예측하기가 힘들지만 유통경로의 올바른 선택과 효율적 관리를 수행함으로써 절감하여야 한다.

나) 소요자본

기업이 자체적으로 유통경로나 판매망을 설비 및 개발하는 데에는 많은 자본이 소요된다.

그러나 유통업자나 대리점을 이용하면 자본량을 어느 정도 경감할 수 있다. 소요자본(capital requirement)의 조달방법에는 여러 가지가 있으나 유통업자나 도매상을 이용하는 경우 제품이 그들에게 이전됨과 동시에 현금이 유입될 수도 있다. 대리점을 이용하는 경우에는 제품이 최종소비자에게 완전히 이전된 후에 현금이 유입된다.

다) 통제

국제기업들은 마케팅활동을 효과적으로 수행하기 위해서 유통경로를 적절히 통제한다. 통제(control)의 효율성을 높이기 위해서는 국제기업이 직접 유통경로를 관리하는 것이 좋으나 비용이 많이 든다. 일반적으로 유통경로의 형태에 따라 통제의 정도나 가능성이 달라지는데 유통경로가 길어질수록 기업의 통제능력은 약화된다.

라) 시장침투범위

시장침투란 기업이 진출하고 있는 각각의 해외시장국에서 적정한 판매고를 달성하는 것, 적정한 시장점유율을 올리는 것, 계속적인 시장확대를 이루는 것을 말한다. 국제기업은 기업목표에 맞도록 적절한 시장침투범위(coverage)를 정하고 그에 알맞은 유통시스템을 적응시킬 필요가 있다. 시장침투범위에는 특히 해당 시장국에는 국제기업의 제품라인이 모두 포함되어야 한다.

마) 제품/기업/시장의 특성

국제유통경로는 제품, 기업, 해외시장의 특성(character) 등을 고려하여 적절히 구성되어야 한다. 예컨대 전자장비와 같이 전문적인 지식이나 애프터서비스가 중요한 제품은 직접적인 유통경로가 바람직할 것이다.

바) 연속성

국제마케팅 관리자는 유통경로의 연속성(continuity)을 유지하기 위해 노력해야 한다. 대부분의 중간상들은 소규모 조직인 경우가 많은데 이때 운영책임자가 은퇴하든지 취급품목을 바꾸게 되면 그에 의존하여온 기업은 해당 지역에서의 유통경로를 상실하는 경우가 있다. 따라서 국제기업은 계속적으로 유통경로를 가동할 수 있도록 다각적인 대책을 강구해야 한다.

2. 국제유통경로전략의 수립

최적의 국제유통경로를 수립하려면 가장 먼저 표적시장에서의 소비자 욕구를 파악해야 한다. 일반적으로 유통경로를 설계할 때는 **그림 11-4**에서 보는 바와 같이 ① 고객의 욕구분석, ② 유통경로 목표의 설정, ③ 유통경로의 범위 및 길이의 결정, ④ 유통경로 구성원의 선정 등의 과정을 거친다.

그림 11-4 국제유통경로의 수립과정

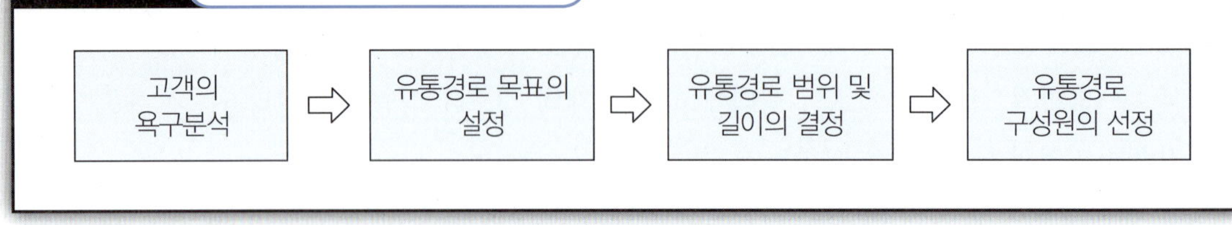

(1) 고객의 욕구분석

국제유통경로를 설계하기 위해서는 먼저 고객이 어떤 서비스를 받고자 하는지 분석해야 한다. 일반적으로 고객이 원하는 서비스가 많을수록 유통비용이 증가하기 때문에 고객이 원하는 바와 유통비용을 감안하여 적정한 수준으로 설계해야 한다. 유통경로를 통해서 고객에게 만족을 줄 수 있는 요소는 대기시간, 제품의 다양성, 구매가능한 제품의 최소단위, 제품의 다양성 등이다. 그러나 이 모든 요소를 충족시키는 것은 쉽지 않기 때문에 표적고객이 가장 중요시하는 요소가 무엇인지 파악하여야 한다.

가) 입지의 편의성

입지의 편의성(locational convenience)은 도 · 소매업체들이 시장 내에 분산되어 있는 정도를 말한다. 입지가 편리할수록, 즉 도 · 소매업체들이 시장 내에 많이 분산되어 있을수록 고객의 여행거리와 제품탐색비용이 감소하므로 고객만족이 증가한다.

나) 최소구매단위

최소구매단위(lot size)도 고객이 유통경로로부터 기대하는 서비스의 주요 구성요소이다. 만약 단위가 큰 제품은 장기간 사용해야 하고 보관 및 관리하기가 힘들기 때문에 소량으로 제품을 구매하기를 원한다면, 고객은 제품의 단위가 작을수록 더욱 만족할 것이다. 예컨대 수박을 쪼개서 판매하거나 식료품을 원하는 만큼 중량단위로 판매하는 것도 소비자의 만족도를 높이기 위한 수단이다.

다) 대기시간

대기시간(waiting time)은 주문한 제품을 인도받을 때까지의 기간이다. 대기시간이 길수록 소비자의 불편은 증가한다. 만약 소비자들이 제품인도까지의 대기시간을 중요하게 생각한다면, 제품인도가 용이한 위치에 점포가 입지해야 하므로 마케터는 많은 중간상들을 이용해야 할 것이다.

건설중장비와 광산장비의 세계적 선도기업인 Caterpillar 사는 강력한 대리점체제를 구축하여 신뢰성이 높은 애프터서비스와 주문한 부품의 48시간 내 배달을 실행한 결과 오랜 기간 동안 높은 시장점유율과 수익성을 유지하고 있다. 최근 국내의 많은 제조업체와 서비스업체들이 고객의 대기시간을 줄이기 위해 자동판매기, 현금자동인출기 등의 새로운 유통경로 수단을 도입하고 있다. 그러나 긴 대기시간을 기꺼이 수용하고자 하는 고객층을 위해 선별된 제품을 저렴한 가격에 공급하는 통신판매제도를 도입하는 제조업체도 늘어나고 있다.

라) 제품의 다양성

소비자는 가능하면 한 점포에서 원하는 제품을 모두 구매하려는 경향이 있으므로 다양하게 제품구색(product variety)을 갖추어야 한다. 따라서 다양한 제품을 구비할수록 소비자의 만족도는 커진다. 그러나 제품이 많아질수록 유통비용은 증가하므로 적정수준을 유지해야 한다.

(2) 국제유통경로 목표의 설정

국제유통경로의 목표설정을 위해 마케터는 표적소비자집단의 기대서비스수준 이외에 다음과 같은 제약요인들을 추가적으로 고려하여야 한다.

가) 전략적 사고

생산자는 흔히 성공적인 경로설계를 위해 경로구성원(중간상)들에 대한 인센티브 제공이나 기타 단기적인 해결책을 사용하지만, 이는 경로구축에 있어 최선의 방법은 아니다. 예를 들어, 일본시장에 진입하는 많은 외국기업들이 유통시스템의 구축에 실패하는 중요한 이유의 하나는 장기적 관점에서 경로전략이 수립되지 않기 때문이다.

전략적 관점에서 경로계획이 수립되기 위해서 마케터는 경로구성원을 파트너로 간주할 필요가 있다. 즉, 생산자는 자신과 파트너가 되는 것이 중요함을 중간상들에게 설득해야 한다. 그런 다음 중간상들의 판매노력에 적극적으로 동참해야 할 것이다.

나) 기업목표

유통경로의 설계에서 마케터는 전반적인 기업목표(만족스러운 이익의 실현, 고객불만의 최소화, 특정 고객욕구의 충족 등)와 구체적 기업목표(연말까지 시장점유율 5% 증가 등)를 함께 고려해야 한다. 경로목표와 경로전략은 이러한 기업목표를 달성하는 데 공헌하도록 설계되어야 할 것이다.

다) 기업특성

기업특성도 경로설계에 많은 영향을 미친다. 충분한 자금력과 강력한 영업사원을 구비한 기업들은 비용이 들더라도 보다 많은 이익과 강력한 경로통제가 가능한 직접유통경로를 구축하려 한다. 이에 반해 경영자원이 부족한 중 · 소기업들은 상품판매에 대한 통제력을 어느 정도 상실하더라도 유능한 중간상을 사용할 수밖에 없을 것이다. 일반적으로 기업의 규모와 자금력(financial resources)이 클수록 유통경로를 통제하려는 욕구가 증가한다.(즉 경로구성원에 대한 통제력이 높은 경로대안을 선호한다.)

라) 제품특성

마케터는 경로설계 시 제품특성도 고려해야 한다. 소비재는 소비자의 쇼핑습관에 따라 편의품(convenience goods), 선매품(shopping goods), 전문품(specialty goods)으로 분류된다. 자사제품이 소비재의 3가지 유형 중 어디에 해당되는지가 적절한 유통경로의 선택에 영향을 미친다. 예를 들어, 편의품은 편의점(convenience store)을 통해, 선매품은 선매점(shopping store)을 통해, 그리고 전문품은 전문점(specialty store)을 통해 유통되는 것이 보다 바람직한 경로대안일 것이다.

마케터가 고려해야 할 또 다른 제품특성들로는 제품의 부패가능성(perishability), 복잡성(complexity), 그리고 대체율(replacement rate) 등이 있다. 제품의 부패가능성이 높을수록(가령, 꽃이나 생선) 신속한 제품공급이 이루어져야 하므로 유통경로의 길이가 짧아야 할 것이다. 제품의 복잡성도 경로설계에 영향을 미치는데, 일반적으로 제품의 복잡성정도가 높을수록 보다 소수의 중간상들이 유통경로에 참여한다. 고도로 복잡한 제품은 직접유통경로를 통해 고객에게 판매된다.

한편 제품대체율도 경로선택에 영향을 미친다. 가령, 우유는 대체율이 높고, 도자기 세트는 대체율이 낮으며, 의류는 중간 정도의 대체율을 가진다. 대체율이 높은 제품은 단위당 마진이 낮고, 고객욕구에 따라 고객서비스를 조정해야 할 필요성이 낮으며, 소비기간이 짧고 제품탐색에 소요하는 시간이 짧은 특성을 가진다. 대체율이 높은 제품의 경우, 보다 많은 중간상들이 참여하는 간접유통경로가 선호되는 반면, 도자기 세트나 자동차 같은 대체율이 낮은 제품에 대해서는 직접유통경로가 보다 선호된다.

마) 시장특성

시장특성도 경로설계에 영향을 미친다. 일반적으로 시장의 규모가 클수록, 수많은 고객들의 욕구를 충족시키기 위해 다양한 형태의 중간상(즉 도매상과 소매상)들이 참여하게 되므로 유통경로가 길어진다. 또한 고객들이 지역적으로 넓게 분산된 시장도 유통과정에 보다 많은 중간상들이 참여하게 되므로 유통경로가 길어진다.

바) 경쟁사의 유통경로

경우에 따라 생산자는 다른 경쟁사들과 거래하는 도매상이나 소매상을 확보하기 위해 노력하거나 경쟁사점포 근처에 자사점포를 설치하려고 한다. 가령, 식품생산자는 자사브랜드를 경쟁사브랜드 옆에 진열하고자 할 것이다.

이에 반해 어떤 생산자는 경쟁사가 사용하는 유통경로를 피하는 방향으로 결정할 수도 있다. 레브론(Revlon), 에스티로더(Estee Lauder), 랑콤(Lancome) 등의 화장품업체들은 대부분 소매상을 통해 소비자에게 화장품을 판매하는 경로를 이용해왔다. 에이본(Avon)도 이와 동일한 유통방식을 선택하고자 했지만, 소매상인들이 판매진열공간을 제공해주려 하지 않았다.

에이본은 '에이본 레이디(Avon lady)'를 채용하여 화장품을 들고 집집마다 돌아다니며 판매하는 직접판매유통을 도입하였다. 에이본은 100만 명이 넘는 판매사원으로 구성된 자체 판매인력을 이용한 직접판매를 통해 커다란 성공을 거뒀다. 에이본 화장품의 성공은 파티판매(party selling)와 다단계 마케팅(multilevel marketing)과 같은 직접판매 유통모델이 계속적으로 도입되는 계기가 되었다.

(3) 국제유통경로 범위의 결정

국제유통경로 범위(coverage) 또는 유통집중도(distribution intensity)는 특정 지역에서 자사의 제품을 취급하는 점포의 수를 말하며, 생산자가 선택할 수 있는 경로 커버리지전략에는 개방적(집중적) 유통경로, 전속적(배타적) 유통경로, 선택적 유통경로 등이 있다. 경로 커버리지를 선택할 때 마케터는 점포에서의 고객쇼핑(구매)행동, 기업의 경로통제의 욕구, 점포의 포화정도와 같은 요인들을 고려해야 한다. 이들을 정리하면 표 11-2와 같다.

표 11-2 개방적/배타적/선별적 유통경로

	개방적 유통경로	선별적 유통경로	배타적 유통경로
전략	가능한 한 많은 점포들로 하여금 자사제품을 취급하도록 함	한 지역에 제한된 수의 점포들에게 판매권을 줌	한 지역에 하나의 점포에게만 판매권을 부여함
점포수	가능한 한 많은 점포	소수	하나
통제	생산자의 통제력이 낮음	제한된 범위에서 생산자의 통제가 가능함	생산자의 통제력이 매우 높음
제품유형	편의품	선매품	전문품
제품의 예	페리오치약, 비트세제	삼성 가전제품	크리스챤 디올

가) 개방적 유통경로

개방적 유통경로는 가능한 한 많은 점포가 자사의 제품을 취급하도록 하는 마케팅전략으로, 집약적(intensive) 유통경로라고도 한다. 개방적 유통경로는 제품이 소비자에게 충분히 노출되어 있고, 제품판매의 체인화에 어려움이 있는 일용품이나 편의품(convenience products) 등에 적용할 수 있다.

그러나 유통비용이 증가하고 통제가 어렵다는 문제점이 있으며, 이 방법은 광범위한 시장침투를 최대목표로 하기 때문에 잠재시장이 적은 데에서는 불리하다. 또한 채널구성원들에 대한 영향력이 미약하며 고객들은 특정 점포에서 자신이 찾는 제품의 재고가 없으면 곧바로 다른 대체제품을 구매하게 된다. 제품수명주기에서 성숙기나 쇠퇴기로 갈수록 집약적 유통채널을 활용하게 된다. 제품수명주기에 따른 유통전략을 정리하면 표 11-3 과 같다.

나) 선별적 유통경로

선별적(selective) 유통경로란 일명 한정적 유통경로라고도 불리는데 특정 시장지역 내에서 한정

표 11-3 제품수명주기에 따른 유통전략

구분	도입기	성장기	성숙기	쇠퇴기
특성	- 낮은 매출 - 고객당비용 높음, 이익은 적자 - 혁신층 고객, 소수의 경쟁자	- 매출 급속성장 - 고객당비용 평균치, 이익 증대 - 조기수용층, 고객 경쟁자 점차 증가	- 매출 최대 - 고객당비용 낮음, 이익 최대 - 중간다수층, 고객 경쟁자 증가 정체	- 매출 쇠퇴 - 고객당비용 낮음, 이익 감소 - 최후수용층, 고객 경쟁자 감소
유통전략	- 선별적 유통전략	- 집약적 유통전략	- 집약적 유통전략의 강화	- 이익 적은 곳 폐쇄하는 선별적 유통경로

된 수의 판매업자만을 선정하여 제품을 판매하게 하는 방법이다. 경영능력이나 평판이 좋은 중간상들만 유통경로에 포함시키므로 만족스러운 매출과 이익을 기대할 수 있다. 판매계열화를 위해서 바람직한 전략이라 할 수 있는데, 경로를 제한함으로써 당연히 해외판매시장은 매우 좁아지게 된다. 그 대신 재판매업자에게 보다 큰 시장기회를 부여하게 되며, 판매상품가치를 높여서 개방적 경로보다도 촉진노력을 더 자극하게 된다. 또 같은 지역 내의 경쟁을 배제하며 판매가격의 하락을 방지하는 데 효과적이다.

이 방법은 배타적 유통경로에 비하면 제품의 노출이 확대되고, 개방적 유통경로에 비하면 중간상의 수가 적기 때문에 유통비용이 절감된다. 주로 의류 · 가구 및 가전제품의 경우에 적용할 수 있다. 또한 고객이 경쟁적인 제품들에 관하여 정보를 수집하고 가격을 비교하여, 가장 좋아하는 점포에서 다양을 지불수단을 사용하여, 어느 한 점포에 재고가 없을지라도 원하는 제품을 구매할 수 있다는 장점이 있다. 생산자가 가격이나 제품진열, 판매기법 등에 통제력을 갖는 장점이 있으며, 자신의 제품에 잘 맞는 이미지와 판매방법 등을 신중하게 검토하여 선별적으로 제품의 유통을 맡기게 된다. 의류, 화장품, 가전제품 및 애완동물 사료 등 다양한 제품들의 유통에서 쓰이고 있다.

다) 배타적 유통경로

배타적(exclusive) 또는 전속적 유통경로는 일정한 지역에서 자사의 제품을 한 점포가 배타적 · 독점적으로 취급하게 하는 것으로, 유통경로 계열화의 가장 강력한 형태이다. 특정 지역 내에 단 하나의 유통업자에게만 제품의 판매를 허용하고 나머지에게는 허용하지 않은 유통방식이다. 이 방식을 적용하는 경우 제조업체가 도매상이나 소매상을 강하게 통제할 수 있어 유통비용을 줄일 수 있다.

배타적 유통채널은 고객들이 원하는 제품을 사려고 점포까지 찾아오는 경우가 대부분이므로 단일의 명확하게 정의되는 시장을 표적으로 삼는다. 구매고객에게 제품에 대하여 상세한 설명이나 교육이 필요한 경우에도 생산자들은 배타적 유통채널을 사용하게 된다. 배타적 유통채널은 제품의 가격이나 거래조건 등에 대하여 보다 강력한 영향력을 행사할 수 있다는 장점이 있다. 이러한 형태의 유통채널은 주로 위풍제품(prestige products)과 주요 산업용 장비, 또는 자신의 제품에 대하여 위풍스러운 이미지를 추구하는 기업들이 사용한다. 주로 고급 자동차 · 귀금속 · 의류 등 고가품이나 제품에 대한 이미지가 좋은 경우에 적용이 가능하다.

라) 복수의 유통경로

1980년대 중반 이후부터 소비자의 욕구가 다양화 · 개성화되는 추세에 따라 시장세분화가 더욱 가속화되어, 많은 제조업체들이 복수의 표적세분시장들을 상대로 마케팅활동을 수행하며 각 세분시장에 맞는 복수의 유통경로를 구축하고 있다. 두 개 이상의 유통경로를 동시에 사용하면 판매량을 증가시킬 수 있다. 그러나 이 경우 유통경로 간의 갈등이 심화될 수 있고, 이중가격의 형성 등의 부작용이 나타날 수 있다.

(4) 국제유통경로 길이의 결정

가) 짧은 유통경로와 긴 유통경로

짧은 유통경로를 선택하는 제품의 특성은 표 11-4 에서 보는 바와 같이 부패성이 있거나, 표준화가 되지 않은 제품 및 기술적으로 복잡한 전문품으로, 구매단위가 크고 구매빈도는 낮으며 비규칙적이다. 이러한 제품을 공급하는 생산자의 수는 적고, 공급자의 시장진입과 탈퇴에 제한이 있다. 또한 지역적으로 집중적인 생산이 되며 유통비용 측면에 있어서 장기적으로는 불안정하다.

긴 유통경로를 선택하는 제품의 특성은 부패성이 없고, 표준화가 되어 있는 제품 및 기술적으로 단순한 편의품으로, 구매단위는 작지만 구매빈도는 높고 규칙적이다. 이러한 제품을 공급하는 생산자의 수는 많으며, 공급자의 시장진입과 탈퇴에 아무런 제약이 없기 때문에 지역적인 분산생산이 가능하고, 유통비용의 구조 면에서 장기적으로 안정적이다.

표 11-4 유통경로 길이의 결정요인

영향요인	짧은 유통경로	긴 유통경로
제품 특성	– 비표준화된 중량품, 부패성 상품 – 기술적으로 복잡한 제품, 전문품	– 표준화된 경량품, 비부패성 상품 – 기술적으로 단순한 제품, 편의품
수요 특성	– 구매단위가 큰 제품 – 구매빈도 낮고 비규칙적인 제품	– 구매단위가 작은 제품 – 구매빈도 높고 규칙적인 제품
공급 특성	– 생산자수가 적고, 진입이 제한적 – 지역적 집중생산	– 생산자수가 많고, 진입이 자유로움 – 지역적 분산생산
유통비용구조	– 장기적으로 불안정 → 최적화 추구	– 장기적으로 안정적

나) 소비재의 유통경로 길이

소비재의 경우 생산자가 선택할 수 있는 유통경로의 형태는 **그림 11-5**에서 보는 바와 같이 크게 4가지로 분류될 수 있다. 생산자의 입장에서 볼 때 생산자와 소비자 사이에 많은 경로구성원(중간상)들이 개입될수록, 즉 경로의 길이가 길어질수록 유통경로에 대한 통제력은 약화된다.

그림 11-5 소비재의 유통경로 길이

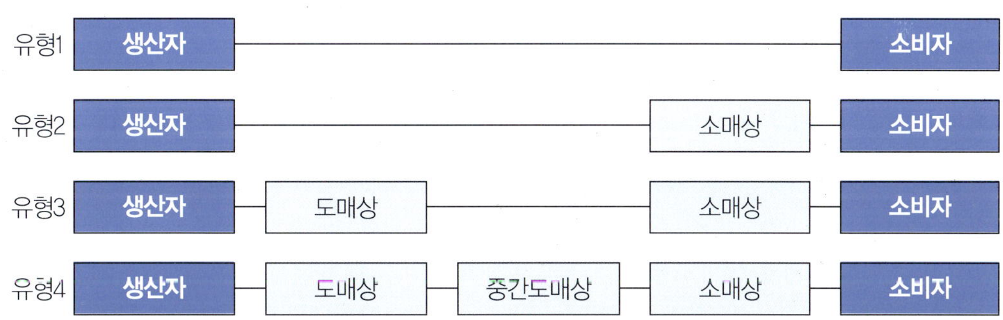

① 유형1은 직접마케팅경로(direct marketing channel)라고 하는데, 생산자가 중간상을 거치지 않고 직접 소비자에게 판매하는 형태이다. 화장품이나 유제품 등의 방문판매를 이 유형의 예로 들 수 있다.

② 유형2는 생산자와 소비자 사이에 소매상이 개입되는 경로구조이다. 즉, 소매상은 생산자로부

터 제품을 공급받아 소비자에게 판매하게 된다. 많은 소비재들이 이러한 유통경로의 구조를 가진다.

③ 유형3은 생산자와 최종소비자 사이의 유통과정에 도매상과 소매상이 참여하는 형태로, 가장 전형적인 유통경로의 구조이다. 식품, 의약품 등의 제품을 생산하는 생산자들이 이러한 유통경로를 이용한다.

④ 유형4는 생산자와 소매상 사이에 여러 유형의 도매상들이 개입되는 형태인데, 곡물류 · 야채 · 과일 등 1차산업의 유통과정에서 흔히 볼 수 있는 유통경로의 구조이다.

다) 산업재의 유통경로 길이

산업재의 유통경로는 제품의 특성상 소비재와 다른 유형의 유통경로를 갖는데 **그림 11-6**에서 보는 바와 같이 대략 3가지로 유통경로 형태를 구분할 수 있다.

그림 11-6 산업재의 유통경로 길이

① 유형1은 산업재 제조회사가 산업재 구매자에게 직접 판매하는 경우로 산업재 유통에서 가장 많다. 시장이 소수의 대규모 구매자로 구성되어 있는 산업재는 기술적으로 복잡하고 고가이므로, 중간상의 지원보다는 제조회사의 영업사원이 제공하는 전문적 기술지도를 필요로 하기 때문이다.

② 유형2와 유형3은 산업재 제조회사가 대리점이나 도매상 등의 중간상을 이용하여 자사의 제품을 판매하는 경우이다. 이러한 유형의 유통경로는 자사제품의 판매에 대한 통제력을 상실하는 단점이 있지만, 다수의 소규모 구매자를 상대로 판매해야 하는 경우에 효과적이다. 또

한 가격이 싸거나 소량으로 구매되는 제품에 대해서도 중간상을 이용한 유통경로가 규모의경제 측면에서 보다 효율적이다.

③ 유형4는 소규모 산입실비 제조회사가 흔히 활용하는 유통경로로 생산지가 대리점을 통하여 도매상에게 제품을 판매하는 경로이다. 제조업체는 판매에 전문적인 지식을 가진 제조업체 대리점에게 유통의 책임을 위임함으로써 도매상에 대한 판매를 쉽게 늘릴 수 있다.

라) 서비스의 유통경로 길이

유통경로에 대한 논의는 서비스의 경우에도 그대로 적용될 수 있다. 그러나 서비스의 경우는 일반재화와 구별되는 서비스만의 특징으로 인해 일반재화와는 다른 유통경로를 갖는다. 서비스(service)는 무형성, 생산과 소비의 동시성, 생산자와 제공자의 동일성 등의 특성을 지니고 있다.

서비스의 유통경로와 관련하여 가장 중요하게 고려해야 할 서비스의 특성은 무형의 재화라는 점이다. 무형성(intangibility)은 서비스가 저장되거나 이동될 수 없으며, 생산되는 장소와 판매되는 장소가 일치한다는 것을 의미한다. 그러므로 서비스는 상품처럼 보관이나 운송의 개념이 적용될 수 없다.

일반적으로 서비스에서 많이 쓰이고 있는 유통경로는 ① 생산자 → 소비자, ② 생산자 → 대리인(브로커) → 소비자, ③ 생산자 → 대리인(판매 브로커) → 대리인(구입 브로커) → 소비자 등이다. 대리인 또는 브로커 형태의 중간상들로는 스포츠 매니저, 주식 브로커 등을 들 수 있다.

(5) 국제유통경로 구성원의 선정과 평가

가) 유통경로 구성원의 선정

생산자가 보다 나은 중간상들을 선택하는 데 고려하는 요소들에는 **그림 11-7**에서 보는 바와 같이 신용능력, 명성, 영업사원의 규모와 질, 판매능력, 취급하는 다른 제품들의 수와 특성, 기존고객, 수익성과 성장잠재력, 입지 등이 있다.

중간상의 대금지불능력을 말하는 신용능력과 업계에서의 명성은 가장 중요한 평가기준의 하나이다. 또한 중간상이 보유하고 있는 영업사원의 규모와 질, 중간상의 판매능력은 푸시전략(중간상 판촉을 통해 중간상들의 적극적인 판매노력을 유도하는 전략)을 사용하는 생산자에게 매우 중요한 고려요인이 된다.

그림 11-7 유통경로 구성원의 선정요소

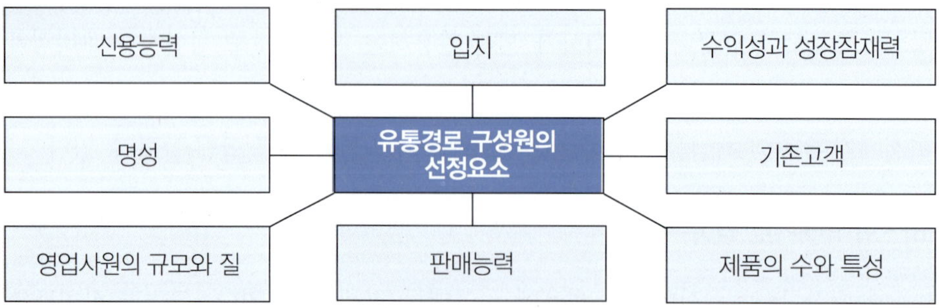

생산자는 자사제품의 이미지 및 일관성 있는 유통전략을 유지하기 위해 경쟁사의 제품도 취급하는 중간상보다는 자사제품과 보완적인 제품들을 취급하는 중간상을 더 선호한다. 또한 중간상이 거래하는 기존고객의 수와 특성도 중요한 평가기준의 하나인데, 기업은 자사제품의 표적시장과 부합되는 특성을 갖춘 기존고객들을 보유한 중간상들과 거래하기를 원한다. 마지막으로 높은 수익성과 성장잠재력을 보이거나 좋은 입지를 가진 중간상이 바람직하다. 만약 기업이 전속적 유통이나 선택적 유통전략을 원한다면, 중간상의 입지나 수익성 및 성장잠재력이 중요한 선택기준이 될 것이다.

마케터는 선택된 중간상들이 자사제품의 판매를 위해 최선을 다하도록 계속적으로 동기부여를 해야 한다. 일반적으로 생산자는 중간상들의 협력을 얻기 위해 긍정적 동기부여수단과 부정적 동기부여수단을 함께 사용한다. 긍정적 동기부여수단(positive motivators)에는 높은 마진, 특별 가격할인, 프리미엄 제공, 협동광고 지원금, 진열 지원금 등이 포함되며, 부정적 동기부여수단(negative motivators)에는 마진의 삭감, 제품인도의 지체, 거래관계의 종식 등이 포함된다.

어떤 기업들은 전문적으로 관리되는 수직적 마케팅시스템의 구축을 통해 중간상들과 장기적인 협력관계(long-term partnerships)를 형성하려고 한다. 기업은 중간상들과 공동으로 머천다이징 목표, 머천다이징 전략, 판매원 교육, 광고 및 판촉활동을 계획함으로써 수직적 마케팅시스템의 한 구성원이 되는 것이 중간상들에게 많은 이익을 실현시킴을 확신시키고자 한다.

유통경로 구성원의 선정과정은 일반적으로 다음과 같은 절차를 따른다.

① 각 중간상들에게 반드시 요구되어야 할 항목들의 목록 작성

② 필수사항은 아니지만 갖추고 있다면 바람직한 항목들에 대한 목록 작성

③ 표적시장이 요구하는 마케팅기능을 수행할 수 있는 경로구성원 후보의 수집 목록 결정

④ 각 경로구성원들이 갖추어야 할 필수항목을 토대로 한 경로구성원 후보의 평가

⑤ 긍정적으로 평가된 경로구성원 후보들에 대해서 기타 바람직한 특성의 제공능력 여부에 대한 평가

⑥ 다섯째 단계에서 긍정적으로 평가된 경로구성원의 선택

나) 유통경로 구성원의 평가

국제기업은 정기적으로 각 경로구성원과의 성과를 성과표준(판매할당량, 평균재고수준, 고객배달시간, 파손품에 대한 처리, 기업의 판촉노력에 대한 협조, 고객에 대한 서비스 등)과 비교하여 평가작업을 수행해야 한다. 마케터는 높은 성과를 보인 경로구성원에 대해서는 보상하고, 실적이 나쁜 경로구성원에 대해서는 지원책을 강구하거나 새로운 경로구성원으로 대체해야 한다. 기업은 정기적으로 기존 구성원들에 대한 재평가를 통해 취약한 경로구성원을 대체할 수 있다.

예를 들어, IBM은 PS/2 PC를 처음으로 시장에 내놓았을 때, 딜러에 대한 재평가를 통해 능력이 있는 중간상들에게만 새 모델을 취급하도록 하였다. 각 IBM 딜러는 사업계획서를 제출하고, 판매 및 서비스사원들로 하여금 IBM 연수원에서 교육을 받도록 하고, 새로운 판매할당량을 달성해야 했다. 이에 따라 선발된 2,000명의 IBM 딜러 중 성과가 우수한 2/3만이 PS/2 모델을 계속적으로 취급할 수 있었다.

3. 국제유통경로의 표준화와 적응화

(1) 표준화

국제마케팅활동을 표준화하는 것은 대체로 힘든 일이지만, 특히 유통경로의 표준화는 더욱 어려운 과제이다. 그 이유는 각국의 유통시스템은 오랜 세월을 두고 그 나라의 문화적, 경제적, 법적인 측면의 변화가 반영된 것으로 쉽게 변화시킬 수 없기 때문이다. 또한 독립점포 소유에 대한 태도, 소매점원의 임금, 점포조직형태에 따라 다른 노동법, 점포규모에 대한 규제, 점원에 대한 신뢰도, 우편제도, 자금력 등에서 나라마다 차이를 보이므로 동일한 유통전략을 수립하기가 어렵다.

예를 들어 핀란드는 종합적인 상품취급점포가 주류를 이루므로 인구 1인당 점포의 수가 적은 데

반해, 이탈리아는 도매상 및 소매상의 구조가 극단적으로 분화되어 있다. 네덜란드는 소비자조합에서 직접 제조업자와 거래하며, 일본은 신용과 배달서비스를 필요로 하지 않는 소매업자를 위한 현금 무배달 도매상이 있다. 우편주문방식은 독일에서는 매우 중요하나 포르투갈에서는 그렇지 않다. 이러한 유통시스템의 차이는 마케팅전략에 영향을 준다.

(2) 적응화

해외시장의 다양성 때문에 국제유통전략은 나라마다 차별화하는 것이 일반적이다. 특히 지리적 장벽은 각국을 서로 다른 시장으로 구분케 하는 주요한 변수이다. 예를 들어 기코만(Kikkoman)이 간장을 처음 미국에 진출시킬 때 선뜻 간장을 슈퍼마켓에 진열하려는 중간상이 없었다. 그러나 기코만으로서는 중간상을 배제하고 독자적인 유통망을 구축할 자원이 없었기 때문에 샌프란시스코를 목표시장으로 하고 지방의 식품중간상을 활용하였다. 이 지역은 일본계 미국인 때문에 간장이 이미 잘 알려져 있었던 것이다.

기코만은 샌프란시스코를 교두보로 하고 TV광고와 판매실적을 무기로 아시아계 거주지역을 포함한 인근지역으로 유통망을 넓혀나갔다. 2년 후 기코만은 LA에 진출하였고 17년간에 걸쳐 전국적인 유통망을 형성하고 간장시장의 50% 이상을 점유하게 되었다. 이 사례에서 보듯이, 기업은 유통 적응화 및 세분화전략을 통해 지역적 범위를 제한하고 특정 형태의 중간상을 확보함으로써 점진적으로 시장에 진입할 수 있다.

4. 국제유통경로관리

(1) 국제유통경로관리의 의의

국제유통경로는 고객이 원하는 가치를 제공하기 위해 각 경로구성원들이 상호의존적 관계에 있는 시스템으로 이해할 수 있다. 각 경로구성원들은 교환과정에서 전체 시스템의 효율에 관심을 가지기보다 개인의 목적을 중시하는 기회주의적 행동을 취하는 경우가 많다. 따라서 경로시스템 내의 경로선도자는 경로구성원의 활동을 조정 · 통제하여 협력체제를 구축하는 것이 중요하다.

국제유통경로의 정책을 세우고 유통경로를 만들면 경로구성원들 간에 목표와 정책이 달라서, 상호이해 부족으로 의사소통이 제대로 되지 않아서, 기대수준이 달라서 갈등이 생기게 된다. 이러한 갈등은 소매상과 소매상, 도매상과 도매상 등과 같이 같은 단계의 구성원 간에도, 제조업체와 도매상, 도매상과 소매상 등과 같이 서로 다른 단계의 구성원 간에도 나타날 수 있다.

경로구성원들 간의 갈등은 근본적으로 없앨 수는 없지만 효율적인 관리를 통해서 순기능적으로 이끌어가야 하고 이로 인해 유통의 효율성을 높여야 한다. 갈등을 해소하기 위해서는 유통경로 지도자의 지도력이 있어야 한다. 경로지도자가 계약에 근거해 갈등을 해소시킬 수도 있고 불리한 구성원에게 일정 부분 보상함으로써 갈등을 해소시킬 수도 있다. 또한 소비자, 제품, 시장에 대한 전문적인 지식을 가지고 갈등을 해소시킬 수도 있다. 어떠한 방법이든 경로구성원들이 신뢰할 수 있는 지도력을 바탕으로 갈등을 해소해야 한다. 그 밖에도 경로구성원 간의 커뮤니케이션을 강화하거나, 공동의 목표를 설정하거나, 중재를 통해서 문제를 해결할 수 있다.

(2) 국제유통경로의 갈등관리

국제유통경로의 갈등관리과정은 결과를 평가하고, 중간상 마진을 수정하고, 판매원을 교체하는 것과 같은 계속되는 과정이다. 또한 유통경로상에서 발생하는 경로갈등은 경로성과를 감소시킬 수 있으므로 적절한 갈등관리가 필요하다.

가) 경로갈등의 본질

유통경로는 서로 다른 목표를 가진 경로구성원들로 이루어져 있으며, 이들은 각자 자신의 이익을 극대화하기 위해 노력하며 자신과 직접 거래하는 경로구성원과의 관계에만 주로 관심을 가진다. 이때 경로구성원들 간의 상호의존성이 커질수록 특정 경로구성원이 다른 경로구성원들의 목표와 마케팅활동에 관여할 가능성이 높으며, 그 결과 경로구성원들 간의 갈등도 커지게 된다.

그러므로 제조업체가 유통경로에서 성공하느냐의 여부는 다른 경쟁업체에 비해 거시적인 관점에서 얼마나 경로구성원들 간의 협조를 이끌어내느냐에 달려 있다. 그러나 각 구성원들의 목표와 그들이 수행해야 할 역할에 대해 경로구성원들 간에 의견 불일치가 발생하여 경로갈등이 생기게 된다. 이러한 의견 불일치는 각 경로구성원에 부여된 과업의 성과와 이에 대한 다른 경로구성원들의 기대 간에 차이가 있을 때 비롯된다.

일반적으로 갈등은 바람직하지 못하거나 역기능적인 효과를 지니는 것으로 인식되어 있다. 그러나 경로갈등은 경로구성원들 간의 관계를 발전시키고 경로성과를 높이는 순기능적 효과(functional effect)와, 경로구성원들 간의 관계를 악화시키고 경로성과를 감소시키는 역기능적(dysfunctional effect) 효과를 동시에 지니고 있다. 경로구성원들이 경로갈등을 어떻게 해소하고 관리하느냐에 따라 순기능적인 효과 혹은 역기능적인 효과가 발생할 수 있는 것이다.

현실적으로 갈등이 없는 유통경로는 존재하지 않으며, 경로구성원들 간에 어느 정도의 갈등이 존재하는 경로조직이 더 높은 경로성과를 보일 수 있다. 많은 경우 갈등이 유통경로에 부정적인 영향을 미치는 이유는 이의 해결과정에서 부적절한 방법(예: 강압적 경로파워의 사용)이 활용되기 때문이다. 그러므로 경로선도자는 유통경로 내의 갈등을 제거하는 것보다는 적절한 해결 메커니즘을 통해 적절한 수준에서 이를 유지 · 관리하는 데 보다 많은 노력을 기울여야 한다.

나) 경로갈등의 유형

경로갈등의 유형으로는 수평적 갈등과 수직적 갈등, 그리고 복수경로 갈등이 있다.

먼저, 수평적 갈등(horizontal channel conflict)이란 소매상끼리 또는 도매상끼리와 같이 유통경로의 동일한 단계에서 발생하는 갈등을 의미한다. 주로, 같은 상품을 취급하며 서로의 영역 침범, 한 가맹점이 전체 가맹점의 이미지 손상시키는 행태 등이 해당된다.

수직적 갈등(vertical channel conflict)은 제조업자와 중간상, 또는 본부와 가맹점 간의 갈등과 같이 서로 다른 단계의 경로주체들 사이에서 발생하는 갈등을 말하는데, 주로 계약위반, 가격 및 서비스 수준의 미달 등을 예로 들 수 있으며, 목표의 차이, 이해의 부족, 의사소통의 결여 등이 그 원인으로 지적되고 있다.

한편, 복수경로 갈등(multi-channel conflict)은 대리점과 할인점 간의 갈등처럼 각기 다른 유통경로에 속해 있는 주체들 간의 갈등을 의미한다.

결국, 유통경로상에서 유통경로 구성원 간의 갈등은 서로의 역할과 그 기대치에 대한 괴리에서 비롯되며, 목표가 일치하지 않고 상호이해가 부족하며 의사소통이 결여되었기 때문이라고 하겠다.

다) 경로갈등의 해소방안

경로갈등의 상당 부분은 유통경로 구성원들 각자의 이해가 상충하기 때문이므로, 근본적으로 갈등의 원천을 제거하기는 어려운 편이다. 하지만 효율적인 관리를 통해서 이러한 갈등을 조금이나마 해소할 수 있는 방안이 있다.

첫째, 경로리더(channel captain)의 지도력(경로파워)을 활용하는 방법으로, 특정 경로구성원이 지도력을 보유하고 있고 다른 경로구성원들의 신뢰를 획득하고 있다면 갈등의 발생소지를 감소시킬 수 있고 보다 빨리 갈등을 해결할 수 있는 분위기가 조성될 수 있다. 여기서 경로리더는 다른 경로구성원들을 조정하고, 지시하며, 원조하는 역할을 담당한다. 경로리더는 경로구성원들 중에서 선정되며, 제조업자가 될 수도 있고 중간상이 될 수도 있다.

둘째, 공동목표를 제시하는 방법이 있다. 즉, 경로구성원들이 생존하기 위해서 공통적인 외부의 위협(적)을 인식하고 있을 때 보다 긴밀히 협조하게 되므로 갈등해소가 용이한 방법이다.

셋째, 공동작업으로 경로구성원들이 빈번히 접촉하거나 정기적인 회합을 설정하거나 하여 인적 교류를 통해 점차적으로 갈등을 감소시키는 방법이다. 즉, 갈등이 커지기 전에 친목을 다져서 서로 얼굴을 붉히지 않는 선에서 갈등을 최소화하는 것이라 하겠다.

넷째, 중재와 조정의 방법으로, 중재와 조정절차를 수행하는 상설기구의 설립으로 유통경로상에 갈등이 발생했을 때 이러한 기구를 통해 해결방안을 제시하도록 한다.

결국, 유통경로 갈등을 원만히 해결하지 못했을 경우에는 자사제품이 소비자에게 원활히 전달되기 어렵고 애써 구축해놓은 유통망이 깨질 우려가 있다. 따라서 제조업체의 입장에서 봤을 때, 자사제품이 소비자에게 가장 신속하고 편리하게 전달되어 지속적인 판매가 유지되게 하려면, 유통경로의 갈등을 제대로 관리하는 것이 도/소매상의 형태와 수를 정하는 것만큼이나 중요한 유통전략 중의 하나가 될 것이다.

5. 회색시장

(1) 회색시장의 개념

세계시장에 표준화된 제품을 동시에 마케팅하고 있는 국제기업들은 해외시장국의 수가 증가함에 따라 이른바 회색시장이라는 국제유통경로상의 특수한 문제에 봉착하게 된다. 회색시장(grey market)이란 해외시장국들 간의 가격차이를 이용하여 특정 기업의 제품을 저가시장에서 구입한 다음 이를 고가시장에 싸게 판매하여 이익을 추구하는 비공식적인 유통업체들로 구성된 시장을 말한다.

회색시장은 각 나라의 화폐가치에 따라 발생하기도 하며 브랜드가치에 따라 발생하기도 한다.

유명한 제품을 싸게 사기 위해 이용하고 있으며, 이러한 행위는 기업에게 많은 불이익을 주고 있다. 회색시장의 문제점은 합법적인 유통경로에 의한 매상을 떨어뜨리는 한편 기업의 유통 및 가격전략에 혼란을 초래하게 된다. 회색시장에서 취급하는 제품도 처음에는 카메라 · 시계 · 향수 등에 한정되었으나, 최근에는 자동차 · 타이어 등에 이르기까지 매우 다양하다.

(2) 회색시장의 형성요인

회색시장이 날로 확산되고 있는 이유는 다음과 같다. 첫째로 최근 글로벌화로 인해 많은 기업들이 표준화된 제품을 여러 곳의 해외시장에 동시 판매한다. 이와 같이 세계적으로 제품의 수와 종류가 증가함에 따라 여러 시장에 대해 조정하는 것이 불가능하기 때문에 회색시장이 발생한다.

둘째로 기업은 한 번 설정된 가격을 환율의 변동 때마다 바꾸기 어려우므로 가격불균형을 활용하여 이익을 추구하는데 이때 회색시장이 발생한다. 회색시장의 업체들은 환율변동과 각국 시장 재고수준을 검토하여 승산이 있다고 판단되면 구매에 착수한다.

셋째로 기업이 제품차별화 없이 가격차별전략을 사용하는 경우 회색시장이 발생한다. 예를 들어, 일본 카메라의 홍콩에서의 도매가격은 다른 시장에 비해 상당히 낮은 편이다. 미국의 소매상보다는 오히려 홍콩의 유통업체들로부터 훨씬 싼 가격에 카메라를 구입할 수 있다. 이러한 시장 간 가격차이는 환율변동에서도 기인하지만 제조업체의 차별적인 가격 및 유통전략에서도 비롯된다.

넷째로 예상 밖의 초과공급 상황에 놓인 시장국의 유통업체들이 투자금액의 신속한 회수를 위해 정상가보다 낮은 가격에 초과공급분을 처분하려 한다. 이럴 때 회색시장이 발생한다. 예를 들어, EU같이 재수출 시 수입관세와 현지에서의 부가가치세를 환급해주는 경우에는 잉여재고를 국제유통업체에게 넘길 만한 추가적 유인이 존재한다.

(3) 기업의 대응책

회색시장에 대한 기업의 대응책으로는, 첫째로 위반자에 대한 처벌로 소송이 있는데 시간과 비용상의 불이익이 발생하지만 기업이나 정식 유통업체들은 회색시장 업체들에 대해 고발을 할 수 있다. 일본의 세이코(Seiko)는 미국의 한 백화점이 회색시장에서 구한 시계를 판매하며 정상유통경로를 거친 시계와 마찬가지의 보증이 제공되는 것 같다고 제소하여 판매금지처분을 얻어냈다.

그러나 모든 기업이 승소하는 것이 아니기 때문에 법적 제소에는 충분한 증거수집 등 신중을 기해야 한다.

둘째로 회색시장 발생원천인 마케팅전략을 수정하는 것이다. 제품전략으로 특정 해외시장국에 맞추어 제품을 현지화하고, 가격전략으로 시장 간의 가격차이를 최소화하거나 단일화하는 방법이 있다. 또한 유통전략으로 유통의 개방을 통한 가격경쟁을 활성화한다. 대리점이 많으면 정상유통을 통해 제품이 판매되고 가격폭이 좁아져 유통의 이익이 비교적 적어지게 된다.

셋째로, 가장 편한 방법으로, 아무 조치를 취하지 않는 것이다. 위의 두 가지 방법은 비용과 시간이 발생한다. 해당국시장의 이윤이 적어 대응의 비용이 더 많이 든다면, 또 가격 및 유통전략으로 대응해 손실이 더 크다면 조치를 할 필요가 없다는 것이다.

제3절 국제물적유통관리

적절한 유통경로의 선정이 국제기업의 마케팅활동을 위해 필수적이지만 국제물적유통시스템도 매우 중요하다. 유통경로에서는 재화의 재무적 흐름이 중시되지만, 국제물적유통에서는 재화의 물리적 이동, 즉 국제운송, 국제보관활동, 국제재고통제, 보험, 국제물류시스템 등이 중요시된다.

1. 국제운송

국제운송(international transportation)은 물품의 이동에 있어 시간 및 장소적 효용을 창출할 수 있는 주된 기능으로 총물류비에서 차지하는 비중이 절반 이상이나 된다. 따라서 기업이 운송수단을 잘 선택 활용하느냐 못하느냐에 따라 물류관리의 성패가 좌우된다.

운송물류의 주된 수단은 해상운송, 도로운송, 철도 및 항공운송 등으로 분류할 수 있으며, 적정한 운송수단 선택기준은 운송량, 운송거리, 발송지점과 수취지점의 입지여건, 운송품의 상태 및 운송비용 등으로, 운송의뢰인의 입장에서 운송수단별로 각기 다른 특성을 감안하여 경제성, 신속성, 정확성, 안전성 및 편리성 측면을 검토한 후 선택하여야 할 것이다.

(1) 해상운송

해상운송(shipping or ocean transportation)이란 선박을 운송수단으로 하여 타인의 화물이나 사람을 운송하고 그 대가로 운임을 취득하는 상행위를 말한다. 해상운송은 다른 운송형태와 마찬가지로 재화의 공간적 거리 극복과 장소적 이전을 통해 재화의 장소효용을 극대화한다.

해상운송의 특성으로는, 첫째로 대량수송이 가능하다. 항공운송의 경우 신속성은 확보되지만 운송량은 제한되고, 육상운송 중 철도의 경우 20톤 화차를 아무리 많이 연결하여도 수천 톤에 불과하지만 선박의 경우 수십만 톤의 화물선이 있다.

둘째로 해상운송은 주로 대양을 횡단하는 원거리운송이다. 철도운송도 Siberian Land Bridge(SLB)나 American Land Bridge(ALB)와 같은 원거리수송이 있지만 해상운송은 주로 오대양을 횡단하는 수송이 많다.

셋째로 해상운송은 운송비가 저렴하다. 해상운송은 육상운송과 같은 도로라는 시설이 필요치 않으며, 1회에 대량수송이 이루어지기 때문에 규모의 경제 원칙에 따라 단위당 수송비가 저렴하다.

넷째로 해상운송은 운송로가 자유롭다. 육상운송의 도로나 철도와 같은 시설이 필요하지 않으며, 해양은 대부분 공해로 자유롭게 항해할 수 있다.

다섯째로 해상운송은 국제성을 지니고 있다. 해상운송에서 입출항의 국적은 서로 다른 것이 일반적이며, 주 항로가 공해상이라는 점이 특정 국가의 성격을 벗어난다. 철도운송이 국경을 벗어나기 어려운 것과 비교하여 해상운송은 공해상에서 타국 상선대와 경쟁하게 된다.

여섯째로 해상운송은 속력이 느리다. 해상운송은 대량운송이며 운임이 저렴한 반면 속력이 느린 점이 신속성을 필요로 하는 오늘날의 가장 큰 문제점이다.

이처럼 해상운송은 항공운송, 육상운송과 비교하여 신속성 · 편리성 · 정확성 등에서 뒤떨어지지만 규모의 경제에 의해 일시에 대량으로 장거리를 운송할 수 있다는 경제성으로 인하여 현재 수출입화물의 99.7%가 해운에 의존하고 있다.

(2) 항공운송

항공운송(air transportation)이란 항공기에 의하여 화물 또는 사람을 운반하는 것을 말하는데 오늘날 국제교역량의 증가, 화물의 다양화, 항공운임의 인하로 그 비중이 점차 증가하고 있다. 항공운송의 특성은 야행성, 편도성, 비계절성 등으로 요약된다.

항공운송의 장점으로는, 첫째로 수송기간이 짧다. 따라서 예기치 못한 수요의 급격한 증가에도 즉각 대처할 수 있으며, 납기가 늦어짐으로써 발생할 수 있는 위약금이나 계약해제에 따른 손해도 막을 수 있다. 그리고 수송기간이 짧으므로 변질되기 쉬운 상품이나 판매수명이 짧은 상품도 원거리시장에서까지 경쟁력을 유지할 수 있다. 기계설비 및 선박의 부품 등과 같이 긴급히 운반하지 않으면 지대한 손실을 가져오게 되는 품목, 납기가 촉박한 상품, 계절상품이나 투기상품 등이 이에 해당한다.

둘째로 재고비용의 절감이다. 즉 제품이 신속하게 운송되면 각 지역에 다량의 재고품을 묶어둘 필요가 없기 때문에 재고비용이나 보관비용을 절감할 수 있다. 이에 해당하는 상품으로는 생선이나 식료품, 생화, 살아 있는 동물, 방사성 물질과 같이 시간이 지나면 가치가 없어지는 화물 내지는 부패성 화물 등을 들 수 있다.

셋째로 수송조건이 좋다. 이는 운반상태가 양호하고 안전하므로 파손, 분실, 훼손의 위험이 감소됨을 의미한다. 그러므로 부가가치가 높아 중량에 비하여 운임부담이 있는 상품과 파손 및 도난의 위험이 높은 모피, 미술품, 귀금속, 시계, 약품, 고급 의류, 전자기기, 통신기기, 광학기기 및 관련 제품 등의 경우에는 주로 항공운송을 이용한다.

한편, 항공운송의 단점으로는 우선 운임이 비싸다는 점, 화물의 크기에 제한이 있다는 점, 기후의 영향을 쉽게 받는다는 점, 소음공해와 에너지 소비량 높다는 점, 공항시설이 있는 대도시만 가능하다는 점 등을 들 수 있다.

(3) 복합운송

복합운송(multimodal transport)이란 복합운송인(MTO: multimodal transport operator)이 화물을 자기 책임하에 인수하여 어느 국가의 한 지점에서 다른 국가에 위치해 있는 지정 인도지점까지 복합운송계약에 의거 해상, 내수로, 항공, 철도나 도로운송 등 여러 운송방식 중 두 종류 이상의 운송수단을 사용하여 운송하는 것을 의미한다. 어느 한 운송방식에 의한 계약의 이행을 위해 부수적으로 행해지는 집화나 인도에 이용되는 운송방식은 복합운송으로 간주되지 않는다.

복합운송은 국가 간의 무역운송에 있어 컨테이너화의 발달과 수송기술 및 장비의 혁신에 따라 종래의 Tackle to Tackle 운송개념이 CY to CY 개념으로, 더 나아가 Door To Door라는 더욱 앞선 운송형태로 나타나게 된 것이다. 특히 컨테이너에 의한 화물의 복합운송은 해상운송을 신속 ·

저렴하게 하였을 뿐만 아니라 해상과 육상, 나아가서는 항공운송에 이르기까지 전 수송을 신속하고 효율적으로 연결 수송할 수 있게 한 중대한 수송혁신이다.

복합운송의 장점으로는 ① 환적작업 검사, 사무수속 등 수송기관의 접점에서 발생하는 작업코스트를 절감할 수 있다는 점, ② 작업흐름의 원활화 및 하역생산성 향상이 가능하다는 점, ③ 컨테이너화에 의한 수송수속의 간소화로 화물과 서류의 체크, 서류의 단순화가 가능하다는 점, ④ 복합운송업자에 의한 일괄 운송업무 수행으로 운송책임의 일원화가 가능케 됨으로써 클레임처리도 일원화가 가능하다는 점, ⑤ 단일의 운송인에 의해 취급되므로 화물의 추적시스템화(cargo tracing system)가 용이하다는 점 등을 들 수 있다.

복합운송의 연결형태는 해상, 항공, 내륙수로(inland waterway), 철도나 도로운송 등 매우 다양한데 이들을 정리하면 표 11-5 와 같다.

표 11-5 복합운송의 형태

	형태	내용
piggy-back	철도와 트럭	트레일러나 컨테이너를 철도의 무개화차에 적재하는 운송방식
fishy-back	해운과 트럭	트럭으로 운송된 컨테이너를 선박에 적재운송하는 방식
birdy-back	항공과 트럭	트럭으로 운송된 컨테이너를 항공기에 적재운송하는 방식
truck-air	트럭과 항공	트럭과 항공을 혼합 이용하는 방식
rail-water	철도와 수운	철도를 구비한 특수선박에 기차를 적재하고 운송하는 방식
ship-barge	선박과 부선	내륙수로와 연안항구 간에 해운을 혼합 이용하는 방식
sea-air	해운과 항공	항공기와 선박을 혼합 이용하는 방식
sky-rail	철도와 항공	철도와 항공기를 혼합 이용하는 방식
pipeline		국가 간 파이프라인을 설치하여 이용하는 방식

복합운송은 국가 간의 이동, 복합운송계약의 체결, 복합운송인에 의한 전 구간 운송책임의 인수, 운송수단의 복수성 등을 포함하는데, 단일운송에 비해 일반적으로 다음과 같은 특성을 갖고 있다. 첫째, 전 운송구간에 걸쳐 화주에게 단일책임을 부담한다. 둘째, 화주에게 전 운송구간을 커버하는 복합운송증권을 발행한다. 셋째, 각 운송구간마다 분할하지 않고 전 운송구간의 단일화된 운임을 설정한다. 넷째, 반드시 두 가지 이상 서로 다른 운송방식에 의해 이행된다. 다섯째, 위험부담의 분

기점은 송하인이 물품을 내륙운송인에게 인도하는 시점이다. 여섯째, 컨테이너를 이용하여 신속, 안전, 경제적으로 육 · 해 · 공을 연결하는 운송방식이다.

2. 보험

국제물적유통관리에서 국제마케팅 관리자가 직면하게 되는 가장 큰 문제점 중의 하나는 물품의 물리적 이동과정에서 발생하는 멸실 또는 손상의 위험이다. 따라서 매매당사자들은 계약화물이 매도인의 창고나 공장을 떠날 때부터 해외의 매수인에 의해 지정된 목적지에 도달할 때까지 보험에 부보(付保)하여 화물을 위험으로부터 보호하여야 한다.

매매당사자들의 관점에서 누가, 언제, 부보의 의무를 지니는가를 좌우하는 결정적인 요소는 피보험이익이다. 피보험이익(insurable interest)이란 보험의 목적물에 대해 특정인이 갖는 금전적인 이해관계를 말하며, 대개는 계약화물의 법적인 소유자가 부보할 의무와 권리가 있다. 그러나 반드시 계약화물의 법적인 소유자가 아니라 할지라도 재산상의 이해관계를 가질 수도 있다.

국제무역에 있어서 오랜 관행상 운송인의 책임이 상당히 제한되어 있다. 또한 선적된 화물의 소유자는 일종의 항해단체를 구성하여 자기화물에는 전혀 손상이 없는 경우에도 선박을 구하기 위하여 다른 사람이 입은 손실을 공동으로 배상해야 할 책임이 있다. 이러한 사유로 야기되는 불의의 손실을 피하기 위해서 국제매매계약의 당사자들은 항상 자신의 화물을 믿을 만한 회사와 보험계약을 체결하여 보험에 들어두는 것이 현명하다.

3. 국제보관활동

(1) 보관의 의의

보관(storage)이란 창고나 야적 등 보관시설을 통하여 재화를 물리적으로 저장하고 관리하여 분류, 검품, 출고 및 배송하는 작업을 수행하는 물류활동을 말하며, 최근에는 보관시설이 저장(stock)기능으로부터 흐름(folw)기능 중심으로 변화하고 있다.

보관의 주요 기능을 보면, 생산과 판매 사이의 시간적 · 공간적 차이 극복을 통한 효율적인 재고관리, 고객의 주문품에 대한 인도장소, 수송과 배송 사이의 거점(node)역할, 단순보관뿐만 아니라 분류, 유통가공, 재포장 등의 물류센터기능을 수행한다. 국제보관의 가장 중요한 역할은 고객과 공급업자 간에 품절이라는 최악의 상황에 직면하지 않도록 판매시점에 예비재고품을 제공하는 것이다.

보관시설인 창고는 시설구조에 따라 첫째, 창고 내부에 아무런 설비가 없는 재래식 창고 또는 보통창고(ordinary warehousing system) 둘째, 창고 내부에 선반(rack)시설을 하고 포크리포트 등에 의하여 운영되는 기계화 창고(mechandized warehousing system) 셋째, 컴퓨터에 의하여 입출고시스템과 정보시스템이 연계되어 운영되는 입체화 자동화창고(automated warehousing system) 등 3가지로 구분된다.

(2) 보관창고

'시속 0km의 수송'이라고 표현되는 보관물류시스템은 설비자 또는 이용자의 다양한 재정적 · 제도적 요인에 따라 설치되나, 제품의 특성에 맞는 설비와 창고의 위치 및 종류를 선택하여 설비하고 이용하여야 한다. 이러한 단순보관기능뿐만 아니라, 유통기능을 수행하고 있는 창고물류시스템의 특성을 보면 다음과 같다.

가) 일반보관창고

제조업체와 서비스업체는 수요가 안정적이거나 특수한 창고보관 기술을 필요로 하는 경우에 자가창고를 소유한다. 그 형태는 기업의 특수한 요구에 따라 설계되어 동업체의 사무실에 인접한 작은 공간에서부터 수만 평방미터에 이르기까지 다양하다.

자가창고는 임대창고에 비하여 효율적인 관리가 가능하고 비용이 저렴하며 보관상의 높은 유연성을 가지는 반면에, 장기적이고 고정적인 화물수요가 없으면 투자비가 과다하여 경제성이 떨어진다. 다음으로 임대창고는 타인소유의 창고를 일시 또는 장기 임대하여 사용하는 창고를 말한다. 임대계약 내용에 따라 제한된 목적에 한정적으로 사용되는 단점이 있으나, 고정투자비가 필요 없고 창고형태가 표준화되어 있어 다목적의 장비를 활용할 수 있는 등의 이점이 있다.

나) 특수보관창고

먼저 컨테이너화물 조작장(CFS: container freight station)은 컨테이너화물 중 단일화주로 가득 채워지지 않은 혼재화물(consolidated cargo) 즉 LCL 화물의 적입 · 적출 및 통관을 위하여 일시 장치하거나 보관하는 창고이다. 다음으로 저온창고(cold stroage warehouses)는 온도조절을 요하는 과일, 음식, 냉동 및 냉장식품과 같은 부패성 식품을 저장하는 냉동 · 냉장창고와 특수화학물질이나 의약품 등 저온유지가 필요한 화물을 보관하기에 적합한 저온창고이다. 기타 유통창고로 상품을 저상, 유통 및 선시 판매하는 물류센터창고 등이 있다.

다) 보세창고

보세장치장 및 보세창고는 통관되지 않은 수출입화물이 거치게 되는 곳으로, 수출화물의 선적시기를 조정할 수 있는 역할을 수행하고 수출입화물의 통관절차를 이행하는 보세화물의 장치장 또는 창고이다. 특허보세장치장은 통관을 하고자 하는 물품을 장치하기 위한 구역을 말하며, 자가장치장, 타소장치장, 영업용장치장이 있다. 일반적으로 창고업체에서는 영업용 보세장치장의 면허를 취득하여 컨테이너 장치 보관 및 통관을 수행하고, 컨테이너운송과 관련된 특별간이보세운송, 철도소운송업 등에 참여한다. 지정보세구역은 국가에서 건설한 부두 내의 일정 구역을 국가기관의 요청에 의하여 세관장이 지정한 구역이다.

(3) 국제보관활동

국제물류에서 보관은 보관 이상의 활동을 내포하고 있다. 즉 소비자 수요의 예상에 따른 제품의 보관 이외에도 여러 활동영역을 두루 포함한다. 예를 들면 소비자 수요를 충족할 수 있도록 많은 양의 선적물품을 소규모로 나누는 일, 또는 재선적을 위한 준비작업 같은 것들이 있다.

그러나 보관의 가장 중요한 역할은 고객과 공급업자가 품절이라는 최악의 상황에 직면하지 않도록 판매시점에 예비재고품을 제공하는 것이다. 국제시장에서는 소비시점에 예비재고품을 다량으로 준비할 필요성은 적지만, 수출국과 수입국 간의 거리가 멀어 오랜 운송시간이 소요되고 신뢰성이 적은 중요시장에서는 예비재고품을 대규모로 보유할 필요가 있다.

또한 시장국에 따라서는 보관시설이 부적절하거나 불충분한 경우가 많다. 특히 열대지방과 같이 특수한 기후조건에 따라서는 제품의 열화를 방지하기 위한 냉장설비 등의 특별한 보관시설이 필요할 경우도 있으며, 그러한 경우에는 부가적인 비용이 발생하게 된다.

4. 국제재고통제

(1) 재고의 개념

재고란 원재료 · 반제품 · 제품 등을 사용을 전제로 하여 일시적으로 창고 내에 보관하는 것을 말한다. 따라서 재고관리란 재고품의 수량이나 금액을 계획하고 통제하는 데 관련된 업무를 가리킨다. 그러나 재고관리라고 하는 것을 재고량을 관리하는 것으로 이해해서는 안 된다.

어떤 물류거점에서 상품의 재고가 있고, 그 수량을 파악하고, 필요한 경우 발주하여 보충해간다라고 간단히 말할 수 있지만, 무엇을 위해서 수량을 파악하고 발주하는 경우 그 발주량은 무엇을 기준으로 할 것인가의 질문에 당면한다면 재고관리라는 것이 단순히 작업관리는 아니라는 것을 알 수 있을 것이다.

재고량이나 발주량을 결정하는 것은 본래 물류 자체의 역할은 아니었으나 어떻게 된 일인지 많은 기업에서는 그 수량결정을 물류부서에 위탁하고 있는 실정이다. 일반적으로 생산량을 결정하는 생산계획, 판매량을 결정하는 판매계획은 각각 생산과 판매부서에서 담당하지만, 그 중간에서 재고량을 결정하고 유통단계에서의 재고량을 배분하는 것은 물류부문인 경우가 많다.

그러나 재고량 결정이나 재고량 배분은 마케팅정책에 기초한 것이기 때문에 마케팅 지향적인 미국의 물류학자들은 '재고라는 것은 마케팅정책과 물류활동을 연결하는 것이므로 재고정책은 물류부문이 아니고 마케팅부문에서 결정할 사항'이라고 주장한다.

따라서 재고관리를 'inventory control'이라고 하지 않고 'inventory management'라고 하는 이유는 작업관리적인 성격보다 정책관리적인 성격이 강하기 때문이다. 재고를 죄악시하지 않고, 또한 재고량의 증대에 대해서는 엄격한 코스트 의식을 가지면서, 재고의 적극적인 기능을 인식하는 것이 재고관리의 기본적 자세라고 할 수 있다.

재고는 공장에서의 생산재고, 생산에서 판매에 이르기까지의 유통과정에 있는 유통재고, 비축을 위한 재고 등으로 나눌 수 있고, 각각은 다른 기능을 가지고 있다. 이를테면 생산재고는 생산에 필요한 원재료 · 부품을 생산계획에 맞춰 필요한 양만큼 보관하는 기능이다.

(2) ABC분석

재고와 관련해서는 먼저 재고를 보관할 창고의 수와 입지를 결정해야 한다. 이것은 창고를 어디에, 그리고 몇 개를 설치할 것인가에 관한 문제이다. 그런데 이러한 문제는 기업마다 각기 상이한 전략적, 전술적 차이를 가지기 때문에 일반화하기에는 상당히 복잡한 요인이 존재한다. 그래서 이러한 문제는 이미 결정된 것으로 보고, 재고지점에 어떠한 제품을 재고로 보유할 것이지를 결정해야 한다. 공장창고, 지방창고, 배송센타 등의 여러 재고지점에 모든 제품의 재고를 보유한다는 것은 여간 비경제적이지 않을 것이다. 보통은 적절한 분류기준에 의해 전 제품을 몇 개의 그룹으로 나누고, 각 그룹마다 재고지점을 결정하는 방법을 이용한다. 이 분류방법이 바로 ABC분석이다.

이 방법은 전 제품을 A그룹/B그룹/C그룹으로 분류하는데, 예를 들면 A그룹은 배송센타에, B그룹은 지방창고에, C그룹은 공장창고에 배치하는 방법이다. ABC분석은 H. F. Dickey가 1951년 파레토법칙을 재고관리에 적용하여 붙인 용어이다. 그 원류가 된 것은 1897년 이탈리아의 경제학자 Pareto가 개인소득의 분포상태를 조사하여 국가소득의 대부분이 소수의 상위자와 다수의 중·상위자에 의해 점유되어 있다고 한 소위 '파레토 법칙'이다.

이 법칙에서 상용한 분석법을 '파레토 분석'이라고 하며, 이것을 오늘날에는 'ABC분석'이라고 부르고 있다. 파레토 이후 로렌츠, 쥬란, 딕키 등 많은 학자들을 거쳐 오늘날에는 재고관리, 생산관리, 마케팅 등에 폭넓게 사용되고 있다. 예를 들면 생산관리에서는 단위당 가격에 의해서 분류하는데, 소형이면서 가격이 높은 것을 A그룹, 가격이 낮으면서 무겁거나 부피가 많은 것을 C그룹으로 한다. 그리고 마케팅에서는 상품회전율을 기준으로 하여 회전율이 높은 것을 A그룹으로 하기도 한다.

(3) 국제재고통제

재고통제의 궁극적인 목적은 대고객서비스를 위축시키지 않고 재고에 대한 투자를 가능한 한 낮게 유지하고자 하는 데 있다. 국제마케팅에 있어서 재고통제가 특히 중시되는 이유는 국내에 비해 시장이 멀리 떨어져 있고 운송에 많은 시간이 소요되어 통상 국내시장보다 상대적으로 재고수준이 높기 때문이다.

현지시장에서의 재고수준을 축소시키기 위해서는 외국무역지역 또는 자유무역지역을 활용하는 방안이 있다. 자유무역지역은 대개 국제항에 설치되어 현지세관을 통과하지 않은 상태에서 제품의 보관, 가공처리, 환적될 수 있는 지역이다.

예를 들어 동남아시아지역에 제품을 판매할 경우 자유무역지역을 사용하지 않는 기업은 시장국마다 일정 수준의 예비재고를 확보할 필요가 있다. 그러나 싱가포르의 자유무역지역에 단일 예비재고센터를 설치하고 이곳에서 인접국시장에 제품을 운송한다면 재고수준을 현저히 낮출 수 있어 거의 고정비에 가까울 정도로 재고비용을 크게 절감할 수 있다.

5. 국제물류시스템

(1) 물류의 정의

물류(physical distribution)란 1960년대 초 미국에서 시작된 용어로 '물적유통' 또는 간단히 '물류'라고 사용하고 있으며, 국내에서는 '물류'와 '로지스틱스'를 동일한 의미로 혼용하는 경우가 많다. 물류는 소비자의 니즈(needs)를 반영한 판매수요예측을 통해서 원재료 조달부터 제품 사후관리까지 종합적인 관리, 계획, 통제하는 경영활동이다. 최근에는 협력업체 간의 원자재 공급부터 최종소비자에 이르기까지의 공급사슬관리(SCM: supply chain management)라는 개념으로 발전되었다.

로지스틱스(logistics)란 원래 군대용어로 군사작전을 수행하는 데 필요한 군대의 수송, 야영 숙사의 배정, 무기, 탄약, 식료품, 피복의 배급, 보급 등에 관한 병참시스템을 말한다. 소비자가 필요로 하는 상품을 필요한 수량, 필요한 시기에 공급하는 활동과 관련된 모든 활동을 통합한 것이 로지스틱스이다. 따라서 종래의 물류의 여러 활동에 부가하여 구매활동, 생산공장의 입지, 생산관리 등을 추가한 상품공급과 관련된 모든 활동이 이에 포함된다. 여기에 상품의 반품, 회수, 폐기를 포함한 기업 내외의 상품의 전 이동과정이 포함된다.

SCM이란 물자 및 정보 등이 공급자로부터 생산자, 도매상, 소매상 및 소비자에게까지 이동함에 있어 그 진행과정의 업무를 통합함으로써 경로 전체의 효율성을 높이자는 것으로서 최종목표는 재고를 감소시키는 것이다. 즉, SCM은 정보기술을 활용해 제조와 물류, 유통업체의 상품흐름을 한눈에 파악할 수 있도록 하는 총유통공급관리망을 말한다. 제조, 물류, 유통업체 등 유통과정상에 있는 모든 기업이 공동으로 데이터베이스를 구축함으로써 재고를 최적화하고 납기를 줄이는 전략적 제휴형태로 운영되기 때문에 성공적인 SCM 정착을 위해서는 총유통공급망 안에 있는 모든 기업들이 전략적으로 협력적인 관계를 형성하는 것이 무엇보다 중요하다.

(2) 물류의 역할

기업경영에 있어서 물류의 역할은 무엇인가? 첫째로 물류는 마케팅의 절반이다. 현대는 고객조사 · 가격정책 · 판매조직화 · 광고선전만으로는 마케팅을 실현하기 힘들고, 결품방지나 즉납서비스 등의 물리적인 고객서비스가 수반되지 않으면 안 되는 시점이라고 할 수 있다.

둘째로 물류는 판매기능을 촉진한다. 물류는 고객서비스를 향상하고 물류코스트를 절감하여 기업이익을 최대화하는 데 목표가 있다. 판매기능은 물류의 7R 기준을 충족할 때 비로소 달성될 수 있다. 7R이란 right commodity, right quality, right quantity, right time, right place, right impression, right price 등이다. 여기에서 한 가지라도 부족하면 판매기능은 그 자리에서 정지되고, 그 이후의 주문은 경쟁업체에게 뺏길 것이다.

셋째로 물류는 알려지지 않은 제3의 이익원이다. 이익을 높이기 위한 방법은 우선 매출증대이고, 다음으로는 원가를 절감시키는 것이다. 여기에 물류는 이익을 높일 수 있는 세 번째 방법이 될 수 있다. 예를 들어 매출액 대비 순이익률이 5%이고, 물류비가 매출액의 20%를 차지하고 있을 때 물류비를 10% 절감하면 순이익은 40% 상승한다.

넷째로 물류는 재고량을 삭감한다. 재고는 유동자산으로 평가되기 때문에 재무비율에는 긍정적인 영향을 미친다. 그러나 과다한 재고의 보유는 재고유지비용을 증가시킴은 물론 현금과 달리 유동성이 부족하기 때문에 불황일 경우 자칫 흑자도산의 원인이 되기도 한다. 물류의 합리화를 이루게 되면 불필요한 재고를 보유하지 않아도 된다.

결국 물류는 고객을 만족시키는 고객서비스를 보다 적은 물류코스트로 이루어내고, 시장경쟁에서 우위를 확보하며, 목표로 하는 매출증대와 이에 따른 이익을 만들어 기업번영에 기여하고자 하는 것이다. 이를 위해서 신속, 정확, 안전하게, 그러면서도 저렴한 가격으로 목적을 이루고자 하는 것이다.

(3) 국제물류시스템

물적유통의 다양한 측면들은 서로 밀접하게 연관되어 있기 때문에 한 측면에 대한 결정은 다른 결정에 영향을 미친다. 예를 들어 제조설비의 배치에 대한 결정은 창고배치와 적정한 수의 선정에 영향을 미치고, 창고에 대한 결정은 운송형태의 선정과 선적의 최적규모 및 포장 등에 영향을 미친다. 그러므로 국제물류와 관련된 제반 활동은 하나의 총체적인 시스템이라는 관점에서 파악할 필요가 있다.

활용가능한 국제물류시스템의 다양한 대안 중에서 어떤 것을 선택할 것인가를 결정하는 데는 여러 가지 방법이 있을 수 있다. 대표적인 예가 총비용 접근방식인데, 이는 개개 활동들의 비용을 분리해서 보기보다는 물적유통의 총비용을 고려한 후 다양한 대안들의 비용/수익관계를 최적화하려는 시도로 집약된다.

물적유통비는 여러 가지 요소를 동시에 고려해야만 최소화가 가능하다. 예를 들면 운송비를 절감하기 위해 제품을 해상운송할 경우, 현지에서 그러한 제품의 재고를 유지하기 위한 보관 및 재고비용을 더 많이 요구할 수도 있다. 이러한 경우에는 운송비가 좀 더 들더라도 항공운송하는 것이 최적의 결정이 될 수 있다.

총비용접근방식을 활용하는 데는 여러 가지 비용항목들에 대한 충분한 검토가 있어야 한다. 국제물류에 있어서는 운송, 보관, 재고, 운반, 포장, 보험 등의 직접적인 물적유통비용에 추가해서 비용/수익에 영향을 미치는 다른 비용들이 존재한다. 대략 보이지 않는 비용 내지는 유통관련 비용으로 분류될 수 있는데 판매기회의 상실, 유통업자 및 고객의 불만족, 재고손실 등이 포함된다.

이러한 총비용접근방식은 비용최소화만으로 제한되는 것이 아니며, 성과 또는 소비자 서비스 또한 고려대상에 포함해야 한다. 국제물류의 목표가 해외고객에 대한 서비스를 극대화하는 것이라면 인도시간을 극소화하기 위한 시스템개발이 필요하다. 이러한 목표들이 항상 일치하는 것은 아니므로 국제물류시스템에 있어서는 어떻게 서비스를 극대화하는 동시에 비용을 극소화할 수 있는가, 어떻게 비용을 줄이면서도 시스템이 정보의 피드백을 극대화할 수 있는가 등의 문제가 대두된다. 이에 대한 해답은 비용과 서비스의 상충과정을 조정하는 데서 찾을 수 있다.

연습문제

1. 개방적, 배타적, 선별적 유통경로의 차이점에 대해 설명하시오.
2. 제품수명주기에 따른 유통전략에 설명하시오.
3. 수직적 마케팅시스템과 수평적 마케팅시스템의 차이점은 무엇인지 설명하시오.
4. 회색시장의 형성요인은 무엇이며 해결책은 무엇인지 설명하시오.
5. 국제운송의 최근 경향에 대해 설명하시오.
6. ABC분석의 장단점에 대해 설명하시오.
7. 국제물류시스템의 중요성에 대해 설명하시오.

제12장 국제촉진전략

제1절 국제촉진의 개념

제2절 국제촉진믹스

제3절 국제광고의 표준화와 현지화

학습목표

국제촉진전략의 개념 및 중요성에 대해 알아본다. 구체적으로 제품수명주기에 따른 촉진전략의 특성 및 장단점, 통합마케팅 커뮤니케이션의 중요성, 국제광고의 표준화와 현지화 등에 대해 학습한다.

제1장 국제마케팅의 기초
제2장 기업의 국제화

제3장 국제마케팅조사
제4장 해외고객행동분석

제5장 해외시장 진입전략
제6장 국제사업전략
제7장 국제경쟁전략
제8장 글로벌전략

제9장 국제제품전략
제10장 국제가격전략
제11장 국제유통전략
제12장 국제촉진전략

제13장 국제마케팅의 조직 및 통제
제14장 국제인터넷마케팅

국제촉진전략

사례 연구

힘을 얻는 PPL 광고

이야기 흐름에 딱 맞아떨어질 때 비로소 PPL(Product Placement) 광고는 힘을 얻는다. 방송 프로그램이나 영화에 특정 제품이나 브랜드를 노출시키는 PPL(Product Placement) 광고 기법은 우리에게 익숙하다. 지금은 법이 개정되어 브랜드를 노출하는 것이 문제가 안 되지만, 얼마 전까지만 해도 직접 노출은 할 수 없어서 심지어 이를 소재로 한 개그 프로그램도 있었다. 개그콘서트에 나오던 수위아저씨 캐릭터는 늘 브랜드 이름을 말하지 않으려고 애쓰는데, 초코파이를 말하지 못해 '쵸코흐헝하이'라고 하거나, 오뚜기 케첩을 '오뚜히헹헹'이라 말하며 안타까운 표정으로 웃음을 줬다.

인기리에 방영되었던 드라마 '최고의 사랑'은 차승원 씨가 연기한 유아독존 톱스타 '독고진'이라는 캐릭터로도 유명하지만 PPL 광고가 유독 많이 등장하는 드라마로도 화제가 됐다. 우선 남자주인공 독고진의 얼굴이 새겨진 음료수는 코카콜라 사의 '비타민워터', 등장인물들이 타고 다니는 자동차는 닛산의 '인피니티', 영화관에서 데이트할 때 고르는 영화는 한의사 역의 윤계상 씨가 출연한 영화 '풍산개' 등등.

'최고의 사랑'만의 얘기는 아니다. PPL 광고는 따로 광고를 제작하고 집행하는 것보다 저렴한 비용으로 더 큰 효과를 볼 수 있을 거란 기대감에 많은 광고주로부터 '최고의 사랑'을 받고 있다. 반면 시청자의 입장에선 달가워하지 않는 사람도 많다. '과도하다'는 이유다. 하지만 단지 많이 등장했다는 이유만으로 불쾌감을 준다고 보기는 힘들다. PPL이 거부감을 준다면, 그건 극이나 프로그램으로의 몰입을 방해하기 때문이다.

사실 단순히 노출빈도의 증가만을 위해 PPL 기법을 활용하는 경우도 있다. 고뇌하는 주인공의 얼굴 대신 뜬금없이 손에 쥔 커피캔을 오래도록 비춰준다거나 하는 식이다. 하지만 그것이 콘텐츠의 흐름을 방해하는 요소로 작용할 때, 해당 브랜드에 대한 기억은 긍정보다는 부정적인 방향으로 기울 수 있다. 이는 광고를 하는 목적에 위배된다.

보다 효과적인 PPL 광고를 위해 중요한 것은 '맥락 짓기'다. 무조건적인 노출이 아니라 제품이나 브랜드 자체가 스토리 안에서 하나의 역할을 해야 한다. '최고의 사랑'에서 주인공의 얼굴이 그려진 음료수 병은 남녀의 감정변화를 드러내는 역할을 한다. 처음엔 자기 얼굴이 새겨진 쪽으로 마시지도 말라며 여주인공을 구박하던 톱스타가 그녀와 사랑에 빠진 뒤에는 자기 얼굴이 있는 쪽으로만 마셔야 한다고 말하는 식이다. 또한 기본적으로 거만하지만 미워할 수 없는 캐릭터 자체가 '자기 얼굴이 새겨진 음료수를 즐겨 마시는' 설정 안에 녹아 있다.

이렇게 스토리의 맥락 안에 위치한 브랜드는 거부감을 주지 않으면서도 긍정적인 인상을 남긴다. 심리학에서는 이를 '맥락효과(Context Effect)'라 하여, 주어진 경험이 자극의 해석에 영향을 미치는 효과라고 설명한다. 즉 좋은 영화나 방송 프로그램을 보았을 때의 긍정적 감정이 그 안에 녹아 있는 브랜드를 향한 호의적 인지를 형성할 수 있다는 얘기다.

비즈니스 커뮤니케이션에 있어서도, 주제가 딱딱하거나 쉽게 상대방의 관심을 끌기 힘들 것 같다고 생각된다면 말하고자 하는 바를 직접적으로 전달하기보다는 마치 PPL 광고를 하듯 감성적인 스토리 속에 자신의 주장을 끼워 넣는 것도 좋은 방법이다. 역사나 철학과 같은 진지한 얘기 속에 들어 있는 아이디어는 더욱 신뢰감 있게 들릴 것이고, 재미있고 행복한 얘기 속의 의견은 보다 쉽게 받아들여질 것이다. (조선일보, 2012. 2. 4)

■ **토의과제**

1. PPL 광고의 가장 큰 장점은 무엇인가?
2. 광고의 효과를 극대화하기 위해 메시지를 어떻게 작성하는 것이 효과적인가?
3. 통합마케팅 커뮤니케이션에서 광고의 효과를 극대화하기 위해서는 어떤 노력이 필요한가?

제1절 국제촉진의 개념

1. 촉진의 의의

촉진을 실행하기 위해서는 먼저 촉진의 의미와 마케팅 커뮤니케이션에 대해서 이해할 필요가 있다. 촉진의 개념과 마케팅 커뮤니케이션의 요소 및 관리과정에 관해 살펴보면 다음과 같다.

(1) 촉진의 본질

촉진(promotion)이란 기업의 상품이나 서비스를 주어진 가격에 구매하거나 구매를 계속하도록 유도할 목적으로 해당 상품이나 서비스의 효능에 대해서 실제 및 잠재고객을 대상으로 정보를 제공하거나 설득하는 마케팅노력의 일체를 의미한다.

따라서 촉진이란 일종의 커뮤니케이션(communication)이라 할 수 있다. 즉 고객과의 설득력 있는 커뮤니케이션을 통해 매출액을 증대시키고자 하는 활동이 바로 촉진인 것이다. 따라서 촉진의 본질을 이해하기 위해서는 먼저 마케팅 커뮤니케이션에 대해 살펴볼 필요가 있다.

(2) 마케팅 커뮤니케이션의 의의

기업은 고객에게 기업의 모든 활동이나 상품에 관한 정보를 전달하여 호의적인 이미지를 형성할 필요가 있다. 이때 기업은 의도적으로 전달자(communicator)와 촉진자(promotor)로서의 역할을 수행하게 되는데, 이렇게 기업이 마케팅목적을 달성하기 위해 의도적으로 기업의 정보를 전달하는 것을 마케팅 커뮤니케이션(marketing communication)이라 한다. 기업이 입장에서 보면 궁극적으로 판매를 촉진시키려는 것이므로 촉진(promotion)이라고 할 수 있다.

기업에서는 마케팅 커뮤니케이션 믹스요소인 광고, 인적판매, 판매촉진, 홍보 등의 촉진수단을 이용하여 중간상 및 고객에게 정보를 전달한다. 그 밖에 상품의 디자인, 가격, 포장 및 종사원의 태도, 복장 등도 고객에게 정보를 전달하는 역할을 한다. 따라서 촉진믹스뿐만 아니라 모든 마케팅믹스요소들을 통합적으로 관리하는 것이 중요하다.

(3) 마케팅 커뮤니케이션과정 모형

커뮤니케이션(communication)이란 우리말로 의사소통이라고 번역되는 개념인데 이를 온전히 구조화하여 이해하는 것은 생각만큼 간단치 않다. 이 개념은 단순히 정보전달을 뜻하는 협의의 의미가 아니라 발/수신자 간의 공통 사고영역 구축이라는 굉장히 넓은 의미까지 포함한다.

커뮤니케이션이 이루어지는 과정을 다루는 모델 역시 여러 가지가 있는데, 필립 코틀러(Philip Kotler)는 **그림 12-1** 에서 보는 바와 같이 9가지 요소로 이루어진 마케팅 커뮤니케이션과정 모형(the model of the communication process)을 제시하였다.

그림 12-1 마케팅 커뮤니케이션과정 모형

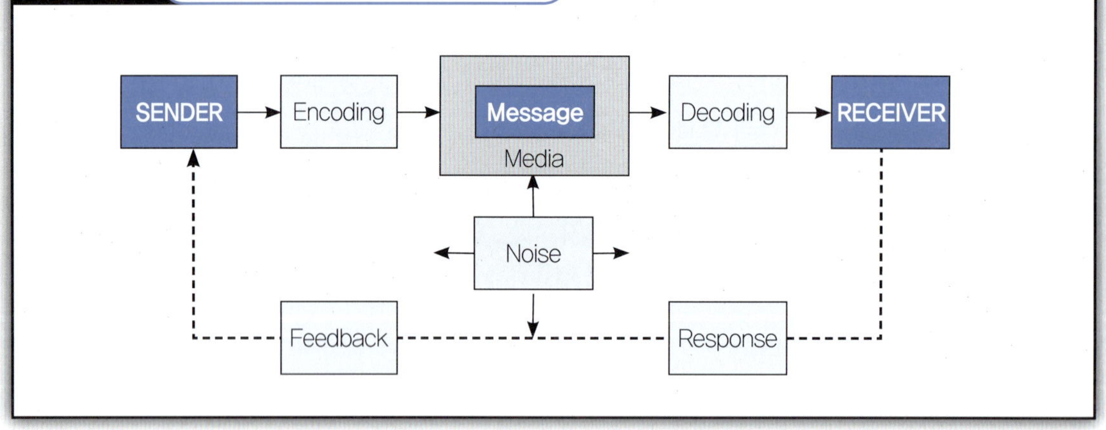

가) 발신자와 수신자

발신자(sender)는 과정을 시작하고 메시지를 생성/전달하는 주체가 되고, 수신자(receiver)는 메시지를 받는 사람이자 반응과 피드백을 보이는 주체가 된다. 여기서 수신자를 객체라고 하지 않고 같이 주체라고 명명한 까닭은 수신자 역시 반응(response)이라는 능동적 행위를 하기 때문이다.

나) 메시지와 미디어

메시지(message)는 발신자가 수신자에게 전달하고 싶은 정보이다. 그리고 미디어(media)는 채널(channel)이라 해도 무방하며 메시지가 전달되는 통로이다. 이 둘은 중요도의 우열을 점칠 수 없을 만큼 모두 중요하다. 훌륭한 정보라고 해도 적절한 경로를 통하지 못하면 전달될 수 없고, 아무리 잘 전달된다고 해도 그 정보가 유의미하지 않으면 커뮤니케이션 행위 자체가 불필요한 일이 된다.

다) 부호화와 해독

부호화(encoding)는 발신자가 메시지를 만들어내는 방법론이고, 반대로 해독(decoding)은 수신자가 메시지를 받아들이는 방법론이다. 전쟁이나 추리소설에서만 암호(code)가 사용되는 것은 아니고 현재 우리가 만들어내는 모든 메시지가 일종의 암호이며, 이것은 저마다 속뜻(발신자의 의도)을 담고 있다. 수신자가 암호를 해독할 능력이 된다면 발신자의 속뜻을 알아낼 것이고, 수신자의 성향이나 능력을 고려하지 않은 암호는 결국 껍데기에 불과하다.

라) 반응과 피드백

수신자는 메시지를 해독해서 받아들인다. 그리고 그 메시지에 부합하여 무언가의 행위 즉 반응(response)을 한다. 그 행위가 발신자가 의도한 것이었다면 이번 메시지는 효과적이었다고 할 수 있고, 반대로 예상하지 않은 행위였다면 암호화작업이나 메시지 자체가 잘못되었다고 할 수 있다(feedback).

마) 잡음

모든 커뮤니케이션에는 그 과정상에 성공확률을 저해하는 요소(noise)들이 있다. 크게는 환경적인 요소나 문화적인 요소들이 있을 수 있고(예: 옳은 말을 하더라도 버릇없이 하면 일단 버릇없다고 혼나는 것처럼), 언어적인 요소에 의해서도 생겨날 수 있다(예: 외국어 메시지나 동의어 등). 그리고 예측불가능한 잡음이 있을 수 있다(예: 오타라든지 천재지변).

가장 원초적인 예로, 아기(발신자)가 배가 고파 우는 것도 엄마(수신자)와의 커뮤니케이션이다. 아기의 의도는 배가 고프니 밥을 달라가 되고, 그간 그래 왔던 것처럼 울음소리(메시지)로 암호화하여 육성(미디어)으로 전달한다. 엄마는 그 울음소리(배고파서/오줌을 싸서/잠을 깨서/그냥 등)를 듣고 아기가 배가 고프다는 것을 알고(해독) 우유를 준다(반응). 만약에 엄마가 TV 소리(잡음) 때문에 울음소리를 못 들었다면 아기는 더 크게 울 것이다(피드백).

기업에서 커뮤니케이션 업무를 담당하는 사람은 물론이고, 일상을 살아가는 우리들 모두에게 이 모델은 적용될 수 있다. 위의 요소 중 잡음을 제외한 8가지 요소 중 어느 하나라도 누락되는 경우엔 커뮤니케이션은 성립할 수 없고 잡음을 간과하는 경우에도 마찬가지이다. 우리가 어떤 의도를 갖고 누구에게 어떤 반응을 이끌어내고 싶은지가 우선 연구되어야 하고, 어떤 메시지를 무엇을 통해 보낼 것인지, 그리고 그 메시지는 우리의 의도를 충분히 반영했는지, 받아들이는 이들도 그 메시지를 통해 우리가 원하는 바를 알아챌 수 있을지도 연구되어야 한다.

2. 국제촉진의 특성

국제촉진은 촉진의 본질적인 측면, 즉 마케팅 커뮤니케이션이라는 점에서 국내촉진과 크게 다를 바가 없겠으나, 문화적 환경이 상이한 여러 해외시장에서의 커뮤니케이션으로서 다음과 같은 특성을 갖는다.

(1) 커뮤니케이션 장벽

국제촉진의 경우 국내촉진에 있어서보다 커뮤니케이션 장벽이 높고 그 종류도 더욱 다양하다. **그림 12-2**에서 보는 바와 같이 대표적인 국제커뮤니케이션 장벽으로는 언어 및 비언어적 표현방식의 차이, 정부규제, 매체의 활용가능성, 경제적 차이, 소비자의 기호 및 태도, 구매과정의 차이 등을 들 수 있다. 이러한 장벽들은 각기 독립적인 효과를 가지면서 동시에 상호작용을 통하여 마케팅 커뮤니케이션에 막대한 지장을 초래한다.

그림 12-2 커뮤니케이션 장벽

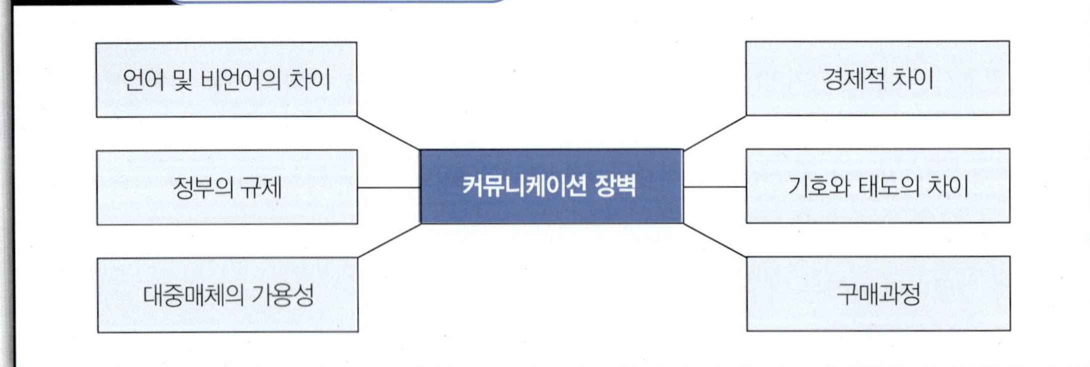

(2) 전략조정의 문제

전략조정의 차원에서 국제촉진이 국내촉진과 다른 점은 많겠으나 무엇보다도 촉진프로그램의 국제이전 및 표준화 문제를 들 수 있다. 먼저 국제이전이란 한 국가시장에서의 성공적인 프로그램을 다른 해외시장으로 이전하는 것을 말한다. 즉, 특정 프로그램 예를 들어 광고의 경우, 소구점, 내용, 매체, 배경 등의 구성요소 중에서 무엇을 어느 정도로 국가 간에 이전시킬 것인가를 결정하는 것은 국제촉진전략의 주요 과제이다. 이러한 이전가능성은 해외고객들의 제품에 대한 기대효용과 제품 평가기준, 매체의 가용성, 촉진관련규제, 문화적 차이, 비언어적 표현수단 등에 의해 영향을 받는다.

한편, 표준화의 문제는 세계시장에 동일한 촉진프로그램을 사용하는 표준화전략과 개별 해외시장에 각기 다른 프로그램을 사용하는 적응화전략의 선택을 말한다. 완전표준화 혹은 완전적응화는 현실적으로 찾아보기 힘들며 이런 의미에서 표준화는 정도의 문제라 할 수 있다. 다시 말하면, 특정 프로그램이 소수의 해외시장에만 이전가능하거나 혹은 프로그램의 일부만이 세계시장에 이전가능한 것이 일반적인 현상이라고 할 수 있다. 표준화는 촉진전략뿐만 아니라 기타의 마케팅믹스전략에 공통적인 과제이기도 하다.

(3) 커뮤니케이션효과

국제촉진의 경우 국내촉진보다 커뮤니케이션효과 면에서 불확실성이 높다. 이에는 여러 가지 이유가 있겠으나, 특히 중요한 3가지만 살펴보기로 한다.

첫째, 메시지의 전달이 불확실하다. 다시 말하면 매체가 목표로 삼고 있는 수신자에게 미치지 못하거나 혹은 메시지가 수신자에게 인지되지 않을 수 있다. 이러한 불확실성은 해외의 목표고객에게 어떤 매체로 언제 도달하는 것이 가장 적합한가에 관하여 충분한 지식을 갖추기 어려운 데서 비롯된다.

둘째, 메시지의 해석에 있어 불확실성이 높다. 촉진 담당자가 해외고객들이 어떻게 메시지를 해석할 것인가에 관하여 충분한 사전지식이 없을 경우, 메시지가 전달되더라도 그것은 발신자의 의도대로 해석되지 않을 가능성이 높다.

셋째, 메시지의 효과에 있어 불확실성이 높다. 비록 메시지가 올바로 전달되고 인지되었다고 하여도 소비자의 태도형성과 구매행동이 발신자가 원하는 대로 이루어지지 않을 가능성이 많다. 이는 소비자들의 행동에 영향을 미치는 경제 · 사회 · 문화적 요인들이 국가에 따라 매우 다양하여 이것들에 관한 충분한 지식을 갖추기가 어렵기 때문이다.

3. 국제촉진의 고려요소

촉진의 본질을 커뮤니케이션으로 볼 때, 환경이 상이한 여러 해외시장에서의 촉진은 국내시장에서의 촉진에 비하여 장애요인이 더욱 다양하므로 이에 관한 충분한 지식이 없이는 효과적인 커뮤니케이션이 이루어질 수 없다. 여기서는 **그림 12-3**에서 보는 바와 같이 메시지의 작성 및 해석, 커뮤니케이션의 매체, 수신자의 반응, 법적 제약 등 4가지 측면에서 국제촉진의 장애요소를 간략히 살펴보기로 한다.

그림 12-3 국제촉진의 고려요소

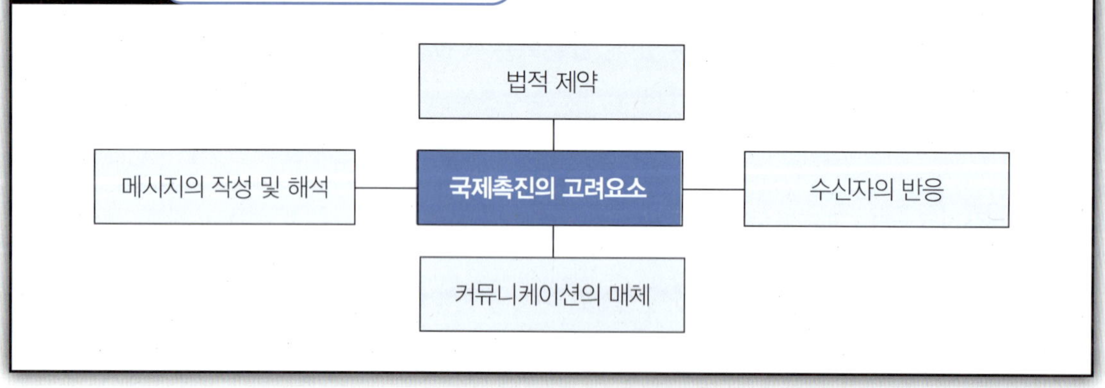

(1) 메시지의 작성 및 해석

국제기업은 촉진메시지를 작성할 때 그 메시지가 해외시장에서 어떻게 해석될 것인가에 관한 세밀한 조사가 필요하다. 왜냐하면 해외시장의 고객들은 기업이 원래 의도한 대로 메시지를 해석하지 않을 수 있기 때문이다. 이러한 메시지 해석의 차이는 언어, 비언어적 수단 및 상징의 국제적 차이 때문에 발생하므로 이들 요소에 관한 충분한 지식이 있어야 한다.

가) 언어상의 제약

언어의 차이는 광고를 통한 효율적인 커뮤니케이션에 있어서 심각한 장애요인 중의 하나이다. 이는 나라마다 다른 언어를 사용하고 있을 뿐만 아니라, 심지어는 한 나라에도 많은 방언이 존재하기 때문이다. 이러한 언어문제를 소홀히 취급하다가는 낭패를 당하기가 십상이다.

좋은 예로 우리나라의 대영(Dai-Young)자전거는 미국시장에 국내시장과 같은 상표로 진출했다가 '젊어서 죽는다(die young)'로 발음되어 시장침투에 실패한 적이 있다. 이와 마찬가지로 포드자동차는 제3세계용으로는 내놓은 트럭 이름인 피에라(Fiera)가 스페인어로는 '추하고 늙은 여자'란 엉뚱한 뜻을 지니고 있음을 뒤늦게 알고 어려움을 당한 적이 있다.

또한 개도국의 높은 문맹률 역시 의사소통에 많은 제약을 가하고 있다. 이러한 경우 효율적인 촉진을 위해서는 몇 배의 창의력이 요구되는바, 신문, 잡지 같은 문자매체보다는 라디오나 TV 같은 음성매체가 보다 바람직한 광고수단이 된다.

나) 비언어적 수단

사람은 말이나 글 이외에도 손, 발, 눈, 코 등 신체의 일부 또는 몸치장 및 자세를 통하여 의사를 교환할 수 있다. 또한 시간, 공간, 사물도 의사표시의 수단이 될 수 있다. 이와 같은 비언어적 커뮤니케이션(non-verbal communication) 혹은 침묵언어(silent language)는 문화에 따라 사용법과 의미가 매우 다양하다.

예를 들면, 프랑스와 이탈리아 사람들은 커뮤니케이션에 있어서 미국사람들보다 손을 더 많이 사용한다. 그리고 타인과 가까이 서거나 앉게 될 때 대부분의 사람들은 부자연스럽게 느끼지만 남미와 그리스 사람들은 여타 문화권의 사람들보다 편안하게 생각하고 행동한다.

다) 상징

국제기업이 메시지 작성 시 색깔, 동물 등의 상징(symbols)을 사용하고자 할 경우 이들 상징의 의미가 국가에 따라 다를 수 있으므로 특히 메시지 수신자들의 감정을 상하게 하는 일이 없도록 조심해야 한다.

예를 들어, 보라색은 일본에서는 고상한 색깔이지만 미얀마와 남미의 몇몇 국가에서는 죽음을 상징한다. 중국에서는 황색은 황실을 상징했고 일반대중은 사용할 수 없었으며 지금도 종교적인 목적에만 예외적으로 허용되고 있다.

또한 사람을 동물과 비교하거나 동물을 사용한 광고 등은, 윤회설을 믿는 불교도들이나 사람은 사람이고 동물은 동물일 뿐이라고 생각하는 아랍인들을 화나게 할 수도 있다. 실제로 어느 회사는 인도에서 올빼미가 불운의 상징인 것을 모르고 촉진프로그램에 사용해서 실패했다고 한다.

(2) 커뮤니케이션매체

메시지가 해외의 목표고객에게 정확히 전달되기 위해서는 매체와 광고대행사를 올바로 선택하여야 하는데, 해외시장의 매체는 국가에 따라 매우 다양하며 믿을 만한 광고대행사를 찾기도 쉽지 않다.

가) 매체의 활용가능성

커뮤니케이션매체는 크게 인적 매체와 비인적 매체로 나눌 수 있다. 비인적 매체란 TV, 라디오, 전화, 신문, 잡지, 간판, 유인물 등으로, 이들의 발전단계와 활용가능성은 국가에 따라 크게 차이가 있다.

우리나라의 경우만 하더라도 TV의 광고허용시간이 밀려드는 광고들을 소화하기에는 엄청나게 모자란 실정이다. 또 어떤 나라는 무수한 신문이 세분시장을 분할 점령하고 있어서 광고주가 적정한 가격에 만족할 만한 수준의 시장커버리지(market coverage)를 기대하기가 어려운 경우도 있다.

나) 광고대행사의 가능성

광고매체와 마찬가지로 국제기업들이 활용할 수 있는 해외시장국의 광고대행사의 질과 수는 각국의 GNP만큼이나 천차만별이다. 대개의 경우 광고대행사가 제공하는 서비스의 질은 경제개발수준이나 경제규모와 비례하는 경향이 있다. 따라서 선진국시장일수록 훌륭한 서비스를 제공하고 있는 광고대행사가 많다. 그러나 예외적으로 인도의 경우에는 1인당 국민소득은 낮지만 방대한 시장 때문에 다수의 광고대행사가 수준급의 서비스를 제공하고 있다.

(3) 수신자의 반응

메시지가 매체를 통하여 전달되었을 때 수신자의 반응을 예측하는 것은 촉진전략의 필수적 고려요소라 할 수 있다. 이를 위해서는 특히 해외고객의 정보탐색, 태도형성 및 구매결정에 관한 충분한 지식이 필요하다.

가) 정보탐색

일반적으로 제품이 처음으로 시장에 소개되었을 때는 고객들은 제품에 대한 기초적인 지식을 대중매체를 통해 획득하지만, 시간이 지나 기업광고 등을 통해 제품에 대해 흥미를 가지게 되고, 구매시점이 가까워 오면 가족, 동료, 친지 등의 인적 원천으로부터 사용경험 등 주관적인 지식을 구하게 된다.

그런데 세계 각국에 제품이 소개되는 시기가 다르고 그 제품에 대한 정보의 양과 질에 차이가 날 뿐만 아니라 정보원천의 상대적 중요성도 국가에 따라 상이하다. 따라서 국제기업은 해외고객들이 구매의사결정을 위하여 언제 어떤 종류의 정보를 탐색하며, 그들이 이용하는 주요 정보원천은 무엇인가를 알아야 한다.

나) 태도형성

해외고객들이 여러 가지 제품 및 서비스를 어떻게 평가하고 특정 제품에 대한 태도를 어떻게 형성하는가를 아는 것은 효과적인 촉진전략수립을 위하여 매우 중요하다. 다시 말하면 해외시장별로 제품의 평가 및 태도형성과정에 영향을 미치는 여러 가지 요소들과 이들의 상대적 중요도를 찾아낼 필요가 있다. 특히 각국의 외제선호도, 유명상품에 대한 태도, 원산지효과, 품질, 가격 등의 제품평가에 미치는 영향을 알아야 촉진프로그램에 반영할 수 있다.

다) 구매결정

국제촉진은 해외고객들의 구매결정을 고려하여야 한다. 특정 제품의 구매결정에 있어 누가, 언제, 어디서, 어떻게, 왜 결정하는가에 관한 지식이 있어야 효과적인 촉진전략을 수립할 수 있다. 예를 들면, 구매결정 시 주요 의사결정자, 주부의 역할, 가족 및 동료의 영향력과 일주일에 몇 번 정도 구매하는가, 백화점에서 구매하는가 아니면 슈퍼마켓에서 구매하는가, 신용카드를 사용하는가 또는 현금을 사용하는가 등에 관하여 알아야 한다.

(4) 법적 제약

특정 시장국의 법적 제도는 촉진활동의 유형을 결정하는 중요한 요인이다. 그러므로 국제마케팅 관리자는 촉진전략 수립에 있어서 법적 제도에의 저촉 여부를 알기 위해 상당한 법지식을 갖추고 있어야 하며, 의심스러운 경우에는 변호사 또는 법률전문가로부터 법률자문을 구해야 한다. 한편 법적 제도에 대한 이해 부족으로 국제마케팅 관리자들이 빠지기 쉬운 함정으로는 다음과 같은 것들이 있다.

가) 매체규제

많은 나라에서 어떤 제품들은 광고가 전혀 불가능하거나 허용된다고 해도 특정 매체만으로 제한되어 있다. 주로 주류, 담배, 의약품, 산아제한용품 등이 이러한 범주에 속하는데, 우리나라의 경우 일간지, 라디오, TV 등을 통한 양담배 광고의 금지가 한 예이다.

나) 내용규제

메시지내용에 대한 규제도 나라마다 다르다. 예를 들어, 독일에서는 최상급이라는 광고표현이나 경쟁사 제품과의 비교광고를 법률로 금지하고 있으며, 대부분의 개도국들은 TV를 통해 저속한 의상이나 폭력 또는 충격적 장면이 방영되는 것을 엄격히 통제하고 있다. 또한 소비자를 오도할 수 있는 단어나 표현의 사용을 금지하고 있으며, 프랑스와 프랑스어권인 캐나다의 퀘벡(Quebec) 주에서는 프랑스어 이외의 외국어를 사용한 광고가 허용되지 않는다.

다) 촉진비용규제

어떤 나라는 촉진비용의 허용한도를 법에 명시하고 있으며, 매체에 따라 부가가치세, 광고세 등의 세율을 달리 책정함으로써 기업들의 매체선정의사결정에까지 영향을 미치는 경우도 있다.

라) 판촉행사 내용규제

국가에 따라서는 과대한 판촉행사를 통한 무질서한 경쟁을 규제하기 위해 연중 판촉행사 가능기간, 판촉선물 액수 등을 규제하기도 한다.

제2절 국제촉진믹스

1. 국제촉진믹스의 개념

(1) 국제촉진믹스의 의의

국제촉진믹스(international promotion mix)란 그림 12-4에서 보는 바와 같이 4가지 촉진수단인 국제광고, 국제인적판매, 국제판매촉진, 국제홍보 등을 효율적으로 결합시키는 활동을 말한다. 촉진믹스는 각각의 촉진요인들을 어떻게 조합하여야 하나의 일관된 메시지로 소비자에게 어필할 수 있느냐의 문제이다.

그림 12-4 국제촉진믹스

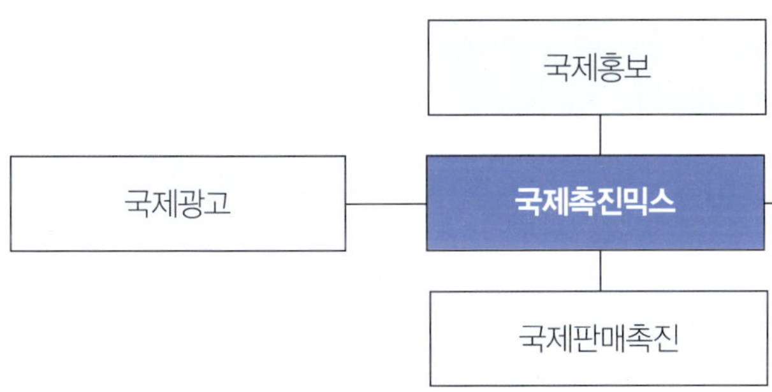

예를 들어 해당 제품이 명품이라는 것을 강조하기 위해 TV나 신문이 아닌 Vogue나 Noblesse와 같은 잡지에 광고를 하더라도, 판촉의 하나인 가격할인을 남용한다면 소비자는 어떻게 받아들일까? 아마 가격할인으로 당장은 매출이 증가할지 모르나 그 제품은 더 이상 명품이 아닌 때가 되면 할인도 하는 보통의 제품으로 전락할 것이다.

다시 말해 기업이 사용하는 각각의 촉진믹스요소들은 소비자에게 해당 제품이나 서비스를 하나의 긍정적인 이미지로 포지셔닝할 수 있게끔 통합 전달되어야 한다. 이때 다양한 촉진의 수단을 어떻게 배합하느냐는 것은 상품의 종류, 표적고객의 종류, 상품의 수명주기단계, 그리고 소비자의 구매의사결정단계에 따라 다르다.

(2) 국제촉진믹스의 결정요인

가) 풀전략과 푸시전략

기업이 일반소비자를 대상으로 제품이나 서비스에 대한 광고를 강화하면 소비자들은 자발적으로 구매의사를 갖고 판매처에서 제품을 찾게 되어 판매처는 자발적으로 그 기업의 제품을 취급하게 된다. 이렇게 판매처가 자발적으로 제품을 판매할 수 있도록 유도하는 마케팅 전략을 풀전략(pull strategy)이라고 하는데, 이 전략은 지명도가 높은 브랜드를 가진 제품의 경우 유용하다.

이와 반대로 기업이 최종소비자를 대상으로 광고, 홍보활동 등을 하지 않고 인적판매, 거래처 판매촉진 등에 집중하여 판매처에서 적극적으로 그 기업의 제품을 판매하도록 하는 마케팅 전략을 푸시전략(push strategy)이라고 한다.

나) 소비자의 구매결정과정

제품을 채택하기까지 고객은 인지, 관심, 평가, 시용, 채택 등의 단계를 거친다. 기업은 목표고객이 현재 어느 단계에 있는지 파악해야 하며 이를 토대로 촉진전략을 세워야 한다. 제품구매결정 이전 단계에서는 광고나 홍보활동에 주력하여 소비자에게 제품을 인식시키는 데 치중해야 한다. 구매 직전의 고객에게는 광고와 판매촉진활동을 함께 수행하며, 구매시점에서는 광고보다는 판매촉진, 인적판매 등에 더 집중해야 한다. 기업은 고객의 제품구매단계별로 가장 효과적인 촉진수단을 사용하여 고객에게 메시지를 전달해야 하는 것이다.

다) 제품의 수명주기

제품의 수명(product life cycle)은 도입기, 성장기, 성숙기, 쇠퇴기 등의 과정을 거친다. 도입기에는 제품을 알리고 시험구매를 유도하는 등 소비자에게 제품의 인지도를 높이는 것을 목적으로 촉진전략을 세워야 한다. 이 단계에서는 상품에 대한 광고와 홍보활동에 주력하고 견본제품을 제공하거나 대여하는 방법으로 시험구매를 유도할 수 있는 판촉활동을 수행해야 한다. 제품수명주기에 따른 촉진전략을 정리하면 표 12-1 과 같다.

성장기에는 광고, 홍보, 판매촉진 등의 활동을 유지하며 인적판매를 강화한다. 또한 경쟁제품이 늘어나기 시작하므로 탄력적인 가격전략을 세운다. 성숙기에는 인적판매의 비중을 증가시키고 소비자가 제품을 상기할 수 있을 정도의 광고를 한다. 또한 경품제공, 쿠폰 등의 판매촉진전략을 강

표 12-1 제품수명주기에 따른 촉진전략

구분	도입기	성장기	성숙기	쇠퇴기
특성	– 낮은 매출 – 고객당비용 높음, 이익은 적자 – 혁신층 고객, 소수의 경쟁자	– 매출 급속 성장 – 고객당비용 평균치, 이익 증대 – 조기수용층 고객, 경쟁자 점차 증가	– 매출 최대 – 고객당비용 낮음, 이익 최대 – 중간다수층 고객, 경쟁자 증가 정체	– 매출 쇠퇴 – 고객당비용 낮음, 이익 감소 – 최후수용층 고객, 경쟁자 감소
촉진전략	– 상표인지율 제고	– 상품구매 확대전략: 절품 최소화, 유통망 확장	– 수요 확대전략: 비사용자 소비 유도, 신규 세분시장 진출, 용도 확대	– 생산량 축소, 시장 철수 등 결정
	– 소매점 사업 촉진 및 취급 확산	– 상품인지광고를 선호광고로 전환		– 새로운 니치시장 개척
	– 상품의 초기구매 유도, 사용기회 제공, 판촉 강화	– 새로운 세분시장 진입 준비	–리포지셔닝 (repositioning)	
	– 제품을 알리고, 시험구매를 유도하기 위한 단계	– 도입기보다는 광고에 주력, 판촉활동은 감축	– 인적판매 비중 증가	–인적판매 비중 감소
	– 제품인지도 제고를 위한 광고와 홍보 집중	– 거래처를 상대로 한 인적판매 강화	– 판매촉진전략 강화: 경품, 쿠폰 판촉 시행	– 판매촉진 및 창의적 촉진활동 전개
	– 시험구매 유도를 위한 샘플링 같은 판촉 중요	– 경쟁업체 참여 시 탄력적으로 가격할인 운용	– 유지광고 및 이미지 광고	– 최소의 광고만 유지

화한다. 쇠퇴기에는 광고, 홍보, 인적판매의 비중을 줄이고 판매촉진을 강화한다.

(3) 국제촉진믹스의 특성

4가지 촉진수단, 즉 마케팅 커뮤니케이션 믹스요소인 국제광고, 국제인적판매, 국제판매촉진, 국제홍보의 특징 및 장단점을 정리하면 **표 12-2** 와 같다.

표 12-2 국제촉진믹스의 유형별 특성

	범위	비용	장점	단점
국제광고	대중고객	보통	– 신속함 – 메시지 통제가능	– 효과측정 곤란
국제인적판매	개별고객	고가	– 정보의 양과 질 우수 – 즉시적 효과	– 비용이 많이 듬 – 촉진속도 느림
국제판매촉진	대중고객	고가일 수 있음	– 주의를 끎 – 즉시효과	– 모방이 쉬움
국제홍보	다중고객 (개별/대중)	거의 무료	– 신뢰도 높음	– 통제가 어려움

(4) 통합마케팅 커뮤니케이션

시장이 점점 세분되고 커뮤니케이션 매체도 다양해지면서 커뮤니케이션 도구의 효율성이 점점 강조되고 있다. 소비자의 욕구가 다양해지고 그 계층이 세분화되면서 각각의 표적고객에게 가장 효과적으로 접근할 수 있는 커뮤니케이션 도구들을 다양하게 운영해야 할 필요성이 생기게 된 것이다. 그리고 모든 정보를 효과적으로 관리할 수 있는 데이터베이스가 등장하면서 기업이 소비자에게 다가가기 위해 활용하는 다양한 커뮤니케이션 도구를 아우르는 통합적인 마케팅 커뮤니케이션이 생겨나게 되었다.

통합마케팅 커뮤니케이션(IMC: integrated marketing communication)은 4가지 촉진믹스 외에 **그림 12-5**에서 보는 바와 같이 포장, DM, 엔터테인먼트, 직접마케팅 등 다양한 커뮤니케이션 수단들의 전략적인 역할을 비교, 검토해서 최대한의 커뮤니케이션효과를 거둘 수 있도록 이들을 통합하는 총괄적인 계획수립과정이다.

IMC의 형태는 마케팅믹스의 4P뿐만 아니라 촉진믹스도 포함한다. 뿐만 아니라 이외의 매우 다양한 수단들도 IMC 차원에서 그 필요성을 이해할 수 있다. 1990년대 이후 대두되고 있는 스포츠마케팅, 기업 아이덴티티 즉 CI(corporate identity), co-브랜딩, PPL(영화 삽입 광고), 그리고 체험마케팅 등은 모두 IMC의 개념 안에서 이해될 수 있다.

광고와 IMC는 둘 다 커뮤니케이션에 근본을 두고 있으나 그 효과나 관리의 범위에서는 차이가 있다. 그러나 IMC의 영향력이 높아지고 있는 점을 감안하여 광고의 관리를 넓혀야 한다는 의미에

그림 12-5 통합마케팅 커뮤니케이션

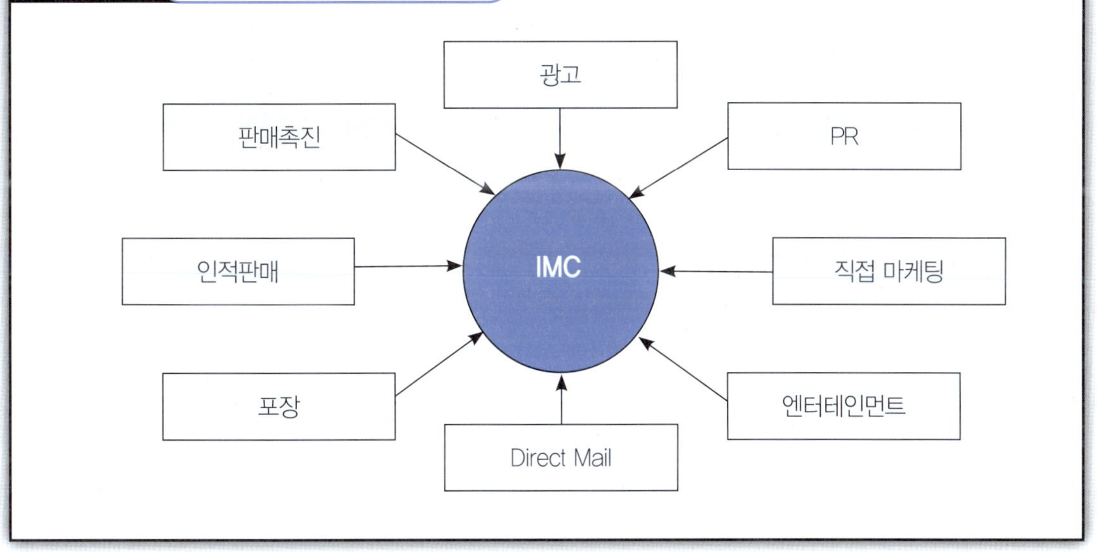

서 integrated 즉 통합광고의 용어와 개념을 이해해야 할 것이다.

2. 국제광고

(1) 국제광고의 개념

가) 국제광고의 정의

국제광고(international advertising)란 국제광고주가 국경 밖의 표적청중에게 자신의 상품과 서비스에 대한 정보를 알리고 설득함으로써 태도를 변화시켜 수요를 창출하거나 혹은 증대시키는 국제커뮤니케이션활동이라고 할 수 있다.

한 상표가 국가적 경계선을 넘어 다른 나라에서 상품화될 때 그 나라의 소구(appeal)대상을 향한 광고활동이 필요한데 이것을 국제광고라고 이른다. 또한 국제광고의 개념에서 중요한 의미를 갖는 것은 '서로 다른 문화'라는 문화적 경계이다.

따라서 국제광고는 문화와 문화 간의 상호 커뮤니케이션 또는 하나의 문화가 또 다른 문화를 설득하는 과정이라고 할 수 있다. 이러한 국제광고는 정치, 경제, 언어, 문화, 관습 등이 상이한 시장환경 속에서 이루어지는 것이기 때문에 효과적인 광고에 있어 국내광고와는 달리 아주 복잡하고 미묘한 문제를 안고 있다.

최근 광고의 의미가 어떻게 변하고 있는지를 파악하기 위해서는 앞에서 제시한 통합마케팅 커뮤니케이션(IMC: integrated marketing communication)의 의미를 알아야 한다. 즉 통합마케팅 커뮤니케이션은 광고보다 확대된 개념이다. 광고는 촉진믹스 안에서 하나의 수단에 불과하고 더 나아가 마케팅의 여러 믹스 중 하나일 뿐인데, IMC는 광고 외에 다른 촉진 수단, 즉 홍보, 인적 판매 그리고 판촉을 포함한다. 뿐만 아니라 IMC는 상품, 가격, 그리고 유통에 따른 커뮤니케이션효과를 포함한다. 따라서 광고의 새로운 정의는 시대의 흐름에 맞추어 광고의 커뮤니케이션적 행위의 바탕인 마케팅사고를 포함한다고 할 수 있다.

나) 국제광고의 기능

광고의 가장 1차적인 기능은 제품(또는 다른 대상)에 관한 정보를 청중들에게 전달하는 것이라 할 수 있다. 하지만 광고가 수행하는 기능은 다면적, 다차원적이므로 한마디로 광고의 기능이라 할 때 이를 명확히 파악하기는 어렵다.

구체적으로 살펴보면 국제광고의 기능은 광고 객체인 제품의 발전단계에 따라 약간씩 다르다. 새로운 시장으로 제품을 진출시킬 경우 또는 신제품을 기존시장에 진출시킬 경우에는 개척(pioneering)기능을, 기존시장에서 제품의 입지를 강화하기 위한 경우에는 경쟁적(competitive)기능을, 쇠퇴기에 접어든 제품에 대한 광고의 경우는 안정적으로 판매가 유지되도록 하는 유지(retentive)기능을 담당하게 된다. 그리고 어떤 경우에서든 다음과 같은 국제광고의 기능만은 올바르게 발휘되어야 한다.

① 정보(informative)기능: 해외의 소비자에게 제품, 서비스, 기술 등을 고지하는 기능
② 설득(persuading)기능: 해외의 소비자에게 강한 인상을 줌으로써 설득력을 미치는 기능
③ 반복(repeating)기능: 해외의 소비자에게 강한 인상을 줌으로써 반복 소비가 이루어지도록 하는 기능
④ 창조(creating)기능: 해외의 소비자에게 제품, 서비스, 기술 등에 관한 참신한 이미지를 주고 새로운 수요를 창조하는 기능

국제광고에 있어서 이러한 기능들은 하나하나가 개별적, 독립적으로 작용하는 것이 아니라, 항상 복합적으로 작용하고, 또 그러할 경우 가장 효과적이기 마련이다.

다) 국제광고의 역할

국제광고는 다국적기업이 수행해야 하는 국제마케팅믹스 중 촉진수단의 하나로, 인적 판매(personal selling), 판매촉신(sales promotion), 홍보(publicity), 그리고 PR(public relations)과 동시에 활용됨으로써 기업의 국제촉진목표를 달성하는 데 매우 중요한 역할을 한다. 특히 현지시장에 대한 침투와 유지에 중요하게 활용되고 있다.

국제광고활동의 중요성은 짧은 시간 내에 많은 소비자(audience)들에게 광고주의 메시지를 전달할 수 있고, 전파 또는 인쇄매체의 독특한 특성을 활용하여 커뮤니케이션효과를 높일 수 있고, 청중 1인당 비용이 저렴하다는 데 있다.

특히 오늘날은 교통 및 통신기술의 발달로 세계 각국의 지각적 거리가 짧아지고, 국제적인 교류가 빈번해지며, 국가별 또는 지역별 문화에 대한 상호의 이해가 높아짐에 따라 촉진수단으로서의 광고의 역할이 강화되고 있다.

(2) 국제광고의 환경적 요소

국제광고는 활동범위가 한 국가에 국한되지 않고 국내광고보다 복잡한 환경요인이 개입되는 해외시장에서 이루어지기 때문에, 의사결정 및 전략 수립에 있어 보다 복잡하고 어려운 문제가 따른다.

국제광고 관리자가 국제광고에 관한 의사결정을 할 때 고려해야 할 요소들은 **그림 12-6**에서 보는 바와 같이 ① 언어의 다양성, ② 광고의 역할, ③ 매체의 가용성(media availability), ④ 마케팅 경쟁상태, ⑤ 광고대행사의 가용성, ⑥ 정부의 규제 등이다.

그림 12-6 국제광고의 환경적 요소

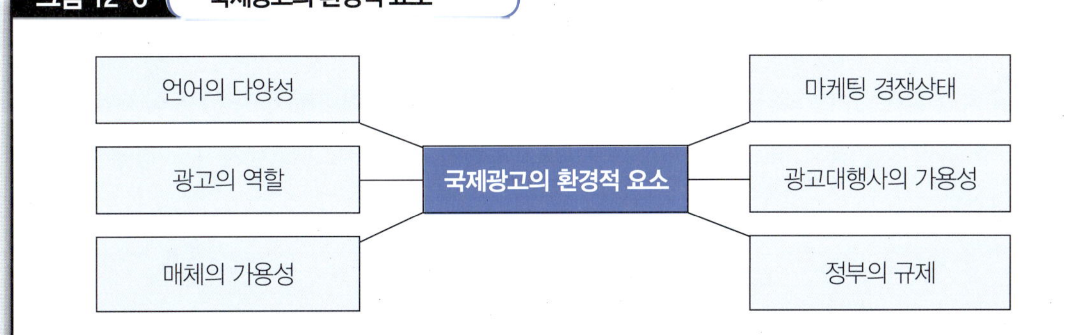

가) 언어의 다양성

언어는 국제광고에서 가장 중요한 영향요인 중의 하나로, 한 기업체의 광고메시지는 시장국별로 이질적인 언어를 통해 전달된다. 비록 똑같은 제품과 광고를 가지고 여러 시장국을 커버할 수 있더라도, 광고메시지만큼은 같은 언어로 전달할 수 없다. 따라서 각 시장국가에서 현지의 도움을 받아 번역을 해야 하는데, 그렇다 하더라고 기술적인 정확성이나 완벽한 번역을 기대하기란 어렵다.

나) 광고의 역할

국제광고 프로그램에 제약을 가하는 또 하나의 요소는 국가마다 광고의 역할이 다르다는 사실이다. 일반적으로 경제개발의 정도가 높은 나라일수록 광고의 중요성이 큰 반면, 후진국일수록 광고의 역할을 중요시하지 않는다.

예컨대 터키의 경우는 가장 중요한 커뮤니케이션 방식이 구전(word of mouth)이고, 다음이 대인판매, 신문, 라디오의 순이며, 소비자 설득을 위한 기본 수단인 기술적 정보의 전달을 거의 중요시하지 않는다. 반면에 영국이나 캐나다의 경우는 설득적 기능으로서 서술적이고 기술적인 정보원뿐만 아니라 인쇄와 TV매체에 의존하는 경향이 짙다. 결국 경제적, 문화적 환경은 커뮤니케이션 활동에 있어서 중요한 영향요소라고 할 수 있다.

다) 매체의 가용성

경제적으로 빈곤한 국가일수록 마케팅해야 할 잉여물이 부족하여 광고를 할 필요성도 적지만, 만일 광고를 하려고 해도 활용할 수 있는 매체가 부족하다. 또한 신문, 잡지 등 인쇄광고매체가 가용할지라도, 대부분의 소비자가 문맹자인 경우 인쇄매체를 활용하는 데 제약을 받게 된다. 일반적으로 경제개발정도가 높은 국가일수록 매체의 가용성이 증가하기 마련이다.

라) 마케팅 경쟁상태

국가에 따라 다국적기업의 진출상황이 다르다. 다국적기업이 많이 진출하고 있는 국가일수록 다국적기업과 현지기업 간의 경쟁이 증가하므로, 광고지출이 늘어나며 광고메시지도 경쟁지향적인 문구로 변경할 필요가 있다.

마) 광고대행사의 가용성

국제광고를 집행할 때 추가로 고려해야 할 것은 특정 시장국에 높은 수준의 광고대행사들이 있는가 하는 것이다. 이는 국제광고활동에 있어 현지광고대행사의 적극적인 지원을 받아야 할 때가 많기 때문이다. 일반적으로 특정 시장국의 경제개발정도가 광고대행사의 가용성 여부에 영향을 주지만, 경제개발정도가 낮더라도 인구가 많아서 절대시장규모가 크면 질 좋은 광고대행사가 존재할 가능성이 있다.

바) 정부의 규제

개도국이나 선진국을 막론하고 광고에 대한 정부규제가 강화되고 있다. 이러한 정부의 규제는 광고매체의 가용성에 제약을 가하게 된다. 예를 들어 캐나다, 영국, 이탈리아, 프랑스, 덴마크, 노르웨이, 스웨덴, 한국 등은 모든 광고매체 또는 일부의 광고매체에서 담배에 대한 광고를 전면 혹은 매체별로 금지하고 있다. 또한 일부 매체에는 아예 광고의 게재를 금하는 국가도 있다. 덴마크, 노르웨이, 스웨덴은 TV방송이나 라디오방송에서 상업적 광고를 금한다.

(3) 국제광고의 구성요소

광고의 의미는 커뮤니케이션에서 주장하는 5W의 원칙과 일치하는데, 여기서 5W는 **그림 12-7**에서 보는 바와 같이 who(광고주), what(상품내용), whom(대상), which medium(매체), what effect(광고성과)를 약자로 표시한 것이다. 따라서 광고는 커뮤니케이션의 근본적 의미와 같다고 볼 수 있다. 이러한 광고의 본질적인 특징은 특정한 광고에 대한 평가기준으로 사용될 수 있다. 즉, 광

그림 12-7 국제광고의 구성요소

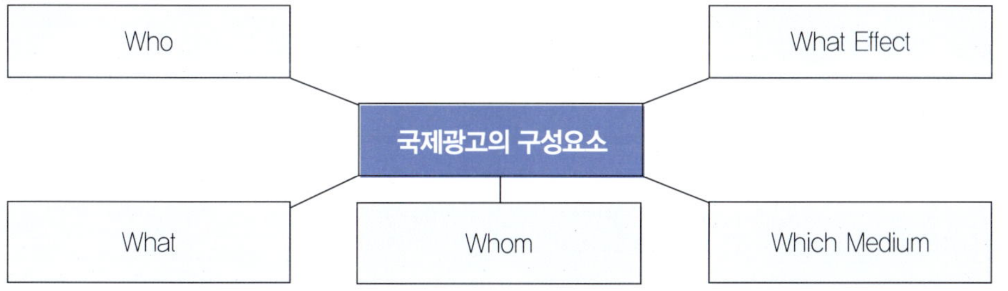

고를 보면서 그 광고가 각 원칙을 얼마만큼 지키고 있는지 점검해볼 수 있다는 의미이다.

가) 국제광고주체(Who)

국제광고주체는 국제광고주와 국제광고대행사로 구성되는데, 이들은 밀접한 상호관계하에서 광고전략과 전술을 구현하기 위해 현지를 중심으로 광고활동을 행하는 광고행위 주관자이다.

나) 국제광고메시지(What)

국제광고메시지는 어떤 광고의 전략이나 전술을 표현전략에 따라 언어적 그리고 시각적으로 적절히 표현하여 현지의 수용자에게 소구하는 광고표현과 내용을 말한다. 국제광고의 표현과 내용은 각국마다 문화와 언어가 다르므로 언어적(verbal) 표현보다는 비언어적(nonverbal) 표현으로 소구하는 것이 효과가 클 때가 많다.

다) 국제광고매체(Which Medium)

국제광고매체는 일국의 국경을 넘어 타국 내에 광고물을 운반 소구하는 수단으로, 매체기획에 따라 국제인쇄매체, 국제전화매체, 현지매체, 인적매체, 물적매체, 특수매체 등을 들 수 있다. 이는 곧 매체구매 면에서 합리적이고, 매체배포와 범위 면에서 효과적으로 도달할 수 있는 광고전달에 관한 것들이다.

라) 국제광고객체(Whom)

국제광고객체는 광고주체가 직 · 간접으로 관계를 맺는 광고대상군으로, 현지소비자, 현지고객, 현지거래처, 현지기업 등과 같은 소비집단, 유통집단, 생산집단에 광고물을 소구하는 목표대상에 관한 것이다.

마) 국제광고효과(What Effect)

국제광고효과는 국제광고행위로 인해 나타나는 결과로서 현지의 수용자에게 여러 가지 효과가 발생한다. 시간경과에 따라 단기효과와 장기효과, 태도변용에 따라 보강효과와 전환효과, 소비생산에 따라 소비효과와 생산효과, 인지감성에 따라 인지효과와 감성효과, 이미지에 따라 국가이미지와 상품이미지 등 다양한 효과가 나타난다.

(4) 국제광고전략의 수립

국제광고전략은 **그림 12-8** 에서 보는 바와 같이 일반적으로 6단계를 거쳐 이루어진다.

그림 12-8 국제광고전략의 수립

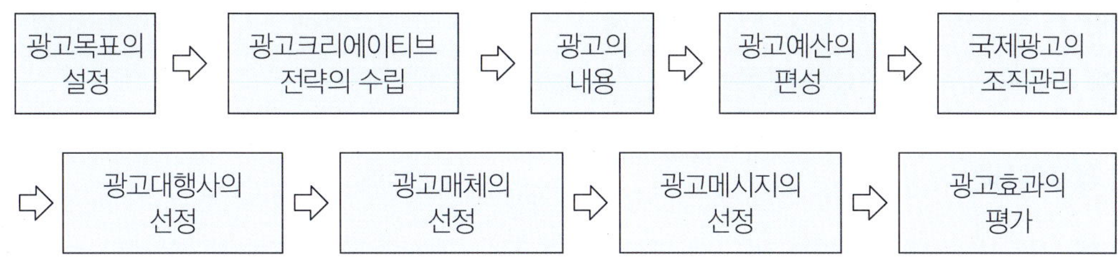

가) 광고목표의 설정

마케팅믹스의 한 수단인 광고는 무엇보다 마케팅목표에 맞도록 설계되어야 한다. 즉 마케팅목표와 상호보완적이면서 일관성 있는 광고목표를 세워야 한다. 광고의 목표는 매출을 높이는 것이다. 브랜드에 대한 인지도를 높이거나, 기업이나 제품의 이미지를 강화하거나, 소비자의 태도를 변화시키고 강화시키는 구체적 목표를 가지고 직접, 간접적으로 매출에 기여하는 것이다. 그러나 매출이란 것은 마케팅믹스가 종합된 결과에 의해서 이루어지므로 광고만으로 매출증대에 어느 정도 효과가 있는지 측정하기 어렵고, 또한 광고로 인한 매출효과는 일정 기간이 지난 후에야 나타나게 된다.

결국 매출을 증대시키는 단기적 목적으로서의 광고도 중요하지만 커뮤니케이션의 수단으로서 광고전략을 수행하는 것도 필요하다. 기업이나 제품에 대한 브랜드자산의 중요성이 날로 커지는 만큼 단기적인 마케팅목표에 따른 광고전략을 세우는 것도 필요하지만, 장기적으로 기업이나 제품의 브랜드이미지를 높이기 위한 현실적 마케팅목표와 다른 광고목표를 설정하는 것도 필요하다.

나) 광고크리에이티브전략의 수립

광고크리에이티브(advertising creative)란 광고목표에 따라 소비자에게 전달할 핵심 메시지를 개발하고 이를 어떻게 무슨 매체를 이용하여 전달할 것인가를 구체적으로 다루는 과정이다. 즉 광고크리에이티브란 광고의 창작과정을 의미하는 말로 광고기획과정을 통해 나온 아이디어를 구체화하는 작업이다.

광고크리에이티브는 커뮤니케이션 원칙에 의해 다듬어져야 하고 마케팅 목표와 전략을 달성할 수 있어야 한다. 일반적으로 광고크리에이티브전략에서는 광고 소구점(appeal)의 결정, 광고실행스타일의 결정, 광고모델의 선정, 광고 아이디어의 구체화 작업 등을 다룬다. 광고표현 콘셉트는 제품콘셉트를 가장 효과적으로 전달하는 핵심 표현내용이다. 먼저 소비자에게 전달하고자 하는 제품콘셉트를 설정하고 이에 따라 메시지에 있어서 소비자의 어떤 부분에 소구할 것인지, 어떤 구조로 만들 것인지, 어떻게 전달할 것인지 등을 결정해야 한다.

다) 광고의 내용

국제광고를 내용 면에서 보면 기업광고와 상품광고로 나눌 수 있다. 기업광고는 광고주인 기업자체의 광고로서 그 기업이 생산, 판매하는 제품 전반 혹은 기업활동, 기업경영 등을 소개해 해외의 소비자에게 기업이미지를 높일 수 있다. 이에 비해 상품광고는 제품과 서비스를 포함하여 품질이나, 성능, 효능, 용도, 내구성 따위를 해외 소비자에게 알리며 대상시장에서의 수출판매를 촉진시킨다. 이러한 상품광고는 상품의 용도에 따라 소비용품광고와 산업용품광고로 나뉜다.

라) 광고예산의 편성

국제광고의 예산편성은 이용가능한 자금을 광고에 투입하는 가용자금기준법, 매출액의 일정 비율을 광고비로 책정하는 매출액비율법, 경쟁자의 광고비수준에 맞춰 광고비를 책정하는 경쟁기업기준법, 광고목표를 설정하고 그 목표를 수행하기 위해 비용을 책정하는 목표과업법 등 여러 가지 방법이 있다. 따라서 국제기업은 자사제품의 특성, 광고의 목적 및 자사의 실정과 이용에 따른 효과를 감안하여 적절한 방법을 선택하여야 하며, 이를 토대로 합리적인 예산을 편성하여야 한다.

마) 국제광고의 조직관리

국제광고는 조직 면에서 집중화, 분권화, 그리고 절충형으로 살펴볼 수 있다. 국제광고를 집중화한다는 것은 광고활동의 준비, 매체 및 광고회사의 선정과 예산 편성을 모두 본사에서 행하는 것이다. 이에 비해 분권화는 해외지사나 자회사들이 독자적으로 광고와 관련된 사항을 결정할 수 있도록 권한을 위임하는 것으로, 본사와 해외지사 간의 의사소통문제를 해결하고 보다 현지 실정에 맞는 광고를 하며 해외지사에 동기를 부여하는 이점이 있다. 한편 이 두 방식을 절충하여, 본사에서

예산이나 기본적인 광고주제 선정 등을 담당하고 본격적인 제작과 매체 선정은 자회사에 위임하는 혼합형도 존재한다.

바) 광고대행사의 선정

기업이 국제광고활동을 수행할 때 선택할 수 있는 광고회사로는 자국의 국내회사, 해외 현지회사, 각국에 지사가 있는 다국적회사를 들 수 있으며, 절충방안으로 각 해외시장에서 현지 회사를 이용하면서 조정역할로 국내회사를 활용할 수 있다.

사) 광고매체의 선정

표적고객에게 메시지를 가장 잘 전달할 수 있는 매체를 선택하고 얼마나 많은 사람에게 얼마나 노출시킬 것인지 결정해야 한다. 즉 표적고객이 정립되면 이에 맞는 매체가 선택되어야 한다. 따라서 여기서의 목적은 고객과 매체의 성격을 일치시키는 것이다. 매체와 표적고객 사이에는 일치화 부분이 있는데, 광고주의 과제는 이 일치화 부분을 최대화하는 것이다. 그럴 경우 목표고객에게 도달되면서도 매체의 불필요한 낭비가 적어질 수 있다.

국제마케팅 차원에서도 이와 같은 고객과 매체의 효과적인 일치가 필요하다. 특히 국제매체 비용이 거대할 수 있기 때문에 고객 도달도 중요하지만 자금이 적은 기업의 입장에서는 매체 낭비의 감소는 필수적이다. 매체마다 고객은 물론 광고비용도 다르기 때문에 기업은 국제마케팅의 목적에 맞게 매체를 잘 선택해야 한다. 인터넷 역시 매체의 특징을 지니고 있으므로 특정 사이트의 방문자의 성격에 따라 국제, 지역 혹은 현지 매체의 성격을 가질 수 있다.

국제광고 시 사용할 수 있는 매체에는 국제매체와 현지매체가 있는데, 국제매체란 미국의 타임지, 뉴스위크지, 내셔널 지오그래픽지, 영국의 이코노미스트지나 유럽의 라디오 룩셈부르크 등과 같이 세계 각국에 공통적으로 배포되거나 도달되는 매체를 말한다. 이들 매체는 주로 영어로 발간 또는 방송되어 각 나라의 교육수준과 소득수준이 높은 소비자에게 도달되며, 신뢰성 또한 높다는 장점을 가지고 있다. 이에 비해 현지매체는 보다 세분화되고 구체적인 대상에게 소구할 수 있는 장점이 있다. 한편 매체의 성질별로 인쇄, 전파, 그리고 기타매체로 분류할 수도 있다.

아) 광고메시지의 선정

국제광고의 메시지는 해당 목표시장의 구매자의 소비특성, 구매동기, 언어의 특성, 시장차별화의 정도 등을 고려하여 시장국별로 현지화할 것인지 아니면 표준화할 것인지를 선택해야 한다. 광고메시지의 내용을 국가와 관계없이 국제적으로 표준화(standardization)할 것인가, 혹은 시장별로 현지적응화(adaptation)할 것인가는 국제광고전략에서 가장 핵심적인 이슈이다. 왜냐하면 국제광고를 표준화하는가 혹은 현지적응화하는가에 따라서 업무의 방향이 판이하게 달라질 뿐만 아니라 광고인력의 조직, 광고회사의 선정 등 다른 전략 차원을 결정하는 데에도 중요한 고려요소가 되기 때문이다.

자) 광고효과의 평가

광고 후 고객들이 메시지를 기억하는지, 몇 번이나 보았는지, 느낌은 어떤지, 제품에 대한 태도는 어떻게 변했는지 등을 측정해야 한다. 모든 커뮤니케이션은 정확한 목적을 위해 집행되어야 하고, 집행 이후 그러한 목적이 달성되었는지에 대한 커뮤니케이션효과가 검증되어야 한다. 효과검증을 위해 DAGMAR(defining advertising goals for measuring advertising results)체제를 사용할 수 있다.

기업의 상황에 따라 다소 차이는 있을 수 있지만 국제마케팅 차원에서 국내기업의 커뮤니케이션은 그동안 브랜드에 관련된 최종시장(end user)과 유통에 대한 정확한 목표설정이 부족했기 때문에 글로벌시장에서의 국내 브랜드의 인지도가 매우 낮은 상태라고 할 수 있다.

(5) 국제광고예산의 편성

기업들은 이론적인 광고예산 결정방식보다 실무적 경험을 통해 개발된 방법들을 주로 이용하고 있다. 기업들이 실제로 사용하는 여러 광고예산 결정방법은 크게 하향식 접근방법과 상향식 접근방법으로 나뉜다.

하향식 접근방법의 단점은 관리자의 판단에 의존하여 광고예산이 결정되므로 광고가 지향하는 목표 및 전략과 연계되지 않는 경우가 흔히 발생한다는 것이다. 그러므로 기업의 커뮤니케이션 목표를 먼저 고려하여 이를 달성하는 데 필요한 비용을 광고예산으로 책정하는 상향식 접근방법이 보다 효과적인 광고예산 수립전략이다. 하향식 접근방법으로는 가용자금법, 임의할당법, 매출비율법, 경쟁사기준법 등이 있고, 상향식 접근방법으로는 목표과업법, 현금흐름계획법 등이 있다.

가) 가용자금법

가용자금법(affordable method)은 기업의 다른 필수적 경영활동(생산, 판매 등)에 우선적으로 자금을 책정한 후 여유자금이 허락하는 범위 내에서 광고예산을 수립하는 방법이다. 재정적으로 기업에 부담을 주지 않는 방법이지만, 광고가 달성해야 하는 목표를 전혀 고려하지 않은 상태에서 광고예산이 결정되므로 사용된 광고예산의 효과를 측정할 기준이 없다는 문제점이 있다.

가용자금법을 이용하는 기업들은 판매에 영향을 미치기에는 너무 적은 광고예산을 책정하거나, 필요 이상으로 많이 책정하는 경우가 흔히 있다. 또한 광고비를 더 많이 지출해야 할 불황기나 매출이 감소할 때, 기업은 여유자금이 없으므로 광고예산을 삭감할 가능성이 높다.

나) 임의할당법

임의할당법(arbitrary allocation method)은 순전히 경영자의 느낌으로 광고예산이 설정되는 방법으로, 가용자금법보다 더 취약한 광고예산 결정방법이다. 임의할당법은 이론적 근거가 없으며 광고목표를 무시한 광고예산 수립방식으로, 다른 방법들과 비교할 때 전혀 이점을 갖지 못한다.

다) 매출비율법

매출비율법(percentage of sales method)은 매출에 비례해서 광고예산을 책정하는 방법으로 기업에서 광고예산을 수립할 때 가장 널리 사용된다. 매출비율법에서의 광고예산규모는 ① 과거에 사용되어온 광고비의 매출액 점유비율(즉 매출액에 대한 광고비용의 비율)에 지난해 매출액(혹은 예상 매출액)을 곱하여 결정되거나, ② 단위당 생산비의 일정 비율을 광고비로 책정한 후, 이를 예상(혹은 전년도) 판매량에 곱하여 결정된다.

매출비율법은 다음과 같은 장점을 갖는다. 첫째, 매출액이 증가하면 광고예산이 늘어나고 매출액이 감소하면 광고예산이 줄게 되므로, 기업의 자금운용이 쉬워진다(광고예산에 필요한 충분한 자금을 확보할 수 있다). 둘째, 이 방법은 단순하여 실행하기가 쉽다. 셋째, 기업은 비교적 안정적으로 광고예산을 운영할 수 있다. 매출액의 변화가 너무 급격히 일어나지 않는 한, 기업은 광고비 지출의 규모를 정확히 파악한 상태에서 광고예산을 수립할 수 있다.

그러나 매출비율법은 다음과 같은 단점을 가지고 있다. 첫째, 매출비율법은 광고비가 매출액에 영향을 미치는 것이 아니라 매출액이 광고비 결정에 영향을 미친다고 가정함으로써 원인(광고비)과 결과(매출액)가 서로 바뀌는 비논리적 가정에 있다. 즉 광고비와 매출액 간의 올바른 인과관계는 매출액=f(광고비)이지만, 매출비율법은 광고비=f(매출액)이라는 논리적으로 잘못된 가정을 하고 있는 것이다. 둘째, 매체비율법은 시장상황의 여건과 마케팅전략이 변화함에 따라 이에 대처하여 탄력성 있게 광고예산을 조정하기가 어렵다. 광고예산 결정에 이용되는 각 기업의 매출비율(즉 광고비/매출액)이 비슷하면, 기업들 간에 불필요한 광고경쟁은 피할 수 있을 것이다.

라) 경쟁사기준법

경쟁사기준법(competitive parity method)은 경쟁사의 매출비율과 동일한 수준에서 광고예산을 책정하는 방법이다. 가령, 주요 경쟁사가 매출액 중에서 10%를 광고비로 책정한다면, 자사 브랜드도 동일한 비율에서 광고비를 결정하는 것이다.

경쟁사기준법이 선호되는 가장 큰 이유는 경쟁사와 비슷한 수준에서 광고비를 책정하면 지나친 광고전쟁을 피할 수 있으므로 시장안정을 가져올 수 있다는 믿음 때문이다. 즉 경쟁사기준법은 산업 내 여러 경쟁기업들의 보편적인 의견을 반영한 것으로 최적의 광고예산에 어느 정도 근접한다고 보는 것이다.

경쟁사기준법은 다음과 같은 문제점을 가지고 있다. 첫째, 경쟁사기준법은 각 기업의 고유한 시장상황과 마케팅목표에 따라 차별화된 광고예산이 책정되어야 한다는 사실을 무시하고 있다. 가령 새롭게 진출한 후발 브랜드나 중소기업들이 기존의 선도기업과 동일한 수준의 광고예산을 책정한다면 충분한 매출효과를 기대하기 어려울 것이다. 둘째, 경쟁사기준법은 경쟁기업들이 비슷한 수준의 광고비를 지출하더라도 광고캠페인 실행 혹은 매체사용의 효과성에서 기업들 간에 차이가 있을 수 있음을 무시한다. 셋째, 경쟁사들이 계속적으로 동일한 광고전략과 광고예산을 유지한다는 보장이 없으며 성숙기에 들어선 많은 제품시장에서 광고전쟁은 피할 수 없는 현실이다. 그러므로 경쟁사기준법을 사용하는 기업이라 하더라도 매출액비율법 등의 다른 광고예산 결정방법도 함께 고려하는 것이 보다 일반적이다

마) 목표과업법

기업은 명확한 마케팅, 광고목표 없이 최적광고예산을 결정하기 어려울 것이며, 마찬가지로 이용가능한 광고예산의 규모를 전혀 고려하지 않고 광고목표를 수립하는 것도 의미가 없을 것이다. 가령, 기업이 20%의 표적시장 고객들에게 브랜드 인지도를 창출하는 것을 광고목표로 삼는다면 큰 부담 없이 적정의 광고예산을 수립할 수 있다.

목표과업법(objective and task method)에서는 다음과 같은 과정을 거쳐 광고예산이 수립된다. 첫째, 기업은 마케팅목표와 이를 달성하기 위한 구체적인 광고(혹은 커뮤니케이션 목표)목표를 결정한다. 둘째, 마케팅목표와 광고목표를 달성하기 위한 구체적인 과업들을 결정한다. 이러한 과업들은 다양한 매체에서의 광고, 표적고객들에 대한 평균노출횟수, 판매촉진 등에 대한 결정을 포함한다. 셋째, 각 과업별로 필요한 비용을 추정하여 이들을 합한다.

그러나 이 방법의 단점은 목표달성에 필요한 구체적인 과업과 각 과업별 소요비용을 결정하기가 어렵다는 것이다. 가령, 50%의 표적시장 고객들로부터 브랜드 인지도를 창출하는 것이 광고목표라면, 이에 필요한 구체적 과업과 각 과업별 비용을 정확히 파악하는 것이 쉽지 않을 것이다. 기존 제품 또는 이와 유사한 신제품에 대한 광고예산 수립과 같이 지침으로 활용할 과거 경험이 있다면 목표과업법의 사용이 보다 용이하다. 그러나 신제품에 대한 광고예산 수립의 경우에는 목표과업법에 따른 광고예산 결정방법의 사용이 상대적으로 어렵다.

바) 현금흐름계획법

현금흐름계획법(payout planning)은 광고비의 투자가치를 고려하여 광고예산의 규모를 설정하는 방법이다. 현금흐름계획법에서는 2~3년 동안에 제품으로부터 발생될 수익과 지출되어야 할 비용을 추정하여 기대수익률을 구한 다음, 이를 토대로 광고예산규모를 결정한다.

현금흐름계획법은 기업이 이익을 실현할 목표연도를 제시하므로 광고비 지출계획에 대한 유용한 지침을 제공하는 이점이 있다. 그러므로 현금흐름계획법과 목표과업법을 함께 사용하면, 기업은 하향식 접근보다 더 합리적으로 광고예산을 수립할 수 있을 것이다.

(6) 국제광고대행사의 선정

외국에서 광고를 하기 위해서는 광고의 제작 및 게재를 대행할 수 있는 기관의 선택이 중시된다. 여기서는 다양한 선택이 가능한데, 자국의 대행사, 현지국가의 대행사, 그리고 다국적대행사 등이 일반 대안으로 고려될 수 있다. 자국의 대행사는 수출과 같은 제한된 국제진입전략에 적합하다.

국내에서는 계열사로 대행사가 있는 기업이 많아 자국의 대행사들을 많이 사용하고 있지만 수출이 아닌 보다 본격적인 진입전략이 요구될수록 해외대행사의 사용도 고려되어야 한다. 한국의 주요 대행사는 현재 각종 외국 대행사와의 업무제휴가 되어 있어 외국시장의 진입 시 어느 정도의 연결이 가능하다. 현지대행사는 현지화가 많이 요구되는 해외진입전략에 유용할 수 있다. 그리고 다국적대행사는 국제전략의 수립 및 집행이 중시될 때 추천된다. 세계의 주요 광고대행사를 살펴보면 표 12-3과 같다.

표 12-3 세계의 주요 광고대행사

순위		광고회사	본사
2011	2010		
1	1	WPP	영국 더블린
2	2	Omnicom	뉴욕
3	3	Publicis Groupe	파리
4	4	Interpublic Group	뉴욕
5	5	Dentsu	도쿄
중략			
15	14	Asatsu-DK	도쿄
16	16	Media Consulta	베를린
17	19	Cheil Worldwide	서울
18	18	IBM Interactive	시카고
20	20	ABC Group	싱가포르
20	17	Photon Group	시드니

자료 Ad Age, 2012.

가) 광고대행사 선정 시 고려할 사항

① 제공할 수 있는 시장의 범위
② 시장범위의 질적 측면
③ 시장조사, PR, 기타 마케팅 서비스의 수행가능 여부
④ 기업의 광고부서와 대행사의 상호보완역할
⑤ 광고의 국제적인 상호조정문제
⑥ 광고대행사의 국제적 사업규모정도

⑦ 목표로 하는 기업이미지

⑧ 광고대행사의 조직

⑨ 광고대행사의 커뮤니케이션 통제정도

⑩ 진출기업의 해외사업형태

나) 현지대행사의 이점

국제광고대행사의 이용이 증가함에도 불구하고 현지국 광고대행사를 이용하는 이유는 다음과 같다.

① 현지대행사의 특별서비스, 즉 현지시장 및 고객정보를 기반으로 현지대행사의 차별적인 서비스 제공이 가능하기 때문이다.

② 또한 현지대행사를 이용함으로써 선량한 기업으로서의 이미지를 높일 수 있으며, 현지자회사로 하여금 촉진활동에 대해 책임을 지도록 할 수 있기 때문이다.

③ 국제기업의 촉진프로그램을 국제적으로 조정하는 역할을 국제대행사의 경우 수행하지 못할 수 있으며, 때로는 이러한 조정이 필요 없기 때문이다. 그러나 해외 현지광고회사의 경우 현지적응능력이 뛰어나고 현지매체에 대한 지식도 풍부하나 본사와의 연계과정에서 무리가 발생할 여지가 있다는 단점이 있다.

다) 국제광고대행사의 이점

국제광고대행사를 이용할 경우 다음과 같은 이점이 있다.

① 광고활동과 관련된 시장조사 및 제작활동의 중복을 방지함으로써 비용의 절감을 꾀할 수 있다.

② 광고의 집중적인 통제가 요구되는 경우 국제적 조직구조를 지닌 단일의 광고대행사와 거래하면 매우 편리하다.

③ 세계 어느 시장에서든지 동일한 광고대행사를 사용하면 국제광고활동의 조정이 용이하고 세계시장에 동일한 이미지를 심어주기가 훨씬 쉽다.

코카콜라, 펩시콜라, 필립모리스 등은 국제광고대행사를 통해 세계 전역에 표준화된 이미지를 뿌리내리는 데 성공한 대표적 사례들이다. 그러나 국제광고대행사는 현지광고대행사에 비해 현지적응능력이 떨어질 수 있다는 단점이 있다. 일반적으로 통제에 대한 요구가 높을수록 국제광고회사를 이용하는 경우가 많다.

(7) 국제광고매체의 선정

한 국가시장에서의 광고매체 선정전략이 다른 국가시장에 그대로 적용되는 경우는 매우 드물다. 이는 나라마다 정치 · 사회 · 문화 · 경제적인 특성이 다르기 때문이다. 따라서 국제마케팅 관리자는 이러한 환경특성을 고려하여 광고매체를 선정하여야 한다. 또한 이용하고자 하는 광고매체가 목표시장에서 어느 정도의 침투능력을 가지고 있는지를 조사해야 한다. 광고의 전달효과를 높이기 위해서는 시장을 세분화하고, 세분화된 시장마다 각기 다른 광고매체를 이용하여 차별적인 메시지를 전달하는 것도 좋은 방법이 될 수 있을 것이다.

광고매체의 선정을 위해서는 광고매체의 활용가능성, 비용, 커버리지 등을 고려해야 한다. 바람직한 광고매체란 목표시장을 비용/편익 면에서 가장 효과적이고 효율적으로 커버할 수 있어야 한다. 일반적으로 국제마케팅 관리자가 여러 광고매체 중에서 각 매체가 지닌 메시지의 전달 범위나 능력, 그리고 각 매체활용 시 소요되는 비용을 감안하여 자사의 제품에 적합한 매체를 선정하게 된다. 국제광고 시 활용가능한 주요 매체로는 TV, 라디오, 신문, 잡지 등 이른바 광고의 4대 매체가 있고, 그 밖에 인터넷광고, 옥외광고 등이 있다. 이들의 장단점을 정리하면 표 12-4 와 같다.

가) 신문

신문광고는 오래된 역사만큼이나 오늘날에도 4대 매체 중에서 가장 비중이 높다. 신문광고의 특성은 대체로, ① 독자의 매체접촉이 능동적이기 때문에 설득적 소구에 적합한 점, ② 내용을 임의로 조정할 수 있으므로 제품에 대한 심층정보를 제공할 수 있다는 점, ③ 배포지역이 명확하여 지역별 광고에 유리하다는 점, ④ 대다수의 가정이 구독하므로 광고의 도달범위가 넓다는 점, ⑤ 어떤 규모의 광고예산으로도 광고게재가 가능하다는 점, ⑥ 대다수가 정기독자여서 광고노출이 안정적이라는 점 등이다.

그러나 신문광고는 다음과 같은 한계도 있는데, 즉 ① 매체수명이 짧아 광고효과가 짧다는 점, ② 인쇄나 컬러의 질이 떨어진다는 점, ③ 독자의 계층적 선택이 어렵다는 점, ④ 신문광고료가 임의로 변동하며 배포수도 불명확해 매체계획 수립에 장애가 된다는 점 등이 지적된다.

한편 신문광고의 종류로는 기사하광고, 제하광고, 돌출광고, 임시광고, 안내광고 등이 있다.

나) TV

TV를 매체로 한 광고는 신문광고, 잡지광고, 라디오광고와 더불어 오늘날의 가장 일반적인 광

표 12-4 광고매체별 장단점

매체	장점	단점
신문	신축성, 적시성, 범위 한정 용이, 광범위한 수용성, 높은 신뢰성	짧은 수명, 재현도 낮음, 독자수 적음
TV	역동성, 감각적 소구, 주의도 높음, 노출 및 도달범위 넓음	고비용, 과다광고로 인한 광고 혼잡, 단기적 노출, 청중의 무작위성
라디오	대량이용, 지리적 · 인구통계적 선별성, 저비용	청각에만 의존 주의력 낮음, 순간적 노출
잡지	지리적 · 인구통계적 선별성, 신뢰성 확보 가능, 장기적 광고 수명	광고게재에 소요되는 시간 김, 일부 부수의 효과 상실
옥외광고	신축성, 반복노출도 높음, 저비용, 저경쟁	청중 선별 못함
인터넷	높은 선별성, 상호작용성, 상대적 저비용	신매체로서 절대적 이용자수 적음, 노출제한

고형태의 하나이다. 즉 TV 시청자에게 무차별적으로 노출시키는 전파광고형태이다. TV광고의 특성은 대체로, ① 시청각 양쪽에 호소하므로 광고효과가 크다는 점, ② TV 보급률이 높아져서 전국의 가구를 상대로 소구할 수 있다는 점, ③ 음향 · 색채 · 동작 등 표현수단이 다채로워 시청자를 깊게 끌어들일 수 있다는 점, ④ 영상매체이므로 제품이나 서비스의 사용 · 이용 장면을 보여줄 수 있어 데몬스트레이션(demo-nstration)효과가 크다는 점이다.

그러나 TV광고는 다음과 같은 한계도 있는데, 즉 ① 광고비가 아주 비싸다는 점, ② 메시지가 무차별하게 노출되므로 선택성이 약하다는 점, ③ TV의 영향력과 비례하여 광고규제가 심하다는 점 등이다.

TV광고에는 ① 광고주가 프로그램을 제공하는 형식의 프로그램 커머셜, ② 스테이션브레이크(station break)에 방송되는 스파트, ③ ID카드 및 시보 등이 있다.

다) 라디오

라디오광고는 청각생리학적, 음향심리학적으로 보면 수면학습적 효과가 가장 높은, 즉 잠재의식에의 깊은 접근을 특징으로 하는 이른바 디프 셀링 미디엄(deep selling medium)이다. 청취율은 그다지 넓지 못하지만 일부 청취계층에 대해서는 깊은 소구를 할 수 있다는 장점이 있다. 라디오광고의 형태로는 프로그램제공형식의 프로그램 커머셜과 스테이션 브레이크(section break)에 방송되는 스파트 커머셜, 그 밖에도 시보 등이 있으나, ID 및 예시광고는 없다.

광고매체로서 라디오는 광고의 4대 매체 가운데 가장 많이 보급되어 있을 뿐만 아니라 매체비용도 상대적으로 저렴하지만, 전 세계적으로 TV에 밀려 사양화의 길을 걷고 있는 것이 사실이다. 또 전기통신기술의 발달로 CATV 등 뉴미디어가 각광을 받을 것이라는 일반적인 예측으로 볼 때 라디오광고의 미래도 밝지 않다. 따라서 매체계획상 라디오광고는 보조매체로 이용되는 경향이 있다.

라) 잡지

잡지를 매체로 한 광고는 ① 세분화된 독자층에 유효적절하게 소구할 수 있으며, ② 매체수명이 비교적 길어 광고효과가 지속될 수 있으며, ③ 표현방법이 다채로워 설득력이 풍부하고, ④ 퍼블리시티(publicity)와 결합하여 상승효과를 노릴 수 있고, ⑤ 비용이 비교적 저렴해 적은 예산으로도 광고를 집행할 수 있다는 장점이 있다.

그러나 ① 대량성 및 다층성이 부족하고, ② 지역적 특성에 따른 선택적 광고가 어렵다는 약점이 있다. 잡지광고의 형태로는 게재되는 위치에 따라 표지광고와 내지광고, 목차면 광고가 있고, 크기에 따라 전면광고, 다면광고, 1/2페이지 광고, 1/3페이지 광고 등이 있다. 또 광고의 형태에 있어서도 폴더를 이용한 광고, 특수제본을 이용한 광고 등 많은 형태가 있다. 가장 대표적인 잡지로는 Times지나 Newsweek지를 들 수 있다.

마) 기타 광고매체

4대 광고매체 외에 옥외광고(outdoor advertising), 직접우송광고(direct mail advertising), 판촉물을 활용한 특수광고(specialty advertising), 영화광고, 구매시점광고(point-of-purchase advertising) 등과 같은 다양한 광고매체가 국제광고에 활용되고 있다. 이러한 광고매체들은 전통적인 인쇄매체나 방송매체의 활용이 불가능한 경우나 특정 지역의 소비계층에 파고들 때 활용되는 것이 보통이다.

DM(direct mail)은 소구대상이 명확하고, 전단예산을 맞추기 쉬우며, 충분한 정보를 전달할 수 있다는 장점이 있는 반면에 목표고객명단을 구하기 힘들고, 소구범위가 작으며, 신뢰성이 낮다는 단점이 있다. 옥외광고는 지속성이 크다는 점, 눈에 띄기 쉽다는 점, 지역을 선별할 수 있다는 점, 단순메시지 전달에 적합하다는 장점이 있는 반면에 정보제공이 어렵다는 점, 법적 · 공간적 제약이 많다는 점, 정확한 광고효과를 측정하기 어렵다는 단점이 있다.

(8) 국제광고메시지의 선정

국제광고를 위한 의사결정에 있어서 중요한 분야 중의 하나는 각국에 적합한 소구(appeal)를 담은 광고메시지를 개발하여 선택하는 일이다. 나라마다 독특한 특성을 지니고 있으므로 기업은 시장별로 별개의 광고소구와 메시지를 개발할 필요가 있다. 그러나 진출대상국이 늘어나고 현지시장이 여러 개의 세분시장으로 나뉠 경우에는 이러한 과업은 많은 시간과 노력이 없이는 성공하기 어렵다.

효과적인 커뮤니케이션을 위한 광고메시지의 개발에 따른 광고제작의 원칙과 방법 등의 기술적인 문제는 근본적으로 모든 국가에서 대동소이하다고 볼 수 있다. 따라서 여기서는 국제시장에서의 광고메시지 개발 시 고려해야 할 요소와 국제광고메시지의 표준화와 현지화에 대해 살펴보고자 한다.

가) 국제광고메시지 개발 시 고려사항

① 구매자의 소비시스템

제품이 나라마다 같은 욕구를 만족시키기 위한 것이라면 유사한 소구내용이 사용될 수 있다.

② 구매동기의 유사성

동일한 제품은 기능적인 측면, 편리성, 그리고 당해 제품의 지위(status)에 의해 구매가 되지만, 상이한 제품은 각국별로 상이한 동기부여의 조합을 통해 구매가 이루어진다. 구매동기가 유사할수록 표준화된 소구의 사용이 바람직하다.

③ 언어의 다양성

영어와 같이 세계적으로 공용되는 언어는 국제광고메시지의 표준화를 가능하게 하지만, 세계 각국의 언어의 다양성은 번역상의 문제점 때문에 표준화된 광고소구의 활용에 커다란 장애가 되고 있다. 번역상의 오류를 피하기 위해서는 광고 카피(copy)는 가능한 한 짧은 것이 좋으며 그림과 같은 시각적 표현을 적절히 포함시키는 것이 바람직하다. 특히 시각적인 표현방법은 문맹률이 높은 나라에서 대단히 유용한 커뮤니케이션방법이다.

나) 국제광고메시지의 표준화와 현지화

광고의 표준화(standardization)는 여러 여건이 국가 간에 같을 때 가능한 전략이다. 1960년대에는 다국적기업이 여러 시장에 진입하면서 비슷한 소구점과 거의 동일한 방법으로 국제수요를 창출시켰다. 심한 경우에는 같은 광고를 오로지 더빙(dubbing)을 통해 각 나라 언어로 바꾸어 그대로 사용할 때도 있었다. 이러한 전략에서 주의할 것은 번역의 신뢰성을 높이는 것이다. 광고에서 번역은 특히 어려운데, 그 이유는 뜻이 정확히 전달되면서도 크리에이티브 강도가 떨어지지 않아야 하기 때문이다. 따라서 직역보다는 원어의 본질을 더 충실히 지키는 것이 바람직하다. 이를 위해서는 언어실력중심보다는 광고실력중심으로 번역 의뢰를 주어야 한다.

한편 동일한 소구점을 가지고도 다른 방법으로 표현해야 할 때가 있다. 즉 국가 간 환경적인 여건이 다르므로 주어진 조건에 맞게 광고를 해야 할 필요가 있는 것이다. 이러한 경우 가장 간단히 수정하는 방법은 광고배경의 현지화(localization)이다. 특히 라이프스타일 광고에서는 준거집단이 표현되어야 하는데, 나라마다 친구들끼리 어울리는 배경이 다를 수 있다. 광고를 집행할 때 그 준거가 어색해서는 안 되기에 이 점을 잘 고려해야 한다. 또 다른 수정방법은 상품의 모델이다. 필요에 따라 현지화전략을 활용하여 익숙한 얼굴을 모델로 하는 것이 좋다.

또한 다른 소구점을 똑같은 집행방법으로 광고하는 경우가 있다. 같은 노래가 각기 다른 내용의 광고의 배경음악으로 쓰이는 경우를 볼 수 있다. 이는 어떤 음악이 유명해지는 경우 그 음악의 인지도 자체를 광고에 사용하는 것으로 볼 수 있다. 소구점이 다른 경우 집행하는 방법이 달라질 수 있다. 상품이 같다고 나라마다 소구점이 같아야 하는 것은 아니다. 상품에 대한 구매자의 경험이나 인식이 나라마다 다를 수 있고, 그 상품이 각 시장에서 추구하는 위치 즉 포지셔닝전략이 상이할 수 있기 때문이다.

3. 국제판매촉진

(1) 국제판매촉진의 의의

국제판매촉진(international sales promotion)이란 단기간에 소비자의 구매를 즉각적으로 유도하기 위해 현지국에서의 판매점, 특약점 및 소비자, 사용자에 대하여 카탈로그, 견본, 쿠폰, 안내서 등을 제공하는 것과 판매점에 대하여 판매점 원조를 하는 것 등으로 제품의 판매촉진을 기획 · 실행하는 것을 말한다. 최근 판매촉진은 기업의 전체 마케팅비용에서 차지하는 비중이 광고보다 높아지고 있어 마케팅 커뮤니케이션 도구로서 대단히 중요한 역할을 담당하고 있다.

광고가 기업 및 제품인지도와 호의적인 태도를 만들어내지만 행동을 자극하지 못하는 데 반해 판매촉진은 소비자로 하여금 시용이나 재구매를 유도하는 데, 중간상에게는 자사상표를 취급하고 적극적인 판매활동을 하도록 유인하는 데 사용된다. 판매촉진은 소비자 측면에서 촉진하는 것과 중간상을 대상으로 하는 판매촉진 등 2가지 유형이 있다.

국제마케팅 관리자는 국제광고와 판매촉진이 소비자에게 미치는 영향에 있어서 함께 작용한다는 사실을 고려하여 국제광고와 판매촉진을 서로 조화롭게 활용할 수 있어야 한다. 이 2가지 커뮤니케이션 수단이 상호조화를 이룰 때 강력한 시너지가 발생할 수 있기 때문이다.

그러나 국가마다 판매촉진에 대한 규제, 즉 판매촉진의 유형과 금액 등이 상이하다는 것을 인식하고 판매촉진을 실행할 때는 현지국의 공정거래에 위반되지 않도록 유의해야 한다. 예를 들면, 유럽연합국가라도 영국과 프랑스는 덤으로 주는 상품이나 할인권 제공, 무료경품 콘테스트 등 주요한 판매촉진 수단들을 허용하고 있는 반면, 독일은 할인권과 무료경품 콘테스트는 법률적으로 허가하고 있지 않다. 미국의 경우 다른 국가와 달리 판매촉진에 대한 제한이 상대적으로 적은 편이어서 판매촉진의 활용범위가 매우 넓다.

(2) 국제판매촉진의 유형

다양한 판매촉진도구 중에서 어떤 도구를 사용할 것인가는 기업이 푸시전략(push strategy)을 선택할 것인지 풀전략(pull strategy)을 선택할 것인지에 따라 달라진다. 중간상들이 자사제품을 취급하도록 푸시전략을 채택한다면 중간상 판매촉진도구를 할당하여 촉진전략을 세워야 하고, 최종소비자들이 자발적으로 자사제품을 구매할 수 있도록 하는 풀전략을 채택한다면 소비자 판매촉진도구를 사용해야 한다.

가) 소비자를 대상으로 하는 판매촉진

소비자 판매촉진은 다양한 판매촉진도구를 사용해서 소비자들이 자사제품을 구매하도록 하는 것을 말한다. 소비자 판매촉진은 다양한 목적으로 실시된다. 신제품이 출시되었을 때에는 주로 신제품의 시용(trial)이나 반복구매를 위해서 사용되고, 기존제품의 판매를 늘려 시장점유율을 유지하고자 할 때도 사용된다. 또한 자사제품의 비사용자나 경쟁제품 사용자들을 유인하기 위해서 사용하기도 한다. 이러한 다양한 판매촉진전략은 기업이 시장에서 차지하는 위치, 제품수명주기, 판매촉진의 목적 등을 고려해서 가장 효과적인 판매촉진 수단을 사용해야 한다.

① 경품

경품은 다양한 방법으로 제공할 수 있다. 프리미엄(premium)이라고 부르는 소비자 경품은 소비자가 제품을 구입하면 다른 물품을 제공하는 것으로, 특정 제품의 구매를 유도하는 촉진수단이다. 화장지 세트를 사면 휴대용 화장지를 제공하고, 비누 세트를 사면 여행용 세면용품을 제공하는 등의 방법을 사용한다. 또한 제품을 구입한 고객을 대상으로 추첨하여 경품을 제공하는 방법도 있고, 제품을 구입하지 않은 사람이라도 경품행사에 응모한 사람을 대상으로 경품을 제공하기도 한다.

② 쿠폰

쿠폰(coupon) 또는 할인권은 소비자가 특정 제품을 구입할 때 할인혜택을 받을 수 있도록 하는 것을 말한다. 가격에 민감한 제품의 경우 쿠폰은 소비자의 반복구매를 유도할 수 있고, 소비자에게 직접적으로 가격을 할인해주는 효과가 있다. 우편이나 광고지에 넣어서 제공하거나 다른 제품에 끼워넣기도 한다.

③ 견본

견본(sample)은 소비자에게 소량의 제품이나 시험용 제품을 무료 또는 적은 비용으로 제공하는 것으로, 소비자들이 상품을 직접 사용해보도록 해서 구매를 유도하는 전략이다. 주로 소비자의 피부에 맞아야 하는 화장품, 먹어보아야 맛을 아는 식품 등의 판매촉진에 많이 이용된다.

이 방법은 신제품 도입 시에 가장 효과적인데 소비자들이 제품을 직접 사용해보면서 편익을 평가할 수 있다는 장점이 있다. 견본 제공은 다른 촉진활동을 통해 제품의 특성이나 편익을 제대로 전달하기 힘들 때 큰 효과를 거둘 수 있지만, 경쟁제품과 차별화된 편익이 없다면 그 효과를 기대할 수 없다.

④ 특가판매

특가판매는 일정 기간 동안 가격을 할인해서 판매하는 방법으로 백화점, 쇼핑센터, 대형 상가 등에서 많이 사용하는 방법이다. 경쟁제품이 시장에 나왔을 때 시장진입을 저지하기 위한 수단으로 사용되기도 하고, 단기적인 매출증가를 위해서도 이용된다.

⑤ 공개실연

공개실연(demonstration)은 상품의 사용법이나 효용을 소비자에게 직접 보여주면서 소비자의 구매욕구를 자극하는 방법이다. 소매점이나 가정방문 등을 통해서 실시하기도 하고, 박람회나 대형 매장에서 큰 이벤트행사로 실시하기도 한다. 신제품 출시 후에도 이 방법을 많이 사용하는데, 주방용 세제의 경우 그릇이 세척되는 효과를 직접 보여준다거나 휴대폰의 경우 거리에서 통화음질을 직접 시험할 수 있도록 한다.

⑥ 콘테스트

각종 콘테스트(contest)의 결과로 입상자에게 상품을 제공하는 방법은 일정한 조건이 필요 없는 불특정 다수의 소비자를 대상으로 하며 추첨, 심사 등을 거쳐 상품을 제공한다. 퀴즈 맞추기, 브랜드 짓기, 표어 짓기 등으로 자사제품에 대한 호의적인 감정을 유도한다.

나) 중간상을 대상으로 하는 판매촉진

중간상 판매촉진은 다양한 판매촉진도구를 이용하여 중간상들이 자사제품을 취급하고 판매에 열성을 갖도록 동기부여를 제공하는 것을 말한다. 중간상 판매촉진은 경쟁제품보다 유리한 진열공간을 확보하기 위해 중간상들을 재정적으로 지원하는 등 다양한 수단을 사용할 수 있다. 판매효과를 높이고 자사제품에 대한 중간상들의 계속적인 지원을 확보하기 위한 수단으로 이용된다.

① 콘테스트 및 인센티브

콘테스트(contest) 및 인센티브(incentive)는 중간상의 경쟁심을 자극해서 적극적인 판매를 장려하기 위해 도입한 것이다. 자사제품 판매를 위해 적극적으로 노력해서 판매목표를 달성한 중간상에게 그 대가를 제공하는 방식이다.

② 공제

공제(allowance)는 제조업자가 중간상에게 자사제품 판매를 위해 노력한 대가를 보상하는 방식이다. 자사제품의 광고를 위해 노력하거나 자사제품을 찾기 쉬운 진열대에 진열하거나 할 때, 자사제품을 일정량 이상 구매할 때, 중간상이 광고나 판촉을 할 때 이를 지원해준다.

③ 리베이트

리베이트(rebate)는 판매처와 제조업체가 판매량, 판매방법, 결제조건 등 여러 가지 조건에 대해 약정하고 약정된 조건에 대한 결과에 따라 판매장려금, 판매수수료 등을 지급하는 방법이다.

④ POP광고

POP(point of purchase)광고는 구매시점광고라고도 하는데 소비자의 구매가 주로 이루어지는 곳에 상품의 구매를 유도할 목적으로 설치된 여러 가지 형태의 광고물을 말한다. 주로 상품설명, 매장안내, 판매능률 향상, 점포의 분위기 형성, 광고, PR 등의 역할을 한다. 창진열(window display), 포스터, 스탠드, 장식물, 대형 실물견본 등이 있다.

⑤ 판매처 교육 및 지원

판매원의 판매능력을 키우기 위한 교육훈련을 실시하고 판매처의 회계, 구매, 재고, 판매 등의 제반 문제를 교육, 세미나 등을 통해서 지원한다. 일반적으로 판매원 교육이 많이 실시되는데, 이는 전문적인 제품지식이 필요한 제품의 경우에 많이 사용된다. 주로 자사제품에 대한 정보를 제공하고 제품을 실연하거나 판매기법 등을 교육하고 지원한다.

4. 국제인적판매

(1) 인적판매의 개념

인적판매(personal selling)는 고객과의 직접 대화를 통해서 자사의 제품이나 서비스를 구매하도록 설득하는 촉진활동이다. 잠재고객과 직접 접촉하는 인적판매는 촉진의 중요한 도구이자 가장 효과적인 커뮤니케이션방법이다.

인적판매는 고객과의 개인적인 접촉을 통해서 고객의 욕구를 직접 관찰할 수 있다. 광고, 홍보, PR 등의 촉진활동은 일방적인 커뮤니케이션이지만, 인적판매는 고객과의 대화를 통한 쌍방향 커뮤니케이션이다. 비록 관리가 어렵고 비용이 많이 들지만 고객의 최종구매욕구를 자극할 수 있는 장점이 있다.

인적판매를 수행하기 전에 기업은 먼저 광고, 홍보 등의 촉진전략을 통해 소비자에게 자사제품을 알려야 하는데 제품에 대한 인지가 부족한 상태에서는 인적판매의 효과가 떨어지기 때문이다. 이미 제품에 대한 호감이 어느 정도 형성된 상태에서 판매원이 고객에게 구매에 대한 확신을 제공함으로써 구매를 유도할 수 있다.

인적판매는 잠재고객과 판매원 간의 쌍방향 커뮤니케이션이기 때문에 판매원은 고객의 욕구와 상황을 관찰하고 대처할 수 있다. 따라서 인적판매는 판매원과 고객 간의 원만한 커뮤니케이션이 필요한데 판매원은 제품에 대한 전문적인 지식을 갖추어야 하고 의사소통 기술을 습득해야 하며 고객의 욕구를 파악하고 충족시킬 수 있어야 한다.

인적판매는 즉각적인 고객의 반응을 얻을 수 있고, 또 이를 바로 피드백할 수 있다는 장점이 있다. 또한 다른 촉진수단에 비해 비교적 많은 정보를 고객에게 제공할 수 있고 고객의 구매욕구를 자극하는 데 효과적이다. 그러나 촉진활동의 범위가 크지 않고 판매원을 선발, 교육, 관리하는 데 많은 비용이 든다. 또한 판매원의 행동에 따라 고객에게 기업이나 제품에 대한 부정적인 이미지를 줄 수도 있다.

(2) 인적판매의 특성

영업사원에 의한 인적판매는 다음과 같은 독특한 기능을 수행한다. 단순히 물건 자체만을 파는 것이 아니라 고객의 욕구에 부응하는 정보를 제시 · 설명한다. 더 나아가 고객의 잠재적 욕구를 일깨워주며 이에 필요한 추가적인 정보까지도 제공한다. 또 고객의 구매욕구를 자극하고 더 만족시키기 위해서 영업사원 자신의 인간적인 서비스를 제공한다.

이러한 기능을 수행하는 인적판매의 특성은 첫째, 고객과의 인격적, 교육적, 직업적 만남이라는 점에서 인간적이다. 오늘날의 고객은 사람의 손길, 즉 인간적인 배려, 정성, 인격적 대화 등의 서비스를 더 원한다.

둘째, 고객과의 장기적인 관계가 형성된다. 단순한 방문객수준에서 신뢰관계가 구축된 인간관계로 발전하여, 나중에는 거래가 지속되는 단골관계로까지 발전하게 된다. 영업사원은 판매가 이루어지기 훨씬 전부터 자기관리를 하고 자신의 인격을 가다듬어, 언어적 · 비언어적 수단을 통해 고객들과 원활한 교류를 해야 한다. 또한 판매가 이루어진 후에도 지속적인 고객관리활동을 통하여 보다 밀착된 고객과의 관계를 유지 · 발전시켜나가야 한다.

기업의 궁극적인 목표가 계속기업으로서의 생명력 취득과 발전이라면, 고객의 변화된 욕구에의 적극적인 적응과 이에 따른 고객창조 · 유지가 계속되어야 한다. 또한 항상 고객과 밀착된 인적판매가 활발하게 이루어져야 한다. 이런 측면에서 인적판매는 고객지향적 사고에 입각한 고객과의 장기적인 관계 유지가 활동의 바탕이 된다. 따라서 인적판매는 상대하는 고객의 태도나 반응에 따라 적절히 대응할 수 있는 유연성(flexibility)이 가장 큰 자산이다.

5. 국제홍보

(1) 국제홍보의 개념

기업이 대가를 지불하지 않고 기업, 제품, 서비스에 대해 다양한 매체를 통해 커뮤니케이션효과를 달성하는 것을 홍보(publicity)라고 한다. 홍보활동은 대개 신문, 방송 등과 같은 뉴스 매체를 통해 이루어지는데, 소비자들은 광고보다 더 큰 신뢰를 갖는다.

홍보는 제품판매에 직접적인 영향을 미치지는 않지만 다른 촉진활동과 기업의 이미지 개선에 큰 영향을 미친다. 광고의 범람으로 광고에 대해 무감각해진 소비자들은 광고보다 정확하고 객관적인 뉴스를 더 신뢰하고, 이렇게 습득한 정보를 오래 기억하게 된다. 또한 기업의 의도적 커뮤니케이션 활동에 대한 소비자들의 심리적 방어현상도 약하기 때문에 효과는 더 크고, 제품에 대한 정보를 각색하거나 극적으로 표현할 수 있다. 특별한 매체이용비용을 지불하지 않는다는 장점이 있지만 기업이 통제하기 어렵다는 단점도 있다.

PR은 기업이 사회와 이상적인 관계를 수립하기 위해 벌이는 활동을 말한다. 기업은 정부기관, 언론, 각종 단체 등에 호의적인 이미지를 심어주기 위해 여러 가지 활동을 벌이는데 PR은 홍보보다는 좀 더 광범위한 개념이다. 즉 기업의 PR활동은 홍보라는 수단을 통해서 기업에 대한 호의적인 여론을 형성하게 되는 것이다.

광고는 광고주가 직접비용을 들여 마케팅 목적에 따라 수행되지만, 홍보는 특별한 비용이 들지 않고 판매보다는 교육적인 효과에 목적을 둔다. 또한 광고는 광고주의 의도대로 전달하고자 하는 메시지를 원하는 시간에 원하는 표현방법으로 전달할 수 있지만, 홍보는 기업의 통제영역 밖에서 매체의 의도와 정보의 가치에 따라 이루어지므로 기업의 의도를 마음대로 반영하지 못한다.

(2) 국제홍보의 특성

일본에서는 홍보란 말로 사용되고 있고, 미국에서는 광고와 대비하여 프리 퍼블리시티(free publicity)로 흔히 사용되고 있는데, 광고에 의하지 않고 보도되는 공중발표로 본다. 퍼블리시티는 스폰서에 의하여 공표되지만 그에 의해서 요금이 지불되지 않는 제품, 서비스 및 아이디어에 관한 뉴스나 정보를 말한다. 퍼블리시티는 메시지 전달에서 사용되는 지면이나 시간에 대해 요금이 지불되는 않는다는 의미에서 '프리(free)'인 것이다.

퍼블리시티는 회사의 제품 또는 서비스에 관한 정보가 매체사에 제공되고 그것이 매체 측의 입장에서 보아 뉴스가지로 인정될 때 뉴스로서 게재 또는 방송되는 것을 말한다. 그런데 퍼블리시티와 전적으로 동일한 내용이 회사의 사보(house-organ)에 게재되어 배포되었다면 이것은 광고가 된다. 왜냐 하면 그 매체는 당해 기업이 그 게재를 위하여 비용을 투입하였기 때문이다.

그러나 퍼블리시티나 광고가 의도하는 바는 상품이나 서비스의 판매를 증진시키려고 한다든지, 또는 제품이나 기업에 대한 공중의 관심을 끌려고 한다는 점에서 큰 차이가 있는 것은 아니다. 일반적으로 광고에 대해서는 종종 압력이나 편견을 가질 수 있으나 신문기사나 방송뉴스에 대해서는 신뢰감이 높으므로, 이 점에서 퍼블리시티가 효과적이라고 생각된다.

퍼블리시티와 광고의 근본적인 차이점은 다음과 같다. 첫째, 실시목적에서 광고는 본질적으로 판매촉진인데, 퍼블리시티는 원래 공중에게 신발명품이나 관심 있는 정보를 교육적으로 알리는 데 그 목적이 있으므로 판매촉진은 어디까지나 간접적이다. 둘째, 광고는 비용을 부담하는 데 반해, 퍼블리시티는 지불하지 않는다. 셋째, 광고내용은 광고주가 임의로 통제할 수 있으나, 퍼블리시티는 뉴스나 정보제공자의 의사와 관계가 없다. 넷째, 광고는 광고주를 확인할 수 있지만, 퍼블리시티는 반드시 그렇지 않다. 다섯째, 매체 측의 업무 면에서 광고는 그 접촉대상이 광고부인 데 비하여 퍼블리시티는 편집국에서 담당하고 있다.

6. 국제스폰서십

(1) 국제스폰서십의 정의

스폰서십(sponsorship)이란 조직의 정상적인 활동과 직접 관련이 없는 행사나 활동에 재정적, 인적, 물질적 지원을 제공하는 제휴를 통하여 상업적인 이익을 얻는 행위이다. 이를 한국에서는 후원이라고 부르고 이를 행하는 사람을 스폰서 또는 후원자라 한다.

기업이 지원할 수 있는 행사나 활동은 여러 종류가 있는데 기본적으로 스포츠, 예술, 교육 또는 지역사회 행사들이다. 그중에 일반기업이 선수, 팀 또는 스포츠 행사를 후원하는 것이 대표적이다. 따라서 스폰서십은 상업적인 목적을 위해 돈이 투자된다는 점에서 기부에 대한 답례로 사회의 이익 외에 어떠한 기대도 가지지 않는 순수한 형태의 자선적 수여와는 구별된다.

요즘의 소비자는 광고의 홍수 속에 살고 있다. 케이블TV와 인터넷 등 새로운 매체의 등장과 함께 엄청나게 늘어난 광고의 양은 소비자로 하여금 광고를 외면하고 불신하게 만들고 있다. 이러한 현실에서 스폰서십을 통한 기업의 노출전략은 과거의 상업광고 패턴을 탈피해 소비자를 스스로 좋아하는 이벤트와 연계시킴으로써 자연스럽고 설득력 있는 프로모션 툴로 등장하였다. 이제 기업은 이 신뢰감 있는 커뮤니케이션 방식을 더욱 발전시켜 브랜드 자산가치 극대화를 위한 수단으로 적극 활용해나가야 할 것이다.

(2) 스폰서십의 종류

스폰서십활동은 스포츠, 문화와 사회의 3분야에서 이루어지고 있다. 스포츠 스폰서십은 주로 스포츠 이벤트나 유명선수를 후원하는 형태로 이루어지고, 문화 스폰서십은 각종 문화, 예술행사를 지원하는 것이며, 사회 스폰서십은 기업의 환경운동, 기부활동 등을 뜻한다.

스포츠 스폰서십은 브랜드나 기업의 인지도를 높이는 데 효과가 있는 반면, 문화와 사회 스폰서십은 기업의 이미지를 개선하는 데 효과가 있다. 스폰서십 중에서는 스포츠 스폰서십이 가장 큰 비중을 차지하고 있는데, 그 이유는 스포츠 행사가 다른 분야의 행사에 비해 월등히 많고 그 파급효과 또한 크기 때문이다.

예를 들어 음악회를 후원하는 경우 스폰서 기업은 무대 위에 자사의 로고나 브랜드를 설치할 수 없지만 스포츠 경기장에는 얼마든지 브랜드나 로고를 전시할 수 있다. 또한 스포츠 관련 단체들이 문화예술 관련 단체들보다 훨씬 체계적으로 조직되고 관리되고 있는 점도 기업의 스포츠 스폰서십 참여를 증대시키고 있다.

(3) 스폰서십의 장점

스폰서십에 대한 관심과 투자는 세계 전역에서 증가하고 있으며 그중에서도 북미지역과 유럽에서 가장 활발한 것으로 나타나고 있다. 스폰서십의 장점으로는 다음과 같은 것을 들 수 있다.

첫째, 후원하는 이벤트에 따라 관객의 인구통계학적 특성을 예측할 수 있으므로 타깃 마켓에 효과적으로 커뮤니케이션할 수 있다.

둘째, 일반광고에 비해 스폰서십은 경기장의 시설물이나 선수의 유니폼에 부착된 형태로 자연스럽게 매체에 등장하므로 광고 수용성이 높다.

셋째, 일반광고에 비해 매출 커버리지가 크고 노출빈도도 높으므로 비용 대비 효율성이 높다.

넷째, 스폰서십은 종업원의 사기신작을 통해 생산성 향상을 가져온다.

다섯째, 국가에 따라 술이나 담배에 대한 광고규제가 있는 경우에도 스폰서십은 매체에 등장할 수 있다.

여섯째, 스폰서십에 쓰인 비용은 세제혜택을 받을 수 있다. 이러한 장점으로 인해서 스폰서십은 다양한 업종에서 새로운 프로모션 툴로 활용되고 있으며 그중에서도 매체, 포장재, 금융분야 쪽에서 많이 참여하고 있다.

(4) 스폰서십효과

스폰서십은 기업이 성취하고자 하는 몇 가지 목표를 동시에 성취할 수 있는 가능성을 부여한다. 스폰서십을 통해 기업이 얻는 효과를 살펴보면 다음과 같다.

가) 기업이미지 향상 및 소비자태도 형성

모든 기업스폰서는 자사에 대한 인식과 이미지 향상이라는 2가지를 주목적으로 한다. 우선 관객(관중)들이 특정한 제품을 구매할 결정을 내리기 전에 그 제품에 대해 인식하고, 경쟁사의 제품과 어떻게 다른가를 알아야 하기 때문에 기업은 자사의 특정 이미지를 개발하여 기업명이나 제품에 대한 대중 인지도를 증대시킬 수 있다.

현재 올림픽 경기 및 미국 올림픽 팀을 후원하고 있는 Visa카드의 경우, 올림픽 후원 이전에 15% 정도의 인지도를 보였으나 올림픽 기간에는 30%, 이후 한 달 동안에는 20%의 인지도를 보였다. 이는 매우 안정적인 양상을 보였던 평상시와 비교하면 두드러진 이미지 향상이라 할 수 있다. 코카콜라 역시, 1928년 암스테르담 올림픽을 공식 후원한 이래 각종 후원회/이벤트 등을 규칙적으로 개최하여 소비자들에게 '코카콜라=세계적 브랜드'라는 사실을 끊임없이 재학습시키고 있다.

나) 판매촉진

스폰서십에 참여한 기업의 제품에 대한 이미지의 상승은 판매증대로 이어질 확률이 크다. 판매증진의 기회는 현장판매와 촉진효과에 의한 판매증진의 2가지를 들 수 있는데, 현장판매는 판매 자체에 대한 의미도 있지만 판매촉진효과를 위한 전략의 일환으로 전개되는 경우가 많다. 기업은 경기장이나 특별 전시장에서 직접적인 판매활동을 할 수 있는 권리를 잘 활용하면 제품 판매증진을 꾀할 수 있다.

다) 긍정적 광고수단 및 비주얼리티 창출

스폰서십 마케팅은 효율적인 커뮤니케이션 통로 제공, 타깃 고객에 대한 접근용이성 등의 장점으로 광고 이상의 효과 및 브랜드 인지도를 창출할 수 있다. 삼성전자는 매년 6억 달러의 광고비를 투입하고 있는데 이 중 1/3은 이미지 및 브랜드 광고에, 나머지는 제품광고에 사용하고 있다. 그리고 올림픽/월드컵 등 이벤트 스폰서십을 포함한 마케팅활동에는 이와 별도로 연간 1억 달러의 예산을 운영한다. '2004 아테네 올림픽 후원효과 보고서'에서도 삼성의 기업브랜드 인지도는 올림픽 이전 13%로 소니(21%), 노키아(15%), 파나소닉(14%)에 뒤졌으나, 올림픽 뒤에는 19%로 상승하여 소니(20%)와 비슷했고 노키아(15%), 파나소닉(14%)보다 훨씬 높아진 것으로 나타났다.

라) 경쟁사와의 차별화전략

기업의 스폰서십은 경쟁사와 차별화를 시도할 수 있는 중요한 방법이다. 즉 기업은 스포츠뿐만 아니라 콘서트, 패션쇼와 같은 다양한 이벤트 · 문화행사를 후원함으로써 제품이나 기업에 관해 보다 차별화된 이미지를 심어줄 수 있다. 특히 독점스폰서십의 경우 그 효과가 크다고 할 것이다. 예를 들어 바슈롬(Bausch & Lomb) 사는 미국의 양궁 팀을 후원함으로써 최고 제품으로서의 이미지 전개에 성공하였고, 미국의 대표적인 유통회사인 케이마트(K-Mart)는 프로골프와의 연계로 기존의 서민(blue color)적 이미지를 보다 고급스럽게 변경하는 데 성공한 경우이다.

마) 좋은 이웃과 같은 역할자로서의 효과

스폰서십의 또 다른 강력한 힘은 '좋은 이웃'과 같은 기업의 이미지를 심어준다는 데 있다. 즉 기업은 스폰서십을 통해 공동체사회를 지원하고, 경제적 발전을 지원하는 듯한 역할자로서의 효과를 기대할 수도 있다는 것이다. American Express의 Charge Against Hunger가 대표적이다. 아멕사가 자사의 카드 사용을 권장하기 위해 카드로 사용한 금액의 일정 비율을 미국 내 결식문제를 해결하기 위해 기부하겠다는 내용의 캠페인이다. 이와 같이 소비자의 구매를 촉진하기 위해 자선활동, 공익사업에 일정액을 기부하는 내용의 활동을 공익연계프로모션(cause-related promotion)이라 한다.

바) 고객과 VIP관계의 강화효과

기업은 스폰서십을 통해 그들의 핵심고객과 비즈니스관계를 강화하기 위한 VIP 리셉션, 골프토너먼트 등과 같이 배타적인 네트워킹관계를 형성할 수 있다.

제3절 국제광고의 표준화와 현지화

1. 국제광고의 표준화

(1) 국제광고 표준화의 의의

국제광고의 표준화(standardization)란 보편화(universalization), 범세계화(globalization), 세계화(worldwide appraoch), 정형화(prototype campaign)를 총칭한 것으로, 세계를 하나의 시장으로 하여 하나의 광고물을 통하여 광고행위를 하는 것을 말한다. 이 표준화는 국제광고의 기획 및 집행과정에서 통합조정 즉 본사집권화와 매우 높은 상관관계를 갖는다. 본사집권화가 강할수록 광고표준화를 실시하는 경향이 많다.

표준화 광고는 세계시장을 하나의 같은(비슷한) 시장으로 보고 하나의 접근방법을 사용하는 세계기업의 세계적 광고전략의 일환이다. 표준화 광고전략은 조직의 의사결정상 본사의 집권화를 통하여 광고의 목표설정, 광고예산, 광고관리 등 거시적 · 전략적 · 정책적 차원에서 행해진다.

국제광고의 표준화문제는 1960년대 이후 많이 논의되어왔다. 미국에서 성공한 미국광고는 유럽뿐만 아니라 중동에서도 전용가능하다는 것이 밝혀졌다. Fortune지의 세계 500대 기업의 표본연구에서도 90%의 기업이 미국광고를 미국 이외 지역에서도 사용할 수 있다는 점을 밝히고 있다.

미국과 유럽에서 활동 중인 100명의 경영자를 대상으로 조사한 바에 따르면, 마케팅 프로그램 중 상표명(93%), 제품특성(81%), 중간상의 역할(80%) 순으로 표준화율이 높았으며, 광고메시지(74%), 광고표현(62%)은 과반수를 넘었으나 광고매체(43%)는 과반수가 못 되었다. 또한 국가 간의 시장조건이 유사할수록 표준화의 정도가 높았으며 화장품, 청량음료, 세제품 등에서 표준화율이 높았다. 시장조건이 유사하지 않는 습관지향성이 강한 지역시장에서는 표준화정도가 낮았다.

국제광고의 표준화 접근을 통하여 현지자회사는 TV광고물의 전부 또는 일부를 그리고 인쇄매체의 광고도안을 그대로 사용할 수 있으며, 해외시장의 필요에 따라 다소 수정하여 사용할 수 있다. 더구나 미디어 중복광고와 복수광고(방송광고와 인쇄광고) 및 고객 이동이 자유로운 유럽에서는 국제광고가 표준화되어 있지 않으면 안 된다. 그렇지 않으면 고객에게 광고의 혼란을 주기 때문이다.

특히 TV광고의 경우 국경개념이 약한 유럽에서는 각국의 TV마다 다른 형식으로 광고한다면 이동이 자유로운 고객에게 광고혼란을 주어 제품과 메시지 간의 혼란정도가 클 것이다. 따라서 표준화 접근은 미디어 중복광고로 인한 혼란문제를 없애고, 기업의 주제를 통일하고, 광고내용도 동일하게 하여 기업이미지를 높일 수 있다. 어디서나 동일 주제, 동일 내용으로 광고를 하므로 광고의 동질성과 숙지성을 느낄 수 있다.

(2) 국제광고 표준화의 장단점

먼저 광고 표준화의 장점을 들면 다음과 같다.

① 규모의 경제로 인한 광고제작비용의 절감효과를 가져올 수 있다.

② 광고예산의 효과적 활용과 효율적인 운용이 가능하다

③ 새로운 시장의 개척과 그에 따른 집행이 용이하다.

④ 의사결정 집권화를 통해 계획과 통제의 개선이 가능하다.

⑤ 좋은 아이디어의 활용이 가능하다.

⑥ 축적된 경험을 가진 본사의 광고전문가를 충분히 활용할 수 있다.

⑦ 전 세계적으로 일관된 상표인식과 소비자의 신뢰도를 높임으로써 타 기업과의 경쟁에서 우위를 가질 수 있다.

다음으로 광고 표준화의 단점을 들면 다음과 같다.

① 광고시장의 세부적 요인과 관련된 광고신축성을 상실할 수 있다.

② 중요한 목표시장을 상실할 가능성이 있다.

③ 장기적인 시장전략에 있어서 부적절한 포지셔닝이 될 수 있다.

④ 현지소비자의 개성을 충분히 반영하기 어렵다.

⑤ 본사의 획일적인 업무처리로 인한 창의성과 혁신성이 뒤떨어진다.

⑥ 소비자의 기대를 바꾸는 데 드는 제품, 프로모션 비용을 증가시킬 수 있다.

⑦ 너무 강한 국제적 이미지에 의해 부정적 태도가 형성될 수 있다.

⑧ 표준화전략이 일반적인 관행으로 굳어진다면 국제적인 네트워크를 가진 다국적 광고대행사들이 월등한 우위를 갖게 되는 현상이 나타날 수 있다.

(3) 국제광고 표준화 사례

표준화된 광고는 광고의 테마, 카피, 일러스트레이션 등이 전 세계적으로 아무런 변화 없이 사용되는 광고를 말한다. 광고의 표준화전략을 옹호하는 사람들에 의하면, 인간의 아름다워지고 싶은 욕망, 고통으로부터의 해방, 어머니와 아이 등과 같은 보편적 소구는 지역적, 문화적 한계가 없다. 따라서 이러한 보편적 소구는 어디서나 효과적이기 때문에 광고를 변경할 필요가 없다는 것이다. 표준화 광고를 하고 있는 대표적 기업은 Pepsi–Cola, Esso, Nestle, Campbell Soup, L'oreal, Coca–Cola, Gillette 등이다.

Pepsi–Cola는 세계 전역에 동일한 Pepsi–Cola 이미지를 수립하기 위해 노력하고 있다. 전 세계의 지점에 보낸 Pepsi–Cola의 국제마케팅 지침서의 서문에는 다음과 같은 말이 있다. "Pepsi–Cola 회사는 국제회사이다. 우리의 제품인 Pepsi–Cola는 세계의 거의 모든 지역에서 판매된다. 이 제품은 모든 나라에서 동일하다. Pepsi–Cola 회사와 우리의 제품인 Pepsi–Cola에 대한 이런 동질성을 잃지 않는 것이 중요하다. 광고의 모든 면에서 그리고 품질, 가치, 스타일 및 소구에서 아주 일관성 있게 우리 회사와 우리 회사 제품을 제시하는 데 상당한 투자를 할 것이다." 이것은 Pepsi–Cola의 성공이 무엇보다도 세계적으로 일관성 있는 제품이미지를 창출한 광고에 있다는 것을 지점들에게 보여주는 메시지이다. Pepsi–Cola는 자사의 판매소구로서 모든 인간의 유사성을 이용하고 있다.

가장 널리 알려진 국제광고 중의 하나는 Esso의 "Put a Tiger in Your Tank"이다. Esso는 해외시장의 기후조건에 맞추기 위해 가솔린 성분은 변경하였으나 속력, 힘, 지도력의 상징인 '호랑이'를 주제로 한 광고 소구는 번역만 하고 그대로 사용하여, 유럽에서는 물론 동남아시아에서도 대단히 성공했다. Esso의 '호랑이' 캠페인은 국가 간 차이 때문에 세계적으로 비슷한 광고주제의 사용은 불가능할 것이라는 전통적인 생각에 충격을 주었으며 표준화 광고 주제의 타당성을 다른 회사들도 검토하게 했다.

또한 세계적인 식품회사인 Nestle는 "Whatever good coffee means to you and however you like to serve it, Nescafe had a coffee for you(좋은 커피가 당신에게 어떤 것이든, 그리고 당신이 커

피를 어떻게 즐기든, 네스카페는 당신을 위한 커피를 가지고 있습니다)"라는 광고카피로 문화적 차이를 극복했다. 오늘날 50여 개국에서 똑같은 Nescafe 광고를 실시하고 있다.

Campbell Soup은 전 세계로 움직이는 활동적인 사람이라는 아이디어를 제공하기 위해, 또한 Campbell Soup의 통일적인 소구를 강조하기 위해, 일본의 초특급 열차, 싱가포르의 시장 및 푸에르토리코의 어린이의 모습을 담은 작은 60초짜리 필름을 만들었다. 그리고 이를 20개국에서 사용하기 위해 스페인어, 광동어, 크리올어 등을 포함한 여러 개의 언어로 번역, 녹음했다.

L'oreal은 문화와 관련된 제품류인 머리염색 제품의 광고를 통해 마케팅에서 성공을 거두었다. 이 회사는 자사의 제품을 고품질로 인식시키는 데 성공했다. 이 광고는 "It costs more, but I'm worth it"이란 광고문안으로 13년 동안 지속되고 있다.

한편 거의 세계 전역에서 약 800여 종의 제품을 판매하고 있는 Gillette는 지금까지 차별화전략을 사용해왔다. 그러나 최근에 광고, 포장 및 상표에 관해 의욕적인 표준화 프로그램을 발표, 세계 각국에서 동일한 광고를 실시하고 있다.

2. 국제광고의 현지화

(1) 국제광고 현지화의 의의

국제광고의 현지화란 해외시장의 고유성과 특수성에 부응하기 위한 광고커뮤니케이션의 한 형태로, 차별화(differentiation), 개별화(individualization), 비표준화(nonstandardization), 현지적응화(accomodation), 관습화(customization) 등을 통칭하여 현지화(localization)라 부른다. 국제광고를 실시할 경우 문화상대주의(cultural relativism) 관점에서 현지국의 문화적 특성을 고려하여 광고행위를 하여야 한다. 현지국의 문화적 전통과 고유한 관습을 존중하여 손상이 없도록 광고 표현양식에 신경을 써야 하는 것이다.

대체로 미국의 광고 관리자들은 국제광고의 표준화 접근을 낙관하고 있으나 프랑스의 광고 관리자들은 세계 도처에 있는 광고수용자 간에 공통분모가 없어서 광고표준화 접근이 곤란하다고 비관론을 제기하고 있다. 왜냐하면 현지국의 고유한 전통과 문화를 고려치 않고 광고를 표준화하여 실시할 경우 긍정적 효과보다는 부정적 효과를 유발시키기 쉬워 광고저항주의 내지 광고민족주의를 야기할 수 있다는 것이다.

세계 각국은 고유의 문화, 사회, 관습을 가지고 있다. 따라서 소비자의 생활양식, 소비지향, 구매태도, 디자인, 색채, 유통경로 등이 다르고, 그 사회의 사회적, 문화적 소산에 따라 사고방식이 다르며, 소비문화의 구매결정이 상이하며, 전통적 표현양식에 따라 제품의 디자인과 취향이 다를 수밖에 없다. 이러한 점을 고려치 않고 국제적 보편주의에 입각하여 표준화 광고를 실시한다는 것은 무모한 일이라고 지적된다.

국제광고를 기획할 경우에는 대상국가가 금기하는 색, 상징, 조형물 등을 충분히 고려해야 한다. 현지국 사람이 좋아하는 색과 싫어하는 색을 식별할 줄 알아야 한다. 그들이 신성시하는 종교적 의식행위에 관해서도 많은 이해가 있어야 한다. 이러한 점을 잘 모르고 국제광고 행위를 할 경우 현지국의 반발과 저항감을 유발하며 현지당국으로부터 법적 제재나 불이익을 받는다. 따라서 국제광고 관리자들은 현지국에서 광고행위를 할 경우 현지국의 사회문화적 환경요인을 충분히 고찰하고 이해할 필요가 있다.

(2) 국제광고 현지화의 장단점

국제광고 현지화전략의 장점은 해당국의 환경에 적합한 광고를 할 수 있기 때문에 광고의 설득력이 향상된다는 점이다. 그러나 단점으로 잠재적 규모의 경제 기회가 상실된다는 점, 좋은 아이디어의 확산 기회가 상실된다는 점, 광고계획 및 관리비용이 절감되지 않는다는 점, 세계적인 기업이미지나 상표이미지를 형성하는 데 어려움이 있다는 점들이 지적되고 있다. 국제광고의 표준화와 현지화의 장단점을 정리하면 표 12-5 와 같다.

(3) 국제광고 현지화 사례

현지적응화의 예로 먼저 신라면의 중국진출을 들 수 있다. 중국인은 라면은 물을 부어 간단히 먹는 것으로 알고 끓여 먹는 라면을 귀찮게 여긴다. 또 쓰촨 성 사람들을 제외한 중국인은 매운 것을 그다지 좋아하지 않는데, 이는 남쪽으로 갈수록 더 그렇다.

농심은 철저한 현지화 광고전략을 통해 중국인의 이러한 라면에 대한 인식을 변화시키려 총력을 기울이고 있다. 주요 7개 도시(베이징, 상하이, 선양, 톈진, 광저우, 홍콩차이나, 칭다오)에 하루 3회 TV 광고를 실시하고 있으며 동시에 버스광고도 실시하는 등 광고문안이나 내용도 현지화에 초점을 두

표 12-5 국제광고 표준화와 현지화의 장단점

	국제광고 표준화	국제광고 현지화
조건	– 상표유명도, 상품의 보편성이 강한 경우 – 선진국→선진국, 개발도상국 시장에 광고할 경우 – 광고전략의 전용이 가능한 경우	– 상표유명도, 상품의 보편성이 약한 경우 – 선진국, 개발도상국→선진국시장에 광고할 경우
장점	– 기업, 상표이미지를 공통으로 구축하여 상표유명도 강화 – 광고관리비용의 절감 – 많은 투자로 양질의 광고 가능 – 광고조직의 통제가 용이	– 시장특성에 맞는 광고가 가능하므로 설득효과가 높음 – 특정 시장의 성공 · 실패가 다른 시장에 영향을 주지 않음
단점	– 시장단일화와 소비자의 라이프스타일 통일 비용이 듬 – 특정 시장의 상황을 반영하기 어려움	– 비용절감효과가 없음 – 세계적 상표이미지 구축에 불리

고 있다. 쓰촨 성 출신인 덩샤오핑의 말을 패러디한 광고문구('매운 것을 못 먹으면 사나이 대장부가 아니다')와 중국의 대표적인 프로축구 감독을 모델로 기용한 것이 좋은 예라 할 수 있다.

다음으로 진로를 들 수 있다. 진로는 제품디자인을 현지화하였는데, 투명한 초록색 병에 빨간색의 'JINRO'가 새겨진 노란색 라벨을 채택함으로써 이국적인 느낌과 고급스러운 인상을 풍기게 하였다. 이처럼 진로는 맛뿐만 아니라 용기와 로고, 라벨, 디자인 등을 현지화하였다. 즉 진로는 상품자체를 현지화하기도 하였지만, 용기와 로고, 라벨, 디자인 등을 현지화함으로써 자연스럽게 광고자체까지 현지화 대상에 포함시켰다.

3. 국제광고의 절충화

국제광고의 절충화는 표준화와 차별화의 어느 한 극단이 옳은 것이 아니고, 환경에 따라 적절한 표준화와 적절한 차별화를 취해야 한다는 입장이다. 즉 광고의 기본적인 전략이라고 할 수 있는 판매제안과 같은 것은 세계적으로 표준화가 가능하고 그러한 기반 위에서 각국의 문화적 배경이나 환경변수 등을 고려하여 현지에 알맞은 표현전략을 개발하는 것이 바람직하다는 개념으로 볼 수 있으며, 이렇게 하는 것이 표준화와 차별화의 장단점을 수용할 수 있는 길이라는 것이다.

또한 절충화전략을 옹호하는 학자들은 국제광고의 표준화 대 차별화에 대한 결정은 하나의 연속체로서, 실제로 선택은 그 사이 어느 적정한 지점에서 이루어진다고 주장하였다. 그리고 표준화의 개념을 적용하고 그것을 운영하는 데 있어서 가장 중요한 것은 신축성이며, 오늘날 제기되고 있는 문제는 표준화에 관한 것이기보다는 표준화의 개념을 각 사업난위에 맞세끔 어떻게 계획하고 운영할 것인가라고 주장하였다.

특히 J. A. Quelch and E. J. Hoff(1986)는 극단적인 표준화와 차별화가 갖는 위험과 이를 극복할 수 있는 방법에 대해 논의하였는데, 코카콜라와 네슬레의 예를 들어 절대적인 표준화도 절대적인 차별화도 없다는 사실을 증명하였다. 코카콜라의 경우 브랜드, 포지셔닝, 광고테마 등은 표준화되었지만 당분의 함유량이나 포장은 국가마다 다르며, 네슬레의 경우 현지경영자에게 많은 자치권을 부여하기는 했지만 총본부로부터 마케팅 스태프들을 직접 파견하여 표준화된 신제품과 아이디어를 수용하도록 하고 있다고 하였다.

이러한 절충적 접근방법으로 지역별 표준화(regional standardization)와 유형표준화(pattern standardization)를 내세우고 있다. 지역별 표준화란 언어나 문화권이 유사한 지역시장들에 같은 광고를 사용하며, 유형표준화는 세계적 표준화를 시행하되 국별, 제품별로 국제광고에 대한 조정기능을 강화하여 본사와 지사 간의 공동작업을 통해 현지시장의 특성을 반영한다. 지역적 표준화나 유형표준화는 표준화 또는 차별화 접근방법들이 시장상황에만 초점을 맞추고 있는 데 비해, 전략적/관리적 측면을 강조하고 있다는 점에서 실무적으로 활용하는 데 크게 기여할 수 있다.

연습문제

1. 국제촉진믹스전략의 중요성에 대해 설명하시오.
1. 제품수명주기에 따른 촉진전략의 특성 및 장단점에 대해 설명하시오.
2. 통합마케팅 커뮤니케이션의 중요성에 대해 설명하시오.
3. 국제광고매체 중 신문과 TV의 효과에 대해 설명하시오.
4. 국제광고와 관련하여 국제스폰서십의 효과에 대해 설명하시오.
5. 한국기업의 국제광고 표준화, 현지화, 절충화의 성공사례를 드시오.

제 5 부

국제마케팅의 조정

제13장 국제마케팅의 조직 및 통제
제14장 국제인터넷마케팅

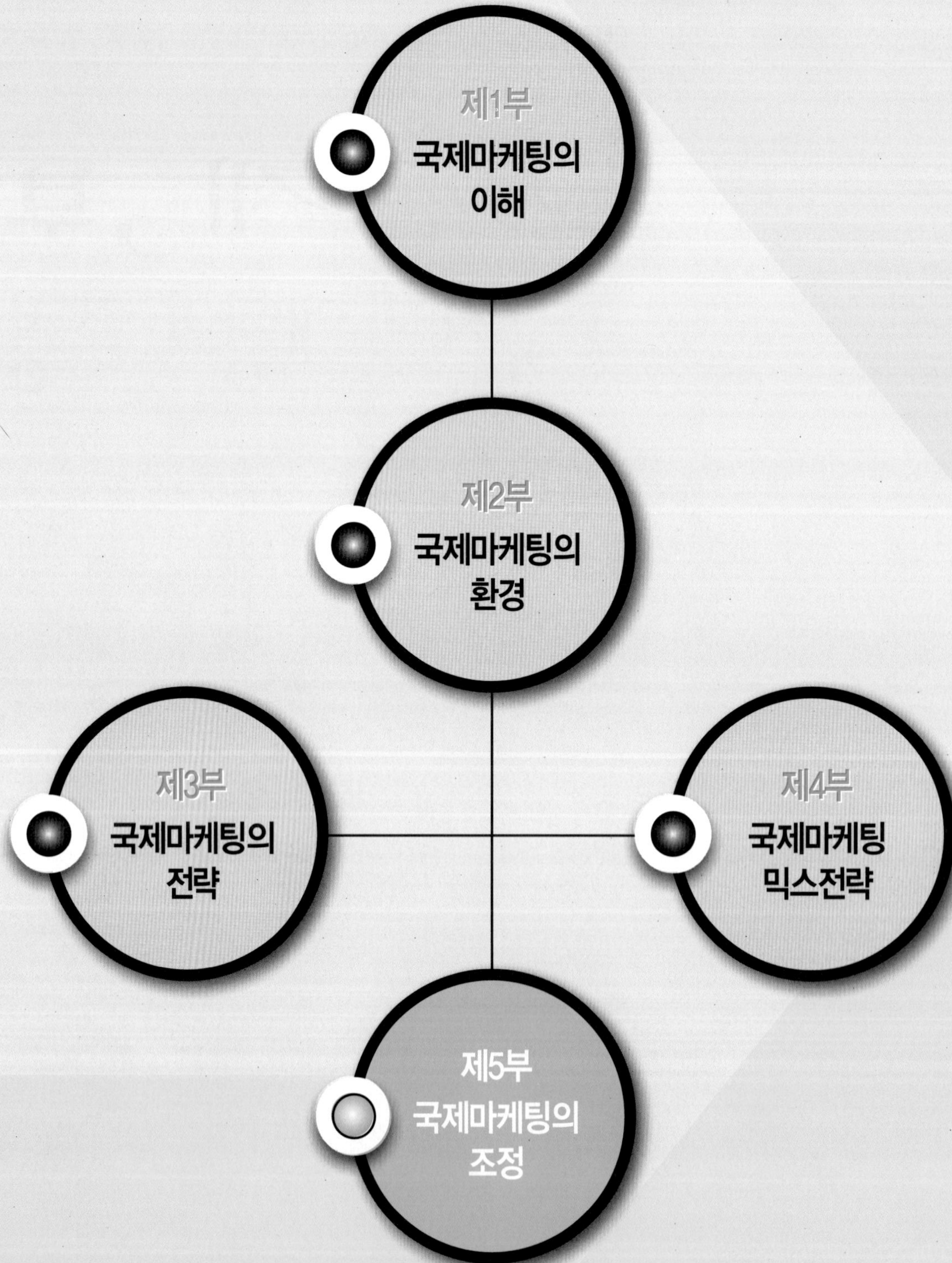
제1부
국제마케팅의
이해
제2부
국제마케팅의
환경
제3부
국제마케팅의
전략
제4부
국제마케팅
믹스전략
제5부
국제마케팅의
조정

제13장 국제마케팅의 조직 및 통제

제1절 국제마케팅조직의 개념

제2절 국제마케팅조직의 형태

제3절 국제마케팅통제의 개념

제4절 국제마케팅통제의 정도

학습목표

국제마케팅을 수행하는 국제기업의 조직구조에는 어떤 것이 있으며, 어떤 조직구조를 채택하는 것이 바람직한가에 대하여 알아본다. 또 국제기업이 해외자회사를 어떻게 통제하는가에 대하여 학습한다.

제1장 국제마케팅의 기초

제2장 기업의 국제화

제3장 국제마케팅조사

제4장 해외고객행동분석

제5장 해외시장 진입전략

제6장 국제사업전략

제7장 국제경쟁전략

제8장 글로벌전략

제9장 국제제품전략

제10장 국제가격전략

제11장 국제유통전략

제12장 국제촉진전략

제13장 국제마케팅의 조직 및 통제

제14장 국제인터넷마케팅

사례연구 성공적인 조직구조란?

이코노미스트지의 편집장인 팀 하인들(Tim Hindle)은 변화하는 시대에 기업들이 살아남기 위해서는 과거 50년간 절대적인 진리처럼 믿어왔던 명령과 통제(command & control)에 의한 체계적 조직관리를 버려야 한다고 이야기한다.

그러나 대부분의 경영자들은 기존의 조직운영방식으로부터 자유롭지는 못한 듯하다. "흔히 사람들은 깔끔하게 정돈된 책상을 바라볼 때는 만족감을 느끼지만 어지럽게 물건이 놓여 있는 걸 보면, 뭔가 잘못되었다고 느끼는 경향이 있다. 회사에 대해서도 마찬가지이다. 회사 내 각 조직의 역할과 책임이 분명하게 결정되어 있지 않고 중복이 있거나, 업무 처리에 있어서 지켜야 할 규칙이 명확하지 못할 때, 조직에 문제가 있다고 이야기하면서 이를 깔끔하게 정리하려고 한다."「완벽한 혼란(A Perfect Mess)」의 저자인 컬럼비아 대학의 에릭 애브라함슨(Eric Abrahamson) 교수의 말이다.

이 말처럼 거의 모든 경영자들은 자신의 회사가 보다 질서정연하고 합리적인 조직이 되길 바란다. 그래서인지 해마다 많은 기업들이 조직 재설계, 내부 운영 프로세스 개선, 매뉴얼/규정 등을 만드는 데 많은 시간과 돈, 그리고 인력을 투입한다. 깔끔하게 정리된 조직도 각 조직별로 명확하게 규정된 역할과 책임, 적절한 견제와 균형, 일사분란한 명령체계 등이 있을 때 효율적으로 움직인다는 믿음 때문이다. 여기에는 혼란스러워 보이는 조직은 제대로 움직이지 못할 것이라는 생각이 바닥에 깔려 있다. 이런 생각은 사실 자연스러운 것이다. 많은 경영학자들이 그렇게 이야기하고 있고, 소위 잘나가는 기업들을 보면 대개 비전이나 사업전략에 맞게 일관된 조직을 가지고 있어 보이기 때문이다.

그러나 애브라함슨 교수는 '경영자들이 바라는 것처럼 완벽하게 질서정연한 조직을 만든다거나 운영하는 것은 사실상 불가능하다'라는 지적도 빼놓지 않고 있다. 덧붙여 '최근과 같이 급변하는 경영환경 속에서 잘 정돈되고 질서정연한 조직은 변화의 발목을 잡는 덫이 될 수 있다. 따라서 조직구조나 운영에 있어 어느 정도의 무질서를 허용하는 것이 오히려 더 현실적인 대안이다'라고 이야기한다.

독특한 경영방식을 가지고 있는 셈코(Semco) 사의 CEO인 리카르도 세믈러(Ricardo Semler)는 '많은 경영자들이 질서, 안정, 그리고 예측가능성을 바라면서 생각할 수 있는 모든 영역, 모든 경우에 대해 규칙을 만들려 한다. 그리고 종이에 깔끔하게 정리된 규칙에 따라 조직을 운영하면 합리적이고 객관적인 경영을 할 수 있다고 생각하지만, 이건 잘못된 착각이다'라고 이야기한다. 세믈러는 오히려 이런 규칙들은 경영자를 비롯한 관리자들에게 기존의 규칙만 잘 지키면 아무런 문제가 없을 것이라는 그릇된 인식을 심어주면서 변화에 둔감하게 만들고, 새로운 가능성을 눈앞에 두고도 기존의 규칙에 어긋난다는 이유로 기회를 놓치게 만든다고 말한다.

이에 세믈러는 자신이 경영하는 셈코 사에서 각종 정책과 규칙을 없애고 대신 직원들 간의 토의와 합의를 통한 '직장 민주주의'를 도입했다. 더 나아가 세믈러는 '자신이 무엇을 해야 하는가'를 직원들이 스스로 결정하도록 했다. 예를 들어, 새로운 사업 아이디어를 가진 사람이면 누구라도 직원들로 구성된 위원회에 나와 자신의 계획을 피력할 수 있다. 위원회에서 제안이 통과된다면 그 일을 직접 맡아서 할 수도 있다. 셈코 사는 이런 방식으로 자연스럽게 변화에 적응해간다. (주간경제, 937호)

■ **토의과제**

1. 조직을 효율적으로 관리하기 위해서는 어떤 요건들이 필요한가?
2. 에릭 애브라함슨 교수가 지적한 조직의 바람직한 방향은 무엇인가?
3. 성공한 기업과 그렇지 못한 기업은 조직구조 측면에서 어떤 차이점이 있는가?

제1절 국제마케팅조직의 개념

1. 조직의 의의

(1) 조직의 의미

기업을 사람으로 비유한다면 조직(organization)은 마치 뼈와 같은 부분으로서 매우 중요한 위치를 차지하고 있다고 할 수 있다. 따라서 조직이 없거나 허약한 기업은 무너지기 쉬운 반면 조직이 튼튼한 기업은 무한한 성장가능성을 지니고 있다고 할 수 있다. 조직은 기업의 국제화전략을 추구하는 데 있어서도 매우 중요한 부분을 점하고 있는데, 이때 조직은 전략의 성격에 따라 규모 · 체계 · 강도가 적절히 배합되어 결정되어야 한다. 즉 조직은 전략을 수행하는 데 있어서 너무 빈약해서도 안 되고 방대해서도 안 되는 합당한 조직이어야 한다.

조직은 또 기업의 국제화가 확대됨에 따라 그 구조가 변화되어야 하는데, 그 변화가 기업의 장기목표와 제품 · 시장특성에 맞아야 한다. 아울러 권한과 책임, 정보의 전달, 감독폭의 결정 등 개인적인 위치와 권력관계의 변화도 고려하여야 한다.

(2) 조직의 목표

국제시장을 기반으로 기업의 장기적 이윤을 극대화하는 것이 국제경영활동의 주된 목적이라 한다면 조직은 그러한 목적을 달성하기 위한 수단이 된다. 따라서 조직은 국제경영의 환경변화에 부합되도록 적절하고 효율적인 구성이 이루어져야 한다. 또 그러한 조직을 바람직하게 운영하여 조직목표에 도달하도록 하는 것이 중요하다.

따라서 조직의 목표는 현지자회사, 관련회사, 합작회사를 포함한 해외사업장의 활동을 최대한으로 수행함과 동시에 이것을 국제기업체로서 유기적으로 결합하는 것이라 할 수 있다.

2. 조직의 결정요인

조직의 형태는 기업의 과거업적이나 규모, 발전단계 등에 의하여 결정되는 것이 보통이나 일반적으로 다음과 같은 요인이 작용한다. 이들은 개별적으로도 영향을 미치지만 복합적으로도 영향을 미친다.

(1) 국제경영의 장기적 목표

국제경영의 장기적 목표를 어디에 두느냐에 따라 조직의 형태도 달라진다. 예컨대 합작기업에 있어서는 상대기업과 해외사업에 대한 장기적 목표가 일치하여야 하며 당사자의 어느 쪽도 소수주주가 되어서는 안 된다.

(2) 해외영업활동의 비중

기업 내에서 해외영업활동의 비중이 어느 정도인가에 따라서 조직형태가 달라질 수 있다. 해외영업활동의 비중이 큰 경우 제품별 조직 또는 지역별 조직의 형태가 가능하고, 해외영업활동의 비중이 작은 경우 국제사업부조직의 형태가 가능하다.

(3) 경영진의 능력과 질

국제경영활동의 전개에 필요한 경영진의 능력이나 질에 따라 조직의 형태가 달라질 수 있다. 즉 최고경영자를 주축으로 스태프부문에 이르기까지 기업 내에서 이용가능한 인원수, 그 각각의 능력이나 기술은 국제경영활동에 관한 의사결정을 하는 경우에 중대한 영향을 미치므로 사업수행을 위한 조직구성에도 중요한 영향을 미치게 된다.

(4) 제품의 폭

기업이 취급하는 제품의 폭에 따라서 조직형태가 달라질 수 있다. 제품계열이 다양한 국제기업은 지역별 조직보다는 제품별 조직구조를 택하는 것이 바람직하다. 적은 수의 비슷한 제품계열을 가지고 있는 국제기업은 제품계열 사이의 상호의존성이 비교적 높기 때문에 제품별 조직은 비효율적이다.

(5) 현지자회사의 환경

기업이 진출하고자 하는 현지의 환경에 따라 조직형태가 달라질 수 있다. 본국과 비슷한 환경을 가지고 있는 지역에 자회사를 두고 있는 경우 표준화된 제품촉진이 가능하므로 지역별 조직구조를 택하지 않는 것이 바람직하며, 현지환경이 본국과 다르고 현지의 환경변화가 중요한 경우 지역별 조직구조를 택하는 것이 바람직하다.

(6) 경제블럭

국제기업의 활동영역이 특정 지역경제블럭권에 해당된다면 이를 조직구성에 고려하여야 한다. 이러한 경우는 무역장벽을 피하기 위해서 지역별 조직구조를 택하여 운용하는 것이 바람직하다고 할 수 있다.

제2절 국제마케팅조직의 형태

국제기업의 조직은 독립된 단일체가 아니고 기업과 국제환경이 상호 의존하는 시스템이기 때문에 조직형태를 결정하는 원칙을 정하기는 어렵다. 즉 일정한 제품과 시장의 특성을 가지고 있는 국제기업에게 적합한 조직이라 하더라도 타 기업에게 적합하다고는 할 수 없으며 일정 시점에서 적합한 조직형태가 다른 시점에서 적합하지 않을 수 있다.

그렇다면 국제경영활동을 수행하는 데 가장 적합하고 능률적인 조직구조는 무엇인가? 국제사업을 통한 이윤극대의 목적달성을 위한 효과적인 조직구조는 무엇인가? 그러나 그 어디에서도 이에 대한 확답은 구하기 어려우며 일정불변한 조직구조는 존재하기 힘들다. 딤자(W. A. Dymsza)는 전 세계의 국제기업들이 취하고 있는 조직구조를 종합해본 결과 ① 기능별 조직, ② 제품별 조직, ③ 지역별 조직, ④ 국제사업부조직, ⑤ 매트릭스조직 등 5가지 형태를 제시하고 있다.

1. 조직의 유형

(1) 기능별 조직

기능별 조직(functional organization)은 제품의 종류가 적고 생산 또는 판매 지역의 범위가 좁을 때 취하는 형태이다. **그림 13-1** 에서 보는 바와 같이 이 조직은 사장 밑에 생산 · 판매 · 총무 · 재무 · 인사 등의 기능에 따라 부서가 나뉘는 형태이다.

그림 13-1 기능별 조직

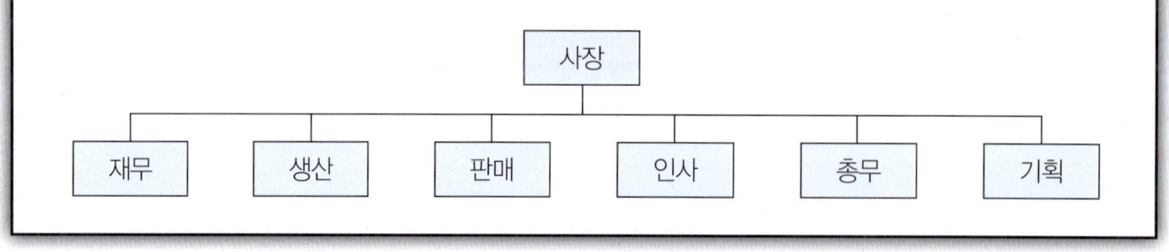

기능별 조직은 원래 상당히 표준화된 제품라인을 가진 회사나 창업자와 그 가족경영체제에서 비롯된 전통적이고 비공식적인 관리체제를 가진 회사에 의해서 이루어진 조직형태이다. 이 조직구조는 회사의 제품이 극히 소수의 규격제품에 한정되어 있고 지금까지 그 제품계열에 따라 국내경영을 조직화해온 회사에게는 매우 적절하다고 할 수 있다.

결국 기능별 조직은 생산 · 판매 등의 부문별 기능이 중시될 때 장점을 발휘할 수 있으나 각 기능별 부서 간에 협조가 안 될 경우 난관에 부딪치는 단점이 있다. 또 지역별 · 국가별 전문지식을 활용하는 데 있어서도 어려운 점이 있다. 디어(Deere) 사는 세계적인 영업활동을 기능별로 조직화하고 있다. 제조와 마케팅을 위하여 세계적 경영책임을 가진 광범한 라인사업부(line division)를 두고 있으며 상급 부사장들이 제조 및 마케팅을 담당한 경영자들이 되어 미국 및 캐나다와 해외지역을 위한 라인 매니지먼트(line management)활동을 병행하고 있다. 본사에는 두 사람의 부사장이 있는데 이들은 각각 국내 및 국외활동을 통솔한다.

(2) 제품별 조직

제품별 조직(product organization)은 제품의 종류가 다양하고 성격 · 기술 등이 차이가 많은 경우 채택하는 조직형태이다. **그림 13-2** 에서 보는 바와 같이 이 조직은 사장 밑에 제품별로 각각 하나의 사업본부를 구성하고 그 밑에 제품에 따라 기능이 통합되어 있는 형태이다.

그림 13-2 제품별 조직

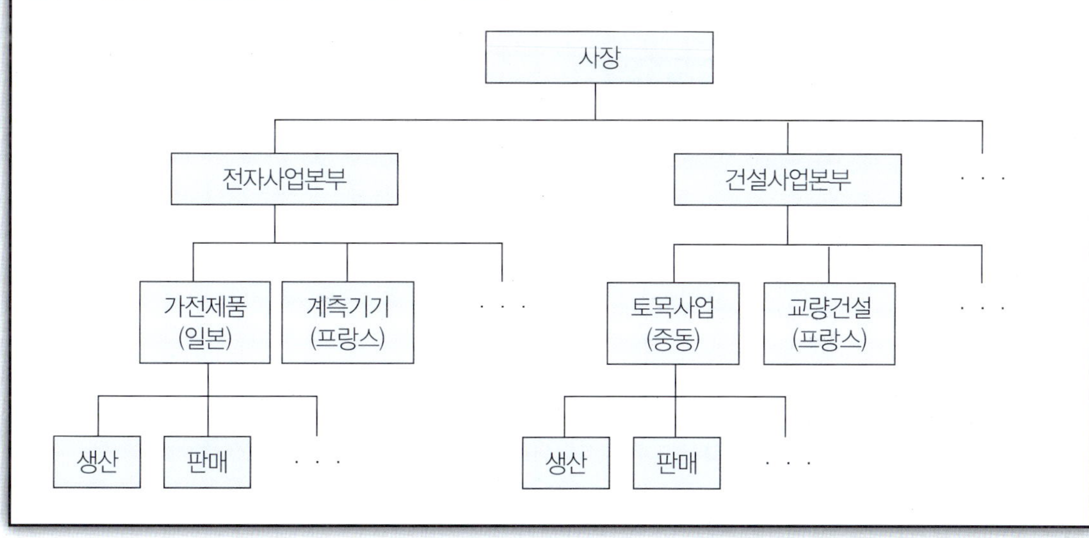

제품별 조직에 있어서 해외의 자회사들은 경영활동 내용을 각각 자기가 속해 있는 제품사업본부에 보고하게 된다. 그러므로 경우에 따라서는 같은 지역에 있는 두 개 이상의 자회사가 각각 해당 제품사업본부에 보고하게 된다. Johnson & Johnson, Westinghouse 등의 회사가 이런 형태를 택하고 있으며 우리나라 경우는 아직 없다.

제품별 조직은 다양한 제품을 최종소비자에게 판매하는 국제적인 기업에게 적합한 조직으로 회사가 다른 제품라인을 추가하려고 할 경우 현재의 조직을 혼란시키지 않고 새로운 제품라인을 추가시킬 수 있기 때문에, 제품을 여러 가지로 확대하려고 하는 기업에게는 융통성을 제공해주는 이점이 있다. 이러한 관점에서 볼 때 이 조직구조는 기업이 제품별로 급속한 성장을 추구할 경우 적합한 조직형태라고 할 수 있다.

한편 제품별 조직의 단점은 다음과 같다.

① 세계의 특정 지역에서 제품그룹을 통제하고 협조시키는 데 문제가 있다. 각 제품그룹이 저마다 방향을 달리할 경우 본사의 전반적인 조정이 어렵고 지역별로 전문적인 지식이 부족하다.

② 제품별로 전 세계를 상대로 하여 사업활동을 하기 때문에 관리책임자들이 전 세계적인 시야

를 필요로 하는 국제적인 사업경험을 쌓을 수 없다.

(3) 지역별 조직

지역별 조직(regional organization)은 생산 · 판매 등이 각각 특성을 지닌 여러 지역에서 이루어지는 경우 취하는 조직형태이다. **그림 13-3**에서 보는 바와 같이 이 조직은 사장 밑에 지역별로 하나의 사업본부를 구성하고 그 밑에 지역에 따라 기능이 통합되어 있는 형태이다.

그림 13-3 지역별 조직

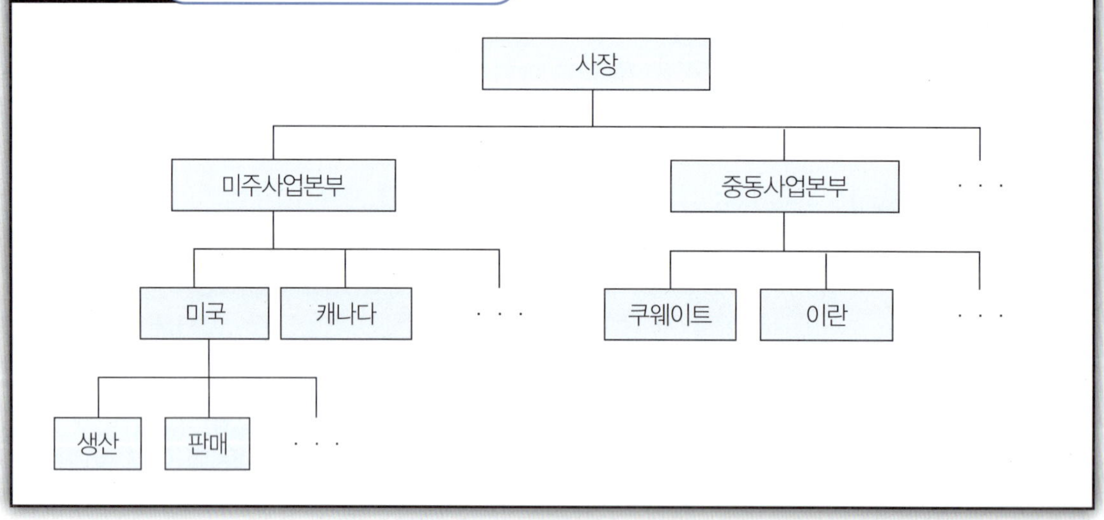

지역별 조직은 제품라인이 비교적 단순한 국제기업이 주로 택하고 있는데 Mobil Oil, Unilever, Dow Chemical 등이 그렇고 우리나라 경우는 아직 없다. 지역별 조직의 장점은 특정한 국가 또는 지역별로 시장특성의 차이에 중점을 둠으로써 일정 지역에 정통한 매니저에게 그 지역 내의 모든 사업활동에 대한 책임을 부여할 수 있다는 점이다. 또한 전 세계에 산재해 있는 지사와 본사 간의 연락관계가 더욱 용이해짐으로써 책임과 권한의 체계를 확립시키는 데 도움을 준다. 그리고 경영책임자들에게 광범위한 경영상의 경험과 훈련을 제공해준다는 이점도 있다.

한편 지역별 조직의 문제점은 기업이 시장특성에 따라 여러 제품라인을 가지고 있는 경우인데, 이 경우 운영상의 책임이 생산시설에서 시장까지 지역별로 이루어지기 때문에 지역적인 범주를 벗어나 타 지역으로 새로운 경험이나 아이디어를 전파시키는 것이 매우 힘들다는 점이다. 이런 문제점을 극복하기 위해서 몇몇 기업들이 본사에 제품관리인을 따로 임명하여 지역별사업부 책임자에게 권한행사를 할 수 있도록 제품라인에 대한 책임을 부여하고 있다.

(4) 국제사업부조직

국제사업부조직(international division organization)은 기업의 해외영업활동이 확대됨에 따라 기업조직 내에 다른 제품사업부와 같이 하나의 독립된 사업단위로 운영하는 조직형태이다. **그림 13-4**에서 보는 바와 같이 이 조직은 사장 밑에 국내사업부와 동급의 국제사업부를 구성하고 그 밑에 제품에 따라 기능이 통합되어 있는 형태이다.

그림 13-4 국제사업부조직

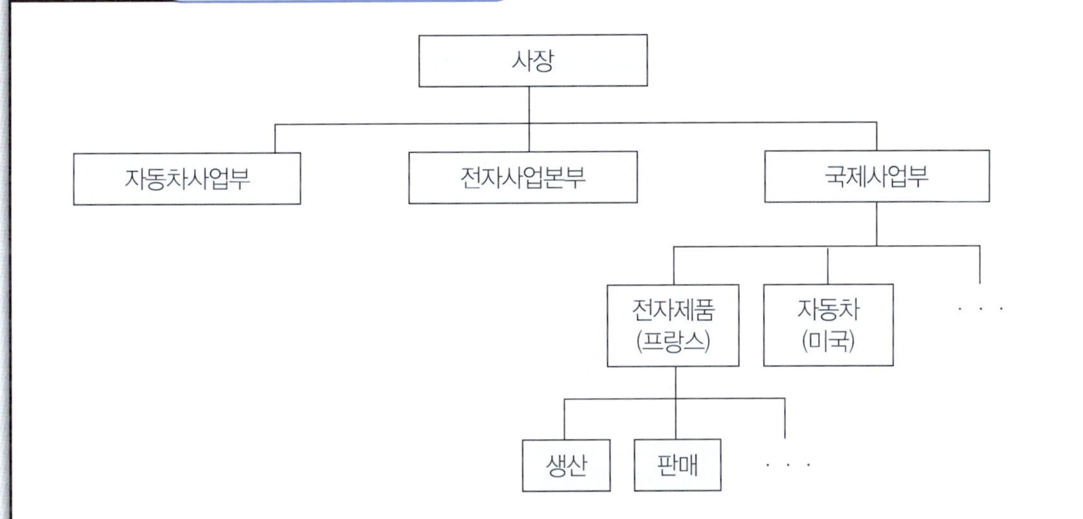

국제사업부조직은 유럽보다 미국의 국제기업들이 많이 채택하고 있는데, 그 이유는 유럽국가들의 국내시장이 비교적 소규모이기 때문에 국내사업활동과 국제사업활동을 구태여 구분하지 않고 초창기부터 세계를 상대로 하는 제품별 또는 지역별 사업부조직으로 발전시켜왔기 때문이다. GM, IBM, Coca-Cola, Philip Morris, Bendix 등의 회사가 이런 형태를 취하고 있으며 우리나라 경우에는 몇몇 대기업 건설회사들이 택하고 있다.

다우케미컬(Dow Chemical) 사는 지역별, 제품별, 기능별 책임이 중복된 조직구조를 채택하고 있으며 팀 경영을 하고 있다. 이 회사는 지역별로 조직화되었으나 범세계적 규모의 제품 및 기능을 강조하고 있으며, 의사결정에 있어서 라인과 스태프 쌍방의 관리자가 정기적으로 참가하는 위원회와 팀 경영의 활용이 일상화되어 있다. 상층조직에는 이사회, 회장, 사장, 집행담당 부사장, 그리고 중복된 책임을 지고 있는 경영위원회가 있다. 그리고 중복된 책임, 복수의 관리자 및 팀 경영이라는 일반원칙이 본사로부터 해외관련회사에 이르는 조직 전체에 침투되어 있다. 또한 지역별로 지역담당 관리자를 두고 있지만 동시에 제품 관리자와 기능별 스태프에게 세계적 책임을 부여하고 있다. 이 회사는 기업경영에 있어서 복잡하고 중복된 책임을 중시한 나머지 조직도에는 별로 관심을 두고 있지 않다.

국제사업부조직의 장점은 다음과 같다.

① 기업의 국제적 사업활동이 국내사업활동과 더불어 큰 비중을 점하고 있는 경우, 국제적 사업활동이 국내사업활동에 관한 명확한 책임한계를 설정해주고 복잡다양한 국제사업활동에서 효과적인 대응책을 강구할 수 있다.

② 국제적인 사업문제에 있어서 전문지식을 개발시키며 스태프의 기능을 전 세계적인 영역으로 확대할 수 있다.

한편 국제사업부조직의 단점은 다음과 같다.

① 국내사업부와 국제사업부가 각각 독립성과 자치성을 지닌 조직단위이기 때문에 전사적인 계획의 수립에 어려움이 있다.

② 국제사업부와 국내사업부 간의 협력이 잘 이루어지지 않을 경우 충돌이 야기될 수 있다. 이러한 점 때문에 국제사업부는 통상 전 세계적인 안목에 기초를 둔 조직구조로 발전하게 된다.

③ 국제사업부조직에서는 연구개발분야가 본사 차원에서 통제되는 경향이 높다. 이러한 조직구조 아래에서는 기본적인 연구개발의 방향이 주로 국내시장을 초점으로 해서 이루어지며 해외업무를 위한 연구개발은 단지 현지시장의 환경에 맞게 제품을 변경하는 정도에 머무르게 된다.

따라서 국제사업부조직이 적합한 경우는 다음과 같다.

① 조직의 구조가 분권적일 때, 즉 약간의 본사기능을 남겨놓고는 각 사업부에 대폭적인 권한위양이 행해지고 있을 경우이다.

② 각 사업부가 독립된 계산단위이며 책임단위일 때, 즉 각 사업부는 이익센터(profit center)로서 독립채산적으로 관리될 경우이다.

③ 기업이 어느 정도 이상의 규모를 지녔을 때, 즉 사업부가 독립해서 효율적인 운영을 행하기 위해서는 최소한의 분권제의 이점이나 규모의 이점이 갖추어져야 할 경우이다. ④ 각 사업부가 소위 기피선언권을 지니고 있을 때, 즉 이익책임단위로서의 사업부는 타 사업부와의 사내거래에 있어서도 가격이나 품질에 관한 거부권을 지니며 조건이 맞지 않을 때 사외에서 구입하는 권한도 지니고 있을 경우이다. ⑤각 사업부의 장은 마치 독립기업의 책임자처럼 의사결정을 하는 권한을 지녔을 때이다.

(5) 매트릭스조직

매트릭스조직(matrix organization)은 그리드조직(grid organization)이라고도 하는데 앞에서 살펴본 제품별 · 기능별 · 지역별 조직이 다차원적으로 중첩된 조직형태이다. **그림 13-5** 에서 보는 바와 같이 이 조직은 사장 밑에 있는 경영자들이 기능 · 제품 · 지역을 결합한 여러 문제에 대하여 책임을 진다.

그림 13-5 매트릭스조직

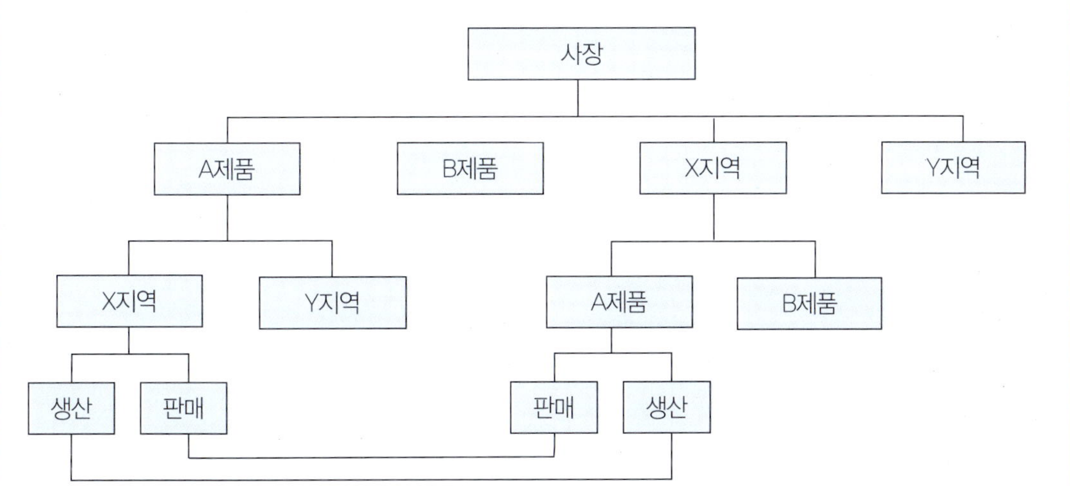

매트릭스조직의 장점은 어느 한 기본단위에서 체크하지 못한 운용상의 문제점을 다른 조직단위에서 지적해냄으로써 업무상의 과실을 줄일 수 있으며 동시에 단위조직 간의 견제와 균형을 유지

하여 기업의 효율적인 경영활동을 전개해나갈 수 있다는 점이다.

반면에 매트릭스조직의 단점은 조직구조가 복잡하고 기본조직단위들 간의 갈등이 심화될 수 있다는 점이다. 즉 기업의 경영에 있어서 다른 조직단위의 권한이 강화되는 것을 막거나 업무에 대한 책임을 전가하기 위하여 다른 조직단위에서 올라온 보고에 대해 불필요한 제동을 걸어 조직 간의 충돌을 불러일으킴으로써 신속한 업무 추진을 어렵게 만들 수 있다. 또 기본조직들 간의 권한이 균형되어 있지 못하고 어느 기본조직단위의 관리자가 막강한 권한을 행사하게 되면 기업 전체로 볼 때 환경의 변화에 적합하지 못한 전략이 수행될 위험성이 있다. 따라서 매트릭스조직구조 아래에서는 최고경영진이 기본조직 간의 갈등요인을 어떻게 조정 관리하느냐가 중요한 과제가 된다. 결국 매트릭스조직은 제품별 · 기능별 · 지역별 조직의 단점을 보완한 것으로 이론적으로는 매우 이상적이라 할 수 있으나 실제 운용에는 문제점이 많다고 할 수 있다.

2. 조직의 변천과정

기업은 국제화전략을 추진해나감에 따라 조직구조도 그 전략에 맞추어 변화시켜야 한다. 국제화 단계를 **표 13-1**에서 보는 바와 같이 5단계로 나눌 때 이에 따른 조직의 변천과정을 살펴보자.

표 13-1 조직의 변천과정

국제화단계	조직형태	관점	책임자
소규모 수출	기능별 조직 (수출과)	국내지향	과장
본격적 수출	기능별 조직 (수출부 또는 해외영업부)	국내→해외지향	부장
해외투자 시작	기능별 조직→제품별 조직 (국제사업부)	해외지향	이사
해외투자 증가	지역별 조직 (해외사업본부)	현지지향	부사장
범세계적 활동	매트릭스조직	세계지향	해외담당임원이 따로 없고 전사가 관련됨

자료 W. A. Dymsza, *Multinational Business Strategy*, McGraw-Hill, 1972, p.22.

1단계로 국내의 수출대행업자를 통한 간접수출이 주가 되는 경우 영업부 내에 2~3명의 직원이 수출업무를 담당하므로 특별히 조직의 변화는 생기지 않는다.

2단계로 본격적인 직접수출이 시작되면 국내영업부와 대등한 위치의 수출부 내지는 해외영업부가 조직된다. 즉 국내마케팅 담당자가 지휘하는 조직체제를 갖추게 된다.

3단계로 수출규모가 매우 커져 기업 내에서 수출이 차지하는 비중이 높아지고 더 나아가 해외투자나 기술계약까지도 포함하면 해외영업부는 국제사업부(international division)로 변모한다. 그러나 이 단계까지의 조직은 국내기업의 일반형태라 할 수 있는 기능별 조직의 범주를 벗어나지 못한다. 다만 여러 제품의 수출을 취급하는 종합무역상사(general trading company)의 경우는 제품별 조직의 형태를 갖추게 된다.

4단계로 해외사업의 규모가 더욱 커지고 기업 내에서의 위치도 점차 증대되어 해외사업부에는 여러 참모조직이 보강되면서 해외사업본부가 조직된다. 이에 따라 각 지역을 단위로 한 독립부서가 형성되면 조직형태는 기능별 조직에서 지역별 조직으로 점차 변화하게 된다.

5단계로 기업의 국제활동이 다각적으로 이루어져 자연히 기업은 범세계적인 안목을 갖고 조직도 세계지향적인 구조를 형성한다. 즉 전 세계에 걸쳐 제품과 지역 그리고 기능을 연결한 매트릭스 조직형태가 나타난다. 이렇게 되면 해외담당사업본부와 담당임원도 따로 없고 다만 특정 지역이나 국가의 책임경영자만이 있다.

한편 해외시장의 다변화정도와 해외상품의 다양성에 의해 국제기업의 조직형태가 변화한다는 주장이 있는데 이를 그림으로 나타내면 **그림 13-6** 과 같다.

그림 13-6 조직형태의 변화

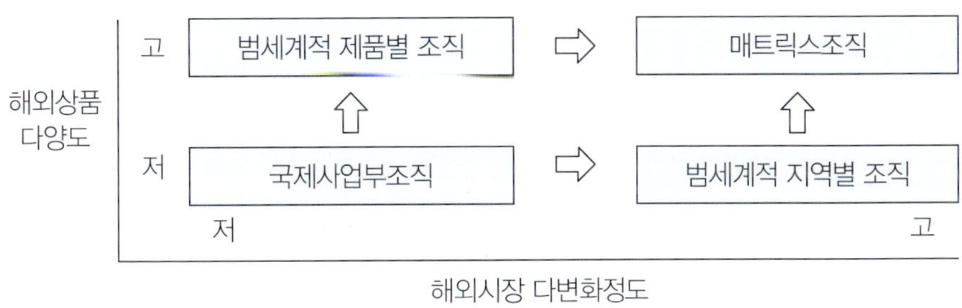

자료 J. C. Leonitiades, *Multinational Corporate Strategy*, Lexington Books, 1985, p.199.

소수의 제품계열에 특화하고 해외시장 다변화정도가 낮은 기업은 국제사업부조직을 채택하는 경향이 있는 데 비해, 해외시장 다변화정도가 낮지만 다양한 제품계열을 취급하는 기업은 일반적으로 제품별 조직을 선호한다. 다수의 해외시장에서 활동하지만 소수의 제품계열에만 특화하는 기업은 해외시장의 중요성 때문에 지역별 조직을 택하려고 하는 데 비해, 해외시장의 수도 많고 취급하는 제품계열도 다양한 기업은 효율적인 해외활동을 위해 매트릭스조직이 적합하다.

결국 처음에 국제사업부제로 영업활동을 전개하는 국제기업은 점차 취급제품이 다양해지면서 조직구조를 제품별 조직으로 바꾸고 나아가서 해외시장이 다변화되면 매트릭스조직을 택하게 된다. 또 취급하는 제품계열이 다양하지 못한 기업은 지역별 조직을 채택하다가 새로운 제품계열이 추가되면서 조직형태를 매트릭스 구조로 바꾸게 된다. 그러나 국제기업이 궁극적으로 선택하는 조직구조는 기업이 처해 있는 독특한 경영요소에 바탕을 둔다. 따라서 아무리 동일업종에 속한 기업들이라도 그들을 둘러싼 경영환경은 다르기 때문에 똑같은 조직구조를 택한다는 보장은 없다.

3. 조직의 집권화와 분권화

조직의 형태를 일반적으로 기능별 · 제품별 · 지역별 · 국제사업부 · 매트릭스 조직의 5가지 유형으로 나누지만 거시적인 관점에서는 ① 집권적 조직과 ② 분권적 조직으로 나눌 수 있다. 즉 권한의 배분정도에 따라 권한의 배분이 집중되어 있는 경우 집권적 조직이라 하고 권한의 배분이 분산되어 있는 경우 분권적 조직이라 한다. 여기서 주의할 점은 집권 또는 분권이 어떤 조직의 틀을 뜻하는 것이 아니라 권한배분의 정도나 경향을 나타내는 것이므로 완전한 집권화 및 분권화는 어렵다는 점이다.

(1) 집권적 조직

기업의 모든 해외영업활동에 따른 의사결정권한이 중앙집권적으로 통합되어 관리되는 경우 집권적 조직(centralized organization)이라 한다. 앞서 살펴본 4가지 조직형태 중 기능별 조직이 집권적 조직의 전형을 보여준다. 여기서 유의할 점은 집권적 조직의 형태를 취한다고 하더라도 해외영업활동의 모든 면을 실제적으로 집중화시키지 않는다는 점이다. 해외사업체의 성장이 큰 경우 금융 · 자원 · 연구개발 등에서 주로 집권화가 이루어지고 나머지는 어느 정도 분권화를 시킨다.

집권적 조직의 장점은 ① 개인적 리더십이 용이하며, ② 통합화와 행위의 통일성을 촉진하며, ③ 긴급한 사태의 대응에 용이하다는 점이다. 반면에 단점은 ① 모든 의사결정권이 중앙에 집중되어 권한의 라인이 너무 길어짐으로써 신속하고 탄력적인 기업활동이 곤란하며, ② 의사결정을 담당하는 최고경영층과 현장관리층의 거리가 멀어져서 의사소통이 잘되지 않을 뿐만 아니라 정보전달과 의사결정에 시간이 너무 오래 걸린다는 점이다.

(2) 분권적 조직

기업의 모든 해외영업활동에 따른 의사결정권한이 어느 정도 분산된 경우 분권적 조직(decentralized organization)이라 한다. 앞서 살펴본 4가지 조직형태 중 제품별 조직과 지역별 조직 그리고 국제사업부조직이 분권적 조직의 전형을 보여준다. 분권적 조직의 장점은 ① 최고간부의 부담을 경감시키며, ② 경영의 다각화와 제품 및 시장의 강화를 가능하게 하며, ③ 관리자의 교육과 동기부여를 개선하게 하는 데 있다고 할 수 있다.

결국 분권적 조직이 필요한 경우는 다음과 같다.

① 최고경영층의 부담이 과중하여 기업 전반에 걸친 종합적 · 장기적인 마케팅계획과 통제가 행해질 수 없을 때이다.

② 경영의 다각화나 제품품종의 다양화라는 조건이 증대될 경우이다. 이럴 경우 각각의 분야나 제품에 관한 관리나 운영방법이 극도로 상이해짐으로써 최고경영층만으로는 통일적 · 집중적으로 관리 · 운영하기가 매우 곤란해진다. 따라서 각각의 분야나 제품에 대한 독자적 관리를 부문경영층이나 현장관리층에 위양하지 않을 수 없게 된다.

③ 생산과 판매의 라인활동을 특히 강화할 필요가 있을 경우이다. 즉 제조 · 판매의 라인부문을 분권화하여 책임을 부여한다는 것은 그 라인활동을 강화하게 되는 것을 의미한다고 할 수 있다.

(3) 조직의 선택

해외활동의 조정과 조직구성에 있어서 집권적 혹은 분권적 조직 중 어떤 것을 택할 것인가에 대한 판단기준은 없으나 관찰, 경험 및 납득할 만한 고려에서 두 조직 간의 차이를 나타내는 특징을 얻을 수 있다. 일반적으로 집권적 조직의 선택이 유리한 경우는 다음과 같다.

① 전 사업영역에 있어서 해외사업부분이 미미한 경우이다.

② 각 해외시장에 제공하는 제품과 기술 등이 서로 비슷하거나 동일할 때이다.

③ 해외시장에 공급하는 제품의 기술이 시간이 경과해도 불변인 경우이다.

④ 경영진의 인적자원이 불충분한 경우이다.

반면에 분권적 조직의 선택이 유리한 경우는 다음과 같다.

① 전 사업영역에서의 제품생산프로그램이 상호 이질적일 때이다.

② 일부의 사업영역에서만 해외사업활동을 할 경우이다.

③ 각각의 사업영역에서 적용되는 기술이 서로 상당한 차이가 날 때이다.

④ 각각의 사업영역에서 적용되는 기술이 자주 바뀌어서 적응과정이 계속 필요할 때이다.

⑤ 판매액이나 시장에서의 위치에 의해 평가된 해외사업의 의미가 증가할 경우이다.

이상에서 두 조직 중 유리한 경우를 살펴보았는데 각각의 조건이 동시에 나타날 수도 있으므로 두 조직의 선택을 촉진한다든가 혹은 두 조직 간의 변화시기 등에 관한 문제가 남게 되므로 선택결정규칙은 많은 검토를 요한다. 이와는 달리 조직의 선택은 일반적으로 해외 및 국내의 시장점유율의 비율과도 일정한 관계가 있으므로 이에 연관하여 선택결정규칙을 정립할 수도 있다. 즉 해외판매액이나 해외시장점유율이 국내시장판매액이나 시장점유율을 능가할 경우에는 분권적 모델의 선택이 유리하다는 것 등이 일례가 된다. 이러한 결정규칙은 해외활동의 판매액이나 시장점유율에 대한 일방적인 설명이라는 단점도 배제할 수 없다.

스토포드와 웰스(J. M. Stopford & L. T. Wells Jr.)는 **그림 13-7** 에서 보는 바와 같이 해외시장

그림 13-7 조직모델 결정격자

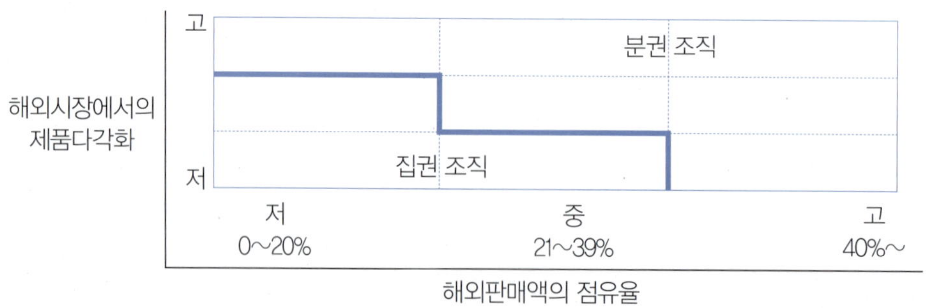

자료 J. M. Stopford and L. T. Wells Jr., *Managing the Multinational Enterprise: Organization of the Firm and Ownership of the Subsidiary,* New York: Basic Books, 1972, p.64.

에서의 제품다각화와 해외판매액의 점유율에 의거하여 조직형성 기본모델에 대한 결정격자를 창출했다.

그들에 의하면 해외시장에서의 제품다각화 및 해외판내액의 점유율이 높아짐에 따라 조직이 분권적으로 변형되고 그 반대의 경우는 집권적으로 변형된다는 것이다. 해외판매액의 증가는 제품을 통한 수요자의 욕구를 충족시킴으로써 가능한데 제품의 성숙기나 성장기의 유지 및 연장을 위한 제품의 차별화와 제품의 품목 또는 제품계열의 확충을 통한 다각화 등의 전략이 있겠다. 또한 그들은 성장하는 기업의 규모보다는 제품다각화의 정도가 조직적 기본구조의 변화를 야기시킨다고 시사한다. 그러나 혹자는 다른 의견을 표명하는데, 예를 들면 조직의 기본구조 변화는 기업의 규모에 달려 있으며 집권적 모델의 효용성은 대기업과 소기업 간에 차이가 난다는 견해 등이다.

제품별 조직과 지역별 조직의 선택에 있어서도 많은 갈등이 생긴다. 스토포드의 실증적 연구에 의하면 세계적으로 제품별 조직 위주로 한 사업영역의 형성은 주로 외국에서의 판매액이 적은 경우와 생산프로그램의 이질성이 심한 경우에 선택되곤 한다. 그 반대로 지역별 조직 위주의 사업영역의 형성은 외국에서의 판매액이 많은 경우와 생산프로그램의 이질성이 적은 경우에 선택된다. 사업영역의 지역적 기본구조에 있어서는 어떻게 제품이나 기능에 따라 조정될 수 있는가 하는 문제가 생긴다. 더 나아가서는 전 사업영역에 대한 새로운 조정문제가 등장한다. 이러한 조정문제는 지역적 기본구조와 이중적인 매트릭스조직을 합친 형태를 가진 사업영역의 조직으로 해결된다.

이와 비슷한 모델로서 스토포드에 의하여 제안된 범세계적이며 제품지향적인 기업영역과 지역적인 기업영역의 혼합형태가 있다. 이 형태에서는 각각의 기능부분에 지시권이 있다. 즉 각 기능부분은 전 세계적으로 참모진에 의하여 조정된다. 이러한 조직모델은 매우 이질적인 생산프로그램과 외국에서의 판매액의 비중이 높은 기업체들이 선택한다. 이 밖에도 다중심적인 조직형태는 기업이 성장함에 따라서 계속되는 분권적인 조직형태의 임시적 종료를 나타낸다. 이러한 형태의 조직에 있어서는 각 사업영역의 경영진 위에는 항상 조정역할을 하는 집권적인 기업의 경영진이 상위부서로 되어 있다. 그에 비하여 다중심기업의 조정역할은 평등집단의 원칙에 따른다.

제3절 국제마케팅통제의 개념

1. 통제의 의의

(1) 통제의 정의

국제기업은 본국 모기업의 기업시스템하에 하위단위인 해외자회사가 여러 국가에 형성되어 있다. 따라서 국제기업은 범세계적 환경에 시스템 전체가 대처하는 단일조직이면서 한편으로는 지리적으로 떨어진 개별 국가환경에서 운영되는 일련의 조직이기도 하다. 조직 자체가 갖는 이러한 속성으로 인해 국제기업은 이중의 압력에 직면하고 있다. 현지의 제도적 환경에 동화되어야 할 뿐만 아니라 조직 전체의 일관성도 필수적이다. 그러므로 해외자회사를 본국 모회사의 하위조직으로 관리하기 위해서는 권한의 행사가 수행되는 일련의 통제과정이 있어야 한다.

따라서 통제(control)란 기업목표 혹은 기업목표를 위해 수립된 계획이 의도대로 수행될 수 있도록 성과를 평가하고 수정하는 기능이라고 할 수 있다. 통제는 경영계획 및 경영조직과 완전히 독립된 기능을 수행하는 것이 아니라 경영계획과 조직에 이어지는 유기적이면서도 연속적인 관리기능이라고 할 수 있다. 이러한 통제기능의 기본적인 원리는 국내경영과 국제경영에 있어서 거의 차이가 없다. 단지 국제경영의 통제는 국내환경과는 다른 국제환경 속에서 이루어지기 때문에 여러 가지 복잡한 문제에 직면하게 된다.

(2) 통제의 특징

오늘날 국제기업들이 해외자회사를 통제하는 데 있어서 사용하고 있는 통제시스템의 특징은 다음과 같다.

첫째로 국제기업들이 해외영업활동에서 활용하는 통제의 기법은 국내영업활동을 통제하기 위해 활용하는 기법과 거의 비슷하다. 예컨대 국제기업들은 본사국의 국내운영에 활용하는 예산책정 및 재무기법을 해외운영에도 그대로 적용할 뿐만 아니라 원래 국내운영을 평가하는 데 목적을 두고 개발한 통계적 통제방법과 통계적 표준을 거의 그대로 해외자회사들에게 부과하고 있다.

둘째로 국제기업들은 재무통제를 대단히 강조하고 있다. 국제기업들이 해외자회사들에 대하여 재무통제를 강조하는 이유 중의 하나는 대체적으로 본사가 해외자회사들에게 기여하는 기업자원 중에서 가장 중요한 것이 자본이기 때문이다. 본사는 해외자회사들에게 자본을 기여했으므로 자연스럽게 그들이 자본을 어떻게 활용하고 있는가를 파악하려고 한다. 그러한 본사의 성향은 해외자회사들이 재무성과에 중점을 두도록 만든다. 국제기업들이 재무통제를 강조하는 또 다른 이유는 관련된 경영자들이면 누구나 이해할 수 있는 계수 등으로 재무통제의 내용을 서로 멀리 떨어져 있는 본사와 해외자회사들 간에 의사소통하기가 쉽기 때문이다.

셋째로 국제기업의 본사 최고경영층은 국내운영을 통제하는 데 개입하는 것보다 해외운영을 통제하는 데 훨씬 많이 개입하고 있다.

넷째로 국제기업들은 해외자회사들을 손익센터로 취급하여 해외자회사 실적에 대한 평가기준으로 이익과 투자회수를 강조하는 경향이 있다.

(3) 통제의 요건

해외자회사들의 경영실적을 계속 모니터하고 평가하는 데 목적을 두고 설계된 관리통제시스템이 진실로 효과적이기 위해서는 최소한의 필수요건을 갖추어야 하는데 이를 정리하면 다음과 같다.

첫째로 관리통제시스템의 일환으로서 활용하는 통제 절차와 기법은 해외자회사 사장이 이해할 수 있고 수락할 수 있는 것이어야 한다. 그리고 통제기법은 자회사들의 내부환경 및 외부환경에 맞게 마련되어야 한다.

둘째로 해외자회사 사장들은 통제 절차와 기법을 공식적으로 책정하는 데 능동적으로 참여해야 한다.

셋째로 각 해외자회사에게는 내부환경 및 외부환경을 고려하여 현실적인 목적을 부여해야 한다. 그리고 자회사들을 에워싸고 영향을 미치는 환경변수들이 변경되는 것에 맞추어 관리통제시스템 역시 변경하고 개선해야 한다.

넷째로 해외자회사들의 실적을 평가할 때는 이익 등 재무기준과 비재무기준을 동시에 활용해야 한다. 그리고 자회사 사장을 평가할 때는 그가 통제권을 행사할 수 있는 분야의 실적만을 바탕으로 해서 평가해야 한다.

다섯째로 관리통제시스템은 자회사들의 계획에 편차가 생기는 즉시 또는 이전에 발견하고 보고

해야 한다. 그리고 그러한 정보는 해당되는 본사 경영자들과 자회사 사장들에게 즉시 전달되어야 한다. 아울러 본사 최고경영층은 자회사 사장들이 달성한 실제실적과 그들에게 지급하는 보수를 직결시켜야 하며 뛰어난 실적에 대해서는 물질적으로 보상해주어야 한다.

(4) 통제의 필요성

국제마케팅을 수행하는 국제기업은 해외영업활동을 수행하는 데 있어서 다양한 시장여건과 경영환경에 접하게 되는데 이러한 조건에 효과적으로 대응하기 위해서는 적절한 통제가 필요하다. 국제기업이 해외자회사를 통제하는 이유를 살펴보면 다음과 같다.

가) 공동목표의 달성

효과적인 해외자회사 통제시스템이 있어야만 최고경영층은 국제기업의 전사적 사명과 목적의 달성이라는 공동목표를 향하여 여러 해외자회사들의 활동을 조정하고 선도하기가 쉽다. 만일 해외자회사 통제시스템이 존재하지 않든지 존재하더라도 유명무실할 때는 해외자회사들이 제각기 자회사 목적만을 극대화하려고 하기 때문에 오히려 국제기업의 전사적 목적을 저해할 수도 있다. 그러나 효과적인 해외자회사 통제시스템을 갖춘 국제기업은 해외자회사들의 임의적이고 개별적인 활동을 사전에 방지할 수 있을 뿐만 아니라 전략적 계획에 입각하여 그들의 활동을 조정하고 통합할 수 있어서 전사적 목적을 극대화할 수 있다.

나) 전략적 계획의 수립과 이행

효과적인 해외자회사 통제시스템이 있어야만 최고경영층은 전사의 전략적 계획을 합리적으로 평가할 수 있으며, 전략적 계획을 수립할 당시에 전제한 가정과 조건이 변하였으면 전략적 계획 자체를 합리적으로 변경할 수 있다. 국제기업의 운영에 영향을 미치는 세계기업환경은 항상 다이내믹하게 변하고 있다는 사실은 우리 모두가 알고 있다. 해외자회사 통제시스템은 그러한 환경변화가 각 해외자회사에 대해 미칠 수 있는 잠재적 영향에 대한 정보를 최고경영층에게 제공해줌으로써 최고경영층으로 하여금 각 해외자회사 계획 및 전사의 전략적 계획에 미칠 잠재적 영향을 사전에 평가할 수 있게 한다. 그러한 평가에 의거하여 최고경영층은 각 해외자회사 계획 및 전략적 계획을 변경 없이 계속 추진할 수 있고 필요하다면 변경할 수도 있다.

다) 현지경영자의 평가기준

효과적인 해외자회사 통제시스템이 있어야만 최고경영층은 해외자회사 사장들에 대한 올바른 실적평가를 할 수 있다. 기업환경은 시장국별로 상당히 이질적이기 때문에 비교적 좋은 환경조건 하에서 해외자회사를 운영하는 사장이 있는가 하면 그 반대의 경우도 있다. 그렇기 때문에 각 해외자회사가 당면하고 있는 환경적 문제점은 그러한 통제시스템을 통해서 최고경영층에게 전달되어야 하며, 최고경영층은 해외자회사 사장들에 대한 실적평가를 할 때 반드시 환경조건의 차이를 고려해야 한다. 그러한 평가과정을 통해서 능력이 뛰어나다고 평가를 받은 해외자회사 사장들은 최고경영층의 관심을 끌고 지역본부회사나 본사의 중요한 직책을 담당할 인재로서 추천을 받고 경륜을 쌓게 된다.

라) 환경변화의 대응

기업의 규모가 커짐에 따라 조직도 복잡하게 편성된다. 이에 따라 최고경영진이 모든 부서에 관여하기란 힘드므로 마케팅부서의 운영에 대해서도 이전보다 관심도가 떨어진다. 그러므로 마케팅활동에 대한 통제와 분석과정이 더욱 어려워져 과거보다 효과적인 통제의 필요성이 대두되었다. 환경의 변화에 얼마만큼이나 신속하게 대처하는가 하는 것이 기업의 성공을 좌우하기 때문에 국제기업은 해외자회사에 대한 강력한 통제를 행사함으로써 확고한 경영체제를 구축하여 환경의 변화에 대한 적응력의 시차를 극복할 수 있다.

마) 공동시장의 출현

공동시장은 회원국들 간에 관세나 비관세장벽을 제거하여 자유무역을 보장하는 경제통합 형태이다. 따라서 국제기업은 시장확대를 위해 공동시장 내에 공장을 재배치하고 유통 및 마케팅기능을 재조직한다. 그러나 이러한 시장확대는 공동시장 내에서 국제기업이 일관된 경영전략을 채택하도록 요구함으로써 자회사에 대한 통제의 필요성을 불러일으킨다.

바) 자회사의 질적 향상

해외자회사의 경영성과가 불만족스러울 때 이를 바로잡기 위해 본사의 통제가 필요하다. 물론 해외자회사의 경영실패는 현지경영자의 무능력 때문일 수도 있으나 그 원인이 무엇이든지 간에 통제는 계획된 성과기준을 개선시키는 데 필요하다.

2. 통제의 과정

국제기업은 전략적 차원에서 계획을 수립하고 해외시장에 적합한 조직구조를 결정한 후 경영활동이 기업의 목표에 따라 충실하게 이루어질 수 있도록 지속적이고 정기적인 통제시스템을 갖추어야 한다. 이에 대해 카테오라(P. R. Cateora)는 **그림 13-8** 에서 보는 바와 같이 몇 가지 통제과정이 필요하다고 언급하고 있다.

그림 13-8 통제의 과정

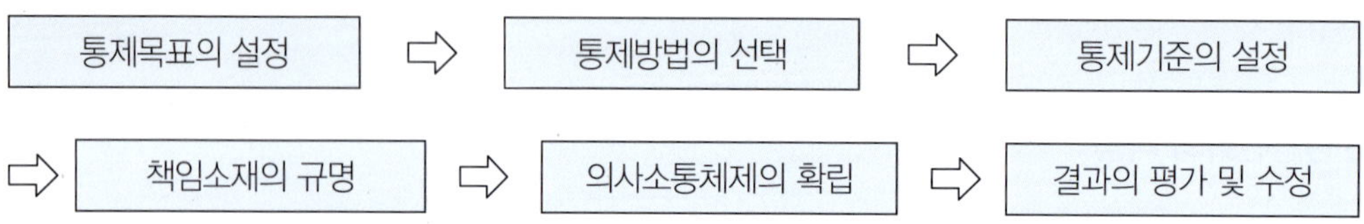

자료 P. R. Cateora, *International Marketing*, 5th ed., Richard D. Irwin, Inc., 1983, p.721.

(1) 통제목표의 설정

국제기업의 경영자들은 해외영업활동이 전개되는 초기에 장 · 단기적인 기업목표를 명확하게 설정해야 한다. 확실한 목표가 설정되어야만 경영자들은 구체적으로 어떠한 자원이 필요하며 또 어떤 이익이 기대되는지를 예측할 수 있다.

기업의 목표는 시장점유율, 매출액, 이익 등과 같이 구체적으로 수치로 표시할 수 있는 것뿐만 아니라 제품인식도의 증대, 유통구조의 개발, 기업이미지의 개선과 같은 질적인 것도 포함한다. 이러한 목표의 설정이 뚜렷하지 않으면 경영활동을 평가하는 기준의 설정도 무의미하며 계획적인 통제나 조정은 어려워진다.

(2) 통제방법의 선택

국제기업의 경영자들은 장 · 단기적인 통제목표가 설정되면 이질적인 시장환경에 맞는 통제방법을 선정해야 한다. 해외영업활동에 대한 통제방법은 크게 직접적 통제와 간접적 통제로 구분할 수 있다. 직접적 통제는 계약체결이나 소유권 비율 등과 같은 직접적이고 적극적인 통제를, 간접적 통제는 현지국에서의 의사소통이나 경쟁에 의한 통제를 의미한다. 그런데 세계시장환경은 계속적으로 급격한 변화를 겪고 있을 뿐만 아니라 기업 내부에서도 변화가 이루어지고 있기 때문에 통제방법은 기업의 특성과 시장환경에 맞추어 선택되어야 한다.

(3) 통제기준의 설정

통제를 효과적으로 수행하기 위해서는 경영성과를 명확하게 측정 · 평가할 수 있는 기준의 설정이 필요하다. 통제기준은 전반적인 재무 및 비용뿐만 아니라 현지국에서 영업활동이 잘 전개되고 있는지에 대해서도 구체적으로 설정되어야 한다. 영업활동의 성과측정기준으로는 이익, 매출액, 유통경로의 확립, 해외시장에의 진출 등을 들 수 있다. 이러한 성과기준은 실제 성과와의 비교를 위해 이용할 수 있는 지표가 되기도 하며 통제의 기준으로 활용되기도 한다.

해외시장에서의 영업성과를 평가하는 기준에 있어서 일반적으로 기업은 지출경비를 과소평가하는 반면 기대수익은 과대평가하는 경우가 많은데, 합리적으로 예산이 설정되어야만 정확한 평가 · 분석을 위한 기준으로 활용될 수 있다. 이와 같은 성과기준은 전사적인 해외영업활동이 수준별로 설정되어야 하며 실시 중인 기준에 대해서는 정기적으로 평가되어야 한다.

(4) 책임소재의 규명

국제기업의 해외영업활동은 매우 복잡하기 때문에 그 조직 역시 다차원적으로 복잡하게 편성되는 것이 일반적이다. 따라서 해외영업활동 성과에 대한 궁극적인 책임소재를 판단하기란 매우 어렵다. 해외영업활동에 대한 최종적인 책임이 어디에 있는가를 밝히는 것은 최고경영진에서 수행하게 될 조정의 단계에서 이루어져야 하는데, 이 단계에서 각 부서의 기능과 권한의 한계를 명확하게 구분함으로써 부서 간의 책임회피를 막을 수 있다. 효율적으로 영업활동을 전개하기 위해서는 각 부서의 책임과 권한을 가진 관리자에게 최종책임을 지게 하는 통제체제가 바람직하다.

(5) 의사소통체제의 확립

기업은 기술에 대한 정보교환, 경영관리자 간의 의사소통, 사원 간의 의사소통, 그리고 소비자와의 의사소통을 원활하게 이루어야만 경영활동을 성공적으로 수행할 수 있다. 그러므로 기업은 전략적 차원에서 전사적인 의사소통체제를 확립하려고 노력한다. 특히 해외영업활동에서는 언어 등의 여러 환경 차이로 인해 국가 간에 의사소통이 어렵기 때문에 국제기업에 있어서 정보수집과 전달체계는 영업활동영역 중에서 매우 중요한 분야이다.

국내영업활동에서는 비공식적인 의사소통이 많이 이용될 수 있지만 해외영업활동에서는 지속적으로 자료의 소집이 본사에 집결되어야 하므로 체계화된 의사소통체제는 필수적이다. 기업의 규모에 비해 과중한 정보의 수집이나 전달체계는 오히려 낭비일 뿐만 아니라 통제의 실패를 가져올 수도 있으므로, 국제기업은 자사의 능력에 적합한 의사소통체제를 확립하는 것이 바람직하다.

(6) 결과의 평가 및 수정

통제과정의 최종단계에서는 영업성과에 대해 평가하고 잘못된 계획을 수정하는 과정이 이루어진다. 이질적인 문화권에 진출한 국제기업은 정치, 법률, 국민성, 소비자의 기호수준 등의 차이를 완전히 극복하기는 어렵지만 시행착오를 거쳐 보다 개선된 통제체제를 이룰 수 있다. 따라서 국제기업은 실제 영업활동에서 얻은 결과를 당초의 경영목표와 비교하여 기대치에 미치지 못했으면 그 원인에 대해 철저히 분석해야 한다. 국제경영자들이 예측하기 어려운 해외시장환경에 신축적으로 대응해나가기 위해서는 영업계획을 수립할 때부터 탄력적인 통제체제를 구축하여 주기적으로 개선 · 보완하는 것이 바람직하다.

3. 통제의 분야 및 방법

(1) 통제분야

국제기업의 경영자들이 통제하는 해외자회사의 분야는 기업의 특성과 현지국의 상황에 따라 차이가 있지만 **표 13-2** 에서 보는 바와 같이 4가지 영역에서 이루어진다.

가) 연례적 계획통제

연례적 계획통제(annual plan control)는 계획된 결과의 성공 여부를 파악하기 위해서 실시하는 경우로, 주요 책임자는 최고경영자 또는 중간관리자가 된다. 분석도구로는 판매분석, 시장점유율

표 13-2 통제의 분야

통제의 분야	주요 책임자	통제의 목적	접근도구
연례적 계획통제	최고경영층 중간경영층	통제된 결과의 성공 여부의 파악	– 판매분석 – 시장점유율분석 – 판매량 대 비용비율 – 기타 비율 – 소비자태도 추적
수익성통제	마케팅 컨트롤러	기업의 부문별 손익 여부의 파악	– 제품별 수익성 – 지역별 수익성 – 시장세분화별 수익성 – 유통경로별 수익성 – 수주규모별 수익성
효율성통제	라인과 스태프 마케팅 컨트롤러	효율성과 마케팅비용의 평가	– 인적판매, 광고, 판촉, 유통 등의 효율성
전략적 통제	최고경영층 마케팅감사 담당자	기업이 시장, 제품, 유통경로와의 관련하에 최상의 마케팅기회 여부의 파악	– 마케팅감사

자료 P. Kotler, *Marketing Management*, Prentice-Hall, 1984, p.744.

분석, 판매량 대 비용비율, 소비자태도추적 등이 있다.

나) 수익성통제

수익성통제(profitability control)는 기업의 각 부문별 손익 여부를 파악하기 위해서 실시하는 경우로, 주요 책임자는 마케팅 담당자가 된다. 분석도구로는 제품별 수익성, 지역별 수익성, 시장세분화별 수익성, 유통경로별 수익성, 수주규모별 수익성 측정 등이 있다.

다) 효율성통제

효율성통제(efficiency control)는 경영의 효율성과 마케팅비용을 평가하기 위해서 실시하는 경우로, 주요 책임자는 라인과 스태프 또는 마케팅 담당자가 된다. 분석도구로는 인적 판매, 광고, 판촉, 유통의 효율성 측정이 있다.

라) 전략적 통제

전략적 통제(strategic control)는 기업이 시장, 제품, 유통경로와 관련하여 최상의 마케팅기회 포착 여부를 파악하기 위해서 실시하는 경우로, 주요 책임자는 최고경영층 또는 마케팅감사 담당자가 된다. 분석도구로는 마케팅감사가 있다.

(2) 통제방법

해외자회사를 통제하는 방법은 국제기업에 따라 다르겠지만 일반적으로 다음과 같은 방법으로 통제한다.

가) 계획에 의한 통제

국제기업의 전략적 목표는 계획과정에서 결정되는데, 철저한 계획을 수립함으로써 영업활동을 수행하면서 발생할 수 있는 문제에 대한 대비책을 모색할 수 있다. 즉, 면밀한 계획을 통해 통제체제의 업무를 효율적으로 진행시킬 수 있는 동시에 성과를 측정하는 기준을 전략에 맞추어 설정할 수 있다. 또한 계획과정에서는 현지시장에서 타 기업과 경쟁하여 우위를 점할 수 있도록 제반 설계가 세부적으로 이루어져야 한다.

나) 조직에 의한 통제

조직의 근본적인 목적은 통제를 원활하게 하는 데 있다. 국제기업의 조직구조는 각 부서 간 혹은 본사와 자회사 간의 관계를 명백하게 보여줌으로써 효율적인 통제를 가능하게 한다.

다) 예산에 의한 통제

예산을 통한 통제는 대부분의 국제기업들이 이용하는 방법이다. 즉 기업은 예산수립을 통해 경영활동을 확대할 것인가 혹은 축소할 것인가를 결정함으로써 전사적인 경영전략의 수행과정을 효과적으로 통제할 수 있다. 예산에 의한 통제방법은 기업의 과도한 지출을 막을 수 있다는 장점이 있는 반면에, 한정된 예산으로 인해 경영활동이 제약을 받는다는 단점이 있다. 더욱이 해외에서 활동 중인 자회사가 독립채산제로 운영되고 있는 경우 예산을 통한 통제는 어렵다.

라) 독립채산제를 통한 통제

본사에 있는 최고경영진의 통제기능 부담을 줄이기 위한 방법 중의 하나는 현지자회사들이 독립된 이익센터의 역할을 수행하는 것이다. 이 방법은 의사결정권한이 본사로부터 자회사에게로 분산된 형태의 통제체제라고 할 수 있는데, 주로 미국계 국제기업들이 해외자회사의 업무수행에 적용하고 있다. 독립채산제방법은 본사의 통제부담을 줄이고 현지자회사의 자치권을 보장한다는 장점이 있기는 하지만, 현지자회사들이 우선적으로 단기적인 이익극대화만을 추구하려 하기 때문에 장기적인 전략 측면에서 오히려 위험한 통제수단이 될 수 있다는 단점이 있다.

마) 긴밀한 협조를 통한 통제

국제기업은 본사와 자회사 간에 밀접하고도 상호의존적인 관계를 형성함으로써 효율적인 통제를 이룰 수 있다. 본사와 자회사 간의 밀접한 관계는 서로의 사정을 이해함으로써 공통된 목표를 추구해나갈 수 있는 여건이 된다. 또 현지자회사가 원자재 등을 자급자족하지 않고 본사로부터 조달할 때 상호의존관계는 더욱 긴밀해진다. 이 경우 본사는 해외자회사의 영업활동을 원만하게 통제할 수 있다.

바) 국제판매량 조정에 의한 통제

앞서의 통제방법들이 각각의 해외자회사들에 대한 통제라고 한다면, 국제판매량 조정에 의한 통제는 여러 국가에서 동시에 영업활동을 벌이는 국제기업이 판매량을 조정하여 자회사들을 전체적으로 통제하는 방법이다. 해외자회사들이 이익극대화를 위해 해외시장에서 과열경쟁을 할 가능성이 있기 때문에 국제기업은 범세계적인 관점에서 이윤을 극대화하기 위해 지역별로 적정수준의 판매량을 배정하여 자회사들을 통제한다. 지역별 판매량의 조정 · 통제는 국제기업의 전략적 특성에 맞추어 이루어져야 한다.

4. 통제의 결정요인 및 문제점

(1) 통제의 결정요인

국제경영통제는 직접적이고 정기적으로 수행되지만 복잡한 해외시장의 환경 때문에 다음과 같은 여러 요인들에 의해 영향을 받는다.

가) 국내경영관례

효율적이고 성공적인 경영방식은 모든 기업에 있어서 중요한 자산이다. 만약 어떤 기업의 국내경영활동이 효과적인 통제체제를 통해 성공할 수 있었다고 평가받으면, 이는 곧 그 기업이 국제경영통제체제를 수립할 때 중요한 기준이 된다.

나) 의사소통체제

과학의 발달과 더불어 급속한 발전을 거듭한 통신수단은 세계 각지에 자료들을 신속하고 정확하게 전달함으로써 국제기업의 범세계적인 경영활동을 가능하게 하였다. 따라서 국제기업은 통신수단을 이용하여 쉽게 해외자회사의 경영에 대해 통제할 수 있다.

다) 지리적 거리

일반적으로 본사와 자회사의 거리가 멀수록 해외자회사의 자치권이 강화된다. 물론 통신수단의 발달로 인하여 지리적 거리만으로 자치권이 부여되는 경우가 줄어들기는 했지만 본사와 자회사 간의 지리적 거리차이는 국제경영활동통제에 영향을 미친다.

라) 환경의 차이

모국과 현지국 사이의 제반 환경차이가 클수록 본사는 현지환경을 고려하여 현지경영인에게 권한을 위임하기 때문에 해외자회사에 대한 통제가 약해진다. 반면 두 시장 간의 환경차이가 적으면 자회사에 대한 본사의 통제는 강해진다.

마) 정치적 안정성

현지국의 정치가 불안하면 국제기업은 철수를 고려하여 자회사에 많은 권한을 위임하는 반면, 정치적 환경이 안정되어 있으면 지속적인 운영이 가능하므로 본사에서 의사결정권한을 행사하려 한다.

바) 자회사의 성과

현지자회사의 성과가 좋으면 본사의 통제가 약한 반면, 경영성과가 나쁘면 본사가 자회사의 경영에 대해 적극적으로 개입하려 한다. 즉 목표와 성과의 차이가 심한 자회사에 대해서는 본사가 직접 나서서 문제의 원인을 규명하여 바로잡고, 차후에 문제가 재발되지 않도록 자회사의 경영활동에 강력한 통제력을 행사하게 된다.

사) 국제경영활동의 규모

현지자회사의 규모에 따라 본사의 통제정도가 달라진다. 현지자회사의 경영규모가 클 경우 본사는 현지시장담당 스태프를 두고 자회사에 대한 통제를 강화한다. 이와는 반대로 국제기업은 규모가 작은 현지자회사를 별로 중시하지 않기 때문에 자회사에 많은 권한을 위임한다.

결국 국제기업은 지금까지 설명한 요인들을 범세계적 전략 차원에서 고려하여 해외자회사에 대한 통제를 강화할 것인가 아니면 자회사에 권한을 위임할 것인가를 결정하게 된다.

(2) 통제의 문제점

국제기업이 해외자회사를 관리적으로 통제하는 것은 환경의 차이 등 그에 따르는 특수한 문제점 때문에 대단히 복잡하고도 어려운 과업에 속한다. 그 가장 큰 이유는 국제기업의 본사와 해외자회사 사이에 오가는 정보흐름에 큰 영향을 미치는 다음과 같은 주요 국제변수가 작용하고 있기 때문이다.

가) 지리적 거리와 언어장벽

국제기업 본사와 해외자회사 간의 지리적 거리는 국제통신의 발달에도 불구하고 아직도 특수한 문제점을 지니고 있다. 자회사가 본사로부터 떨어져 있는 거리가 멀수록 커뮤니케이션 왜곡이 발생할 확률은 높아진다. 본사가 해외자회사에게 내리는 지시 및 해외자회사가 본사에 피드백하는 보고 등은 왜곡되는 경우가 많은데, 그 이유는 아이디어를 정확한 언어로 표현하지 못하거나 사고의 틀이 서로 다른 데서 기인한다.

그러한 커뮤니케이션 왜곡문제는 대단히 심각할 수 있는데 특히 해외자회사 사장들과 경영자들이 본사에서 사용하는 언어가 아닌 다른 모국어를 일상적으로 사용할 때는 더욱 그렇다. 이와 같이 지리적 거리와 언어장벽에서 비롯되는 커뮤니케이션 왜곡은 해외자회사를 통제하는 데 특수한 문제점을 안겨준다.

나) 준거틀의 차이

본사와 해외자회사 사이의 커뮤니케이션 왜곡은 두 조직단위가 활용하는 준거의 틀이 다른 데서도 발생한다. 국제기업 본사의 최고경영층과 경영자들은 각 해외자회사를 전체 자회사망을 형성하는 단순한 일부로 보고 각 자회사의 문제나 사항을 범세계적이고 전사적인 관점에서 해결하고 결정하려는 경향이 농후하다. 그러나 각 해외자회사 사장은 반드시 그렇지 않은데, 그는 자회사의 문제를 현지국 내지 지역의 관점에서 보고 해결하려는 경향이 높기 때문이다.

이와 같이 본사 최고경영층과 해외자회사 사장이 서로 다른 관점과 준거의 틀에 입각하여 커뮤니케이션을 할 때 커뮤니케이션이 효과적으로 이루어지기는 어렵다. 그 결과로 국제기업이 해외자회사를 통제하는 데 특수한 문제점이 발생한다.

다) 문화적 가치관의 차이

본사와 해외자회사 사이의 커뮤니케이션 왜곡은 시장국 간에 존재하는 문화적 가치관의 차이에 의해서도 발생한다. 예컨대 어떤 문화권에서는 근로자들의 노동조합운동을 정상적이고 당연한 것으로 받아들이는가 하면 다른 문화권에서는 배척하고 오히려 적대시하기까지 한다. 그러므로 국제기업의 본사가 위치한 국가의 문화적 가치관과 해외자회사가 위치한 현지국의 문화적 가치관이 서로 다를 때, 본사의 최고경영층이 본사국의 문화적 가치관에 입각하여 해외자회사 사장에게 어떤 명령 · 지시를 내렸다면 상사 · 부하관계에 있는 해외자회사 사장은 비록 그 명령 · 지시가 현지국의 문화적 가치관에 어긋난다 하더라도 일단은 받아들일 수밖에 없다.

그러나 해외자회사 사장은 본사 최고경영층의 명령 · 지시를 현지국에서 시행하게 되면 분명히 효과가 없다는 것을 알기 때문에 겉으로만 시행하는 척하고 실제로는 명령 · 지시를 무시해버리는 경우가 생길 수도 있다. 한편 해외자회사 사장은 본사 최고경영층이 탐탁지 않게 생각하거나 듣기 싫어하는 정보를 왜곡하거나 감출 수도 있다. 그러한 결과로 국제기업의 본사와 해외자회사들 간에는 문화적 가치관의 차이로 인하여 정보의 흐름이 차단되든지 왜곡되어 본사가 해외자회사를 통제하는 데 특수한 문제점을 안겨줄 수 있다.

라) 본사 및 현지국이 부과하는 제약

국제기업의 해외자회사 사장들은 전사의 권익을 보호 · 증진시키는 데 중요한 위치를 점하고 있음에도 불구하고 융통성 있게 행사할 수 있는 충분한 의사결정권한을 갖고 있지 못한 것이 일반적이다. 그것은 본사가 부과하는 제약과 현지기업환경이 부과하는 제약 때문인데, 이는 곧 해외자회사를 합리적으로 통제하기 어려운 문제점을 발생시킬 수밖에 없다.

민저 국제기업의 본사에 의해 해외자회사 사장들이 충분한 의사결정권한을 행사할 수 없는 경우를 살펴보자.

① 본사의 최고경영층과 경영자들은 해외자회사 사장들의 능력이 상대적으로 뒤떨어진다고 믿는 경향이 있다.

② 국제기업 본사의 최고경영층과 경영자들은 자회사에게 가장 많은 편익을 주는 의사결정은 전사의 편익을 극대화하는 것이 아닐 수 있다는 식의 생각을 갖고 있다.

③ 국제경영의 비중이 큰 국제기업의 해외자회사 사장일수록, 그중에서도 특히 매출액 등 운영규모가 큰 해외자회사 사장일수록 의사결정을 할 때 본사의 제약을 상대적으로 많이 받는다.

④ 본사에 대한 충성심이 의문시되는 사람이 해외자회사 사장으로 선발되었다면 본사 최고경영층과 경영자들은 해외자회사의 운영에 대해 상대적으로 많은 공식적 통제를 부과한다.

이상과 같은 경우에 해외자회사 사장들의 의사결정권한은 그만큼 제약을 받게 된다.

다음으로 현지국의 기업환경에 의해 해외자회사 사장들이 충분한 의사결정권한을 행사할 수 없는 경우를 살펴보자.

① 현지정부는 국제기업의 자회사에게 반드시 현지국에서 생산되는 원자재와 부품을 생산공정에 사용하도록 법에 규정하는 경우가 많다.

② 공장의 확장 및 현대화와 같은 자회사의 운영능률과 직결되는 의사결정에도 현지정부는 강력한 영향력을 행사한다.

③ 현지국 정부는 원칙적으로 합작투자에 한하여 외국인 투자를 허가하고 그것도 외국인의 지분이 50% 이하일 때만 허가하는 경우가 많다.

이상과 같은 여러 제약조건으로 인하여 국제기업의 해외자회사들은 그들의 잠재성만큼 합리적으로 운영할 수 없게 된다. 그러므로 국제기업 본사의 최고경영층은 해외자회사들 하나하나가 어떠한 제약 속에서 운영되고 그러한 제약이 어느 정도의 영향을 미치고 있는가를 면밀히 검토해야 한다.

제4절 국제마케팅통제의 정도

국제마케팅을 수행하는 국제기업의 자회사에 대한 통제정도, 다시 말하면 의사결정권한이 어느 수준에서 결정되는가에 대한 문제는 매우 중요하다고 할 수 있다. 일반적으로 ① 본사에 권력을 집중하느냐 아니면 ② 해외자회사에 목적의 수행을 떠맡기느냐에 관한 문제가 바로 그것이다. 국제기업의 입장에서 본사와 자회사 간의 효율적인 통제를 위해서는 반드시 이러한 양자택일적인 의사결정의 문제에 직면하게 된다.

1. 집권화와 분권화

국제기업의 의사결정이 어느 위치에서 이루어지느냐에 따라서, 본사에서 내려질 경우 집권화(centralization)라 부르고 자회사의 관리자에게 주어질 경우 분권화(decentralization)라 부른다.

그렇다면 의사결정 시 어느 경우에 집권화 또는 분권화하는 것이 바람직한가를 생각할 수 있는데 이에 대해서는 많은 논란이 있다. 양쪽 모두 장단점이 있기 때문에 회사의 규모, 회사의 기본적인 철학, 조직구성원의 능력과 상황 등을 고려해서 정책이 결정되어야 할 것이다. 집권화 또는 분권화를 선택하는 데 영향을 주는 변수들을 살펴보면 다음과 같다.

① 현지의 여건

② 현지관리자의 능력

③ 기업의 경험과 규모

④ 의사결정의 중요도와 비용 및 시간

⑤ 표준화를 통한 경제성

⑥ 자원이전과 같은 중요한 사항

⑦ 세계적인 경쟁전략

여기서 주의할 점은 집권화 또는 분권화가 어떤 통제의 틀을 뜻하는 것이 아니라 권한배분의 정도나 경향을 나타내는 것이므로 완전한 집권화 · 분권화는 어렵다는 점이다. 왜냐하면 어떠한 국제기업도 의사결정을 본사 또는 자회사에서 전적으로 결정하지 않으며 어느 정도 혼합된 형태를 지향하고 있기 때문이다. 따라서 집권화와 분권화는 연속선상의 개념으로 파악하는 것이 바람직하다고 할 수 있다. 예컨대 지역사업본부와 같이 본사와 자회사 사이의 중간의사결정점도 있을 수 있고, 권한의 위양을 공식적으로 하지는 않았지만 본사와 자회사 간의 이해와 신뢰를 통해서 비공식적으로 의사결정을 하는 경우도 있다.

2. 통일화와 분산화

페이어웨더(J. Fayerweather)는 집권화와 분권화를 통일화(unification)와 분산화(fragmentation)라는 말로 설명하고 있다. 그는 집권화와 분권화의 양자택일문제를 통일화를 지향하는 힘과 분산화를 지향하는 힘의 충돌이라고 보고 있다. 따라서 2가지 힘의 대립이 **그림 13-9**에서 보는 바와 같이 제품정책, 물적유통, R&D, 재무흐름 시스템, 운영방법, 소유권 방식 등과 같은 전략을 결정함에 있어서 매우 중요한 것이라고 지적하고 있다.

분산화를 지향하는 힘은 경영자로 하여금 각 국가에서의 운영을 경제, 사회, 문화, 민족주의, 기타 현지의 특성에 결합 · 작용하게 한다. 즉 현지사회와 효율적 관계는 현지환경에 일치하는 정책에서 유지될 수 있다는 것이다. 이에 대해 통일화를 지향하는 힘은 모회사의 기술 · 생산 · 관리능력, 기업능력의 상호교환, 외국의 제반 환경과 경영방식에 나타나는 변화 등이 있다. 이와 같은 통일화를 지향하는 힘은 국제기업 존립의 기본적 근거이자 경쟁우위의 주요 원천이 된다.

그림 13-9 통일화와 분산화

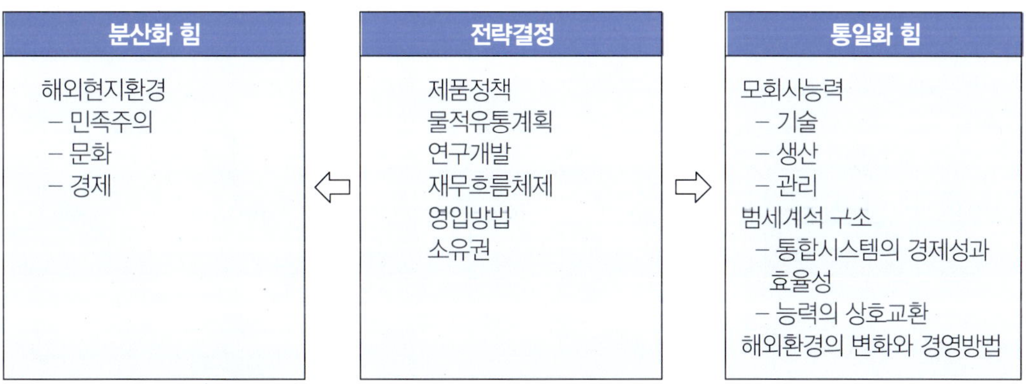

자료 J. Fayerweather, *International Business Strategy and Administration*, Cambridge, 1982, p.210.

3. 개방화와 폐쇄화

브루크와 레머즈(M. Z. Brooke & H. L. Remmers)는 집권화와 분권화를 폐쇄(close)와 개방(open)이라는 말로 설명하고 있다. 즉 자회사에 대한 중요한 의사결정이 국제기업의 본사에서 이루어지면 폐쇄관계라 하고, 반대로 해외자회사에서 이루어지면 개방관계라 한다. 이 개념의 특징은 **그림 13-10** 에서 보는 바와 같이 경우에 따라서 표준선(normal line)을 중심으로 통제정도가 움직인다는 점이다. 즉 제아무리 분권적인 조직구조와 통제하에 있는 본사라고 하더라도 경우에 따라서는 폐쇄방향으로 움직이고, 반대로 제아무리 집권적인 본사라고 하더라도 경우에 따라서는 개방방향으로 움직인다는 것이다.

예컨대 본사가 자회사에 혁신에 의한 신기술을 이전하려 해도 자주성이 부여된 자회사가 이를 받아들이려고 하지 않을 때 애써 개발된 신기술에의 기회가 상실되기 때문에 개방관계는 표준선을 넘어서 폐쇄관계의 방향으로 크게 움직이게 된다. 또 폐쇄관계에 있어서는 본사의 과도한 통제가 자회사에 작용하면 자회사를 맡은 관리자의 자발성이 상실되거나 종업원이 다른 기업으로 이동하기도 한다. 이럴 때 이를 방지하기 위해서는 하는 수 없이 표준선을 넘어 개방관계의 방향으로 움

그림 13-10 개방과 폐쇄

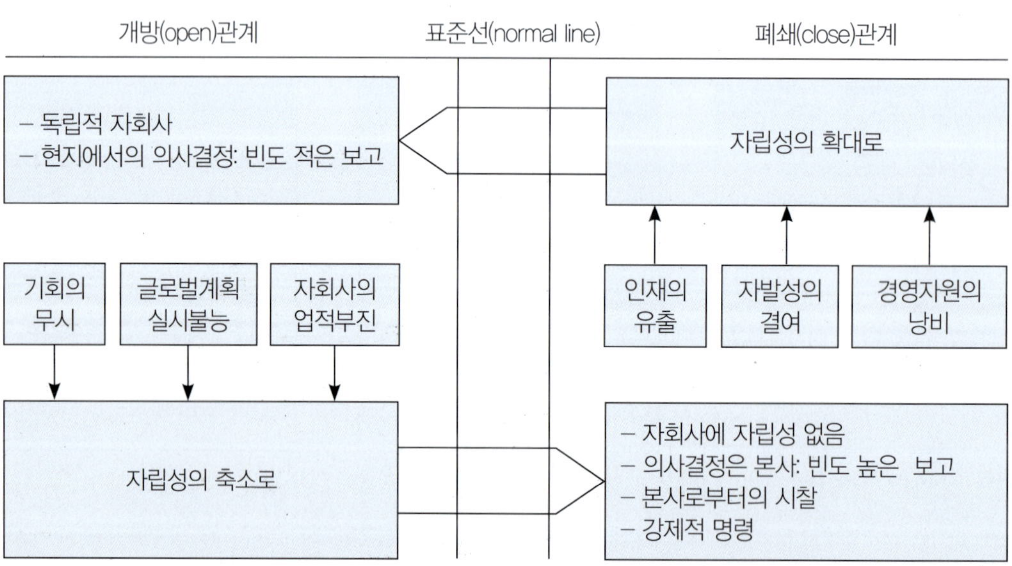

자료 M. Z. Brooke & H. L. Remmers, *The Strategy of Multinational Enterprise*, 2nd ed., London: Longman, 1978, p.75.

직이기도 한다.

이때 개방관계와 폐쇄관계로 제각기 움직이게 하는 여러 가지 압력요인들을 살펴보면 본사, 현지국, 지회시 모두에 존재하고 있는데, **표 13-3** 에서 보는 바와 같이 ① ② ⑥의 요인들이 크게 작용하며 그중에서 특히 ⑥에 해당되는 제품별 조직, 기술지향, 전 세계적 전략의 강한 전개, 국제적 합리화 등의 요인들이 강한 압력으로 작용한다.

표 13-3 개방관계와 폐쇄관계의 압력요인

구분		개방관계에 대한 압력		폐쇄관계에 대한 압력
현지국	①	– 현지감정과 정치적 압력 – 상대적으로 높은 생활수준 – 직원에 대한 배려	④	– 상대적으로 낮은 생활수준과 교육수준
자회사	②	– 좋은 성과와 성공적인 계획 – 상대적으로 높은 고도화 – 경영자의 손실 – 문제의 봉쇄	⑤	– 낮은 성과와 불만족한 계획 – 이익기회 포착의 실패 – 현지경영개발목표와 기업 내 여타부문 목표와 배치
본사	③	– 지역별 조직 – 마케팅지향 – 위임능력	⑥	– 제품별 조직, 기술지향 – 범세계적 전략의 중점 – 업무안내서의 이용 – 전 기능에 있어서 최신기술의 개발 – 국제적 합리화

자료 M. Z. Brooke & H. L. Remmers, *The Strategy of Multinational Enterprise*, 2nd ed., London: Longman, 1978, p.231.

이상의 내용을 정리해보면 ① 힘의 작용요소에 있어서 훼어웨더는 현지국 환경적응과 본사통제를 통한 경쟁우위 확보가 절대적인 것으로 보고 있지만, 브루크와 레머즈는 현지국 · 본사 · 지회시 각각에서 보다 분산화시키고 있다. ② 힘의 작용방법에 있어서 훼어웨더는 역의 대립적 방향으로 벗어나려는 경향이 있다고 보고 있지만, 브루크와 레머즈는 원을 그리면서 작용한다고 보고 있다. 브루크와 레머즈의 이러한 주장에 따르면 국제기업은 끊임없이 집권화–분권화–재집권화의 순환과정을 밟고 있다고 할 수 있다.

4. 통합화와 차별화

로렌스와 로쉬(P. R. Lawrence & J. W. Lorsch)는 집권화와 분권화의 개념을 통합화(integration)와 차별화(differentiation)라는 말로 설명하고 있다. 그들은 외부환경에 대처하는 전반적 성과는 하위시스템이 관련하고 있는 세부환경의 요구에 일치하는 하위시스템 간의 차별화정도와, 전체 환경의 요구와 일치하는 통합화정도와 관련이 있다고 주장하고 있다. 그들의 견해에 따르면, 전체 조직 성과를 보장하기 위해 필요한 조정과 통제를 획득하기 위해서는 여러 가지 공식 · 비공식적 통합장치들이 개발된다. 그래서 환경상 높은 정도의 하위시스템 차별화와 높은 정도의 통합화가 요구될 때 통합장치들이 나타나는 경향이 있다는 것이다.

이러한 주장은 본사와 자회사의 관계에 있어서 자회사가 관련 하위환경을 성공적으로 조정하기 위해서 높은 정도의 차별화를 요구한다는 데 있다. 또한 전체 기업시스템 성과는 기업의 전체 환경의 요구와 일치하는 통합화수준뿐만 아니라 특별한 국가환경의 요구와 일치하는 하위시스템 내의 차별화정도와 관련이 있다고 볼 수 있다. 게다가 이러한 기업이 높은 정도의 통합화를 필요로 하는 특성이 있을 때 통합적 장치가 나타나는 경향이 있다는 것이다.

연습문제

1. 조직의 형태에는 어떤 것이 있으며 각각의 장단점에 대하여 설명하시오.
2. 조직의 집권화와 분권화의 차이점에 대하여 설명하시오.
3. 조직모델 결정격자에 대하여 설명하시오.
4. 국제기업이 해외자회사를 통제하는 방법에는 어떤 것이 있는가?
5. 국제기업이 해외자회사를 통제하는 데 있어서 어려운 점은 무엇인가?
6. 국제기업의 통제방법 중 집권화와 분권화의 장단점에 대하여 설명하시오.

제14장 국제인터넷마케팅

제1절 국제인터넷마케팅의 개념

제2절 국제인터넷마케팅의 환경

제3절 국제인터넷마케팅의 전략

제4절 국제인터넷마케팅의 관리

학습목표

최근 확산되고 있는 국제인터넷마케팅의 개념 및 환경에 대해서 알아본 후, e-STP전략 등 국제인터넷마케팅의 전략 및 국제인터넷마케팅 고객관리에 대해서 심도 있게 학습한다.

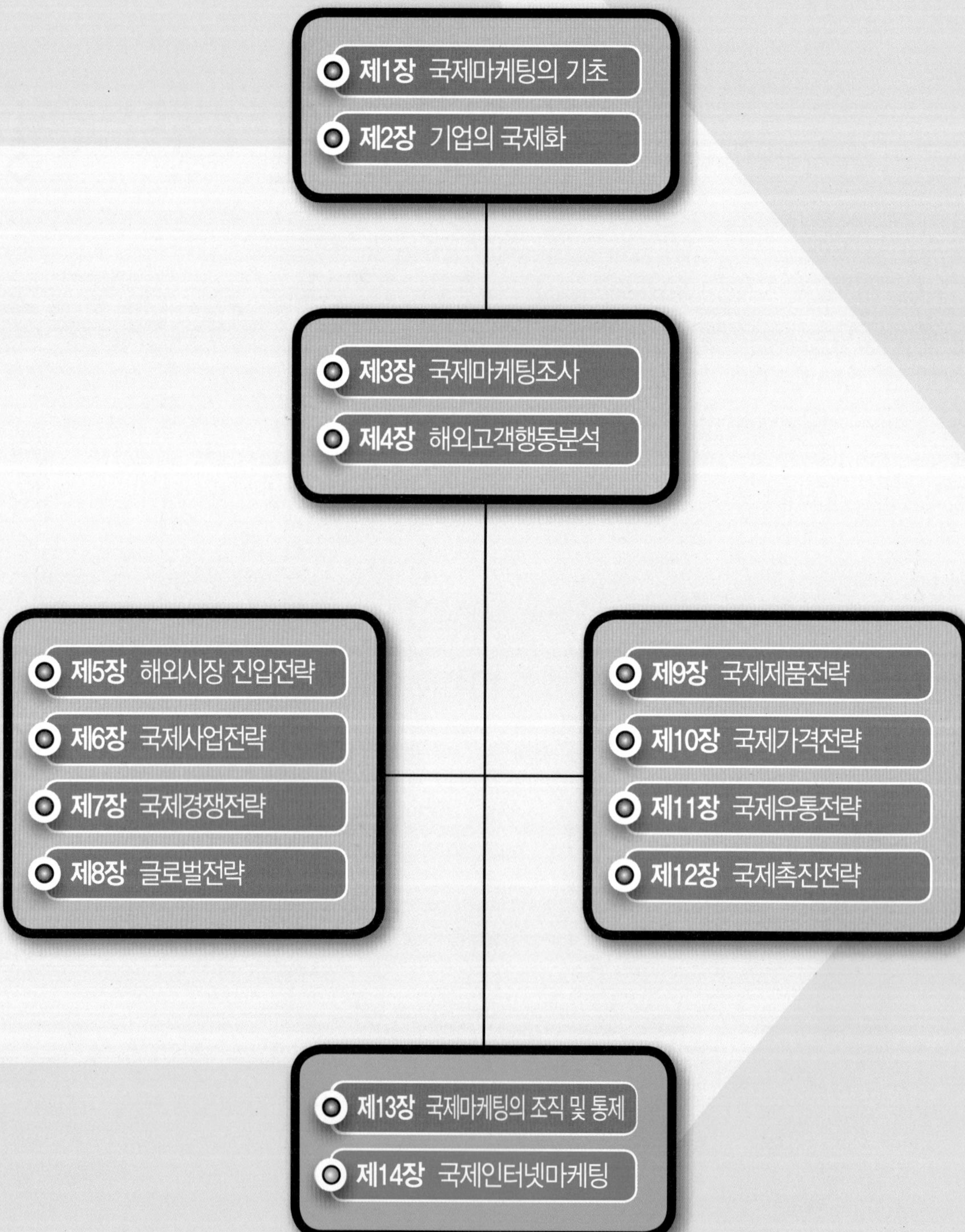
제1장 국제마케팅의 기초
제2장 기업의 국제화
제3장 국제마케팅조사
제4장 해외고객행동분석
제5장 해외시장 진입전략
제6장 국제사업전략
제7장 국제경쟁전략
제8장 글로벌전략
제9장 국제제품전략
제10장 국제가격전략
제11장 국제유통전략
제12장 국제촉진전략
제13장 국제마케팅의 조직 및 통제
제14장 국제인터넷마케팅

국제인터넷마케팅

사례연구 디지털시대의 마케팅전략

디지털 미디어가 홍수를 이루고 있는 현 시점에서 마케팅 담당자들은 어떻게 소비자들에게 접근해야 할까. 2월 8일 한국 IDG가 개최한 '디지털 마케팅 2012 컨퍼런스'에서는 소비자와의 접점이 다양해진 상황 속에서 마케팅전략 수립에 대한 가이드가 제시됐다.

이번 컨퍼런스에서는 디지털시대를 사는 소비자들의 특성과 이에 따른 마케팅전략 기법, 그리고 효율적인 마케팅을 위한 빅데이터 분석 및 활용에 관한 심도 깊은 내용이 다뤄졌다. 특히 '디지털시대에도 마케팅의 중심과 출발점은 사람'이라는 것이 참여한 연사들의 공통된 의견이었다.

기조연설을 맡은 WK마케팅 그룹의 김왕기 대표는 '디지털시대의 마케팅'이라는 주제로 변화하는 소비자의 특성과 이에 따른 마케팅 기회와 위험요소에 대해서 논의했다. 김왕기 대표는 소비자들의 능력과 정보 습득력, 메시지 전달력, 이동력 등이 무한대로 늘어났다는 '무한 현상'으로 디지털 시대를 설명했다.

이에 따라, 소비자들은 의사결정과정에 있어서 '모 아니면 도' 접근방식을 취하게 됐으며, 가짜는 금방 밝힐 수 있게 됐고, 제품이나 기업에 대한 로열티 지속력이 약해졌다. 따라서 그는 마케팅 담당자들이 소비자들과의 접촉점을 다양하게 구축하고 적절한 콘텐츠를 준비해야 하는데, 무엇보다 중요한 것은 메시지나 브랜드의 진정성과 투명성을 유지해야 한다고 지적했다.

김왕기 대표는 "디지털 마케팅과 디지털시대의 마케팅은 다르다. 먼저 디지털시대를 살아가는 소비자들에 대한 이해가 있어야 한다"라며, "인간 냄새 나는 마케팅"을 강조했다. 맥킨지 & 컴퍼니의 도준웅 디지털전략 전문가는 디지털 마케팅의 차별화에 대한 6가지 맥킨지의 철학을 기반으로, 디지털 마케팅에 대한 A부터 Z까지 전반적인 내용에 대해 여러 사례와 함께 설명했다.

디지털이라는 것은 독립적인 기능이 아니라, 소비자의 의사결정방식을 진화시킨 것이기 때문에 기존의 마케팅활동과의 '디지털믹스'가 중요하다고 이야기하면서 강연을 시작했다. 디지털로 인해 복잡해진 소비자의 의사결정과정을 트래픽 및 데이터 분석을 통해 명확히 이해하고, 검색과 소셜미디어를 포함한 여러 채널상에서 끊김 없는 커뮤니케이션을 위한 전략을 마련해야 한다고 지적했다.

특히 이 과정에서 단순히 마케팅 혹은 고객대응 부서 등 독립적인 부서가 각기 대응하는 것이 아니라, 전사적인 대응체계를 마련하는 것이 무엇보다 중요하다고 강조했다. 도준웅 디지털전략 전문가는 "이제는 단발성 캠페인이 아니라, 끊임없는 커뮤니케이션이 중요한 시대가 됐다"라면서, "의사결정과정에서 소비자들이 관심을 놓지 않도록 전략적으로 트리플 미디어를 플랫폼화해, 계획된 메시지가 전달되도록 해야 한다"라고 말했다.

이노션의 박재항 본부장은 디지털 마케팅이라는 용어의 함정을 지적하면서, "디지털에는 한계가 있으므로 오프라인 확장을 같이 고려해야 한다"라고 강조했다.

작년 선풍적인 인기를 끌었던 '나는 꼼수다'를 예로 들었다. 나는 꼼수다는 팟캐스트로 시작됐지만, 그 인기가 서적을 통해 확장되고, 콘서트를 통해 오프라인으로 사람들을 만나면서 영향력이 확장됐으며, 포스터 제작 등 팬들이 직접 오프라인으로 참여할 수 있는 장을 마련했다. 단순히 디지털 채널만을 통한 것이 아니라, 오프라인 요소를 함께 접목시켜 시너지효과를 낸 것이다.

박재항 본부장은 소비자들이 디지털을 통해 남기는 여러 자국을 통해서 고객군 프로파일링을 좀 더 정교히 할 수 있게 됐으며, 이것과 아날로그적인 미적 가치를 함께 고려했을 때, 모든 성공의 이면에 있는 인간의 성공을 이룰 수 있다고 설명했다. "이제는 제품이 아닌 '고객'이 영웅이 되는 마케팅"이 되어야 한다며 강연을 마무리했다. (ITWorld, 2012. 2. 9)

■ **토의과제**

1. 디지털시대의 마케팅전략은 어디에 초점을 맞추어야 하는가?
2. 디지털시대의 마케팅전략이 기존의 마케팅전략과 다른 점은 무엇인가?
3. 디지털시대의 마케팅전략을 성공시키기 위해서는 소비자와 어떤 관계가 유지되어야 하는가?

제1절 국제인터넷마케팅의 개념

1. 국제인터넷마케팅의 의의

국제인터넷마케팅(international internet marketing)이란 컴퓨터가 제공하는 통신환경인 사이버스페이스(인터넷)라는 가상공간에서 수출상과 수입상의 관계 형성 및 실시간(real time) 상호작용이 가능한 쌍방향 커뮤니케이션을 통해서 무역활동을 하는 것을 말한다. 국제인터넷마케팅에서는 문자뿐 아니라 음성, 화면, 동영상 등 다양한 멀티미디어를 이용하여 정보를 제공할 수 있다. 또한 수출상은 불특정 다수의 수입상을 대상으로 거래가 가능하며, 당사자 간 접촉방식도 대인적인 직접접촉에서 기술정보시스템을 이용한 비대인적 거래방식으로 전환된다.

국제인터넷마케팅의 장점은 공간적 제한이 없다는 점, 시간적 제한이 없다는 점, 고학력의 구매력 있는 정보탐색형 고객으로 표적집단에 대한 접근이 용이하다는 점, 광고비가 저렴하다는 점, 쌍방향 커뮤니케이션(communication)이 가능하다는 점, 광고분량에 제한이 없다는 점 등이 있다.

2. 국제인터넷마케팅의 종류

(1) 다이렉트마케팅

다이렉트마케팅(direct marketing)은 대리점이나 중간상 같은 중간단계를 인터넷이 대신하는 것을 말한다. 다이렉트마케팅은 수출상이 인터넷을 통하여 소비자에게 제품이나 서비스를 직접 제공하거나 제품에 대한 문의도 직접 받을 수 있다. 다이렉트마케팅은 특히 소량무역에 적합하다.

(2) 인터랙티브마케팅

인터랙티브마케팅(interactive marketing)은 자사의 웹사이트를 찾아온 고객에게 상품과 서비스에 관한 정보를 제공하고 사용자는 제품에 대한 질문, 상품주문 등을 실시간으로 처리한다. 인터랙티브마케팅은 무엇보다도 정보의 갱신이 쉽다는 장점이 있다. 즉 신상품이 나오거나 상품의 기획 · 가격 등이 바뀌면 웹 관리자가 변경된 내용을 다시 웹에 수정하여 재입력하기만 하면 되기 때문에 시간과 비용이 획기적으로 단축된다. 또한 고객과의 대화창구가 전자메일과 전자게시판을 이용하여 쉽게 만들어져서 고객의 의견을 신상품에 개발에도 도입할 수 있는 쌍방향성 마케팅이라는 장점이 있다.

3. 국제인터넷마케팅의 핵심요소

국제인터넷마케팅의 핵심요소는 일반적으로 1998년 초 포털서비스가 등장하면서 제시된 6C, 즉 contents, community, commerce, communication, customization, connection을 기반으로 하고 있다. 모든 인터넷업체들의 지향점은 6C에서 벗어나지 않는다고 할 수 있는데 사이트운영업체는 고객에게 보다 나은 6C서비스 제공을, 솔루션업체들은 보다 나은 6C를 가능케 하는 기술개발을 목표로 하고 있다. 6C는 그 출발이 포털서비스인 데서 알 수 있듯이 독립적이고 객체지향적인 관계가 아니라 전통적인 마케팅의 전략적 요소인 4P와도 같이 상호 유기적이고 보완적인 관계에 있다.

(1) 콘텐츠

인터넷에서 콘텐츠(contents)란 웹사이트에서 전달하고자 하는 정보 및 내용을 기술적 요소와 결합시킨 것으로, 모든 멀티미디어적인 형태가 곧 콘텐츠가 될 수 있다. 콘텐츠전략은 6C 중에서 가장 중요하고 그만큼 어려운 기획작업으로서 웹사이트 구축 시 콘텐츠의 내용 및 질이 성공의 키포인트이다. 콘텐츠의 중요한 3가지 속성으로는 유용성, 독창성, 갱신성을 들 수 있다.

(2) 커뮤니티

인간은 대부분 소속감과 유대감을 느끼고 싶어 하며 사이버공간에서도 사이버공동체에 소속되어 있는 구성원이 되고 싶어 한다. 국제인터넷마케팅에 있어 성공의 열쇠는 결국 고객과의 관계 형성 또는 강화에 달려 있는데 커뮤니티전략은 이익관계 형성 및 강화를 위한 효과적인 전략이다. 커뮤니티(community) 운영전략으로는 차별화, 콘텐츠와 커뮤니케이션의 통합, 회원에 의해 제공된 콘텐츠의 재창출, 경쟁자와 공급자의 정보공유, 상업화목표 등을 들 수 있다.

(3) 커머스

마케팅의 기본 목적은 부가가치를 창출하는 것이다. 커머스(commerce)전략은 인터넷을 통해 부가가치를 창출하기 위한 수입전략이다. 여기에는 인터넷 상품판매, 광고수입, 정보 및 서비스와 같은 콘텐츠의 유료화, 회비, 중개수수료 등의 수익모델이 있다.

(4) 커넥션

국제인터넷마케팅에서는 창조적인 파트너와의 협력관계가 아주 중요한데 통상 전략적 제휴를 통해 이루어진다. 전략적 제휴(connection)의 목적은 ① 전체 역량 강화를 통한 시장확대 및 매출증대, ② 약점을 보완하고 서로의 강점을 공유함으로써 시너지효과 발생, ③ 신규시장 진입에 따른 위험요소를 감소시키며 초기비용을 절감, ④ 회원공유를 통해 회원수 증대를 통한 마케팅 비용절감, ⑤ 공동전선 구축을 통해 예상경쟁자의 실제적 또는 심리적 부담가중을 통한 진입장벽 강화 등이다.

(5) 커뮤니케이션

인터넷의 특성으로는 상호작용성, 멀티미디어, 쌍방향 커뮤니케이션 등을 들 수 있다. 따라서 기술을 매개로한 효과적인 커뮤니케이션전략을 모색하여야 한다. 커뮤니케이션(communication)전략은 게시판 등의 활용, 고객과의 대화, 관계 형성을 모색하는 것으로 다른 국제인터넷마케팅 전략요소를 보조하는 역할을 수행한다.

(6) 고객화

고객화(customization)전략은 단골고객을 만드는 것이다. 단골고객을 만들기 위해 고객의 취향이나 기호 및 습관 등을 파악하여 이를 DB화함으로써 개인에게 특화된 상품 및 서비스의 정보를 제공하는 전략이다. 즉 일대일(one to one)마케팅이 바로 고객화전략이다.

4. 국제인터넷마케팅의 방법

국제인터넷마케팅의 방법으로는 다음과 같은 것을 들 수 있다.

① 검색엔진에 등록: 검색엔진에 자사가 구축한 사이트를 등록한다.

② 해외 유명사이트에서의 배너광고: 사이버무역을 하는 업체는 많은 네티즌들이 찾아올 만한 유명사이트에 자사를 알리는 광고를 한다.

③ 거래알선 웹사이트에 등록: 무역인들이 자주 보는 거래알선에 관한 웹사이트에 등록한다.

④ 유즈넷에 게재하기: 유즈넷 동호인들의 모임에 자신의 정보를 게재한다.

⑤ 메일링리스트 등록과 게재: 자신이 원하는 영역의 메일링리스트를 선택하여 게재한다.

⑥ 전자메일 이용: 전자메일리스트를 활용하면 상대방에 대한 정보를 한손에 쥐고 적극적으로 전자메일을 보냄으로써 시간절감은 물론 거래성사효과도 극대화할 수 있다.

제2절 국제인터넷마케팅의 환경

1. 국제인터넷마케팅 환경의 변화

오늘날은 인터넷의 시대이다. 정보화의 한가운데에 인터넷이 있고, 인터넷은 인간의 정치, 경제, 사회, 문화 등 모든 삶에 영향을 미친다. 인터넷을 활용하는 국제인터넷마케팅도 기본적으로 디지털의 장점을 활용한다. 인터넷은 경제적이라는 점과 고객과 직접 접촉할 수 있는 기회가 늘어났다는 점에서 탁월하다.

인터넷의 확산으로 소비자에게 다음과 같은 많은 변화가 나타났다. 첫째, 전자상거래시장의 확산으로 소비자는 수동적 소비자에서 능동적 참여자가 되었다. 둘째, 모든 소비자가 과거에 누릴 수 없었던 맞춤식 제품과 서비스를 요구할 수 있게 되었다. 셋째, 다양하고 풍부한 정보에의 접근이 가능해졌다. 웹사이트를 통해 소비자들은 폭넓은 정보를 얻을 수 있게 되었고, 자신이 원하는 맞춤화된 정보에 빠르고 쉽게 접근할 수 있다. 넷째, 제품구매와 관련된 여러 가지 비용을 절감할 수 있다. 이제껏 소비자들은 보다 유리한 조건(보다 싼 가격, 보다 유리한 지불조건, 보다 많은 서비스 품목

등)으로 구매하기 위해서는 금전적으로나 시간적으로 많은 대가를 지불해야만 했다. 또한 해당 제품을 직접 찾아가서 구매하는 데 따른 추가적인 비용부담이 불가피했다. 다섯째, 믿을 수 있는 판매자와 돈독한 관계를 구축하는 관계마케팅(relationship marketing)이 확대되었다.

이러한 상황에서 마케팅은 성공적 마케팅활동의 전제조건이 되는 고객의 욕구를 파악하는 쌍방향적(interactive)마케팅이 요구된다. 쌍방향적 마케팅은 기업이 고객과의 관계를 직접 구축하고 고객과 더불어 신속, 유연, 기동성 있게 새로운 고객욕구를 공동으로 창조, 발견한다. 또한 데이터베이스 마케팅을 통해 고객들의 파일, 메이커의 제품판매 기록 등을 활용하게 된다. 기업은 고객과의 관점을 장기적 관계의 형성 및 강화에 두고, 고객생애가치 측정에 근거하여 비용효과적 측면에서 고객에 대한 다양한 프로그램을 추진해나가게 된다. 정보화는 지속적으로 진행될 것이며 이에 따른 기술과 상품의 진화도 예측하기 어려울 정도이다. 마케터에게는 부단한 노력으로 환경의 변화에 대응하고 예측하는 통찰력이 어느 때보다 절실하다 할 것이다.

2. e-Marketplace

(1) e-Marketplace의 개념

e-Marketplace란 인터넷상에서 다수의 공급업자와 수요자들이 대면하고 거래를 이룰 수 있도록 하는 가상시장(virtual market)을 말한다. 기존의 기업 간 전자상거래가 중개자 없이 개별 기업 차원에서 이용되었다면, e-Marketplace에서는 구매자와 판매자 사이에 마켓메이커(Market Maker)라는 중개자가 등장하여 불특정 다수의 구매자와 역시 불특정 다수의 판매자 간에 자유롭게 거래를 할 수 있는 가상의 공간을 제공하고 이를 적절히 관리함으로써 거래를 활성화하고 관련 거래비용을 감소시킬 수 있다.

다시 말하면 인터넷상의 가상시장으로서 e-Marketplace는 제품, 서비스, 정보 등, 기업의 구매 및 판매와 관련된 모든 서비스를 제공하는 공급자와 구매자의 B2B 전자상거래 커뮤니티(community)로, e-비즈니스의 결정판으로도 불리고 있다. 과거의 기업 간 전자상거래가 중개자 없이 개별 기업 차원에서 이용되었다면, 가상시장을 통한 기업 간 전자상거래는 구매자와 판매자 사이에 마켓메이커라는 중개자가 등장하는 형태라고 할 수 있다. 즉 가상시장에서는 중개자가 불특정 다수의 구매자와 판매자에게 자유롭게 거래를 일으킬 수 있는 가상의 공간을 제공하고 이를 적절히 관리함으로써, 시장의 거래가 활성화되고 거래비용을 감소시키는 효과를 가져올 수 있는 것이다.

현재 우리나라의 경우 e-Marketplace가 전자상거래에서 차지하는 비중은 적으나, 많은 국내외 연구기관들이 예측한 바와 같이 B2B 발전에 있어서 그 중요성이 지속적으로 증가하고 있으며, 이들 업체의 성공 여부가 우리나라 전자상거래 발전에 많은 영향을 미칠 것으로 전망된다. 그러나 국내 e-Marketplace는 글로벌 경쟁과 수익모델 창출에 있어 여러 가지 문제점에 직면하고 있으며, e-Marketplace업체가 B2B 전자상거래상의 중요한 역할을 수행하기 위해서는 많은 연구와 정책적 노력이 뒷받침되어야 할 것이다.

(2) e-Marketplace의 종류

e-Marketplace는 운영주체, 통합방향, 상거래기능, 구조, 주도자 등에 따라 다양하게 분류할 수 있다. 그러나 어떤 기준을 따르더라도 급격하게 변화하고 증가하는 e-Marketplace를 포괄적으로 분류하기는 어려운 실정이다.

먼저 운영주체에 따라 ① 판매자주도(seller-driven), ② 구매자주도(buyer-driven), ③ 중립적주도(neutral-driven) e-Marketplace 등으로 분류할 수 있다. 다음으로 통합방향에 따라 ① 수직형(vertical), ② 수평형(horizontal), 그리고 ③ vortal과 hortal을 결합시켜놓은 mega-market형 e-Marketplace로 나눌 수 있다. 또한 시장창출방식에 따라 ① 카탈로그(catalog)형, ② 경매(auction)형, ③ 역경매(reverse auction)형, ④ 교환(exchange)형 e-Marketplace 등으로 구분할 수 있다.

가) 판매자주도 e-Marketplace

판매자주도(seller-driven)의 e-Marketplace는 하나의 판매기업이 e-Marketplace를 구축하고 이 기업에서 물품을 구매하는 다수의 구매자들이 참여하는 형태이다.

나) 구매자주도 e-Marketplace

구매자주도(buyer-driven)의 e-Marketplace는 구매력이 강한 하나의 구매기업이 e-Marketplace를 구축하고 이 회사에 납품하고자 하는 다수의 공급자들이 참여하는 형태로, 대기업들이 e-Procurement를 위해 구축하는 사이트가 여기에 해당한다.

다) 중립적주도 e-Marketplace

중립적주도(neutral-driven) e-Marketplace는 주로 솔루션공급업체 등 구매자나 판매자가 아닌 기업이 e-Marketplace를 구축하고 다수의 공급자와 다수의 구매자가 참여하는 형태이다.

라) 수직형 e-Marketplace

자동차 부품, 화학 부품, 전자 부품, 소비재 등 특정 수직산업 안에서 구매자와 공급자 간의 상호작용을 자동화하는 데 초점을 둔다. 정보교류를 중계하고 제품 카탈로그, 경매, 익스체인지와 같은 시장 메커니즘을 제공함으로써 수직적 공급체인을 자동화한다. 수직적 e-Marketplace(vortal)는 종종 현존하는 수요와 공급을 실시간으로 매칭시킴으로써 시장의 유동성을 생성하는 데 초점을 둔다.

마) 수평형 e-Marketplace

다양한 산업군을 포괄하며 프로세스를 자동화한다. 예를 들면, MRO 구매, 여행관리, 물류서비스, 복사서비스, 직원서비스, 이익관리 등이다. 주요 의도는 일반 관리비즈니스 프로세스의 워크플로와 거래를 자동화함으로써 프로세스와 비용의 효율성을 증대시키는 데 있다. 수평적 e-Marketplace(hortal)는 종종 ERP시스템이나 인트라넷 기반의 구매 솔루션 같은 기업 내부 애플리케이션의 연장선상에 있다.

바) mega-market형 e-Marketplace

mega-market형 e-Marketplace는 수직형 e-Marketplace와 수평형 e-Marketplace을 결합한 형식의 e-Marketplace로 이를 그림으로 나타내면 **그림 14-1** 과 같다.

사) 카탈로그형 e-Marketplace

판매자가 상품의 가격, 특징 등의 정보를 웹(Web)상에 올려놓고 이를 본 구매자가 웹상에서 바로 구매하는 방식을 취하는 거래시장으로, 가격이 사전에 협상되어 있어 매우 고정적인 성격을 지닌다. 일반적으로 상품의 종류가 매우 다양하고 판매자와 구매자가 많아서 상품에 대한 검색 자체가 힘든 경우 또는 소규모 거래로 인해 각각의 거래 협상에 많은 비용이 소요되고 제품가격이 비교

그림 14-1 mega-market형 e-Marketplace

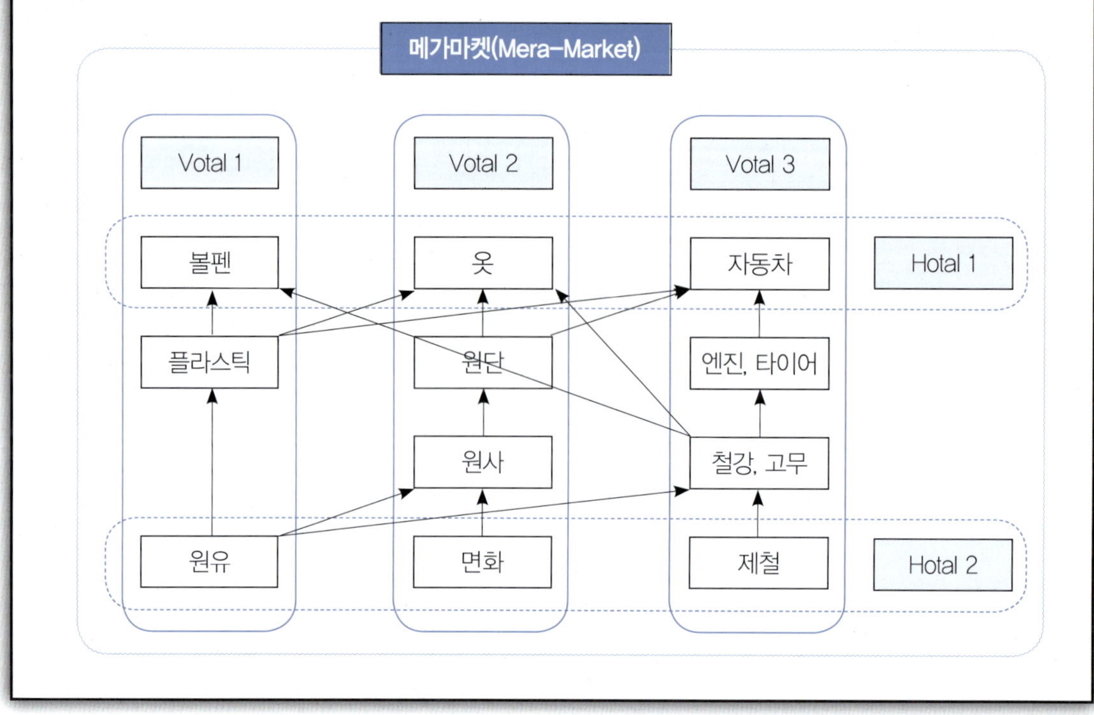

적 안정적인 경우에는 카탈로그(catalog)형 e-마켓플레이스가 적합한 유형이라 할 수 있다. 예로는 e-Steel이나 paperExchage.com 등을 들 수 있다.

아) 경매형 e-Marketplace

경매(auction) 메커니즘을 이용한 최적의 결합(매칭, Matching)을 통해 상거래가 이루어지는 유형으로, 기업이 판매하고자 하는 물품을 공지하면 다수의 구매자가 가격을 입찰하고 최적의 가격을 제시한 구매자에게 이를 판매하는 방식이다. 경매형 e-마켓플레이스의 예로는 MetalSite를 들 수 있다.

자) 역경매형 e-Marketplace

경매형의 반대개념으로 구매자가 자신이 사고자 하는 물품에 대한 조건을 제시한 후, 다수의 공급자 중 최적의 가격과 거래조건을 제시한 공급자로부터 구매하는 방식이다. 역경매(Reverse

Auction)형 e-마켓플레이스의 예로는 자동차 생산에 있어서 대규모 회사인 GM(General Motors)이 설립한 TradeeXchange.com이나 auto-Xchange 등을 들 수 있다.

차) 교환형 e-Marketplace

교환(exchange)형 e-Marketplace는 양방향 경매방식으로, 제3의 중개자에 의해 매우 중립적인 시장의 형태로 이루어진다. 이 경우는 상품의 수급관계와 가격이 매우 유동적인 시장에서 상품의 사양(스펙, specification)이 정해진 원부자재나, 범용성이 높고 표준화된 상품의 거래에 적합하다. 구매자의 입장에서는 필요한 부품, 상품을 신속히 조달할 수 있고, 판매자는 최적의 시장가격으로 상품을 판매할 수 있다는 이점이 있다.

카) 상업적 e-Marketplace

제품 또는 서비스 공급자(예: 금융기관이나 공공기관), 또는 사립단체(예: 의료인 협의회)들이 가입자들에게 서비스를 제공하는 branded exchange이다. market manager는 구매자-판매자 관계를 조정하고 가입자들의 구매량을 총합하여 공급자와 협상 시 유리한 가격과 서비스를 받을 수 있도록 한다. 상업적 e-Marketplace는 동시에 시장 관리자들이 서비스를 제공하고 구독료, 거래당 수수료, 커미션 등의 새로운 수익모델을 만들 수 있게 하는 가상채널을 제공한다.

(3) e-Marketplace의 특징

e-Marketplace는 전자상거래의 핵심이 되는 특징 중 하나인 '시공간의 제약 극복'이 가장 잘 발휘되는 분야이다. 따라서 다양한 업종에 걸쳐 다양한 품목의 국제적 거래에 적합하다. 이러한 e-Marketplace의 특징을 다음과 같이 제시할 수 있다.

첫째, 비즈니스 프로세스 근본적 변화라는 특징이 있다. e-Marketplace는 단순히 기존의 거래 형태를 변화시키는 데 국한되지 않고, 비즈니스 프로세스를 근본적으로 변화시킨다. 즉, 오프라인 상에서 이루어지던 불필요하고 복잡한 거래과정들을 합리적이고 효율적으로 변화시킨다. 또 혁신적인 프로세스와 투명한 거래를 통해 거래소요시간 및 거래비용을 획기적으로 절감시킬 수 있다.

둘째, 전자상거래의 모든 특징을 계승한다. e-Marketplace는 오프라인상의 시장기능을 단순히 온라인상으로 옮겨놓은 것만은 아니다. e-Marketplace는 전자상거래의 발전된 개념이고, 그 범위를 확장시킨 개념이기 때문에 전자상거래의 특징을 계승한다. 즉, e-Marketplace는 인터넷상의 가상시장으로서 제품, 서비스, 정보 등 기업의 구매 및 판매와 관련된 모든 서비스를 제공하는 공급자와 구매자의 B2B 전자상거래 커뮤니티이다.

셋째, 종합적 기능을 제공한다. e-Marketplace는 기존의 단순한 상거래기능만 존재하던 B2B 쇼핑몰 사이트와는 완전히 다른 개념이다. 인터넷과 디지털 정보기술을 수단으로 구매기업과 공급기업 사이를 완벽하게 연결하고 통합해주는 혁신적인 패러다임이다.

e-Marketplace에서는 경매, 역경매, 거래소, 입찰, 공동구매 등 다양한 상거래기능은 물론 공급망관리(SCM), 공동 생산계획과 같은 지능적인 기능과, 다양한 공급자 및 구매자 정보, 광범위한 상품 카탈로그 등 강력한 콘텐츠와 커뮤니티 서비스를 제공할 수 있다.

그러므로 일반적 기업 간 전자상거래 외에도 공급망관리 등이 포함된 기업 간 e-Business 실행(BtoB E-Business)의 결정체라고 할 수 있다.

(4) e-Marketplace의 구성요소

e-Marketplace는 **그림 14-2** 에서 보는 바와 같이 플랫폼 기반 위에 물류, 지불시스템, 인증 및 보안, 제도 및 정책 등의 기능적 요소 및 Contents, Community, Commerce, Collaboration 등의 4C로 구성된다.

그림 14-2 e-Marketplace의 구성요소

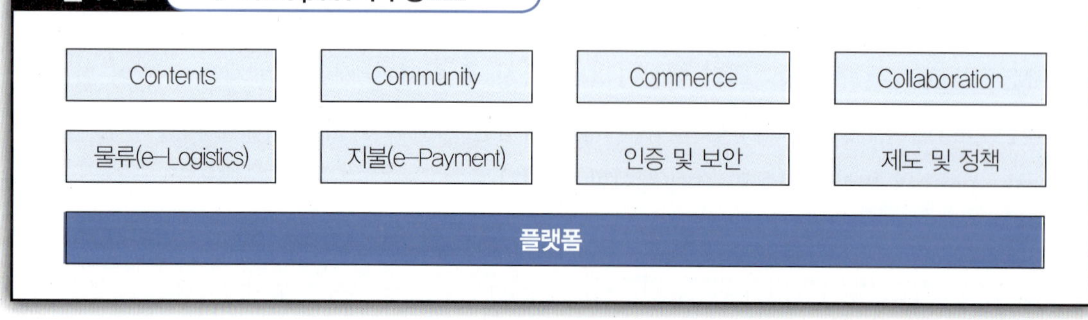

플랫폼은 인터넷과 정보기술을 통해 e-비즈니스를 가능하게 하는 기반 소프트웨어들의 집합을 의미한다. 여기에는 시스템 운영체제와 DBMS, 개발도구, 기술표준 등이 포함된다. e-Marketplace를 구성하는 기능적 요소는 e-Marketplace를 가능하게 하는 관리적 기술과 제도적 지원방안이다.

(5) e-Marketplace의 성공요건

가) 시장으로의 침투

얼마나 많은 참여기업을 확보할 수 있느냐가 성공의 관건이다. 소수나 일부 대기업에만 의존할 경우 e-Marketplace는 특화점을 살리지 못하고 평이한 전자시장 중 하나로밖에 존재할 수 없다. 따라서 supply Chain 전 과정에 놓여 있는 관련업체, 유통업체 등 모든 경제주체들이 참여하도록 해야 한다. 그러기 위해서는 서로의 신뢰가 구축되어야 하고 데이터의 정확성과 품질, 거래이행에 대한 지원 등이 수반되어야 한다.

나) 범용화 가능성 정도

쉽게 범용화가 가능한 제품은 구매비용을 절감시키고 업무의 효율성을 재고시킬 수 있다. 커스터마이징과 표준설정 등에 대한 합의가 충분히 있어야 고객의 요구사항에 적절히 대응할 수 있다.

다) SCM과의 연계

B2B거래를 성공적으로 수행하기 위해서는 개별 회사의 SCM에 효율적으로 연계되어 있어야 한다. 많은 기업들은 이미 경영효율화를 위해 ERP 솔루션 등을 도입, 자체적인 전산시스템을 구축하고 있다. 이런 내부 경영시스템과의 연계가 지원되지 않고서는 온라인 B2B시장의 활성화를 기대하기 어렵다.

라) 인프라 구축도 필요

대규모의 자금이 이동하기 때문에 신용보증이나 결제 인증기관이 필요하다. 또한 supply chain의 연계 시 기업 간에 정보공유가 수반되어야 하나 아직 우리 기업들은 정보공개에 대해 거부감이 크다.

마) 통합지원의 필요

향후 보다 건설적인 방향으로 발전하기 위해서는 각 기업체가 해당 e-Marketplace를 통해 다양한 부가가치를 극대화할 수 있도록 연관된 비즈니스 서비스를 제공하는 업체와 긴밀한 파트너십을 형성하여 통합적 업무지원에 힘써야 한다.

(6) e-Marketplace의 발전방향

e-Marketplace의 발전방향은 e-Marketplace에서 제공하는 기능의 확대 측면과 e-Marketplace가 포괄하는 범위 측면으로 구분하여 살펴볼 수 있다. 먼저 e-Marketplace가 제공하는 기능 측면에서 보면, 1999년 중반에 등장한 e-Marketplace는 공급자가 기본적인 정보를 제공하고 구매자가 접속 · 검색하여 거래를 하는 단순한 몇 가지 거래기능만을 제공했다.

그리고 점차 e-Marketplace가 발전하면서 경매 및 역경매, 거래소, 입찰, 공동구매 등 다양한 상거래기능과 공급망계획, 공동 생산계획과 같은 인텔리전트기능, 다양한 구매자정보, 전자 카탈로그, 분석가 의견, 토론실 등 다양한 콘텐츠와 커뮤니티 서비스 등의 기능들이 추가되었고 산업군 전반의 정보와 프로세스를 담아놓은 포털과 시장이 인터넷상에서 완전히 결합된 형태로 발전하고 있다. 이러한 과정에서 오프라인 리더기업들과 소프트웨어(솔루션) 및 하드웨어업체, 컨설팅업체, 보안 및 지불 관련업체 등 다양한 업종의 기업들이 e-Marketplace에 참여하면서 여러 가지 형태로 발전해가고 있다.

한편 e-Marketplace가 포괄하는 범위 측면에서 보면, e-Marketplace는 후방통합에서 전방통합으로, 동일업종의 수직적 통합에서 다양한 업종을 포괄하는 수평적 통합으로 그 범위를 넓혀가고 있다. 즉, 초기에 구축된 e-Marketplace들은 동일업종 내에서 특정 공급자나 구매자를 중심으로 이 기업에 납품하는 다수의 부품납품업체와 이 기업의 상품을 구매하는 다수의 산업용 제품구매업체 등이 참여하는 형태가 주류를 이루었다. 그러나 e-Marketplace에 대한 관심이 고조되면서 소비자지향적이고, 다양한 업종을 포괄하는 초대형 e-Marketplace들이 등장하고 있다.

(7) e-Marketplace의 진화과정

e-Marketplace의 진화과정은 표 14-1 에서 보는 바와 같이 5단계로 구분하여 살펴볼 수 있다.

현재 국내외에서 구축되었거나 구축 중인 e-Marketplace는 1단계에서 4단계까지 다양한 형태를 보이고 있다. 그러나 경쟁력을 갖춘 초대형 e-Marketplace들이 등장하면서 5단계의 e-Marketplace가 출현할 것으로 예상된다.

e-Marketplace의 1단계 형태를 보이는 대표적인 예로는 미국의 Cisco, Dell, GE, GM, Ford 등과 국내의 현대자동차, 포항제철 등을 들 수 있다. 이들 기업은 자사에 납품하는 하청업체들을 중심으로 사이트를 구축하거나, 자사의 제품을 구매하는 기업을 대상으로 한 사이트를 구축하였

표 14-1 e-Marketplace의 진화과정

단계	내용
1단계	e-Marketplace의 초기 형태는 파워가 강한 구매자나 판매자를 중심으로 형성되는 e-Marketplace이다.
2단계	구매자나 판매자 중심으로 e-Marketplace가 발전하면서 중개자가 등장하고, 중개자를 중심으로 다수의 구매자와 판매자가 참여하는 e-Marketplace가 등장한다.
3단계	1, 2단계에서는 완성품제조업체와 부품공급업체 간에 e-Marketplace가 형성되다가 3단계로 발전하면서 그 범위가 공급체인상의 후방(원자재)으로 확대된다. 따라서 각 공급단계별로 e-Marketplace가 구축된다.
4단계	이 단계에서는 공급체인상의 모든 업체들이 참여하는 B2B e-Marketplace와, 소비자를 대상으로 완성품을 판매하는 B2C 쇼핑몰이 존재한다.
5단계	공급체인상의 모든 기업과 소비자가 참여하는 B2B2C 형태의 e-Marketplace가 구축되어 하나의 온라인시장에서 모든 거래가 이루어진다.

다. 1단계 e-Marketplace에서는 대부분 VAN 등 폐쇄적인 네트워크를 활용하였다. 그러나 인터넷의 확산에 따라 개방적 네트워크가 주로 활용되면서 2~3단계의 진화과정을 거쳐 현재는 산업별로 원자재공급업체부터 완성품생산업체까지 관련업체들이 모두 참여하는 4단계 e-Marketplace(주로 보털[Vertical Portal])가 주류를 이루고 있다.

그러나 e-Marketplace의 특성과 예측기관들의 전망을 고려해볼 때 한두 해 안에 전 세계적으로 경쟁력을 갖춘 10여 개 내외의 초대형 e-Marketplace만이 생존할 가능성이 매우 높다. 따라서 공급체인상의 모든 기업과 최종소비자까지 거래와 관련된 모두가 하나의 온라인시장인 e-Marketplace에 참여하는 5단계 형태(B2B2C)를 띨 것이다.

3. e-Mail 마케팅

(1) e-Mail 마케팅의 의의

인터넷의 e-Mail을 통해 재화, 서비스 및 정보 등 가치를 거래하고 홍보하는 행위를 말한다. 이메일의 용도는 매우 다양하다. 마케팅과 고객 커뮤니케이션(광고, 고객 서비스 및 고객지원, 브랜딩)을 지원하거나 향상시키기 위해 이메일을 사용할 수 있다. 이메일의 돋보이는 기능으로는 ① 진행형

(ongoing) 커뮤니케이션, ② 서비스 정보, ③ 고객서비스기능, ④ 다이렉트 마케팅 등 4가지가 있다.

(2) e-Mail을 통한 고객서비스

고객서비스는 정보서비스와는 약간 다르다. 고객서비스는 고객의 요청에 즉각적인 반응을 보여야 하는 것으로, 인보이스(송장)나 광고, 제품설명, 애프터서비스의 조건 등 전화를 통해 일어날 수 있는 문제들과 유형이 같다고 할 수 있다. 어떤 비즈니스에서든지 '고객서비스'에서 발생하는 문제는 다양하다. 다행히도 고객의 요구들은 사내 고객서비스센터나 외부용역 고객서비스센터에서 처리할 수 있고, 또는 적절한 부서나 개인이 담당하도록 할 수 있다.

(3) e-Mail을 통한 다이렉트마케팅

이메일을 작성하고 제공하는 이메일 마케팅 비용은 DM보다 훨씬 적게 들 수 있다. 성공적인 이메일 캠페인은 DM으로부터 얻을 수 있는 평균 1~2%의 반응과 비교할 때 25%라는 높은 반응을 얻을 수 있다. 성공적인 이메일 마케팅의 장점 중의 하나는 메시지가 흥미롭다고 판단한 독자는 마찬가지로 그 정보가 필요한 친구들에게 동일한 메시지를 보낼 가능성이 있다는 점이다.

e-Mail에 대한 Direct Marketing과정은 ① 메시지를 작성하라 ② 고객명단을 확보하라 ③ 메시지를 전달하라 ④ 이메일의 반응(이메일 마케팅과 당신의 웹사이트 모두)을 체크하라 등이다.

(4) e-Mail 관리회사

e-Mail 관리는 기업이 직접 하는 경우와 관리회사를 활용하는 방법이 있다. 주요 e-Mail 관리회사는 다음과 같다.

가) 포스트매스터/넷크리에이션(Postmaster/Netcreations)

- 주소 http://www.postmasterdirect.com
- 특징

① 100% 옵트인메일 리스트

② 200만 명의 이름이 실려 있는 9,000개의 리스트

③ 리스트 임대 및 배포에 이름 하나당 20~25센트

④ 최저 주문비용 400달러

⑤ 회사가 보유하고 있는 리스트에 메일을 작성하고 보내주는 서비스 제공

나) 블릿메일(BulletMail)

– 주소 http://www.buiietmail.com

– 특징

① 2,500개의 메시지를 이메일로 보내는 데 350달러(추가신청 시 이메일 하나당 0.14달러 추가), 블릿메일에서 작성한 전문적인 이메일 메시지 포함

② 전체 이메일 리스트로 메시지를 보내면 28% 절약(이메일 하나당 0.10달러, 블릿메일을 통한 이메일 메시지 포함)

③ 이메일 메시지는 55행을 초과할 수 없음

다) 기타

메시지미디어(http://www.messagemedia.com)는 광범위한 이메일 서비스를 제공하고 있다. 이 회사는 인터넷 이메일을 통해 쌍방향커뮤니케이션의 지속적인 솔루션을 제공한다. 그리고 브리가드 솔루션즈(http://www.brigadesolutions.com)는 인터넷 기반의 고객지원 서비스를 제공하는 회사이다.

(5) 스팸메일 및 비요청메일의 관리

스팸메일이란 **표 14-2** 에서 보는 바와 같이 이메일의 내용에 아무런 흥미도 없을 뿐 아니라 메일을 받기로 동의하지 않은 수십만 명의 이메일 사용자들에게 무차별적으로 발송되는 정크 이메일을 말한다.

이메일 수령자의 관점에서 보면 비요청 이메일(UCE라고 함, Unsolicited email)이건 스팸메일이건 자발적으로 요청한 메일(옵트인메일)이 아니다. 그러나 둘 사이에는 중대한 차이가 있다. 이에 대해서는 **표 14-3** 에 잘 나타나 있다.

표 14-2 스팸메일의 여러 유형

주제	메시지 비율
돈벌이 기회	35%
성인오락, 미혼자 서비스, 성관련 상품 및 서비스	11%
다이렉트 이메일 마케팅 상품 및 서비스	10%
정보 및 방법 안내	9%
인터넷 서비스, 컴퓨터 하드웨어 및 소프트웨어, 사무용품 및 서비스	7%
기타 상품 및 서비스	25%
비상업적인 메일 또는 스팸메일을 받기를 원한 경우	3%

자료 AT&T Labs-Researc.

표 14-3 UCE와 스팸메일의 차이

UCE	스팸메일
적법한 콘텐츠	사기성 농후
이메일 수신 거부의사 존중	수신자 명단 삭제 안함
보내는 사람의 신원 명기	익명으로 보냄
자신의 ISP 사용하여 보내기	사용료 지불 예 없음, 네트워크 남용

(6) e-Mail 관리

가) 수신 e-Mail 설정 변경

바람직한 설정방법은 첫째, 모든 수신 이메일을 그에 적절히 응답할 수 있는 부서로 연결시킨다. 둘째, 서로 다른 이메일 계정을 몇 개 보유한 상태에서 고객서비스 페이지에 이메일을 링크시킨다. 셋째, 모든 수신 이메일을 중앙 고객서비스 데스크로 보낸다.

나) 자동응답 서비스 활용

자동응답 서비스로 활용할 수 있는 주요 사이트는 다음과 같다.

회사	웹사이트
Databack	http://www.databack.com
Netbox	http://www.netbox.com
Net Space	http://www.netspace1.com
Your Domain Host	http://www.yourdomainhost.com

또한 e-Mail 관리시스템으로는 다음의 사이트도 활용할 수 있다.

회사	웹사이트
Brightware	http://www.brightware.com
Dialog Software	http://www.dialogsoft.com
GTE	http://www.gte.com/inresponse
MCS	http://www.mcsdallas.com
Mustang Software	http://www.mustang.com

제3절 국제인터넷마케팅의 전략

1. e-STP

e-Customer가 쇼핑의 편리성과 고객 경험을 중요하게 생각한다는 공통적인 특징을 가지고 있음에도 불구하고 그들을 완전한 동일 집단으로 인식하는 오류를 범해서는 안 된다. 특히 점차 경쟁이 심화되고 있는 쇼핑몰시장에서 경쟁우위를 확보하고 높은 수익을 얻기 위해서는 효과적인 e-STP가 필수적이다. e-STP는 e-Customer의 세분화(Segmentation), 타깃화(Targeting), 포지셔닝(Positioning)과정을 의미하며, e-Marketing전략 수립의 기본단계이다. e-STP의 가장 첫 단계인 e-Customer의 세분화 작업에 대해 알아보자.

(1) e-Segmentation

가) e-Segmentation의 기준과 방법

McKinsey & Media Metrix, Bain & Company는 인터넷 상거래를 하는 목적, 구매 효익과 특징을 결합해서 e-Customer를 세분화하였다. 이에 비해 Sony는 라이프스타일 관점에서 고객시장을 세분화하였다는 차이가 있다. 표 14-4 에서 보는 바와 같이 McKinsey & Media Metrix는 e-Customer를 다음과 같이 6개 집단으로 세분화하였다.

첫째, 쇼핑의 편리성과 가격 때문에 인터넷 상거래를 이용하는 단순 이용자 집단(Simplifiers)이다. 둘째, 인터넷을 이용해서 새롭고 흥미로운 정보를 얻으려는 탐색자 집단(Surfers)이다. 셋째, 상대적인 초보 사용자들로서, 인터넷을 커뮤니케이션 수단으로 인식하고 있는 접속 추구자 집단(Connectors)이다. 넷째, 인터넷 상거래에 관심이 높아서 인터넷 경매와 온라인 커뮤니티에 적극 참여하는 거래 교섭자 집단(Bargainers)이다. 다섯째, 인터넷에서 다양한 구매정보를 찾으려고 노력하지만 실제 구매는 좋아하는 몇 개 사이트에서만 하는 콘텐츠 마니아 집단(Routiners)이다. 여섯째, 스포츠나 엔터테인먼트 사이트에 열중하는 엔터테인먼트 마니아 집단(Sportsters)이다.

표 14-4 e-Customer의 세분화 사례 비교

McKinsey & Media Metrix	Bain & Company	Sony
거래편의 추구자 (Simplifers)	거래편의 추구자 (Convenience Seekers)	예술 전문가 (Connoisseurs)
탐색자 (Surfers)	브랜드 애호가 (Brand Buyers)	여행 애호가 (Transcenders)
접속 추구자 (Connectors)	일반 구매자 (Casual Buyers)	가정적 사람 (Homelanders)
거래 교섭자 (Bargainers)	유통업자와의 관계 중시자 (Relationship seekers)	혼자 있기 좋아하는 사람 (Free Agents)
콘텐츠 마니아 (Routiners)	가격 민감자 (Bargin Hunters)	형식 타파주의자 (Code Breakers)
엔터테인먼트 마니아 (Sportsters)		전문 프로페셔널 (Virtual Professionals)

자료 McKinsey & Media Metrix 온라인 소비자 서베이(n=50,000), 2000년 4월, Bain/Mainspring 온라인 구매자 서베이(n=2,116), 1999년 12월.

Bain & Company는 e-Customer가 인터넷 구매 의사결정에서 중요하게 생각하는 요소가 가격, 쇼핑의 편리성, 브랜드, 판촉과 유통업체와의 관계 중 어느 쪽인가에 따라서 5개 집단으로 세분화될 수 있다고 발표한 바 있다. 이러한 세분화방법 이외에도 향후에는 e-Customer에 대한 보다 다양한 세분화 기준과 방법들이 제시될 것으로 예상된다. 기업의 마케팅 담당자들은 이러한 세분화 결과들을 참조로 하면서 일정한 트렌드를 분석하고, 세분시장 간 차이가 과연 마케팅전략을 수립할 때 어떻게 응용될 수 있을지를 생각해야 할 것이다.

나) getCustom.com의 예

e-Customer를 잡으려면 고객경험에 집중해야 한다. getCustom.com는 콘텐츠를 바탕으로 개별화된 쇼핑경험을 전달하는 데 초점을 맞추어 경험마케팅을 시도한 인터넷쇼핑몰이다. getCustom.com은 고객에게 쇼핑과정에서 다양하고 개별화된 쇼핑경험을 전달하기 위해 메뉴 형태, 상품 검색조건의 다양화, 쇼핑도우미, 상품 개인화라는 4가지 전략에 초점을 맞추었다.

즉, 고객 각자의 취향에 맞게 홈페이지의 메뉴를 바꿀 수 있게 지원하였고, 상품을 검색할 때 기존의 키워드 검색뿐만 아니라 필요한 용도, 배달기간, 가격범위, 나이, 남녀와 같은 조건에 따라 검색할 수 있도록 지원하였다. 또한 캐리커처 형태의 쇼핑도우미를 골라 스스로 쇼핑하는 듯한 느낌을 받도록 했다. 그리고 고객이 상품을 선택한 후 자신의 취향에 맞는 형태, 색깔, 액세서리 등을 즉석에서 바꿔볼 수 있게 하였다.

이러한 서비스를 통해 고객으로 하여금 색다른 쇼핑경험을 맛보게 하고, 그 과정에서 발생하는 다양한 고객경험 데이터를 이용해서 고객취향을 좀 더 심도 있게 이해할 수 있는 계기를 만들었다.

다) Sony의 예

Sony는 라이프스타일을 기준으로 6개 고객집단으로 세분화하여 마케팅활동을 전개하고 있다. 최근 Sony는 Sony Style이라는 새로운 인터넷 쇼핑몰을 개장하였다. Sony Style이 기존 쇼핑몰과 구별되는 가장 큰 차이점은 제품 위주의 화면 구성에서 벗어나, 고객의 생활양식을 기준으로 디스플레이를 하였다는 점이다.

Sony는 **표 14-5** 에 나타난 것과 같이 e-Customer를 라이프스타일에 따라 6개 집단으로 나누어서 그들에게 필요한 제품들을 제안하고 있다. 한편 각각의 lifestyle을 클릭하면 가장 대표적인 가공의 인물에 대한 신상 정보와 그의 삶이 소개되어 있다. 이는 고객에게 오락적 요소와 함께 쌍

표 14-5 Sony의 라이프스타일 세분화

세분집단	특징
예술전문가 (Connoisseurs)	예술분야에 있어서 해박한 지식을 갖고 있는 사람으로, 멀티미디어에 집착하는 경향이 강함
여행애호가 (Transcenders)	새로운 레저문화를 적극적으로 찾는 사람으로, 여행이나 모험에 집착하는 경향이 강함
가정적 사람 (Homelanders)	부부끼리 집 안에서 함께 보내는 것을 즐기는 사람으로, 이웃, 친구, 가족들과 얘기를 나누는 것을 즐기는 경향이 강함
혼자 있기 좋아하는 사람 (Free Agents)	혼자서 자유롭게 있기를 즐기는 사람으로, 개인주의를 선호하며 기업가적 정신이 강함
형식타파주의자 (Code Breakers)	기존의 형식, 관습에 묶여 있기를 매우 싫어하는 사람으로, 즉흥적인 재미나 예측불가능한 상황을 즐김
전문프로페셔널 (Virtual Professionals)	기업을 갖고 있거나 전문적인 분야에서 일하고 있는 사람으로, 인공적인 미를 매우 중요하게 여기는 경향임

방향적인 느낌을 가지게 만들 것이다. 즉 고객의 성향을 좇기보다는 고객의 구매성향을 주도하겠다는 적극적인 마케팅전략을 내세우고 있는 것이다.

세분화된 집단 내의 고객들에게 My Sony, Wish List와 같은 one to one 서비스를 제공하고 있다. 또한 고객서비스를 통해 Sony가 갖고 있는 다양한 제품들을 직접 단계별로 선택하면서 세부적인 사항까지도 도움을 받을 수 있도록 만들었다. 그리고 특정 제품을 대상으로 하여 고객이 필요한 기기들을 조합하여 자신만의 제품을 만들 수 있도록 배려하였다. 이러한 세분화를 통해 고객들을 재정의하고, 제품중심이 아닌 고객중심의 마케팅활동을 하고 있는 Sony는 오프라인에서의 마케팅력을 e-쇼핑몰에서 효과적으로 구현하였다고 평가할 수 있다.

라) e-Segmentation의 시사점

McKinsey & Media Metrix, Bain & Company의 조사결과는 마케팅 담당자에게 몇 가지 시사점을 주고 있다.

첫째, 현재의 광고메일과 가격할인 판촉중심의 푸시 마케팅전략이 재고되어야 한다는 것이다. 시장의 크기와 수익 면에서 가장 매력적인 시장은 거래편의 추구자나 접속 추구자이다. 이들은 대개 거래와 접속 편의성과 브랜드를 중요하게 생각하며 푸시 마케팅을 선호하지 않는 경향이 있다.

푸시 마케팅에 효과를 볼 수 있는 시장인 거래 교섭자(Bargainers)의 규모는 약 8%로 매우 적은 것을 알 수 있다.

둘째, 세분된 시장이 수익 측면에서 얼마나 도움이 되는지 분석해야 한다. 탐험자 집단(Surfers)의 경우 인터넷 이용시간은 많으나 상대적으로 구매율은 낮은 것으로 나타났다. 즉 오프라인의 아이쇼핑 고객과 같아서 수익창출에는 큰 도움이 못 된다. 따라서 기업들은 어떤 고객이 자신의 수익구조에 도움이 되는지 판단해야 한다.

셋째, 점차 경쟁이 심화되고 있는 쇼핑몰에서 안정적인 수익을 확보하기 위해서는 명확한 e-STP를 세워야 한다. 이를 위해서 인터넷상거래업체들은 자신들이 제공하겠다는 서비스의 목표와 제공되는 품질, 그리고 소비자들의 기대수준에 대한 분석을 통해 고객의 경험수준과 기업이 전달하는 가치 사이의 차이를 좁히는 지속적인 노력이 필요하겠다.

(2) e-Targeting

e-Targeting이란 회사의 전략목표와 제품의 특성을 고려하여 그에 가장 적합한 목표세분시장을 선택하고 거기에 마케팅노력을 집중하는 것을 말한다. 예를 들어 Bain & Company가 제시한 e-Segmentation을 활용하여 제품유형별로 목표세분시장을 제시해보면 다음과 같다.

저가의 부담이 없고 제품이 복잡하지 않은 일상용품들은 거래의 편의성에 따라 움직이는 '거래편의 추구자 집단'이 목표시장으로서 적합하다. 세계적으로 높은 지명도와 인지도를 바탕으로 한 지구촌제품들, 예를 들어 패션제품, 귀금속류제품, 유명디자이너 의상제품들의 경우 브랜드의 인지도와 가치에 따라 움직이는 '브랜드 애호가 집단'이 목표시장으로서 적합할 것이다. 대량구매 또는 중간상의 개입이 매우 중요한 품목의 경우에는 '유통업자와의 관계 중시 집단'이 목표시장으로서 적합할 것이다. 전형적으로 B2B 거래대상 제품들, 예를 들어 화학원료, 식품원료, 철강원료, 원목재료 등의 원료에 해당하는 제품들이 여기에 속한다. 마지막으로 경쟁사의 가격변동을 즉각적으로 반영할 수 있는 제품, 예를 들어 음료, 야채류, 음식품들의 경우 가격의 미세한 변화에 따라 움직이는 '가격민감자 집단'이 목표시장으로서 적합할 것이다.

(3) e-Positioning

기업은 이러한 세분시장에 대해서 어떻게 접근할 것인가? 앞에서 언급하였던 McKinsey &

Media Metrix의 6개의 세분집단에 대한 적절한 포지셔닝전략을 통해 생각해보자.

첫째, 거래편의 추구자 집단(Simplifers)이다. 이들은 사이트 이용목적이 확실한 집단이기 때문에 제공되는 서비스와 효익을 명확히 인식시켜주어야 한다. 이들에게 불필요한 광고메일은 오히려 역효과를 낼 수 있다. 둘째, 탐색자 집단(Surfers)이다. 새로운 콘텐츠를 추구하는 이들을 고객화하기 위해서는 독창적인 사이트 구조를 만들고, 강력한 브랜드를 구축하며, 지속적인 콘텐츠 업그레이드 등의 노력을 강화해야 한다.

셋째, 접속추구자 집단(Connectors)이다. 상대적으로 인터넷 초보자들인 이들에게 사이트 환경을 오프라인 환경과 비슷하게 하여, 친근함을 느끼게 하고, 재방문의 필요성을 느낄 확실한 효익을 제공해야 한다. 넷째. 거래교섭자 집단(Bargainers)이다. 이들은 상대적으로 인터넷 상거래에 대한 정보와 관심이 많기 때문에, 이성적이고 감성적인 효익을 동시에 제공해야 한다. 가격 경쟁력을 확보하고, 이들의 커뮤니티활동을 적극 지원해야 한다.

나머지 콘텐츠 마니아 집단(Routiners)과 엔터테이먼트 마니아 집단(Sportsters)은 상대적으로 온라인 구매보다는 정보나 엔터테인먼트 콘텐츠에 열중하기 때문에 우수한 콘텐츠 확보와 오프라인 업체와의 제휴를 통한 브랜드이미지 강화가 매우 중요하다.

2. e-Promotion

e-Promotion은 **그림 14-3** 에서 보는 바와 같이 인터넷을 통하여 광고, 판매촉진, 이벤트 등 모든 마케팅 커뮤니케이션활동이 가능하다. 특히 인터넷은 대중매체에 결여된 1:1 마케팅을 수행할 수 있어 대중매체의 보완적 매체로서 그 역할이 증대되고 있다.

그림 14-3 e-Promotion의 유형

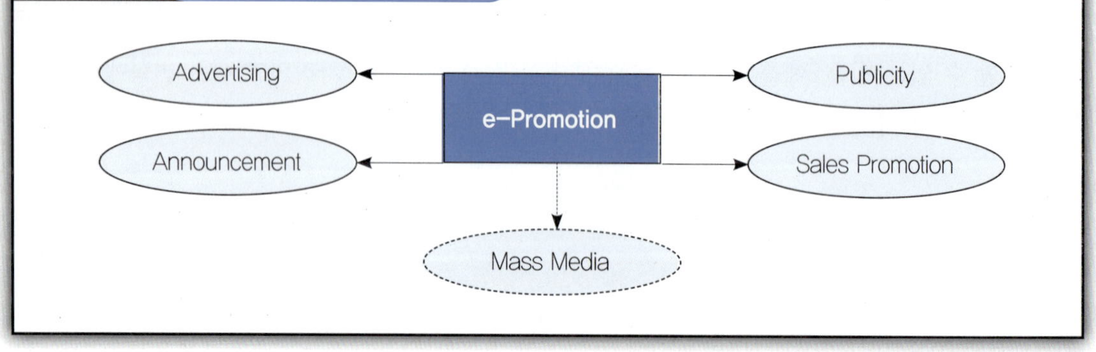

(1) e-Promotion의 유형

가) 광고

광고(advertising)는 비용을 지불하고 광고 스페이스를 사는 경우를 말한다.

나) 판촉

판촉(sales promotion)은 바겐세일, 경품, 쿠폰 등 판매를 촉진할 수 있는 여러 가지 방법들을 말한다.

다) 어나운스먼트

어나운스먼트(announcement)는 인터넷상에서 비용을 들이지 않고 홍보를 할 수 있는 여러 가지 방법들을 말한다. 예를 들어 웹게시판에 글을 게재하거나 검색엔진에서 높은 랭킹을 얻도록 카피라이팅을 하는 것 등의 방법이 있다.

라) 홍보

홍보(publicity)는 신문에 비유하자면 보도자료를 제공하고 기사화함으로써 방문을 유도하는 경우를 말한다. 여기서 유의할 점은 e-Promotion이 인터넷을 중심으로 한 마케팅 커뮤니케이션활동이지만 오프라인도 연동시켜서 생각하여야 한다는 점이다. 정확하게 이야기하자면 전체 프로모션의 관점에서 접근하여야 한다. 가령 신문, 잡지 등의 오프라인 광고나 오프라인 매체에 대한 보도자료 배포 등도 프로모션을 위해 매우 중요한 방법이라 할 수 있다.

(2) 인터넷광고

인터넷광고는 텍스트, 사운드, 비디오, 이미지 등을 어떻게 결합하느냐에 따라 다양한 유형이 있는데, **그림 14-4** 에서 보는 바와 같이 크게 ① 배너광고, ② 삽입형광고(interstitials), ③ 후원형(sponsorships) 광고, ④ 인터넷 Access형 광고 등으로 나뉜다.

그림 14-4 인터넷광고의 유형

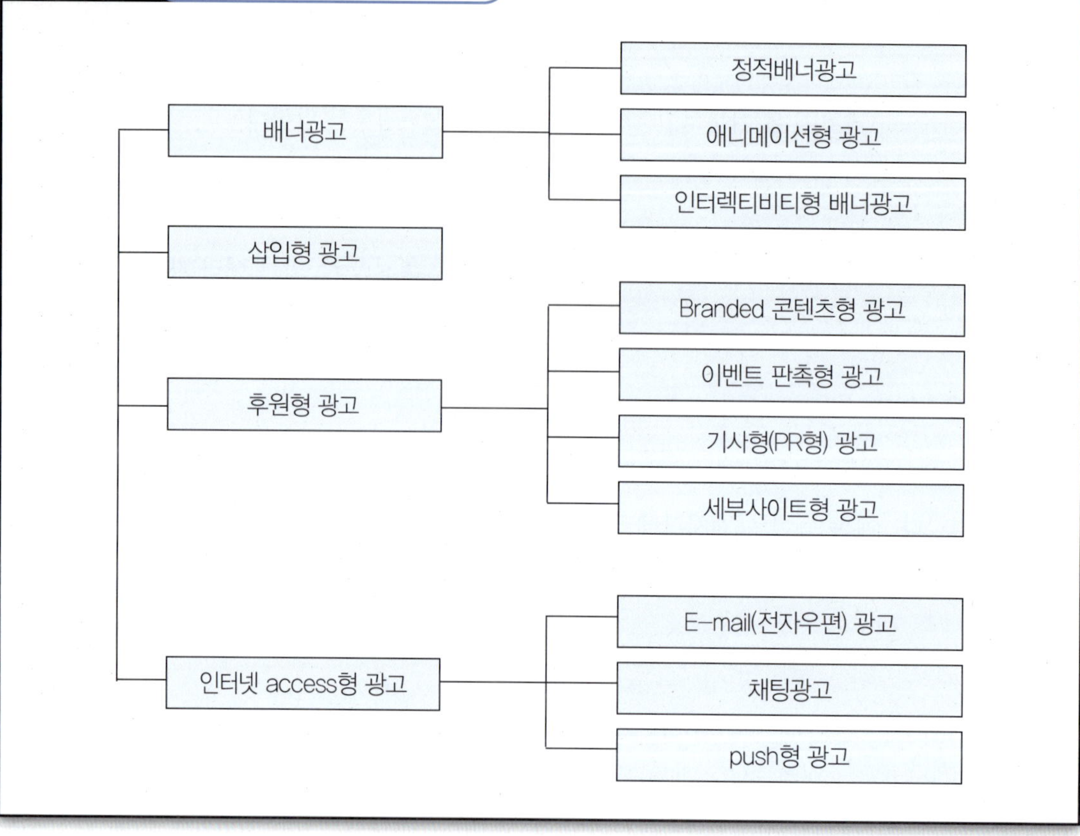

가) 배너광고

PC통신이나 인터넷에 접속하면 화면의 상단이나 하단에서 소비자의 눈을 끄는 긴 사각형(띠) 형태의 광고를 볼 수 있는데, 이것이 바로 배너광고(Banner Ads)이다. 일반적으로 마우스를 갖다 대고 클릭하면 광고주의 사이트로 이동하게 되며, 국내 인터넷광고의 대부분이 배너광고이다. 국내에서 배너광고는 1997년 들어 대형 신문사 사이트를 비롯한 각 검색 사이트에 등장하면서 본격화되었다. 배너광고는 크게 정적(고정형) 배너광고, 애니메이션형 배너광고, 그리고 인터렉티비티(interactivity)형 배너광고로 나눌 수 있다.

① 정적 배너광고

정적 배너광고는 광고 메시지나 그림이 변화되지 않고 동일한 형태로 표현되는 광고물을 말한다. 1994년 HotWired 사가 AT&T를 위해 정적인 배너광고를 처음으로 소개한 이후 대부분의 웹 사이트가 배너 형태의 광고를 포함하고 있으며, Shockwave 및 Java, 비디오, 오디오의 압축기술(compressed audio and video formats) 등의 발달에 따라 보다 기능이 다양해지고 동적인 형태로 변화되고 있다.

② 애니메이션 배너광고

정적인 일반 배너광고는 고객의 주의를 별로 끌지 못한다는 단점을 가지고 있다. 이러한 단점을 극복하기 위해 최근에는 애니메이션(Animation)형 배너광고가 등장하였다. 이것은 광고카피나 그림과 같은 광고구성요소들이 변화되면서 보여지는 광고물을 말한다. 현재까지는 많은 동적 배너광고들이 여러 그림을 연속적으로 보여주면서 움직이는 화면을 만들어내는 GIF(graphic interchange format) 애니메이션기법을 사용하는데, 그 이유는 GIF기법이 넷스케이프나 익스플로러와 같은 웹 브라우저들에 의해 지원되며 다른 애니메이션기법보다 파일 사이즈가 작기 때문이다.

1997년 Silicon Graphicss는 VRML(Virtual Reality Modeling Language)이라는 가상현실기법을 활용한 애니메이션형 펩시콜라 배너광고를 선보였는데, 소저너(Sojourner) 화성탐사로봇이 화성 표면을 굴러가다가 거대한 펩시콜라 캔과 부딪히는 장면을 담은 광고였다. 넷스케이프 4.0 이상의 버전에서는 VRML을 지원하는 Silicon Graphics의 cosmo player 프로그램이 표준사양으로 제공되고 있기 때문에, 앞으로 VRML을 활용한 애니메이션 배너광고가 더욱 대중화될 것이다.

현재 거의 대부분의 배너광고가 주목률을 높이기 위해 애니메이션 형태로 이루어지고 있는데, 이는 애니메이션형 배너광고가 정적인 배너광고보다 클릭률(광고를 본 다음 보다 세부적인 정보를 얻기 위해 마우스를 클릭하는 비율)이 훨씬 높기 때문이다.

③ 인터렉티비티형 배너광고

인터렉티비티형(interactivity) 배너광고(혹은 상호작용형 배너광고)는 웹 사용자들이 배너광고를 클릭해서 광고주의 사이트로 이동할 필요 없이 그 배너광고 안에서 소비자와 광고내용 간의 상호작용을 가능하게 하여 필요한 상품정보의 검색 및 획득, 광고된 상품의 구매가 이루어지게 하는 형태의 배너광고를 말한다.

이러한 형태의 배너광고가 개발된 이유는 웹 이용자의 98% 이상이 자신이 방문한 사이트에 만족해서 배너광고를 클릭하기를 원하지 않는다는 사실을 발견했기 때문이다. 현재 Java나 Shockwave 등을 사용한 인터렉티비티형 배너광고가 많은데, 소비자의 관여도를 높이고 배너광고

안에서 거래가 이루어지게 할 수 있다는 점 때문에 새로운 광고모형으로 주목받고 있다.

인터넥티비티형 배너광고의 장점은 TV광고나 인쇄물광고에 비해 더 강력한 광고경험을 제공하는 데 있다. 고객들은 아이콘을 클릭하거나 메뉴의 여러 선택사항 중에서 하나를 선택하거나 단순히 광고 안으로 들어가봄으로써 광고된 브랜드와 상호작용을 하게 된다. 이러한 유형의 배너광고는 신기하면서도 재미있기 때문에 사용자들을 오랫동안 머물게 할 수 있는 것이다.

Narrative Communications 사에 의하면 인터렉티비티형 배너광고에 접한 웹 이용자의 16~35% 정도가 배너광고와 상호작용을 하는 곳으로 추정하고 있다. 인터렉티비티형 배너광고는 고객과의 상호작용과정에서 고객이 특정의 광고 아이템에 마우스를 클릭해 얼마나 오랫동안 머무르는지, 화면의 왼쪽과 오른쪽 중 어디에 더 많이 클릭을 하는지 등과 같은 고객과 배너광고 간의 상호작용에 관련된 다양한 정보를 수집할 수 있다. 이러한 정보는 광고를 보다 효과적으로 재설계하거나 판촉캠페인을 변경하는 데 활용된다.

나) 삽입형 광고

인터넷상에서는 정보제공자와 정보사용자 간의 상호작용에 의해 정보가 교환되며, 이러한 상호작용은 순차적으로 이루어진다. 즉 정보이용자는 하나의 정보를 요청한 후 그 결과를 확인하고 다시 새로운 정보를 요청하는 행위를 반복하는 것이다. 하나의 정보를 요청한 후 그 결과가 나타날 때까지 사용자는 높은 관여도를 유지할 수밖에 없다. 따라서 정보제공의 틈새를 이용하여 광고화면을 제공하면 높은 인지도를 획득할 수 있는데, 이러한 형태의 광고가 바로 삽입형 광고이다.

삽입형(interstitials) 광고는 TV 프로그램의 전후에 광고가 방영되는 것처럼 사이트의 페이지가 바뀌는 중간에 전체 화면 크기로 삽입된(나타나는) 광고를 말한다. 즉 고객이 페이지 A를 보는 동안 삽입형 광고 파일이 화면 뒤에서 내려받기가 되어 있다가(다운로드되고) 고객이 페이지 B를 보기 위해 클릭하는 순간에 광고가 화면 전체에 잠깐 나타나면서 페이지 B로 넘어가게 되는 것이다. 예를 들어, 사용자가 CNN 스포츠 채널의 main page에서 미식축구에 대한 항목을 선택할 경우 자신이 원하는 다음 페이지로 넘어가기 전에 광고화면이 나타나며, 사용자는 광고메세지에 무조건 노출될 수밖에 없게 된다.

삽입형 광고는 배너광고에 비해 광고에 대한 주목률이 높아 전체 인터넷광고 중에서 그 비중이 늘어날 것으로 예상되지만, 강제적인 광고 노출이나 인터넷 이용시간의 지체 등으로 인해 발생되는 고객의 분노가 광고주에 대한 부정적 태도형성 및 광고를 게재한 해당 웹사이트의 회피 등과 같은 부정적인 광고효과를 발생시킬 수 있음에 유의해야 한다. 이와 같은 부정적인 고객반응을 예방하기 위해서는 삽입형 광고와 같은 대용량의 동화상 파일을 다운로드받을 때 생기는 지연적 문제를 극복하는 기술이 요구된다.

배너광고는 그 자체가 상업적 목적의 광고물이기 때문에, 또한 소비자에게 노출되는 위치나 시점이 고정되기 때문에 소비자의 관여도를 얻는 데 한계가 있다. 따라서 소비자들이 많이 찾고 오랜 시간을 보내는 콘텐츠(contents)의 후원자가 됨으로써 브랜드인지도를 강화하려는 형태의 광고가 활용되고 있다.

다) 후원형 광고

후원형(Sponsorship) 광고란 기업이나 브랜드가 웹사이트의 특정 콘텐츠나 이벤트의 후원자(스폰서)가 되어 기업 및 브랜드의 인지도와 이미지를 제고하려는 형태의 광고를 말하는데, 대중매체에서의 협찬광고와 동일한 개념이다. 후원형 광고는 그 광고에 노출된 소비자들이 처음에는 사이트가 제공하는 콘텐츠(혹은 정보)라고 생각했던 것이 유료광고인 것을 발견하고 부정적 반응을 보일 가능성이 있다. 그러나 콘텐츠의 신뢰성을 유지하면서 이를 후원자의 브랜드와 잘 연계시키면 후원형 광고는 브랜드이미지 제고의 강력한 도구가 될 수 있다.

코카콜라는 다양한 스포츠 정보의 제공을 통해 고정적인 사용자를 확보하고 있는 Sportsline 사이트 내에 '코카콜라 Red Zone'이라는 이름으로 NFL(미식 프로축구리그, National Football League) 정보를 제공하는 후원계약을 체결함으로써 브랜드인지도를 높이는 데 활용하였다. 후원형 광고의 구체적인 형태에는 Branded content형, 이벤트 판촉(event promotion)형, 기사형(PR형) 광고, 세부사이트(microsites)형 등이 있다.

① Branded 콘텐츠형 광고

Branded 콘텐츠형 광고는 광고주의 브랜드가 특정 사이트의 한 부분(section)이나 사이트 전체를 후원하는 형태의 광고를 말한다. Branded 콘텐츠형은 TV의 프로그램에서 제시되는 '어떤 기업 협찬'이라는 멘트와 비슷하다고 볼 수 있다. Branded 콘텐츠형 광고의 경우에는 콘텐츠의 제작 · 편집은 광고주가 아니라 사이트에 의해 전적으로 통제되며 후원기업(브랜드)은 질 높은 콘텐츠와의 연상관계를 형성함으로써 긍정적인 광고효과(예를 들어, 호의적 브랜드이미지)를 얻게 된다.

Branded 콘텐츠형 광고는 장기계약에 의해 집행됨으로써 경쟁사를 포함한 다른 광고주들이 그 콘텐츠를 공유할 가능성을 배제시킨다. CBS Sportsline의 자동차 경주섹션을 GM 자동차의

Oldmobile 모델이 후원을 한 것이나 Toyota 자동차가 Time Warner 사의 '자동차&문화' 사이트의 전체 광고예산을 후원하는 광고주가 되었던 것 등은 Branded 콘텐츠형 광고의 예이다.

② 이벤트 판촉형 광고

이벤트 판촉형 광고는 사이트가 실시하는 특별할인 제안, 콘테스트, 이벤트(행사)를 특정의 광고주가 후원하는 형식의 광고를 말하는데, 광고주의 콘텐츠와 사이트의 콘텐츠를 적절히 결합한 것이다. 야후가 볼보 자동차의 후원을 받아 스칸디나비아 여행이 경품으로 걸려 있는 가상 도로주행 콘테스트를 시행한 것을 이벤트 판촉형 광고의 예로 들 수 있다. 또 다른 예로 Disney 사가 영화 '101마리 달마시안' 개봉을 기념하기 위해 자사의 주요 사이트의 배경에 영화에 등장하는 점박이 개를 연상시키는 검은 점들을 넣는 이벤트 실시한 것을 들 수 있다.

③ 기사형 광고

기사형 광고(PR형 advertorials)는 특정 광고주의 유료광고이지만 사이트의 콘텐츠 중간이나 한 부분에 삽입되어 마치 사이트가 제공하는 콘텐츠인 것처럼 지각되는 형태의 광고물이다. 통상적으로는 기사형 광고의 주위를 박스로 감싸거나 사이트의 콘텐츠와 다른 글씨체로 '유료광고'임을 명시해주어야 하지만, 많은 온라인 사업자(사이트)들이 광고주의 기대를 충족시키기 위해 이러한 구분을 명확히 하지 않고 있다.

예를 들어, Forbes지는 기사형 광고를 초기에 도입한 온라인 기업의 하나인데, 사이트 내 여러 섹션에 걸쳐 화면의 왼쪽에 기자의 기사(콘텐츠)를, 그리고 오른쪽에는 광고기사를 게재하였다. 처음의 1년 동안은 광고기사의 맨 위쪽에 굵은 활자체로 '광고'라고 표시함으로써 후원 광고주를 명확히 밝혔으나, 최근 들어 이와 같은 표시를 없애고 대신 광고기사 끝부분에 작은 글씨로 정규기사가 아님을 표기하는 방식으로 바꾸었다.

④ 세부사이트형 광고

세부사이트형(microsites) 광고란 잡지 · 신문의 특정 광고란과 같이 광고주가 사이트 콘텐츠들과 조화를 이루는 광고물 및 콘텐츠를 제공하여 특정의 세부사이트를 후원하는 형태의 광고이다. 예를 들어 NBC의 홈페이지에는 Levi's의 'They go on'이라는 세부섹션이 있는데, 이 세부섹션은 Levi's의 광고물이지만 NBC가 방영하는 쇼프로그램들인 Homicide(살인) 시리즈, Jay Leno가 사회를 보는 Tonight Show 등의 세부섹션과 함께 마치 NBC의 콘텐츠인 것처럼 제공된다. 멋있는 페이지들로 구성된 이 세부사이트는 젊은 커플의 대륙횡단에 대해 이야기해주면서 방문자와의 토론의 장을 제공하고 있으나, 분명한 것은 Levi's의 'They go on'이라는 TV광고를 토대로 하여 Levi's 청바지를 광고하는 것이 주목적이다.

세부사이트형 광고는 사이트 방문객들을 광고주 사이트로 이동하도록 유도할 필요 없이 사이트가 제공하는 콘텐츠의 주제와 조화를 이루는 메시지를 다룸으로써 방문객들로 하여금 광고주의 브랜드광고에 빠져들게 하는 이점이 있다. 인터넷 접속 서비스사업을 하는 ISP(Internet Service Provider)들 간의 가격경쟁이 심화됨에 따라 앞으로 일반화될 가능성이 높은 광고형태이다.

라) 인터넷 Access형 광고

인터넷 Access형 광고는 소비자에게 인터넷 사용을 무료로 제공하는 대신 특정 광고창을 보게 하는 형태의 광고를 말하는데, 전자우편광고, 채팅(대화방, chat)광고, push형 광고 등이 대표적이다. 인터넷 Access형 광고의 장점은 사용자들의 취미나 관심사뿐만 아니라 나이, 성별, 거주지 등과 같은 인구통계적 자료가 포함된 등록정보를 이용하여 보다 정확한 표적고객을 대상으로 광고를 실행할 수 있다는 것이다.

① 전자우편 광고

전자우편(E-mail) 광고는 고객들이 무료로 E-mail을 이용하는 대가로 고객의 E-mail 계정이나 웹페이지에 삽입되는 광고를 말한다. 고객들이 E-mail을 확인하기 위해 접속을 하면 고객의 계정에 상업적 광고가 제공된다. E-mail 광고의 열독률을 높이기 위한 방법의 하나는 E-mail광고에 노출된 고객에게 점수를 제공하는 것이데 고객은 누적된 점수를 사용하여 광고주로부터 무료 선물을 받는다.

② 채팅광고

채팅광고(대화방광고, chat advertising)는 고객이 대화방에서 다른 고객들과 대화를 나누는 동안에 제공되는 광고를 말한다. 1997년 초 아메리카 온라인(AOL: America Online)은 채팅광고를 도입하면서, 광고주들로 하여금 1만5,000개가 넘는 대화방을 사용하는 수백만 명의 사용자들에게 광고를 보여줄 수 있도록 하였다.

채팅광고의 장점은 사용자들이 동일한 대화방을 사용하는 빈도가 높고 전형적인 웹사이트에 비해 머무는 시간이 더 길기 때문에 사용자들의 마음속에 강력한 브랜드연상을 구축할 수 있다는 점이다. 또한 대부분의 대화방 사이트는 사용자에 대한 인구통계적 정보를 확보하고 있으므로 타깃

광고가 가능하다는 장점이 있다. 그러나 대화방에서 사용자들 간에 어떤 대화를 나눌지를 예측하기 어렵기 때문에 대화내용에 적절하지 않은 브랜드광고의 게재로 인해 사용자의 관심을 끌지 못하거나 브랜드에 대한 부정적 태도를 형성할 수 있다.

③ Push형 광고

Push형 광고는 Push 기술을 이용하여 사용자에게 광고메시지가 포함된 콘텐츠를 제공하는 것으로, PCN(pointcast.net)을 대표적인 예로 들 수 있다. 일반적으로 push형으로 제공되는 콘텐츠는 소비자가 선택한 것이기 때문에 이와 함께 제공되는 광고에 대해 크게 반감을 갖지 않는다. Push 기술을 이용한 광고는 이미 등록되어 있는 사용자정보를 이용하여 정확한 표적고객을 선정할 수 있으며, 오디오와 비디오가 포함된 멀티미디어형 광고물의 제작이 가능하다는 장점이 있다. 그러나 등록된 사용자만을 대상으로 하기 때문에 광고의 범위가 제한적일 수 있다는 단점이 있다.

(3) 인터넷광고의 장점

가) 데이터베이스

인터넷광고는 사용자의 데이터베이스(DB: DataBase)를 확보하는 데 용이하다. 따라서 사용자의 인구통계학적(demographic), 사회심리학적(psychographic), 행태분석학적(behaviorial) 속성을 조합하여 보다 정확한 타깃에 기반을 둔 광고집행이 가능하다.

나) 원투원

개객(個客, One to One)의 요구를 파악한 후 이에 상응하는 즉각적인 피드백이 가능하다. 고객 개개인의 프로파일을 기반으로 한 메시지 노출이 가능하다.

다) 상호작용성

기존의 매스미디어광고와는 달리 인터랙티브(Interactive)한 광고를 제시함으로써 고객의 참여를 높여 관계성을 제고할 수 있다.

라) 측정가능성

광고효과의 측정이 빠르고 용이하다(Measurability). 광고주는 메시지 노출에 대한 효과를 즉각적으로 파악할 수 있고 기민하게 대응할 수 있다.

마) 시 · 공간적 한계극복

공간(space) 혹은 시간(time)에 대한 제약이 적으며 무한한 정보제공이 가능하다. 동영상, 음성, 이미지 등 멀티미디어(multimedia)를 활용함으로써 주목도를 높일 수 있으며 이를 상호작용적으로 구현할 수 있다.

(4) 인터넷광고의 문제점

가) 매체의 공신력이 낮음

매체의 공신력이 기존의 매스미디어와 비교해볼 때 낮다. TV나 신문광고의 집행에 비해 인터넷 광고는 상대적으로 공신력과 진입장벽이 낮은 편이다.

나) 매체선정의 어려움

인터넷상에는 웹사이트가 무수히 존재하고 이를 이용하는 고객층 또한 넓게 분산되어 있어 기업의 목적과 의도에 적확한 매체를 선택하는 데 어려움을 겪을 수 있다.

다) 콘텐츠나 커뮤니티 형성에 많은 노력이 요구됨

매일 엄청난 양의 새로운 콘텐츠나 사이트가 등장하고 사라져가며, 인터넷 이용자들의 속성상 이러한 매체에 대해 접근 시 의무감은 적고 선택권은 많다. 따라서 기업은 제품뿐만 아니라 콘텐츠의 지속적인 업데이트나 커뮤니티 형성에 보다 노력을 기울여 고객을 창출하고 유지할 수 있어야 한다.

라) 배너번아웃 현상

일단 동일한 이용자에게 같은 배너가 두 번 이상 노출되면 다시 클릭을 하지 않는 배너 번아웃(Banner Burn-Out) 현상이 발생하게 되며, 따라서 배너는 기존의 매스미디어 광고에 비해 한시적이며 단기적이라 할 수 있다.

제4절 국제인터넷마케팅의 관리

1. e-Customer

(1) e-Customer의 의의

경쟁이 치열해지고 있는 e-Business 환경 아래에서 기업이 경쟁우위를 확보하려면, 온라인고객(e-Customer)의 공통점과 세분집단별 차이점 분석을 통해 효과적인 포지셔닝전략을 수립해야 한다. 최근 디지털경제의 핵심고객인 e-Customer에 대한 관심이 높아지고 있다. 그러나 높아지고 있는 관심에 비해서 e-Customer에 대한 체계적인 정의와 연구가 이루어지지 못하고 있는 것이 현실이다. 대부분의 연구가 단순 인터넷 사용자들을 e-Customer로 일반화하여 이루어지고 있다.

한편 일부 이루어지고 있는 연구마저도 제품과 서비스의 구매액 · 구매량 · 구매빈도 · 구매주기와 인구통계학적 변수 차원중심이다. 이러한 연구는 결국 e-Customer를 단편적으로 이해하게 하거나, 잘못된 정보를 제공할 위험성마저 있다. 더욱 심각한 문제는 이렇게 고객에 대한 정확한 이해가 부족한 상태에서 기술변화에 중점을 둔 e-Marketing전략들이 범람하고 있는 현실에 있다. 즉 낚시꾼이 강에 어떤 물고기가 어느 지점이 있는 줄도 모르고 무거운 어구들만 잔뜩 싣고 낚시에 나선 꼴이다.

따라서 e-Marketing의 시작점인 e-Customer가 단순 인터넷 이용자와 오프라인 구매자에 비해 어떠한 차별적인 특징이 있는가를 살펴보아야 한다. 그리고 e-Customer 역시 이질적인 세부집단으로 나뉠 수 있기 때문에 그러한 세부집단이 어떠한 특징을 가지고 있고, 세분집단에 맞는 마케팅 프로그램을 어떻게 개발할 것인지를 다양한 사례를 통해 알아보아야 한다.

최근 Forrester Research는 그들의 e-Customer 분석틀인 기술통계학(techno-graphics) 모델을 이용해서 전 세계 e-Customer의 특징을 분석하고 세분화하고 있다. 또한 Donthu & Garcia는 단순 인터넷 사용자와 인터넷 구매자 간의 동기와 태도적 특성을 분석하였다. 마케팅 담당자들은 이 연구의 결과를 주목해서 살펴보아야 한다. 왜냐하면 이 연구의 결과에는 e-Customer의 의사결정과정에서 고객경험(customer experience)이 매우 중요하다는 것을 알려주기 때문이다.

(2) e-Customer의 가치기준

표 14-6 에 나타난 바와 같이 e-Customer는 단순 인터넷 이용자들보다 새롭고 다양한 것을 추구하는 혁신적인 태도가 강하게 나타났다. 또한 혁신적이고 새로운 것을 추구하려는 태도가 강한 만큼 구매과정에서 발생하는 위험도 감수하는 모습을 나타냈다. 즉 e-Customer는 쇼핑의 편의성과 더불어 흥미로운 것, 새로운 경험을 추구하는 경향이 높다는 것이다.

표 14-6 e-Customer의 동기와 태도 특징

요인	변수	인터넷 구매자	단순 인터넷 사용자	통계적 유인성*
동기적 특성	쇼핑의 편의성 추구정도	4.0	2.9	○
	혁신적 태도	4.0	2.8	○
	구매 시 위험감수정도	2.5	3.2	○
	충동구매정도	3.5	2.0	○
태도적 특성	새로움/다양함 추구정도	3.8	2.9	○
	직접 마케팅에 대한 긍정적 태도	2.9	2.2	○
	광고에 대한 긍정적 태도	3.4	2.9	○

주 $p<0.05$, 숫자는 만족도로서 5.0 만점 기준임.
자료 Naveen Donthu & Adriana Garcia. "The Internet Shopper." *Journal of Advertising Research*, 5~6 1999.

따라서 마케팅 담당자들은 인터넷 상거래가 제공해주었던 쇼핑의 편리성, 저렴한 가격 등의 장점이 일반화되면서 새로움과 혁신적 경험을 중요하게 생각하는 e-Customer의 가치기준에 주목해야 된다. 즉, e-Customer는 거래에 수반되는 복합적이고 다양한 경험을 추구하는 경향이 높다.

(3) 고객경험관리의 중요성

그렇다면 e-Customer에게 있어서 경험이란 어떤 의미이며 왜 중요한 것일까? 경험이라는 요소는 매우 개인적인 차원의 현상이다. 이러한 경험에는 사람들이 공통적으로 추구하는 욕망이 있고, 기업은 이러한 공통된 욕망을 다양한 제품과 서비스로 바꾸어서 고객에게 전달한다.

따라서 고객이 느끼는 궁극적인 경험은 기업이 고객에게 전달하기로 한 가치와 약속이며, 그것은 제대로 전달되어야 의미가 있다. 이것은 엔터테인먼트 기업과 영역에 있어서 가장 명확히 드러난다. 엔터테인먼트 기업은 고객에게 최대의 즐거움과 기쁨의 제공을 약속한다. 또한 이러한 가치를 전달할 수 있는 다양한 엔터테인먼트 아이템을 개발한다.

그렇다면 기업은 고객경험을 어떻게 온라인상에서 구현하고 전달할 것인가? 고객경험을 전달하기 위해서는 먼저 기업과 고객에 대한 관계의 정의가 필요하다. 즉 기업은 e-Customer가 누구이고, 어떠한 가치를 전달할 것인가를 정의해야 한다. 그리고 정의된 가치를 전달할 수 있는 최적의 제품과 서비스를 개발해야 한다. 다시 말해 기업은 고객에게 어떠한 가치를 전달할 것인가에 대한 체계적인 고객경험 프로세스를 개발해야 하는데, 이러한 고객경험 프로세스를 성공적으로 개발한 예가 Amazon.com이다.

Amazon.com은 고객에게 인터넷을 이용해서 책을 가장 빠르고, 쉽게, 그리고 재미있게 구매할 수 있는 최적의 경험을 제공하겠다는 가치를 전달한다. 그들은 다양하고 많은 책을 사기를 원하지만 여러 가지 이유로 서점에서 책을 사기를 꺼리는 사람들 대상으로 하였다. 그리고 책에 대한 서평과 다양한 정보 서비스 및 세계에서 가장 많은 서적 보유라는 무기를 바탕으로 고객들에게 이러한 경험을 전달하고 있다.

2. e-CRM

(1) e-CRM의 개념

e-CRM의 개념을 이해하기 위해 CRM에 대한 개념을 먼저 살펴보겠다. CRM(cutomer relationship management)은 고객의 행동양식에 대한 깊은 이해를 바탕으로 기업경영의 질을 높이기 위한 전략조직 프로세스 및 기술상의 변화과정으로, 마케팅, 판매, 고객 서비스 등을 포함한다. 따라서 CRM의 구현은 대(對)고객관련활동들과 관련된 조직과 업무 프로세스 및 정보기술 인프라의 고객가치 위주로의 재편을 의미한다. 실제로 기업들은 CRM을 이용하여 고객정보를 전략적으로 관리하며 '신규고객 획득→우수고객 유지→고객가치 증진→잠재고객 활성화→평생고객화'의 고객사이클(customer life-cycle)을 효과적으로 지원하고 고객가치를 극대화하려 한다.

e-CRM도 고객관계관리 솔루션으로, 개인고객의 성향에 맞춰 차별화 정보를 제공한다든지, 사

후 서비스를 지원하는 등의 기술이 모두 여기에 포함된다. e-CRM이 최근에 각광받게 된 주된 이유는 역시 인터넷이라는 미디어의 등장과 무관하지 않다. 인터넷과 정보기술의 발전은 고객의 생활환경과 구매환경에 커다란 변화를 가져왔고, CRM에도 'e'자를 붙여 e-CRM이라는 좀 더 새로운 개념의 고객관리전략이 창출되었다. CRM과 e-CRM의 차이점을 정리하면 **표 14-7**과 같다.

표 14-7 CRM과 e-CRM 비교

구분	CRM	e-CRM
주요 이용대상	서비스, 금융 등 오프라인중심 기업	E-BIZ 기업
고객접점	콜센타 오프라인중심	온라인(인터넷)중심
구성요소	SALES+SERVICES+MARKETING	E-SALES+SERVICES+E-MARKETING
판매관련요소	전화 판매+판매 자동화	전자상거래(B2B, B2C)
서비스관련요소	기술지원+필드 서비스	온라인 자체 서비스, E-MAIL 관리
마케팅관련요소	캠페인 관리+분석 도구	E-MARKETING+개인별 서비스
데이터 수집	영업사원의 방문, DM, 구매 데이터 등 복수의 분산된 채널	웹기반의 단일 통합채널(웹로그, e메일, 웹 콜센터,구매 데이터 등의 통합)
데이터 분석	고전적 통계기법, 데이터마이닝	실시간 고객성향 분석, OLAP, 고객행동 패턴 분석
데이터 활용	마케팅 캠페인, 영업 강화, CTI, 프로모션	원투원 마케팅, 웹사이트 개인화, 실시간 추천 시스템
비용	높은 인건비로 인해 고객관리비용이 상대적으로 높음	초기 IT 도입비용이 높은 반면 지속적인 관리 유지비용이 낮음
시간, 공간적 범위	제한된 시간, 지역적 한계 존재	지역적, 시간적 제약 탈피

앞의 **표 14-7**에서 보는 바와 같이 e-CRM은 온라인을 중심으로 고객관계관리가 이루어진다. 고객접점은 온라인이며, 인터넷상에서의 판매와 대 고객 프로모션(promotion)을 중심으로 고객관리를 지원한다. 또한 서비스도 인터넷을 중심으로 e-Mail을 이용하여 제공하든가 개인별로 서비스를 지원받을 수 있도록 시스템이 구성된다. 마케팅 측면에서는 유사하지만 개인화(personalization) 측면에서 개인별로 서비스를 더욱더 효과적으로 지원하여 일대일 마케팅(one-to-one marketing)을 지원한다. 즉, e-CRM 시스템은 주 이용대상이 e-비즈니스 기업으로, 온라인상에서 e-Sales, e-Service, e-Marketing을 포함하는 고객관계관리를 지원함으로써 고객사이클을 지원하여 고객

가치를 극대화하는 동시에 기업의 경영혁신을 전략적으로 지원하는 시스템이다.

(2) e-CRM의 전략

e-CRM 시스템도 CRM 시스템과 같이 기타 기업관련 정보시스템과 통합되어야 효과적으로 활용이 가능하다. 회사의 기본적인 정보인프라를 제공하는 기업자원관리(ERP: enterprise resource planning) 시스템의 영업 및 생산계획 부문과 데이터 웨어하우스를 이용 통합하여 판매관련 정보를 제공받고 고객의 수요를 제공해야 한다. 또한 기업의 공급망을 관리하는 SCM(supply chain management) 시스템과 연동되어 고객에게 제품 또는 서비스가 효과적으로 유통되도록 시스템이 설계되어야 한다. 이 두 시스템 외에도 고객정보와 관련된 시스템이 기업에 존재한다면 그 시스템들과의 통합도 고려되어야 한다.

e-CRM의 특징적인 전략은 1:1 마케팅(one-to-one marketing)이다. 1:1 마케팅은 기존의 대중마케팅(Mass Marketing)전략을 통해 실시하던 집단적인 DM 발송이나 불특정 다수를 위한 광고 정책보다는, 고객을 특성에 따라 세분화하고 고객의 성향과 개인정보를 활용하여 만족도를 최대한 높이는 전략을 사용한다.

e-CRM을 도입한 대표적인 사이트 ironsure.com의 경우, 고객의 방문기록을 놓치지 않고 데이터베이스에 저장한다. 여기에는 고객이 관심사에 따라 흘러간 루트까지도 기록된다. 기업은 이러한 정보를 통해 고객을 더 이해하고 고객의 만족도를 높일 수 있는 유용한 정보를 이끌어낸다. 또한 번 확보한 고객은 머슴이 주인을 섬기듯 지속적인 서비스를 제공한다. 기업은 이를 통해 한 번 고객은 평생 고객이라는 캐치프레이즈에 걸맞게 '고객의 평생가치(LTV: life time value)'를 이끌어내는 것이다.

e-CRM에는 복잡해진 생활환경만큼이나 다양한 고객과의 의사소통 채널이 요구된다. e-CRM은 세일즈맨이 방문하는 고전적인 형태의 마케팅은 물론이며, 콜센터를 통한 전화방문이 진화한, 컴퓨터를 활용한 통합전화서비스(CTI: computer telephony integration)를 요구한다. 또 고객이 거쳐간 웹사이트의 경로에 관한 정보를 저장할 데이터 웨어하우스(DW: data warehouse)라는 거대한 정보창고를 필요로 하며, 여기에서 필요한 정보를 캐내는 데이터 마이닝(data mining) 기술도 빼놓을 수 없다.

기업 일각에는 엄청난 자본과 기술을 투자해서 어느 정도의 목적을 달성할 수 있을지에 대한 우려의 목소리도 있다. 또 개인정보의 공개를 꺼리는 현대인의 특성도 간과할 수 없는 상황이다. 하지만 기업이 고객을 이해하고 꾸준한 의사소통을 통해 진정한 '맞춤 서비스'를 제공하고자 한다면, 고객의 입장에서는 이러한 신기술들이 계속 발전하기를 느긋하게 기다려보는 것도 나쁘지 않을 것이다.

(3) e-CRM의 구성요소

고객에 대한 전반적인 관리를 지원하는 e-CRM 시스템은 크게 고객정보분석 부문과 실행 부문으로 나뉜다. 고객정보분석 부문에서는 데이터 웨어하우스, 통계 패키지 등을 이용하여 고객의 세분화, 고객 요구사항 파악, 고객별 마케팅 방안에 대한 분석이 이루어진다. 실행 부문은 실제 고객과의 접촉이 이루어지는 부문으로 정보제공, 판매, 서비스 측면에서 지원이 가능하도록 시스템이 구성된다. 고객정보분석 부문과 실행 부문은 또한 통합되어 효과적인 고객관계관리가 이루어지도록 시스템이 구성된다.

가) 실행 부문

고객의 행동패턴을 분석해보면 고객의 행동은 3가지로 나누어볼 수 있다. 첫째, 고객은 상품 또는 서비스를 구입하기 이전에 그에 해당하는 정보에 대한 분석을 한다. e-Mail, 잡지, 신문 등의 매체를 통한 정보접근 등이 이에 해당된다. 둘째, 고객은 실제 구매를 수행한다. 마지막으로 고객은 해당 기업의 상품 또는 서비스에 대해 질의를 한다.

e-CRM 시스템의 특성 중 하나는 CRM과 달리 사용자 대부분의 행동에 대한 대응을 시스템이 자동적으로 수행한다는 것이다. 즉, e-CRM 시스템의 실행 부문은 자체적으로 수행되는 것이다. 이에 따라 사용자와의 인터페이스는 앞에서 언급한 바와 같이 온라인을 중심으로 웹브라우저, e-Mail, 무선단말기를 이용하여 이루어진다. e-CRM 시스템은 고객의 행동에 대응하기 위해 e-판매(e-Sales), e-서비스(e-Service), e-판촉(e-Promotion) 부분으로 나누어 고객에 대한 지원을 수행한다.

나) 고객정보분석 부문

고객중심의 경쟁환경에서 고객에 대한 정보분석은 필수적이다. 고객의 세분화를 통해 우수고객과 불량고객을 구분하여 차별화된 서비스를 제공하는 것은 물론이고, 신규 잠재고객을 확보하기 위해서 고객의 요구사항을 파악하는 것 또한 매우 중요하다. 또한 거시적인 차원에서 고객에 대한 정보는 기업의 경영전략에 직접적으로 연관되는 만큼 고객정보의 분석은 기업의 성공과 직접적으로 연관된다.

e-비즈니스 기업들의 이용대상인 e-CRM 시스템은 실행 부문이 온라인으로 이루어지는 만큼 효과적인 정보수집이 가능하고, 데이터 흐름이 즉시 일어나므로 정보분석이 기존의 CRM 시스템에 비해 정확하다. 또한 분석된 고객정보는 실행 부문에서 전략적으로 활용가능하다. 현재 정보기술의 발전으로 고객정보분석을 위한 도구가 다수 존재하는데 그중 대표적인 것으로 데이터 마이닝(data mining), 통계 툴(statistical method), 데이터 웨어하우스가 있다.

(4) e-CRM의 특징

가) 다양한 고객 니즈의 파악

e-CRM은 다양한 고객 니즈의 파악이 용이하다. 기존의 오프라인상에서 수행한-고객의 행동정보를 장기간 수집하여 다양한 통계적 기법으로 접근하여 고객을 분석하는-전통적인 방법보다는, 다양한 접점으로부터 실시간으로 일어나는 고객의 행동정보를 바탕으로 이뤄지는 e-CRM은 보다 고객의 니즈를 파악하고 분석하는 데 장점을 지니고 있다. 이는 시시각각 변화하는 고객의 니즈를 파악하고, 변화된 고객의 니즈에 맞는 응대와 정보를 제공함으로써 고객만족을 위한 다양한 전략 수립을 지원한다.

나) 고객정보의 통합

e-CRM은 고객정보의 통합이 원활하다. 고객들이 기업에 접촉하는 다양한 온라인 채널이 존재한다. 온라인 채널(online channel)로 대표되는 고객접점은 기업의 웹사이트, e-Mail, 모바일 등으로 나뉠 수 있다. 인터넷상에서 고객이 기업에 접촉하는 수단은 다양한 형태로 진행될 수 있으며, 기업은 고객이 어떤 채널을 통해 접촉해 오더라도 동일한 고객임을 인지하고, 고객의 니즈를 파악할 수 있어야 한다. 고객정보의 통합은 다양한 채널로 접촉한 고객의 정보를 획득하여, 고객의 니즈를 파악하고 일관성 있는 고객응대를 위한 체계적인 정보의 분류형태라고 말할 수 있다. 각 채널로부터 획득된 고객정보를 데이터베이스로 관리하여 각 고객별 채널의 이용현황, 채널별 관심도

등 채널로부터 획득된 다양한 고객정보를 비즈니스 목적에 맞게 활용한다.

다) 차별적인 서비스

e-CRM은 차별적인 서비스가 가능하다. 기업은 e-CRM을 통해 고객정보를 획득하고 다양한 관점에서 고객을 분석하여, 개별 고객에게 차별화된 서비스와 정보를 제공함으로써 일관성 있는 고객응대를 전략적으로 수행할 수 있다. 차별화된 고객서비스는 e-CRM의 궁극적인 목적이기도 하다. 고객의 니즈는 동일하지 않으며 고객의 특성과 성향에 따라 다른 욕구를 드러낸다. 이에 기업은 고객의 각기 다른 니즈를 파악하기 위해 개별 고객의 수집된 정보를 바탕으로 맞춤화된 서비스와 제품을 제공할 수 있어야 한다. 기업은 가치 있는 고객정보를 통합 분석하여, 보다 차별화되고 장기적인 서비스와 제품을 제공하며 이를 바탕으로 기업의 안정적인 수익을 유지하기 위한 전략이 e-CRM이다.

라) 신속한 고객정보 파악

e-CRM은 상대적으로 빠른 시간 안에 고객들에 대한 정보와 지식을 파악할 수 있다. e-CRM의 가장 큰 장점은 자동화(automatic)와 실시간(real time)에 있다. 온라인 인프라에서는 전통적인 방식에서 찾아볼 수 없었던 속도와 간편함으로 고객에 대한 지식과 경험을 전사적으로 공유할 수 있게 되었다는 점에서 그 의미가 크다. 공유된 정보는 각 조직과 과에서 필요로 하는 정보로 가공되어 발빠른 고객대응을 가능하게 하고, 이는 기업의 전략 수립의 기반이 되어 기업의 수익성을 증대하는 데 지대한 영향을 미친다. 기업과 고객이 소통하는 채널이 온라인화되고, 양방향 소통이 가능해지면서 기업이 고객을 위한 올바른 판단과 대응을 보다 신속히 처리할 수 있어야 하고, 고객은 기업의 응대를 위해 더 이상 기다려주지 않는다는 것에 주목해야 한다.

마) 고객관리를 위한 프로세스 자동화

e-CRM은 고객관리를 위한 프로세스가 자동화된다. e-CRM을 통해 고객을 응대하기 위해서는 그에 따르는 지원시스템을 갖추어야 한다. 이러한 시스템의 특징은 고객을 관리하기 위한 각 프로세스가 자동화되어 몇 가지 작업만으로도 수많은 고객들을 관리할 수 있도록 되어 있다. 솔루션, 프로그램으로 대표되는 다양한 지원시스템은 보다 원활한 고객데이터의 관리, 고객분석, 다양한 커뮤니케이션활동을 유기적으로 수행할 수 있게 절대적인 도움을 주고 있다. e-CRM 솔루션은 각

비즈니스 수행을 위한 업무 프로세스에 따라 분류 · 설계되어 있고, 솔루션 간의 연동(interface)을 통해 유연한 통합이 가능하다.

바) 고객별 맞춤서비스의 제공

e-CRM은 고객별 맞춤서비스의 제공이 가능하다. 상위 e-CRM의 특징은 궁극적으로 고객만족도를 상승시켜 기업의 수익을 증대하는 데 목적이 있다. 다양한 접점을 통해 발생된 고객정보의 획득, 분석, 전략 수립, 수행에 이르는 일련의 전략적 비즈니스의 행위의 목표는 '고객의 입맛에 맞는 맞춤정보'를 제공하는 데 있다. 이는 e-비즈니스를 수행하는 기업은 물론, 모든 비즈니스를 수행하는 사람들의 목표라고 할 수 있다. 더 이상 고객의 특성과 차이를 고려하지 않고, 동일한 전략을 모든 고객에게 동일하게 적용하는 매스마케팅시대가 아니기 때문이다.

(5) e-CRM의 효과

e-CRM의 성공 여부는 결국 고객의 입장에서 보다 편리하고 저렴한 비용의 거래가 가능해졌느냐에 달려 있다. e-CRM의 효과는 고객만족수준의 증가, 기업 운영비용의 감소, 기업 영업수익의 증가의 3가지 측면에서 살펴볼 수 있다.

가) 고객만족수준의 증가

고객의 스케줄에 맞추어 시간과 공간의 제약이 없이 어느 때건 전자상거래 서비스의 이용이 가능해진다. 불만이나 추가적인 서비스의 요구 등이 즉각적으로 접수되고 이를 처리하는 과정 또한 통일되고 신속하여 고객만족도가 증가한다. 기업과 고객 간에 계약체결 이후의 추가적인 고지사항이나 요구사항의 전달이 적시에 보완되어 전달된다. 고객 입장의 거래비용이 저렴해진다.

나) 기업 운영비용의 감소

사람의 노동력을 필요로 하지 않는 자동화 시스템으로 거래 가능 시간은 하루 24시간으로 확대되더라도 이에 따른 운영비용은 오히려 감소하게 된다. 자동화 판매 시스템으로 거래당 판매비용이 감소한다. 기업 내의 여러 부서 간에 통합된 정보를 공유함으로써 정확한 업무처리가 가능해지고 처리과정이 단순해짐으로써 오류가 줄어든다. 고객관련 정보에 대한 접근이 수월해져 이를 기반으로 하여 보다 효과적인 의사결정이 가능해진다.

다) 기업 영업수익의 증가

고객만족도의 증가는 결국 고객유지율의 증가를 가져와 고객이탈에 따른 손실을 막아준다. 인터넷을 이용한 거래는 영업의 시간적, 공간적 범위를 확대시킴으로써 수익창출의 폭을 넓혀준다. 고객접점에서의 정보는 즉각적인 분석이 가능해져 시장상황의 변화에 따른 대응을 효과적으로 할 수 있다. 인터넷을 이용한 보다 다양한 서비스의 제공은 결국 새로운 판매기회를 창출한다.

(6) e-CRM의 적용

가) 은행에서의 e-CRM 적용

텔레뱅킹을 이용하다보면 은행계좌번호, 주민등록번호, 비밀번호 등 수많은 숫자의 입력과정으로 인해 하나의 거래처리에 드는 집중력이 흡사 입시를 치르는 수험생에 뒤지지 않는다. 혹시 잘못된 입력으로 '처음부터 다시 이용해주십시오.'라는 멘트를 듣고 나면 인내력은 한계에 달한다. 이러한 불편함에도 불구하고 텔레뱅킹의 이용률은 점차 증가하고 있다. 고객은 계좌이체나 잔액조회 등의 단순한 업무처리를 위해 직접 은행을 방문하기보다는 전화를 이용하여 집이나 직장에서 처리하기를 원한다. 인터넷은 장시간 전화기를 귀에 대고 안내원의 지시를 기다릴 필요가 없으며 입력오류로 거래를 다시 시작해야 하는 불편함도 해소시킨다. 은행에서의 인터넷 도입은 우선 거래처리 비용 면에서 기존의 매체보다 우월하기 때문이다.

환경적인 요인을 들자면 전자화폐, 스마트 카드 등의 확산이 가져올 지불수단의 변화에 대응하기 위한 필요도 있다. 고객 관점에서는 신속하고 정확한 업무처리, 거래처리 외에 은행에서 제공하는 각종 금융정보, 세무정보 혹은 법률정보의 획득, 신상품의 내용 공지, 각종 이벤트 참여 등의 혜택을 인터넷이라는 하나의 공간에서 받을 수 있다는 이점이 있다. 그러나 아직까지는 대부분의 거래내용은 잔액조회, 계좌이체 등의 수준이며 이를 통한 금융상품의 구입은 거의 이루어지지 않고 있다.

현재까지 은행에서의 인터넷 활용은 CRM의 관점에서 고객DB의 구축을 위한 정보의 취득이나 지속적인 고객관계의 유지를 위한 수단에 머물러 있다. 미국의 경우도 현재까지 인터넷의 이용은 수익창출 수단이라기보다는 주로 고객과의 관계를 향상시키기 위한 목적에서 이용되고 있다. TM이나 DM이 초기에 적극적인 판매수단이 되지 못하였으나 점차적으로 기존의 판매망을 대체해왔던 점을 감안하면 인터넷을 이용한 상품판매 역시 전자상거래의 정착에 따른 제공되는 정보의 질적

수준의 향상, 거래정보의 보완성, 가상공간에 적합한 상품의 개발 등의 진전에 따라 확산될 것으로 보인다.

나) 보험업에서의 e-CRM 적용

보험업의 경우도 은행의 경우와 크게 다르지 않다. 단지 거래비용 측면에서 은행보다 인터넷을 이용한 거래에 대한 요구가 절실하다. 보험의 경우는 주된 판매경로가 설계사를 통한 인적접촉에 의존한다. 설계사의 교육에 드는 비용과 설계사 이탈에 따른 손실(1993년도 이탈률 42%)을 고려하는 경우 인적접촉으로 인한 거래비용은 인터넷을 이용한 비용보다 현저하게 크다. 우리나라의 보험상품의 판매가 인적접촉에 의한 방법이 주된 경로가 되는 원인은 연고판매가 보험판매방식의 대부분을 차지하기 때문이다.

최근에 'ins OK'라는 보험중개회사는 국내 11개 보험사의 상품을 비교하여 고객의 요구에 가장 적합한 상품의 제공을 하는 서비스로 급속한 성장을 보이고 있다. 이러한 내용은 연고보다는 상품구성이 소비자의 요구에 보다 적합한가 여부나 가격 등이 보다 중요한 상품선택 기준이 된다는 것을 보이고 있다. 인터넷을 이용한 판매가 상품가격이나 기타 요건에서 소비자의 요구에 부합한다면 설계사를 통한 판매에 비해 거래비용을 크게 감소시킬 수 있다.

고객DB 구축과 관련하여 보험사가 은행에 비하여 어려운 점은 우선 고객관련 정보의 관리가 본사 차원이 아닌 설계사중심으로 관리됨으로써 고객정보의 입수통로가 분산되어 정보의 관리와 사후 변경사항의 보완작업에 추가적인 노력을 요구한다는 점이다. 은행의 경우는 상품판매 이후에도 계좌이체, 공과금 납부 등의 업무로 고객이 자발적으로 은행과의 접촉이 가능하여 고객관계의 지속성이 유지되기 수월하나, 보험사의 경우는 상품계약 후에는 고객이 보험사를 찾을 동기가 없어 보험사가 추가적으로 고객관계의 유지를 위해 노력해야 한다는 어려움이 있다.

(7) e-CRM의 적용사례: 옥션

on-line 기업들 중 우리나라의 대표적인 경매사이트 '옥션'을 예로 들어 고객관계마케팅을 어떻게 실천하고 있는지 살펴보기로 하자. 이 사이트의 특징을 한마디로 요약하면 '단돈 1,000원으로 100만 원짜리 제품을 구할 수 있다'는 것이다. '이곳'에서 파는 모든 신상품의 최저가격은 항상 1,000원이다. 경매 마니아나 새내기의 경우 10원만으로도 물품을 구매할 수 있다. 이것이 옥션이 이야기하는 기본 마케팅전략이며, 다른 인터넷 쇼핑몰에 대응할 수 있는 가장 큰 무기이다.

이제 옥션을 e-CRM 관점에서 살펴보자. 옥션의 경우 처음 회원가입 때부터 고객관리를 위한 여러 데이터베이스 자료들을 수집하고 있다. 고객의 이름, 주민등록번호, 주소(e-Mail 포함), 전화번호뿐만 아니라 고객의 직업, 결혼 여부, 결혼기념일, 취미, 관심물품, 차량 소지 여부(차량의 차종 및 회사, 모델명, 주행거리 등 차량의 모든 정보를 기록), 심지어는 고객의 컴퓨터 회선 사양까지 수집을 한다. 그것으로 고객들의 구매성향을 파악할 수 있고, 고객으로부터 수집한 직접적인 정보를 이용할 수 있다.

물론 옥션에서는 이것을 바탕으로 고객에게 '딱맞는' 맞춤서비스, one-to-one 서비스를 이룩함으로써 고객의 만족을 증대시키고, 고객지향적인 마케팅을 펼칠 수 있다. 또한 옥션으로부터 서비스를 제공받은 고객이 지속적으로 이 기업의 서비스를 이용함으로써 기업의 궁극적인 목표인 이윤증대도 이루어지게 되는 것이다. 옥션은 이를 통해 일반 콘텐츠제공업체들과 차별화한다는 전략이다. 실제로 자신이 입력한 정보에 따라 매일 e-Mail로 옥션 소식지가 발송되고 있다. 특히 기념일의 경우 축하 메시지와 함께 그날 사이트 이용 시 혜택을 주는 옵션까지 제공하고 있다. 또한 경매참여 시 지속적인 경매상황을 알려줌으로써 고객을 옥션 사이트에 묶어 둘 수 있는 효과를 얻고 있다.

가) 옥션의 고객관리 마케팅전략

① 고객 행태분석을 통해 고객세분화, 목표고객 선정: 고객 가입 성향을 분석해 고객을 세분화하고 고객 신용도에 따라 서비스를 차별화

② 고객별 마케팅수단 제공: 고객의 신용도에 따라 결제방식의 차별화 및 마케팅의 차별화

③ 다차원 분석 정보를 제공해 고객의 신속한 의사결정 지원: 고객의 관심분야에 관한 전문적인 정보 제공→고객의 제품 구매

④ 고객 행위 데이터의 데이터베이스화를 통해 경매 비즈니스모델 도출: 옥션 콜센터와 고객 문의 데이터를 이용, 분석을 통해 차별화된 서비스 제공

⑤ e-CRM 기반 요소를 마련한 후 개인화 one-to-one서비스 실현: 일대일 서비스를 통해 고객의 확보를 통한 기업의 이익증대 실현

나) 생산전략

고객으로부터 수집한 데이터와 고객센터의 고객 제안을 바탕으로 고객 관심분야의 경매 물품을 제휴된 off-line상의 기업들에게 제안함으로써 그 off-line상의 기업들로부터 물품을 공급받는다. 현재 옥션의 경우 1,100여 개의 off-line상의 기업들과 제휴를 맺고 있다.

다) 가격전략

기존 온라인 콘텐츠제공업체들의 인터넷 쇼핑몰이 내세우는 가장 큰 무기는 편리함과 싼 가격이다. 쉽게 말해, 책상에 앉아 자신이 필요로 하는 물건을 저렴하게 구입할 수 있는 것이다. 그리고 off-line상의 모든 물품뿐만 아니라 중소기업의 제품들까지 쉽게 구매를 할 수 있기 때문에 다양한 물품을 접할 수 있다는 것도 경쟁 요소이다. 하지만 이런 기존 온라인 콘텐츠업체들과 차별화를 두기 위해 옥션이 선택한 것은 '재미'와 '흥미'라는 요소를 더한 것이다. 즉, '경매'를 통해 물품을 구매한다는 것 외에 재미와 흥미를 얻게 한다는 것이다.

실제 옥션의 사이트에는 가격 알아맞히기 사이트가 있다. 이것은 여러 사람이 참가하는 오락과도 같은 쇼핑으로, 이용자가 몰입하게끔 만들어버린다. 또한 저렴하고 필요한 상품을 적절히 공급하여 이용자의 구매의욕을 자극하는 쇼핑이기 때문에 '단지 산다는 만족감' 외에도 '재미'와 '흥미'라는 요소를 추가함으로써 다른 인터넷 쇼핑몰과 차별화를 두고 있는 것이다. 옥션에 나오는 제품의 가격은 고객들이 결정한다는 특징이 있다. 타 인터넷 쇼핑몰의 제품가격의 경우 일정한 할인율에 의해 공급된다. 하지만 옥션의 경우 가격결정권이 고객에게 있다고 할 수 있다. 한 제품에 대해 여러 고객이 입찰을 할 경우 그만큼 높은 가격에 제품이 팔리는 것이고, 고객이 한 사람밖에 없다면 싼 가격에 구매를 하는 것이 된다.

이렇게 될 경우 제품을 제공하는 공급자의 입장에서 보면 손해가 된다고 생각할 수도 있지만 실제로는 공급회사는 엄청나게 싼 가격에 홍보효과를 거두는 셈이다. 실제 인터넷 경매에 참여하는 사람들은 다른 쇼핑몰을 이용하는 고객들과 비교가 안 될 정도로 구매의욕이 강하다. 실제 중소업체의 신상품이 주를 이루는 특가경매는 100%의 경매 성사율을 보이고 있다. 이때 제품을 공급하는 공급회사는 이들을 대상으로 자사의 상품을 제공하고 구매의욕을 자극함으로써 이용자들에게 자사 상품의 뚜렷한 이미지와 브랜드를 함께 전달하는 효과를 거둘 수 있다. 이 때문에 좋은 제품을 가지고 있지만 마케팅이 부족한 중소업체들의 참여가 높다.

옥션은 off-line회사들과의 제휴로(현재 옥션의 경우 1,100여 개의 off-line상의 협력업체와 제휴하고 있으며 더욱더 늘어날 전망) 유통마진과 여러 기타 비용을 줄인 저가에 물품을 공급받아 고객에게도 저가에 물품을 공급하는 저가가격정책을 이행하고 있다. 옥션의 또 다른 가격정책의 하나로 포인트제를 들 수 있다. 포인트 적립을 통해 지속적인 고객 접속을 유도하는 것이다. 포인트가 늘어남에 따라 경매에 참여할 수 있는 기회가 많아지는데 좀 더 실속 있는 제품경매에 참여할 수 있도록 하고 있다. 그리고 포인트 우수고객에 대해 수수료를 싸게 책정함으로써 제품을 좀 더 싼 가격에 공급한 결과를 얻을 수 있도록 한다. 그렇게 함으로써 그 고객이 찾는 경매사이트를 옥션으로 묶어 둘 수 있다.

라) 유통전략

옥션에서는 제품을 제휴된 off-line회사로부터 공급받아 판매하기 때문에 유통망은 기존의 off-line상의 제조업체 유통망을 사용하고 있다. 따라서 기업 자체 유통망에 많은 비용을 들이지 않아도 된다. 고객의 입장에서 보면 기존의 믿을 수 있는 기업(옥션과 제휴된 off-line회사)의 유통망을 이용함으로써 온라인 구매 시의 제품의 파손, 분실, 뒤바뀜 등을 걱정하지 않아도 된다. 또한 옥션에서는 고객으로부터 수집한 데이터베이스를 바탕으로 고객의 위치를 파악해, 가장 저렴하게 이용할 수 있는 유통방법을 제시함으로써 고객에게 한 발 다가선 고객관계마케팅을 펼치고 있다.

예를 들면 유통방법으로 기존의 택배 서비스뿐만 아니라, 우편 발송(등기, 소포, 일반 우편 등), 옥션 자체의 옥션 택배서비스의 3가지 방법을 제시하고 있다. 여기서 고객의 위치가 어디냐에 따라 고객에게 가장 알맞은 택배방법을 제시한다. 옥션 택배의 경우 발송 중 물품의 위치를 고객이 수시로 파악할 수 있다. 우편 발송의 경우 고객의 위치에서 가장 가까운 우체국으로 물품을 배달함으로써 고객의 불필요한 추가비용 지출을 막고 있다. 기존의 택배 서비스를 이용할 경우 물품의 배송상태와 그 결과를 고객에게 수시로 e-Mail을 통해 알려줌으로써 one-to-one 서비스를 실현하고 있다.

마) 광고전략

요즘 off-line상에서 확산되고 있는 기업의 사내 추천 제도를 on-line상의 신규고객 유치에 적용해 새로운 고객을 유치한 고객에게 일정한 보상을 지급함으로써 홍보 및 고객 확보의 2가지 이점을 동시에 얻는 방법을 사용하고 있다(옥션 회원 가입시 추천인 아이디로 등록되면 일정한 포인트를 적립해주는 방법이다.) e-Mail과 안내 우편물을 통한 광고를 이용해 1:1서비스 즉 직접판매를 유도함으로써 그 고객과의 관계 유지 마케팅을 실천한다. 한 번 등록된 고객에게는 지속적인 광고 및 홍보 전략으로 여러 가지 이벤트를 제시함으로써 고객과의 관계를 더욱 가까이할 수 있다. 10원짜리 경매, 1,000원짜리 경매, 역경매 등 단순한 경매뿐만 아니라 경매를 통해 재미를 느껴 고객이 계속 옥션에 관심을 가지고 찾을 수 있도록 유도한다.

3. e-SCM

(1) e-SCM의 개념

IT기술이 발달하고 인터넷의 보급이 확산됨에 따라 많은 기업들이 인터넷 및 디지털 기술들을 전략적으로 활용하여 기업의 공급사슬관리의 효과성과 효율성을 최적화함으로써 고객만족도 및 기업성과를 높일 수 있게 되었는데, 이러한 배경에서 등장한 것이 바로 e-SCM(e-Supply Chain Management)이다. e-SCM을 한마디로 말하면, 전자상거래상을 포함한 e-비지니스 환경하에서의 디지털기술을 활용하여 공급자, 유통 채널, 소매업체, 그리고 고객 등과 관련된 물자, 정보, 자금 등의 흐름을 신속하고 효율적으로 관리하는 것이다.

인터넷을 통한 전자상거래의 출현은 기업과 고객 간의 쌍방향 의사소통을 보다 원활하게 하고, 고객이 요구하는 제품과 서비스를 신속하게 제공함으로써 고객만족도를 높이며, 그 결과 강력한 상품인지도와 고객충성도로 기업경쟁력 강화에 기여하였다. e-비즈니스는 단순히 SCM을 효율적으로 운영하는 데 그치지 않고 과거 SCM을 운영하던 전통적인 질서와 법칙에 혁신을 가져옴으로써 새로운 유형의 SCM을 발전시키는 커다란 원동력 역할을 하고 있다. 이러한 배경에서 디지털 기술 특히 인터넷을 활용하여 공급자, 유통채널, 소매업체, 고객 등과 관련된 물자, 정보, 자금의 흐름을 신속하고 효율적으로 관리하는 e-SCM이 등장했다.

(2) 디지털 환경과 e-SCM

디지털기술의 발전으로 등장한 인터넷을 통해 기업들은 매우 저렴한 비용으로 상호 연계가 가능하게 되었고, 누구나 활용가능한 표준제정이 가능하게 되었다. 이를 통해 기업은 off-line 환경하에서의 공급체인관리와는 전적으로 다른 보다 효율적인 공급체인관리가 가능하게 된 것이다. 디지털기술이 SCM에 미친 중대한 영향으로는 수직적 가치사슬의 해체, 직거래, 보유자산의 최소화 등을 들 수 있다.

가) 수직적 가치사슬의 해체(deverticalization)

과거 기업들이 수직적 가치사슬을 구축하였던 가장 큰 이유 중 하나는 공급자, 유통채널, 고객 등과 관련된 정보의 신속한 획득 및 전달로, 이를 통해 업무 프로세스의 효율성을 높일 수 있었다. 따라서 기업들이 구축한 가치사슬의 수직적 통합은 기업에 있어 가장 강력한 경쟁력확보의 원천이었다.

그러나 인터넷을 기반으로 한 전 세계 정보망의 연결은 기업과 관련된 모든 정보들을 매우 손쉽게 기업 내/외부가 공유할 수 있도록 하였다. 즉, 관련정보를 검색하고 거래업체를 변경하는 것이 과거와는 달리 매우 간단하고 저렴한 비용으로 가능하게 된 것이다. 이 결과 기업들은 가치 사슬상의 일정 부분을 직접 소유하지 않거나 또는 비즈니스 프로세스상의 특정 부문의 업무를 통합/폐지하는 것이 가능하게 되었다.

컴퓨터 판매회사인 델(Dell)은 DDM(The Dell Direct Mode)이라는 온라인 판매방식의 비즈니스 모델을 활용하고 있다. off-line 유통망을 통해야만 마케팅이 가능할 것이라는 고정관념을 버리고 온라인으로 승부한다는 전략을 실천에 옮긴 것이다. 기존 공급체인의 통합을 통해 델은 도매점/소매점 등 유통단계를 제거하고, 이를 통해 재고비용을 타 업체의 1/8로 줄이는 효과를 거두었다.

인터넷의 등장은 기업의 수직적 가치사슬은 해체시키는 반면, 기업들이 e-비즈니스의 연관 분야 또는 타 산업으로 진출하는 수평적 확장 현상을 가속화한다. 기업들은 이러한 확장을 통해 향후 통합된 경쟁력을 바탕으로 지속적인 성장을 추구할 수 있다. 따라서 e-비즈니스의 인프라 및 타 산업분야와의 연계성을 고려하여 제품/정보의 흐름이 효율적으로 이루어질 수 있도록 공급체인을 관리하는 방안의 모색이 필요하다.

초기 웹을 통한 도서 판매에 치중하던 아마존은 점차 사업영역을 음반, 전자제품 및 소프트웨어, 장난감, 게임기기 등의 판매 외에도 경매, 고객주문을 처리하기 위한 물류 부문까지 확장하고 있다. 또한 1995년에 설립된 전자시장인 PlasticsNet는 초기 Resin, Industrial Supplies 등 플라스틱 제품의 구매자와 판매자를 연결시키는 역할에 주력하였으나 이러한 거래를 지원하기 위한 재무, 물류 등의 수평적 분야로 업무영역을 확대하고 있다.

나) 직거래(disintermediation)

인터넷의 등장으로 기업들은 웹사이트를 구축하고, 고객 및 공급업체와의 직접 접촉이 매우 용이하게 되었다. 이에 따라 과거 중요 정보/물자 흐름을 점검해줌으로써 가치를 창출하는 중간유통업자의 입지는 상대적으로 약화되었다.

예를 들어 기존 음악산업의 경우, 음반이 제작되면 도매업자, 그리고 소매업자의 손을 거쳐 고객에게 판매되며, 또한 라디오/TV 방송을 통해 고객들이 시청/청취하였다. 그러나 e-비즈니스 환경에서는 온라인 판매 웹사이트 및 뮤직포털을 통해 중간유통업체를 거치지 않고 고객들에게 직접 음악을 전달하고 판매하는 것이 가능하다. 팝 가수인 David Bowie의 경우 자신의 웹사이트를 구축하고 이를 통해 고객들에게 자기 앨범을 직접 판매하고 있다.

고객과의 직거래가 가능해짐에 따라 기존 중간유통업체의 입지는 약화되었지만, 복잡하고 다양한 정보의 취사/선택을 도와줌으로써 고객들이 보다 폭넓은 선택이 가능하도록 도와주는 새로운 중간업체(Infomediary)가 등장하고 있다. 이러한 중간업체는 고객과 기업 사이에서 정보교환의 효율성을 높여주는 가교 역할을 수행한다. 이러한 업체를 적절히 활용함으로써 기업은 거래업체 및 고객을 모색하는 데 투입되는 비용을 절감할 수 있으며 고객은 보다 다양한 정보 획득 및 효율적인 구매가 가능하다.

다) 보유자산의 최소화(dematerialization)

인터넷을 기반으로 한 e-비즈니스의 등장으로 자본이 많이 투입되는 분야나 비핵심적인 분야에 대한 아웃소싱 또는 전략적 제휴가 용이해져, 기업은 최소한의 인원/자산을 가지고 효과적으로 사업을 운영할 수 있다.

1995년에 설립되어 컴퓨터를 생산/판매하고 있는 Monorail의 경우, 고객 주문접수는 CompUSA와 FedEx를 활용하고, 컴퓨터 생산은 SCI 등의 하청업체를 활용한다. 또한 고객에 대한 제품 배송은 FedEx를, 부도 수표 확인 및 대금 청구/지불 등과 같은 재무 서비스는 SunTrust 은행을, 제품 수리 등 지원 서비스는 FedEx Service Center를 활용하고 있다. 이와 같은 다양한 전략적 제휴를 통해 Monorail은 최소한의 인원과 자산을 보유하면서도 고객에게 최선의 서비스를 성공적으로 제공하고 있다.

(3) e-SCM 실행전략의 유형

디지털 기술을 기반으로 한 e-비즈니스의 등장은 SCM의 전략적 활용을 통해 기업의 성과를 제고시킬 수 있는 새로운 기회와 위협을 가져다주었다. 기업들은 이러한 변화에 맞추어 사업 모델을 재수립하고 여기에 대응할 수 있는 적절한 e-SCM전략을 수립해야 한다. e-SCM의 실행전략은 크게 기업주도형과 시장포털형으로 구분할 수 있다.

가) 기업주도형

기업주도형 모델은 기업이 웹사이트를 구축하고 주도적으로 관련 데이터를 통합/관리하는 접근법이다. 즉, 해당 기업은 공급업체로부터 데이터를 제공받아 필요에 따라 적절한 포맷으로 전자카탈로그를 설정하고 이를 관리한다. 따라서 전자카탈로그에 등록되는 아이템 및 공급업체들은 사전에 결정되거나 등록이 필요하다. 기업주도형 접근법은 관리기업이 자신의 니즈에 따라 언제나 아이템 변경이 가능하기 때문에 관리 유연성이 높고, 공급업체에 대한 통제가 용이하다. 또한 매우 전문적이고 고도의 기술이 요구되는 제품의 경우 개별 고객의 니즈에 부합하는 전문적인 서비스 제공도 가능하다. 그러나 사전등록된 제품의 구매만 가능하기 때문에 구매의 유연성은 떨어진다.

나) 시장포털형

포털접근법은 업종 또는 산업 공통의 온라인 전자시장을 활용하여 고객 및 공급자에 대한 접근성 및 효율성을 제고시키는 방법이다. 포털업체 또는 Infomediary가 공급업체들의 모든 데이터 및 정보를 수집하여 데이터를 표준화하고, 마스터 카탈로그를 설정한다. 따라서 구매자 및 판매자는 포털을 통해 서로 연결된다.

시장포털형의 경우 고객은 마스터 카탈로그가 지원하는 다양한 제품의 구매가 가능하며, 판매업체도 고객에 대한 도달성이 높아져 다수의 고객에게 자신의 제품을 판매하는 것이 가능하다. 또한 시장포털형은 구매 안내, 지급 보증, 위험 관리, 제품 배송, 지불, 보관 등과 같은 부가 서비스를 제공할 수 있으며, 경매, 제품 교환 등 다양한 거래 서비스 제공도 가능하기 때문에 기업주도형 모델보다 확장된 서비스를 제공할 수 있다. 반면 구매업체의 경우 기업주도형 모델에 비해 자신이 원하는 최적의 물품을 구매하는 데는 한계가 있다.

(4) e-SCM 실행전략 사례

가) 기업주도형: Boeing

보잉의 부품사업 부문의 고객은 크게 3종류로 분류가 가능하다. 첫째, 주요 항공사 및 항공기 정비회사로, 전체 부품주문량의 60%를 차지한다. 이들 회사와의 거래방식은 배치형의 EDI (Electronic Data Interchange) 방식을 활용하였다. 이러한 방식을 활용하는 경우 정상적인 상황에서는 거래가 원활히 진행되었으나, 긴급한 물량이 발생한 경우에는 신속하게 해결하지 못한다는 문제점이 발생하였다. 둘째, 유럽, 중동, 중남미 등의 소규모 업체로, 전체 부품주문량의 20%를 차지하며, 텔렉스 기반의 EDI 거래 방식을 사용하였다. 셋째, 팩스/전화를 이용하는 기타 고객으로, 나머지 20%를 차지한다.

보잉은 부품주문 프로세스의 효율성 제고를 위해 PART(Part Analysis and Requirement Tracking) 시스템을 구축, 고객들이 인터넷을 활용하여 보잉의 부품 재고 및 주문 상태를 파악하고 온라인으로 주문을 할 수 있도록 하였다. 이를 통해 보잉은 주문처리비의 25%를 절감하는 동시에 팩스나 서류 주문 시 발생하는 서류작업의 절감, 주문과정에서의 오류를 감소할 수 있었다. 또한 고객들은 주문상황 및 배송상황을 인터넷을 통해 실시간 확인이 가능하게 되었고, 주문하지 않은 엉뚱한 부품이 배달되는 경우가 급격히 줄어드는 등의 혜택을 얻을 수 있었다.

나) 시장포털형: FastParts

반도체와 전자부품의 거래 및 경매를 위한 전자시장 역할을 하고 있는 FastParts는 1996년부터 인터넷 온라인서비스를 실시하였다. Fastparts를 통해 거래를 원하는 기업들은 등록을 해야 하며, 등록기업 중 일시적인 부품 과다 또는 부족이 발생한 기업들은 웹을 통해 무기명/실시간으로 접촉하여 가격/수량 등의 거래조건을 협상한다.

이러한 프로세스를 통해 판매기업은 자신의 기업정보를 노출하지 않고, 잉여재고를 커다란 손실 없이 판매할 수 있다. 또한 구매기업도 다양한 종류 및 사이즈의 물품을 저렴한 가격으로 신속하게 구매하는 것이 가능하다. 특히 FastParts가 거래성사 후 배송, 지불 등 사후업무를 모두 책임지고 처리해주기 때문에 구매자/판매자 모두 주문이행에 대한 부담에서 벗어날 수 있다. FastParts는 거래성사 후 평균 96시간 내에 물품을 구매기업에게 배송해주고 있으며, 여기에 발생하는 비용은 판매기업으로부터 받는 12%의 거래수수료로 충당하고 있다.

(5) e-SCM 실행전략의 선택기준

기업주도형 또는 시장포털형 전략대안의 선택을 위해서는 비용매력도, 기업의 역량, 시기의 적절성 등을 고려해야 한다.

가) 비용매력도

2가지 방법 모두 장단점을 가지고 있지만 어떠한 모형을 선택할 것인가는 비용이 중요한 결정요소가 된다. 기업주도형 접근법은 하드웨어 비용, 라이센스 비용, 사용비용, 교육 및 유지비용 등 사이트를 유지하는 데 많은 비용이 투입된다. 그러나 시장포털형 모델은 이러한 비용을 제3의 업체인 포털이 부담한다. 결론적으로 기업주도형 모델이 기업의 입장에서 보면 보다 기업 니즈에 맞는 서비스를 획득할 수 있지만 투입비용 측면에서는 시장포털형 모델이 보다 바람직한 대안이 될 수 있다.

나) 기업의 역량

기업주도형 모델을 실행하는 것은 단순히 소프트웨어를 실행하는 것 이상의 많은 자원이 필요하다. 즉, 기업주도형 모델은 기업 스스로 업무관행, 프로세스 자동화, 기존 및 신규 공급업체와의 관계 변화를 위한 새로운 시스템을 구축해나가야 한다. 따라서 이러한 시스템을 구축할 수 있는 역량 확보가 필수적이다. 이때, 기업 내부에서 관리할 수 있는 스킬과 인적자원을 가지고 있는가, 그렇지 않다면 자원을 획득하는 것이 가능한가, 프로세스의 일부분 또는 전체를 아웃소싱하는 것이 가능한가 등을 점검하고 의사결정을 해야 한다.

다) 시기의 적절성

e-SCM을 통해 기업은 핵심 경쟁우위를 확보할 수 있지만, 이의 실행에는 해당 산업의 디지털 환경/인터넷 활용의 성숙성정도를 고려해야 한다. 해당 산업의 인터넷 활용의 필요성/긴급성이 높을수록 e-SCM의 성공가능성이 높기 때문이다. 만약 기업이 속한 산업에 전자거래시장이 아직 존재하지 않는다면, 기업주도형전략을 선택할 것인가 또는 시장포털이 등장하기를 기다릴 것인가에 대한 의사결정은 해당 산업에 대한 광범위한 전략적 분석을 필요로 한다.

전략적 분석은 과거의 전통적인 판매 및 구매 프로세스(거래 방식, 거래 파트너 모색 방안 및 프로세스, 제품 검색 프로세스, 수송 및 배송 인프라와 같은 SCM 관리 등)의 비효율성에 중점을 두어야 한다. 근본적으로 인터넷 전자시장이 등장하기 위해서는 다음과 같은 조건들이 성숙되고 기업경영환경에 미치는 영향이 커야 한다.

① 커뮤니케이션 채널의 효율성 향상 및 커뮤니케이션 채널의 증가/감소로 인한 기업 및 고객과의 정보 흐름 향상

② 디지털 환경의 활용을 통한 프로세스 비용 감소 및 제품 경쟁력 향상

③ 인터넷 활용을 통해 제품 및 서비스의 시장도달성이 높아지고 이를 통해 새로운 시장 형성 및 제품 유동성 향상이 가능한 경우

일반적으로 기업이 속한 산업현황이 다음과 같은 경우는 시장포털형 접근법이 보다 바람직할 수 있다.

① 신속한 시장진입이 사업 성공의 핵심요소인 경우

② 사이트관리, 카탈로그 운영 등과 관련된 기술역량의 축적 및 내부 학습곡선의 상승가능성이 낮은 경우

③ 현재 활용되고 있는 기술 및 마케팅이 성숙단계에 있고, 신뢰성이 높은 경우

또한 이상의 2가지 접근법 중 어느 것을 택할 것인가는 기업이 속한 산업, 제품, 구매자와 공급업체 간의 힘의 균형, 산업 내에서의 기업의 중요성(bargaining power)도 고려해야 한다. 일반적으로는 산업 내에서 어느 정도 제품상의 우위와 bargaing power가 있어야 기업주도형전략의 활용이 가능하다.

현재 추세, 특히 기업과 기업 간 거래인 B2B(Business to Business)시장은 개별 기업수준의 접근법보다는 한 업종이나 산업 부문에서 다수의 기업들이 공동으로 참여해 시장을 형성하는 복합적인 전자상거래 방식 즉 시장포털형전략이 주가 되고 있다. 대표적 예로, 올 3월 미국의 빅3 자동차업체가 오토엑스체인지닷컴(autoxchange.com)을 만들어 공동 구매를 하겠다고 발표하였다. 이러한 전략은 비용절감 차원에서 아주 효율적일 수 있다는 측면과 시장지배력을 지속할 수 있다는 측면에서 긍정적인 평가를 받아 GM 같은 자동차업체의 주가가 오르기 시작했고, 이와 함께 솔루션을 제공하는 업체들의 주가도 크게 올랐다. 또한 GE의 TPN(Trading Process Network)의 경우처럼 초기에는 내부 구매/조달과정 개선을 위해 기업주도형 모델로 개발되었지만, 외부 업체의 참여가 가능하도록 점차 시장을 확장하여 시장포털형으로 발전하는 경우도 있다. 어떠한 접근법을 활용한다 하더라도 현재 e-비즈니스시장의 발전속도에 비쳐보면, 바람직한 대안을 위한 고려 및 준비는 지금 시작되어야 한다.

(6) e-SCM의 성공요인

e-SCM의 성공적 추진을 위해서는 다음과 같은 점을 고려해야 한다. 첫째, e-SCM은 기술적 이슈가 아닌 사업전략적 이슈임을 명심해야 한다. 전략목표에 따라 다양한 공급 체인 구조의 선택이 가능하기 때문이다. 기업은 자사의 전략을 분석하는 동시에 수요, 생산 규모, 전략적 스케줄링, 성과측정 방안 등 공급체인과 관련된 기본요소를 어떻게 운영할 것인가를 결정해야 한다.

둘째, 조직문화 변화이다. e-SCM은 단지 시스템을 갖춘다고 해서 성공적으로 이루어질 수 없다. 시스템을 움직이는 것은 결국 구성원이다. 구성원들은 이제 단순히 구매/배송을 담당하는 좁은 의미의 역할수행자가 아니라, 전체적인 관점에서 업무를 수행하고 상황변화에 적절히 대응할 수 있는 지식근로자로 전환되어야 한다. 특히 조직적 변화에 대한 저항을 피하기 위해서는 최고경영층을 비롯한 모든 구성원들이 모델설정 초기단계부터 참여해야 한다.

셋째, 경쟁우위 확보의 원천으로서의 IT활용이 필수적이다. e-SCM을 위한 시스템을 구축하기 위해서는 매우 다양한 애플리케이션 패키지 활용, 기존 시스템 및 지역 간 통신네트워크 통합 등 다양한 IT기술이 필요하다. 이러한 IT요소를 활용하여 타 기업과 차별화된 서비스를 제공할 수 있는 공급체인을 구축해야 한다.

(7) e-SCM의 성공사례: 스타벅스

스타벅스는 기업 아이덴티티의 구축에 노력을 기울여 성공할 수 있었다. 스타벅스는 1987년 시애틀의 작은 커피전문점으로부터 출발한 회사이다. 스타벅스의 사장인 하워드 슐츠는 유럽을 방문했을 때 수많은 사람들이 길가의 에스프레소 바에 앉아 담소를 나누며 시간을 보내는 것을 보고 이러한 개념을 미국에 도입하기로 결심하였다. 당시는 미국에서 커피는 물처럼 너무나도 일상화된 음료라 그것을 마시러 따로 가게를 찾아간다고는 아무도 생각하지 못했던 시절이었다.

스타벅스는 1990년에는 100만 달러도 채 안 되는 이익을 내며 고전했으나 1992년 410만 달러, 1995년에는 2,610만 달러로 이익이 수직 상승하며 성공했다. 성공의 비결에는 여러 가지가 있겠지만 그중에서도 특색 있는 것은 바로 기업 아이덴티티의 개발 및 지속적인 유지이다.

우선 스타벅스는 다른 체인점과의 차별화를 처음부터 분명히 했다. 이것저것 파는 곳이 아니라 제대로 된 커피를 분위기 있게 마실 수 있는 장소라는 것을 명확히 한 것이다. 물론 제대로 된 커피라는 아이덴티티를 유지하기 위해서는 커피의 보관, 분쇄, 추출에서 물의 양까지 엄격한 관리가 이뤄졌으며 1주일 된 커피는 폐기하고 미리 만들어진 커피는 절대로 팔지 않았다. 또한 제대로 된 커피 맛을 유지하기 위해 직영점만을 고집했으며, 플라스틱 용기에 담아 파는 슈퍼마켓용 시장에도 진출하지 않았다. 용기가 커피 맛을 해칠지도 모른다는 우려 때문이었다. 이처럼 일관된 기업행동이 강력한 아이덴티티를 창조한 것은 물론이다.

여기에 덧붙여 심벌 및 커뮤니케이션 요소 또한 자연스럽고 현대적인 요소가 결합되어 있다. 긴 머리의 여인상이 등장하는 초록색의 심벌은 자연스럽고 환경을 중시한다는 느낌을 주며, 중후한 대리석의 점포 카운터, 부드럽고 윤이 나는 마룻바닥, 현대적인 트랙 조명 및 순백색의 컵 등은 인스턴트 커피가 아닌 제대로 된 커피를 먹을 수 있는 곳이라는 이미지를 주고 있다.

스타벅스의 성공에는 이처럼 기업의 실제 행동, 그리고 이것과 결합된 심벌 및 커뮤니케이션의 지원을 통한 강력한 기업 아이덴티티의 구축이 바탕으로 작용한 것이다. 최근 스타벅스는 슈퍼마켓 커피시장에 진출하고 스타벅스 브랜드를 여피족 대상의 일종의 포털브랜드화하려는 움직임을 보이고 있다. 강력한 기업 아이덴티티를 저해할 수 있는 이러한 움직임은 최근 들어 성과의 저하로 귀결되고 있다. 스타벅스가 이를 어떻게 극복할 수 있을지 관심을 가지고 지켜볼 필요가 있을 것이다.

연습문제

1. 국제마케팅과 국제인터넷마케팅의 차이점은 무엇인지 설명하시오.
2. e-Marketplace의 종류 및 특성에 대해 설명하시오.
3. e-STP전략의 중요성에 대해 기업을 예로 들어 설명하시오.
4. 기존고객과 e-Customer의 차이점은 무엇인지 설명하시오.
5. CRM과 e-CRM의 차이점은 무엇인지 e-CRM의 사례를 들어 설명하시오.
6. e-SCM 실행전략의 유형 및 각각의 성공사례를 드시오.

찾아보기

ㄱ

가격경쟁력 203
가격누증 332
가용자금법 437
가치사슬 210, 231
간접수출 173
간접유통경로 369
개방적 유통경로 384
개방화 502
경쟁사기준법 438
경쟁우위 203
경쟁전략 159
경험곡선 211, 338
계약생산 184
계열상표 303
고객조사 56
공장인도조건 341
관리계약 186
관세미지급인도조건 344
관세지급인도조건 345
관세환급 182
관습가격 337
관찰조사 67
광고크리에이티브 433
국가경쟁력 204
국가고객만족지수 125
국가브랜드 102
국경인도조건 343
국제가격 325
국제경쟁력 201
국제광고 427
국제광고대행사 439
국제광고매체 442
국제광고메시지 445
국제마케팅 7
국제마케팅믹스전략 14
국제마케팅조사 49
국제물류시스템 406
국제사업부조직 477
국제상표전략 298
국제상표협정 305
국제스폰서십 453
국제운송 397
국제유통경로 263
국제이전가격 354
국제인적판매 450
국제인터넷마케팅 509
국제재고 404
국제제품 279
국제촉진 413
국제촉진믹스 423
국제판매촉진 446
국제포장전략 306
국제홍보 452
그리드방법 150
글로벌경쟁전략 257
글로벌배치전략 253
글로벌소싱 264
글로벌전략 225
글로벌제휴전략 266
기능별제휴 268
기능별조직 474
기대-불일치모형 123
기술제휴 269
기술조사 60
기업국제화 21
기회-위험매트릭스방법 150

ㄴ

내부소싱 265

ㄷ

다국적마케팅 10
다이렉트마케팅 509
단독투자 188
단수가격책정법 337
단일소싱 266
대리상 372
대리점 372
대응전략 152
덤핑 348
도입기 286
등간척도 74
등록우선주의 304
딜러 371

ㄹ

라이센싱 183
러그만의 단순모형 163
로지스틱스 406
루트의 과정모형 164
리포지셔닝 106

ㅁ

마케팅인텔리전스시스템 78
마케팅정보시스템 76
매출비율법 437
매트릭스조직 479
면접조사 69
명목척도 73
명성가격책정법 336
목표과업법 438
목표시장 143
무상표 300
무역거래조건 339

ㅂ

배너광고 532
배치-조정모형 243
배타적 유통경로 385
버클리와 카슨의 모형 168
범세계적마케팅 10
보관 401
보세창고 403
복수상표 303
복수소싱 266
복합운송 398
본선수취증 180
본선인도조건 342
본원적 경쟁전략 257
부두인도조건 344
부두인수증 181
분권적조직 483
분권화 482, 500
분산화 501
비가격경쟁력 203
비교우위 203
비율척도 74

ㅅ

사용우선주의 304
사후관리 182
산업재 388
상표 298
생산효율지향형 해외직접투자 35
서열척도 74
선별적 유통경로 384
선적 180
선적전검사 179
선적지시서 180
선점전략 152
선측인도조건 342
설문조사 67
성숙기 288
성장기 288
세계경제포럼 217
세계은행 218
소매상 371
소비자 구매행동 87
소비자 불평행동 126
소비자만족 122
소비재 387
쇠퇴기 289
수익성통제 493
수정제품 293
수직적 마케팅시스템 367
수직적 해외직접투자 193
수출 173
수출가격 328
수출검사 179
수출마케팅 10
수출승인 177
수출통관 180
수평적 해외직접투자 193
시장다각화 156
시장세분화 139
시장점유율 변동지수 213
시장조사 55
시장지향형 해외직접투자 33
시장집중화전략 156
시장포트폴리오방법 151
신설 188
신용장 176
신제품 293

ㅇ

연구개발컨소시엄 268
연례적 계획통제 492
연속성장형 290
외부소싱 265
운송인인도조건 341
운임보험료지급인도조건 343
운임보험료포함인도조건 342
운임지급인도조건 343
운임포함인도조건 342
원가가산법 334
원가우위 204
원가우위분석 209
원가우위전략 258
원산지효과 100
유통업자 371
이윤가산법 334

인과조사 60
인수 188
인터넷광고 531
인터랙티브마케팅 509
일반화물 180
임의할당법 437

ㅈ

자금포트폴리오전략 255
자사상표 301
자연자원지향형 해외직접투자 35
적소전략 153
적응화 236, 310, 392
전략적통제 494
절충주의 305
제품계열 길이 282
제품믹스 281
제품믹스의 넓이 282
제품믹스전략 284
제품별조직 474
제품수명주기 285
제품포지셔닝 104
제품포지셔닝도 108
제품확장 318
조직 471
주기-재주기형 290
주문자상표 302
중간상 370
중간상상표 301
중개업자 372
지식지향형 해외직접투자 35
지역별조직 476
직접수출 174
직접유통경로 369
집권적조직 482
집권화 500
집중화전략 259

ㅊ

차별적우위 204
차별화 504
차별화전략 258
착선인도조건 344
초기고가전략 335
침투가격전략 334

ㅋ

커뮤니케이션 413
컨테이너화물 181

ㅌ

타사상표 301
탐색조사 59
턴키운영 186
통일화 501
통제 486
통합-적응모형 241
통합마케팅 커뮤니케이션 426
통합화 504
투자협정 195

ㅍ

판매제휴 269
패드형 291
패션형 290
팩터 372
폐쇄화 502
포장 306
포지셔닝 151
포트폴리오전략 255
표준화 236
푸시전략 424
풀전략 424
프랜차이징 185

ㅎ

합작투자 270
항공운송 398
해상운송 398
해외마케팅 10
해외소싱 266
해외직접투자 187
핵심역량 229
허쉬의 비용수익고려모형 165
혁신 115
현금흐름계획법 439
현시비교우위지수 213
현지대행사 441
현지소싱 266
현지적응화 318
현지화 236, 460
확산 112
회색시장 395
효율성통제 493
힘의 모형 167

1

1차자료 66

2

2차자료 61

6

6C 378

A

ABC 분석 405

B

birdy-back 400

C

CAPM 37
CFR 340
CIF 340
CSI 214

E

e-CRM 542
e-Customer 540
e-Mail 마케팅 521
e-Marketplace 513
e-Positioning 529
e-Promotion 530
e-SCM 554
e-Segmentation 526
e-STP 525
e-Targeting 529
E/D 180
EDI 180
EPRG 28

F

fishy-back 400
FOB 340

I

IMC 427
IMD 214

J

JIT 264

L

L/C 176

M

MOT 129
MSCI 213

N

NCSI 125
niche 153

O

ODM 302
OEM 302

P

piggy-back 400
pipeline 400
position map 154
PPL 411

R

rail-water 400
RCA 213

S

SCM 406
sea-air 400
ship-barge 400
sky-rail 400
STP 139
SWOT 145

T

TRIPS 306
truck-air 400

V

VMS 368

저자 약력

■ 약력

경영학박사(고려대학교)
한국국제통상학회 이사
한국인터넷전자상거래학회 이사
무역협회(KITA) 무역아카데미 교수
YMCA 이사
CCC 부이사장
미국 University of Washington 교환교수
영국 Oxford University 초빙교수
상지대학교 경상대학장
상지대학교 대학원장
현 상지대학교 무역학과 교수

■ 저서 및 논문

국제경영(공저), 학현사
무역학개론, 법문사
국제경영, 법문사
국제기업과 해외투자, 무역경영사
대일무역 역조요인과 그 시정방안에 관한 연구
다국적기업의 경영전략에 관한 연구
다국적기업에서의 Human Right 분쟁에 관한 연구
MNC의 구조적 특성 및 경영성과에 관한 연구
한국 섬유산업의 해외직접투자에 관한 연구
WTO 체제하의 우리나라 국제통상전략
한국기업의 해외직접투자에 관한 연구
개도국의 해외직접투자에 관한 이론적 고찰
한국기업의 지적재산권보호에 관한 연구
해외직접투자기업의 소유권전략에 관한 연구
해외직접투자의 환경요인과 성과에 관한 실증적 연구
해외직접투자기업의 마케팅전략에 관한 연구
한국기업의 기술이전 전략에 관한 연구
한국기업의 중국 서비스산업 진출방안 외 다수

■ E-mail 및 홈페이지

kspark@mail.sangji.ac.kr
http://kilsang.net

저자와의
협의하에
인지생략

국제마케팅

2012년 8월 17일 초판 인쇄
2012년 8월 20일 초판 1쇄 발행

저 자 : 박 길 상
발행인 : 정 광 식
발행처 : **비앤엠북스**
서울시 금천구 가산동 319번지(호서대벤처타워 B1-103)
등 록 2004. 12. 29. / 제313-2004-00298호
전 화 2627-5710~13, 팩스 2627-5720
홈페이지 www.대학교재.kr
이 메 일 bnmbook@daum.net

정가 30,000원 ISBN 978-89-91879-06-5